講　義
刑法各論

関　哲夫

成文堂

はしがき

　本書は、刑法各論の体系書として、各犯罪をその成立要件である「法律要件」を軸に解説したものであり、前書『講義 刑法総論』（2015年・成文堂）と対をなす基本書です。

　本書は、前書と同様の工夫をしました。すなわち、刑法各論を43の犯罪項目に分け、各犯罪項目について1回の講義で完結する講義スタイルを取り、話し口調の口語表現で解説しました。それは、基本書と授業との距離感を無くし、各犯罪について修得すべき内容と授業で講義する内容との距離を縮めたいと考えたからです。また、前書と同様の趣旨で、各犯罪の法律要件における重要語句だけでなく、学説及びそのポイントとなる語句、重要な参考判例などを提示する場合には、ゴシック体を用いるとともに、大きいフォント（13Q）と小さいフォント（12Q）を使い分けました。そして、事例や参考判例を提示し、各学説を解説する場合には、小さいフォントを用いて枠囲いを施し、事例・参考判例にはさらに網かけを施しました。

　前書では、構成要件論に立脚した類型的思考法からの決別を説き、法律要件論に立脚した要件的思考法を採りつつ、「行為（者）―（法律）要件該当性―（行為の）違法性―（行為者の）有責性」の犯罪論体系を用いて解説しました。

＊

　刑法各論において要件的思考法に基づいて犯罪を解説して法律要件論を実践する――これが、本書の基本軸です。具体的には、各犯罪についてその成立のための「要件」を提示したうえで、それらを解説していくスタイルを採りました。これらの要件は、各犯罪のキーワードでもあるのです。

　しかし、「構成要件」の語は学説・判例において定着しており、この語を用いないで刑法や犯罪を説明することに強い抵抗感を感じる人がいるようです。しかし、今日用いられている「構成要件」の内実は、「類型」「型」としてのそれではなく、「成立要件」「要件」としてのそれに変質しています。そのように変質しているからこそ、「構成要件」の語に代わって「法律要件」の語が浸透するには時間を要することでしょう。

　なお、前書では、ささやかなクイズを潜ませていました。

「この本の中で、絵文字はいくつ使われているでしょう？　但し、絵文字を探すようなことをしてはいけない。読み進めていくうちに、絵文字に遭遇したというようにして見つけなければならない。」

本書でも、同じ条件で見つけてみてください。

＊

本書の刊行については、成文堂の阿部成一社長に大変にお世話になりました。また、本書の編集作業は、前書と同じく、飯村晃弘編集部員が担当してくださいました。ここに記して、心から感謝の意を表します。

恩師・西原春夫先生の「刑法研究のまとめとして体系書を書き上げるように。」とのお言葉もあり、60歳代半ばになって、自分がこれまでやってきた研究をまとめる時期に入っていることを強く意識しています。刑法の体系書（『講義 刑法総論』・『講義 刑法各論』）を公刊することも、そのまとめの作業の一環と考えてきましたので、「負債」を返済した安堵の気持ちの中にいます。利息までも返済した「完済」であるかは心許ない限りですが。

2017 年 10 月 02 日

横濱にて

関　　哲　夫

目　次

はしがき………………………………………………………………… i
文献等の略語………………………………………………………… xxvii

第 00 講　ガイダンス　　　　　　　　　　　　　　　　　　1

01　3 段階の認定法 ………………………………………………… 1
02　刑法解釈学……………………………………………………… 1
　(1)　刑法総論 …………………………………………………… 1
　(2)　刑法各論 …………………………………………………… 1
03　本書について…………………………………………………… 2
　(1)　本書の形式 ………………………………………………… 2
　(2)　本書の内容 ………………………………………………… 3

第 01 講　殺人の罪　　　　　　　　　　　　　　　　　　　4

01　総　説…………………………………………………………… 4
　(1)　人の始期 …………………………………………………… 4
　(2)　人の終期 …………………………………………………… 5
　(3)　臓器移植法 ………………………………………………… 7
02　殺人罪…………………………………………………………… 8
　(1)　要　件 ……………………………………………………… 8
　(2)　罪数・他罪との関係 ……………………………………… 8
03　殺人予備罪……………………………………………………… 9
　(1)　要　件 ……………………………………………………… 9
　(2)　予備の中止 ………………………………………………… 10
　(3)　他罪との関係 ……………………………………………… 10
04　自殺関与・同意殺人罪………………………………………… 10
　(1)　意　義 ……………………………………………………… 10
　(2)　要　件 ……………………………………………………… 13
　(3)　着手・未遂 ………………………………………………… 13
05　問題類型………………………………………………………… 15
　(1)　脅迫・威迫による自殺 …………………………………… 15
　(2)　偽装心中 …………………………………………………… 16
　(3)　同意の誤信 ………………………………………………… 17

第 02 講　堕胎の罪　　　　　　　　　　　　　　　　　　18

01　総　説…………………………………………………………… 18

iv

(1)	沿 革	………………………………	18
(2)	保護法益	………………………………	18
(3)	類 型	………………………………	18
(4)	堕胎の意義	………………………………	19

02 自己堕胎罪……………………………………………… 20
　(1) 要 件…………………………………………………… 20
　(2) 軽い処罰の理由………………………………………… 20
　(3) 共同正犯・共犯関係…………………………………… 21
03 同意堕胎罪・同意堕胎致死傷罪………………………… 21
　(1) 同意堕胎罪……………………………………………… 21
　(2) 同意堕胎致死傷罪……………………………………… 22
04 業務上堕胎罪・業務上堕胎致死傷罪…………………… 23
　(1) 業務上堕胎罪…………………………………………… 23
　(2) 業務上堕胎致死傷罪…………………………………… 23
05 不同意堕胎罪・不同意堕胎致死傷罪…………………… 24
　(1) 不同意堕胎罪…………………………………………… 24
　(2) 不同意堕胎致死傷罪…………………………………… 24
06 問題類型………………………………………………… 24
　(1) 堕胎罪の既遂・未遂…………………………………… 24
　(2) 排出された胎児の刑法的保護………………………… 25
　(3) 胎児性傷害・致死……………………………………… 26

第 03 講　遺棄の罪　　　　　　　　　　　　　　　　　30

01 総 説……………………………………………………… 30
　(1) 保護法益・罪質………………………………………… 30
　(2) 類 型…………………………………………………… 31
02 遺棄・不保護の意義……………………………………… 31
　(1) 行為の形態……………………………………………… 31
　(2) 判例・学説の状況……………………………………… 32
　(3) 本書の立場……………………………………………… 33
03 単純遺棄罪………………………………………………… 33
　(1) 作為・不作為…………………………………………… 33
　(2) 要 件…………………………………………………… 34
04 保護責任者遺棄罪………………………………………… 35
　(1) 保護責任者……………………………………………… 35
　(2) 要 件…………………………………………………… 35
05 遺棄致死傷罪……………………………………………… 37
　(1) 故意がある場合………………………………………… 37

(2)　処　断‥‥‥‥‥‥‥‥‥‥‥‥‥‥‥‥‥‥‥‥‥‥‥　39
　06　轢き逃げと遺棄の罪‥‥‥‥‥‥‥‥‥‥‥‥‥‥‥‥‥‥　39
　　(1)　類　型‥‥‥‥‥‥‥‥‥‥‥‥‥‥‥‥‥‥‥‥‥‥‥　39
　　(2)　学説の状況‥‥‥‥‥‥‥‥‥‥‥‥‥‥‥‥‥‥‥‥‥　39

第04講　傷害の罪 　　　　　　　　　　　　　　　　　　41

　01　総　説‥‥‥‥‥‥‥‥‥‥‥‥‥‥‥‥‥‥‥‥‥‥‥‥　41
　02　傷害罪‥‥‥‥‥‥‥‥‥‥‥‥‥‥‥‥‥‥‥‥‥‥‥‥　41
　　(1)　要　件‥‥‥‥‥‥‥‥‥‥‥‥‥‥‥‥‥‥‥‥‥‥‥　41
　　(2)　未　遂‥‥‥‥‥‥‥‥‥‥‥‥‥‥‥‥‥‥‥‥‥‥‥　43
　　(3)　同意傷害‥‥‥‥‥‥‥‥‥‥‥‥‥‥‥‥‥‥‥‥‥‥　43
　03　傷害致死罪‥‥‥‥‥‥‥‥‥‥‥‥‥‥‥‥‥‥‥‥‥‥　44
　　(1)　結果的加重犯‥‥‥‥‥‥‥‥‥‥‥‥‥‥‥‥‥‥‥‥　44
　　(2)　要　件‥‥‥‥‥‥‥‥‥‥‥‥‥‥‥‥‥‥‥‥‥‥‥　45
　04　現場助勢罪‥‥‥‥‥‥‥‥‥‥‥‥‥‥‥‥‥‥‥‥‥‥　45
　　(1)　傷害罪の従犯との関係‥‥‥‥‥‥‥‥‥‥‥‥‥‥‥‥　45
　　(2)　要　件‥‥‥‥‥‥‥‥‥‥‥‥‥‥‥‥‥‥‥‥‥‥‥　46
　05　同時傷害の特例‥‥‥‥‥‥‥‥‥‥‥‥‥‥‥‥‥‥‥‥　47
　　(1)　趣　旨‥‥‥‥‥‥‥‥‥‥‥‥‥‥‥‥‥‥‥‥‥‥‥　47
　　(2)　適用要件‥‥‥‥‥‥‥‥‥‥‥‥‥‥‥‥‥‥‥‥‥‥　47
　　(3)　適用範囲‥‥‥‥‥‥‥‥‥‥‥‥‥‥‥‥‥‥‥‥‥‥　48
　06　暴行罪‥‥‥‥‥‥‥‥‥‥‥‥‥‥‥‥‥‥‥‥‥‥‥‥　49
　　(1)　暴行概念‥‥‥‥‥‥‥‥‥‥‥‥‥‥‥‥‥‥‥‥‥‥　49
　　(2)　要　件‥‥‥‥‥‥‥‥‥‥‥‥‥‥‥‥‥‥‥‥‥‥‥　50
　07　凶器準備集合罪・凶器準備結集罪‥‥‥‥‥‥‥‥‥‥‥‥　52
　　(1)　罪　質‥‥‥‥‥‥‥‥‥‥‥‥‥‥‥‥‥‥‥‥‥‥‥　52
　　(2)　凶器準備集合罪‥‥‥‥‥‥‥‥‥‥‥‥‥‥‥‥‥‥‥　54
　　(3)　凶器準備結集罪‥‥‥‥‥‥‥‥‥‥‥‥‥‥‥‥‥‥‥　55

第05講　過失傷害の罪 　　　　　　　　　　　　　　　　　57

　01　総　説‥‥‥‥‥‥‥‥‥‥‥‥‥‥‥‥‥‥‥‥‥‥‥‥　57
　　(1)　沿　革‥‥‥‥‥‥‥‥‥‥‥‥‥‥‥‥‥‥‥‥‥‥‥　57
　　(2)　保護法益・類型‥‥‥‥‥‥‥‥‥‥‥‥‥‥‥‥‥‥‥　58
　02　過失傷害罪‥‥‥‥‥‥‥‥‥‥‥‥‥‥‥‥‥‥‥‥‥‥　58
　03　過失致死罪‥‥‥‥‥‥‥‥‥‥‥‥‥‥‥‥‥‥‥‥‥‥　58
　04　業務上過失致死傷罪‥‥‥‥‥‥‥‥‥‥‥‥‥‥‥‥‥‥　59
　　(1)　要　件‥‥‥‥‥‥‥‥‥‥‥‥‥‥‥‥‥‥‥‥‥‥‥　59
　　(2)　加重処罰の根拠‥‥‥‥‥‥‥‥‥‥‥‥‥‥‥‥‥‥‥　61

05 重過失致死傷罪 ……………………………………………………… 62
06 自動車の運転により人を死傷させる行為等の処罰に関する法律 … 63
  (1) 危険運転致死傷罪 ………………………………………………… 63
  (2) 準危険運転致死傷罪 ……………………………………………… 64
  (3) 過失運転致死傷罪 ………………………………………………… 64
  (4) 他罪との関係 ……………………………………………………… 65
  (5) 過失運転致死傷アルコール等影響発覚免脱罪 ………………… 65
  (6) 無免許運転による加重 …………………………………………… 66

第06講 脅迫の罪　67

01 総　説 ………………………………………………………………… 67
  (1) 保護法益・類型 …………………………………………………… 67
  (2) 脅迫概念 …………………………………………………………… 68
02 脅迫罪 ………………………………………………………………… 68
  (1) 要　件 ……………………………………………………………… 68
  (2) 問題類型 …………………………………………………………… 71
03 強要罪 ………………………………………………………………… 73
  (1) 要　件 ……………………………………………………………… 74
  (2) 未遂・既遂 ………………………………………………………… 77
  (3) 他罪との関係 ……………………………………………………… 77

第07講 逮捕・監禁の罪　78

01 総　説 ………………………………………………………………… 78
  (1) 保護法益 …………………………………………………………… 78
  (2) 類　型 ……………………………………………………………… 80
02 逮捕罪・監禁罪 ……………………………………………………… 80
  (1) 要　件 ……………………………………………………………… 80
  (2) 正当化事由 ………………………………………………………… 82
  (3) 問題類型 …………………………………………………………… 82
  (4) 罪質・罪数 ………………………………………………………… 85
03 逮捕・監禁致死傷罪 ………………………………………………… 85
  (1) 結果的加重犯 ……………………………………………………… 85
  (2) 処　断 ……………………………………………………………… 86

第08講 略取、誘拐及び人身売買の罪　87

01 総　説 ………………………………………………………………… 87
  (1) 保護法益 …………………………………………………………… 87
  (2) 罪質・類型 ………………………………………………………… 88

02　未成年者略取・誘拐罪……………………………………… 89
　（1）　要　　件…………………………………………………… 89
　（2）　同　　意…………………………………………………… 90
　（3）　他罪との関係………………………………………………… 91
03　営利目的等略取・誘拐罪…………………………………… 91
　（1）　要　　件…………………………………………………… 91
　（2）　未　　遂…………………………………………………… 92
　（3）　他罪との関係………………………………………………… 93
　（4）　問題類型…………………………………………………… 93
04　身の代金目的略取・誘拐罪………………………………… 95
　（1）　沿　　革…………………………………………………… 95
　（2）　要　　件…………………………………………………… 95
　（3）　他罪との関係………………………………………………… 98
05　略取・誘拐者身の代金要求罪……………………………… 98
　（1）　意　　義…………………………………………………… 98
　（2）　要　　件…………………………………………………… 98
　（3）　他罪との関係………………………………………………… 99
06　収受者身の代金要求罪……………………………………… 100
　（1）　要　　件…………………………………………………… 100
　（2）　他罪との関係………………………………………………… 100
07　所在国外移送目的略取・誘拐罪…………………………… 101
　（1）　沿　　革…………………………………………………… 101
　（2）　要　　件…………………………………………………… 101
08　人身売買罪…………………………………………………… 101
　（1）　沿革・類型………………………………………………… 102
　（2）　人身買受け罪……………………………………………… 102
　（3）　未成年者買受け罪………………………………………… 103
　（4）　営利目的等買受け罪……………………………………… 103
　（5）　人身売渡し罪……………………………………………… 103
　（6）　所在国外移送目的人身売買罪…………………………… 104
09　被略取者等所在国外移送罪………………………………… 104
　（1）　要　　件…………………………………………………… 105
　（2）　罪　　数…………………………………………………… 105
10　被略取者引渡し等罪………………………………………… 105
　（1）　被拐取者引渡し等罪……………………………………… 105
　（2）　営利目的等被略取者引渡し等罪………………………… 106
　（3）　身の代金取得目的収受罪………………………………… 107
11　身の代金目的拐取等予備罪………………………………… 107

viii

(1) 要　件……………………………………………………………… 107
(2) 自　首……………………………………………………………… 108
12 解放減軽……………………………………………………………… 108
(1) 適用要件………………………………………………………… 108
(2) 効　果…………………………………………………………… 109
13 親告罪……………………………………………………………… 109
(1) 趣　旨…………………………………………………………… 109
(2) 対象犯罪………………………………………………………… 110
(3) 告　訴…………………………………………………………… 110

第09講　性的自由に対する罪　　　　　　　　　　　　　112

01 総　説……………………………………………………………… 112
(1) 犯罪群…………………………………………………………… 112
(2) 保護法益………………………………………………………… 112
(3) 猥褻の意義……………………………………………………… 114
02 強制猥褻罪………………………………………………………… 114
(1) 要　件…………………………………………………………… 114
(2) 性的意図の要否………………………………………………… 116
(3) 罪　数…………………………………………………………… 116
03 強制性交等罪……………………………………………………… 117
(1) 趣　旨…………………………………………………………… 117
(2) 要　件…………………………………………………………… 117
(3) 未遂・既遂……………………………………………………… 118
(4) 夫婦間の強制性交等…………………………………………… 119
(5) 集団強姦罪等の廃止…………………………………………… 120
04 準強制猥褻罪・準強制性交等罪………………………………… 121
(1) 要　件…………………………………………………………… 121
(2) 欺罔による承諾………………………………………………… 122
(3) 他罪との関係…………………………………………………… 123
05 監護者猥褻・監護者性交等罪…………………………………… 123
(1) 趣　旨…………………………………………………………… 123
(2) 要　件…………………………………………………………… 124
06 性犯罪の非親告罪化……………………………………………… 126
07 強制猥褻等致死傷罪……………………………………………… 126
(1) 沿　革…………………………………………………………… 126
(2) 要　件…………………………………………………………… 127
(3) 他罪との関係…………………………………………………… 130
08 淫行勧誘罪………………………………………………………… 131

(1)	保護法益	131
(2)	要 件	132
(3)	未遂・既遂	132

第 10 講　住居・秘密を侵す罪　　　　　　　　　　133

01　住居侵入罪 133
(1) 保護法益 133
(2) 要 件 136
(3) 未遂・既遂 142
(4) 問題類型 142
02　秘密を侵す罪 147
(1) 保護法益・類型 147
(2) 信書開封罪 147
(3) 秘密漏示罪 149
(4) 親告罪 152

第 11 講　名誉に対する罪　　　　　　　　　　　　153

01　総　説 153
(1) 名誉概念 153
(2) 類型・保護法益 153
02　名誉毀損罪 155
(1) 要 件 155
(2) 真実性の証明 158
(3) 特 則 160
(4) 真実性の錯誤 161
03　死者の名誉毀損罪 165
(1) 保護法益 165
(2) 要 件 166
(3) 名誉毀損罪と死者の名誉毀損罪との関係 167
04　侮辱罪 168
(1) 要 件 168
(2) 罪 質 169
05　罪数・他罪との関係 169
06　親告罪 169
07　インターネットにおける名誉毀損・侮辱 170
(1) 行為者の責任 170
(2) 罪 質 171
(3) プロバイダーの責任 172

第 12 講　信用及び業務に対する罪　　173

01　保護法益・類型……………………………………………173
02　信用毀損罪…………………………………………………173
(1)　要　　件………………………………………………173
(2)　罪　　質………………………………………………175
(3)　罪数・他罪との関係…………………………………176
03　業務妨害罪…………………………………………………176
(1)　要　　件………………………………………………176
(2)　罪　　質………………………………………………181
(3)　罪　　数………………………………………………181
04　電子計算機損壊等業務妨害罪……………………………181
(1)　沿革・保護法益………………………………………182
(2)　要　　件………………………………………………182
(3)　未遂・既遂……………………………………………184
(4)　罪数・他罪との関係…………………………………184
05　公務と業務の関係…………………………………………185
(1)　問題性…………………………………………………185
(2)　学説の状況……………………………………………185
(3)　判例の状況……………………………………………187
(4)　本書の立場……………………………………………189

第 13 講　財産罪・総説　　191

01　問題点………………………………………………………191
02　財産罪の類型………………………………………………191
(1)　個別財産罪・全体財産罪……………………………191
(2)　財物罪・利得罪………………………………………191
(3)　領得罪・毀棄罪………………………………………192
(4)　直接領得罪・間接領得罪……………………………192
03　財物・利益の意義…………………………………………192
(1)　財　　物………………………………………………192
(2)　利　　益………………………………………………199
04　奪取罪の保護法益…………………………………………202
(1)　問題点…………………………………………………202
(2)　判例の状況……………………………………………202
(3)　学説の状況……………………………………………203
(4)　本書の立場……………………………………………205
05　領得意思……………………………………………………206

（1）	意義・機能	206
（2）	必要説	207
（3）	本書の立場	208
（4）	判例の状況	211
06	占 有	215
（1）	意義・要素	215
（2）	判例の状況	216
（3）	死者の占有	217
（4）	封緘委託物の占有	220

第 14 講　窃盗の罪　　　　　　　　　　　　　222

01	総 説	222
02	窃盗罪	222
（1）	要 件	222
（2）	未遂・既遂	226
03	不動産侵奪罪	228
（1）	沿 革	228
（2）	要 件	229
（3）	罪 数	231
04	親族相盗の特例	231
（1）	法的性質	231
（2）	適用要件	233
（3）	親族関係の錯誤	235
（4）	244 条の 1 項と 2 項の関係	235

第 15 講　強盗の罪　　　　　　　　　　　　　236

01	総 説	236
02	強盗罪	236
（1）	要 件	236
（2）	未遂・既遂	240
（3）	問題類型	240
03	強盗予備罪	242
（1）	要 件	242
（2）	強盗予備の中止	244
04	事後強盗罪	244
（1）	準強盗罪の 1	244
（2）	要 件	244
（3）	処 断	247

(4)　問題類型‥‥‥‥‥‥‥‥‥‥‥‥‥‥‥‥‥‥‥‥‥‥‥‥‥‥‥‥247
　05　昏酔強盗罪‥‥‥‥‥‥‥‥‥‥‥‥‥‥‥‥‥‥‥‥‥‥‥‥‥‥‥‥‥‥249
　　(1)　準強盗罪の2‥‥‥‥‥‥‥‥‥‥‥‥‥‥‥‥‥‥‥‥‥‥‥‥‥‥‥249
　　(2)　要　件‥‥‥‥‥‥‥‥‥‥‥‥‥‥‥‥‥‥‥‥‥‥‥‥‥‥‥‥‥249
　06　強盗致死傷罪‥‥‥‥‥‥‥‥‥‥‥‥‥‥‥‥‥‥‥‥‥‥‥‥‥‥‥‥‥250
　　(1)　射程範囲‥‥‥‥‥‥‥‥‥‥‥‥‥‥‥‥‥‥‥‥‥‥‥‥‥‥‥‥250
　　(2)　要　件‥‥‥‥‥‥‥‥‥‥‥‥‥‥‥‥‥‥‥‥‥‥‥‥‥‥‥‥‥251
　　(3)　未遂・既遂‥‥‥‥‥‥‥‥‥‥‥‥‥‥‥‥‥‥‥‥‥‥‥‥‥‥‥253
　07　強盗・強制性交等罪、強盗・強制性交等致死罪‥‥‥‥‥‥‥‥‥‥253
　　(1)　趣　旨‥‥‥‥‥‥‥‥‥‥‥‥‥‥‥‥‥‥‥‥‥‥‥‥‥‥‥‥‥254
　　(2)　強盗・強制性交等罪‥‥‥‥‥‥‥‥‥‥‥‥‥‥‥‥‥‥‥‥‥254
　　(3)　未遂罪・中止犯‥‥‥‥‥‥‥‥‥‥‥‥‥‥‥‥‥‥‥‥‥‥‥254
　　(4)　強盗・強制性交等致死罪‥‥‥‥‥‥‥‥‥‥‥‥‥‥‥‥‥‥255

第16講　詐欺の罪 　　　　　　　　　　　　　　　　　　　　　　257

　01　総　説‥‥‥‥‥‥‥‥‥‥‥‥‥‥‥‥‥‥‥‥‥‥‥‥‥‥‥‥‥‥‥257
　　(1)　意義・類型‥‥‥‥‥‥‥‥‥‥‥‥‥‥‥‥‥‥‥‥‥‥‥‥‥‥257
　　(2)　国家法益についての詐欺‥‥‥‥‥‥‥‥‥‥‥‥‥‥‥‥‥‥257
　02　1項詐欺罪・詐欺利得罪‥‥‥‥‥‥‥‥‥‥‥‥‥‥‥‥‥‥‥‥‥258
　　(1)　1項詐欺罪‥‥‥‥‥‥‥‥‥‥‥‥‥‥‥‥‥‥‥‥‥‥‥‥‥258
　　(2)　詐欺利得罪‥‥‥‥‥‥‥‥‥‥‥‥‥‥‥‥‥‥‥‥‥‥‥‥‥262
　03　財産的損害‥‥‥‥‥‥‥‥‥‥‥‥‥‥‥‥‥‥‥‥‥‥‥‥‥‥‥‥‥263
　　(1)　要　否‥‥‥‥‥‥‥‥‥‥‥‥‥‥‥‥‥‥‥‥‥‥‥‥‥‥‥‥263
　　(2)　意　義‥‥‥‥‥‥‥‥‥‥‥‥‥‥‥‥‥‥‥‥‥‥‥‥‥‥‥‥263
　　(3)　問題類型‥‥‥‥‥‥‥‥‥‥‥‥‥‥‥‥‥‥‥‥‥‥‥‥‥‥265
　04　詐欺の形態‥‥‥‥‥‥‥‥‥‥‥‥‥‥‥‥‥‥‥‥‥‥‥‥‥‥‥‥‥267
　　(1)　三角詐欺‥‥‥‥‥‥‥‥‥‥‥‥‥‥‥‥‥‥‥‥‥‥‥‥‥‥‥267
　　(2)　無銭飲食・宿泊‥‥‥‥‥‥‥‥‥‥‥‥‥‥‥‥‥‥‥‥‥‥270
　　(3)　キセル乗車‥‥‥‥‥‥‥‥‥‥‥‥‥‥‥‥‥‥‥‥‥‥‥‥‥271
　　(4)　誤振込み‥‥‥‥‥‥‥‥‥‥‥‥‥‥‥‥‥‥‥‥‥‥‥‥‥‥‥273
　　(5)　不法原因給付‥‥‥‥‥‥‥‥‥‥‥‥‥‥‥‥‥‥‥‥‥‥‥‥275
　05　罪数・他罪との関係‥‥‥‥‥‥‥‥‥‥‥‥‥‥‥‥‥‥‥‥‥‥‥278
　　(1)　罪　数‥‥‥‥‥‥‥‥‥‥‥‥‥‥‥‥‥‥‥‥‥‥‥‥‥‥‥‥278
　　(2)　他罪との関係‥‥‥‥‥‥‥‥‥‥‥‥‥‥‥‥‥‥‥‥‥‥‥‥279
　06　電子計算機使用詐欺罪‥‥‥‥‥‥‥‥‥‥‥‥‥‥‥‥‥‥‥‥‥‥280
　　(1)　不実電磁的記録作出型‥‥‥‥‥‥‥‥‥‥‥‥‥‥‥‥‥‥280
　　(2)　虚偽電磁的記録供用型‥‥‥‥‥‥‥‥‥‥‥‥‥‥‥‥‥‥282
　　(3)　未遂・既遂‥‥‥‥‥‥‥‥‥‥‥‥‥‥‥‥‥‥‥‥‥‥‥‥‥283

（4）　罪数・他罪との関係 ……………………………………………… 283
　07　準詐欺罪 …………………………………………………………… 284
　（1）　意　義 …………………………………………………………… 285
　（2）　要　件 …………………………………………………………… 285

第 17 講　恐喝の罪 　　　　　　　　　　　　　　　　　　　　　　286

　01　総　説 ……………………………………………………………… 286
　02　1 項恐喝罪 ………………………………………………………… 286
　（1）　要　件 …………………………………………………………… 286
　（2）　着手・未遂 ……………………………………………………… 288
　（3）　問題類型 ………………………………………………………… 288
　03　恐喝利得罪 ………………………………………………………… 288
　（1）　要　件 …………………………………………………………… 288
　（2）　未遂・既遂 ……………………………………………………… 289
　04　権利行使と恐喝 …………………………………………………… 290
　（1）　判例の状況 ……………………………………………………… 290
　（2）　学説の状況 ……………………………………………………… 291
　（3）　本書の立場 ……………………………………………………… 291
　05　罪数・他罪との関係 ……………………………………………… 292

第 18 講　横領の罪 　　　　　　　　　　　　　　　　　　　　　　293

　01　総　説 ……………………………………………………………… 293
　（1）　類　型 …………………………………………………………… 293
　（2）　保護法益 ………………………………………………………… 293
　02　単純横領罪 ………………………………………………………… 294
　（1）　要　件 …………………………………………………………… 294
　（2）　既　遂 …………………………………………………………… 299
　（3）　問題類型 ………………………………………………………… 300
　03　業務上横領罪 ……………………………………………………… 306
　（1）　加重の根拠 ……………………………………………………… 306
　（2）　要　件 …………………………………………………………… 306
　（3）　共同正犯・共犯関係 …………………………………………… 307
　（4）　他罪との関係 …………………………………………………… 308
　04　占有離脱物横領罪 ………………………………………………… 309
　（1）　要　件 …………………………………………………………… 309
　（2）　未遂・既遂 ……………………………………………………… 310
　（3）　他罪との関係 …………………………………………………… 310
　05　親族間の特例 ……………………………………………………… 311

（1） 親族関係‥‥‥‥‥‥‥‥‥‥‥‥‥‥‥‥‥‥‥‥‥‥ 311

（2） 後見人と被後見人との親族関係‥‥‥‥‥‥‥‥‥‥‥ 311

06 横領罪における占有‥‥‥‥‥‥‥‥‥‥‥‥‥‥‥‥‥ 312

（1） 占有の意義‥‥‥‥‥‥‥‥‥‥‥‥‥‥‥‥‥‥‥‥ 312

（2） 問題類型‥‥‥‥‥‥‥‥‥‥‥‥‥‥‥‥‥‥‥‥‥ 312

第 19 講　背任の罪　315

01 総　説‥‥‥‥‥‥‥‥‥‥‥‥‥‥‥‥‥‥‥‥‥‥‥ 315

（1） 意　義‥‥‥‥‥‥‥‥‥‥‥‥‥‥‥‥‥‥‥‥‥‥ 315

（2） 本　質‥‥‥‥‥‥‥‥‥‥‥‥‥‥‥‥‥‥‥‥‥‥ 315

（3） 横領罪との罪数関係‥‥‥‥‥‥‥‥‥‥‥‥‥‥‥‥ 318

（4） 横領罪との区別‥‥‥‥‥‥‥‥‥‥‥‥‥‥‥‥‥‥ 319

02 背任罪‥‥‥‥‥‥‥‥‥‥‥‥‥‥‥‥‥‥‥‥‥‥‥ 321

（1） 要　件‥‥‥‥‥‥‥‥‥‥‥‥‥‥‥‥‥‥‥‥‥‥ 321

（2） 問題類型‥‥‥‥‥‥‥‥‥‥‥‥‥‥‥‥‥‥‥‥‥ 327

（3） 他罪との関係‥‥‥‥‥‥‥‥‥‥‥‥‥‥‥‥‥‥‥ 333

第 20 講　盗品等に関する罪　334

01 総　説‥‥‥‥‥‥‥‥‥‥‥‥‥‥‥‥‥‥‥‥‥‥‥ 334

（1） 意　義‥‥‥‥‥‥‥‥‥‥‥‥‥‥‥‥‥‥‥‥‥‥ 334

（2） 本　質‥‥‥‥‥‥‥‥‥‥‥‥‥‥‥‥‥‥‥‥‥‥ 334

02 盗品等関与罪‥‥‥‥‥‥‥‥‥‥‥‥‥‥‥‥‥‥‥‥ 335

（1） 要　件‥‥‥‥‥‥‥‥‥‥‥‥‥‥‥‥‥‥‥‥‥‥ 336

（2） 既　遂‥‥‥‥‥‥‥‥‥‥‥‥‥‥‥‥‥‥‥‥‥‥ 339

（3） 被害者への返還行為‥‥‥‥‥‥‥‥‥‥‥‥‥‥‥‥ 340

（4） 罪数・他罪との関係‥‥‥‥‥‥‥‥‥‥‥‥‥‥‥‥ 341

03 親族間の犯罪‥‥‥‥‥‥‥‥‥‥‥‥‥‥‥‥‥‥‥‥ 343

（1） 意　義‥‥‥‥‥‥‥‥‥‥‥‥‥‥‥‥‥‥‥‥‥‥ 343

（2） 適用要件‥‥‥‥‥‥‥‥‥‥‥‥‥‥‥‥‥‥‥‥‥ 344

第 21 講　毀棄・隠匿の罪　345

01 総　説‥‥‥‥‥‥‥‥‥‥‥‥‥‥‥‥‥‥‥‥‥‥‥ 345

（1） 保護法益‥‥‥‥‥‥‥‥‥‥‥‥‥‥‥‥‥‥‥‥‥ 345

（2） 毀棄・損壊の意義‥‥‥‥‥‥‥‥‥‥‥‥‥‥‥‥‥ 345

02 公用文書等毀棄罪‥‥‥‥‥‥‥‥‥‥‥‥‥‥‥‥‥‥ 347

03 私用文書等毀棄罪‥‥‥‥‥‥‥‥‥‥‥‥‥‥‥‥‥‥ 349

（1） 要　件‥‥‥‥‥‥‥‥‥‥‥‥‥‥‥‥‥‥‥‥‥‥ 349

（2） 親告罪‥‥‥‥‥‥‥‥‥‥‥‥‥‥‥‥‥‥‥‥‥‥ 350

04　建造物等損壊罪・建造物等損壊致死傷罪‥‥‥‥‥‥‥ 350
　　　（1）　建造物等損壊罪‥‥‥‥‥‥‥‥‥‥‥‥‥‥‥‥‥ 350
　　　（2）　建造物等損壊致死傷罪‥‥‥‥‥‥‥‥‥‥‥‥‥ 352
　　05　器物損壊罪‥‥‥‥‥‥‥‥‥‥‥‥‥‥‥‥‥‥‥‥‥ 352
　　　（1）　要　　件‥‥‥‥‥‥‥‥‥‥‥‥‥‥‥‥‥‥‥‥ 353
　　　（2）　親告罪‥‥‥‥‥‥‥‥‥‥‥‥‥‥‥‥‥‥‥‥‥ 353
　　06　境界損壊罪‥‥‥‥‥‥‥‥‥‥‥‥‥‥‥‥‥‥‥‥‥ 354
　　　（1）　要　　件‥‥‥‥‥‥‥‥‥‥‥‥‥‥‥‥‥‥‥‥ 354
　　　（2）　他罪との関係‥‥‥‥‥‥‥‥‥‥‥‥‥‥‥‥‥‥ 355
　　07　信書隠匿罪‥‥‥‥‥‥‥‥‥‥‥‥‥‥‥‥‥‥‥‥‥ 355
　　　（1）　要　　件‥‥‥‥‥‥‥‥‥‥‥‥‥‥‥‥‥‥‥‥ 355
　　　（2）　親告罪‥‥‥‥‥‥‥‥‥‥‥‥‥‥‥‥‥‥‥‥‥ 356

第22講　騒乱の罪　　357

　　01　総　　説‥‥‥‥‥‥‥‥‥‥‥‥‥‥‥‥‥‥‥‥‥‥ 357
　　02　騒乱罪‥‥‥‥‥‥‥‥‥‥‥‥‥‥‥‥‥‥‥‥‥‥‥ 357
　　　（1）　要　　件‥‥‥‥‥‥‥‥‥‥‥‥‥‥‥‥‥‥‥‥ 357
　　　（2）　罪　　質‥‥‥‥‥‥‥‥‥‥‥‥‥‥‥‥‥‥‥‥ 361
　　　（3）　共同正犯・共犯関係‥‥‥‥‥‥‥‥‥‥‥‥‥‥‥ 362
　　　（4）　他罪との関係‥‥‥‥‥‥‥‥‥‥‥‥‥‥‥‥‥‥ 363
　　03　多衆不解散罪‥‥‥‥‥‥‥‥‥‥‥‥‥‥‥‥‥‥‥‥ 363

第23講　放火・失火の罪　　366

　　01　総　　説‥‥‥‥‥‥‥‥‥‥‥‥‥‥‥‥‥‥‥‥‥‥ 366
　　　（1）　保護法益‥‥‥‥‥‥‥‥‥‥‥‥‥‥‥‥‥‥‥‥ 366
　　　（2）　類　　型‥‥‥‥‥‥‥‥‥‥‥‥‥‥‥‥‥‥‥‥ 367
　　　（3）　公共危険犯の類型‥‥‥‥‥‥‥‥‥‥‥‥‥‥‥‥ 368
　　　（4）　公共危険の意義‥‥‥‥‥‥‥‥‥‥‥‥‥‥‥‥‥ 369
　　　（5）　焼　　損‥‥‥‥‥‥‥‥‥‥‥‥‥‥‥‥‥‥‥‥ 372
　　02　現住建造物等放火罪‥‥‥‥‥‥‥‥‥‥‥‥‥‥‥‥‥ 375
　　　（1）　要　　件‥‥‥‥‥‥‥‥‥‥‥‥‥‥‥‥‥‥‥‥ 375
　　　（2）　着　　手‥‥‥‥‥‥‥‥‥‥‥‥‥‥‥‥‥‥‥‥ 378
　　03　非現住建造物等放火罪‥‥‥‥‥‥‥‥‥‥‥‥‥‥‥‥ 378
　　04　建造物等以外放火罪‥‥‥‥‥‥‥‥‥‥‥‥‥‥‥‥‥ 381
　　05　延焼罪‥‥‥‥‥‥‥‥‥‥‥‥‥‥‥‥‥‥‥‥‥‥‥ 382
　　06　消火妨害罪‥‥‥‥‥‥‥‥‥‥‥‥‥‥‥‥‥‥‥‥‥ 384
　　　（1）　要　　件‥‥‥‥‥‥‥‥‥‥‥‥‥‥‥‥‥‥‥‥ 384
　　　（2）　罪　　質‥‥‥‥‥‥‥‥‥‥‥‥‥‥‥‥‥‥‥‥ 385

07 失火の罪………………………………………………………… 385
　(1) 要　件…………………………………………………… 385
　(2) 罪　質…………………………………………………… 387
08 激発物破裂罪…………………………………………………… 387
09 ガス漏出等罪・ガス漏出等致死傷罪………………………… 388
10 問題類型………………………………………………………… 389
　(1) 建造物の一体性・独立性……………………………… 389
　(2) 公共危険の認識………………………………………… 392
　(3) 自己所有の延焼客体…………………………………… 395

第24講　出水・水利に関する罪　　　　　　　　　　　396

01 総　説…………………………………………………………… 396
　(1) 保護法益………………………………………………… 396
　(2) 類　型…………………………………………………… 396
02 現住建造物等浸害罪…………………………………………… 396
03 現住建造物等以外浸害罪……………………………………… 397
04 水防妨害罪……………………………………………………… 399
05 過失建造物等浸害罪…………………………………………… 399
06 水利妨害罪・出水危険罪……………………………………… 400
　(1) 水利妨害罪……………………………………………… 400
　(2) 出水危険罪……………………………………………… 401

第25講　往来を妨害する罪　　　　　　　　　　　　402

01 総　説…………………………………………………………… 402
02 往来妨害罪・往来妨害致死傷罪……………………………… 402
　(1) 往来妨害罪……………………………………………… 402
　(2) 往来妨害致死傷罪……………………………………… 403
03 往来危険罪……………………………………………………… 404
　(1) 要　件…………………………………………………… 404
　(2) 既遂・未遂……………………………………………… 406
04 汽車転覆等罪・汽車転覆等致死罪…………………………… 406
　(1) 汽車転覆等罪…………………………………………… 406
　(2) 汽車転覆等致死罪……………………………………… 408
05 往来危険汽車転覆等罪………………………………………… 409
　(1) 結果的加重犯…………………………………………… 409
　(2) 要　件…………………………………………………… 409
　(3) 死亡の結果……………………………………………… 410
06 過失往来危険罪………………………………………………… 411

xvii

第26講　阿片煙に関する罪　　413

01　総　説‥‥‥‥‥‥‥‥‥‥‥‥‥‥‥‥‥‥‥‥‥‥413
　(1)　保護法益・類型‥‥‥‥‥‥‥‥‥‥‥‥‥‥‥413
　(2)　薬物犯処罰の意義‥‥‥‥‥‥‥‥‥‥‥‥‥413
02　各犯罪の要件‥‥‥‥‥‥‥‥‥‥‥‥‥‥‥‥‥‥415
　(1)　阿片煙輸入等罪‥‥‥‥‥‥‥‥‥‥‥‥‥‥415
　(2)　阿片煙吸食器具輸入等罪‥‥‥‥‥‥‥‥‥‥415
　(3)　税関職員阿片煙等輸入罪・輸入許可罪‥‥‥‥‥415
　(4)　阿片煙吸食罪・阿片煙吸食場所提供罪‥‥‥‥‥416
　(5)　阿片煙等所持罪‥‥‥‥‥‥‥‥‥‥‥‥‥‥416

第27講　飲料水に関する罪　　417

01　総　説‥‥‥‥‥‥‥‥‥‥‥‥‥‥‥‥‥‥‥‥‥‥417
　(1)　保護法益・類型‥‥‥‥‥‥‥‥‥‥‥‥‥‥417
　(2)　浄水・水道水‥‥‥‥‥‥‥‥‥‥‥‥‥‥‥417
02　浄水汚染罪‥‥‥‥‥‥‥‥‥‥‥‥‥‥‥‥‥‥‥‥417
03　水道汚染罪‥‥‥‥‥‥‥‥‥‥‥‥‥‥‥‥‥‥‥‥419
04　浄水毒物等混入罪‥‥‥‥‥‥‥‥‥‥‥‥‥‥‥‥‥420
05　浄水汚染等致死傷罪‥‥‥‥‥‥‥‥‥‥‥‥‥‥‥‥420
06　水道毒物等混入罪・水道毒物等混入致死罪‥‥‥‥‥420
　(1)　水道毒物等混入罪‥‥‥‥‥‥‥‥‥‥‥‥‥421
　(2)　水道毒物等混入致死罪‥‥‥‥‥‥‥‥‥‥‥421
07　水道損壊等罪‥‥‥‥‥‥‥‥‥‥‥‥‥‥‥‥‥‥‥421

第28講　通貨偽造の罪　　423

01　総　説‥‥‥‥‥‥‥‥‥‥‥‥‥‥‥‥‥‥‥‥‥‥423
　(1)　保護法益‥‥‥‥‥‥‥‥‥‥‥‥‥‥‥‥‥423
　(2)　類　型‥‥‥‥‥‥‥‥‥‥‥‥‥‥‥‥‥‥424
02　通貨偽造罪・偽造通貨行使罪‥‥‥‥‥‥‥‥‥‥‥424
　(1)　通貨偽造罪‥‥‥‥‥‥‥‥‥‥‥‥‥‥‥‥424
　(2)　偽造通貨行使罪‥‥‥‥‥‥‥‥‥‥‥‥‥‥426
03　外国通貨偽造罪・偽造外国通貨行使罪‥‥‥‥‥‥‥429
　(1)　外国通貨偽造罪‥‥‥‥‥‥‥‥‥‥‥‥‥‥429
　(2)　偽造外国通貨行使罪‥‥‥‥‥‥‥‥‥‥‥‥430
04　偽造通貨等収得罪‥‥‥‥‥‥‥‥‥‥‥‥‥‥‥‥‥430
　(1)　要　件‥‥‥‥‥‥‥‥‥‥‥‥‥‥‥‥‥‥430
　(2)　他罪との関係‥‥‥‥‥‥‥‥‥‥‥‥‥‥‥431

xviii

05 収得後知情行使等罪‥‥‥‥‥‥‥‥‥‥‥‥‥‥‥‥‥ 432
 (1) 罪 質‥‥‥‥‥‥‥‥‥‥‥‥‥‥‥‥‥‥‥‥‥‥ 432
 (2) 要 件‥‥‥‥‥‥‥‥‥‥‥‥‥‥‥‥‥‥‥‥‥‥ 432
 (3) 額面価格‥‥‥‥‥‥‥‥‥‥‥‥‥‥‥‥‥‥‥‥‥ 433
06 通貨偽造等準備罪‥‥‥‥‥‥‥‥‥‥‥‥‥‥‥‥‥‥ 433
 (1) 要 件‥‥‥‥‥‥‥‥‥‥‥‥‥‥‥‥‥‥‥‥‥‥ 433
 (2) 未遂・既遂‥‥‥‥‥‥‥‥‥‥‥‥‥‥‥‥‥‥‥‥ 435
 (3) 本罪の従犯‥‥‥‥‥‥‥‥‥‥‥‥‥‥‥‥‥‥‥‥ 435

第29講　文書偽造の罪　　　　　　　　　　　　　436

01 総 説‥‥‥‥‥‥‥‥‥‥‥‥‥‥‥‥‥‥‥‥‥‥‥‥ 436
 (1) 保護法益‥‥‥‥‥‥‥‥‥‥‥‥‥‥‥‥‥‥‥‥‥ 436
 (2) 立法主義‥‥‥‥‥‥‥‥‥‥‥‥‥‥‥‥‥‥‥‥‥ 436
 (3) 類 型‥‥‥‥‥‥‥‥‥‥‥‥‥‥‥‥‥‥‥‥‥‥ 436
02 基本概念‥‥‥‥‥‥‥‥‥‥‥‥‥‥‥‥‥‥‥‥‥‥‥ 437
 (1) 文 書‥‥‥‥‥‥‥‥‥‥‥‥‥‥‥‥‥‥‥‥‥‥ 437
 (2) 名義人・作成者‥‥‥‥‥‥‥‥‥‥‥‥‥‥‥‥‥‥ 440
 (3) 偽造・変造と行使‥‥‥‥‥‥‥‥‥‥‥‥‥‥‥‥‥ 442
03 詔書偽造等罪‥‥‥‥‥‥‥‥‥‥‥‥‥‥‥‥‥‥‥‥ 445
 (1) 意 義‥‥‥‥‥‥‥‥‥‥‥‥‥‥‥‥‥‥‥‥‥‥ 445
 (2) 要 件‥‥‥‥‥‥‥‥‥‥‥‥‥‥‥‥‥‥‥‥‥‥ 446
04 公文書偽造等罪‥‥‥‥‥‥‥‥‥‥‥‥‥‥‥‥‥‥‥ 447
 (1) 要 件‥‥‥‥‥‥‥‥‥‥‥‥‥‥‥‥‥‥‥‥‥‥ 447
 (2) 補助公務員の作成権限‥‥‥‥‥‥‥‥‥‥‥‥‥‥‥ 449
05 虚偽公文書作成等罪‥‥‥‥‥‥‥‥‥‥‥‥‥‥‥‥‥ 451
 (1) 要 件‥‥‥‥‥‥‥‥‥‥‥‥‥‥‥‥‥‥‥‥‥‥ 451
 (2) 処 断‥‥‥‥‥‥‥‥‥‥‥‥‥‥‥‥‥‥‥‥‥‥ 452
 (3) 虚偽公文書作成等罪の間接正犯‥‥‥‥‥‥‥‥‥‥‥ 452
06 公正証書原本不実記載等罪‥‥‥‥‥‥‥‥‥‥‥‥‥‥ 454
 (1) 意 義‥‥‥‥‥‥‥‥‥‥‥‥‥‥‥‥‥‥‥‥‥‥ 454
 (2) 要 件‥‥‥‥‥‥‥‥‥‥‥‥‥‥‥‥‥‥‥‥‥‥ 454
 (3) 未遂・既遂‥‥‥‥‥‥‥‥‥‥‥‥‥‥‥‥‥‥‥‥ 456
 (4) 共同正犯・共犯関係‥‥‥‥‥‥‥‥‥‥‥‥‥‥‥‥ 456
 (5) 他罪との関係‥‥‥‥‥‥‥‥‥‥‥‥‥‥‥‥‥‥‥ 457
 (6) 問題類型‥‥‥‥‥‥‥‥‥‥‥‥‥‥‥‥‥‥‥‥‥ 457
07 偽造公文書行使等罪‥‥‥‥‥‥‥‥‥‥‥‥‥‥‥‥‥ 458
 (1) 要 件‥‥‥‥‥‥‥‥‥‥‥‥‥‥‥‥‥‥‥‥‥‥ 459
 (2) 他罪との関係‥‥‥‥‥‥‥‥‥‥‥‥‥‥‥‥‥‥‥ 459

08　私文書偽造等罪‥‥‥‥‥‥‥‥‥‥‥‥‥‥‥‥‥‥‥‥‥‥‥‥460

09　虚偽診断書等作成罪‥‥‥‥‥‥‥‥‥‥‥‥‥‥‥‥‥‥‥‥‥462

　(1)　要　件‥‥‥‥‥‥‥‥‥‥‥‥‥‥‥‥‥‥‥‥‥‥‥‥‥462

　(2)　未遂・既遂‥‥‥‥‥‥‥‥‥‥‥‥‥‥‥‥‥‥‥‥‥‥‥463

10　偽造私文書等行使罪‥‥‥‥‥‥‥‥‥‥‥‥‥‥‥‥‥‥‥‥464

　(1)　要　件‥‥‥‥‥‥‥‥‥‥‥‥‥‥‥‥‥‥‥‥‥‥‥‥‥464

　(2)　他罪との関係‥‥‥‥‥‥‥‥‥‥‥‥‥‥‥‥‥‥‥‥‥‥465

11　電磁的記録不正作出罪・不正作出電磁的記録供用罪‥‥‥‥‥‥466

　(1)　電磁的記録不正作出罪‥‥‥‥‥‥‥‥‥‥‥‥‥‥‥‥‥‥466

　(2)　不正作出電磁的記録供用罪‥‥‥‥‥‥‥‥‥‥‥‥‥‥‥‥467

　(3)　処　断‥‥‥‥‥‥‥‥‥‥‥‥‥‥‥‥‥‥‥‥‥‥‥‥‥468

　(4)　他罪との関係‥‥‥‥‥‥‥‥‥‥‥‥‥‥‥‥‥‥‥‥‥‥468

12　問題類型‥‥‥‥‥‥‥‥‥‥‥‥‥‥‥‥‥‥‥‥‥‥‥‥‥468

　(1)　写真コピー・ファックス書面の文書性‥‥‥‥‥‥‥‥‥‥468

　(2)　通称名の使用‥‥‥‥‥‥‥‥‥‥‥‥‥‥‥‥‥‥‥‥‥‥470

　(3)　偽名履歴書の作成‥‥‥‥‥‥‥‥‥‥‥‥‥‥‥‥‥‥‥‥471

　(4)　同姓同名の使用‥‥‥‥‥‥‥‥‥‥‥‥‥‥‥‥‥‥‥‥‥472

　(5)　代理名義の冒用‥‥‥‥‥‥‥‥‥‥‥‥‥‥‥‥‥‥‥‥‥473

　(6)　代理権の濫用・逸脱‥‥‥‥‥‥‥‥‥‥‥‥‥‥‥‥‥‥‥474

　(7)　名義人の承諾‥‥‥‥‥‥‥‥‥‥‥‥‥‥‥‥‥‥‥‥‥‥475

　(8)　行使の概念‥‥‥‥‥‥‥‥‥‥‥‥‥‥‥‥‥‥‥‥‥‥‥477

　(9)　偽造と虚偽文書作成の錯誤‥‥‥‥‥‥‥‥‥‥‥‥‥‥‥‥479

第30講　有価証券偽造の罪　　　　　　　　　　　　　　480

01　総　説‥‥‥‥‥‥‥‥‥‥‥‥‥‥‥‥‥‥‥‥‥‥‥‥‥‥480

　(1)　保護法益‥‥‥‥‥‥‥‥‥‥‥‥‥‥‥‥‥‥‥‥‥‥‥‥480

　(2)　類　型‥‥‥‥‥‥‥‥‥‥‥‥‥‥‥‥‥‥‥‥‥‥‥‥‥480

02　有価証券偽造・変造罪‥‥‥‥‥‥‥‥‥‥‥‥‥‥‥‥‥‥‥480

　(1)　要　件‥‥‥‥‥‥‥‥‥‥‥‥‥‥‥‥‥‥‥‥‥‥‥‥‥480

　(2)　問題類型‥‥‥‥‥‥‥‥‥‥‥‥‥‥‥‥‥‥‥‥‥‥‥‥483

03　有価証券虚偽記入罪‥‥‥‥‥‥‥‥‥‥‥‥‥‥‥‥‥‥‥‥484

04　偽造・虚偽記入有価証券行使等罪‥‥‥‥‥‥‥‥‥‥‥‥‥‥485

　(1)　要　件‥‥‥‥‥‥‥‥‥‥‥‥‥‥‥‥‥‥‥‥‥‥‥‥‥486

　(2)　未　遂‥‥‥‥‥‥‥‥‥‥‥‥‥‥‥‥‥‥‥‥‥‥‥‥‥487

　(3)　罪　数‥‥‥‥‥‥‥‥‥‥‥‥‥‥‥‥‥‥‥‥‥‥‥‥‥487

第31講　支払用カード電磁的記録に関する罪　　　　　488

01　総　説‥‥‥‥‥‥‥‥‥‥‥‥‥‥‥‥‥‥‥‥‥‥‥‥‥‥488

(1) 沿 革……………………………………………………………… 488
(2) 保護法益・類型………………………………………………… 488
02 支払用カード電磁的記録不正作出等罪……………………………… 489
(1) 支払用カード電磁的記録不正作出罪………………………… 489
(2) 不正作出電磁的記録供用罪…………………………………… 491
(3) 不正電磁的記録カード譲渡等罪……………………………… 491
(4) 未遂・不能犯…………………………………………………… 492
03 不正電磁的記録カード所持罪………………………………………… 493
(1) 沿 革……………………………………………………………… 493
(2) 要 件……………………………………………………………… 493
04 支払用カード電磁的記録不正作出準備罪…………………………… 494
05 罪 数……………………………………………………………… 496

第32講　印章偽造の罪　　　　　　　　　　　　　　　　　　497

01 総 説……………………………………………………………… 497
(1) 保護法益………………………………………………………… 497
(2) 類 型……………………………………………………………… 497
02 基本概念………………………………………………………………… 497
(1) 印章・署名・記号……………………………………………… 497
(2) 文書と印章・署名……………………………………………… 500
03 御璽偽造・不正使用等罪……………………………………………… 501
(1) 意 義……………………………………………………………… 501
(2) 要 件……………………………………………………………… 501
04 公印偽造・不正使用等罪……………………………………………… 502
05 公記号偽造・不正使用等罪…………………………………………… 503
06 私印偽造・不正使用等罪……………………………………………… 504

第33講　不正指令電磁的記録に関する罪　　　　　　　　　　　505

01 総 説……………………………………………………………… 505
(1) 沿 革……………………………………………………………… 505
(2) 保護法益・類型………………………………………………… 505
02 不正指令電磁的記録作成等罪………………………………………… 505
03 不正指令電磁的記録供用罪…………………………………………… 507
04 不正指令電磁的記録取得等罪………………………………………… 507
05 罪 数……………………………………………………………… 508

第34講　猥褻及び重婚の罪　　　　　　　　　　　　　　　　　509

01 総 説……………………………………………………………… 509

（1）　保護法益··509
　　（2）　猥褻の意義・判断方法·································511
　02　公然猥褻罪···514
　　（1）　要　件···515
　　（2）　共同正犯・共犯関係·······························516
　　（3）　罪　数···516
　03　猥褻物頒布等罪···517
　　（1）　要　件···517
　　（2）　問題類型···520
　　（3）　対向犯···521
　04　重婚罪··522
　　（1）　保護法益···523
　　（2）　要　件···523
　　（3）　婚姻の意味···523

第35講　賭博及び富籤に関する罪　　　　525

　01　総　説··525
　　（1）　保護法益···525
　　（2）　類型・正当化···527
　02　単純賭博罪···527
　　（1）　要　件···527
　　（2）　一時の娯楽に供する物·····························528
　　（3）　国外犯···528
　03　常習賭博罪···529
　　（1）　要　件···529
　　（2）　常習性···530
　04　賭博場開張図利罪・博徒結合図利罪···········533
　　（1）　賭博場開張図利罪·····································533
　　（2）　博徒結合図利罪·······································534
　05　富籤罪··534

第36講　礼拝所及び墳墓に関する罪　　　　536

　01　総　説··536
　　（1）　意　義···536
　　（2）　類　型···536
　02　礼拝所不敬罪···536
　　（1）　保護法益···537
　　（2）　要　件···537

03　説教等妨害罪‥‥‥‥‥‥‥‥‥‥‥‥‥‥‥‥‥‥‥‥‥‥‥‥‥ 538
　　　（1）保護法益‥‥‥‥‥‥‥‥‥‥‥‥‥‥‥‥‥‥‥‥‥‥‥‥‥ 538
　　　（2）要　件‥‥‥‥‥‥‥‥‥‥‥‥‥‥‥‥‥‥‥‥‥‥‥‥‥ 538
　　04　墳墓発掘罪‥‥‥‥‥‥‥‥‥‥‥‥‥‥‥‥‥‥‥‥‥‥‥‥‥‥ 540
　　　（1）保護法益‥‥‥‥‥‥‥‥‥‥‥‥‥‥‥‥‥‥‥‥‥‥‥‥‥ 540
　　　（2）要　件‥‥‥‥‥‥‥‥‥‥‥‥‥‥‥‥‥‥‥‥‥‥‥‥‥ 540
　　05　死体損壊等罪‥‥‥‥‥‥‥‥‥‥‥‥‥‥‥‥‥‥‥‥‥‥‥‥‥ 541
　　　（1）保護法益‥‥‥‥‥‥‥‥‥‥‥‥‥‥‥‥‥‥‥‥‥‥‥‥‥ 541
　　　（2）要　件‥‥‥‥‥‥‥‥‥‥‥‥‥‥‥‥‥‥‥‥‥‥‥‥‥ 542
　　　（3）他罪との関係‥‥‥‥‥‥‥‥‥‥‥‥‥‥‥‥‥‥‥‥‥‥‥ 543
　　06　墳墓発掘死体損壊等罪‥‥‥‥‥‥‥‥‥‥‥‥‥‥‥‥‥‥‥‥ 544
　　　（1）保護法益‥‥‥‥‥‥‥‥‥‥‥‥‥‥‥‥‥‥‥‥‥‥‥‥‥ 544
　　　（2）要　件‥‥‥‥‥‥‥‥‥‥‥‥‥‥‥‥‥‥‥‥‥‥‥‥‥ 544
　　07　変死者密葬罪‥‥‥‥‥‥‥‥‥‥‥‥‥‥‥‥‥‥‥‥‥‥‥‥‥ 545
　　　（1）保護法益‥‥‥‥‥‥‥‥‥‥‥‥‥‥‥‥‥‥‥‥‥‥‥‥‥ 545
　　　（2）要　件‥‥‥‥‥‥‥‥‥‥‥‥‥‥‥‥‥‥‥‥‥‥‥‥‥ 545

第37講　内乱・外患・国交に関する罪　　　547

　　01　内乱に関する罪‥‥‥‥‥‥‥‥‥‥‥‥‥‥‥‥‥‥‥‥‥‥‥ 547
　　　（1）総　説‥‥‥‥‥‥‥‥‥‥‥‥‥‥‥‥‥‥‥‥‥‥‥‥‥ 547
　　　（2）内乱罪‥‥‥‥‥‥‥‥‥‥‥‥‥‥‥‥‥‥‥‥‥‥‥‥‥ 547
　　　（3）内乱予備・陰謀罪‥‥‥‥‥‥‥‥‥‥‥‥‥‥‥‥‥‥‥‥ 550
　　　（4）内乱等幇助罪‥‥‥‥‥‥‥‥‥‥‥‥‥‥‥‥‥‥‥‥‥‥ 550
　　　（5）自首による刑免除‥‥‥‥‥‥‥‥‥‥‥‥‥‥‥‥‥‥‥‥ 551
　　02　外患に関する罪‥‥‥‥‥‥‥‥‥‥‥‥‥‥‥‥‥‥‥‥‥‥‥ 552
　　　（1）総　説‥‥‥‥‥‥‥‥‥‥‥‥‥‥‥‥‥‥‥‥‥‥‥‥‥ 552
　　　（2）外患誘致罪‥‥‥‥‥‥‥‥‥‥‥‥‥‥‥‥‥‥‥‥‥‥‥ 552
　　　（3）外患援助罪‥‥‥‥‥‥‥‥‥‥‥‥‥‥‥‥‥‥‥‥‥‥‥ 553
　　　（4）外患予備・陰謀罪‥‥‥‥‥‥‥‥‥‥‥‥‥‥‥‥‥‥‥‥ 554
　　03　国交に関する罪‥‥‥‥‥‥‥‥‥‥‥‥‥‥‥‥‥‥‥‥‥‥‥ 554
　　　（1）保護法益‥‥‥‥‥‥‥‥‥‥‥‥‥‥‥‥‥‥‥‥‥‥‥‥‥ 554
　　　（2）外国国章損壊罪‥‥‥‥‥‥‥‥‥‥‥‥‥‥‥‥‥‥‥‥‥ 555
　　　（3）私戦予備・陰謀罪‥‥‥‥‥‥‥‥‥‥‥‥‥‥‥‥‥‥‥‥ 557
　　　（4）中立命令違反罪‥‥‥‥‥‥‥‥‥‥‥‥‥‥‥‥‥‥‥‥‥ 557

第38講　公務の執行を妨害する罪　　　559

　　01　総　説‥‥‥‥‥‥‥‥‥‥‥‥‥‥‥‥‥‥‥‥‥‥‥‥‥‥‥ 559
　　　（1）保護法益‥‥‥‥‥‥‥‥‥‥‥‥‥‥‥‥‥‥‥‥‥‥‥‥‥ 559

xxiii

```
（2）　類　　型···················································· 559
02　公務執行妨害罪············································ 559
（1）　要　　件···················································· 559
（2）　適法性の錯誤·········································· 567
（3）　罪　　数···················································· 568
03　職務強要罪················································· 568
（1）　要　　件···················································· 568
（2）　他罪との関係·········································· 570
04　封印等破棄罪·············································· 570
（1）　要　　件···················································· 570
（2）　他罪との関係·········································· 573
05　強制執行妨害目的財産損壊等罪················· 573
（1）　沿　　革···················································· 573
（2）　要　　件···················································· 573
06　強制執行行為妨害等罪································· 577
（1）　1項犯罪·················································· 577
（2）　2項犯罪·················································· 578
07　強制執行関係売却妨害罪···························· 579
（1）　沿　　革···················································· 579
（2）　要　　件···················································· 579
08　加重封印等破棄等罪···································· 580
09　公契約関係競売等妨害・談合罪················· 581
（1）　沿　　革···················································· 581
（2）　公契約関係競売等妨害罪························· 582
（3）　談合罪····················································· 583
```

第 39 講　逃走の罪　　　　　　　　　　　　　　586

```
01　総　　説····················································· 586
（1）　保護法益・類型······································· 586
（2）　被拘禁者の類型······································· 586
02　単純逃走罪················································· 588
（1）　要　　件···················································· 588
（2）　着手・既遂············································· 589
03　加重逃走罪················································· 589
（1）　要　　件···················································· 589
（2）　着手・既遂············································· 590
（3）　他罪との関係·········································· 591
04　被拘禁者奪取罪·········································· 592
```

(1) 要　件……………………………………………………………………… 592
(2) 着手・既遂………………………………………………………………… 593
(3) 他罪との関係……………………………………………………………… 593
05　逃走援助罪…………………………………………………………………… 593
(1) 意　義……………………………………………………………………… 593
(2) 要　件……………………………………………………………………… 593
(3) 着手・既遂………………………………………………………………… 594
(4) 他罪との関係……………………………………………………………… 594
06　看守者等による逃走援助罪………………………………………………… 595
(1) 要　件……………………………………………………………………… 595
(2) 着手・既遂………………………………………………………………… 596

第40講　犯人蔵匿及び証拠隠滅の罪　　　　　597

01　総　説………………………………………………………………………… 597
(1) 保護法益…………………………………………………………………… 597
(2) 類　型……………………………………………………………………… 597
02　犯人蔵匿等罪………………………………………………………………… 597
(1) 要　件……………………………………………………………………… 597
(2) 罪　数……………………………………………………………………… 601
(3) 問題類型…………………………………………………………………… 601
03　証拠隠滅等罪………………………………………………………………… 603
(1) 要　件……………………………………………………………………… 603
(2) 問題類型…………………………………………………………………… 604
(3) 他罪との関係……………………………………………………………… 609
(4) 共同正犯・共犯関係……………………………………………………… 609
04　親族間の犯罪に関する特例………………………………………………… 610
(1) 趣旨・適用要件…………………………………………………………… 610
(2) 共同正犯・共犯関係……………………………………………………… 611
(3) 親族関係の錯誤…………………………………………………………… 612
05　証人等威迫罪………………………………………………………………… 613
(1) 沿　革……………………………………………………………………… 613
(2) 要　件……………………………………………………………………… 613
(3) 着手・既遂………………………………………………………………… 616
(4) 他罪との関係……………………………………………………………… 616

第41講　偽証、虚偽告訴の罪　　　　　617

01　総　説………………………………………………………………………… 617
(1) 偽証の罪の保護法益……………………………………………………… 617

（2）　虚偽告訴の罪の保護法益‥‥‥‥‥‥‥‥‥‥‥‥‥‥‥‥‥ 617
　02　偽証罪‥‥‥‥‥‥‥‥‥‥‥‥‥‥‥‥‥‥‥‥‥‥‥‥‥‥‥‥‥ 619
　　（1）　要　　件‥‥‥‥‥‥‥‥‥‥‥‥‥‥‥‥‥‥‥‥‥‥‥‥‥ 619
　　（2）　未遂・既遂‥‥‥‥‥‥‥‥‥‥‥‥‥‥‥‥‥‥‥‥‥‥‥‥ 623
　　（3）　間接正犯、共同正犯・共犯関係‥‥‥‥‥‥‥‥‥‥‥‥‥‥ 624
　　（4）　虚偽性の判断‥‥‥‥‥‥‥‥‥‥‥‥‥‥‥‥‥‥‥‥‥‥ 626
　03　虚偽鑑定等罪‥‥‥‥‥‥‥‥‥‥‥‥‥‥‥‥‥‥‥‥‥‥‥‥‥ 627
　04　自白による刑の任意的減免‥‥‥‥‥‥‥‥‥‥‥‥‥‥‥‥‥‥ 628
　　（1）　意　　義‥‥‥‥‥‥‥‥‥‥‥‥‥‥‥‥‥‥‥‥‥‥‥‥‥ 628
　　（2）　適用要件‥‥‥‥‥‥‥‥‥‥‥‥‥‥‥‥‥‥‥‥‥‥‥‥‥ 628
　05　虚偽告訴等罪‥‥‥‥‥‥‥‥‥‥‥‥‥‥‥‥‥‥‥‥‥‥‥‥‥ 629
　　（1）　要　　件‥‥‥‥‥‥‥‥‥‥‥‥‥‥‥‥‥‥‥‥‥‥‥‥‥ 629
　　（2）　着手・既遂‥‥‥‥‥‥‥‥‥‥‥‥‥‥‥‥‥‥‥‥‥‥‥‥ 632
　　（3）　罪　　数‥‥‥‥‥‥‥‥‥‥‥‥‥‥‥‥‥‥‥‥‥‥‥‥‥ 632
　06　自白による刑の任意的減免‥‥‥‥‥‥‥‥‥‥‥‥‥‥‥‥‥‥ 633
　　（1）　意　　義‥‥‥‥‥‥‥‥‥‥‥‥‥‥‥‥‥‥‥‥‥‥‥‥‥ 633
　　（2）　適用要件‥‥‥‥‥‥‥‥‥‥‥‥‥‥‥‥‥‥‥‥‥‥‥‥‥ 633

第42講　職権濫用の罪　　　　　　　　　　　　　　　　　　634

　01　総　　説‥‥‥‥‥‥‥‥‥‥‥‥‥‥‥‥‥‥‥‥‥‥‥‥‥‥‥ 634
　　（1）　保護法益‥‥‥‥‥‥‥‥‥‥‥‥‥‥‥‥‥‥‥‥‥‥‥‥‥ 634
　　（2）　類　　型‥‥‥‥‥‥‥‥‥‥‥‥‥‥‥‥‥‥‥‥‥‥‥‥‥ 634
　02　公務員職権濫用罪‥‥‥‥‥‥‥‥‥‥‥‥‥‥‥‥‥‥‥‥‥‥‥ 634
　　（1）　要　　件‥‥‥‥‥‥‥‥‥‥‥‥‥‥‥‥‥‥‥‥‥‥‥‥‥ 634
　　（2）　罪　　数‥‥‥‥‥‥‥‥‥‥‥‥‥‥‥‥‥‥‥‥‥‥‥‥‥ 638
　03　特別公務員職権濫用罪‥‥‥‥‥‥‥‥‥‥‥‥‥‥‥‥‥‥‥‥‥ 639
　04　特別公務員暴行陵虐罪‥‥‥‥‥‥‥‥‥‥‥‥‥‥‥‥‥‥‥‥‥ 639
　　（1）　要　　件‥‥‥‥‥‥‥‥‥‥‥‥‥‥‥‥‥‥‥‥‥‥‥‥‥ 640
　　（2）　承諾と本罪の成否‥‥‥‥‥‥‥‥‥‥‥‥‥‥‥‥‥‥‥‥ 641
　　（3）　罪　　数‥‥‥‥‥‥‥‥‥‥‥‥‥‥‥‥‥‥‥‥‥‥‥‥‥ 641
　05　特別公務員職権濫用等致死傷罪‥‥‥‥‥‥‥‥‥‥‥‥‥‥‥‥ 642
　　（1）　結果的加重犯‥‥‥‥‥‥‥‥‥‥‥‥‥‥‥‥‥‥‥‥‥‥ 642
　　（2）　判例の状況‥‥‥‥‥‥‥‥‥‥‥‥‥‥‥‥‥‥‥‥‥‥‥‥ 642
　　（3）　処　　断‥‥‥‥‥‥‥‥‥‥‥‥‥‥‥‥‥‥‥‥‥‥‥‥‥ 643

第43講　賄賂の罪　　　　　　　　　　　　　　　　　　　　644

　01　総　　説‥‥‥‥‥‥‥‥‥‥‥‥‥‥‥‥‥‥‥‥‥‥‥‥‥‥‥ 644
　　（1）　意義・類型‥‥‥‥‥‥‥‥‥‥‥‥‥‥‥‥‥‥‥‥‥‥‥‥ 644

(2)	保護法益	……………………………………	644
02	基本概念	…………………………………………	646
(1)	賄賂の意義	…………………………………	646
(2)	職務関連性の範囲	…………………………	648
03	単純収賄罪	………………………………………	653
(1)	要　件	………………………………………	653
(2)	罪　数	………………………………………	655
04	受託収賄罪	………………………………………	655
05	事前収賄罪	………………………………………	656
(1)	要　件	………………………………………	657
(2)	罪　数	………………………………………	657
06	第三者供賄罪	……………………………………	658
07	加重収賄罪	………………………………………	659
(1)	要　件	………………………………………	659
(2)	罪　数	………………………………………	660
08	事後収賄罪	………………………………………	660
09	斡旋収賄罪	………………………………………	661
(1)	要　件	………………………………………	661
(2)	他罪との関係	……………………………	663
10	贈賄罪	……………………………………………	663
(1)	要　件	………………………………………	663
(2)	罪　数	………………………………………	664
11	問題類型	…………………………………………	664
(1)	恐喝罪との関係	…………………………	664
(2)	社交儀礼と賄賂	…………………………	665
(3)	公務員の異動と収賄	……………………	667
12	没収・追徴	………………………………………	670
(1)	意　義	………………………………………	670
(2)	適用要件	……………………………………	670
(3)	追　徴	………………………………………	671
(4)	問題類型	……………………………………	672

事項索引	…………………………………………………	673
判例索引	…………………………………………………	681

■文献等の略語■

◇裁判例

大審院判決	大判
最高裁判所大法廷判決	最大判
最高裁判所小法廷判決	最判
最高裁判所小法廷決定	最決
○○高等裁判所判決	○○高判
○○高等裁判所決定	○○高決
○○地方裁判所判決	○○地判
○○地方裁判所決定	○○地決
○○簡易裁判所判決	○○簡判

◇裁判例掲載誌

大審院刑事判決録	刑録
大審院刑事判例集	刑集
法律新聞	法律新聞
最高裁判所刑事判例集	刑集
最高裁判所裁判集　刑事	裁判集刑
高等裁判所刑事判例集	高刑集
下級裁判所刑事判例集	下刑集
刑事裁判月報	刑裁月報
裁判所時報	裁判所時報
高等裁判所刑事裁判特報	高裁刑事裁判特報
高等裁判所刑事判決特報	高裁刑事判決特報
東京高等裁判所刑事判決時報	東高時報
刑事裁判資料	刑裁資料
判例時報	判時
判例タイムズ	判タ

◇法律雑誌

刑事法ジャーナル（成文堂）	刑事法ジャーナル
現代刑事法（現代法律出版）	現代刑事
ジュリスト（有斐閣）	ジュリ
判例時報（日本評論社）	判時
判例タイムズ（判例タイムズ社）	判タ
法学教室（有斐閣）	法教
法学セミナー（日本評論社）	法セ
法律時報（日本評論社）	法時

◇刑法各論

青柳文雄『刑法通論Ⅱ各論』（泉文堂・1963年）	青柳
朝倉京一『刑法各論』（酒井書店・1994年）	朝倉

井田　良『講義刑法学・各論』（有斐閣・2016 年）　　　　　　　　　　　　井田

板倉　宏『刑法各論』（勁草書房・2004 年）　　　　　　　　　　　　　　　板倉

伊東研祐『刑法講義各論』（日本評論社・2011 年）　　　　　　　　　　　　伊東

植松　正『刑法概論Ⅱ各論』（再訂版）（勁草書房・1975 年）　　　　　　　植松

内田文昭『刑法各論』（第 3 版）（青林書院・1996 年）　　　　　　　　　　内田

大越義久『刑法各論』（第 4 版）（有斐閣・2012 年）　　　　　　　　　　　大越

大塚　仁『刑法概説（各論）』（第 3 版増補版）（有斐閣・2005 年）　　　　大塚仁

大塚裕史『刑法各論の思考方法』（第 3 版）（早稲田経営出版・2010 年）　　大塚裕史

大場茂馬『刑法各論上巻』（第 11 版）（信山社・1922 年）　　　　　　　　大場・上

　　　　『刑法各論下巻』（第 8 版）（信山社・1914 年）　　　　　　　　　大場・下

大谷　實『刑法講義各論』（新版第 4 版補訂版）（成文堂・2015 年）　　　　大谷

岡野光雄『刑法要説各論』（第 5 版）（成文堂・2009 年）　　　　　　　　　岡野

小野清一郎『新訂刑法講義各論』（第 3 版）（有斐閣・1950 年）　　　　　　小野

香川達夫『刑法講義（各論）』（第 3 版）（成文堂・1996 年）　　　　　　　香川

柏木千秋『刑法各論』（有斐閣・1965 年）　　　　　　　　　　　　　　　　柏木

川端　博『刑法各論講義』（第 2 版）（成文堂・2010 年）　　　　　　　　　川端

吉川経夫『刑法各論』（法律文化社・1982 年）　　　　　　　　　　　　　　吉川

木村亀二『刑法各論』（復刊版）（法文社・1957 年）　　　　　　　　　　　木村亀二

木村光江『刑法』（第 3 版）（東大出版会・2010 年）　　　　　　　　　　　木村光江

草野豹一郎『刑法要論』（有斐閣・1956 年）　　　　　　　　　　　　　　　草野

江家義男『刑法各論』（増補版）（青林書院・1963 年）　　　　　　　　　　江家

小林　充『刑法』（第 4 版）（立花書房・2015 年）　　　　　　　　　　　　小林充

斎藤金作『刑法各論』（全訂版）（有斐閣・1969 年）　　　　　　　　　　　斎藤金作

斎藤信治『刑法各論』（第 4 版）（有斐閣・2014 年）　　　　　　　　　　　斎藤信治

齊藤誠二『刑法講義各論Ⅰ』（新訂版）（多賀出版・1979 年）　　　　　　　斎藤誠二

斉藤信宰『新版刑法講義（各論）』（成文堂・2007 年）　　　　　　　　　　斉藤信宰

佐伯千仭『刑法各論』（訂正版）（有信堂・1981 年）　　　　　　　　　　　佐伯千仭

佐久間修『刑法各論』（第 2 版）（成文堂・2012 年）　　　　　　　　　　　佐久間

澤登俊雄『刑法概論』（法律文化社・1976 年）　　　　　　　　　　　　　　澤登

設楽裕文『刑法』（学陽書房・2003 年）　　　　　　　　　　　　　　　　　設楽

下村康正『刑法各論』（北樹出版・1981 年）　　　　　　　　　　　　　　　下村

須之内克彦『刑法概説各論』（第 2 版）（成文堂・2014 年）　　　　　　　　須之内

曽根威彦『刑法各論』（第 5 版）（弘文堂・2012 年）　　　　　　　　　　　曽根

高橋則夫『刑法各論』（第 2 版）（成文堂・2014 年）　　　　　　　　　　　高橋

瀧川幸辰『刑法各論』（増補版）（世界思想社・1951 年）　　　　　　　　　瀧川

団藤重光『刑法綱要各論』（第 3 版）（創文社・1990 年）　　　　　　　　　団藤

中　義勝『刑法各論』（有斐閣・1975 年）　　　　　　　　　　　　　　　　中

中森喜彦『刑法各論』（第 4 版）（有斐閣・2015 年）　　　　　　　　　　　中森

中山研一『刑法各論』（成文堂・1984 年）　　　　　　　　　　　　　　　　中山

夏目文雄『刑法提要各論上巻』（法律文化社・1960 年）　　　　　　　　　　夏目・上

　　　　『刑法提要各論下巻』（法律文化社・1961 年）　　　　　　　　　　夏目・下

西田典之『刑法各論』（第 6 版）（弘文堂・2012 年）　　　　　　　　　　　西田

西原春夫『犯罪各論』（訂補準備版）（成文堂・1991 年）　　　　　　西原

萩原　滋『刑法概要〔各論〕』（第 3 版）（成文堂・2014 年）　　　　萩原

橋本正博『刑法各論』（新世社・2017 年）　　　　　　　　　　　　橋本

林　幹人『刑法各論』（第 2 版）（東大出版会・2007 年）　　　　　　林

平出　禾『刑法各論』（再版）（酒井書店・1985 年）　　　　　　　平出

平川宗信『刑法各論』（有斐閣・1995 年）　　　　　　　　　　　　平川

平野龍一『刑法概説』（有斐閣・1977 年）　　　　　　　　　　　　平野

福田　平『全訂刑法各論』（第 3 版増補版）（有斐閣・2002 年）　　　福田

藤木英雄『刑法講義各論』（弘文堂・1976 年）　　　　　　　　　　藤木

堀内捷三『刑法各論』（有斐閣・2003 年）　　　　　　　　　　　　堀内

前田雅英『刑法各論講義』（第 6 版）（東大出版会・2015 年）　　　　前田

牧野英一『重訂日本刑法下巻』（有斐閣・1938 年）　　　　　　　　牧野

町野　朔『刑法各論の現在』（有斐閣・1996 年）　　　　　　　　　町野

松原芳博『刑法各論』（日本評論社・2016 年）　　　　　　　　　　松原

松宮孝明『刑法各論講義』（第 4 版）（成文堂・2016 年）　　　　　　松宮

三原憲三『新版刑法各論』（成文堂・2009 年）　　　　　　　　　　三原

宮内　裕『新訂刑法各論講義』（有信堂・1960 年）　　　　　　　　宮内

宮本英脩『刑法大綱』（覆刻版）（成文堂・1984 年）　　　　　　　宮本

泉二新熊『日本刑法論各論』（増補第 42 版）（有斐閣・1917 年）　　泉二

山口　厚『刑法各論』（第 2 版）（有斐閣・2010 年）　　　　　　　山口

山中敬一『刑法各論』（第 3 版）（成文堂・2015 年）　　　　　　　山中

吉田常次郎『日本刑法』（中大出版局・1959 年）　　　　　　　　　吉田

◇刑法総論

青柳文雄『刑法通論Ⅰ総論』（泉文堂・1965 年）　　　　　　　　青柳・総論

浅田和茂『刑法総論』（補正版）（成文堂・2007 年）　　　　　　　浅田・総論

阿部純二『刑法総論』（日本評論社・1997 年）　　　　　　　　　阿部・総論

井田　良『講義刑法学・総論』（有斐閣・2008 年）　　　　　　　井田・総論

板倉　宏『刑法総論』（補訂版）（勁草書房・2007 年）　　　　　　板倉・総論

伊東研祐『刑法講義総論』（日本評論社・2010 年）　　　　　　　伊東・総論

植松　正『刑法概論Ⅰ総論』（再訂版）（勁草書房・1974 年）　　　植松・総論

内田文昭『改訂刑法Ⅰ（総論）』（補正版）（青林書院・1997 年）　内田・総論

大越義久『刑法総論』（第 5 版）（有斐閣・2013 年）　　　　　　　大越・総論

大嶋一泰『刑法総論講義案第 1 分冊』（全訂新版）（信山社・1999 年）　大嶋・総論 1

　　　　『刑法総論講義案第 2 分冊』（全訂新版）（信山社・2000 年）　大嶋・総論 2

　　　　『刑法総論講義案第 3 分冊』（信山社・2002 年）　　　　　大嶋・総論 3

　　　　『刑法総論講義案第 4 分冊』（信山社・2003 年）　　　　　大嶋・総論 4

大塚　仁『刑法概説（総論）』（第 4 版）（有斐閣・2008 年）　　　大塚仁・総論

大塚裕史『刑法総論の思考方法』（第 4 版）（早稲田経営出版・2012 年）

　　　　　　　　　　　　　　　　　　　　　　　　　　　　大塚裕史・総論

大場茂馬『刑法総論上巻』（復刻版）（信山社・1994 年）　　　　　大場・総論上

　　　　『刑法総論下巻』（復刻版）（信山社・1994 年）　　　　　大場・総論下

大谷　實『刑法講義総論』（新版第 4 版）（成文堂・2012 年）　　　　　　大谷・総論

岡野光雄『刑法要説総論』（第 2 版）（成文堂・2009 年）　　　　　　　　岡野・総論

小野清一郎『新訂刑法講義総論』（第 14 版）（有斐閣・1955 年）　　　　小野・総論

香川達夫『刑法講義（総論）』（第 3 版）（成文堂・1995 年）　　　　　　香川・総論

柏木千秋『刑法総論』（有斐閣・1982 年）　　　　　　　　　　　　　　　柏木・総論

川端　博『刑法総論講義』（第 3 版）（成文堂・2013 年）　　　　　　　　川端・総論

吉川経夫『改訂刑法総論』（3 訂補正版）（法律文化社・1996 年）　　　　吉川・総論

木村亀二（阿部純二増補）『刑法総論』（有斐閣・1978 年）　　　　　木村亀二・総論

木村光江『刑法』（第 3 版）（東大出版会・2002 年）　　　　　　　　　　木村光江

草野豹一郎『刑法要論』（有斐閣・1956 年）　　　　　　　　　　　　　　草野・総論

江家義男『刑法（総論）』（千倉書房・1952 年）　　　　　　　　　　　　江家・総論

小林憲太郎『刑法総論』（新世社・2014 年）　　　　　　　　　　　小林憲太郎・総論

小林　充『刑法』（第 4 版）（立花書房・2015 年）　　　　　　　　　　小林充・総論

小松　進『刑法総論』（不磨書房・2003 年）　　　　　　　　　　　　　　小松・総論

裁判所職員総合研修所『刑法総論講義案』（4 訂版）（司法協会・2016 年）

　　　　　　　　　　　　　　　　　　　　　　　　　　　　　　　　　裁総研・総論

斎藤金作『刑法総論』（改訂版）（有斐閣・1955 年）　　　　　　　　斎藤金作・総論

斎藤信治『刑法総論』（第 6 版）（有斐閣・2008 年）　　　　　　　　斎藤信治・総論

斉藤信宰『新版刑法講義（総論）』（成文堂・2007 年）　　　　　　　斉藤信宰・総論

齋野彦弥『刑法総論』（新世社・2007 年）　　　　　　　　　　　　　　　齋野・総論

佐伯千仭『刑法講義（総論）』（4 訂版）（有斐閣・1981 年）　　　　　佐伯千仭・総論

佐伯仁志『刑法総論の考え方・楽しみ方』（有斐閣・2013 年）　　　　佐伯仁志・総論

佐久間修『刑法総論』（成文堂・2009 年）　　　　　　　　　　　　　佐久間・総論

設楽裕文『刑法』（学陽書房・2003 年）　　　　　　　　　　　　　　　　設楽・総論

下村康正『犯罪論の基本的思想』（成文堂・1960 年）　　　　　　　　　下村・正

　　　　　『続・犯罪論の基本的思想』（成文堂・1965 年）　　　　　　下村・続

荘子邦雄『刑法総論』（第 3 版）（青林書院・1996 年）　　　　　　　　　荘子・総論

鈴木茂嗣『刑法総論』（第 2 版）（成文堂・2011 年）　　　　　　　　　　鈴木・総論

関　哲夫『講義刑法総論』（成文堂・2015 年）　　　　　　　　　　　　　関・総論

曽根威彦『刑法総論』（第 4 版）（弘文堂・2008 年）　　　　　　　　　　曽根・総論

高橋則夫『刑法総論』（第 3 版）（成文堂・2016 年）　　　　　　　　　　高橋・総論

瀧川幸辰『犯罪論序説』（改訂版）（有斐閣・1947 年）　　　　　　　　　瀧川・総論

立石二六『刑法総論』（第 3 版）（成文堂・2008 年）　　　　　　　　　　立石・総論

団藤重光『刑法綱要総論』（第 3 版）（創文社・1990 年）　　　　　　　　団藤・総論

内藤　謙『刑法講義総論（上）』（有斐閣・1983 年）　　　　　　　　内藤・総論上

　　　　　『刑法講義総論（中）』（有斐閣・1986 年）　　　　　　　内藤・総論中

　　　　　『刑法講義総論（下）I』（有斐閣・1991 年）　　　　　内藤・総論下 I

　　　　　『刑法講義総論（下）II』（有斐閣・2002 年）　　　　　内藤・総論下 II

中　義勝『講述犯罪総論』（有斐閣・1980 年）　　　　　　　　　　　　　中・総論

中野次雄『刑法総論概要』（第 3 版補訂版）（成文堂・1997 年）　　　　　中野・総論

中山研一『刑法総論』（成文堂・1982 年）　　　　　　　　　　　　　　　中山・総論

西田典之『刑法総論』（第 2 版）（弘文堂・2010 年）　　　　　　　　　　西田・総論

西原春夫『刑法総論上巻』（改訂版）（成文堂・1993 年）　　　　　西原・総論上
　　　　　　『刑法総論下巻』（改訂準備版）（成文堂・1993 年）　　　西原・総論下
野村　稔『刑法総論』（補訂版）（成文堂・1998 年）　　　　　　　　野村・総論
萩原　滋『刑法概要〔総論〕』（第 3 版）（成文堂・2014 年）　　　　萩原・総論
橋本正博『刑法総論』（新世社・2015 年）　　　　　　　　　　　　　橋本・総論
林　幹人『刑法総論』（第 2 版）（東大出版会・2008 年）　　　　　　林・総論
平野龍一『刑法総論 I』（有斐閣・1972 年）　　　　　　　　　　　　平野・総論 I
　　　　　　『刑法総論 II』（有斐閣・1975 年）　　　　　　　　　　　平野・総論 II
平場安治『刑法総論講義』（有信堂・1952 年）　　　　　　　　　　　平場・総論
福田　平『全訂刑法総論』（第 5 版）（有斐閣・2011 年）　　　　　　福田・総論
藤木英雄『刑法講義総論』（弘文堂・1975 年）　　　　　　　　　　　藤木・総論
船山泰範『刑法学講話〔総論〕』（成文堂・2010 年）　　　　　　　　船山・総論
堀内捷三『刑法総論』（第 2 版）（有斐閣・2004 年）　　　　　　　　堀内・総論
前田雅英『刑法総論講義』（第 6 版）（東大出版会・2015 年）　　　　前田・総論
牧野英一『重訂日本刑法上巻』（増補第 68 版）（有斐閣・1942 年）　　牧野・総論
町野朔『刑法総論講義案 I』（第 2 版）（信山社・1995 年）　　　　　町野・総論
松原芳博『刑法総論』（第 2 版）（日本評論社・2017 年）　　　　　　松原・総論
松宮孝明『刑法総論講義』（第 5 版）（成文堂・2017 年）　　　　　　松宮・総論
三原憲三（＝津田重憲）『刑法総論講義』（第 5 版）（成文堂・2009 年）三原・総論
宮本英脩『刑法大綱』（弘文堂・1935 年）　　　　　　　　　　　　　宮本・総論
泉二新熊『日本刑法論総論』（有斐閣・1927 年）　　　　　　　　　　泉二・総論
森下　忠『刑法総論』（悠々社・1993 年）　　　　　　　　　　　　　森下・総論
山口　厚『刑法総論』（第 3 版）（有斐閣・2016 年）　　　　　　　　山口・総論
山中敬一『刑法総論』（第 2 版）（成文堂・2007 年）　　　　　　　　山中・総論

◇判例評釈

『最高裁判所判例解説刑事篇○年度』（法曹会・各年）

『○年度重要判例解説』（有斐閣・各年）

西原春夫ほか編『判例刑法研究』1 ～ 8（有斐閣・1980 ～ 1981 年）

芝原邦爾編　『刑法の基本判例』（有斐閣・1988 年）

松原芳博編　『刑法の判例』総論・各論（成文堂・2011 年）

西田典之ほか　『判例刑法』総論・各論（第 6 版）（有斐閣・2013 年）

小林充＝植村立郎編『刑事事実認定重要判決 50 選』上巻・下巻（第 2 版）（立花書房・
　　2013 年）

山口厚＝佐伯仁志編『刑法判例百選』I 総論・II 各論（第 7 版）（有斐閣・2014 年）

◇注釈書・コンメンタール・講座等

日本刑法学会編　『刑事法講座』第 1 巻～第 7 巻（有斐閣・1952 ～ 1954 年）

日本刑法学会編　『刑法講座』第 1 巻～第 6 巻（有斐閣・1963 ～ 1964 年）

団藤重光編　『注釈刑法』(1) ～ (6)・補巻(1)(2)（有斐閣・1964 ～ 1969 年、1974 年、
　　1976 年）

中　義勝編　『論争刑法』（世界思想社・1976 年）

中山研一ほか編　『現代刑法講座』第1巻〜第7巻（成文堂・1977〜1982年）

石原一彦ほか編　『現代刑罰法大系』第1巻〜第7巻（日本評論社・1977〜1982年）

芝原邦爾ほか編　『刑法理論の現代的展開』総論Ⅰ・総論Ⅱ・各論（日本評論社・1988
　　〜1996年）

小野清一郎ほか　『刑法』（第3版増補）（有斐閣・1989年）

阿部純二＝川端博編　『基本問題セミナー刑法』1総論・2各論（一粒社・1992年）

小林充＝香城敏麿編　『刑事事実認定』上巻・下巻（判例タイムズ社・1992年）

阿部純二ほか編　『刑法基本講座』第1巻〜第6巻（法学書院・1992〜1994年）

植松正ほか　『現代刑法論争』Ⅰ・Ⅱ（第2版）（勁草書房・1997年）

中山研一ほか　『レヴィジオン刑法』1〜3（成文堂・1997〜2009年）

大塚仁ほか編　『大コンメンタール刑法』第1巻〜第13巻（第2版）（青林書院・1999
　　〜2006年）

大塚仁ほか編　『大コンメンタール刑法』第1巻〜（第3版）（青林書院・2013年〜）

木谷　明編　『刑事事実認定の基本問題』（第2版）（成文堂・2000年）

川端　博ほか　『徹底討論刑法理論の展望』（成文堂・2000年）

山口　厚ほか　『理論刑法学の最前線』（岩波書店・2001年）

川端　博ほか編　『裁判例コンメンタール刑法』第1巻〜第3巻（立花書房・2006年）

西田典之ほか編　『刑法の争点』（有斐閣・2007年）

前田雅英編集代表　『条解刑法』（第2版）（弘文堂・2007年）

小林充＝植村立郎編　『刑事事実認定重要判決50選』上巻・下巻（補訂版）（立花書房・
　　2007年）

曽根威彦＝松原芳博編『重点課題刑法』総論・各論（成文堂・2008年）

川端　博ほか編　『理論刑法学の探究』①〜⑧（成文堂・2008〜2015年）

浅田和茂＝井田良編　『新基本法コンメンタール刑法』（日本評論社・2012年）

西田典之ほか編　『注釈刑法』第1巻〜（有斐閣・2011年〜）

第00講　ガイダンス

01　３段階の認定法

　犯罪の認定は、通常、①行為・行為者の**法律要件該当性**、②行為の**違法性**、③行為者の**有責性**を軸になされます。しかも、それぞれの判断においては、㋐規準となる概念の意義、要件等を提示する作業〔**規準の提示**〕、㋑生の事実を加工して規準に当てはめる作業〔**事実の当てはめ**〕、そして、㋒結論を出す作業〔**結論の提示**〕がなされます。

　例えば、法律要件該当性の判断においては、まず、㋐一定の犯罪・犯罪者の法律要件を提示し、次に、㋑生の行為・行為者に係る事実を加工して法律要件に当てはめ、そして、㋒法律要件該当性に関する結論を出すという３段階の判断をするのです。この作業は、階段を１段、１段上るような作業ではなく、上ったり下がったり、思考の往復運動をしながらなされる作業です。

02　刑法解釈学

　刑法の規範的意味を体系的に明らかにするのが刑法解釈学であり、具体的には、犯罪の法律要件と法効果とを明らかにする学問といってもよいのです。

　刑法典が「第１編　総則」と「第２編　罪（各則）」に分けられていることに対応して、刑法解釈学は、刑法総論と刑法各論に分けられます。

(1)　刑法総論

　刑法総論は、刑法の基本原則、すべての犯罪に共通する一般的な成立要件、刑罰の基礎理論、個々の犯罪・犯罪者に共通する一般的な性質・概念を明らかにするとともに、刑罰の種類・適用及び刑法の適用範囲などを解明する分野で、いわば犯罪・犯罪者の概念を横断的に考察する学問領域です。

(2)　刑法各論

　これに対し、**刑法各論**は、個々の犯罪に固有の法律要件・法効果を明らかにするとともに、犯罪・犯罪者間の相互の関係や区別を念頭におきながら個々の犯罪の処罰範囲を解明する分野で、いわば犯罪・犯罪者の概念を縦断的に

考察する学問領域です。

① **法益の３分類**　犯罪の保護法益は刑罰法規を解釈する際の「導きの星」で、これを規準にして、犯罪の体系化がなされています。その場合、保護法益の帰属主体が個人であるか、社会・公衆であるか、それとも国家であるかに応じて、個人法益、社会法益、及び国家法益の３つに分類されます[1]。

② **刑法各論の体系**　個人は国政の上で最大限に尊重されるべきであるとする個人尊重主義（憲法 13 条）を念頭におくならば、刑法各論においては、まず個人法益を基底とすべきでしょう。しかも、個人法益は捕捉しやすく、また身近な概念ですから、個人法益に対する犯罪から解説していくのが分かりやすい。次に、個人の集合としての公衆の利益である社会法益、最後に、国家の存立・機構・作用に関わる国家法益が位置づけられます。

③ **刑法各論の新たな体系化**　現代型犯罪を意識して犯罪学の視点から犯罪を分類しようという試み[2]や、社会の生活領域別での人間行動の類型に応じて犯罪の体系化を試みる作業[3]、あるいは、市民の生活領域別に犯罪を分類しようとする試み[4]などもなされています。

03　本書について

(1)　本書の形式

① **講義スタイル**　本書は、刑法各論を 43 項目に分け、各項目について１回の講義で完結するスタイルを取っています。それは、各犯罪について修得すべき内容と授業で講義する内容との距離を縮めたいからです。また、講義口調の口語表現で叙述しました。それは、講義を聴いている雰囲気で読み進めていくことで、基本書と授業との距離を縮めたいからです。

② **要件の提示**　本書は、各犯罪の成立要件を「要件」として示したうえで、それらを解説するというスタイルを採りました。刑法各論の主な役目が、各犯罪の法律要件を解析し、その意味を明らかにすることにあるのですから、

---

1)　これを**法益三分類説**といいます。なお、団藤・8 〜 9 頁参照。
2)　例えば、藤木・3 頁以下。
3)　例えば、西原・4 頁以下。
4)　例えば、平川・5 頁以下。

刑法各論において、その要件的思考法を実践すべきと考えたからです。

③ **ゴシック体** また、本書は、ゴシック体を多用しています。それらは、各犯罪の法律要件や重要語句だけでなく、学説やそのポイント、重要な判例、スローガン（標語）などを提示するときに使われています。

④ **大・小のフォント** 本書では、大きいフォントは、基本的内容を解説するとき、具体的には、法律要件、基本論点、重要語句及び本書の立場を解説するときに、小さいフォントは、事例を提示するときや、重要判例、学説を解説するときに用いています。

⑤ **枠囲い** 本書は、事例を提示するときや、判例を示すとき、学説の状況を解説するとき、小さいフォントを用いて枠囲いを施しています。

⑥ **網かけ** 本書は、重要判例について、小さいフォントを用い、網かけを施しています。

⑵ **本書の内容**

① **本書の体系** 本書は、法益三分類説を前提にして、**個人法益**に対する罪、**社会法益**に対する罪、そして、**国家法益**に対する罪の順に解説しています。

個人法益に対する罪については、まず生命に対する罪、身体に対する罪、自由・私生活の平穏・秘密に対する罪、名誉に対する罪、信用・業務に対する罪、財産に対する罪の順序で解説しています。最も難解で複雑（>_<）なのは、財産に対する罪ですので、やや詳しく解説しています。

② **解説の順序** 各犯罪について、まず、その意義、保護法益・類型、前提となる基本概念を解説し、次に、各犯罪の条文を示したうえで、その要件（法律要件）を記し、それらの意義等を解説しています。その際、当該項目に関する判例や学説の内容・根拠をやや詳しく、時には、レジュメの形式を用いて紹介し、本書の立場を明らかにしています。さらに、議論の多い論点を「問題類型」として詳しく解説しています。これにより、ショクンは、当該問題について、「本書の立場」を含めて判例・学説の見解を相対化し、「私見」を固め、論述問題・事例問題で答案を書くとき、ディベートで意見を述べるときに、自らの見解として提示できるようにしてもらいたい。自分の見解を「one of them」として相対化できてこそ、それを血肉化できると考えます。

4

第01講　殺人の罪

01　総　説

　殺人の罪は人の生命を侵害する罪で、個人法益に対する罪の中核です。ここでの人は人の生命を前提としますので、自然人のみを指します[1]。

　意外なことに、**人の意義を積極的に定めた条文は存在せず**[2]、わずかに人の始期・終期に関連する規定が存在しているにすぎません[3]。

(1)　人の始期

　人の生命は受精に始まり、受精卵が子宮に着床して、胎児へと至ります。人の出生は、胎児と人とを分ける概念として、堕胎の罪（212条以下）と殺人の罪（199条以下）、傷害の罪（204条以下）、過失傷害の罪（209条以下）などとを画する基点となります。

「胎児」 ──＜出生＞──「人」		
堕胎の問題	**始期**	殺人・傷害・過失致死傷・生体遺棄などの問題

 ⓐ **分娩開始（陣痛開始）説**[4]──妊婦の規則的な陣痛が始まったとき
  ＜根拠＞・陣痛・分娩の開始は、胎児が母体外で生存可能な程度に成熟していることを意味し、したがって、人として保護に値する段階に至ったと解することができる
 ⓑ **一部露出説**[5]──胎児の身体の一部が母体から出たとき

---

1) 但し、人を殺す行為に、法人を故意に消滅させることも含まれるという解釈を排斥するものではありません。将来、そのような解釈が認められるときが来るかもしれません。
2) 人を定義することは意外に難しいのです。例えば、ウルトラマンは人なのか宇宙人なのか、宇宙人も人なのか、変身前は人といえても変身後もなお人といえるのか。また、人を定義する場合、ヒトとしての遺伝子、知能、機能、形態その他何を規準とするかで大きく変わります。刑法解釈学は、この課題を生物学、医学、哲学等に委ねているのです。
3) 始期に関連する条文として、例えば、民法1条の3が、終期に関連する条文として、例えば、「墓地、埋葬等に関する法律」3条、「刑事収容施設及び被収容者等の処遇に関する法律」179条、「臓器の移植に関する法律」6条などがあります。
4) 井田・17頁。ドイツ、フランスの通説です。
5) 判例（大判大正8・12・13刑録25・1367）・通説です。この説の中には、一部露出後に再び母体内に戻ったときは「胎児」として扱うべきであるという見解（大谷・9頁）もありますが、既遂

　　　　＜根拠＞・胎児が母体から一部でも露出すれば、直接それ自体を侵害の客
　　　　　　　　　体とすることができるので、それを独立に保護する必要がある
　　　　　　　　・胎児に対する侵襲である堕胎罪と、人に対する侵害である殺人
　　　　　　　　　罪とを明確に区別することができる
　ⓒ　**全部露出説**[6] ——胎児の身体の全部が母体から出たとき
　　　＜根拠＞・権利の主体である人たるには、胎児の身体が母体から全部出た
　　　　　　　　　ことを重視すべきである
　　　　　　　　・人の始期は、攻撃行為の態様によってではなく、殺人罪として
　　　　　　　　　の保護に値する状態であるかという保護客体の状況によって決
　　　　　　　　　定すべきである
　ⓓ　**独立呼吸説**[7] ——胎児の身体が母体から出て、自らの肺によって独立に呼
　　　　　　　　　吸を開始したとき
　　　＜根拠＞・独立した生命としての保護を享受する段階は、胎児が自分で呼
　　　　　　　　　吸をし、独立した生命体としての活動を開始したときである

　ⓑ説は、行為態様を規準に法的概念を確定する逆転した発想で、疑問があ
ります。本書はⓒ**全部露出説**を妥当と考えますが、この説に立つと、全部露
出の直前の胎児を殺害したとき、堕胎罪にとどまり、人の生命に対する保護
が遅くなってしまうという批判があります。しかし、その点は法概念の特徴
といえます。むしろ、そうした問題点は、人の始期の変更ではなく、堕胎罪
の法定刑の変更によって対応すべきでしょう。また、この説に対しては、胎
児への攻撃が一部露出後なのか全部露出後なのかを判断するのは困難である
という批判が加えられます。しかし、それは、およそあらゆる法概念が抱え
る困難であり、例えば、一部露出説でも、胎児への攻撃が一部露出の直前に
なされたのか一部露出後になされたのかを判断するのが困難であるのと同じ
です。その困難は、事実認定を精密に行うことで克服するしかありません。

(2)　人の終期

　「死亡」は、人と死体とを分ける法概念として、殺人の罪（199条以下）、傷
害の罪（204条以下）、過失傷害の罪（209条以下）などと死体遺棄・死体損壊罪

　は未遂に戻らないという刑法的思考の要諦になじまない思考法といわざるをえません。
6)　平野龍一『犯罪論の諸問題下巻』（1982年）261頁、中森・5頁、松宮・12頁、松原・7頁。イ
　ギリスの通説です。民法においては全部露出説が通説ですが、胎児にも権利能力を認める例外が
　存在していることに注意してください。
7)　大場・上・45頁。

6　　第01講　殺人の罪

（190条）とを画する基点となります。

「人」―――――――＜死亡＞―――――「死体」		
殺人・傷害・過失致死傷・生体遺棄などの問題	**終期**	死体遺棄・死体損壊の問題

　生命現象の消失という点からみたとき、死亡は、まず**主要臓器の機能**が停止することで人の**部分死**が生じ、場合によっては、それが人の全体的な**個体死**を惹き起こすことで、人は死亡し、死体となります[8]。部分死と個体死を分けるのは、個体は常に細胞や臓器・組織の部分死を抱えながら生命を維持している生命現象をうまく説明できるからです。

ⓐ　**三徴候説（総合判定説）**[9]――自発呼吸の停止、脈拍停止、瞳孔散大の３つの徴候の発症をもって人の終期とする
＜根拠＞・人の終期はできるだけ総合的に判定すべきであり、人の死については部分死ではなく全体死・個体死を重視すべきである
・「死」と「死へのプロセス」とは区別すべきである
ⓑ　**脳死説（全脳死説）**[10]――脳幹を含めた脳全体の機能が不可逆的に停止したときを人の終期とするにすぎない
・死は「プロセス」であり、そのどの時点を「死」とするかは立法者の決断の問題である

　本書は、自発呼吸の停止（肺機能停止）、脈拍停止（心機能停止）、瞳孔散大（脳機能停止）の３つの徴候をもって、生命現象の消失を全体的に把握しようとする**三徴候説**を基本とすべきと考えます。

　しかし、人工呼吸器、人工心肺装置、心臓ペースメーカー等の人工的な生命維持装置の開発・進歩により、血液循環、肺循環の機能を人工的に維持することが可能となり、三徴候説の基盤が揺らいでいます。他方、死に行く者の臓器を活用して他の者の生命を生かしてゆく臓器移植（特に心臓移植）への

8）主要臓器を規準としたとき、個体レベルの死には、①初めに心拍動が停止し、その後に脳機能が停止し、呼吸が停止して個体死となり、全死へとつながる**心臓死**、②初めに肺呼吸が停止し、その後に脳機能が停止し、心拍動が停止して個体死となり、全死へとつながる**肺臓死**、そして、③初めに脳機能が停止し、その後に肺呼吸が停止し、血圧降下が生じ、心拍動が停止して個体死となり、全死へとつながる**脳死**の形態があります。

9）大阪地判平成5・07・09判時1473・156、福田・147頁、大塚仁・10頁、大谷・10頁、中森・7頁、前田・9頁、松原・10頁。

10）全脳死説といいます。植松・247頁、団藤・377頁、平野・156頁、斎藤誠二・34頁、岡野・3頁、高橋・12頁、西田・9頁、伊東・43頁、山口・10頁、井田・20頁。

強い要請を背景にして、脳死説が主張されました[11]。

(3) 臓器移植法

臓器移植法[12] 6 条は、移植用の臓器を摘出する行為が許容されるための要件を、次のように規定しています。

> 医師は、
> ⓐ 死亡した者が生存中に臓器を移植術に使用されるために提供する意思を書面により表示している場合であって、その旨の告知を受けた遺族が当該臓器の摘出を拒まないとき又は遺族がないとき、又は、
> ⓑ 死亡した者が生存中に臓器を移植術に使用されるために提供する意思を書面により表示している場合及び当該意思がないことを表示している意外の場合であって、遺族が当該臓器の摘出について書面により承諾しているとき、
> この法律に基づき、移植術に使用されるための臓器を、死体（脳死した者の身体を含む。）から摘出することができる（同条 1 項）。

脳死した者の身体とは、その身体から移植術に使用されるための臓器が摘出されることとなる者であって、脳幹を含む全脳の機能が不可逆的に停止するに至ったと判定された者の身体をいいます（同条 2 項）[13]。

臓器移植法の規定は、移植のための臓器摘出の場合に限って脳死を人の死と認めたもので、臓器提供者の事前の自己決定、遺族の同意などの要件を充たした場合には、刑法 202 条に該当する嘱託・承諾殺人行為の違法性が阻却されることを認めた特別規定といえます[14]。すなわち、通常の場合は三徴候説に従って判定するのですが、臓器移植の場合には脳死説に従うという、相対的な死概念へと歩を進めた規定なのです。

---

11) 目的・領域に応じて死の概念を相対化し、臓器移植（特に心臓移植）の領域では脳死説を、通常の場合には三徴候説を採るという二元説もありえます。

12) 正式名称は、「臓器の移植に関する法律」（1997 年法律第 104 号）です。法律の正式名称と略称・ニックネームは、常に区別するように。

13) 同法において「臓器」とは、「人の心臓、肺、肝臓、腎臓その他厚生労働省令で定める内臓及び眼球」（同法 5 条）をいいます。

14) この見解は、前提として、医学界及び法学界においていわば慣習法のように存在している三徴候説を一般的な死の概念として肯定しています。

8   第01講　殺人の罪

02　殺人罪（199条）

> 人を殺した者は、死刑又は無期若しくは5年以上の懲役に処する。
> 未遂も罰せられます（203条）。

(1)　要　件

> ①　人が客体であること〔客体〕
> ②　人を殺すこと〔行為・結果〕
> ③　故意があること〔故意〕

　①　**客　体**　**人**とは、行為者以外の者とするのが支配的見解です。しかし、そのように解するのは、文理上の根拠というよりも、実質的根拠にあります[15]。本書の立場によれば、行為者本人も人であり、人を殺した者に行為者本人も含まれ、自殺は本罪の形式的要件を充足します。ただ、自殺には、行為者本人の自殺意思が存在していますので、殺人罪の減軽犯罪である自殺関与・同意殺人罪（202条）を検討することにはなるのですが。

　②　**行為・結果**　**殺す**とは、自然の死期に先立って人の生命を毀滅することをいいます。その態様としては、例えば、ナイフで刺殺する作為による場合もあれば、親がわが子に食べ物を与えないで餓死させる不作為による場合[16]もあります。また、その手段・方法としては、拳銃、ナイフ、毒薬などを用いる物理的手段〔有形的手段〕もあれば、例えば、精神的ストレス、妄想などを与えて自殺に追い込むなどの心理的手段〔無形的方法〕もあります。さらに、殺すことの形態としては、自ら殺害の行為をする直接正犯の形態もあれば、他人又は被害者[17]を利用する間接正犯の形態もあります。

　殺す行為と死亡結果との間には、因果関係が必要です。

　③　**故　意**　本罪は故意犯ですから、人を殺すについて故意が必要です。

(2)　罪数・他罪との関係

　人の生命は、それぞれが独立の価値を有していますので、罪数の評価に当たっても、個々の客体ごとに被害者の数を規準にします。1人の人を殺害す

---

15)　刑法は、「人の」（130条・142条・161条の2など）、「他人の」（104条・159条・260条など）、「自己若しくは他人の」（105条の2）と規定して、文言を使い分けています。

16)　大判大正4・02・10刑録21・90。

17)　**最決昭和27・02・21**刑集6・2・275（意思能力を欠いた被害者を利用した殺人罪を肯定）。

る意図でその準備行為を行い〔殺人予備〕、殺害行為を始めたが失敗した〔殺人未遂〕が、さらに近接した場所・時間において同一人物を殺害するに至った〔殺人既遂〕ときは、1個の殺人罪が成立し、殺人予備、殺人未遂はそれに吸収されます。

他方、1個の行為によって複数の人を殺害したときは、被害者の数だけの殺人罪が成立し、（同種の）観念的競合となります。

03　殺人予備罪（201条）

199条の罪〔殺人罪〕を犯す目的で、その予備をした者は、2年以下の懲役に処する。ただし、情状により、その刑を免除することができる。

(1)　要　件

① 殺人罪を犯す目的があること〔目的〕
② その予備をすること〔行為〕
③ 故意があること〔故意〕

① **目　的**　本罪の成立には、殺人罪を犯そうという**目的**が必要です。この目的は、通常の目的と同じく、単に漠然とした意図では充分でなく、ある程度具体的な殺人行為を内容とする意図であることを要します。ただ、確定的であることを要せず、条件付きの目的[18]、未必的な目的で足ります。

本罪は、殺人罪（199条）の処罰を前段階へと拡張したもので、自らが殺人を実行する目的の自己予備のみを対象とし、他人予備は含みません。

② **行　為**　殺人の**予備をする**とは、殺人を実現するための準備行為をすることです。その具体的行為は多様ですが、例えば、殺害のための凶器を準備する、凶器を携行して被害者を捜し回る、被害者殺害の意図で被害者宅に侵入するなどの行為がこれに当たります。

殺人の予備は、殺人の遂行に役立ちうる客観的危険性のある準備行為であることが必要で、そうした危険性のない行為は、本罪の不能犯となります。

③ **故　意**　主観要件として、目的のほかに、殺人の予備行為をするについて故意〔予備の故意〕が必要です。

---

18) 例えば、交渉が決裂したときには相手を刺し殺す意図で、刀剣を携行して相手の居宅を訪れる行為など。大判明治42・06・01刑録15・769参照。

10　第01講　殺人の罪

(2)　予備の中止

　殺人罪を犯す目的でその予備を行ったが、自発的に殺人の実行行為を行うことを中止した予備の中止の場合、判例[19]は、43条但し書の準用を否定しますが、刑の権衡を図るために準用を認めるべきです[20]。

(3)　他罪との関係

　被害者を殺害する予備を行った者がさらに同じ被害者を殺害するに至ったときは、殺人予備罪（201条、199条）は殺人罪（199条）に吸収されます。

　人を殺害する目的で、凶器を携行して被害者宅に侵入したにとどまったときは、（銃砲刀剣類所持等取締法などの特別法違反のほかに）住居侵入罪（130条）と殺人予備罪の観念的競合（54条1項前段）となり、さらに被害者を殺害するに至ったときは、殺人予備罪は殺人罪に吸収され、住居侵入罪と殺人罪は牽連犯（54条1項後段）となります。

04　自殺関与・同意殺人罪 (202条)

> 　人を教唆し若しくは幇助して自殺させ、又は人をその嘱託を受け若しくはその承諾を得て殺した者は、6月以上7年以下の懲役又は禁錮に処する。
> 　前条の罪の未遂は、罰する（203条）。

(1)　意　義

　①　**自殺不処罰の根拠**　199条・202条の**人**は行為者以外の他人を意味し、自殺（未遂）は199条・202条の要件を充足しないので不可罰と解するのが支配的見解です。

ⓐ	**違法性阻却説**[21]	法益主体は自己の法益について自己決定の自由、処分の自由を有し、自殺は法益主体が自己の法益を処分する行為であるから違法でない
ⓑ	**可罰的違法性阻却説**[22]	自殺は違法であるが、刑罰をもって罰するほどの可罰的違法性が欠如する
ⓒ	**責任阻却説**[23]	自殺は可罰的違法性のある行為であるが、自殺者には自

---

19)　大判大正5・05・04刑録22・685。
20)　関・総論・379頁以下、444頁参照。
21)　通説です。なお、井田・30頁（結果不法ではなく行為不法が欠ける）参照。
22)　中・22頁、大谷・17頁、曽根・12頁、山中・26頁。
23)　瀧川・30頁、林・30頁、萩原・9頁。

> 殺に至る諸事情があるがゆえに期待可能性が欠け、非難
> することができないので責任が欠ける

　自殺行為の遂行者と被殺者とが一致しているのが自殺です。自殺という現象を202条に引きつけてみると、次のように解析することができます。

㋐	自殺教唆：「自殺意思を有するA」が、「自殺意思を有しない自分A」を説得・教唆して自殺をさせた
㋑	自殺幇助：「自殺意思を有しないA」が、「自殺意思を有する自分A」を激励・鼓舞し、又は「自殺意思を有する自分A」のために自殺用の道具等を準備してあげて、自殺を容易にした
㋒	嘱託殺人：「殺意のないA」が、「死を望んでいる自分A」に依頼されて、「死を望んでいる自分A」を殺害した
㋓	承諾殺人：「死を望んでいないA」が、「死を望んでいる自分A」の承諾を得て、「死を望んでいる自分A」を殺害した

　こうした過程は、同一人の中で進行しており、外部からは見えにくいのですが、それは自殺関与・同意殺人と同様であって、同一人の中で進行しているか、他人の介在のもとで進行しているかの違いにすぎません。

　自殺は、202条の要件を充足し、可罰的違法性を有するのは明らかです。但し、自殺では、生命放棄の意思を軸にして自殺関与者と自殺者、殺害行為者と被殺者とが同一人の中で完結しているのに対し、他人の介在する通常の自殺関与・同意殺人では、自殺者とは別に自殺関与者が存在し、生命放棄の意思を軸にして異なる人物が相互に向きあっています。自殺は自己完結型の閉じられた私事領域であるのに対し、通常の自殺関与・同意殺人は他者介入型の開かれた私事領域であり、そのため不純物が混入する危険があるのです。この点に、同じ構造を有するのに、前者が罪責を問われないのに、後者が罪責を問われる理由があります。

　国家が刑罰でもって自殺（未遂）を抑止することを控える背後には、自己の生命を自ら絶つ決定も自己決定の一環であり、国家が干渉を控えるべきという意味で、違法性の減弱が認められるとともに、自殺者には自殺を決意するに至った事情が存在するであろうから、刑罰でもって思いとどまらせるのは難しいという意味で、有責性の減弱が認められるのです。また、自殺（未遂）者を処罰することには、刑法・刑罰の社会適応性[24]が欠如しているとも考

12　第01講　殺人の罪

えられます。

　②　**処罰根拠**　自殺関与の行為はなぜ処罰されるのでしょうか。

ⓐ　**違法性阻却説**──自殺そのものは違法ではない
　　　　⇒しかし、自殺に関与する行為は、本人だけが処分しうる生命に他人が干渉するものなので、可罰的違法性が認められる／生命という重大な法益の自己処分については、刑法はパターナリズムの観点から介入し、本人の生命処分に他人が干渉するのを排除するために可罰的違法性を認めた
ⓑ　**可罰的違法性阻却説**──自殺は違法であるが、自己決定の自由が実現されているので可罰的違法性が欠ける
　　　　⇒しかし、自殺に関与する行為には、減弱しているとはいえ可罰的違法性が認められる
ⓒ　**責任阻却説**──自殺は違法であるが、自殺者に非難可能性がなく有責性が欠如する
　　　　⇒しかし、自殺に関与する行為は当然に可罰的違法性を有するが、関与者は、自殺を決意するに至った深刻な事情に共感・同情したので、自殺者と同様に責任非難が減少する

　自殺関与の典型は、自らを殺害する〔自殺〕という殺人罪（199条）への教唆・幇助であり、それは本来、61条1項・63条により処断されるべき形態なのです。しかし、それだと、自殺の教唆・幇助と通常の殺人の教唆・幇助とが、違法性・有責性の点で大きな差異があるにもかかわらず、同一条文で処断されることになってしまいます。そこで、202条前段は、殺人罪の教唆・幇助の違法性・有責性減少の罪として、自殺関与罪を規定したと考えられます。

　他方、同意殺人罪が通常の殺人罪より刑が軽くなっているのは、殺害行為への嘱託・承諾の中に被殺者本人による生命放棄の自己決定が存在しているからで、同意殺人罪は、自殺関与罪と同質の犯罪であるとともに、殺人罪の違法性・有責性減少の犯罪なのです。

　③　**類　型**

○自殺関与罪（202条前段）──自殺教唆罪・自殺幇助罪
○同意殺人罪（202条後段）──嘱託殺人罪・承諾殺人罪

24）これは、刑法の機能の限界を画する謙抑主義の下位原理です。

04　自殺関与・同意殺人罪（202条）　　13

(2)　要　件

① 人が客体であること〔客体〕
② 人を教唆して自殺を決意させ、若しくは幇助して自殺を援助し、自殺を実行させること、又は、人の嘱託を受け若しくはその承諾を得て殺すこと〔行為・結果〕
③ 故意があること〔故意〕

① **客　体**　客体は、死について**自由な意思決定の能力を有する者**でなければなりません。通常の意思能力を欠き、自殺の意味・結果を理解しない者に自殺の方法を教えて自殺させた場合や、自由な意思決定ができない状況の中で嘱託・承諾をした場合は、本罪ではなく殺人罪が成立します[25]。

② **行為・結果**　**教唆して**とは、自殺意思のない者に自殺の意思を生じさせて自殺させることであり、教唆の方法には制限はありません。自殺の教唆と自殺の決意、さらに自殺との間には、因果関係が必要です。**幇助して**とは、既に自殺の意思を有する者に対して、その自殺行為を援助して自殺させることであり、例えば、自殺のための道具を提供するなどの物理的援助や、「死後、立派なお墓を造って、墓参を欠かさないから」といった心理的援助もこれに当たります。自殺の幇助と自殺との間には因果関係が必要ですが、幇助が自殺行為及び死亡結果に対して、ある程度の物理的・心理的因果力を及ぼせば足ります。

また、人をその**嘱託を受けて**殺すとは、被殺者から殺害の依頼を受けてこれを殺害することをいい、人をその**承諾を得て**殺すとは、殺害行為者の殺害の申出について被殺者の同意を得てこれを殺害することです。行為者の殺害行為と被殺者の死亡との間には、因果関係が必要です。

③ **故　意**　人を教唆して自殺を決意させ、若しくは幇助して自殺を援助し、自殺を実行させること、又は、人の嘱託を受け若しくはその承諾を得て殺すことについて、故意が必要です。

(3)　着手・未遂

① **自殺関与罪**　自殺関与罪は、被教唆者・被幇助者が自殺を遂げたときに既遂となり、自殺行為を行ったが死にきれなかった場合は未遂です。

---

25) 最決昭和 27・02・21 刑集 6・2・275。

14 第01講 殺人の罪

ⓐ **行為者標準説** [26]──着手時期：行為者が教唆・幇助の行為を開始したとき
　　＜根拠＞・自殺には違法性がなく、本罪は独立の犯罪類型であって、共
　　　　　　　犯従属性の原則は妥当しない
　　　　　・本罪の教唆・幇助行為はそれ自体自殺の結果を生じさせる現
　　　　　　実的危険性を有する行為として独立に処罰される
　　　　　・本罪の未遂を処罰する規定がある以上、本人の自殺行為とは
　　　　　　関係なく未遂罪が成立すると考えるべきである

ⓑ **自殺者標準説** [27]──着手時期：自殺者本人が自殺行為を開始したとき
　　＜根拠＞・着手時期について本罪と同意殺人罪とを統一的に理解するに
　　　　　　　は、本罪の着手時期は自殺行為の開始と解するのが妥当であ
　　　　　　　る
　　　　　・本罪の趣旨が自殺者の生命の保護にあるとすれば、その具体
　　　　　　的危険が発生したとき未遂とすればよいので、実行従属性を
　　　　　　認めるのが妥当である
　　　　　・殺人罪の教唆の場合、被教唆者の殺人行為が開始されなけれ
　　　　　　ば実行の着手が認められないのに、それよりも軽い自殺教唆・
　　　　　　幇助罪の場合に、教唆行為・幇助行為があっただけで犯罪が
　　　　　　成立するとするのは不均衡である

ⓒ **折衷説** [28]──着手時期：教唆・幇助の行為を開始したとき
　　　　　　　　未遂犯成立時期：自殺者が自殺行為を開始したとき
　　＜根拠＞・自殺教唆・幇助罪は独立の犯罪類型であり、行為者の自殺教
　　　　　　　唆行為・幇助行為には実行行為性を認めることができる一般
　　　　　　　的危険性が具わっている
　　　　　・教唆行為・幇助行為の開始は実行の着手であるが、自殺者が
　　　　　　自殺行為を開始することによって生命に対する具体的危険が
　　　　　　生じ、国家が刑罰をもって干渉することが可能となる

　ⓐ説は、未遂犯の処罰範囲を前段階へと拡張しすぎています。自殺の教唆
行為・幇助行為にはそれ自体、自殺の結果を生じさせる危険性はありますが、
それは通常の教唆・幇助に認められる程度のもので、直ちに刑罰をもって干
渉しなければならない危険性は認められません。他方、ⓑ説は実行従属性を
踏まえている点で妥当ですが、自殺行為の開始をもって直ちに本罪の未遂犯
を認めるのは疑問です。さらに、ⓒ説が、実行着手時期と未遂犯成立時期を

26）平野・159頁、前田・19頁、大谷・20頁。
27）通説です。
28）曽根・15頁。

区別した点は合理的ですが、本罪を独立の犯罪とする前提は妥当でありませんし、行為者の自殺の教唆行為・幇助行為に実行行為性を認める点は、通常の教唆犯・幇助犯への理論的影響を考えると、再検討を要するでしょう。

　本書は、自殺関与罪は総則の教唆犯・幇助犯と異ならない性質・構造を有するものと解しますので、自殺者本人が**自殺行為を開始したとき**をもって本罪の実行の着手となり、本罪の未遂犯が成立するのは、自殺者が自殺行為を開始し、さらに生命に対する**具体的危険**が生じたときです。理論的に、実行の着手時期と未遂犯の成立時期とを区別する必要があるからです[29]。

　②　**同意殺人罪**　同意殺人罪においては、被殺者の嘱託を受け又はその承諾を得て、行為者が**殺害行為を開始したとき**に本罪の実行の着手が認められ、さらに生命に対する具体的危険が生じたときに本罪の未遂犯が成立します。

05　問題類型

(1)　脅迫・威迫による自殺

　自殺関与・同意殺人罪では、自殺の決意及び殺害への同意が自由な意思決定に基づくものでなければなりません。問題となるのは、脅迫・威迫などの心理的強制によって自殺を決意させた場合です。

　一般的には、被害者の意思決定の自由を失わせる程度の脅迫・威迫を加えて自殺させた場合、例えば、執拗に暴行・強迫を加えて被害者を自殺に追い込んだ場合には、自殺関与罪ではなく殺人罪が成立します。これに対し、被害者の意思決定の自由を失わせる程度には至っていない脅迫・威迫を加えて自殺させた場合、例えば、暴行・強迫を加えたが被害者が自らの自由意思で自殺を決意し自殺した場合には、自殺関与罪が成立します[30]。その場合、行為者の脅迫・威迫の態様・頻度・強度、威迫以外の行為者の行為態様などの行為者側の事情、及び、被害者と行為者との関係、被害者の心理状態の変

29）関・総論・352 頁以下参照。なお、**広島高判昭和 29・06・30** 高刑集 7・6・944（自殺教唆罪を肯定）、**福岡高裁宮崎支部判昭和 64・03・24** 高刑集 42・2・103、判タ 718・226〔強盗〕殺人罪を肯定）参照。

30）**広島高判昭和 29・06・30** 高刑集 7・6・944（自殺教唆罪を肯定）、**福岡高裁宮崎支部判昭和 64・03・24** 高刑集 42・2・103、判タ 718・226〔強盗〕殺人罪を肯定）。

16   第01講　殺人の罪

化、自殺意思形成の経緯などの被害者側の事情を考慮して判断します。

⑵　偽装心中

①　**心中の形態**　心中には、次の形態があります。

⑦　お互いが同時に自分で服毒したり、自分で自分の喉にナイフを刺すなど、それぞれが自分で自分の生命を絶つ行為をする形態〔同時死形態〕

④　お互いに同時に他者に毒を服用させたり、他者の喉にナイフを刺し合うなど、互いに他者を殺害する行為をする形態〔相対死形態〕

⑦の形態の場合、自分で自分の生命を絶つ行為については自殺関与・同意殺人罪が成立し、他者の自殺に対して互いに教唆・幇助した行為については自殺関与罪が成立することになります。これに対して、④の形態の場合、互いに他者に対する同意殺人罪が成立することになります。

⑦・④のいずれの形態においても、行為者が死亡していれば罪責を問いようがありませんが、未遂にとどまった場合でも、同意殺人未遂については違法性・有責性の減弱を考慮し、自殺関与未遂については他者の自殺意思への共感・同情に基づく有責性の減弱を考慮します。

②　**偽装心中の罪責**　心中する意思が無いのに、追死するかのように装って相手を誤信させ、自殺させた場合の罪責について議論があります。

ⓐ　**自殺意思無効説**〔殺人罪説〕[31]——自殺意思は無効であり、行為者には殺人罪が成立する

　　＜根拠＞・自殺を決意するに当たって、行為者の追死が重要な要素となっている以上、それについての誤信は重大な瑕疵であり、相手方の自殺意思は自由かつ真意に基づくものとはいえない

　　　　　　・真実を知っていれば自殺の意思は生じなかったはずなので、自殺意思は無効である

　　　　　　・したがって、被害者を利用した間接正犯形態の殺人罪が成立する

ⓑ　**自殺意思有効説**〔自殺関与罪説〕[32]——自殺意思は有効であり、行為者には自殺関与罪が成立

　　＜根拠＞・行為者の追死は自殺決意をもたらす条件の１つにはなって

---

31)　判例（仙台高判昭和27・09・15高刑集5・11・1820、最判昭和33・11・21刑集12・15・3519、判時169・28〔百選Ⅱ・1〕）、団藤・400頁、大塚仁・21頁、斉藤誠二・105頁、井田・36頁。

32)　平野・158頁、中山・36頁、曽根・14頁、中森・12頁、松原・18頁。

> いるけれども、相手方は死や自殺の意味を十分に理解できる正常な判断能力を有する者である
> ・判断能力のある者にとって行為者の追死の如何が自殺の本質的要因であるとしうるか疑問である
> ・追死についての誤信は動機・縁由の錯誤にすぎず、「死ぬこと」について錯誤はない

　本書によれば、自殺意思は有効であり、自殺関与罪が成立するにとどまります〔**自殺意思有効・自殺関与罪説**〕。この点、**法益関係的錯誤説**[33]によれば、相手方は、自己の生命という法益に直接関係する事項について錯誤に陥っていないので、自殺関与罪が成立するにとどまります。

⑶　同意の誤信

　まず、①嘱託・承諾がないのに、行為者があると誤信して被害者を殺害した場合、軽い同意殺人罪の故意で、重い殺人罪を実現した異なる法律要件間の事実の錯誤（抽象的事実の錯誤）であり、38条2項により、法律要件の重なり合う軽い同意殺人罪が成立します。

　逆に、②殺害行為時に嘱託・承諾があったのに、ないと誤信して被害者を殺害した場合は、同意（承諾）の認識の要否に関わり、**偶然承諾**として、学説では議論があります[34]。

> 　重い殺人罪の故意で、軽い同意殺人罪を実現した抽象的事実の錯誤として、重なり合う軽い同意殺人罪が成立するとする説[35]、行為者・被害者の間に嘱託・承諾の関係がない以上、殺人の故意に影響を及ぼすことがないので、殺人罪が成立するとする説[36]、さらに、行為者は殺人の故意で通常の殺人罪の実行行為を行ったが、生じた結果は違法性が減弱した同意殺人罪であるから、殺人罪の未遂であるとする説[37]などが主張されています。

　客観的には、殺害行為の時に現に嘱託・承諾は存在したのですから、そこには、「被害者の意思に反して殺害する」という殺人罪の実行行為が存在しませんので、客観的に実現された同意殺人罪の成立を認めるべきです。

33）佐伯仁志「被害者の錯誤について」神戸大学・神戸法学年報1号（1985年）51頁以下、西田・17頁、山口・15頁、高橋・21頁。

34）関・総論・178頁以下参照。

35）大塚仁・23頁、中山・38頁、大谷・22頁、斉藤誠二・122頁、岡野・9頁、曽根・15頁。

36）内田・総論・165頁。

37）平野・総論Ⅱ・250頁、中森・12頁、山口・17頁、高橋・18頁。

18

第 02 講　堕胎の罪

01　総　説

(1)　沿　革

　堕胎の処罰は、胎児の生命の保護に関する国家・社会における生命観・宗教観などを映しだし、国家による人口政策・社会政策と関連しています。

　日本で、堕胎処罰法規が登場したのは、1880 年（明治 13 年）の旧刑法（330 条以下）で、1907 年（明治 40 年）の現行刑法（212 条以下）はこれを引き継ぎました。それは、当時のキリスト教的な生命観・宗教観や、富国強兵の人口政策と深く結びついていたといわれます。しかし、1945 年（昭和 20 年）の敗戦、戦後の経済的困窮を背景に変更を余儀なくされ、1948 年の優生保護法（昭和 23 年法律 156 号）では、一定の適応事由が存在する場合に堕胎（人工妊娠中絶）を許容する規定が導入されましたが、1966 年（平成 8 年）には、優生保護思想の見直しが図られ、母体保護法に改称されました。

(2)　保護法益

　本罪の保護法益は胎児の生命です。しかし、現行刑法が自己堕胎を軽く処罰していること、不同意堕胎を同意堕胎罪よりも重く処罰していること、また、同意堕胎致死傷罪のように妊婦に死傷の結果が生じた場合を重く処罰していることなどを考慮すると、妊婦の生命・身体の安全にも配慮していることは否定できません [1]。

(3)　類　型

○自己堕胎罪（212 条）　○同意堕胎罪・同致死傷罪（213 条）
○業務上堕胎罪・同致死傷罪（214 条）　○不同意堕胎罪・同未遂罪（215 条）
○不同意堕胎致死傷罪（216 条）

---

1)　本罪の保護法益について、学説では、ⓐ胎児の生命・身体の安全及び妊婦の生命・身体の安全と解する説（通説）のほかに、ⓑ胎児の生命であるが、副次的には妊婦の生命・身体と解する説（平野・159 頁、西田・19 頁、林・35 頁）、ⓒ胎児の生命・身体の安全と解する説（木村亀二・33 頁、香川・394 頁）があります。

(4) 堕胎の意義

　医学・医療技術が進歩し、人工授精・クローン技術など人工的に生命を操作する技術が進歩している現在、胎児の概念が揺らいでいます。**胎児**は懐胎されているヒト生命体ですが、その**始期**は、受精卵が母体子宮に着床したとき[2]であり、その**終期**は、刑法では、出生のとき[3]あるいは死胎となったときと解されています。

> 　従来、堕胎とは、ⓐ自然の分娩期に先立って人為的に胎児を母体外に分離・排出すること[4]、及び母体内で胎児を殺害することと解されていました[5]。この定義では、一部露出説（通説・判例）を採ると、自然の分娩が開始された後、一部露出する前に胎児を母体外に排出して殺害した場合、堕胎の罪にも殺人罪にもならず処罰の間隙が生じてしまいます[6]。そこで、堕胎とは、ⓑ胎児に攻撃を加えて出生前又は出生後に死亡させること、及び胎児又は母体にとって具体的に危険な方法により人工的に胎児を母体から分離・排出することとする見解[7]が主張されました。これら ⓐⓑ の定義は、**胎児殺害**という実害犯の要素と、具体的に危険な**人工的排出**という危険犯の要素とを盛り込んでいる点に特徴があります。これに対し、堕胎概念に危険犯の要素を盛り込むことは、母体内の胎児に対する危険一般を広く処罰の対象にしかねず妥当でないと批判し、むしろ胎児の生命に対する実害犯として一元的に構成する見解も主張されており、これによると、堕胎とは、ⓒ胎児に攻撃を加えて母体内又は母体外で死亡させる行為とします[8]。

　未熟児医療技術が発達し、母体外に排出された胎児の生存可能性が高まっている状況において、人工的排出の危険犯的側面を取りあげて処罰する必要性が高いとは思えません。堕胎の罪は胎児の生命に対する実害犯とすべきで、**ⓒの定義**が妥当です。

2）通説です。

3）刑法では、出生について一部露出説が通説・判例です。

4）大判明治42・10・19刑録15・1420、大判明治44・12・08刑録17・2182。ここでは、胎児の死亡は必ずしも要求されていないことに注意してください。

5）団藤・446頁。

6）全部露出説に立っても、自然の分娩が開始されたが胎児の身体が全部露出する前については、同様の問題が生じます。

7）通説です。

8）平野・161頁、西田・22頁、山口・20頁、林・40頁。

20 第02講 堕胎の罪

02 自己堕胎罪 (212条)

> 妊娠中の女子が薬物を用い、又はその他の方法により、堕胎したときは、1年以下の懲役に処する。

(1) 要 件

① 妊娠中の女性であること〔主体〕
② 堕胎すること〔行為〕
③ 故意があること〔故意〕

① **主 体** 主体は**妊婦**に限定されています（構成身分犯）。

② **行 為** 本罪の行為は、妊婦が自ら**堕胎**することで、妊婦が自ら直接に堕胎行為を行う形態、第三者に依頼して堕胎行為を行ってもらう形態、及び、第三者と共同して堕胎行為を行う形態があります。

③ **故 意** 堕胎の行為をすることについて故意が必要です。

(2) 軽い処罰の理由

本罪は、堕胎の罪の中で最も軽い罪で、同意堕胎罪（213条）と比較しても軽い刑となっています。

① **学説の状況** その理由について、学説では、議論があります。

ⓐ	**違法性減少説**[9]	——自己堕胎の行為は、妊婦自身の身体の安全に関する限り一種の自傷行為といえるので、同意堕胎罪に比べて違法性が低い
ⓑ	**有責性減少説**[10]	——自己堕胎の行為は、妊婦であることの混乱した心理状態、不安定な心理状態のもとでなされることが多く、同意堕胎罪に比べ類型的に有責性が低い

② **本書の立場** 本書によれば、妊婦は、懐胎しているヒト生命体を生長・出生させ、養育し、それとの間に生活共同関係を形成していくべき直接当事者性を有する体内者であり、その客観的反映として、刑法は、妊婦の自己堕胎についてその違法性の減弱を認め、その主観的反映として、その非難可能性の減少を認めたと考えられます〔**違法性・有責性減少説**〕[11]。

---

9) 大谷・62頁。
10) 西田・20頁、松原・20頁。
11) 山中・84頁、高橋・23頁。

(3) 共同正犯・共犯関係

　第三者に同意堕胎罪又は業務上堕胎罪が成立する場合、第三者に堕胎行為を依頼し又はそれに同意した妊婦は、同意堕胎罪・業務上堕胎罪の教唆犯・従犯となる[12]のではなく、自己堕胎罪となります。この点、65条2項により自己堕胎罪の教唆犯とする見解[13]もありますが、本条の「その他の方法」による自己堕胎に当たると解されること、同意堕胎罪・業務上堕胎罪は当然に堕胎を希望する妊婦の存在を前提にしているにもかかわらず自己堕胎罪が規定されているのは、専ら本罪により処断する趣旨であること、また、妊婦は胎児との関係では、直接当事者性を有する体内者という特別な関係にあることなどから、自己堕胎罪とするのが合理的です。

　妊婦が第三者と共同して堕胎行為を行った場合、判例[14]は、刑法60条に該当し、妊婦には自己堕胎罪が、第三者には同意堕胎罪が成立するとしますが、60条（及び65条）の適用は不要で、端的に自己堕胎罪とすべきでしょう。

03　同意堕胎罪・同意堕胎致死傷罪 (213条)

> 　女子の嘱託を受け、又はその承諾を得て堕胎させた者は、2年以下の懲役に処する。よって女子を死傷させた者は、3月以上5年以下の懲役に処する。

(1) 同意堕胎罪

① 　妊婦の嘱託又は承諾があること〔嘱託・承諾〕
② 　堕胎の行為をすること〔行為〕
③ 　故意があること〔故意〕

　① **嘱託・承諾**　**女子**とは妊婦のことであり、妊婦の**嘱託・承諾**は、承諾能力を有する者による自由かつ真意に基づくものでなければなりません。

　② **行　為**　**堕胎させる**とは妊婦以外の第三者が堕胎の施術をすることで、第三者が医師等の業務者である場合は、本罪ではなく業務上堕胎罪 (214条) を構成します。

　③ **故　意**　妊婦の嘱託・承諾、堕胎させるについて、故意が必要です。

---

12) 通説です。
13) 西田・20頁。
14) 大判大正8・02・27刑録25・261。

22   第02講　堕胎の罪

＜共同正犯・共犯関係＞

　例えば、堕胎を希望している妊婦に堕胎施術者を斡旋・紹介したり、堕胎費用を工面してあげたりして、妊婦の自己堕胎に関与した第三者の罪責については議論があります。

> 　**判例**[15] は、ⓐ共同正犯・共犯の正犯への従属性を重視して、いずれの場合も自己堕胎罪の共同正犯・共犯とします。

> 　学説には、ⓑ自己堕胎罪における妊婦という身分はその混乱した心理状態を考慮した責任減少身分であり〔**有責性減少説**〕、第三者には刑を減軽する事由は存在しないので、65条2項により、重い同意堕胎罪・業務上堕胎罪の共同正犯・共犯が成立するとする見解[16] や、ⓒ自己堕胎罪の共同正犯・共犯及び同意堕胎罪・業務上堕胎罪の共同正犯・共犯が成立するが、前者は後者に吸収されて後者のみが成立するとする見解[17] が主張されています。

　本書によれば、自己堕胎罪における妊婦の身分は、胎児との直接当事者性を有する体内者に基づく違法性・有責性減少であること、同意堕胎（213条）にいう「堕胎させた」の文言は、妊婦に対する堕胎行為の実行ないし堕胎施術の実施に限定する趣旨に解しうることから、判例の立場が妥当です。

(2)　同意堕胎致死傷罪

　本罪は、同意堕胎罪の結果的加重犯です。但し、堕胎行為に通常随伴する創傷は堕胎行為に評価済みですので、別に本罪を構成しません。

　同意堕胎そのものは未遂にとどまったが、妊婦に死傷結果が生じた場合に、本罪が成立するかについて議論があります。

> 　堕胎行為は妊婦にとって健康の損障を随伴し、その危険は堕胎自体が未遂か否かに関係ないので、妊婦に死傷の結果が生じた以上、堕胎自体が未遂にとどまったとしても本罪が成立するとする**肯定説**[18] が主張されています。

　同意堕胎罪（213条）・業務上堕胎罪（214条）には未遂犯を処罰する規定がなく、未遂犯処罰規定のある不同意堕胎罪（215条）と同じように解すること

---

15)　**大判昭和10・02・07**刑集14・76（妊婦に施術者を紹介）、**大判昭和15・10・14**刑集19・685（妊婦に手術費用を工面）。

16)　中森・32頁、西田・20頁、松原・21頁。

17)　大谷・63頁。

18)　大判大正13・04・28法律新聞2263・17、大谷・69頁。

はできません。本罪の成立には、堕胎が既遂に達したことを要します[19]。

04　業務上堕胎罪・業務上堕胎致死傷罪 (214条)

医師、助産師、薬剤師又は医薬品販売業者が女子の嘱託を受け、又はその承諾を得て堕胎させたときは、3月以上5年以下の懲役に処する。よって女子を死傷させたときは、6月以上7年以下の懲役に処する。

(1)　業務上堕胎罪

① 医師・助産師・薬剤師・医薬品販売業者であること〔主体〕
② 妊婦の嘱託又は承諾があること〔嘱託・承諾〕
③ 堕胎させること〔行為〕
④ 故意があること〔故意〕

① **主 体**　本罪の主体は**医師・助産師・薬剤師・医薬品販売業者**に限定されており、業務者という身分を根拠に同意堕胎罪を加重したものです（加減身分犯）。医師には、歯科医師も含まれます。

② **嘱託・承諾**　本罪の成立には妊婦の**嘱託・承諾**の存在が必要です。

③ **行 為**　**堕胎させる**とは、医師等が堕胎の施術をすることをいいます。

④ **故 意**　妊婦の嘱託・承諾が存在すること、堕胎させることについて故意が必要です。

＜共同正犯・共犯関係＞

　例えば、第三者 X が妊婦 A を教唆して堕胎の決意を生じさせ、かつ妊婦 A から堕胎の承諾を得たうえで、医師 Y を教唆して堕胎の施術をさせた場合、X には自己堕胎罪（212条）の教唆犯及び業務上堕胎罪（214条）の教唆犯が成立するように見えます。しかし、X は業務者ではないので、65条2項により、同意堕胎罪（213条1文）の教唆犯が成立するにとどまります[20]。

(2)　業務上堕胎致死傷罪

　本罪は、業務上堕胎罪の結果的加重犯です。但し、堕胎行為に通常随伴する創傷は堕胎行為に評価済みですので、別に本罪を構成しません。

---

19) 通説です。通説によると、堕胎が未遂にとどまった場合は（業務上）過失致死傷罪となります。
20) 大判大正9・06・03刑録26・382、大谷・64頁、西田・21頁、高橋・24頁。

24 第02講 堕胎の罪

05 不同意堕胎罪・不同意堕胎致死傷罪

(1) 不同意堕胎罪 (215条)

　女子の嘱託を受けないで、又はその承諾を得ないで堕胎させた者は、6月以上7年以下の懲役に処する。
2　前項の罪の未遂は、罰する。

①　妊婦の嘱託又は承諾が存在しないこと〔嘱託・承諾の不存在〕
②　堕胎させること〔行為〕
③　故意があること〔故意〕

　①　**嘱託・承諾の不存在**　本条は、妊婦の嘱託・承諾を得ないで第三者が堕胎行為を行うことを罰するもので、堕胎の罪の中で最も重い犯罪であり、未遂も罰せられます。

　②　**行　為**　**堕胎させる**とは妊婦以外の第三者が堕胎の施術をすることをいい、第三者が医師等の業務者として業務上堕胎罪（214条1文）の主体であっても、本罪が成立します。

(2) 不同意堕胎致死傷罪 (216条)

　前条〔215条〕の罪〔不同意堕胎罪〕を犯し、よって女子を死傷させた者は、傷害の罪と比較して、重い刑により処断する。

　本罪は、不同意堕胎罪の結果的加重犯です。しかも、同意堕胎罪（213条）・業務上堕胎罪（214条）の規定と異なり、不同意堕胎の未遂罪（215条2項）をも受ける形で規定されていますので、不同意堕胎そのものは未遂にとどまったが妊婦に死傷結果を生じさせた場合にも、本罪が成立します。

06 問題類型

(1) 堕胎罪の既遂・未遂

　堕胎の罪は実害犯であり、堕胎とは胎児に攻撃を加えて母体内又は母体外で死亡させる行為をいいます。したがって、堕胎の故意で胎児を母体外に排出したが、生命機能を維持していたので翻意してこれを保護し保育した場合は、堕胎の未遂であり、不同意堕胎罪の未遂（215条2項）とならない限り不可罰です。

　通説は、堕胎とは胎児に攻撃を加えて出生前又は出生後に死亡させること、

及び胎児又は母体にとって具体的に危険な方法により人工的に胎児を母体から分離・排出することとする見解を採り、堕胎の罪を「実害犯＋危険犯」と二元的に把握します。これによれば、堕胎行為は、母体内で胎児を殺害したとき、又は、胎児を母体外に排出したときに既遂となります。

(2) 排出された胎児の刑法的保護

母体外に排出された胎児がいまだ生命活動を維持している限り、それが人に当たるのは当然です[21]。他方、母体保護法は、「母体外における生命保続不可能の時期」（2条2項）を考慮し、一定の事由があれば人工妊娠中絶を許容しています（14条）。これは、ヒト生命体の生育段階を法的要保護性の指標としていることを意味します。ですから、母体外に排出されたがいまだ生命活動を維持している胎児への新たな攻撃が、どの処罰規定に該当するかを検討することになります[22]。

① **作 為** 人工的に排出されたがなお生命活動を維持している胎児を作為により毀滅した場合、その新たな攻撃は、堕胎行為が創出した危険とは異なる危険を新たに創出して胎児の生命を毀滅しています[23]。

この場合、人工的排出の危険結果を堕胎の要件とする判例・通説の立場では、堕胎の罪と殺人罪が成立し、両罪は併合罪となります[24]。しかし、胎児死亡の結果を堕胎の要件とする本書によれば、堕胎未遂罪（不同意堕胎の未遂のみ可罰的）と殺人罪が成立[25]し、牽連犯となります。ただ、堕胎行為により胎児の生育不可能性がもたらされ、その後の新たな侵害行為は胎児の死期を若干早めたにすぎない場合には、堕胎の罪と殺人未遂罪が成立すること

---

21) 胎児の死期が切迫しているから人でないとしたり、生育可能性がないから人ではないとするのは、生命活動を軽視するもので、妥当ではありません。

22) 母体保護法にいう「生命保続可能性」のない胎児は、人としての法的要保護性が欠けている以上、人でないとする見解（前田・8頁、木村光江・188頁）は妥当ではありません。

23) 「母体外での『胎児』の殺害が堕胎行為の結果として評価される」（町野・小野ほか各論・16頁）とか、生育能力のない胎児を「殺害する行為までは、堕胎殺の概念中に含めうる」（西田・23頁）と解することはできません。

24) 大判大正11・11・28刑集1・705、団藤・447頁、香川・398頁、内田・80頁。牽連犯とするのは大塚仁・54頁、福田・162頁、大谷・61頁、堕胎の罪は殺人罪に吸収されるあるいは包括一罪とするのは中森・41頁、岡野・38頁、高橋・26頁、佐伯仁志「生命に対する罪（2）」法教356号（2010年）113頁。

25) 西田・23頁、林・36頁、山口・28頁。

になります[26]。

② **不作為**　人工的に排出されたがなお生命活動を維持している胎児を不作為により毀滅した場合も、人工的に排出された胎児に生育可能性がないとき、それは先行する堕胎行為によって惹起された事態と評価できますし、しかも、作為による結果回避可能性もないときは、たとえ行為者に保障人的地位が認められても、通常、その不作為には、堕胎行為が創出した危険とは異なる新たな危険を支配したとはいえません。したがって、堕胎の罪が成立するにとどまります。ただ、堕胎行為により胎児の生育不可能性が惹起されたが、その後に何らかの作為がなされていたならば胎児の死期を若干遅らせることができたにもかかわらず、保障人的地位にある行為者が不作為によって胎児の若干の延命可能性を侵害したと評価できる場合は、堕胎の罪と殺人未遂罪が成立する余地があります。

他方、胎児に生育可能性がある場合、そこには、先行する堕胎行為による危険が死へと現実化しているとはいえませんし、しかも、作為による結果回避可能性も存在するときは、行為者に保障人的地位が認められる限り、堕胎未遂（不同意堕胎の未遂罪のみ可罰的）のほかに、殺人罪・（保護責任者）遺棄致死罪が成立することになります。

> **胎児放置死事件・最決昭和63・01・19**（刑集42・1・1、判時1263・48、判タ658・87〔百選Ⅱ・9〕）は、医師が、妊婦の依頼を受け、妊娠26週に入った胎児を排出し、生育可能性があるにもかかわらず自己の医院内に放置して死亡させた事案につき、業務上堕胎罪と保護責任者遺棄致死罪の成立を認め、両罪を併合罪としました。

(3)　胎児性傷害・致死

① **問題性**　母体内の胎児に危害を加えたところ、障害を負って出生し、その障害に起因して出生後に死亡した場合、行為者は殺人罪・傷害致死罪など人に対する罪の罪責を負うのでしょうか。特に、過失による場合が、胎児性傷害・致死の問題として議論されています。この問題は、ドイツではサリドマイド児事件を契機に、日本ではチッソ水俣病事件を契機に議論されました。

26）生育可能性がなく瀕死の状態にあっても、胎児は「生成途上の瀕死の人生命体」とし、末期患者は「生成後の瀕死の人生命体」とし、両客体を別異に処理する理論的可能性もあります。

06　問題類型　27

②　判例の状況——熊本チッソ水俣病事件判決——

　本件は、妊婦が有機水銀で汚染された魚介類を摂食したため、胎児が母体の胎盤を通じて障害を受け、そのため脳などに病変が生じる胎児性水俣病に罹患し、出生後にこれに起因する栄養失調・脱水症状などにより死亡した事案であり、有機水銀を含む汚染水を排出したチッソ会社の取締役社長と工場長が業務上過失致死罪に問われました。

　第一審[27] は、「実行行為の際に客体である『人』が現存していなければならないわけではなく、人に対する致死の結果が発生した時点で客体である『人』が存在するのであるから、これをもつて足りる」とし、業務上過失致死罪の成立を認めました。**控訴審**[28] は、「一部露出の時点まで包括的に加害が認められる限り、もはや人に対する過失傷害として欠くるところがないので、右傷害に基づき死亡した同人に対する業務上過失致死罪を是認することも可能である」としました。

　最高裁[29] は、「現行刑法上、胎児は、堕胎の罪において独立の行為客体として特別に規定されている場合を除き、母体の一部を構成するものと取り扱われていると解されるから、業務上過失致死罪の成否を論ずるに当たつては、胎児に病変を発生させることは、人である母体の一部に対するものとして、人に病変を発生させることにほかならない。そして、胎児が出生し人となつた後、右病変に起因して死亡するに至つた場合は、結局、人に病変を発生させて人に死の結果をもたらしたことに帰するから、病変の発生時において客体が人であることを要するとの立場を採ると否とにかかわらず」業務上過失致死罪が成立するとしました。

③　学説の状況

ⓐ　**客体不要説**[30] ——実行行為の時に人は存在する必要はなく、胎児の段階で
　　　　　　　　　　　　人の傷害・死亡の結果をもたらす危険性を有する行為を
　　　　　　　　　　　　し、その結果、出生した人に傷害・死亡の結果が発生し
　　　　　　　　　　　　た以上、人に対する罪が成立する

　　＜根拠＞・生命を危害する危険な行為を行い、その結果、人に傷害・死亡
　　　　　　　の結果を発生させた以上、人に対する罪が成立する
　　　　　　・実行行為の時に人は存在していなくとも、傷害・死亡の結果の
　　　　　　　発生した時点で人が存在すれば足りるのであり、（業務上）過失

27）熊本地判昭和 54・03・22 刑裁月報 11・3・168、判時 931・6、判タ 392・46。
28）福岡高判昭和 57・09・06 高刑集 35・2・85、判時 1059・17、判タ 483・167。
29）最決昭和 63・02・29 刑集 42・2・314、判時 1266・3、判タ 661・59〔百選Ⅱ・3〕。
30）藤木・189 頁、板倉・251 頁、熊本チッソ水俣病事件・熊本地判昭和 54・03・22 刑裁月報 11・3・168、判時 931・6、判タ 392・46。

致死傷罪の条文もこの趣旨を明らかにしている

ⓑ　**胎児侵害説** [31]——胎児段階での侵害行為の作用が出生後の人に継続して及んでいる限り、人に対する罪が成立する

　　＜根拠＞・胎児には人の機能の萌芽があり、胎児と出生後の人との連続性により、胎児を生成途上の人と解することができる

　　　　　　・胎児に障害を負わせることは、人に対して傷害結果を引き起こす現実的危険性のある行為である

ⓒ　**母体侵害説** [32]——胎児は母体の一部であり、胎児に侵害を加えることは母体に対する罪が成立する

　　＜根拠＞・胎児は、出生前は母体の一部と解することができる

　　　　　　・胎児に危害を加えて病変を発生させることは、母体の一部に危害を加えて人に病変を発生させることにほかならない

ⓓ　**機能侵害説** [33]——胎児への侵害は、健全な子を育成し出産する母親の機能を侵害するものであり、母親に対する罪が成立する

　　＜根拠＞・薬物などの化学物質が母体に全く作用を及ぼさず、専ら胎児にのみ作用するものであっても、その化学物質の摂取さえなければ母親は障害のない健全な子を育成・出産できた

　　　　　　・胎児に侵害を加える行為は、健康な子を育成・出産するという母親の機能を害するものである

　④　**本書の立場**　現行刑法は、侵害行為の時点で胎児であったものについては堕胎の罪の規定による保護を定め、胎児の生命は母体（人）とは別に保護しています。したがって、人に対する罪が成立するには、侵害行為の時点で人が存在し、侵害行為の作用が人に及ぶことが必要です。**否定説**を採らざるをえません [34]。

肯定説 [35] に立つと、過失により母体内の胎児を死亡させた場合は過失の堕胎

31）平野龍一『犯罪論の諸問題下巻』（1982 年）267 頁、内田・696 頁、熊本チッソ水俣病事件・福岡高判昭和 57・09・06 高刑集 35・2・85、判時 1059・17、判タ 483・167。

32）熊本チッソ水俣病事件・最決昭和 63・02・29 刑集 42・2・314、判時 1266・3、判タ 661・59〔百選Ⅱ・3〕。

33）藤木英雄『新しい刑法学』（1974 年）176 頁。

34）通説です。

35）肯定説から、否定説に対して、胎児に傷害を負わせて出生させることは、胎児を殺害するよりも悲惨な状態と考えられる場合もあり、違法性・有責性が重いともいえること、否定説は過失堕胎が処罰されていないことを根拠として持ち出すが、過失堕胎不処罰の理由は、その因果関係の立証が困難であることにあるのであって、胎児性傷害・致死の場合には加害行為と傷害を負って出生したこととの因果関係の立証はそれほど困難ではないこと、という反論がなされています。

として不処罰であるのに対し、侵害行為の危険性が低く傷害の程度が軽く、胎児が生きて出生した場合には過失傷害罪が成立することになり、不均衡です。また、故意により母体内の胎児を傷害し出生させた場合は傷害罪として15年以下の懲役（204条）となり、母体内で殺害した場合は堕胎の罪として7年以下の懲役（215条）とするのでは、刑の均衡を失します。しかも、肯定説は、妊婦の不注意による胎児性傷害をも過失傷害・過失致死罪として処罰することになりかねません。

　@説は、（過失）傷害罪は結果発生と同時に犯罪が終了する状態犯であり、胎児に傷害が生じた時点で犯罪は終了し、出生後にその状態が継続しているにすぎない点を無視しています。また、現行刑法は過失の堕胎を不処罰にしているのに、傷害の程度が軽くて胎児が生きて出生した場合には（過失）傷害罪が成立するとするのは均衡を失します。また、ⓑ説は、胎児を「人」とは別に保護している現行刑法の趣旨と矛盾しますし、不当な類推解釈といわざるをえません。また、@説への批判がそのまま当てはまります。さらに、ⓒ説は、現行刑法が胎児を堕胎の罪の客体として母体とは別に保護している主旨と明らかに矛盾しますし、胎児が母体の一部だとすれば、自己堕胎は自傷行為ということになって不可罰になるはずですが、これは、自己堕胎を処罰している現行刑法と矛盾します。なお、ⓓ説がいうように、母体の機能を阻害していると観念することには無理があります。しかも、この見解に従うと、堕胎行為そのものも母親に対する傷害罪になってしまいます。

今日の一言

尊なる者の行いは　つねに柔和なり

貴なる者の語り口は　いつも穏やかなり

第03講　遺棄の罪

01　総　説

(1)　保護法益・罪質

① **保護法益**　遺棄の罪の保護法益については議論があります。

ⓐ **社会法益付加説**[1]——本罪は、人の生命・身体の安全という個人法益に対する罪であるとともに、社会法益に対する罪である
　　⇒被遺棄者の同意は必ずしも違法性を阻却しない
　　＜根拠＞・人を遺棄してその生命・身体に危険を及ぼすことは、社会的風俗を害することにもなる

ⓑ **生命・身体安全説**[2]——本罪の保護法益は人の生命・身体の安全である
　　⇒生命への危険が無くとも、身体への危険が存すれば遺棄罪の成立を認める
　　＜根拠＞・本罪の規定は「傷害の罪」の後に配列されている
　　　　・死亡結果に限らず傷害結果が生じた場合を重く処罰する規定（219条）が存在する

ⓒ **生命安全説**[3]——本罪の保護法益は人の生命の安全である
　　⇒単に身体への危険が存在するだけでは遺棄罪の成立は認められない
　　＜根拠＞・刑法は、「生存に必要な保護をしなかった」（218条後段）行為を処罰している
　　　　・身体の安全を含めると成立範囲が無限定となってしまう

　ⓐ説の狙いは、被遺棄者の同意があっても違法性を阻却しないことを根拠づけることにあります。しかし、本罪は個人法益に対する罪で、社会的風俗の面を強調するのは妥当でありません。

　218条は遺棄と並んで「生存に必要な保護をしなかったとき」を処罰していること、単に身体への危険が存在するだけで遺棄罪の成立を認めると本罪の範囲が曖昧・無限定に広がってしまうことから、要扶助者の**生命の安全**を

---

1) 大塚仁・58頁。
2) 判例（大判大正4・05・21刑録21・670)・多数説です。
3) 平野・163頁、大谷・66頁、西田・27頁、伊東・28頁、山口・31頁、高橋・30頁など反対有力説です。

保護しているとすべきです。

② **罪　質**　本罪は危険犯ですが、危険の程度について、**具体的危険犯説**[4]
と**抽象的危険犯説**[5] の対立があります。

本書によれば、本罪の実行行為は生命の安全に対する一般的な危険性で足
りますが、本罪の行為が未遂犯として可罰的となるには、生命の安全に対す
る現実的危険の発生が必要であり、具体的危険犯説の考え方が妥当します。

(2)　類　型

○単純遺棄罪（217条）○保護責任者遺棄罪（218条）○遺棄致死傷罪（219条）

02　遺棄・不保護の意義

(1)　行為の形態

議論の素材となっている行為形態を示しておきます。

◇場所的離隔を伴う形態
　　① 行為者が要扶助者を現在の場所から他の場所に移すことにより、要扶
　　　助者に危険が創設される場合
　　　【事例01】　Xは、山中に捨てるために、自分の幼児Aを連れ出し、山
　　　　　　　　中に捨てた。
　　② 要扶助者を危険な場所に放置したまま行為者が立ち去る場合
　　　【事例02】　Xは、ハイキングに自分の幼児Aを連れて行ったが、養育
　　　　　　　　が面倒だと考え、Aを山道に置いて帰った。
　　③ 要扶助者が現在の場所から他の危険な場所に移動するのをそのまま放
　　　置する場合
　　　【事例03】　Xは、自分の幼児Aがよちよちと危険な場所に移動してい
　　　　　　　　るのをそのまま放置・放任した。
　　④ 要扶助者が保護者に接近するのを妨害する場合
　　　【事例04】　Xは、自分の幼児Aが橋を渡って自分の方に近づいてくる
　　　　　　　　のを妨害するために、その橋を壊した。
◇場所的離隔を伴わない形態
　　⑤ 行為者と要扶助者との間に場所的離隔を伴わず、保護状態を不良に変
　　　更する場合
　　　【事例05】　Xは、自宅にいる自分の幼児Aの世話をするのが面倒に也、

4）団藤・452頁、中山・85頁、平川・70頁、佐久間・58頁など。
5）判例（大判大正4・05・21刑録21・670）・通説です。

一切世話をしないで放置した。

(2) 判例・学説の状況

移置・置き去り二分説 [6] は、218条においては、行為主体が保護責任（保護義務）者に限定されているので、作為のほかに不作為によっても犯しうるが、217条においては、作為でしか犯すことができないことを前提とします。この説は、217条・218条の**遺棄**はいずれも場所的離隔を伴う形態であり、要扶助者を従来の場所から危険な場所へ移転させる作為の移置と、要扶助者を危険な場所に遺留して立ち去る不作為の置き去りとに分け、**217条の遺棄**は移置（上記①）のみを意味し、**218条の遺棄**は、作為の移置（上記①）のほかに、要扶助者を危険な場所に遺留して立ち去る不作為の置き去り（上記②④）を含むとします。そして、行為者と要扶助者との間に場所的離隔を伴わず要扶助者の保護状態を不良に変更する場合（上記⑤）が**不保護**であるとします。

作為・不作為二分説 [7] は、218条においては、行為主体が保護責任（保護義務）者に限定されているので、作為のほかに不作為によっても犯しうるが、217条においては、作為でしか犯すことができないこと、また、217条・218条の**遺棄**はいずれも場所的離隔を伴う形態であることを前提とします。この説は、移置＝作為、置き去り＝不作為とは限らず、不作為の移置（上記③）もあれば、作為の置き去り（上記④）もあるとして@説に疑問を呈します。そして、**217条の遺棄**は、作為の移置（上記①）と作為の置き去り（上記④）を含む作為形態に限定されるが、**218条の遺棄**は、作為形態（上記①④）のほかに、不作為の移置（上記③）と不作為の置き去り（上記②）を含む不作為形態をも包摂しているとし、**不保護**は、場所的離隔を伴わず要扶助者の保護状態を不良に変更する場合（上記⑤）であるとします。

また、**遺棄概念限定説** [8] は、217条・218条はいずれも「遺棄」とあるので統一的に理解すべきであり、218条が遺棄を不保護と区別しているのは、不作為による遺棄を不保護とし、要扶助者を場所的に移転し生命に危険を生じさせる作為の移置のみを遺棄と解する趣旨であることを前提とします。この説は、**217条・218条の遺棄**は、要扶助者をその現在の場所から生命にとって危険な他の場所に移転させる作為の移置（上記①）に限定し、それ以外（上記②～⑤）は**不保護**に当たるとします。

作為・不作為合一説 [9] は、217条・218条はいずれも遺棄とあるので統一的に

---

6) 判例（最判昭和34・07・24刑集13・8・1163、判時197・29）・旧通説です。なお、井田・95頁。

7) 大塚仁・59頁。

8) この見解は、さらに、作為義務と保護義務とを区別しない見解（大谷・71頁、西田・33頁）と、区別する見解（林・43頁）とに分かれます。

9) 内田・88頁、堀内・29頁、曽根・43頁、高橋・35頁、松原・41頁。

理解すべきことを前提とします。また、作為義務が条文上明規されていなくとも不作為犯は認められるので、217条においても（不真正）不作為犯の処罰は可能であると主張します。そして、この説は、218条の保護責任（保護義務）は不真正不作為犯の遺棄罪における作為義務よりも高度な義務であり、217条と218条は違法性の程度に相違があるので、**217条における遺棄は作為の遺棄と作為義務者による不作為の遺棄（上記①～④）を意味し、218条における遺棄は保護責任者による作為・不作為の遺棄（上記①～④）を意味し、不保護は場所的離隔を伴わず要扶助者の保護状態を不良に変更する場合（上記⑤）**をいうとします。

(3) 本書の立場

遺棄・不保護の意義を確定する場合、㋐217条・218条の遺棄の文言を別異に解釈するか、㋑保護責任（保護義務）と作為義務を同一のものと解するか、が試金石となります。

㋐の問題ですが、217条・218条は同じ「遺棄」の文言を使っていますので、統一的に解釈し、作為形態・不作為形態の双方を含むとするのが通常の解釈法です。しかも、作為義務が条文に明規されていなくとも不作為犯は認められるとするのが判例・通説ですから、217条においても不作為犯の処罰は可能のはずです。㋑の問題ですが、不作為の遺棄における作為義務は通常の不作為犯の法的な作為義務です[10]。これに対し、218条の保護義務（保護責任）は、その法定刑からもうかがえるように、相当高度な保護・被保護の関係が前提となっており、行為者と要扶助者との間に一定の継続的な保護・被保護の生活共同関係が存在する必要があるのです。**作為・不作為合一説**が妥当です。

03 単純遺棄罪 (217条)

老年、幼年、身体障害又は疾病のために扶助を必要とする者を遺棄した者は、1年以下の懲役に処する。

(1) 作為・不作為

本条は主体を限定していません。判例及び従来の通説は、そうであるがゆえに、本条にいう遺棄は作為（移置）のみを意味するとするのですが、本書によれば、場所的離隔を伴う限り、作為による場合と、保障人（作為義務を有する者）による不作為による場合との双方を含んでいます。

---

10) 作為義務については、関・総論・119頁以下参照。

34　第03講　遺棄の罪

(2)　要　件

① 　老年、幼年、身体障害又は疾病のために扶助を必要とする者であること〔客体〕

② 　遺棄し、生命の安全に対する現実的な危険の結果を発生させること〔行為・結果〕

③ 　故意があること〔故意〕

　①　**客　体**　本罪の客体は、老年、幼年、身体障害又は疾病のために扶助を必要とする者である必要があります。**老年・幼年**は年齢だけで決められるわけではなく、年齢を考慮しつつ、現実に扶助を必要とする状況にあるかどうかを考慮して決められます。**身体障害**とは、身体器官に障害がある状態をいいます。**疾病**とは、身体的・精神的に良好な健康状態を害されている状態をいいます。**扶助を必要とする者**とは、他人の助力がなければ自力で日常生活の用を足すことが不可能もしくは著しく困難であり、自分で生命への危険を回避できないので、他人の扶助を必要とする状況にある者をいいます。

◇**客体**に当たる者　肺結核のため衰弱した者[11]／栄養不良で疾病を抱え起居不自由な 80 歳前後の老人[12]／多量の飲酒による泥酔者[13]／高度の酩酊者[14]

　②　**行　為**　本罪の行為は**遺棄**であり、作為・不作為の双方を含みます。すなわち、場所的離隔を伴う形態である限り、先に説明した「遺棄・不保護の行為の形態」の①から④のいずれの形態もありえます。但し、不作為犯形態の場合、行為者に法的な作為義務[15]が必要なのは当然です。

　本罪が成立するには、作為・不作為の遺棄行為により、要扶助者の生命に現実的な危険を発生させることが必要です〔危険結果〕。本罪には未遂処罰規定がありませんので、危険結果の発生が認められない限り、不処罰です。

　③　**故　意**　本罪は、客観的に、ある程度の現実的な危険結果が発生しないと成立しませんが、その主観的反映として、要扶助者の生命に対して現実

---

11) 大判明治 45・07・16 刑録 18・1083。

12) 大判大正 4・05・21 刑録 21・670。

13) 名古屋地判昭和 36・05・29 裁判所時法 332・5。

14) 最決昭和 43・11・07 裁判集刑 169・355、判時 541・83、判タ 229・252。

15) 不作為犯における法的作為義務については、関・総論・119 頁以下参照。

的な危険結果を発生させることについて、故意が必要です[16]。

04　保護責任者遺棄罪 (218条)

　老年者、幼年者、身体障害者又は病者を保護する責任のある者がこれらの者を遺棄し、又はその生存に必要な保護をしなかったときは、3月以上5年以下の懲役に処する。

(1)　保護責任者

　本条は、主体を**保護する責任のある者**に限定しています。本罪にいう保護責任（保護義務）と作為義務とを同一視し、その発生事由として形式的三分説（法令、契約・事務管理、慣習・条理）を支持するのが支配的見解です。

　本書によれば、通常の作為義務が問題となる場合は217条で処理し、高度な保護義務が問題となる場合は本条で処理することになります。

(2)　要　件

① 老年者、幼年者、身体障害者又は病者を保護する責任のある者であること〔主体〕
② 老年者、幼年者、身体障害者又は病者であること〔客体〕
③ 遺棄又は保護しないことによって、生命の安全に対する現実的な危険の結果を発生させること〔行為・結果〕
④ 故意があること〔故意〕

　① **主　体**　本罪は、**老年者、幼年者、身体障害者又は病者を保護する責任のある者**〔保護責任者〕に主体が限定されています（身分犯）。

　判例・通説のように、保護責任（保護義務）は作為義務と同じだとすると、保護責任の存否は、作為義務の発生事由によって判断されることになり、法令、契約・事務管理、慣習・条理に求めることになります。
㋐ **法　令**　親権者の監護義務（民法820条）／親族の扶養義務（民法877条以下）[17]／警察官の保護義務（警察官職務執行法3条）
㋑ **契　約**　看護契約・介護契約・保育契約など、保護・看護すべき義務を明示的・黙示的に契約内容とするもの[18]
　　事務管理（民法697条）　例えば、病人を引き取り自宅に同居させた者[19]

---

16) 東京高判昭和60・12・10判時1201・148、判タ617・172〔保護責任者〕遺棄の故意を否定）。
17) 大判大正7・03・23刑集24・235。
18) 大判大正5・02・12刑録22・134（養子契約に基づいて幼児をもらい受けた者は、養子縁組が成立していなくとも保護責任者に当たる）。

㋠	**慣習・条理**	雇主は同居の従業員が病気になったときは適当な保護をなすべき義務がある[20]／同行中の同僚が喧嘩をして重傷を負った場合、同行者はその同僚を放置して立ち去ってはならない[21]／数日間同棲した男性が、相手女性と共謀して相手の連れ子（3歳）を高速道路に置き去りにした[22]／業務上堕胎を行った医師が、排出した未熟児に生育可能性があるにもかかわらず放置した[23]／ホテルの一室で少女に覚せい剤を打ち、錯乱状態になったのにそのまま置き去りにした[24]

218条にいう**保護責任**（保護義務）は、通常の作為義務とは異なり、行為者と要扶助者との間に親密な家族関係・親族関係にも比肩しうるような、相当に密度の濃い生活共同関係に基づく高度な保護義務・扶助義務です。

問題は、非身分者が保護責任者による遺棄・不保護に加功した場合の処理です。本書によれば、保護責任は、㋐遺棄罪との関係では責任非難を加重する加減身分ですから、非身分者が保護責任者による遺棄行為に加功したときは、65条2項により、単純遺棄罪の共同正犯・共犯が成立してその刑が科されます[25]。しかし、保護責任は、㋑不保護罪との関係では犯罪の成立を根拠づける構成身分ですから、非身分者が保護責任者による不保護行為に加功したときは、65条1項により、不保護罪の共同正犯・共犯が成立してその刑が科されます[26]。

② **客　体**　本罪の客体は、**老年者、幼年者、身体障害者又は病者**です。文言は217条と異なりますが、217条の客体と同様に解してよいでしょう。

③ **行為・結果**　本罪の**遺棄**も、217条の遺棄と同様、行為者と要扶助者との間に場所的離隔を伴う作為・不作為の双方を含みます。例えば、重篤の精神障害のわが子を危険な山中に連れ出し放置する行為、重病・重傷の家族を危険な現場に置き去りにして立ち去る行為、幼いわが子が深夜、寝ぼけて

---

19) 大判大正15・09・28刑集5・387。
20) 大判大正8・08・30刑録25・963。
21) 岡山地判昭和43・10・08判時546・98、判タ232・230。
22) 東京地判昭和48・03・09判タ298・349。
23) 最決昭和63・01・19刑集42・1・1、判時1263・48、判タ658・87〔百選Ⅱ・9〕。
24) 最決平成元・12・15刑集43・13・879、判時1337・49、判タ718・77。
25) 保護責任を違法身分と解して保護責任者遺棄罪の成立を認めるのは、西田・34頁。
26) 保護責任を責任身分とし、65条2項を準用して不可罰とするのは、曽根・45頁、林・43頁。

降雪の野外に出ていくのを放置する行為、自分の嬰児を自宅に置いたまま家出してしまう行為、あるいは、重病の家族が降雨の野外から自宅に入ろうとするのを妨害する行為は、いずれも遺棄に当たります。

不保護は、行為者と要扶助者との間に場所的離隔を伴わずに要扶助者の保護状態を不良に変更し危険を創出するものをいいます。例えば、自分の乳飲子に何の世話もしない行為、同居していた相手と喧嘩をして重傷を負わせながらそのまま放置する行為が、これに当たります。

本罪が成立するためには、遺棄・不保護の行為によって、要扶助者の生命の安全に対する現実的な危険（危険結果）を発生させることが必要です。

④　**故　意**　行為者に、自分が要扶助者の保護責任者であることの認識が必要で、少なくとも自己と要扶助者との間に存在する保護責任を根拠づける事実を認識している必要があります。また、本罪の成立には、客観的にある程度の現実的な危険が必要であることに対応して、行為者は、そのような危険が発生することを認識していることも必要です[27]。錯誤によりこれらの認識を欠いているときは、38条2項により、法律要件の重なり合う限度で軽い単純遺棄罪が成立するにとどまります。

05　遺棄致死傷罪（219条）

> 前2条〔217条・218条〕の罪〔単純遺棄罪・保護責任者遺棄罪〕を犯し、よって人を死傷させた者は、傷害の罪と比較して、重い刑により処断する。

本罪は、単純遺棄罪・保護責任者遺棄罪の結果的加重犯です。

⑴　故意がある場合

死傷の結果について故意がある場合に、殺人罪、傷害罪・傷害致死罪が成立するのか、遺棄致死傷罪が成立するのか議論されています。

【事例06】　Xは、身体の不自由な妻Aを背負ってハイキングに出かけたが、介護・看護が面倒だと考え、死んでも構わないと思い、Aを暗い山道に

---

27) 東京高判昭和60・12・10判時1201・148、判タ617・172は、内妻が泥酔状態のまま水風呂に入っているのを放置して死亡させた事案について、それまでも酔いを醒ますため水風呂に入っていたことがあり、直ちに介護しなければ生命・身体に危険が及ぶという認識が行為者にはなかったとして、本罪の故意を否定し、重過失致死罪の成立を認めています。

38　第03講　遺棄の罪

> 置いて自分だけ立ち帰ったところ、Aは間もなく凍死した。

　殺人罪説[28]は、遺棄致死罪は結果的加重犯であり、加重結果について故意ある場合を含まないのが原則であること、保護責任（作為義務）の範囲を限定的に解するとき、義務の程度によって不作為の殺人罪と遺棄致死罪とを区別するのは困難であるので、両罪の区別は殺意の有無に拠るべきことを根拠とします[29]。

　これに対し、**遺棄致死罪説**[30]は、殺人罪説によると、殺意をもって置き去りにした場合は、その行為がおよそ致死の結果を生じさせる危険がない場合であっても殺人未遂罪になり不当であること、殺人罪における作為義務違反は、保護責任者遺棄罪における保護義務違反よりも高度の人身への危険を含むものであり、殺人罪説のように、保護責任者の地位と不作為による殺人の保障人的地位とを同視するのは不当であること、致死の結果について故意があっても、当該行為が殺人罪の実行行為の程度に達していないときは、殺人罪を構成せず本罪を構成すると解すべきことを根拠とします。

　本書によれば、保護責任は、家族関係・親族関係にも比肩しうるような一定の継続的な保護・被保護の関係を前提にしています。したがって、同じ遺棄致死傷罪（219条）であっても、通常の作為義務を前提とする単純遺棄罪（217条）によるものと、保護責任を前提とする保護責任者遺棄罪（218条）によるものとは区別されます。

> 　判例では、自動車運転中に過失により歩行者をはねて重傷を負わせた被告人が、被害者を最寄りの病院に搬送しようと助手席に乗せたが、途中で発覚を恐れて意を翻し、どこかに捨てようと車を走らせているうちに、被害者が外傷性ショックに因り死亡した事案につき殺人罪を認めたもの[31]や、運転中に過失により歩行者をはねて重傷を負わせた被告人が、当初は被害者を近くの病院に入院させようと自車の助手席に乗せて走行していたが、その後、発覚を恐れて翻意し、放置すれば死ぬかもしれないと思いながら、交通や人通りの少ない場所で引きずり降ろして逃走したが、被害者はたまたま救助されたため死亡するに至らなかった事案につき殺人未遂罪を認めたもの[32]があります。
> 　しかし、判例は、保護責任（保護義務）と作為義務とを同視することを前提としており、妥当ではありません。他方、貰い受けた嬰児を殺意をもって必要な

28）判例（大判大正4・02・10刑録21・90）、団藤・456頁、中森・46頁、前田・68頁。

29）殺意の有無とともに、具体的危険発生の有無に拠るべきとするのは、西田・36頁。

30）大塚仁・66頁、大谷・80頁、曽根・46頁、平川・75頁、林・46頁、佐久間・67頁、高橋・39頁など多数説です。

31）東京地判昭和40・09・30下刑集7・9・1828、判時429・13、判タ185・189。

32）東京高判昭和46・03・04高刑集24・1・168、判タ265・220。

食物を与えずに殺害した事案につき殺人罪を認めた判例[33]は妥当です。

(2) 処　断

　　傷害の罪と比較して、重い刑により処断するとは、致傷の場合は、傷害罪（204条）の法定刑（15年以下懲役／50万円以下罰金）と単純遺棄罪（217条）・保護責任者遺棄罪（218条）の法定刑（1年以下懲役／3月以上5年以下懲役）とを比較し、致死の場合は、傷害致死罪（205条）の法定刑（3年以上20年以下懲役）と、単純遺棄罪・保護責任者遺棄罪の法定刑とを比較し、法定刑の上限・下限ともに重い方を法定刑として処断することを意味します。

06　轢き逃げと遺棄の罪

(1)　類　型

①	**単純な轢き逃げ**——自動車運転中に、自己の過失行為により他人に重傷を負わせながら、救護・保護せずにそのまま逃走する形態

　　【事例07】　Xは、乗用車を運転中、誤って歩行者Aに自車を衝突させ重傷を負わせたが、そのままAを放置して逃走した。

②	**移転を伴う轢き逃げ**——運転中に、自己の過失行為により他人に重傷を負わせながら、一旦は被害者を車に乗せて走行したが、他の場所に被害者を放置して逃走する形態

　　【事例08】　Xは、乗用車を運転中、誤って歩行者Aに自車を衝突させ重傷を負わせ、Aを病院に搬送すべく、Aを後部座席に乗せて走行を始めたが、途中で翻意し、人気の無い藪の中にAを放置して逃走した。

(2)　学説の状況

　　ⓐ道路交通法72条の救護義務[34]や先行行為[35]を根拠にして保護責任（作為義務）を肯定し、単純な轢き逃げ・移転を伴う轢き逃げともに**保護責任者遺棄罪**を認める見解、ⓑ217条の「遺棄」は作為に限定され、218条の保護責任は作為義務よりも強度で重いものでなければならないことを前提にして、単純な轢き逃げは遺棄の罪を構成せず、**移転を伴う轢き逃げは保護責任者遺棄罪を構成す**

33）大判大正4・02・10刑録21・90。
34）最判昭和34・07・24刑集13・8・1163、判時197・29、植松・289頁。
35）団藤・454頁、藤木・194頁、大塚仁・63頁。

40 第03講 遺棄の罪

るとする見解[36]、また、ⓒ 217 条・218 条の「遺棄」は統一的に把握すべきで、いずれにも作為・不作為の形態があること、作為義務は必ずしも保護責任（保護義務）と同じではないことを前提にして、**単純な轢き逃げは単純遺棄罪**を構成し、**移転を伴う轢き逃げは保護責任者遺棄罪**を構成するとする見解[37]、さらには、ⓓ 217 条・218 条の「遺棄」は統一的に把握すべきで、いずれにも作為・不作為の形態があること、作為義務は必ずしも保護責任（保護義務）と同じではなく、217 条の作為義務は事実上の引き受けがなければ生じないのに対し、218 条の保護責任は社会生活上の継続的な保護関係が存在していなければならないことを前提にして、単純な轢き逃げは遺棄の罪を構成せず、**移転を伴う轢き逃げは単純遺棄罪**を構成するとする見解[38] などが主張されています。

　本書によれば、218 条の保護責任（保護義務）は、行為者・要扶助者間の社会生活上の生活共同関係に基づく、一定の継続的な保護・被保護の関係を前提とした高度な義務です。しかし、単純な轢き逃げの場合は勿論、移転を伴う轢き逃げの場合も、そこに一定の継続的な保護・被保護の関係は認められません。したがって、行為者は単純遺棄罪にとどまります。判例の中には、被害者を病院に運ぶために一旦車に乗せたが途中で車外に降ろし置き去りにした事案[39] や、自動車の外に飛び降りた重傷の被害者を、発覚をおそれて道路から 3 メートル離れた畑の中の窪みに移して置き去りにした事案[40] について、保護責任者遺棄罪の成立を認めたものがありますが、単純遺棄罪の成立を認めるのが妥当です。

今日の一言

孤独であることの　苦悩
孤独であることの　寂寥
これに耐えることによって
これを女とすることによって
キミはキミになれる

36）平野龍一「刑法各論の諸問題 3」法セ 199 号（1972 年）76 頁。
37）内田・90 頁、曽根・45 頁。
38）西田・34 頁。
39）最判昭和 34・07・24 刑集 13・8・1163、判時 197・29。
40）東京高判昭和 45・05・11 高刑集 23・2・386、判タ 252・231。

第04講　傷害の罪

01　総　説

傷害の罪の保護法益は人の身体の安全です。

○傷害罪（204条）　○傷害致死罪（205条）　○現場助勢罪（206条）
○暴行罪（208条）　○凶器準備集合・結集罪（208条の2）

尊属傷害致死罪（旧205条2項）は、憲法14条1項に違反しますので、1995年（平成7年）の刑法の一部改正法で削除されました。

02　傷害罪（204条）

人の身体を傷害した者は、15年以下の懲役又は50万円以下の罰金に処する。

(1)　要　件

① 　人の身体であること〔客体〕
② 　人の身体を傷害すること〔行為・結果〕
③ 　故意が存在すること〔故意〕

① **客　体**　人の身体です。行為者本人の身体も本罪の客体に含まれますが、自傷行為は犯罪として可罰的なのか議論があります。

② **行　為**　人の身体を傷害することです。道具を使って殴るなど力学的作用による有形的方法による場合が多いでしょうが、病原菌を感染させる[1]など生化学的作用による有形的方法による場合のほか、強圧的・侮辱的言辞、嫌がらせ電話[2]によりノイローゼにさせるなど、心理的作用による無形的方法による場合もあります。また、作為による場合が多いでしょうが、病人に栄養・医薬を与えないで健康状態を不良に変更する不作為による場合もあります。さらに、被害者の誤信に乗じて毒物を服用させたり、「死にたくなかったら、自分の小指をナイフで切り落とせ」と脅迫して小指を切り落とさせたりする場合のように、被害者を利用する間接正犯形態もあります。

---

1) 最決昭和27・06・06刑集6・6・795、判タ22・46。
2) 東京地判昭和54・08・10判時943・122。

42　第04講　傷害の罪

　本罪が成立するためには、**傷害**の結果が発生することが必要です。

ⓐ　**生理的機能障害説**[3]——傷害とは、人の生理的機能・生活機能に障害を与え、
　　　　　　　　　　　　　　もしくは健康状態を不良に変更すること
ⓑ　**身体完全性侵害説**[4]——傷害とは、人の身体の完全性を害すること
ⓒ　**統合説**[5]——傷害とは、人の生理的機能・生活機能に障害を与えること、
　　　　　　　　　及び身体の外観に重大な変更を加えること

　例えば、人の毛髪を剃り落とす行為が生理的機能に障害を与えることは稀
ですから、ⓐ説では傷害罪は成立せず、暴行罪にとどまります[6]。しかし、
それが身体の完全性を害し、身体の外観に重大な変更を加えるとき、ⓑ説・
ⓒ説では傷害罪に当たります。傷害の本質は人の健康状態を不良に変更する
ことにあるので、生理的機能を重視するⓐ**生理的機能障害説**が妥当です。

　傷害罪の法定刑の下限は罰金であり、軽微な傷害も含まれると考えられま
す。しかし、生理的機能の障害がごく短時間で軽微で、日常生活に特に支障
をきたすものでない場合には、傷害には当たらないと解すべきでしょう[7]。
他方、創傷、裂傷などの外傷だけでなく、胸部疼痛、疲労倦怠、嘔吐、失神
状態、心的外傷後ストレス障害（PTSD）[8]なども傷害に当たります。

　傷害結果をもたらしうる行為と傷害結果との間に**因果関係**が必要です。本
書によれば、刑法の因果関係は、社会的因果関係を前提にして、科学的知見
に基づき合法則的な連関が存在することを確認する**合法則的因果関係**で
す[9]。

　③　**故　意**　本罪の故意は、傷害の認識まで必要か、それとも暴行の故意

---

3) 判例（最判昭和 27・06・06 刑集 6・6・795、最決昭和 32・04・23 刑集 11・4・1393）・通説です。
4) 藤木・193 頁。
5) 団藤・409 頁、福田・151 頁、大塚仁・26 頁、西原・14 頁、大谷・25 頁、平川・52 頁、斎藤信宰・
　35 頁、佐久間・35 頁。
6) 大判明治 45・06・20 刑録 18・896。
7) **名古屋高裁金沢支判昭和 40・10・14** 高刑集 18・6・691 は、①日常生活に支障を来さないこと、
　②傷害として意識されないか、日常生活上看過される程度であること、③医療行為を特別に必要
　としないことなどを一応の標準として、生理的機能障害がこの程度に軽微なものは刑法上の傷害
　ではなく暴行であると判示しています。
8) PTSD（Post Traumatic Stress Disorder）について、判例では、**傷害を否定した**福岡高判平成
　12・05・09 判時 1728・159、判タ 1056・277、東京高判平成 22・06・09 判タ 1353・252 に対して、
　傷害を肯定した最決平成 24・07・24 刑集 66・8・709、判時 2172・143、判タ 1385・120、広島
　高判平成 25・02・27 高等裁判所刑事裁判速報集平成 25・195 があります。

で足りるかが議論されています。

> ⓐ **結果的加重犯説**——本罪は結果的加重犯であり、暴行の故意があれば足り、傷害の故意がなくてもよい
> 　＜根拠＞・204 条が故意犯の規定であるとすると、傷害未遂を罰する規定があるはずであるが、それが存在しない
> 　　　　　・208 条は「暴行を加えた者が人を傷害するに至らなかったときは」暴行罪であると規定しているが、傷害の結果が発生した場合の規定が存在しないので、当然に 204 条が適用される
> 　　　　　・傷害罪に傷害の故意が必要とすると、暴行の故意で傷害を与えたときは過失傷害罪（209 条）となり、暴行の故意で傷害に至らなかった場合に比べて刑の不均衡が生じる
> ⓑ **故意犯説**——本罪は故意犯であり、傷害の故意を要する
> 　＜根拠＞・204 条は結果的加重犯にみられる規定形式が採られていない
> 　　　　　・暴行の故意があるにすぎない者に重い傷害結果の責任を負わせるのは責任原則に反する
> 　　　　　・暴行の故意はあるが傷害の故意なくして傷害結果を生じさせた場合は、暴行罪と過失傷害罪の観念的競合と解するので、刑の不均衡は生じない

　208 条にいう「暴行を加えた者が人を傷害するに至らなかったとき」の反対解釈として、人を傷害するに至ったときは傷害罪の規定を適用する趣旨を含んでおり、38 条但し書にいう「特別の規定」に当たることになります。したがって、傷害罪には、故意犯と結果的加重犯の形態があり、前者は傷害の故意を要しますが、後者は暴行の故意で足りることになります。**折衷説**が妥当です。但し、結果的加重犯形態の場合には、責任原則を貫徹するために、因果関係のほかに、傷害結果について予見可能性（過失）が必要です。

　なお、暴行以外の無形的方法による場合については、原則に立ち返り、傷害の故意が必要となります。

(2) 未 遂

　傷害の未遂を罰する規定はありませんが、暴行という有形的方法による傷害の未遂については、暴行罪（208 条）が成立します。

(3) 同意傷害

　① **学説・判例の状況**　被害者の同意にもとづく傷害は、直ちに傷害罪不

9）関・総論・135 頁以下。

44 第04講 傷害の罪

成立となるわけではなく、一定の場合には本罪を構成するとするのが、判例・通説です。これによると、自己決定権にも限界があることになります[10]。

> ⓐ **社会的相当性説**[11] ——公序良俗に反するとき又は社会的相当性を有しないときは、被害者の同意があっても傷害罪を構成する
>
> ⓑ **死の危険説**[12] ——重大な傷害、特に死の危険を伴う傷害行為については、被害者の同意があっても傷害罪を構成する

> **最決昭和 55・11・13**（刑集 34・6・396、判時 991・53、判タ 433・93〔百選Ⅰ・22〕）は、自動車事故を装って保険金を騙取する目的で、被害者の承諾を得て自動車を衝突させ、負傷させた事案について、「承諾を得た動機、目的、身体傷害の手段、方法、損傷の部位、程度など諸般の事情を照らし合せて決すべきものである」と判示しており、総合衡量説の立場を表明しているとも考えられますが、結局は、「保険金を騙取する」という違法目的を重視して傷害罪の成立を肯定しており、ⓐ説に立っていると考えられます。

② **本書の立場** 被害者の同意により行為の違法性が阻却されるのは、それによって刑法的要保護性の契機が失われるからで、傷害の行為・結果について、自由な自己決定の所産としての同意が認められる限り、原則として正当化されます。ピアスを着けるために耳に穴を開けたり、入れ墨をしたり、献血のために採血したりする行為は、個人の趣味、生活スタイル、ボランティア精神の問題として私事性に属する事項であり、国家が刑罰をもって干渉すべき事項ではないからです。しかも、同意殺人罪（202 条後段）に対応する規定が同意傷害には存在しませんので、同意傷害を傷害罪（204 条）で処罰すると、同意殺人罪よりも刑が重くなって、刑の不均衡を招来します。

03 傷害致死罪 （205 条）

> 身体を傷害し、よって人を死亡させた者は、3 年以上の有期懲役に処する。

(1) 結果的加重犯

本罪は、傷害の故意がある場合は、傷害罪についての結果的加重犯ですが、暴行の故意しかない場合は、暴行罪についての結果的加重犯（傷害罪）の上に、

---

10) 承諾の限界については、関・総論・181 頁以下参照。
11) 福田・148 頁、大塚仁・29 頁。
12) 中山・47 頁、林・58 頁。

傷害罪についての結果的加重犯が重なった**二重の結果的加重犯**です。

(2) 要件

① 身体を傷害すること〔客体・行為〕
② 人を死亡させること〔結果〕
③ 死亡結果について予見可能性があること〔予見可能性〕
④ 暴行又は傷害の故意が存在すること〔故意〕

本罪の成立には、客観要件として、①人の身体を**傷害**し、よって、②人を**死亡**させること、③暴行・傷害の行為、傷害、及び死亡との間に**因果関係**が存在すること、主観要件として、④暴行又は傷害の**故意**が存在すること、⑤死亡結果について**予見可能性**があることが必要です。但し、判例は、加重結果について予見可能性は不要としています[13]。

04　現場助勢罪 (206条)

> 前2条〔204条・205条〕の犯罪〔傷害罪・傷害致死罪〕が行われるに当たり、現場において勢いを助けた者は、自ら人を傷害しなくても、1年以下の懲役又は10万円以下の罰金若しくは科料に処する。

(1) 傷害罪の従犯との関係

本条は、傷害(致死)罪の従犯のうち、現場での幇助行為を処罰するもので、その法定刑は、傷害罪の従犯の減軽処断刑(7年6月以下懲役、25万円以下罰金)よりも軽いのです。そこで、本罪と傷害罪の従犯との関係が問題となります。

> **判例**は、本罪は傷害現場における単なる助勢行為を処罰するもので、特定の正犯者の行為を容易ならしめた場合は傷害罪の従犯[14]とします

> 学説は、ⓐ本罪は傷害行為の現場における幇助行為の特別罪で、本来であれば傷害罪の従犯であるものを、群集心理を考慮して特別に減軽したものとする**幇助行為説**[15]と、ⓑ判例を支持し、本来であれば傷害罪の従犯とすべきでない

---

13) 最判昭和26・09・20刑集5・10・1937、最判昭和32・02・26刑集11・2・906〔百選Ⅰ・50〕、最判昭和36・01・10刑集15・1・1。
14) 大判昭和2・03・28刑集6・118。

46   第04講　傷害の罪

軽度の扇動的行為の危険性を考慮し、傷害罪の従犯でない行為として軽く処罰するものとする**扇動的行為説**[16]があります。

　本罪は、正犯者との意思疎通がなくても成立する犯罪で、特定の正犯者の行為を容易にするものではないこと、現場での幇助行為の危険性は、それが切迫しているだけに一般に高いと考えられること、また、傷害罪の従犯の減軽処断刑における下限は低いので、立法者が別に減軽類型を規定したと考える合理的理由はないこと、さらに、群集心理に基づかない助勢行為に本条を適用しないのは疑問があることなどから、ⓑ**扇動的行為説**が妥当です。

(2)　要　件

①　傷害罪・傷害致死罪の犯行が行われている現場であること〔状況〕
②　勢いを助ける行為をすること〔行為〕
③　故意があること〔故意〕

　①　**状　況**　本罪の行為は、傷害・傷害致死の**犯罪が行われる**に当たり、**現場**においてなされることが必要です。それ以外の時機・場所で行われた場合には、通常の共同正犯・共犯の例で処理されます。

　②　**行　為**　**勢いを助ける**とは、本犯者の気勢を高め又はこれを刺激する行為をいいます。例えば、「やれ、やれ」とはやしたて、本犯者の気勢を高める弥次馬的な声援が典型例ですが、言語であると動作であるとを問いません。本犯者の実行を実際に容易にしたことは必要ありませんが、傷害・傷害致死の結果が発生したことが必要です。また、特定の正犯者の傷害行為を容易にしたときは、本罪ではなく傷害罪の従犯の例によります。

　なお、**自ら人を傷害しなくても**とは、自ら人を傷害する行為をしなくての意味で、自らも人を傷害する行為をしたときは、傷害罪の同時犯又は共同正犯を構成します。

　③　**故　意**　傷害罪・傷害致死罪の犯行が行われている現場であること、勢いを助ける行為をすることについて、故意が必要です。

---

15) 団藤・417頁、福田・153頁、平川・56頁、西田・45頁、前田・30頁。
16) 通説です。

05 同時傷害の特例 (207条)

> 2人以上で暴行を加えて人を傷害した場合において、それぞれの暴行による傷害の軽重を知ることができず、又はその傷害を生じさせた者を知ることができないときは、共同して実行した者でなくても、共犯の例による。

(1) 趣 旨

　2人以上の者が、意思連絡なしに、同一機会に、それぞれ別個独立に犯罪を行うことを**同時犯**といいます。本条は、暴行の同時犯において、傷害結果について、暴行を行った複数の者の誰にも責任を負わせることができないのは不合理だということで、被告人側に因果関係に関する**挙証責任を転換**し、検察官側の挙証責任を軽減する特別の例外規定であり、因果関係の推定規定といえます。ですから、検察官が、被告人は傷害を生じさせるに足りる暴行を行ったという事実を立証したときは、本条により、被告人側は、自分がその傷害を生じさせたのではないことを反証しない限り、傷害罪の罪責を負うことになります。同時に、本条は、意思連絡についての反証を許さない形で**共同正犯を擬制**した規定でもあります。

　このように、本条は、因果関係不存在の挙証責任を被告人側に負わせるとともに、共同正犯を擬制することによって、例えば、被害者に1つの傷がある場合にも、複数の被告人に傷害罪の罪責を負わせるもので、「疑わしきは被告人の利益に (in dubio pro reo)」の原則に反し、無実の者に罪責を負わせる危険がある疑問の多い規定です。

(2) 適用要件

> ① 2人以上の者の間に、同一人に対する、意思連絡のない暴行行為が存在すること〔意思連絡不存在・行為〕
> ② 2人以上の者の暴行行為が、外形上、一個の共同実行行為と評しうるほどに時間的・場所的に近接してなされること〔時間的・場所的近接性〕
> ③ 傷害結果の原因となる暴行行為が特定できないこと〔立証不能〕
> ④ 被告人において、自己の暴行行為と傷害結果との間に因果関係が存在しないことを証明できなかったこと〔反証不能〕

　① **意思連絡不存在・行為**　2人以上の者が、**意思連絡なく**、同一人に対して**故意の暴行行為**を行ったことが必要です。2人以上の暴行行為者の一方又は双方に過失があるにすぎないときは、本条の適用はありません。

48　第04講　傷害の罪

②　**時間的・場所的近接性**　2人以上の者の暴行行為が、意思連絡のある1個の共同実行行為と評価しうるほど**時間的・場所的に近接**しており、外形上、共同正犯類似の現象が存在していなければなりません。

> **大判昭和11・06・25**（刑集15・823）は、2人以上の者の暴行行為が必ずしも同時・同所で行われたかを問わないとし、**大判昭和12・09・10**（刑集16・1251）は、「2人以上の各暴行が夫々同一の一定期間に亘り、同一場所に於て、同一客体に対し、相近接して数次に反復累行せられ、其の所為が連続一罪たる傷害罪を構成するが如き場合」を含むとし、**札幌高判昭和45・07・14**（高刑集23・3・479、判時625・114）は、「刑法207条において各暴行の時間的、場所的近接性を要求する趣旨は、当該各暴行行為と傷害ないし死の結果とを社会的事象としてとらえ、それが社会通念上『同一の機会』に行なわれた『一連の行為』と認められるような情況下で行なわれることを要求するということ」であり、「各暴行が社会通念上同一の機会に行なわれた一連の行為と認められ、共犯者でない各行為者に対し生じた結果についての責任を負わせても著しい不合理を生じない特段の事情の認められる場合であることを要する」としています。

③　**立証不能**　傷害の原因である暴行行為を特定できないこと、すなわち、検察官は、2人以上の者の各暴行行為が傷害を発生させるに足ることを立証できたが、㋐当該傷害を生じさせた者を特定できないこと、又は、㋑各人の暴行がどの傷害を発生させたのか立証できなかったことが必要です。

④　**反証不能**　被告人において、自己の暴行行為と傷害との間に因果関係が存在しないことを証明できなかったことが必要です。因果関係の不存在を立証できた行為者は、本条の適用から除外され、暴行罪で処断されることになります。

(3)　適用範囲

①　**傷害致死罪等**　本条を傷害致死罪にも適用できるかが問題となります。

> 被害者の保護、立証の困難さの点は、同時傷害の場合と同様であること、同時傷害の特例規定（207条）が傷害致死罪（205条）の規定の後に置かれていることを根拠に、207条の規定は傷害致死罪にも適用することができるとする**肯定説**[17]が主張されています。

本条は、因果関係不存在の挙証責任を被告人側に負わせるだけでなく、共

17）最判昭和26・09・20刑集5・10・1937、団藤・419頁、香川・383頁、山口・51頁、前田・33頁、井田・65頁以下。

同正犯を擬制する例外規定であり、その射程範囲は限定的であること、本条は、「人を傷害した場合」と規定していること、また、死亡の場合の立証の困難さは傷害の場合に比して低いことを考慮すると、傷害致死罪に適用することは許されません〔**否定説**〕[18]。

② 承継的共同正犯

> 【事例】　X が、被害者 A に暴行を加えた後、Y が途中から、X と意思連絡のうえで引き続き A に暴行を加えたところ、A は傷害を負ったが、その傷害が Y の加担後の暴行によるものか不明であった。

この事例で、Y の罪責につき承継的共同正犯否定説に立ったとき、なお本条の適用を認めることができるかが問題となるのです。

> 207 条は共同正犯類似の現象に対処するための規定なので、まさに共同正犯関係にあるときにその適用を排除する理由はないこと、先行者単独の第一暴行と、共謀成立後における先行者・後行者による第二暴行との間には共同正犯関係は認められないので、207 条を適用することは不合理でないこと、同じ結果でありながら、意思を通じて関与した場合が暴行罪にとどまり、意思の連絡を欠くと傷害罪になるというのは、不均衡であることを根拠に**適用肯定説**が主張されており、同旨の判例もあります[19]。

207 条は、誰も傷害結果に責任を負わない不合理を解消する特別の例外規定ですから、その適用範囲を拡大することには慎重であるべきです。この事例の場合、先行者 X は傷害結果に責任を負うことになることを考慮すると、**適用否定説**が妥当です[20]。

06　暴行罪（208 条）

> 暴行を加えた者が人を傷害するに至らなかったときは、2 年以下の懲役若しくは 30 万円以下の罰金又は拘留若しくは科料に処する。

暴行罪の保護法益は、傷害罪におけるそれと同じく、人の身体の安全です。

⑴　暴行概念

刑法で用いられる暴行は、4 類型に分けるのが一般的です。そこでは、有

18）通説です。適用を肯定する説は憲法 31 条に違反するでしょう。
19）大阪地判平成 9・08・20 判タ 995・286、判時 1261・132、林・57 頁、前田・33 頁。
20）大阪高判昭和 62・07・10 高刑集 40・3・720、判時 1261・132、西田・50 頁、高橋・58 頁、井田・67 頁。

形力行使が、⑦**人**に向けられているか、人以外にも向けられているか、⑦人に向けられている場合、**人の身体**に向けられているか否か、⑦有形力行使の**程度**が要求されているかいないかが、ポイントとなります。

①	**最広義の暴行**——すべての有形力の行使をいい、対象が人であると物であるとを問わない
	例）内乱罪（77 条）における暴動、騒乱罪（106 条）、多衆不解散罪（107 条）における暴行
②	**広義の暴行**——人に向けられた直接・間接の有形力の行使
	例）公務執行妨害罪（95 条 1 項）、職務強要罪（95 条 2 項）、加重逃走罪（98 条）、逃走援助罪（100 条 2 項）、特別公務員暴行陵虐罪（195 条）、強要罪（223 条 1 項）における暴行
③	**狭義の暴行**——人の身体に向けられた直接の有形力の行使
	例）暴行罪（208 条）における暴行
④	**最狭義の暴行**——人の反抗を抑圧するに足りる程度又は人の反抗を著しく困難にする程度の、人に向けられた有形力の行使
	例）強盗罪（236 条）、事後強盗罪（238 条）における暴行は前者で、強制性交等罪（177 条）における暴行は後者[21]

(2) 要 件

①	人に暴行を加えたが、傷害結果を発生させるに至らなかったこと〔行為〕
②	故意があること〔故意〕

① **行 為** 一般に、暴行とは**有形力の行使**をいいますが、暴行罪にいう暴行は狭義の暴行で、人の身体に向けられた直接の有形力の行使をいいます。例えば、棒・杖などの道具、拳・脚などの身体など力学的作用を用いる場合のほか、薬物・病原菌など生化学的作用を用いる場合、音・光などの量子力学的作用を用いる場合も含まれます。他方、強圧的・侮辱的言辞や嫌がらせ・無言電話などの行為は、言葉の存在・意味による心理的作用を利用するもので、無形的方法ですので、暴行には当たりません。また、本罪の暴行には、詐称誘導により落とし穴に落とす行為のように、被害者を利用する間接正犯形態もあります。

本罪の暴行は、人の身体の安全を害する性質を有する有形力の行使である

21）強制猥褻罪（176 条）における暴行については、程度を問わないとする見解が有力に主張されていることには注意してください。

ことを要しますが、必ずしも傷害結果を惹起する本質的性格を有する行為であることを要しません。例えば、毛髪を切断・剃去する行為[22]、被服を引っ張る行為[23]も暴行となりえます。

では、暴行は人の身体に接触することを要するでしょうか。

> **身体接触不要説**[24]は、暴行罪は傷害未遂をも含むので、被害者に接触しなくとも傷害結果をもたらす現実的危険性を有する有形力の行使であれば足りることを根拠に、身体接触は必要ではないとします。これに対し、**身体接触必要説**[25]は、暴行罪は傷害未遂ではないし、被害者の身体の周辺への攻撃は暴行の未遂であって暴行ではないこと、身体接触を不要とすると、身体の安全感までも暴行罪で保護することになり、暴行概念が曖昧になってしまうことを根拠に、身体接触が必要であるとします。ほかに、身体接触を目的としていたか否かによって分け、それを目的としていた場合は身体接触を要せず、傷害未遂として暴行罪が成立するとする**二分説**[26]もあります。

> **判例**では、**東京高判昭和 25・06・10** 高刑集 3・2・222（人の数歩手前を狙って投石する行為）、**仙台高判昭和 30・12・08** 高裁刑事裁判特報 2・24・1267（椅子を相手目掛けて投付ける行為）、**最決昭和 39・01・28** 刑集 18・1・31、判時 365・80〔百選 II・4〕（4畳半の室内で相手を脅かすために日本刀を振り回す行為）、**東京高判昭和 50・04・15** 刑裁月報 7・4・480（嫌がらせ目的で自車を相手の車両に接近させる行為）、**東京高判昭和 51・12・06** 東高時報 27・12・160（自動車で追跡し、下車して相手に掴みかかったが身体に触れていない行為）、**東京高判昭和 56・02・18** 刑裁月報 13・1＝2・81（フォークリフトを近接させる行為）、**東京高判昭和 59・02・14** 高等裁判所刑事裁判速報集昭和 59・1482（半ば脅しの気持で鋭利な柳刃包丁を人の胸部付近に近づけ、2、3度と突き出す行為）、**東京高判平成 12・10・27** 高等裁判所刑事裁判速報集平成 12・121（自動車による追跡行為）、**東京高判平成 16・12・01** 判時 1920・154（車両によるいわゆる幅寄せ行為、追い越し・割り込み行為などの執拗な追跡行為）、**大阪高判平成 24・03・13** 判タ 13787・376（相手方と向かい合って立った状態で一定距離を保って前進し、相手方を後ずさりさせる行為）など、一貫して、身体接触不要説を維持しています。

本罪は身体の安全を保護法益とするものですから、必ずしも身体接触がなくても被害者の身体の安全が侵害されていると認められる限り、暴行に当た

22）大判明治 45・06・20 刑録 18・896。

23）大判昭和 8・04・15 刑集 12・427。

24）通説です。

25）平野・167 頁、山口・44 頁。

26）西田・40 頁。

52   第04講　傷害の罪

ると解すべきで、**身体接触不要説**が妥当です。但し、身体の安全の侵害は厳密に認定されるべきで、身体接触によって傷害結果が発生する可能性を前提に客観的に判断される必要があります。したがって、客観的に確定されるべき暴行概念の範囲を主観的な目的（故意）でもって区別する二分説は妥当ではありません。

②　故　意　暴行について故意が必要です。

07　凶器準備集合罪・凶器準備結集罪 (208条の2)

> 　2人以上の者が他人の生命、身体又は財産に対し共同して害を加える目的で集合した場合において、凶器を準備して又はその準備があることを知って集合した者は、2年以下の懲役又は30万円以下の罰金に処する。
> 2　前項の場合において、凶器を準備して又はその準備があることを知って人を集合させた者は、3年以下の懲役に処する。

(1)　罪　質

①　沿　革　本条は、暴力団対策の一環として、1958年（昭和33年）に、証人等威迫罪（105条の2）とともに新設されました。当時、暴力団抗争が激化し、多数の暴力団員が凶器を準備して集合し、近隣に著しい不安を与えるような事態が生じていました。本条は、そうした事態を規制し、その後に生じる生命・身体・財産などの侵害を事前に防止することを目的としています。しかし、その後、学生運動、政治運動などにも適用されるようになり、立法目的の無力さを露呈した条文となりました。

②　**予備罪的性格**　本罪は、個人の生命・身体・財産という個人法益に対する予備罪的性格と、具体的被害者を含めた近隣地域の社会生活の平穏という社会法益に対する社会危険罪的性格とを有していると解されています。

> 　学説では**予備罪説**が通説ですが、判例は、本罪の社会危険罪的性格を重視する**公共危険罪説**[27] に立っています。
> 　いずれの立場に立つかによって、具体的な帰結に相違をきたします。例えば、集合状態が発展し、目的とした加害行為の実行段階に至ったとき、なおも本罪は継続するのかに関し、予備罪説によれば、加害行為の実行段階に至った以上

---

27)　最決昭和45・12・03刑集24・13・1707、判時614・22、判タ255・96〔百選Ⅱ・8〕、最判昭和58・06・23刑集37・5・555、判時1082・18、判タ500・121。

もはや予備罪としての本罪は加害行為の罪に吸収されて成立する余地はなくなると解する[28]のに対し、公共危険罪説によれば、集合状態が継続して社会生活の不安を作り出す状況が存在する以上、本罪は成立し続けることになります。また、集合状態が発展し、目的とした加害行為を開始した後に新たに集合体に参加した者について、予備罪説は本罪の成立を認めませんが、公共危険罪説はこれを肯定します。

　本罪は傷害の罪の章に規定されていること、本条が個人の生命・身体・財産という個人法益に対する加害行為以前の準備行為を処罰の対象としたのは、その集団的予備罪としての性格を考慮したからであり、社会危険罪的性格を優先させたわけではないことからすると、**予備罪説**が妥当でしょう。

　本罪は、加害行為以前の準備行為が処罰されており、**(抽象的) 危険犯**です。しかし、本罪における危険は、本罪が集団的予備罪である点、凶器の準備が明文で要求されている点を除けば、個人の生命・身体・財産という個人法益に対する危険を必要とする限りで、通常の殺人予備罪(201条)・強盗予備罪(237条) と異なりません。

　最判昭和58・06・23 (刑集37・5・555、判時1082・18、判タ500・1211)[29] は、「いわゆる迎撃形態の兇器準備集合罪が成立するためには、必ずしも相手方からの襲撃の蓋然性ないし切迫性が客観的状況として存在することは必要でなく、兇器準備集合の状況が社会生活の平穏を害しうる態様のものであれば足りる」としますが、蓋然性・切迫性は要しないとしても現実の可能性は必要です。

　③　**凶器の意義**　**凶器**とは、広く、人を殺傷するに適した性状を有する器具をいいます。通常は、銃砲刀剣類のように人の殺傷をその本来の用途・性状として製造された**性質上の凶器**のほかに、斧、鎌、棍棒などのように、用法によっては人の殺傷にも使用できる**用法上の凶器**も含むと解されており、その範囲については、社会通念上人をして (直ちに) 危険感を抱かせるに足りるものという規準で判断する見解が支配的です[30]。

---

28) もちろん、目的とした加害行為の実行段階に至ったときであっても個人の生命・身体・自由に対する危険が存続している限り、本罪が成立し続けることはありえます。

29) 本判決における団藤重光裁判官の補足意見は、「凶器の種類・数量、集合した人数、周囲の状況など、行為当時の具体的な要因をすべて総合的に考慮して判断し、その行為の規模・態様などが、個人の生命・身体・財産という個人的法益を害する抽象的危険が現実に存在することが必要である」と読み変える限りにおいて、妥当です。

54　第04講　傷害の罪

　しかし、本罪の予備罪的性格を重視すべきこと、個人の生命・身体への客観的危険性を規準にするなら、まずは器具それ自体に着目すべきで、器具の大小・形状・構造などの外観から判断される殺傷能力の高低、殺傷用に供される蓋然性の程度、殺傷用に供されるまでの時間的・場所的間隔など、客観的な事情を考慮して判断すべきであり、集団の加害目的の強度、殺傷用に転用する意図の強度などの主観要素を考慮する[31]と、あらゆる器具が凶器に含まれてしまいかねません。

(2)　凶器準備集合罪

　本条は、2人以上の者が共同して他人の生命・身体・財産に害を加える目的で集合した場合に、凶器を準備して集合する行為又は凶器の準備があることを知って集合する行為を処罰するものです。

> ①　2人以上の者が集合すること〔複数者〕
> ②　他人の生命・身体・財産に対して共同して害を加える目的を有すること〔共同加害目的〕
> ③　凶器を準備して又はその準備があることを知って集合すること〔行為〕
> ④　故意があること〔故意〕

　①　**複数者**　本罪は集団予備罪で、**行為者が複数**存在することが必要です。

　②　**共同加害目的**　**共同して害を加える目的**とは、他人の生命・身体・財産に対して他の者と共同して害を加えようとする目的をいい、積極加害の目的だけでなく、迎撃目的のような受動的な目的も含みます。

　自らは共同して加害行為を行う意思のない者にも本罪が成立するかが問題となります。2人以上の者が共同加害目的をもって集合した状況を法律要件とし、行為者自身には必ずしも共同加害目的を要しないとする見解[32]もありますが、本罪の予備罪的性格を重視するならば、少なくとも各行為者には共同加害目的が必要です。したがって、抗争の現場へ赴く意思のない者、現場に行っても抗争行為自体に関与する意思のない者、単に気勢を添える目的

---

30)　判例（**最決昭和45・12・03**刑集24・13・1707、判時614・22、判タ255・96〔百選Ⅱ・8〕〔長さ1メートル前後の角棒について肯定〕、**最判昭和47・03・14**刑集26・2・187、判時664・97、判タ276・256〔衝突させて殺傷する目的でエンジンをかけ待機中のダンプカーについて否定〕）・通説です。

31)　大谷・44頁。

32)　大谷・43頁、中森・23頁、伊東・48頁、井田・71頁。

で参加した者[33]は、本罪の正犯とすべきではないでしょう[34]。

③　**行　為**　凶器を準備して集合したこと、又は凶器の準備があることを知って集合したことの2つの行為が罰せられます。

凶器の準備とは、必要に応じて、携帯した凶器をいつでも当該加害目的の実現に使用できる状態におくことをいいます。集合場所と凶器準備場所とは一致している必要はありませんが、あまりに離れているため加害行為に使用することが不可能あるいは著しく困難であるときは、「準備した」とはいえません。「準備があることを知って」集合したとは、既に凶器の準備がなされていることを認識して、共同加害目的をもって集合することをいいます。

集合とは、2人以上の者が共同加害目的をもって時間・場所を同じくすることをいいますが、具体的には、㋐2人以上の者が共同加害目的をもって、凶器を準備し又は準備のあることを知って、一定の場所に集まること、及び、㋑既に一定の場所に集まっている2人以上の者が集合後に共同加害目的をもち、その場で凶器を準備し又はその準備のあることを知ったうえ共同加害目的をもつに至ったこと[35]を含みます。後者㋑の場合には、行為者がその集団から離脱しないか、加害目的を放棄しない限り、本罪が成立します。

④　**故　意**　他の者が集合し、凶器を準備して又はその準備があることを知って集合することについて、故意が必要です。

本罪は、2人以上の者が共同加害の目的をもって集合すれば成立しますが、本罪の成立後、集合状態が発展し、目的とした暴行・傷害・殺人などの共同加害行為が行われたときの罪数関係について、本罪との罪質の相違を重視して両者は併合罪の関係に立つとする判例[36]もありますが、本罪の予備罪的性格からして**牽連犯**と解すべきでしょう[37]。

(3)　凶器準備結集罪

本条は、2人以上の者が共同して他人の生命・身体・財産に害を加える目的で集合した場合に、凶器を準備し、又は凶器の準備があることを知って、

---

33)　大阪高判昭和46・04・26高刑集24・2・320。
34)　曽根・30頁、松宮・49頁、林・65頁、西田・59頁、高橋・63頁、松原・67頁など多数説です。
35)　最決昭和45・12・03刑集24・13・1707、判時614・22、判タ255・96〔百選Ⅱ・8〕。
36)　最決昭和48・02・08裁判集刑186・33。
37)　大阪高判昭和47・01・24高刑集25・1・11、判時667・103、判タ280・336。

56 第04講 傷害の罪

人を集合させる行為を処罰するものです。

① 2人以上の者が共同して他人の生命・身体・財産に害を加える目的で集合したこと〔状況〕
② 凶器を準備して人を集合させること、又は凶器の準備があることを知って人を集合させること〔行為〕
③ 故意があること〔故意〕

① **状　況**　本罪は、2人以上の者が共同して他人の生命・身体・財産に害を加える目的で集合した**行為状況**の存在が必要です。

② **行　為**　**人を集合させた**とは、人に働きかけて2人以上の者が共同加害目的をもって時間・場所を同じくするようにさせることをいい、具体的には、㋐自ら凶器を準備して人を集合させること、及び、㋑既に凶器の準備があることを知りつつ人を集合させることを含みます。

本条は、凶器準備集合の状態を積極的に作出する行為をしている点に着目して、凶器準備集合罪よりも重く罰しています。ですから、本罪が成立するには、凶器準備集合状態の形成について主導的・積極的な役割を果たすことが必要であり[38]、単なる集合罪の教唆犯にとどまる行為は本罪に含まれないと解すべきです。

今日の一言

恥を捨て
人にもの問ひならふべし
これぞ上手のもととなりける

──**利休百首より**

---

38) 東京地判昭和50・03・26刑裁月報7・3・406。

第 05 講　過失傷害の罪

01　総　説

(1) 沿　革

　刑法典は、1947 年（昭和 22 年）に重過失致死傷罪を新設し、1968 年（昭和 43 年）には、激増する交通事故死傷者に対処するため、業務上過失致死傷罪・重過失致死傷罪（211 条）の法定刑の上限を引き上げましたが、効果は一時的でした。その後、悪質かつ危険な運転行為による重大な死傷事犯に対する罰則を強化する目的で、2001 年（平成 13 年）に、危険運転致死傷罪（旧 208 条の 2）とともに、刑の裁量的免除の規定（旧 211 条 2 項）が導入され、2004 年（平成 16 年）に、危険運転致死傷罪の法定刑の上限が引き上げられ、2006 年（平成 18 年）には、危険運転致死傷罪が二輪車をも含む自動車に拡大されるとともに、自動車運転過失致死傷罪（旧 211 条 2 項）が新設されました。しかし、自動車運転による死傷事犯の実情等に鑑み、2013 年（平成 25 年）、「自動車の運転により人を死傷させる行為等の処罰に関する法律」（法律第 86 号）が制定され、刑法典にあった 208 条の 2（危険運転致死傷罪）・211 条 2 項（自動車運転過失致死傷罪）が削除されました。

　交通事故による死傷者数[1]ですが、1977 年（昭和 52 年）を底にして増え続け、1999 年（平成 11 年）には 100 万人を超え、2004 年（平成 16 年）には 119 万 1 千人余に達しました。死者数は、1959 年（昭和 34 年）に 1 万人を超え、1970 年（昭和 45 年）に過去最悪（16,765 人）となりました。その後、漸減して 1 万人を割るようになりましたが、1988 年（昭和 63 年）に再び 1 万人を超え、1992 年（平成 4 年）をピーク（11,452 人）に減少に転じ、1996 年（平成 8 年）には 9 年ぶりに 1 万人を下回りました。

　交通事故による死傷者数の近時の状況は、以下のとおりです。

---

1)　警察庁・交通局交通企画課のデータをもとにしています。

年	交通事故発生件数（件）	死者数（人）	負傷者数（人）
2008 年（平成 20 年）	766,394	5,209	945,703
2009 年（平成 21 年）	737,637	4,979	911,215
2010 年（平成 22 年）	725,924	4,948	896,297
2011 年（平成 23 年）	692,084	4,691	854,613
2012 年（平成 24 年）	665,157	4,438	825,392
2013 年（平成 25 年）	629,033	4,388	781,492
2014 年（平成 26 年）	573,842	4,113	711,374
2015 年（平成 27 年）	536,789	4,117	665,126

⑵　保護法益・類型

　過失傷害の罪は、過失によって人の生命・身体を侵害する犯罪であり、保護法益は人の生命・身体の安全です。

○過失傷害罪（209 条）　○過失致死罪（210 条）
○業務上過失致死罪（211 条 1 文）[2]　○重過失致死傷罪（211 条 2 文）

02　過失傷害罪（209 条）

　過失により人を傷害した者は、30 万円以下の罰金又は科料に処する。
　2　前項の罪は、告訴がなければ公訴を提起することができない。

　単純過失によって人の傷害結果を生じさせる罪です。過失の意義・種類については、ショクンは、刑法総論で勉強しましたよね (*^o^*) [3]。

03　過失致死罪（210 条）

　過失により人を死亡させた者は、50 万円以下の罰金に処する。

　単純過失によって人の死亡結果を生じさせる罪であり、結果が死亡であるほかは、過失傷害罪の要件がそのまま当てはまります。

---

2)「211 条前段・後段」で示すのが通例です。しかし、例えば、憲法 39 条、刑法 213 条をみれば明らかなように、前段・後段では、条文のどこを指しているのか分からないことがあり、1 文・2 文を使用するのが合理的です。

3) 関・総論・314 頁以下を参照してください。

04　業務上過失致死傷罪（211条1文）　59

04　業務上過失致死傷罪 (211条1文)

> 業務上必要な注意を怠り、よって人を死傷させた者は、5年以下の懲役若しく
> は禁錮又は百万円以下の罰金に処する。

(1)　要　件

① 業務上必要な注意を怠ること〔業務上過失〕
② 人を死傷させること〔行為・結果〕

①　**業務上過失**　行為者には、業務上必要な注意を怠る業務上の過失が存在することが必要です。**業務**とは、判例によれば、本来人が社会生活上の地位に基づき反復継続して行う行為であって、他人の生命身体等に危害を加える虞あるもの、及び、人の生命・身体の危険を防止することを義務内容とするものとされます[4]。この定義を前提に、判例は、人の生命・身体の危険を重視することで、業務概念の重点を、業務者から業務行為へ、社会生活上の地位から社会生活上の事務・反復・継続性へと移し、業務の範囲を拡張してきました。

しかし、業務は、その前提に業務者への権限付与が存在していたはずで、本来は資格・職業・職務・営業と結びついていたと考えられます。

> 一般に、**業務の要件**として、㋐生命・身体への危険性、㋑社会生活上の地位性、及び㋒反復・継続性の3要件が提示されます。
> 　㋐　**生命・身体への危険性**　業務は、それ自体、人の生命・身体に対する度な危険性を有し、又は、人の生命・身体に対する高度な危険を防止することを内容とするものでなければなりません。この要件は、第1に、**危険の強度性**を要素にしており、これにより、自転車の運転、キックボードの運転は業務ではないとされます。また第2に、**危険の広範性**を要素にしており、これにより、業務が不特定・多数の人に開かれていることが要求されるのです。
> 　㋑　**社会生活上の地位性**　次に、業務は、社会生活上の活動である資格・職業・職務・営業として行われる本来の業務行為、及びこれらに随伴する補助的な事務であることが必要です。その行為は違法であっても[5]、娯楽のための行為であってもよく[6]、免許を有しているか否かを問わな

---

4) 最判昭和33・04・18刑集12・6・1090、最決昭和60・10・21刑集39・6・362、判時1176・151、判タ575・41〔百選Ⅰ・60〕。
5) **最決昭和32・04・11**刑集11・4・1360（自動車運転免許一時停止処分を受けていて法令に定められた運転資格がない運転行為）。

い[7]とされます。そのため、この要件は不要であるとの主張[8]もなされます。本書によれば、この要件は、純然たる私生活上の行為を業務から除外する消極的機能を有する[9]にとどまらず、**業務者への権限付与に随伴する特別な負担を求める要件に当たります**。したがって、この要件によって、純然たる私生活上の行為である炊事・育児などが業務から除外されます[10]し、講習・訓練、許認可制度を経て免許・資格を取得した者は、当該事務を実際に継続・反復することも、反復・継続する意思を有していることも必要ありません。

  ⑦ **反復・継続性**　この要件は、社会生活上の地位性の要件を補充するものであり、講習・訓練、許認可制度を経て免許・資格を有する者について、高度な危険を伴う業務行為を**反復・継続**したことを考慮する要件です。およそ過去にそうした高度な危険を伴う行為を現実に反復・継続したことがなければ、経験・知識をもとに危険管理・結果回避を期待することはできませんし、容易に死傷結果を予見することができるともいえません。学説の中には、反復・継続の事実がなくとも反復・継続の意思があれば、業務性を肯定してよいとする見解[11]が支配的ですが、これは、行為者主観によって違法性を決定することですし、また、将来の事情で業務性を肯定するものであり、妥当ではありません。

本書によれば、**業務**とは、本来、人が専ら社会生活上の地位に基づいて行う行為若しくは反復・継続して行った行為であって、それ自体、人の生命・身体に対しある程度高度な危険性を含む事務、又は、人の生命・身体に対する危険性を防止することを内容とする事務をいいます。

  ② **行為・結果**　過失犯に共通することですが、過失犯が成立するには死傷結果が生じなければなりません。理論的には過失犯にも未遂犯があるのですが、それは処罰されないので、論ずる実益がないにすぎません。

---

6) **最判昭和33・04・18**刑集12・6・1090（狩猟免許を有する者が娯楽のために行う狩猟行為）。

7) **東京高判昭和35・03・22**判タ103・38（法規上所轄官庁の免許を必要とする場合にも免許の有無を問わない）。

8) 団藤・434頁、大谷・51頁。

9) 中森・26頁、西田・63頁。

10) これは、事務内容にではなく、人的関係（家族関係、親密関係など）に着目したものと考えられます。というのは、その事務内容に着目したときには、ホームヘルパー・ベビーシッター・介護士の同様の行為も業務から除外されてしまうことになるからです。ここでは、「家族関係では、一般の社会関係とは異なる考慮が必要である」、「親密関係に業務概念を持ち込んで加重処罰することは、適当でない」などの理由が考えられますが、さらに検討する必要があります。

11) 大塚仁・46頁、中山・71頁、大谷・52頁、西田・63頁、前田・40頁。

(2)　加重処罰の根拠

① **判例・学説の状況**　本罪は、業務上の過失に係る犯罪として刑が加重されています。

> ⓐ　**刑事政策説**[12]――刑事政策的見地から、一定の危険な業務に従事する業務者には通常人よりも高度な注意義務を課したもの
> 　⇒本人の具体的な注意能力・注意義務違反の程度とは関係がない
> ⓑ　**類型的注意能力説**[13]――業務者は、一定の危険な行為を反復・継続して行うことを通じて、一般類型的に高度な注意能力を有する点を考慮したもの
> 　⇒業務者は一般類型的に注意能力が高いのであり、本人の具体的な注意能力・注意義務違反の程度とは関係がない
> ⓒ　**違法性・有責性加重説**[14]――業務者は一般に通常人よりも広範囲にわたって結果を認識・予見しうる能力を有するので、通常人に比べて、その違反行為の違法性の程度が著しく、その非難可能性の程度も高い
> 　⇒個々の行為者の注意能力を考慮する
> ⓓ　**特別期待説**[15]――業務者は、通常人には行いえない特別な権利が付与されており、その反面、注意義務を尽くすことに対する期待が一般人に比べて強く、特別な義務を負っている
> 　⇒業務行為を行うについての特別の義務であり、本人の具体的な注意能力・注意義務違反の程度とは関係がない

② **本書の立場**　業務上過失の加重処罰の根拠については、2つの考慮が混在しています。

> 　第1の考慮は、**業務者**に関わります。具体的な客観状況が同じであるとき、業務者か通常人かによって法的な注意義務の程度に相違があるとは考えられませんので、ⓐ刑事政策説は妥当でありません。また、業務者であれば常に一般類型的に高度な注意能力を有すると考えるのは一種の擬制、法的立場からの期待にすぎません。ⓓ特別期待説が指摘するように、業務者に強い期待がかけられるのは、その前提として、その者に一定の権限付与がなされているからで、権限付与の手続が存在するのは、業務は死傷結果を惹起する高度の危険性を伴

12）判例（最判昭和 26・06・07 刑集 5・7・1236）・多数説です。

13）大塚仁・45 頁、平野・89 頁。

14）藤木・252 頁、林・67 頁。

15）特別な義務に応じて違法性が高くなるとするのは、西原・20 頁、高橋・70 頁、責任非難が高くなるとするのは曽根・32 頁、萩原・22 頁。

62　第05講　過失傷害の罪

うことが多いので、一定の資格取得者にだけそれに携わることを認め、その者に危険管理・結果回避を期待しているからです。業務上の注意義務は、そのような権限付与に伴う特別な負担と考えるべきで、その意味で、業務者の加重処罰の中核にあるのは、死傷結果を惹起する危険性を伴う業務に係る許認可制度[16]であり、例えば、経済産業大臣の許可を取得したての一般送配電事業者（電気事業法3条以下）が初仕事において不注意で死傷事故を起こした場合に、業務上過失致死傷罪を肯定しても不合理でないのはそのためです。

　しかし、この点だけでは、例えば、無免許医業行為を反復・継続した行為者が不注意で死傷事故を起こした場合に、業務上過失致死傷罪で処罰することはできません。そこで、業務行為に関わる第2の考慮が必要となります。それは、行為者が、本来の意味での業務者ではないとしても、過去に死傷結果を惹起する危険性を伴う行為を**反復・継続**しているので、その経験・知識を用いて危険管理・結果回避をすることを期待するという考慮です。そうした期待が合理的であるのは、業務行為を反復・継続した者は、わずかな精神的緊張でもって容易に死傷結果を予見することができたはずだといえるからで、にもかかわらず死傷結果を予見しなかった行為者は、不注意の程度が高度であったということができるのです。

05　重過失致死傷罪（211条2文）

　重大な過失により人を死傷させた者も、同様とする〔5年以下懲役・禁錮／百万円以下の罰金〕。

① 　重大な過失があること〔重過失〕
② 　人を死傷させること〔行為・結果〕

重大な過失とは、注意義務違反の程度の高いもの、すなわち、具体的状況下においてきわめて些細な注意を払うことによって人の死傷の結果を予見することができたにもかかわらず、これを怠った場合をいいます[17]。

---

16) 許認可制度のすべてがそうした考慮に基づいているとは限らないし、そうした考慮に基づいた制度が実際にそれを実現しているかはまた別です。

17) 最近の裁判例で、重過失を肯定したものとして、**東京高判平成12・06・13**東高時報51・76（土佐犬が犬舎から逃走して幼児に噛みつき傷害を負わせた事案）、**福岡高判平成22・03・10**高等裁判所刑事裁判速報集平成22・197（自転車を運転していた被告人が、優先道路と交わる交差点に進入する際、一時停止せず、安全確認を怠った結果、被害者を死亡させた事案）、**東京高判平成23・11・30**東高時報62・122（除草剤入りの栄養ドリンクの瓶を未開封の栄養ドリンクの瓶と間違えて被害者に飲ませ死亡させた事案）、**東京高判平成24・11・22**東高時報63・251（強制わいせつの現行犯逮捕を免れようと混雑した駅ホーム上を疾走して逃走した際に、同ホームを歩

06　自動車の運転により人を死傷させる行為等の処罰に関する法律　　63

　重過失致死傷罪は、非業務者による通常過失から単純過失（209条・210条）を除いたもの、逆にいえば、単純過失の中で特に注意義務違反の程度の高いものを「重過失」として別にし、法定刑を引き上げたものです。重過失と業務上過失とは重なり合う部分が多く、混乱が生じかねないこと、両概念は通常過失の量刑において考慮すれば足りますので、過失犯の法定刑でもって対処するのが現実的と考えます。

06　自動車の運転により人を死傷させる行為等の処罰に関する法律

　本法は特別刑法ですが、身近な犯罪ですから、補足として説明します。

(1)　危険運転致死傷罪（2条）

　次に掲げる行為を行い、よって、人を負傷させた者は15年以下の懲役に処し、人を死亡させた者は1年以上の有期懲役に処する。

　本罪は、2013年（平成25年）に、自動車運転に係る死傷事案に包括的に対処するために制定された「自動車の運転により人を死傷させる行為等の処罰に関する法律」（2013年・平成25年法律第86号）に規定された犯罪の基本型です。但し、本罪は、人の死傷結果について故意を欠くが、基本となる一定の危険運転行為は故意で行う犯罪であり、基本行為である危険運転行為それ自体は刑法で処罰されているわけではないので、厳密な意味での結果的加重犯とはいえません。

　なお、「自動車」とは、原動機により軌道・架線を用いないで走行する車両で、道路交通法上の自動車と原動機付自転車をいいます。

①　酩酊運転致死傷罪（2条1号）

　アルコール又は薬物の影響により正常な運転が困難な状態で自動車を走行させる行為

②　制御困難運転致死傷罪（2条2号）

その進行を制御することが困難な高速度で自動車を走行させる行為

③　未熟運転致死傷罪（2条3号）

その進行を制御する技能を有しないで自動車を走行させる行為

④　通行妨害運転致死傷罪（2条4号）

　人又は車の通行を妨害する目的で、走行中の自動車の直前に進入し、その他

行中の被害者と衝突し線路上に落下させて傷害を負わせた事案）。

64　　第05講　過失傷害の罪

通行中の人又は車に著しく接近し、かつ、重大な交通の危険を生じさせる速度
で自動車を運転する行為

⑤　信号無視運転致死傷罪（2条5号）

赤色信号又はこれに相当する信号を殊更に無視し、かつ、重大な交通の危険
を生じさせる速度で自動車を運転する行為

⑥　禁止道路運転致死傷罪（2条6号）

通行禁止道路を進行し、かつ、重大な交通の危険を生じさせる速度で自動車
を運転する行為

(2)　準危険運転致死傷罪（3条）

　アルコール又は薬物の影響により、その走行中に正常な運転に支障が生じる
おそれがある状態で、自動車を運転し、よって、そのアルコール又は薬物の影
響により正常な運転が困難な状態に陥り、人を負傷させた者は12年以下の懲役
に処し、人を死亡させた者は15年以下の懲役に処する。
　2　自動車の運転に支障を及ぼすおそれがある病気として政令で定めるものの
影響により、その走行中に正常な運転に支障が生じるおそれがある状態で、自
動車を運転し、よって、その病気の影響により正常な運転が困難な状態に陥り、
人を死傷させた者も、前項と同様とする。

　本罪は、アルコール、薬物又は病気の影響により、その走行中に正常な運転に
支障が生じるおそれがある状態で自動車を運転し、よって、そのアルコール、薬
物又は病気[18]の影響により正常な運転が困難な状態に陥り、人を死傷させる罪で
す。

(3)　過失運転致死傷罪（5条）

　自動車の運転上必要な注意を怠り、よって人を死傷させた者は、7年以下の懲
役若しくは禁錮又は百万円以下の罰金に処する。ただし、その傷害が軽いときは、
情状により、その刑を免除することができる。

　本条は刑法旧211条2項の条文を移したもので、業務上過失致死傷罪の特別な
犯罪類型です。**自動車の運転上必要な注意**とは、自動車運転者が自動車の各種装
置を的確に操作し、その操作・操縦下において自動車を走行させるうえで必要と
される注意義務をいいます。**運転**とあるので、自動車の発進から停止までをいい
ます。停車後に同乗者を降車させるためにドアを開閉する行為は運転に当たると
する見解[19]もありますが、運転をそのように解釈するのは無理です[20]。

---

18)　政令166号3条を参照。

06　自動車の運転により人を死傷させる行為等の処罰に関する法律　65

本罪で、傷害の程度が軽いときは、情状により刑を免除することができます[21]。

(4)　他罪との関係

まず、**業務上過失致死傷罪（211条）**との関係ですが、自動車運転に関わる過失運転・危険運転致死傷については、本法が適用されますので、業務上過失致死傷罪の規定が適用される事態は想定できなくなりました。

また、**暴行罪・傷害罪・殺人罪**との関係ですが、故意に危険運転行為を行った結果として人を死傷させてしまった場合、行為者に死傷結果について故意のないときは、当該危険運転行為が暴行に当たるとしても、本罪が成立するにとどまります。これに対し、行為者に死傷結果について故意のあるときは、本罪ではなく、傷害罪（204条）・傷害致死罪（205条）、あるいは殺人罪（199条）が成立することになります[22]。

(5)　過失運転致死傷アルコール等影響発覚免脱罪（4条）

> 　アルコール又は薬物の影響によりその走行中に正常な運転に支障が生じるおそれがある状態で自動車を運転した者が、運転上必要な注意を怠り、よって人を死傷させた場合において、その運転の時のアルコール又は薬物の影響の有無又は程度が発覚することを免れる目的で、更にアルコール又は薬物を摂取すること、その場を離れて身体に保有するアルコール又は薬物の濃度を減少させることその他その影響の有無又は程度が発覚することを免れるべき行為をしたときは、12年以下の懲役に処する。

本罪は、アルコール・薬物の影響により、その走行中に正常な運転に支障が生じるおそれがある状態で自動車を運転した者が、運転上必要な注意を怠り、よって人を死傷させた場合に、その運転時のアルコール・薬物の影響の有無・程度が

---

19) **東京高判平成25・06・11**判時2214・127（降車するためにドアを開ける行為は、「自動車の運転と密接に関連するもの」で、「自動車の運転に付随する行為であって、自動車運転業務の一環としてなされたものとみるのが相当」）、大谷・57頁、前田・54頁。なお、**最決平成5・10・12**刑集47・8・48、判時1479・153、判タ834・70（同乗者が降車するに当たり、フェンダーミラー等を通じて安全を確認した上で、開扉を指示するなど適切な措置を採るべき、自動車運転者の注意義務は、「自動車運転者としての立場に基づき発生するものと解されるから、同乗者にその履行を代行させることは許されない」。）

20) 山口・69頁、高橋・83頁。

21) **東京高判平成22・10・19**東高時報61・247（自動車運転過失傷害罪につき、傷害の程度が軽く、後遺症もうかがえないこと、被害者にも若干落ち度があることなどの事情を考慮し、旧刑法211条2項但し書を適用して刑を免除）。

22) 井上宏ほか「刑法の一部を改正する法律の解説」法曹時報54巻4号（2002年）63頁、井上宏「自動車運転による死傷事犯に対する罰則の整備等について」ジュリ1216号（2002年）39頁。

66 第05講 過失傷害の罪

発覚することを免れる目的で、更にアルコール・薬物を摂取すること、その場を離れて身体に保有するアルコール・薬物の濃度を減少させること、そのほかその影響の有無・程度が発覚することを免れるべき行為をする罪です。**その運転の時のアルコール又は薬物の影響の有無又は程度が発覚することを免れる目的**を要する目的犯ですが、実際に、発覚することを免れる必要はありません。

(6) **無免許運転による加重**（6条）

> 　第2条（第3号を除く。）の罪を犯した者（人を負傷させた者に限る。）が、その罪を犯した時に無免許運転をしたものであるときは、6月以上の有期懲役に処する。
> 　2　第3条の罪を犯した者が、その罪を犯した時に無免許運転をしたものであるときは、人を負傷させた者は15年以下の懲役に処し、人を死亡させた者は6月以上の有期懲役に処する。
> 　3　第4条の罪を犯した者が、その罪を犯した時に無免許運転をしたものであるときは、15年以下の懲役に処する。
> 　4　前条の罪を犯した者が、その罪を犯した時に無免許運転をしたものであるときは、10年以下の懲役に処する。

　本条は、①2条危険運転致傷罪を犯した者が、②3条危険運転致死傷罪を犯した者が、また、③過失運転致死傷アルコール等影響発覚免脱罪を犯した者が、さらに、④過失運転致死傷罪を犯した者が、その罪を犯した時に無免許運転をしたものであるときには、道路交通法上の無免許運転罪との併合罪加重による処断刑を超える法定刑を規定することによって、特別な加重類型を設けたものです。したがって、道路交通法上の無免許運転罪と同じく、本罪が成立するには、無免許運転について故意が必要です。

第06講　脅迫の罪

01　総　説

(1)　保護法益・類型

　脅迫の罪には、脅迫罪と強要罪が規定されています。両罪はともに、相手方又はその親族の生命・身体・自由・名誉・財産に対し害を加える旨を告知して脅迫する行為を要件としており、自由を保護法益としているのは間違いありませんが、その具体的な保護法益は微妙に異なります。

| ○脅迫罪（222条） | ○強要罪（223条） |

　①　**脅迫罪**　脅迫罪は、相手方の意思決定・行動を強制することを要件としていませんので、保護法益については議論があります。

　意思決定自由説[1]は、脅迫罪は意思決定の自由に対する罪であるとし、私生活の平穏や法的安全の意識が保護法益だとすると警告や吉凶禍福の告知も脅迫になるが、それは「害を加える旨を告知」という文言と矛盾するとして、反対説を批判します。しかし、脅迫罪は、一定の意思決定・意思活動に向けての害悪告知を要求しているわけではありませんし、暴行を手段とする形態は規定されていませんので、強要罪のように、意思決定・意思活動の自由を保護法益とするのは的を射ているとは思われません。また、本罪は危険犯であると指摘してその概念を薄めたからといって、的に近づくわけでもありません。

　これに対し、**私生活平穏説**[2]は、脅迫罪の保護法益は私生活の平穏ないし安全感であるとし、本罪は一定の意思決定・行動の自由に対する侵害結果を必要としていないので、意思決定自由説は妥当でなく、本罪は恐怖心を起こさせるに足りる行為をする点に本質があるとします。しかし、恐怖感・不安感を生じさせ私生活の平穏や安全感を侵害ないし危険にするからといって、あらゆる事実の告知が脅迫罪となるわけではありませんので、私生活の平穏や安全感を保護法益とするのは的はずれではないとしても、射程範囲が広範にすぎます。

　本罪は、一定の生活利益（生命・身体・自由・名誉・財産）に害を加える旨を告知する脅迫を要件としており、一定の生活利益が保全・維持されている平

---

1) 通説です。
2) 平野・173頁、西原・139頁、大谷・84頁、中森・48頁、斎藤信治・60頁など反対説です。

68   第06講　脅迫の罪

穏な事実状態、つまり、利益保全に係る平穏な事実状態を侵害する犯罪と考えられます〔**利益平穏説**〕。この侵害は、一定の生活利益を侵害し又は危険にするという害悪告知の行為によってなされなければなりませんので、単に恐怖感・不安感を招来するだけでは充分でなく、一定の生活利益が侵害されるのではないかという加害の実現可能性を信じ込ませるような内容・程度のものでなければなりません。

　　② 　**強要罪** 　強要罪は、相手方又はその親族の生命、身体、自由、名誉、財産に害を加える旨を告知して脅迫し、又は暴行を用いることによって、相手方に義務のないことを行わせ、又は権利の行使を妨害する罪です。保護法益は、意思決定の自由ではなく、自由な意思活動に基づく行動の自由です。

⑵　脅迫概念

　脅迫は、相手方に害悪を告知することをいい、3類型に分けられます。

> ① 　**広義の脅迫**──広く害悪を告知する行為のすべてをいい、害悪の内容・性質・程度を問わない
> 　　例）公務執行妨害罪・職務強要罪（95条）、騒乱罪（106条）における脅迫
> ② 　**狭義の脅迫**──相手方又はその親族の生命・身体・自由・名誉・財産に対し害を加えることを相手方に告知することをいい、一般人をして畏怖させるに足りる程度のもの
> 　　例）脅迫罪（222条）、強要罪（223条）における脅迫
> ③ 　**最狭義の脅迫**──害悪を告知する行為のうち、相手方の反抗を著しく困難にする程度あるいは反抗を抑圧する程度のもの
> 　　例）強制猥褻罪（176条）、強制性交等罪（177条）における脅迫は前者、強盗罪（236条）における脅迫は後者

02 　脅迫罪（222条）

> 　生命、身体、自由、名誉又は財産に対し」「害を加える旨を告知して人を脅迫した者は、2年以下の懲役又は30万円以下の罰金に処する。
> 　2 　親族の生命、身体、自由、名誉又は財産に対し害を加える旨を告知して人を脅迫した者も、前項と同様とする。

⑴　要　件

> ① 　相手方又はその親族の生命、身体、自由、名誉、財産に対し害を加える旨を告知して人を脅迫すること〔行為〕

② 故意があること〔故意〕

　① **行　為**　**狭義の脅迫**であり、一般人をして畏怖させるに足りる程度の害悪の告知をいいます。害悪の告知は、相手方に到達し、相手方がこれを認識することを要しますので、相手方が認識しなければ、脅迫の未遂で不処罰です。ただ、それによって相手方が現に畏怖したことは必要ありません〔(抽象的)**危険犯**〕が、一定の害悪告知によって、相手方に単に恐怖感・不安感を与えるにとどまらず、加害の実現可能性を信じ込ませるような内容・程度のものでなければなりません。

　人の言動は、それが行われた状況・場面において初めてその意味・内容・強度を把握することができますので、脅迫に当たるか否かは、それがなされた状況・場面における諸事情を考慮して決定するほかありません。

> **最判昭和35・03・18**刑集14・4・416〔百選Ⅱ・11〕は、町村合併をめぐる対立の最中に、当時出火の事実がないのに、対立する派の相手方に対して、「出火御見舞い申し上げます。火の元にご用心」と記載した郵便葉書を送ったという事案について脅迫罪の成立を肯定しました。

　加害の対象は、告知の相手方又はその親族の生命、身体、自由、名誉、財産です。相手方に対して、「お前の恋人がどうなっても知らないよ」、あるいは「お前の上司に怪我をさせてやる」と言っても、恋人・上司は相手方・その親族には当たりませんので、脅迫罪にはなりません。親族の範囲は民法の規定（725条）によって画されます。内縁関係にある者、法律上の手続を完了していない養子については、その親族と同様の親密関係が存在することを考慮すべきですが、恋人も含まれると解するのは罪刑法定原則からいって無理があります。また、列挙されている利益は制限列挙と解されますが、貞操は自由に、信用は名誉に含まれます。

　害悪告知の内容について、具体的には、行為者が将来の害悪の発生・不発生を左右しうる立場にあることを観念させる内容のものでなければなりません。したがって、例えば、「地震が起きる」と告知するような天変地異の予告、「天の報いがある」と告知するような吉凶禍福の予告は、それだけでは本罪を構成しません。また、害悪が第三者によって加えられることを告知した場合も、行為者が害悪の発生に直接・間接に影響を与えることができることを

70　第06講　脅迫の罪

含意して告知したのでない限り、本罪を構成しません[3]。第三者は、架空の虚無人でも構いません[4]。

　害悪告知の内容に**犯罪性**が必要であるかが問題となります。犯罪被害者や不正行為を現認した会社員が、それをネタに相手方を畏怖させる意図で「告訴する」、「君の不正行為を上司に報告する」と通告するのは、本罪にいう害悪の告知に当たるのでしょうか。

> 　学説・判例では、ⓐ告訴する行為・不正行為を告知する行為による利益の侵害が不処罰であるということは、そうした利益の侵害（害悪）を受けないことの安心感・安全感は刑法上の保護の対象とはならないことを意味するので、害悪告知の内容に犯罪性が必要であるとする説[5]、ⓑ犯罪性までは必要ないが、違法性は必要であるとする説[6]、ⓒ権利の濫用に当たるかどうかで判断すべきであるとする説[7]、及び、ⓓ告訴・報告する意思もなく、もっぱら相手を畏怖させる目的でなされたときは脅迫に当たるとする説[8]などがあります。

　思うに、害悪告知の内容が何らかの要求を伴っている場合[9]は、権利行使や正当行為の射程範囲に含みうるかを慎重に判断する必要があります。告訴する行為や不正行為を報告する行為はそれ自体犯罪性も違法性も認められないのに、それを告知して相手方を恐怖させた、あるいは相手方の意思決定

---

3)　**広島高裁松江支部判昭和25・07・03**高刑集3・2・247、判タ8・55（「第222条所定の脅迫たるには単に害悪がその発生すべきことを通告せられるだけでは足らずその発生が行為者自身において又は行為者の左右し得る他人を通じて即ち直接又は間接に行為者によつて可能ならしめられるものとして通告せられるを要する」として脅迫を否定）、**最判昭和27・07・25**刑集6・7・941（「第三者の行為に因る害悪の告知にあたり被告人がその第三者の決意に対して影響を与え得る地位に在ることを相手方に知らしめた」ことを要するとして脅迫を肯定）。
4)　**大判昭和7・11・11**刑集11・1572（「苟も他人を畏怖せしむる意思を以て其の人をして畏怖心を生ぜしむべき害悪を通告したる以上は、刑法第222条所定の脅迫罪を成立し、縦令名を虚無の第三者の行為に借り、右害悪が其の虚無人の行為に因りて来ることを通告するも又被通告者に於て現実に畏怖の念を生ぜざりしとするも、同罪の成立を妨げることなし」））。
5)　中・90頁、平野龍一「刑法各論の諸問題4」法セ201号（1972年）65頁、山口・76頁。
6)　曽根・54頁、中森・49頁、山中・137頁。
7)　大谷・88頁、西田・68頁。
8)　**大判大正3・12・01**刑録20・2303（「告訴を為す意思なきに拘わらず、誣告者を畏怖せしむる目的を以て、之に対し該告訴を為す可き旨の通告を為したるとすれば、固より権利実行の範囲を超脱したる行為なるを以て、脅迫の罪を構成」）、**大判昭和4・08・06**法律新聞197・16（同旨）。
9)　例えば、「私の昇進を上申してくれなければ、あなたの不正行為を上司に報告する」と通告する場合です。

の自由を侵害したことを理由に、本罪の成立を肯定するのは適当ではありません。まして、告訴・報告する意思もなく専ら相手を畏怖させる目的であるから本罪が成立するというのでは、権利行使・正当行為の範囲を不当に狭めることになりますし、「適法なことは黙ってやれ」というのでは、裁判外の紛争処理手続を無にすることにもなるでしょう。

害悪告知の方法に制限はなく、文書・口頭・態度など問いません。ただ、暴行との区別が微妙な場合があります。例えば、被害者の顔にナイフをペタペタと押し当て、喉元に押しつけるなどの行為は暴行と認定できますが、そうでない場合は暴行にはできません。暴行罪における暴行は積極性が必要であり、単にナイフを示しているにすぎないときはその積極性に欠けるからです。

> **最決昭和 28・02・19**（刑集 7・2・280）は、被害者に対し刃渡 45 センチメートルの日本刀を突き付けて、「金を出せ」「騒ぐと突き刺すぞ」などと申し向けて脅迫したところ、被害者がその日本刀を押さえようと素手でつかんだため負傷した事案について、「日本刀を突き付ける所為をなせばそれだけでも人の身体に対する不法な有形力を行使したものとして暴行を加えたといい得る」として、強盗傷人罪の成立を認めています。

② **故　意**　相手方又はその親族の一定の生活利益に害を加える旨を告知すること、及び、それによって相手方に畏怖心を生じさせることについて、故意が必要です。しかし、実際に害悪を加えようという意思も、害悪の発生を欲する意思も必要ありません [10]。また、例えば、実家に戻った妻を帰宅させようという目的のように、最終の目的が危害の通告を受けたる他人をして畏怖せしむる以外の目的であっても、本罪の成立に影響しません [11]。

(2)　**問題類型**

①　**村八分**　村八分の通告 [12] が脅迫罪など犯罪になるか議論されています。

---

10)　大判大正 6・11・12 刑録 23・1195。
11)　大判大正 3・06・02 刑録 20・1101。
12)　一定地域における住民らが、当該地域の掟や秩序を破った住民・家族に対し、絶交を宣言する行為をいい、江戸時代から見られる習慣です。語源としては、「十分」のうち「二分（葬式、火災の消火活動）」を除いた「八分」について共同絶交するからという説が一般的ですが、「撥無（はつむ）」が転じて「八分」になったという説もあります。

72 第06講 脅迫の罪

　判例[13]では、村八分の通告は相手方の名誉に害悪を加えることを通知するものであり、脅迫罪を構成するとするのが支配的傾向で、**大阪高判昭和32・09・13**（高刑集10・7・602）は、区の山林管理組合の多数者が特定組合員らに対し共同絶交の通告をした行為は、「それらの者をその集団社会における協同生活圏内から除外して孤立させ、それらの者のその圏内において享有する、他人と交際することについての自由とこれに伴う名誉とを阻害することの害悪を告知することに外ならない」のであって、「それらの者に集団社会の平和を乱し、これに適応しない背徳不正不法等があつて、この通告に社会通念上正当視される理由」がない限り、「刑法222条所定の脅迫罪の成立を免れない」としています。

　学説も、害悪告知の内容は必ずしも犯罪性・違法性まで要しないという立場から、村八分の通告は名誉に対する脅迫罪を構成するとして、判例の立場を支持する見解が有力です[14]が、現在の社会生活状況を踏まえ、告知者にも交際しない自由があり、村八分の通告が意思決定の自由、私生活の平穏・安全感を違法に侵害してはいないこと、村八分はその決定によってすでに相手方の社会的評価は低下しているので、これを通告することは「害を加える旨」の通告には当たらないことを根拠に、脅迫罪は成立しないとする見解[15]も有力です。

　本書によれば、当該地域のこれまでの慣習や四囲の状況から判断して、村八分という集団絶交が、被告知者の社会生活を著しく脅かすような社会制裁となる場合や、交際を条件にして被告知者に暗に一定の要求をしている場合は、村八分の告知は生命・身体・自由に対する害悪の告知といえるので、脅迫罪が成立すると考えます[16]。

　②　**法人に対する脅迫**　**法人に対する脅迫罪**の成否については、議論が錯綜しています。

　判例では、**大阪高判昭和61・12・16**（高刑集39・4・592、判時1232・160、判タ637・225）は、脅迫罪は「人の意思活動の平穏ないし意思決定の自由をその保護法益とするもの」であるから、「自然人に対しその生命、身体、自由、名誉又は財産に危害を加えることを告知する場合に限つて、その成立が認められ」る

---

13) 大審院の判例として、大判明治44・09・05刑録17・1520、大判大正2・11・29刑録19・1349、大判大正9・12・10刑録26・912、大判大正13・06・20刑集3・506、大判昭和9・03・05刑集13・213など。

14) 団藤・462頁、大塚仁・69頁、伊東・59頁、林・78頁、斎藤信宰・97頁、井田・124頁など。

15) 平野龍一「刑法各論の諸問題4」法セ201号（1972年）66頁、西田・67頁など。脅迫罪ではなく、名誉毀損罪・侮辱罪の成立を検討するのは、大谷・86頁、山中・138頁。

16) 地域社会における人的紐帯が弛緩し、地域共同体の結びつきが緩やかになっている現代の社会において、村八分（共同絶交）の告知が脅迫罪を構成するのは、限定されるでしょう。

03　強要罪（223条）　　73

とし、また、**高松高判平成8・01・25**（判時1571・148）は、「脅迫罪は、意思の自由を保護法益とするものであることからして、自然人を客体とする場合に限って成立」するとし、意思決定自由説の立場から否定説に与します。

　学説では、**私生活平穏説**は、法人そのものには私生活の平穏ないし安全感といった感情は存在しないので否定します。これに対し、**意思決定自由説**は、脅迫罪は意思決定の自由に対する罪なので、対象は自由を享受し得る自然人に限定されること、本罪は、法文配列上、逮捕・監禁の罪及び略取・誘拐の罪と並んで配列されていること、222条2項は親族を加害の対象とする脅迫罪を規定するが、法文の流れからいって、1項も自然人を対象とすると解するのが合理的であることを根拠とします。いずれにしても、法人に対する脅迫罪の成立を否定するのが、通説です。しかし、意思決定自由説に立ちながらも、法人も意思決定機関をもち、その意思決定に基づいて活動する社会生活上の存在と認められること、自然人に限定すると、法人の財産に害を加える旨を告知する行為を処罰することができない不都合が生じることを根拠に、**肯定説**[17]も主張されています。

　本書によれば、法人は独自の意思決定機関を有し、法人の意思は、その機関を通じて団体として決定され、かつその決定に基づいて法人の行動がなされ、その効果は法人に帰属します。ですから、法人が機関たる自然人・代表者とは異なる実体を有する社会的存在であると考えるのが現実に即した認識であり、その限りで、法人に対する脅迫罪の成立を否定する理由はありませんので、**肯定説**[18]が妥当です。

03　強要罪（223条）

　生命、身体、自由、名誉若しくは財産に対し害を加える旨を告知して脅迫し、又は暴行を用いて、人に義務のないことを行わせ、又は権利の行使を妨害した者は、3年以下の懲役に処する。
　2　親族の生命、身体、自由、名誉又は財産に対し害を加える旨を告知して脅迫し、人に義務のないことを行わせ、又は権利の行使を妨害した者も、前項と

17）所一彦『注釈刑法（5）』（再版・1968年）248頁、野村稔「脅迫罪」西原春夫ほか編『刑法学4』（1977年）107頁、西田・68頁。

18）法人に対する恐喝罪の成立を認めた**大判大正6・04・12**刑録23・339（「恐喝に因り財産上の損害を蒙りたる者は法人」）、法人に対する侮辱罪の成立を認めた**最決昭和58・11・01**刑集37・9・1341、判時1099・35、判タ515・126〔百選Ⅱ・22〕（「本件A株式会社を被害者とする侮辱罪の成立」）が参考になります。

74　第06講　脅迫の罪

同様である。
　3　前2項の罪の未遂は、罰する。

(1)　要　件

①　相手方若しくはその親族の生命、身体、自由、名誉、財産に対し害を加える旨を告知して人を脅迫すること又は暴行の行為を行うこと〔行為〕
②　人に義務のないことを行わせ、又は権利の行使を妨害すること〔結果〕
③　故意があること〔故意〕

　①　行　為　本罪の脅迫は**狭義の脅迫**であり、一般人をして畏怖させるに足りる程度の害悪の告知をいいます。具体的な内容は、脅迫罪におけるそれと同じです。また、本罪にいう暴行は**広義の暴行**であり、人に向けられた直接・間接の有形力の行使をいいます。

　本条2項は、親族に対して暴行を用いることについて規定していませんが、相手方の親族に対する暴行は、相手方そのものに対する脅迫になる場合がほとんどですので、あえて規定していないだけです。

　加害の対象は、相手方又はその親族の生命・身体・自由・名誉・財産です。脅迫・暴行の相手方と被強要者とは必ずしも一致しなくてもよいとする見解[19] もありますが、本条が加害の対象を相手方及びその親族と規定している趣旨を失わせるもので、罪刑法定原則の趣旨からも疑問です[20]。

　法人に対する強要罪を否定する説が通説ですが、肯定説が妥当です。

　②　結　果　脅迫・暴行の行為により、相手方が畏怖心を生じ、その結果、相手方に**義務のないことを行わせること**、又は、相手方の**権利の行使を妨害すること**が必要です。つまり、脅迫・暴行の行為と相手方の畏怖心と結果との間に因果関係が必要で、これが存在しないときは、未遂です。

　義務・権利の範囲については、議論があります。

ⓐ　**限定説**[21] ──義務・権利は法律上の義務・権利に限定される
　　＜根拠＞・権利・義務に法律的な限定を付して処罰範囲を明確にしないと本罪の成立範囲が不当に拡大するおそれがある
　　　　　　・非限定説のいう「社会生活上相当」の概念は不明確である

---

19)　大塚仁・74頁、内田・103頁、曽根・55頁、大谷・90頁。
20)　中森・50頁、西田・70頁、山口・78頁。
21)　大谷・96頁、山中・141頁、林・80頁。

・非限定説が社会生活上行うことが相当であり本罪を構成しない
とする部分は、可罰的違法性阻却において考慮すれば足りる

ⓑ **非限定説** [22] —— 法律上の義務・権利に限定されず、相手方が社会生活上行
うことが相当といえる行為も含む

＜根拠＞・法律的な限定を付すと、社会生活上行うことが相当といえる行
為についても本罪が成立してしまい妥当でない

・実質的妥当性を重視するならば法令上の権利・義務概念にこだ
わるべきではない

・違法性阻却は特定の事由のない限り肯定するのが困難であるか
ら、妥当な処理は構成要件該当性のレベルで行うべきである

ⓒ **区分説** [23] —— 義務は法律上のものに限定されるが、権利は法律上のものに
限定されない

＜根拠＞・法的に強制されない限り、行動しない自由は保護されるべきで
あり、義務は限定されると解すべき

・法的に禁止されない限り、行動する自由は保護されるべきであり、
権利は限定されない

【事例】　Ｘは、多くの人の前で、Ａが自分を侮辱するようなことを言ったので、
「謝れ」と言って謝罪を求めたが、拒否されたので、脅かして謝らせたう
えで、謝罪文を書かせた。

　この事例の場合、ⓐ限定説・ⓒ区分説によれば、法律上の義務に当たらな
いことを強要しているので本罪が成立し、ⓑ非限定説によれば、社会生活上
行うことが相当といえる行為に当たり、義務のないことには当たらないので、
本罪は成立しないことになります。

　本書によれば、相手方に法律上の義務がなくとも、社会生活における具体
的な状況によっては、相手方が受忍すべき義務を負うことがあり、それを脅
迫・暴行により強要したからといって、脅迫罪・暴行罪の成立はともかく、
直ちに強要罪を認めるのは妥当ではありません。これは相手方の権利につい
てもいえることで、逆に、相手方に法律上の権利がなくても、自由に作為・
不作為をすることが法的に許容されることもあり、相手方に法律上の権利が
ないからといって、それを妨害しても、およそ強要罪は成立しないとするの
も妥当ではありません。**非限定説**が妥当と考えます。

22）平野・174頁、内田・105頁、中森・51頁、前田・80頁、井田・126頁。

23）曽根・56頁、山口・80頁。

76 第06講 脅迫の罪

　義務なきこと・権利あることを広く解したうえで、強要行為の法律要件該当性の判断において、目的・手段の実質的比較衡量によって妥当な帰結を導き出そうとする考え方[24]が提案されています。しかし、そもそも比較衡量により概念の射程範囲を判断することは、概念を相対化することにつながり、法文言の明確性を危うくすることになりますので、できるだけ避けるべきです。また、同じく、義務なきこと・権利あることを広く解し、法律要件該当性を肯定したうえで、強要行為の違法性の判断において、正当化ないし可罰的違法性阻却として処理すべきとする見解[25]も主張されています。理論的には可能と思いますが、現在の裁判所の判断傾向を前提にすると、単なるリップサービスに終わる可能性があります。

　人に**義務のないことを行わせる**とは、何らの権利・権限がないにもかかわらず、したがって、相手方にその義務がないにもかかわらず、相手方に作為・不作為もしくは受忍を強いることをいいます。また、人の**権利の行使を妨害する**とは、公法上・私法上付与された権利・権限の行使を妨害することをいいます。

　判例では、「義務のないことを行わせた」行為に当たるものとして、例えば、13歳の少女を叱責するために水入りバケツ、二斗醤油空樽、木製腰掛などを頭上に数十分ないし数時間支持させる行為[26]、官庁長官に雇員の解雇を強要する行為[27]、正当な事由もなく謝罪状や謝罪文・確約書を作成・交付させる行為[28]、労働組合集会の視察に来ていた警察巡査部長に詫状を書かせ、これを参集者に向かって読み上げさせた行為[29]、被害児童に衣服の全部又は一部を着けない姿態をとらせる行為[30]などがありますが、被害女性の両腕を掴んで押さえつけ、10メートル余り引っ張った行為は、「一連の暴行による結果であって、同女は自己の意思に基づいたものではなく、被告人の右暴力のままに器械的に右行動に出たに過ぎない」ので、強要罪に当たらないとしたもの[31]もあります。また、「権

---

24) 内田・106頁、中森・51頁。

25) 山口・80頁、大谷・91頁。

26) 大判大正8・06・30刑録25・820。

27) 大判昭和7・03・17刑集11・437。

28) 大判大正15・03・24刑集5・117、大阪地判昭和45・01・29刑裁月報2・1・70。

29) 最判昭和34・04・28刑集13・4・466。

30) 広島高裁岡山支部判平成22・12・15高等裁判所刑事裁判速報集平成22・182。

31) 東京高判昭和34・12・08高刑集12・10・1017判タ100・44。

> 利の行使を妨害した」行為に当たるものとして、例えば、告訴権者の告訴を思いとどまらせる行為[32]、動物の品質・技能を競う競技大会への参加出場を断念させる行為[33] などがあります。

(2) 未遂・既遂

　本罪は、未遂を罰します。①脅迫・暴行を開始したときが本罪の実行の着手であり、②その結果、相手方に義務のないことを強制し又は行うべき権利を妨害し、③脅迫・暴行の行為と結果との間に因果関係が肯定されたとき、本罪の既遂となります。したがって、脅迫・暴行を行ったが、相手方が強要に応じなかった場合や、相手方が脅迫・暴行と因果関係もなく、任意に別の動機で強要内容に即した行為をした場合が未遂となります。

　本罪は実質犯のうちの**実害犯**ですから、未遂犯が成立するには、実行の着手により実行行為がなされるだけでなく、具体的な危険結果の発生が必要です。したがって、義務のないことを行わせ、又は権利の行使を妨害することにつき具体的危険の発生がない限り、本罪の未遂は成立しません。例えば、強要の故意で相手方に脅迫メールを送信したが、相手方に届かず、エラーとなったような場合には、実行の着手・実行行為は認められたとしても、具体的な危険結果は発生していませんので、強要未遂罪は成立しないのです。

(3) 他罪との関係

　強制猥褻罪（176条）、強制性交等罪（177条）、逮捕・監禁罪（220条）、略取・誘拐罪（224条以下）、強盗罪（236条）・事後強盗罪（238条）、恐喝罪（249条）が成立するときは、法条競合により、本条の適用は排除されます。また、1個の強要行為によって複数人に強要内容を行わせた場合には、被害者の数に応じた強要罪の観念的競合となります。

---

32) 大判昭和7・07・20刑集11・1104。
33) 岡山地判昭和43・04・30下刑集10・4・416。

第07講　逮捕・監禁の罪

01　総　説

(1)　保護法益

逮捕・監禁の罪は、人の身体を直接・間接に拘束することによって、人の身体活動の自由、具体的には、身体の場所的移動の自由を侵害する犯罪であり、保護法益は人の場所的移動の自由です。

この自由は現実的自由をいうのか、可能的自由なのか。

> 【事例01】　Xは部屋に鍵をかけてAを監禁したが、Aは熟睡していたため監禁されていることに気づかなかった。

@　**可能的自由説**[1]——場所的移動の自由は、その主体がかりに移動したいときに移動できる可能的自由を意味するので、現実の行動の自由である必要はない

【事例01】　Xに監禁罪成立

ⓑ　**現実的自由説**[2]——場所的移動の自由は、その主体が現実に自ら移動したいときに移動できる現実的な自由を意味するので、可能的な自由では足りない

【事例01】　Xに監禁罪不成立

@説は場所的移動の可能的自由を保護し、本罪を危険犯にするのに対し、ⓑ説は場所的移動の現実的自由を保護し、本罪を実害犯にします。

本書によれば、場所的移動の自由とは、滞留することも含めて、自分の意のままに自由に移動できることをいい、移動に関する現実の自由な意思を基盤にしますから、自由な意思活動のないところに具体的な移動の自由を観念することはできません。ⓑ**説**を基本とすべきです。ただ注意して欲しいのは、本罪は、単に場所的移動に関する自由な意思を侵害する意思侵害犯罪ではなく、場所的移動の自由を侵害する**自由侵害犯罪**です。そして、本罪が成立す

---

1)　判例（最決昭和33・03・19刑集12・4・636、広島高判昭和51・09・21刑裁月報8・9=10・380、判時847・106）・多数説です。

2)　平野龍一「刑法各論の諸問題4」・法セ201号（1972年）67頁、中山・107頁、岡野・50頁、西田・73頁、山中・126頁、山口・83頁、高橋・99頁、川端・108頁など。

るには、㋐被害者の移動意思の自由な発動が現実に阻害されるという主観要件と、㋑自由な移動の利益を具体的に享受しうる事実状態が現実に侵奪されるという客観要件との双方の充足が必要なのです[3]。

逮捕・監禁罪が成立するには、被害者は身体の場所的移動の自由を侵害されていることを**認識**している必要があるか議論されています。

> 【事例 02】　X は、必死になって受験勉強をしている学生 A のいる部屋に鍵をかけて閉じ込めたが、A はそのことに気づかず、その後、4 時間後に部屋の外に出ようとしたときには鍵は開けられていた〔勉強熱中事例〕。

ⓐ　**認識不要説**[4]——被害者は身体を拘束されていることの認識は不要である
　　【事例 02】　X に監禁罪成立
　　＜根拠＞・可能的な自由で足りる以上、被害者の現実的な認識は不要
　　　　　　・被害者が本当のことを知ったならば拒絶していたであろうという逮捕・監禁への推定的な拒絶意思は尊重されるべきであるし、その意味で、その自由は侵害されている
ⓑ　**認識必要説**[5]——被害者は身体を拘束されていることの認識が必要である
　　【事例 02】　X に監禁罪不成立
　　＜根拠＞・自由の意識を欠く者について、その自由を侵害するということはありえない
　　　　　　・現実に移動しようと思ったときに移動しうる自由が保護されているのであるから、それが侵害されたといえるためには、現実に被害者にその認識がなければならない

事例 02 の場合、学生 A は部屋から出られない不自由な状態を実際に強いられていたわけではないので、被害者の移動意思の自由な発動が現実に阻害されるという主観要件は充足されてはいませんし、自由な移動の利益を享受しうる事実状態が現実に侵奪されるという客観要件も潜在的・可能的な状態にとどまっています。「可能的自由説＋認識不要説」は、本罪をきわめて薄い危険の発生で足りる危険犯にするもので、処罰範囲を不当に拡大していま

3）例えば、「部屋の外には猛獣がいる」と欺罔され、あるいは、「部屋から出ると、仲間がお前を射殺するぞ」と脅かされたため、部屋の中にとどまった場合、主観的に、被害者は移動意思の自由な発動が現実に阻害されましたし、客観的にも、自由な移動の利益を具体的に享受しうる事実状態が現実に侵奪されましたので、場所的移動の自由の侵害が肯定されます。

4）判例（最決昭和 33・03・19 刑集 12・4・636、広島高判昭和 51・09・21 刑裁月報 8・9=10・380、判時 847・106）・多数説です。

5）川端・143 頁、西田・73 頁、山中・128 頁。なお、山口・84 頁。

す。**認識必要説**が妥当です。

(2) 類 型

○逮捕罪（220条前段）○監禁罪（220条後段）○逮捕・監禁致死傷罪（221条）

　逮捕罪と監禁罪は同一条文に規定され、法定刑も同一なので、逮捕・監禁罪としてあたかも1個の犯罪のように扱われています。しかし、両罪の区別を曖昧にするのは、罪刑法定原則の厳格解釈の要請からいって適当ではありません。

02 逮捕罪・監禁罪 (220条)

不法に人を逮捕し、又は監禁した者は、3月以上7年以下の懲役に処する。

(1) 要 件

①　人であること〔客体〕
②　人を逮捕し又は監禁すること〔行為〕
③　故意があること〔故意〕

　条文に**不法に**という文言が使われていますが、逮捕・監禁の行為が憲法・法律などにより正当化される場合がある[6]ので、違法性の有無の判断を慎重に行うべきことを要請した文言です。

　①　**客 体**　客体は**人**ですが、場所的移動の意思・能力を有する自然人に限られます。しかし、例えば、嬰児、重篤な精神病者、泥酔者、植物状態患者などが、具体的に、自由な移動意思を有しているか、自力で移動できる能力があるか、他人、器械その他の力を借りれば移動できるかなどは、具体的事情を考慮して個別に判断せざるをえません。

　京都地判昭和45・10・12（刑裁月報2・10・1104、判時614・104、判タ255・227〔百選II・10〕）は、生後1年7月の幼児は、意思能力の有無とは関わりなく、「自然的、事実的意味における任意的な歩行等をなしうる行動力を有していた」から、「本件監禁罪の客体としての適格性を優にそなえていた」としました。

　②　**行 為**　**逮捕**とは、例えば、縄で身体を縛りつける、腕をつかんで離さないなど、人の身体を直接的に拘束することによって、場所的移動の自由

---

6) 現行犯逮捕（憲法33条、刑事訴訟法213条）や令状による逮捕・勾留等（憲法33条、刑事訴訟法199条・207条・210条など）。

を奪うことをいいます。逮捕は、多少時間的に継続してなされる[7]必要があり、単に一瞬間だけ身体を拘束するにすぎないときは逮捕の未遂（不処罰）と暴行罪が成立するにとどまります。また、両手を後ろ手に縛る、猿轡を嚙ませるだけで移動の自由を奪わない行為も暴行罪にとどまります。

監禁とは、例えば、部屋に閉じ込める、バイクの荷台に強制的に乗せて疾走するなど、人の身体を間接的に拘束することによって場所的移動の自由を奪うことをいい、間接的に場所的移動の自由を奪う行為です。監禁もまた、逮捕と同じく、多少時間的に継続してなされる必要があります[8]。また、監禁は、部屋に閉じこめて鍵をかけて脱出できなくするような物理的方法によるのが典型例ですが、脅迫などの心理的方法によって脱出を著しく困難にする無形的方法による場合も含みます[9]。例えば、海上沖合に停泊中の漁船内に閉じ込める行為[10]、自動車に乗せて相手方の降車の意思に反して疾走する行為[11]のように、生命・身体の危険を冒さなければ脱出が著しく難しいときは、監禁に当たります。なお、監禁の場所は、脱出が困難な状況に置かれていればよく、必ずしも囲まれた場所、区画された場所であることを要しません。ですから、例えば、原動機付自転車の荷台に乗せて約1km疾走する行為は、監禁罪に当たります[12]。

③　**故　意**　人の場所的移動の自由を侵害することについて故意が必要です。なお、相手を現行犯人と誤認して逮捕した場合のように、行為の正当化を基礎づける事実について誤認した場合には、（要件）故意は認められても、

---

[7]　大判昭和7・02・12刑集11・75、大判昭和7・02・29刑集11・141。

[8]　**名古屋高判昭和35・11・21**下刑集2・11=12・1338は、自分が運転する自動車に被害女性を同乗させ、「同女の降車の意思に反して、時速25ないし35kmで右自動車を走行させ、同女をして生命の危険を感ずることなしには、その走行中の自動車からの脱出が不可能の状態においた以上、その脱出不能の状態においた時間が所論の如く僅々1分以内に過ぎなかつた」としても、監禁に当たるとしています。

[9]　**最決昭和34・07・03**刑集13・7・1088（監視人を置いて、物置に入れた被害女性を間断なく監視し、同所から脱出不可能にした場合）、**東京高判昭和40・06・25**高刑集18・3・238、判タ179・175（閉じ込めた居室の施錠を外してはいたが、脅迫行為によってその場より脱出できなくさせた場合）。

[10]　最判昭和24・12・20刑集3・12・2036。

[11]　最決昭和30・09・29刑集9・10・2098。

[12]　最決昭和38・04・18刑集17・3・248。

82 第07講 逮捕・監禁の罪

故意責任を認めることはできません [13]。

> **東京高判昭和 27・12・26**（高刑集 5・13・2645）は、私人が窃盗の現行犯人で
> ない者を誤認逮捕した場合、現行犯人と信じ、自分の行為が法律上許されたも
> のと信じたことについて相当の理由があると認められるときは、「罪を犯すの意
> に出たものと言うことはできない」とし、故意そのものを否定しました。しかし、
> 制限故意説に近い考え方を採るもので、疑問があります。

(2) 正当化事由

逮捕・監禁罪については、法律要件を充足しても、法令・正当行為（35条）
として正当化される場合があるので、注意を要します。例えば、親権者の懲
戒権行使としての監禁行為 [14]、捜査機関の逮捕・勾留 [15]、一定の精神障害
者の入院措置 [16] などです。

正当防衛（36条）、緊急避難（37条）あるいは被害者の承諾により、行為が
正当化される場合があるのは、通常の場合と同じです。また、争議行為に付
随して行われる逮捕・監禁行為も、労働組合法1条2項の正当な行為と認め
られる場合があります。

(3) 問題類型

① **無形的方法**　例えば、周りに何も物理的障害がないにもかかわらず、
ピストルをちらつかせて「動いたら殺すぞ」と脅迫し、あるいは、「周りは
地雷だらけだから動くな」と欺罔して被害者を動けなくする事例のように、
無形的方法だけを用いて移動の心理的障害を設定したにすぎない場合に本罪
の成立を認める通説には疑問が提起されています [17]。

本書によれば、無形的方法による場合は、㋐移動意思の自由な発動が現実
に阻害されるという主観要件は充たされていますが、㋑自由な移動の利益を
具体的に享受しうる事実状態が現実に侵奪されるという客観要件について
は、慎重な認定を要します。「動いたら殺される」、「動くと地雷に触れて爆
死する」と被害者に思わせる場合、そこには、いわば仮装現実が存在してい

---

13) 詳細は、関・総論・274頁以下参照。

14) 民法822条など。

15) 刑事訴訟法199条・207条・210条など。

16) 「精神保健及び精神障害者福祉に関する法律」29条・29条の2・33条、「心神喪失等の状態で
　重大な他害行為を行った者の医療及び観察等に関する法律」34条・42条・43条など。

17) 林・73頁、75頁参照。

02　逮捕罪・監禁罪（220条）　　83

るからです。問題は、この仮想現実の現実性にあり、当該無形的方法の内容・
態様・強度等を考慮しつつ判断し、その現実性が肯定されるとき、客観要件
も充足され、監禁罪の成立が認められます。

　②　欺罔による監禁

　ⓐ　監禁状態を認識させないために欺罔がなされた場合

【事例 03】　X は、強制性交の意図を隠して、A 女に「自宅まで送りとどけてやる」
　　　　　と申し欺いて A を車に乗せ、走行した〔欺罔走行事例〕。

　事例 03 について、**可能的自由説**によると、被害者がかりに降車したいと思う
ならば降車できるという可能的自由を現に侵害しているので、最初から本罪が
成立し、被害者が監禁状態を認識しているかどうかは関係ないとします。これ
に対し、**現実的自由説**は、被害者が現実に自ら降車したいと思うときに降車で
きるという現実的自由を侵害するに至っていないので本罪は未だ不成立であり、
被害者が監禁状態を認識したときから本罪が成立するとします。

　事例 03 では、㋑客観要件は潜在的・可能的には充たされているにすぎず、
㋐主観要件が充たされていませんので、本罪の未遂であり不処罰です。被害
者 A が、自宅に帰る移動意思は実現されないと知ったとき、つまり騙された
と知ったとき、それでも行為者が車内への監禁状態を継続したとき、㋐主観
要件も㋑客観要件も充たされますので、本罪が成立することになります。

　最決昭和 33・03・19（刑集 12・4・636）は、住込み店員として雇い入れた K
女が被告人宅から逃げたので連れ戻そうと考え、A 地点路上で、同女の母親が
入院中の病院まで連れて行ってあげると申し欺き、タクシーに同女を乗り込ま
せて約 12km 走行した B 地点で、K 女が病院に向かっていないことに気づいて停
車を求めたが、被告人は被告人宅へ向かうように要求したため、運転手は速度
を減じて困惑していたところ、K 女は B 地点から約 150 メートルの C 地点（派
出所前）で車外に逃げ出した事案につき、監禁には偽計によって被害者の錯誤を
利用する場合も含むとし、A 地点から C 地点までの監禁罪を肯定した一審・原
審の判断を肯認しました[18]。他方、**最決昭和 38・04・18**（刑集 17・3・248）は、
強制性交の意図を秘匿し、自宅まで送りとどけてやると申し欺いて、被害女性
を A 地点からオートバイの荷台に乗せて、被害者の自宅（B 地点）方向に走行し、
被害者の自宅（B 地点）を過ぎたのに走行を続けるので、騙されたと気づいた被
害者が「降ろしてくれ」と言ったにもかかわらず、そのまま約 1km 走行し C 地
点まで行った事案について、騙されたことに気づいて被害者が「降ろしてくれ」

18）広島高判昭和 51・09・21 刑裁月報 8・9=10・380、判時 847・106 も参照。

と言った自宅（B地点）からC地点までの約1km分についてだけ監禁罪を認めた原判決を肯認しました。

前者の最高裁決定では、行為者は当初から病院に連れて行く意思などなく、欺罔はタクシーに乗車させるための手段にすぎず、A地点からB地点への走行も移動意思の自由な発動を現実に阻害する蓋然性が高かったのですが、それがたまたま病院の方向と重なっていたため被害者の認識するところとならなかった点を考慮したのです。これに対し、後者の最高裁決定では、行為者に当初から「自宅に送りとどける」意思がなかったかは微妙であったため、A地点で欺罔があったとするのは難しかったこと、また、A地点からB地点への走行は被害女性宅の方向に向かっていたため、被害者の移動意思の自由な発動を現実に阻害する行為であるといい難かったが、B地点を過ぎたことによって、それが確定的に顕在化し、被害者の認識するところとなったため本罪が認められたと説明することが可能です。

　ⓑ　**監禁状態を受け入れさせるために欺罔がなされた場合**

【事例04】　Xは、エレベーターのスイッチを切ったうえで、「只今停電中ですので、しばらくこの中にとどまらないといけません」と申し欺いて被害者Aをエレベーター内に閉じ込めた〔エレベーター監禁事例〕。

　事例04について、**可能的自由説**によると、可能的自由が欺罔・偽計によって現に侵害されており、また、被害者の同意は自由かつ真意に基づいていないので無効であり、本罪が成立します。**現実的自由説**も、被害者は監禁状態を認識し受容しているけれども、自由な意思によって同意しているわけではなく、ただ仕方がないと思って、やむを得ずに甘受しているにすぎないこと、場所的移動の自由を処分する自由も逮捕・監禁罪の保護法益の内容をなすので、法益関係的錯誤を肯定できることを根拠に、本罪の成立を肯定します[19]。

　事例04では、被害者Aの移動意思の自由な発動が現実に阻害されるという主観要件は充たされています。しかし、客観的には、場所的移動の自由の侵害は存在しておらず、存在するとすれば、それは行為者の欺罔行為がもたらした幻想・仮装の現実にすぎません。問題は、この仮想現実の現実性であり、この現実性が肯定されるときは、行為者の欺罔行為は、被害者の選択の自由を完全に奪い、エレベーター内での滞留を余儀なくさせたと認めるのが

───────────────
19）西田・73頁、山口・87頁。

相当であり、客観要件も充足しますので、監禁罪が成立します。

③　羞恥心を利用する場合

> 【事例05】　合宿先の温泉宿において、Ｘは、おもしろ半分で、露天風呂に入浴
> 中の合宿仲間Ａの服を近くの岩陰に隠したところ、同人は、羞恥心の
> ために露天風呂から出ることができず、なかなか部屋に戻らないＡを
> 心配した合宿仲間Ｂが気づくまで約３時間半の間、ずっと露天風呂に
> とどまっていた〔露天風呂事例〕。

　学説では、ⓐ人の羞恥心を利用する無形的方法によっても可能であり、監禁罪が成立するとする**肯定説**[20] と、ⓑ心理的拘束の程度はかなり高度であることを要するので、監禁罪は成立しないとする**否定説**[21] があります。被害法益の軽微性、被害者感情に依存する曖昧さを考慮するなら、否定説が支持されるべきです。

(4)　罪質・罪数

　逮捕・監禁罪は、場所的移動の自由を侵害する**実害犯**であり、かつ、**継続犯**です。したがって、逮捕・監禁行為が終了した時点が公訴時効の起算点となります[22] し、逮捕・監禁行為の途中から関与した者も、関与後の行為について本罪の共同正犯・共犯となります。

　人を逮捕し、引き続き監禁したときは、包括して220条の単純一罪が成立します[23]。また、逮捕・監禁の手段となった暴行・脅迫は、通常、逮捕行為・監禁行為に含まれて評価されているので逮捕・監禁罪に包括されます。

03　逮捕・監禁致死傷罪 (221条)

> 　前条〔220条〕の罪〔逮捕・監禁罪〕を犯し、よって人を死傷させた者は、傷害の罪と比較して、重い刑により処断する。

(1)　結果的加重犯

　本罪は、逮捕・監禁罪の**結果的加重犯**です。判例は、死傷の結果が、逮捕・監禁の手段としてなされた暴行・脅迫や、逮捕・監禁を保つためになされた

---

20)　福田・174頁、大谷・81頁、林・73頁。
21)　平野・175頁、曽根・49頁、西田・74頁、山中・129頁、前田・71頁、高橋・101頁。
22)　刑事訴訟法253条。
23)　**三菱美唄炭鉱事件・最大判昭和28・06・17** 刑集7・6・1289、判時3・16。

86 第07講 逮捕・監禁の罪

暴行・脅迫から直接・間接に生じた場合は勿論ですが、逮捕・監禁の事実状態から生じた場合、例えば、部屋に監禁しておいたところ、被害者がそこから逃亡しようと窓から脱出した際に死傷した場合[24)]にも、逮捕・監禁致死傷罪の成立を認める傾向にあります。また、監禁行為やその手段等として加えられた暴行・脅迫により外傷後ストレス障害（PTSD）を発症させた場合にも、それが通常一定の治療行為が必要とされる程度である限り、本罪の成立を肯定します[25)]。つまり、判例は、**逮捕・監禁の機会に死傷結果が生じたとき**は、原則として、逮捕・監禁致死傷罪の成立を肯定し、ただ、逮捕・監禁と死傷結果との間に因果関係のないことが明らかな場合には、本罪の成立を否定するという思考方法を採っています。例えば、監禁の機会に、被害者の態度に激昂して暴行を加え死傷させた場合には、逮捕・監禁と死傷結果との間に因果関係がありませんので、判例も、監禁致死傷ではなく、監禁罪と傷害罪・傷害致死罪・殺人罪との併合罪とします[26)]。

判例は、逮捕・監禁及び監禁状態と死傷結果との間に**因果関係**があれば足りるとしますが、本書によれば、結果的加重犯は、因果関係という客観的連関だけでなく、**予見可能性**（過失）という主観的連関も必要です。

(2) 処 断

　傷害の罪と比較して、重い刑により処断するとは、致傷の場合は、傷害罪（204条）の法定刑（15年以下懲役／50万円以下罰金）と逮捕・監禁罪（220条）の法定刑（3月以上7年以下懲役）とを比較し、致死の場合は、傷害致死罪（205条）の法定刑（3年以上有期懲役）と逮捕・監禁罪の法定刑とを比較し、法定刑の上限・下限ともに重い方をもって処断することを意味します。

---

24) 不法監禁中に被害者が拘束による恐怖等のため、部屋の窓や疾走中の自動車から飛び降り死亡した事案について、監禁と死亡結果との間に因果関係を認め、監禁致死罪が成立するとしたのは、**東京高判昭和 55・10・07** 刑裁月報 12・10・1101、判時 1006・109、判タ 443・149、**大阪高判平成 14・11・26** 判時 1807・155。

25) **最決平成 24・07・24** 刑集 66・8・709、判時 2172・143、判タ 1385・120。

26) 名古屋高判昭和 31・05・31 高裁刑事裁判特報 3・14・685（監禁と傷害との間に因果関係がない場合には、監禁の点は監禁罪、傷害の点は傷害罪が成立し、両罪は併合罪）、**最決昭和 42・12・21** 裁判集刑 165・551、判時 506・59（暴行が、「不法監禁の状態を保つため、その手段としてなされた」ものでないときは、「右暴行が不法監禁の機会になされ、その結果被害者に傷害を負わせたとしても、監禁致傷罪は成立せず、監禁と傷害の 2 罪が成立し、両者は併合罪」）。

第 08 講　略取、誘拐及び人身売買の罪

01　総　説

(1)　保護法益

　略取、誘拐及び人身売買の罪は、人をそれまでの生活環境から引き離し、自己又は第三者の事実上の実力支配内に移すことを内容とする犯罪です。

①　判例・学説の状況

ⓐ　**被拐取者自由説**[1] ——本罪の保護法益は被拐取者等の身体の自由である

　＜帰結＞・親権者・監護権者も本罪の主体となりうる
　　　　　・親権者・監護権者の同意があっても、被拐取者等の自由を侵害する限り、本罪が成立する
　　　　　・被拐取者等の同意は、原則として違法性を阻却するが、同意の内容が公序良俗に違反する場合や、未成年者を保護する必要性が認められる場合には、違法性を阻却しない
　　　　　・本罪は継続犯である

ⓑ　**被拐取者自由・監護権説**[2] ——本罪の保護法益は、被拐取者等の自由、及び被拐取者等が要保護状態にあるときは、親権者・監護権者等の監護権である

　＜帰結＞・親権者・監護権者も本罪の主体となりうる
　　　　　・親権者・監護権者の同意があっても、被拐取者等の自由を侵害する限り、本罪が成立する
　　　　　・被拐取者等の同意は、原則として違法性を阻却するが、未成年者の場合は、監護権の侵害があり、公序良俗に反する限り、違法性を阻却しない
　　　　　・本罪は継続犯であるが、専ら監護権を侵害する場合は状態犯である

ⓒ　**被拐取者自由・安全説**[3] ——本罪の保護法益は、被拐取者等の自由及びその安全（人的保護関係）である

1）内田・128 頁、香川・425 頁。
2）判例（大判明治 43・09・30 刑録 16・1569、福岡高判昭和 31・04・14 高裁刑事裁判特報 3・8・409）・多数説です。
3）平野・176 頁、大谷・93 頁、西田・76 頁、曽根・58 頁、山口・90 頁、伊東・66 頁、井田・131 頁。

88　第08講　略取、誘拐及び人身売買の罪

> ＜帰結＞・親権者・監護権者も本罪の主体となりうる
> 　　　　・親権者・監護権者の同意があっても、基本法益である被拐取者
> 　　　　　等の自由を不当に侵害する限り、違法性を阻却しない
> 　　　　・被拐取者等の同意は、原則として違法性を阻却する
> 　　　　・本罪は、被拐取者等の身体の安全を重視し、状態犯と解するこ
> 　　　　　とが可能であるし、継続犯と解する余地もある

　②　**本書の立場**　本罪は、㋐被害者をそれまでの生活環境から引き離し〔**生活環境からの離脱**〕、㋑自己又は第三者の事実上の実力支配内に移すこと〔**実力支配内への移転**〕によって、被害者の身体の自由を侵害し、もって被害者の身体の自由・安全を脅威にさらす犯罪です。**被拐取者自由・安全説**が妥当です。親権者・監護権者の保護監護権は、本罪によって侵害される副次的な結果にすぎません。

　拐取にとって本質的なのは㋑の要素であり、㋐の要素は㋑の要素を実現する手段です。また、客体の相違に応じて、身体の自由・安全とに濃淡が生じ、被害者が成人であるときは身体の自由が前面に出てきますが、嬰児や重篤な精神病者であるときは身体の安全が前面に出てきます。

　本罪の成立にとって、被害者を場所的に移動させること〔**場所的移動**〕が必要か議論があります[4]。例えば、親権者・監護者を無理矢理立ち去らせて被害者に対する事実上の実力支配を設定することも可能ですから、場所的移動は必ずしも必要としません。

⑵　罪質・類型

　本罪が実害犯であることは疑問の余地はありません。

> 　本罪が継続犯・状態犯のいずれであるかは、その保護法益の理解によってその方向が決まります。被拐取者等の身体の自由に着目すると、**継続犯**となるのに対し、被拐取者が身体の自由を欠く嬰児や重篤な精神病者などであるときは、親権者・監護権者等の監護権が考慮され、**状態犯**となります[5]。

---

4) 通説は不要説、判例（大判大正12・12・3刑集2・915）は必要説です。
5) 大塚仁・83頁。一律に、継続犯とするのは大谷・96頁、曽根・58頁、状態犯とするのは西田・76頁、山口・91頁、中森・56頁、伊東・67頁、高橋・106頁。なお、林・82頁も参照。判例も、従来は、継続犯説を採る傾向にありました。**大判大正13・12・12刑集3・871**（猥褻目的で婦女を誘拐した事案につき、「被拐取者に対する自由の侵害は犯人の実力的支配が除去せられざる限り間断なく持続するものなるを以て誘拐罪は所謂継続犯の一種なり」）、**大阪高判昭和53・07・**

本罪の保護法益について身体の自由・安全を重視するとき、被害者を自己の支配下に置いた時点で犯罪は完成・終了し、それ以降は違法状態が続いていることになります。他方、本罪を継続犯とすると、拐取罪等の事後従犯といえる被拐取者引渡し等罪の規定（227条）は不要のはずですし、拐取行為をなす暴行・脅迫・欺罔・誘惑の行為は継続しているわけではないことなどを考慮すると、**状態犯**とするのが適当でしょう[6]。

○未成年者略取・誘拐罪（224条）　○営利目的等略取・誘拐罪（225条）
○身の代金目的略取・誘拐罪（225条の2第1項）
○略取・誘拐者身の代金要求罪（225条の2第2項）
○所在国外移送目的略取・誘拐罪（226条）　○人身売買罪（226条の2）
○被略取者等所在国外移送罪（226条の3）　○被拐取者引渡し等罪（227条）
○収受者身の代金要求罪（227条4項2文）
○身の代金目的略取等予備罪（228条の3）

02　未成年者略取・誘拐罪（224条）

未成年者を略取し、又は誘拐した者は、3月以上7年以下の懲役に処する。未遂も罰せられます（228条）。親告罪です（229条）。

(1)　要　件

① 　未成年者であること〔客体〕
② 　略取又は誘拐すること〔行為〕
③ 　故意があること〔故意〕

主体を制限する文言はありませんし、本罪の保護法益は被拐取者の身体の自由・安全ですので、親権者・監護権者も本罪の主体となりえます。親権者・監護権者の同意があっても、被拐取者の身体の自由・安全を不当に侵害する

---

28 高刑集31・2・118（営利略取罪は、「暴行又は脅迫によつて人を自己の支配下に移した段階で既遂に達するけれども、その後も右の支配が続く間はその犯罪行為が継続している継続犯」）。

6）**最決昭和57・11・29**刑集36・11・988、判時1062・158、判タ485・99（「営利の目的で人を略取した者がみのしろ金要求罪を犯した場合には、右両罪は、併合罪の関係にある」）、**最決昭和58・09・27**刑集37・7・1078、判時1093・148、判タ511・138（「みのしろ金取得の目的で人を拐取した者が、更に被拐取者を監禁し、その間にみのしろ金を要求した場合には、みのしろ金目的拐取罪とみのしろ金要求罪とは牽連犯の関係に、以上の各罪と監禁罪とは併合罪の関係にある」）は、略取・誘拐罪を「線の犯罪」ではなく「点の犯罪」と解しており、状態犯説を採用していると思われます。

限り、違法性は阻却されません。

① **客　体**　本罪の客体は**未成年者**（20歳未満の者）です（民法4条）。

> 　未成年者が婚姻したときは、成年擬制の規定（民法753条）が適用され、もはや親権に服さないこと、未成年者の意義について民法に従うのであれば、成年擬制についても民法に従うべきことを根拠に、本罪の客体から婚姻した未成年者は除外すべきとする見解[7] が主張されています。

　本罪の保護法益を被拐取者の身体の自由・安全とする本書によれば、婚姻しても未成年者は本罪の客体に含ませるべきです[8]。

② **行　為**　**略取**とは、暴行・脅迫を手段として、人をそれまでの生活環境から引き離し、自己又は第三者の事実上の実力支配内に移すことをいい、その程度は必ずしも被拐取者又は監護者の反抗を抑圧する程度であることを要しませんが、被拐取者を自己又は第三者の事実上の実力支配内に移すことができる程度のものでなければなりません。

　誘拐とは、欺罔・誘惑を手段として、人をそれまでの生活環境から引き離し、自己又は第三者の事実上の実力支配内に移すことをいい、虚偽の事実を告げて相手方を錯誤に陥れる欺罔、及び、甘言的・眩惑的な言辞を用い相手方の適正な判断を誤らせる誘惑を手段とします。

③ **故　意**　客体が未成年者であること、行為が略取・誘拐に当たることについて故意が必要です。未成年者を成年者と誤信したときは、故意はなく、本罪は成立しません。

　本罪は客体に限定があるだけで、一定の目的を要しませんので、営利等の目的をもって行為したときは、本罪ではなく、225条以下の罪に当たります。

(2)　同　意

① **未成年者の同意**　未成年者本人の同意があっても、親権者・監護権者の同意がない場合には、本罪の成立を肯定するのが一般的です。しかし、本罪の成立が肯定されるのは、親権者・監護権者の同意がないからとか、保護監督権の侵害が認められるからではなく、充分な判断能力を有しない未成年者の同意は法的に意味がなく、未成年者の身体の自由・安全が危険にさらさ

---

7)　藤木・228頁、中森・57頁、林・82頁、伊東・68頁、山口・93頁、高橋・107頁など多数説です。
8)　団藤・479頁、大塚仁・86頁、大谷・95頁、西田・78頁、井田・133頁。

れると解するからです。したがって、成年年齢間近で充分な判断能力を有する未成年者の同意が有効であれば、親権者・監護権者の同意がなくとも本罪の成立は認められません。

② **親権者・監護権者の同意**　親権者・監護権者の同意があるからといって、直ちに本罪が不成立となるわけではありません。重要なのは未成年者の身体の自由・安全だからです。

⑶　他罪との関係

未成年者を拉致するために暴行・脅迫をし、監禁した場合には、略取罪と逮捕・監禁罪の観念的競合となります。また、未成年者を略取した行為者が、さらに監禁し、その間に、身の代金を要求した場合は、未成年者略取罪と身の代金要求罪とは牽連犯、監禁罪とは併合罪となります[9]。

03　営利目的等略取・誘拐罪 (225条)

営利、わいせつ、結婚又は生命若しくは身体に対する加害の目的で、人を略取し、又は誘拐した者は、1年以上10年以下の懲役に処する。
未遂も罰せられます (228条)。

⑴　要　件

① 営利、猥褻、結婚又は生命・身体への加害の目的を有すること〔目的〕
② 人を略取又は誘拐すること〔行為〕
③ 故意があること〔故意〕

① **目　的**　本罪の成立には、一定の**目的**を要します(目的犯)。特に欺罔的・誘惑的な手段が用いられるとき、それだけでは処罰に値する実質的違法性に欠ける場合もあるので、一定の目的を要件としたのです。

営利の目的とは、拐取行為によって自ら財産上の利益を得又は第三者に得させる目的をいいます。

最決昭和37・11・21 (刑集16・11・1570)[10]は、営利の目的とは「誘拐行為

---

9) 大判昭和13・11・10刑集17・799、最決昭和58・09・27刑集37・7・1078、判時1093・148、判タ511・138。

10) 本件は、ストリップ劇場の経営者から、ストリッパーになる女性を連れてくれば将来独立のストリップ劇団が持てるよう援助してやると言われた被告人が、未成年の女子数人をだまして連れ出し、経営者に引き渡した事案です。

によって財産上の利益を得ることを動機とする場合」をいい、「その利益は、必ずしも被拐取者自身の負担によって得られるものに限らず、誘拐行為に対して第三者から報酬として受ける財産上の利益をも包含する」とし、**関連利得説**に立っています。

　身の代金目的略取等罪の規定（225条の2）が存在しますので、身の代金目的は、営利の目的（225条）から除外されたと解されます。

　猥褻の目的とは、姦淫、その他の性的行為により被拐取者の性的自由を侵害する目的をいいます。被拐取者を性的行為の主体及び客体とする双方を含みますし、行為者自身のためにするか、第三者のためにするかを問いません。

　結婚の目的とは、被拐取者と行為者又は第三者と法律上又は事実上の結婚をさせる目的をいいます。肉体関係の継続という享楽的な目的は、結婚の目的ではなく猥褻の目的になります[11]。

　生命・身体への加害の目的とは、自己又は第三者が被拐取者を殺害し、傷害し、又は暴行を加える目的をいいます。臓器摘出を目的とする場合、営利目的であれば営利目的略取・誘拐罪となります。

　② **行　為**　略取とは、暴行・脅迫を手段として、人をそれまでの生活環境から引き離し、自己又は第三者の事実上の実力支配内に移すことをいい、**誘拐**とは、欺罔・誘惑を手段として、人をそれまでの生活環境から引き離し、自己又は第三者の事実上の実力支配内に移すことをいいます。

　③ **故　意**　行為者は、営利等の目的を有している必要がありますし、人を略取・誘拐することについて故意も必要です。

⑵　**未　遂**

　本罪は未遂も罰せられます。

　判例では、猥褻目的で、住宅街にある狭い袋小路奥の電信柱の陰に連れ込もうとして、通行中の女児（8歳）の手首を掴んだ行為[12]、18歳の被害女性に対し、猥褻目的で、人気のない路地・空き地・ビルの陰等に連れ込むなどして被害者を連れ回した行為[13]に、猥褻目的略取罪の着手が認められています。

11）岡山地判昭和43・05・06下刑集10・5・561、判時524・89、判タ232・225。
12）東京高判平成20・02・04東高時報59・1=2・9。
13）東京高判平成20・07・09高等裁判所刑事裁判速報集平成20・121。

(3) 他罪との関係

　猥褻目的をもって被拐取者を拐取し、実際に猥褻行為を行えば、猥褻目的略取・誘拐罪と強制猥褻罪（176条）の牽連犯となります。本条所定の目的をもって未成年者を拐取したときは、法条競合により重い本罪となります。また、営利の目的（身の代金目的ではなく）で人を略取した者が、身の代金要求罪を犯したときは、両罪は併合罪となります[14]。

(4) 問題類型

　①　**目的と身分犯**　本条所定の目的は、被拐取者が成人である場合は本条の罪の可罰性を根拠づけるものとなっており、被拐取者が未成年者である場合は未成年者略取・誘拐罪（224条）の刑を加重するものとなっています。

　そこで、略取、誘拐及び人身売買の罪の中で、目的が要件となっているもの[15]について、その目的は身分に当たるのか議論となっています。

> **身分肯定説**[16]は、目的も人的関係である特殊の地位・状態を表わすものなので一種の身分に当たるとし、65条1項は構成身分犯、同条2項は加減身分犯に関する規定であることを前提にし、目的のない者は、被拐取者が成年者である場合には65条1項により営利目的等略取・誘拐罪（225条）の共同正犯・共犯が成立し、被拐取者が未成年者である場合には、㋐65条1項により営利目的等略取・誘拐罪（225条）の共同正犯・共犯が成立し、65条2項により未成年者略取・誘拐罪の刑で処断される〔罪名・科刑分離説〕か、あるいは、㋑65条1項・2項により、未成年者略取・誘拐罪の共同正犯・共犯が成立し、科刑もこの罪で処断される〔罪名・科刑一致説〕ということになります。

　営利目的等のような一時的な主観要素は、身分概念にはなじみません。**身分否定説**[17]が妥当です。営利目的等については、主観的違法要素とする見解が支配的です[18]が、それは犯罪成立に必要な要件という意味で法律要件ですが、行為の危険性や違法性に影響を与えるものではなく、主観的違法要

14）最決昭和57・11・29刑集36・11・988判時1062・158、判タ485・99。
15）所在国外移送目的略取・誘拐罪（226条）、人身売買罪（226条の2第2項・第5項）、被略取者引渡し等罪（227条）、身の代金目的略取等予備罪（228条の3）。
16）最判昭和42・03・07刑集21・2・417、判時474・5、判タ204・144（麻薬取締法64条の営利の目的）、大谷・97頁、山口・94頁など、判例・多数説です。なお、西田・79頁。
17）身分否定説を採るのは、大判大正14・01・28刑集4・14、福田・総論・292頁、大塚仁・総論329頁、中森・58頁、高橋・110頁。
18）西田・79頁、大谷・97頁、山口・94頁、高橋・110頁など。

94 第08講 略取、誘拐及び人身売買の罪

素とするのは適当ではありません。それは身分ではなく、可罰的な非難可能性を根拠づける責任要件なのです。

② **目的の範囲** 営利の目的の範囲について議論があります。

ⓐ **直接利得説**[19]──被拐取者を直接利用することによって財産上の利益を得る目的に限定される

　＜根拠＞・被拐取者の自由の侵害を基本とする本罪の性格からすれば、利益も被拐取者の自由を侵害することを直接の手段としたものに限定されるはず
　　　　　・225条の規定する猥褻・結婚の目的は、被拐取者を直接利用することを前提とするものであるから、営利目的もこれと統一的に解釈するのが合理的である

ⓑ **負担利得説**[20]──被拐取者の犠牲・負担によって財産上の利益を得る目的に限定される

　＜根拠＞・本罪に営利目的が要求されているのは、その目的がない場合に比し、被拐取者の自由が危険にさらされる可能性が高くなる点にある
　　　　　・営利目的は、被拐取者を利用しその自由の侵害を手段として利益を得ようとする場合に限定すべきである
　　　　　・被拐取者を直接利用する場合に限定する必然性はない

ⓒ **関連利得説**[21]──およそ拐取に関連して財産上の利益を得ようとする目的であれば足りる

　＜根拠＞・猥褻・結婚の目的の場合は、被拐取者の性的自由も侵害される危険が高いのであるから、営利目的をこれと統一的に解釈する合理性はない
　　　　　・自由の侵害と財産上の利益の取得とが不可分の関係にあることが重要であり、それ以上に営利目的を限定的に解する必要はない

【事例】
　㋐ 被拐取者を強制的に労働させて直接に利益を得る目的
　㋑ 強制的に労働させる第三者に被拐取者を引き渡して報酬を得る目的
　㋒ 被拐取者を強制労働以外のために第三者に引き渡して報酬を得る目的
　㋓ 被拐取者の預貯金などの財産の引き渡しを得る目的
　㋔ 拐取後に被拐取者の所持品・所持金を奪う目的

---

19) 宮本・308頁、香川・433頁。
20) 平野・177頁、曽根・61頁、西田・80頁。
21) 判例（最決昭和37・11・21刑集16・11・1570）・通説です。

＜各説の帰結＞　○営利目的肯定　　×営利目的否定

	事例㋐	事例㋑	事例㋒	事例㋓	事例㋔
直接利得説	○	×	×	×	×
負担利得説	○	○	×	○	×
関連利得説	○	○	○	○	○

04　身の代金目的略取・誘拐罪 (225条の2第1項)

　近親者その他略取され又は誘拐された者の安否を憂慮する者の憂慮に乗じてその財物を交付させる目的で、人を略取し、又は誘拐した者は、無期又は3年以上の懲役に処する。
　未遂も罰せられます（22条）し、予備も罰せられます（228条の3）。
　本条項には、解放減軽規定が適用されます（228条の2）。

(1) 沿　革

　1955年（昭和30年）以降、吉展ちゃん事件に代表される身の代金目的の誘拐犯罪が頻発したことを受け、未成年者略取・誘拐罪（224条）、営利目的等略取・誘拐罪（225条）及び恐喝罪（249条）等による対応では不十分であり、また、刑を加重する必要があることが認識され、1964年（昭和39年）に、225条の2以下の規定が新設されました。

(2) 要　件

①　近親者その他略取され又は誘拐された者の安否を憂慮する者の憂慮に乗じてその財物を交付させる目的があること〔目的〕
②　人を略取又は誘拐すること〔行為〕
③　故意があること〔故意〕

　①　**目　的**　本罪は、近親者その他略取され又は誘拐された者の安否を憂慮する者の憂慮に乗じてその財物を交付させる**目的**が必要です（目的犯）。行為者にこの目的があることで足り、憂慮する者が実際に存在していること、その者が実際に憂慮することを要しません。

　この**安否憂慮者**の意義・範囲については議論があります。

　判例では、パチンコ店の経営者が拐取され、同店の従業員（常務取締役）に身の代金の要求がなされた事案について、本罪の成立を否定した下級審判例[22]が

ある一方で、**最決昭和 62・03・24**（刑集 41・2・173、判時 1229・155、判タ 639・135〔百選Ⅱ・13〕）[23] は、相互銀行の代表取締役社長が拐取され、同銀行の専務らに身の代金の要求がなされた事案について、「単なる同情から被拐取者の安否を気づかうにすぎないとみられる第三者は含まれないが、被拐取者の近親でなくとも、被拐取者の安否を親身になって憂慮するのが社会通念上当然とみられる特別な関係にある者はこれに含まれる」とし、本罪の成立を肯定しています。

　学説では、きわめて限定的に、里親など、被拐取者と事実上の保護関係にある者に限定すべきであるとする**最狭義説**[24] がある一方で、広く、親族に限らず、知人その他であっても、被拐取者の安否を憂慮すると考えられる者は含むとする**広義説**[25] もあるが、被拐取者との間に近親者に類似した親密な人間関係があるため、被拐取者の安否を親身になって憂慮する者をいうとする**狭義説**[26] が支配的です。したがって、単に被拐取者に同情するにすぎない第三者は含まれませんが、親子・兄弟のような近親関係にある者は勿論、里子に対する里親、住込み店員に対する店主、児童生徒に対する教師の関係にある者など、近親者間と同視し得るだけの人的情愛関係が存在し、被拐取者の安全のためにはいかなる財産的犠牲も厭わない者が含まれます。

　近親者その他略取され又は誘拐された者の安否を憂慮する者という文言には、㋐近親者[27] のような近密な人間関係を基礎とする**関係要素**と、㋑被拐取者の安否を親身になって憂慮する情愛感情を基礎とする**情愛要素**とが含まれています。そして、まず、㋐近親者という関係要素を規準にその範囲を画

22）大阪地判昭和 51・10・25 判時 857・124。

23）同旨として、**東京地判平成 4・06・19** 判タ 806・227（都市銀行の一般行員が拐取され、同銀行代表取締役拐取に身の代金の要求があった）、**浦和地判平成 5・11・16** 判タ 835・243（大学学長が略取され、同大学事務局長に身の代金の要求があった）、**甲府地判平成 7・03・09** 判時 1538・207（信用金庫支店職員が拐取され、同信用金庫支店長に身の代金の要求があった）。しかし、判例の考え方に対しては、組織・企業の役割を利用し、「被拐取者の安否を親身になって憂慮するのが社会通念上当然とみられる特別な関係にある」という規範的な要素が重視されているために、国民に対する内閣総理大臣の関係にまで拡張されかねないとの批判が加えられています。西田・81 頁、中森・59 頁、高橋・113 頁。

24）香川・435 頁。

25）団藤・482 頁。

26）通説です。

27）近親者の範囲について、民法 711 条（近親者に対する損害の賠償）では「父母、配偶者、子」、同 734 条（近親者間の婚姻の禁止）では「直系血族、3 親等内の傍系血族」、少年院法 110 条（近親者の葬式への出席等）1 項では「配偶者及び 3 親等以内の親族」、引揚者等に対する特別交付金の支給に関する法律 4 条（特別交付金の支給を受けるべき遺族の範囲）1 項では「死亡者の 2 親等内の血族」となっており、その目的・趣旨に応じて変えていることが分かります。

定し、次に、㋑その範囲内の者であっても、情愛要素が明らかに認められない場合を除外するという認定をすることになります。したがって、例えば、被拐取者の配偶者・親子・兄弟姉妹のような近親者は勿論ですが、里子に対する里親、賄い付きの下宿人に対する大家、賄い付き住み込み従業員に対する雇主、ホームスティ先の家族など近親者と同視しうる程度に直接的・継続的な人的関係がある者も、これに含まれます[28]。

> これに対し、「被拐取者の安否を親身になって憂慮するのが社会通念上当然とみられる特別な関係にある者」を規準にして、会社関係・組織関係における重役・従業員、代表者・構成員をこれに包摂するのは、「被拐取者の安否を憂慮すべきなのは社会通念上当然である」という社会倫理的な義務観念を忍び込ませ、処罰範囲を過度に拡張し、「現実に憂慮しているのだから、その者も当然に含まれる」という既成事実を重視する認定に陥りやすいため、疑問です。

　その財物を交付させる目的とあるように、交付の対象は金銭、動産、不動産等問いませんが、財物に限定されており、例えば、多額の借金を棒引きさせる目的などの財産上の利益を含みません。また、犯人の指定する預金口座に振込送金させ、あるいは、金融機関の口座から口座へと振替送金させる場合も、本罪ではなく営利目的略取・誘拐罪の成立を検討することになります。この場合、本罪の意味では財物に当たるとする見解[29]もありますが、刑法が財物と利益を区別して規定している趣旨を没却させるものです。

　② **行　為**　略取とは、暴行・脅迫を手段として、人をそれまでの生活環境から引き離し、自己・第三者の事実上の実力支配内に移すことをいい、**誘拐**とは、欺罔・誘惑を手段として、人をそれまでの生活環境から引き離し、自己又は第三者の事実上の実力支配内に移すことをいいます。

　③ **故　意**　行為が略取・誘拐に当たることについて故意が必要です。本罪は、財物を交付させる目的を要するので、行為者がその目的を欠くが、何らかの利益を得る目的をもっているときは営利目的等略取・誘拐罪（225条）の成立が検討されることになります。

---

28) このように解することによって、本罪と「人質による強要行為等の処罰に関する法律」における第三者強要行為（1条〜3条）の処罰範囲との限界を明確にすることができます。
29) 西田・81頁、高橋・112頁。

98　　第08講　略取、誘拐及び人身売買の罪

⑶　他罪との関係

　本条所定の目的をもって未成年者を拐取したときは、法条競合により重い本罪が成立します。225条の2の規定が新設されたことにより、身の代金目的は営利の目的から除外されましたので、重い本罪だけが成立することになります。しかし、本罪と猥褻目的・結婚目的の略取・誘拐罪とが競合した場合、両罪は罪質を異にしますから、観念的競合になります。

05　略取・誘拐者身の代金要求罪（225条の2第2項）

　　人を略取し又は誘拐した者が近親者その他略取され又は誘拐された者の安否を憂慮する者の憂慮に乗じて、その財物を交付させ、又はこれを要求する行為をしたときも、前項と同様とする〔無期・3年以上懲役〕（225条の2第2項）。
　　本条項には、解放減軽規定が適用されます（228条の2）。

⑴　意　義

　本条項は、略取・誘拐の後に、身の代金を交付させ又は要求する行為を身の代金目的略取・誘拐罪（225条の2第1項）と同一の刑で処罰するものです。本罪は、略取・誘拐の行為をした者（拐取者）自身による身の代金要求罪であり、被拐取者の収受者による身の代金要求罪については別に規定（227条4項後段）があります。

⑵　要　件

①　人を略取し又は誘拐した者であること〔主体〕
②　近親者その他略取され又は誘拐された者の安否を憂慮する者の憂慮に乗じてその財物を交付させ、又はこれを要求すること〔行為〕
③　故意があること〔故意〕

　①　主　体　本罪の主体は人を略取し又は誘拐した者であり、当初は身の代金を目的としないで人を略取・誘拐した者です。

　　本罪が略取・誘拐罪の1類型として225条の2第2項に規定されていることを根拠に、未成年者略取・誘拐罪（224条）、営利目的等略取・誘拐罪（225条）、身の代金目的略取・誘拐罪（225条の2第1項）及び所在国外移送目的略取・誘拐罪（226条）を犯した者に限られるとする見解が主張されています[30]。

　本条項は、「前2条の罪、本条第1項の罪及び第226条第1項の罪を犯す

30）通説です。そのように限定する見解に反対なのは、中森・59頁、曽根・62頁、伊東・72頁。

目的で人を略取し又は誘拐した者」と規定せず、単に「人を略取し又は誘拐した者」と規定していますので、文理上、上記の説のように限定する必要はないでしょう。例えば、単にその家族を困惑させようと意図して成年者を略取・誘拐した場合のように、225条所定の目的を欠く場合も含むと解すべきです。また、「人を略取し又は誘拐した者」と規定されていますので、略取・誘拐の正犯者（単独正犯者・共同正犯者）に限られます[31]。

② **行 為**　近親者その他被拐取者の安否を憂慮する者の範囲及び財物については、身の代金目的略取・誘拐罪（225条の2）の説明を参照してください。

本罪の行為は、まず、近親者その他被拐取者の安否を憂慮する者の憂慮に乗じて財物を交付させることです。**交付**とは、財物の提供をさせることです。現実に近親者その他被拐取者の安否を憂慮する者の憂慮を利用することを要件としていますので、身の代金目的略取・誘拐罪（225条の2第1項）における目的の場合と異なり、相手方が現実に近親者その他被拐取者の安否を憂慮する者であり、かつその憂慮に基づいて財物の交付がなされたという因果関係が必要です。また、近親者その他被拐取者の安否を憂慮する者の憂慮に乗じて財物を要求することです。**要求**とは、財物の提供を求める意思表示をすることです。その意思表示がなされれば足り、それが相手方に届いたとか、相手方が知ったとかは問いません。

③ **故 意**　近親者その他被拐取者の安否を憂慮する者の憂慮に乗じて、財物を交付させ又は要求することについて故意が必要です。

(3)　他罪との関係

身の代金目的略取・誘拐罪を犯した者がさらに本罪を犯した場合、包括して225条の2の1罪が成立するとする見解もありますが、本罪の主体が取りたてて限定されていないことを考慮すると、牽連犯とするのが妥当です[32]。

31）通説です。反対なのは、藤木・230頁、西田・82頁。
32）最決昭和58・09・27刑集37・7・1078。

100　第08講　略取、誘拐及び人身売買の罪

06　収受者身の代金要求罪 (227条4項2文)

> 　略取され又は誘拐された者を収受した者が近親者その他略取され又は誘拐された者の安否を憂慮する者の憂慮に乗じて、その財物を交付させ、又はこれを要求する行為をしたときも、同様とする〔2年以上有期懲役〕。
> 　本条項には、解放減軽規定が適用されます（228条の2）。

(1)　要　件

> ①　略取され又は誘拐された者を収受した者であること〔主体〕
> ②　近親者その他略取され又は誘拐された者の安否を憂慮する者の憂慮に乗じてその財物を交付させ又はこれを要求すること〔行為〕
> ③　故意があること〔故意〕

　①　主　体　主体は、**略取され又は誘拐された者を収受した者**です。

> 　略取・誘拐罪の一類型として227条4項2文に規定されていることを根拠に、㋐身の代金を交付させる目的で被拐取者を収受した者〔227条4項1文関係〕、㋑未成年者略取・誘拐罪（224条）・営利目的等略取・誘拐罪（225条）・所在国外移送目的略取・誘拐罪（226条）を犯した者を幇助する目的で被拐取者・被売買者を収受した者〔227条1項関係〕、㋒身の代金目的略取・誘拐罪（225条の2）を犯した者を幇助する目的で被拐取者を収受した者〔227条2項関係〕、及び㋓営利・猥褻目的で被拐取者・被売買者を収受した者〔227条3項関係〕に限定する**限定説**[33]が有力です。

　本条項を限定的に解釈すべきとする見解は説得的ですが、しかし、本条項は、単に「略取され又は誘拐された者を収受した者」と規定しており、限定的な解釈をうかがわせる文言は使われていません〔**非限定説**〕。

　②　行　為　近親者その他略取され又は誘拐された者の安否を憂慮する者の憂慮に乗じて、㋐その財物を**交付**させ、又は㋑これを**要求**する行為です。

　③　故　意　近親者その他被略取者・被誘拐者の安否を憂慮する者の憂慮に乗じて、財物を交付させ又は要求することについて故意が必要です。

(2)　他罪との関係

　身の代金目的による被拐取者収受者が、さらに本罪を犯した場合は、包括して227条4項の犯罪が成立することになり、また、それ以外の被拐取者収受罪と本罪とは牽連犯となります。

---

33)　大谷・103頁。

08　人身売買罪（226条の2）　　101

07　所在国外移送目的略取・誘拐罪（226条）

　所在国外に移送する目的で、人を略取し、又は誘拐した者は、2年以上の有期懲役に処する。
　未遂も罰せられます（228条）。

(1)　沿　革

　本条は、国境を超えてなされる国際的な人身売買を処罰するために、2005年（平成17年）に、「日本国外に移送する目的」の文言を「所在国外に移送する目的」に改正されました。

(2)　要　件

① 　所在国外に移送する目的があること〔目的〕
② 　人を略取又は誘拐すること〔行為〕
③ 　故意があること〔故意〕

　①　**目　的**　**所在国外に移送する目的**が必要です（目的犯）。所在国とは、被拐取者が現在している国で、被拐取者がその所在国の国籍を有するか否かは問いません。行為者が、被拐取者をその領域外に移動させる目的を有していればよく、同時に営利・猥褻・結婚などの目的があっても構いません。

　②　**行　為**　本罪の成立には、国外移送の目的をもって人を**略取・誘拐**することが必要です。略取・誘拐の行為がなされることで足り、現に被拐取者を所在国外に移送する段階にまで達していることを要しません。

　③　**故　意**　主観要件として、所在国外に移送する目的のほかに、人を略取・誘拐することについて故意が必要です。

08　人身売買罪（226条の2）

　人を買い受けた者は、3月以上5年以下の懲役に処する。
　2　未成年者を買い受けた者は、3月以上7年以下の懲役に処する。
　3　営利、わいせつ、結婚又は生命若しくは身体に対する加害の目的で、人を買い受けた者は、1年以上10年以下の懲役に処する。
　4　人を売り渡した者も、前項と同様とする〔1年以上10年以下懲役〕。
　5　所在国外に移送する目的で、人を売買した者は、2年以上の有期懲役に処する。
　未遂も罰せられます（228条）。

(1) 沿革・類型

本条は、国境を跨いでなされる国際的な人身売買を処罰するために、2005年（平成17年）に新設されたものです。

> ○人身買受け罪（本条1項）　○未成年者買受け罪（本条2項）　○営利目的等買受け罪（本条3項）　○人身売渡し罪（本条4項）　○所在国外移送目的人身売買罪（本条5項）

(2) 人身買受け罪 (1項)

① **客体**　**主体**に制限はなく、誰でも犯すことができますし、**客体**は、次項で未成年者買受け罪が別に処罰されているので、成年者に限られます。

② **行為**　**人を買い受けた**とは、対価を払って現実に人身に対する不法な事実上の支配に係る引き渡しを売渡人から受けたことをいいます。対価は、金銭だけでなく、被売者の役務・サービス、利益なども含みます。

本罪の着手時期については、売買・交換の申込み時点とするのが通説[34]ですが、本条項は「買い受けた」と規定しており、「買い受けの申込みをしたとき」と規定していないこと、買い受け行為は双方の合意を前提とすることを考慮すると、着手時期は、売買・交換の合意がなされたとき、契約が成立したときと解すべきです。そして、売買・交換の後に、事実上の支配の移転に関する具体的な危険結果が現実化したときに未遂となり、買受け人側に事実上の実力支配の移転がなされたときに既遂となります。この事実上の実力支配が移転したといえるためには、必ずしも被害者の自由を完全に拘束することまで必要ありませんが、被害者に対し物理的・心理的な影響を及ぼし、その意思を左右できる状態に被害者を置き、自己の影響下から離脱することを困難にさせることを要するでしょう[35]。

③ **故意**　人身買受けについて故意が必要ですが、一定の目的は要件となっていません。人身買受け罪は営利目的が存在する人身売渡し罪（本条4項）と対向犯の関係にあり、また、売買に対価が絡んでいるので被害者の身体の

---

34) 大塚仁ほか編『大コンメンタール刑法11巻』（第3版・2014年）564頁〔山室惠〕、大谷・105頁、高橋・115頁など。

35) **最決昭和56・04・08**刑集35・3・63、判時1002・132、判タ442・125（児童福祉法34条1項9号の「自己の支配下に置く行為」）、**東京高判平成22・07・13**東高時報61・167（人身売買罪にいう「支配」）。

自由・安全が侵害される危険がさらに高まる可能性があるため、対向する一方の買受け行為も処罰することにしたわけです。

(3) 未成年者買受け罪 (2項)

① **客　体**　買受けの対象となった客体が**未成年者**であるときは、人身買受け罪 (1項) よりも加重された本罪が成立します。本書によれば、婚姻による成年擬制の適用を受けず、未成年は婚姻しても未成年者として本罪の客体と解します。

② **行　為**　**未成年者を買い受けた**とは、対価を払って現実に人身に対する不法な事実上の実力支配に係る引き渡しを売渡人から受けたことをいい、人身買受け罪 (1項) におけると同義です。

③ **故　意**　未成年者を買い受けるについて故意が必要です。行為者に一定の目的があると、本罪ではなく、次項の営利目的等買受け罪を検討することになります。

(4) 営利目的等買受け罪 (3項)

① **目　的**　本罪は、一定の目的をもって買い受けることを要し (目的犯)、目的の存在を要件として人身買受け罪 (1項)・未成年者買受け罪 (2項) を加重した犯罪です。**営利目的、猥褻目的、結婚目的、生命・身体への加害目的**の意義については、営利目的等略取・誘拐罪の説明を参照してください。

② **行　為**　**人を買い受けた**とは、対価を支払って現実に人身に対する不法な事実上の支配に係る引き渡しを売渡人から受けたことをいいます。

③ **故　意**　行為者には、一定の目的だけでなく、人を買い受けるについて故意も必要です。

(5) 人身売渡し罪 (4項)

① **客　体**　本罪の**客体**については、買受け罪 (1項・2項) のように分けていませんので、成年者・未成年者の双方を含みます。

② **行　為**　**人を売り渡した**とは、対価を得て現実に人身に対する不法な事実上の支配に係る引き渡しを買受け人にすることをいいます。対価は、金銭だけでなく、被売者の役務・サービス、利益なども含みます。

本罪の**着手時期**については、売買・交換の申込み時点とする説[36]もありますが、売買・交換の合意がなされたとき、契約が成立したときと解すべき

104 第08講 略取、誘拐及び人身売買の罪

です[37]。

人身に対する不法な事実上の支配を買受け人側に引き渡すためには、売渡す側は、被害者を自己の支配下に置くことが必要です。そのようにいえるためには、必ずしも被害者の自由を完全に拘束することまで必要ありませんが、被害者に対し物理的・心理的な影響を及ぼし、その意思を左右できる状態に置き、自己の影響下から離脱することを困難にさせることを要します[38]。

③ **故 意** 人を売り渡すについて故意が必要ですが、一定の目的は要件となっていません。本罪は人身買受け罪（1項）・未成年者買受け罪（2項）と必要的共犯の対向犯の関係にあります。

(6) 所在国外移送目的人身売買罪（5項）

① **目 的** 所在国外に移送する目的が必要です（目的犯）。所在国とは、被拐取者が現在している国であり、被害者がその所在国の国籍を有するかは問いません。また、被害者をその領域外に移動させる目的を有していれば足り、同時に営利・猥褻・結婚などの目的をもっていても構いません。

② **客 体** 客体に制限はありませんので、成年者・未成年者を含みます。

③ **行 為** 本罪が成立するには、**人を売買**した行為が必要です。

本条項は、国際的な人身売買を処罰する規定として、必要的共犯の関係にある売渡し人と買受け人の双方を同一刑で罰することにしたのです。

④ **故 意** 所在国外移送の目的のほかに、売渡人は人を買い受けるについて、買受け人は人を売り渡すについて、故意が必要です。

09 被略取者等所在国外移送罪 （226条の3）

> 略取され、誘拐され、又は売買された者を所在国外に移送した者は、2年以上の有期懲役に処する。
> 未遂も罰せられます（228条）。

---

36) 大塚仁ほか編『大コンメンタール刑法 11 巻』（第 3 版・2014 年）567 頁〔山室惠〕。

37) 大谷・106 頁、高橋・116 頁など。しかし、対向犯の関係にある人身買受け罪の着手時期を売買・交換の申込み時にしておきながら、人身売り渡し罪の着手時期を売買・交換の申込みに対する同意時とするのは、論理一貫しないといわざるをえません。

38) **最決昭和 56・04・08** 刑集 35・3・63、判時 1002・132、判タ 442・125（児童福祉法 34 条 1 項 9 号の「自己の支配下に置く行為」）、**東京高判平成 22・07・13** 東高時報 61・167（人身売買罪

(1) 要 件

① **客 体**　客体は、**略取された者、誘拐された者**及び**売買された者**です。

② **行 為**　本罪の行為は、**所在国外に移送した**こと、すなわち、被害者が現在している国から別の場所に移したことであり、移した時点で既遂となり、被害者が現に別の国に入国することまで要しません。

③ **故 意**　被害者が略取された者、誘拐された者又は売買された者であること、及び、被害者を所在国外に移送することについて、故意が必要です。

(2) 罪 数

本罪の主体は、所在国外移送目的略取・誘拐罪（226条）や所在国外移送目的人身売買罪（226条の2第5項）の犯人であってもなくても成立しますが、所在国外移送目的略取・誘拐罪や所在国外移送目的人身売買罪を犯した者が、さらに本罪を犯した場合には、両罪は牽連犯となります[39]。

10　被略取者引渡し等罪（227条1項～4項1文）

(1)　被拐取者引渡し等罪（本条1項・2項）

> 第224条〔未成年者略取・誘拐罪〕、第225条〔営利目的等略取・誘拐罪〕又は前3条の罪〔所在国外移送目的略取・誘拐罪、人身売買罪、被略取者等所在国移送罪〕を犯した者を幇助する目的で、略取され、誘拐され、又は売買された者を引き渡し、収受し、輸送し、蔵匿し、又は隠避させた者は、3月以上5年以下の懲役に処する。
>
> 2　第225条の2第1項の罪〔身の代金目的略取・誘拐罪〕を犯した者を幇助する目的で、略取され又は誘拐された者を引き渡し、収受し、輸送し、蔵匿し、又は隠避させた者は、1年以上10年以下の懲役に処する。
>
> 未遂も罰せられます（228条）。本条2項には、解放減軽規定が適用されます（228条の2）。
>
> 224条〔未成年者略取・誘拐罪〕を幇助する目的で犯した本条1項の罪及びこの未遂罪は親告罪です（229条）。

① **目 的**　本罪は、未成年者略取・誘拐罪（224条）、営利目的等略取・誘拐罪（225条）、所在国外移送目的略取・誘拐罪（226条）、人身売買罪（226条の2）、被略取者等所在国外移送罪（226条の3）又は身の代金目的略取・誘

にいう「支配」）。

39) 大判昭和12・03・05刑集16・254。

拐罪（225条の2）の正犯者を**幇助する目的**が必要です（目的犯）。

　② **行　為**　本罪の行為は、被害者を引き渡し、収受し、輸送し、蔵匿し又は隠避させることであり、本罪は、所定の略取・誘拐罪及び売買罪が完成した後の幇助行為を独立の犯罪として処罰する**事後従犯**です。

　引き渡しとは被害者の事実上の実力支配を他の者に移転させることをいい、**収受**とは被害者を受け取って自己の事実上の実力支配内に置くことをいい、有償・無償を問いません。**輸送**とは、被害者をある場所から別の場所に移転させることをいいます。**蔵匿**とは被害者が官憲、保護者等から発見されるのを困難にするような場所を提供することをいい、**隠避**とは、蔵匿以外の方法によって、被害者が発見されるのを困難にする一切の行為をいいます。

　本罪の行為が、本犯の実行行為がなされる前に、本犯の正犯者と共謀して行われたときは、本犯の共同正犯・従犯が成立します。

　③ **故　意**　幇助目的のほかに、被略取者、被誘拐者あるいは被売者を、引き渡し、収受し、輸送し、蔵匿し又は隠避させるについて故意が必要です。

(2)　営利目的等被略取者引渡し等罪（227条3項）

> 　営利、わいせつ又は生命若しくは身体に対する加害の目的で、略取され、誘拐され、又は売買された者を引き渡し、収受し、輸送し、又は蔵匿した者は、6月以上7年以下の懲役に処する。
> 　未遂も罰せられます（228条）。

　① **目　的**　本罪の成立には、**営利、猥褻、生命・身体加害の目的**が必要です（目的犯）。これらの目的については、営利目的等略取・誘拐罪（225条）の説明を参照してください。結婚の目的は本罪に含まれません。

　② **客　体**　客体は、**略取された者、誘拐された者**及び**売買された者**です。

　③ **行　為**　本罪の行為は、被害者を**引き渡し、収受し、輸送し、蔵匿す**ることであり、本罪は、所定の略取・誘拐罪及び売買罪が完成した後の幇助行為を独立に処罰する**事後従犯**です。ただ、隠避は規定されていません。

　引き渡し、収受、輸送、蔵匿の意義については、被拐取者引渡し等罪（227条1項・2項）の説明を参照してください。

　④ **故　意**　所定の目的のほかに、被略取者、被誘拐者あるいは被売者を、引き渡し、収受し、輸送し又は蔵匿することについて故意が必要です。

(3) 身の代金取得目的収受罪 (227条4項1文)

第225条の2第1項の目的〔近親者その他略取され又は誘拐された者の安否を憂慮する者の憂慮に乗じてその財物を交付させる目的〕で、略取され又は誘拐された者を収受した者は、2年以上の有期懲役に処する。

未遂も罰せられます（228条）。

本条項1文には、解放減軽規定が適用されます（228条の2）。

① **目　的**　本罪の成立には、**近親者その他略取され又は誘拐された者の安否を憂慮する者の憂慮に乗じてその財物を交付させる目的**が必要です（目的犯）。この意義・範囲については、身の代金目的略取・誘拐罪（225条の2第1項）の説明を参照してください。

② **客　体**　本罪の行為の客体は、**略取された者**、**誘拐された者**です。売買された者は客体に含まれておらず、営利目的等被略取者引渡し等罪（227条3項）の客体ですので、そちらの犯罪の成否を検討することになります。

③ **行　為**　本罪の行為である被略取者・被誘拐者の**収受**とは、被害者を受け取って自己の事実上の実力支配内に置くことをいいます。

④ **故　意**　所定の目的のほかに、被略取者、被誘拐者を収受することについて故意が必要です。

11　身の代金目的拐取等予備罪 (228条の3)

第225条の2第1項の罪〔身の代金目的略取・誘拐罪〕を犯す目的で、その予備をした者は、2年以下の懲役に処する。ただし、実行に着手する前に自首した者は、その刑を減軽し、又は免除する。

(1) 要　件

① **目　的**　本罪には、身の代金目的略取・誘拐罪（225条の2第1項）を犯す**目的**が必要です（目的犯）。

② **行　為**　本罪も、1964年（昭和39年）に新設されたもので、身の代金目的略取・誘拐罪の実行段階に至っていない**準備行為**を犯罪とするものです。例えば、拐取行為の場所や被害者に関する情報の収集、略取に使用する凶器の準備、被害者を運搬する車等の準備などがこれに当たります。

③ **故　意**　身の代金目的略取・誘拐罪を犯す目的のほかに、その準備行

108　第08講　略取、誘拐及び人身売買の罪

為をすることについて故意が必要です（予備の故意）。

⑵　自　首

　行為者が、実行の着手前に自首[40]したときは、刑が必要的に減軽・免除
されます。これは、被拐取者の生命・身体への重大な侵害が生じるのを未然
に防止する刑事政策的な考慮に基づくものです。

　自首とは、本罪（身の代金目的拐取等予備罪）を行った犯人が自発的に自己の
犯罪事実を申告し、その処分を求める意思表示をいいます。本条では、「実
行に着手する前に」という文言が使われ、42条1項とは異なり、「捜査機関
に発覚する前に」という文言ではありません。これは、むしろ、実行行為が
なされることによる保護法益への脅威を事前に防止したいという趣旨でしょ
うから、捜査機関に発覚しているか否かは問わないと考えられます。

12　解放減軽 (228条の2)

> 　第225条の2〔身の代金目的略取・誘拐罪、略取・誘拐者身の代金要求罪〕又
> は第227条第2項〔被拐取者引渡し等罪〕若しくは第4項（身の代金取得目的収
> 受罪・収受者身の代金要求罪）の罪を犯した者が、公訴が提起される前に、略取
> され又は誘拐された者を安全な場所に解放したときは、その刑を減軽する。

　身の代金目的略取・誘拐罪、略取・誘拐者身の代金要求罪、被拐取者引渡
し等罪、身の代金取得目的収受罪又は収受者身の代金要求罪の事案では、身
の代金が絡んでいるので、しばしば被拐取者が殺傷されるなど、その生命・
身体への重大な侵害が生じる危険が高いので、本条は、その安全を図るため、
刑の必要的減軽を規定したもので、刑事政策的な考慮に基づく規定です。

⑴　適用要件

　①　**主　体**　本条は**主体**を限定しており、身の代金目的略取・誘拐罪、略取・
誘拐者身の代金要求罪、被拐取者引渡し等罪、身の代金取得目的収受罪又は
収受者身の代金要求罪の罪を犯した者であることが必要です。したがって、
未成年者略集・誘拐罪（224条）、営利目的等略取・誘拐罪（225条）、所在国
外移送目的略取・誘拐罪（226条）、人身売買罪（226条の2）、被略取者等所在
国外移送罪（226条の3）、被拐取者引渡し等罪（227条1項）、営利目的等被略

40）刑法42条。

取者引渡し等罪（227条3項）、営利・猥褻目的収受罪（227条3項）の罪を犯した者は除外されます。

② **期　限**　**公訴が提起される前**になされることが必要です。本条は、「捜査機関に発覚する前に」（42条1項）ではなく、「公訴が提起される前に」となっていますので、本条適用の時間的範囲は広いといえます。それだけに、被拐取者の生命・身体の安全をぎりぎりまで図っていることがうかがえます。

③ **行　為**　被拐取者を安全な場所に解放することが必要です。

> 　**安全な場所の意義**について、**最決昭和54・06・26**（刑集33・4・364、判時933・144、判タ391・77）は、「被拐取者が近親者及び警察当局などによつて救出されるまでの間に、具体的かつ実質的な危険にさらされるおそれのないことを意味し、漠然とした抽象的な危険や単なる不安感ないし危惧感を伴うということだけで、ただちに、安全性に欠けるものがあるとすることはできない」としています。

判例に従えば、安全な場所とは、被拐取者が近親者・警察などによって救出されるまで、生命・身体に具体的かつ実質的な危険が生じない程度で、その生命・身体が安全に救出されると認められる場所をいうことになります。**解放**とは、ここでは、自己の事実上の実力支配内から解き放つだけではなく、安全な場所へと解き放つことが必要です。

⑵ **効　果**

以上の要件が充たされると、刑が必要的に減軽されます。

13　親告罪（229条）

> 　第224条〔未成年者略取・誘拐罪〕の罪及び同条の罪を幇助する目的で犯した第227条第1項〔被拐取者引渡し等罪〕の罪並びにこれらの罪の未遂罪は、告訴がなければ公訴を提起することができない。

⑴ **趣　旨**

本条は、2017年（平成29年）の改正により、略取・誘拐の罪のうち、猥褻目的・結婚目的の略取・誘拐罪（225条）、この罪を犯した者を幇助する目的で行う被略取者引渡し等罪（227条1項）、及びこれらの罪の未遂罪を非親告罪化するように改められました。この改正に伴い、略取・誘拐等の犯人と被害者とが結婚した場合について、告訴の効力の消失に関する特例を定めてい

110　第08講　略取、誘拐及び人身売買の罪

た本条但し書は削除されました。

　旧229条が、略取・誘拐及び人身売買の罪のうち一定の犯罪を**親告罪**とした趣旨は、被拐取者の名誉・プライバシーに配慮し、行為者と被害者との人間関係を尊重し、公訴提起を被害者の意思に委ねた点にあります。この趣旨は、旧180条が、強制猥褻罪（176条）、強姦罪（177条）、準強制猥褻罪・準強姦罪（178条）、及びこれらの罪の未遂罪を親告罪としていたことと同じです。

　しかし、性犯罪への厳正な対処等の要請が高まったこともあり、性犯罪の非親告罪化が検討され、親告罪であることにより、かえって被害者に対して精神的負担を生じさせている現状があることが認識され、被害者の精神的負担を解消するためには非親告罪化すべきであるとされました。そして、旧180条が削除されたことに伴い、本条も、性犯罪の非親告罪化の一環として改正されました。

⑵　**対象犯罪**

　その結果、親告罪として維持されたのは、未成年略取・誘拐罪（224条）、この罪を幇助する目的で犯した被略取者・被誘拐者引渡し等の罪（227条1項）、及びこれらの罪の未遂罪だけとなりました。

　これを親告罪として残したのは、略取・誘拐の行為者が被害者の実親であるなど、行為者と被害者との間に一定の継続的な人間関係が存在する場合、行為者の処罰の有無は、被害者である未成年者のその後の心身の成長・発達に大きな影響を与える可能性があるので、行為者の処罰を求めるか否かの判断を、被害者、その監護者の意思に委ねるべきであるとの観点が考慮されたからです。

⑶　**告　訴**

　①　**意　義**　告訴とは、犯罪の被害者等が捜査機関に対して、犯罪事実を申告して犯人の追訴を求める意思表示をいいます。**告訴権を有する者**は、被略取者・被誘拐者・被売者などの被害者及びその法定代理人[41]である保護監督者（親権者・後見人）です。ほかに、法定代理人ではない事実上の監護者

───────────
41）刑事訴訟法230条・231条。

にも告訴権を認めるべきかについて、保護監護権もまた拐取罪の保護法益であること、監護者も被拐取者の利益を図る立場にあることを根拠に、監護者も告訴権を有すると解すべきであるとする見解[42] が主張されています。しかし、監護権を略取、誘拐及び人身売買の罪の保護法益としない本書のような立場からは、被害者たり得ない監護者に告訴権を認めることは妥当でないことになります[43]。

②　**告訴期間**　告訴が可能な期間は、原則として、犯人を知ったときから6か月以内です（刑事訴訟法235条）。改正前には、これには2つの例外がありました。すなわち、㋐225条（営利目的等略取・誘拐罪）の罪、225条の罪を犯した者を幇助する目的での227条1項（被拐取者引渡し等罪）の罪、227条3項（営利目的等被略取者引渡し等罪）の罪、及びこれらの罪の未遂罪については、告訴期間は存在しませんでした[44]。また、㋑被略取者・被誘拐者・被売者が犯人と婚姻した場合は、婚姻の無効又は取消の裁判が確定した日から6か月以内に告訴しなければなりませんでした[45]。しかし、2017年（平成29年）の改正により、刑事訴訟法235条1項但し書も改正され、これら2つの例外を規定していた条文は削除されました。

今日の一言

要素に分解することによって
見えなくなってしまうものがあるとしたら
見えなくなったものを
見えるようにする道具を用意しなければならない

---

42) 判例（福岡高判昭和31・04・14高裁刑事裁判特報3・8・409）、大塚仁・96頁、川端・189頁、大谷・111頁など多数説です。
43) 西田・87頁、山口・104頁、曽根・64頁、高橋・121頁など有力説です。
44) 刑事訴訟法旧235条1項但し書1号。
45) 刑事訴訟法旧235条2項。

第 09 講　性的自由に対する罪

01　総　説

(1)　犯罪群

刑法「第22章　わいせつ、強制性交等及び重婚の罪」（174～184条）に規定されている犯罪は、一般に、2つの犯罪群に分けられます。

> ⑦　個人の性的自由に対する犯罪群
> 　　——個人の性的自由・性的自己決定を侵害する個人法益に対する罪
> 　　　＜特質＞被害者の意思に反するという点に重点が置かれ、被害者本人の
> 　　　　　　　観点が優先される
> 　　　＜犯罪＞強制猥褻罪（176条）／強制性交等罪（177条）／準強制猥褻罪・
> 　　　　　　　準強姦罪（178条）／監護者猥褻・監護者性交等罪（179条）／こ
> 　　　　　　　れらの未遂罪（180条）／強制猥褻・強制性交等致死傷罪（181条）
> 　　　　　　　／淫行勧誘罪（182条）
> ④　不特定・多数の人の性的自由に対する犯罪群
> 　　——不特定又は多数の人の性的自由・性的自己決定を侵害する社会法益に
> 　　　　対する罪
> 　　　＜特質＞不特定・多数の人の性的自由・性的自己決定を侵害するという
> 　　　　　　　点に重点が置かれ、一般市民の観点が優先される
> 　　　＜犯罪＞公然猥褻罪（174条）／猥褻物頒布等罪（175条）
> 　　　＊重婚罪（184条）——一夫一婦制度を保全するもので、④犯罪群に近
> 　　　　　　　　　　　　　いが若干性質が異なる

本日の講義は、個人法益に対する罪である⑦犯罪群を扱います。

(2)　保護法益

> **判例**は、上記⑦犯罪群と④犯罪群を区別しないで、ともに公衆の善良な性的道義観念に根ざした性風俗・性秩序を保護法益とする立場〔同一説〕から、「徒に性欲を興奮又は刺激せしめ、且つ普通人の正常な性的羞恥心を害し、善良な性的道義観念に反するもの」とし、その時代の健全な社会通念・善良な性的道義観念、健全な道徳感情をもった普通人を基準にして判断されるべきとしています[1]。

---

1) サンデー娯楽事件・最判昭和26・05・10刑集5・6・1026、大阪高判昭和29・11・30高裁刑事
裁判特報1・12・584、チャタレイ事件・最大判昭和32・03・13刑集11・3・997、判時105・76、

学説においては、まず、ⓐ上記㋐犯罪群は性的自由、㋑犯罪群は性秩序・性風俗であるとして保護法益を区別しながらも、猥褻の意義は区別せず、判例と同様の定義を用いる**同一説(1)** [2] があります。また、ⓑ先のⓐ説と同じように保護法益を区別したうえで、猥褻の意義も区別し、㋐犯罪群では「被害者の性的自己決定・性的羞恥心を害するもの」とし、㋑犯罪群では、判例と同様の定義を用いる**区別説** [3] があります。さらに、ⓒ上記㋐犯罪群では個人の性的自由・性的自己決定、㋑犯罪群では普通人の性的感情であるとして保護法益を区別するのですが、猥褻の意義については区別せず、「徒に性欲を興奮又は刺激させるもの」あるいは「普通人の正常な性的羞恥心を害するもの」のいずれかであればよいとする**同一説(2)** [4] があります。

　いずれの見解においても、㋐犯罪群の猥褻概念は、被害者個人の性的感情が重視されるために、㋑犯罪群のそれよりも広いことが承認されています。

　判例は、㋐犯罪群と㋑犯罪群を区別することなく、猥褻を、**①徒に性欲を興奮又は刺激せしめ、**且つ**②普通人の正常な性的羞恥心を害し、③善良な性的道義観念に反する**ものと定義します。①要件は、本罪を性的意図を要する傾向犯とする根拠ともなっていますが、現に被害者の性的自由・性的自己決定を侵害していながら、性的意図が欠落していると本罪を否定することになり [5]、被害者保護の観点から適当ではありません。また、③要件は、性的道義観念という曖昧な内容を含むもので、妥当ではありません。②要件を盛り込むことは、本罪を性的感情を害する犯罪とすることになり、処罰範囲を拡張するばかりでなく、本罪と他の犯罪との区別を曖昧にしてしまいます。

　本書によれば、㋐㋑犯罪群はともに、人の性的自己決定・性的自由を保護法益としており、その限りで、性的に未成熟な未成年者をも保護しています。㋐犯罪群と㋑犯罪群の違いは、前者は、被害者個人の性的自己決定・性的自由に着目する個人法益に対する罪であるため、被害者本人の意思が優先されるのに対し、後者は、不特定・多数の人の性的自己決定・性的自由に着目する社会法益に対する罪であるため、被害者個人の意思が後退している点にあ

判タ 68・114〔百選Ⅰ・47〕、大阪高判昭和 41・09・07 判タ 199・187、東京高判平成 13・09・18 東高時報 52・1=12・54。

2) 団藤・310 頁、489 頁、大谷・111 頁、515 頁、中森・64 頁、245 頁。

3) 通説と思われます。

4) 林・89 頁・399 頁。

5) 最判昭和 45・01・29 刑集 24・1・1、判時 583・88、判タ 244・230〔百選Ⅱ・14〕。

114 第09講 性的自由に対する罪

ります。この違いは、両犯罪群における猥褻の概念に影響を与えます。

(3) 猥褻の意義

⑦犯罪群において、**猥褻**とは、被害者の性的自由・性的自己決定を侵害するものをいうと解すれば十分で、性的羞恥心ではなく、性的自由・性的自己決定を重視する**区別説**が妥当です。

02 強制猥褻罪 (176条)

> 13歳以上の者に対し、暴行又は脅迫を用いてわいせつな行為をした者は、6月以上10年以下の懲役に処する。13歳未満の者に対し、わいせつな行為をした者も、同様とする〔6月以上10年以下懲役〕。
>
> 未遂も罰せられます (180条)。

(1) 要 件

> ① 客体が人（男子・女子）であること〔客体〕
> ② 客体が13歳以上の者であるときは、暴行又は脅迫を手段とすること〔手段〕
> ③ 猥褻な行為をすること〔行為〕
> ④ 故意があること〔故意〕

① **客 体** 客体は、強制性交等罪 (177条) と同様、人であり、男性・女性の性別を問いません。加害者・被害者が、異性間でも同性間でも成立します。

② **手 段** 客体が13歳以上か未満かによって、手段に関する要件を区別しています。客体が13歳以上の者の場合は、**暴行・脅迫**を手段とすることが必要ですが、13歳未満の者の場合は、暴行・脅迫を手段としなくても、また、同意があっても、本罪が成立します。

> 相手方の反抗を抑圧するに足りる程度まで必要ないが、それを著しく困難にする程度のものを要するとする**限定説**[6]、相手方の意思に反してその身体髪膚に有形力を行使することをいい、その程度を問わないとする**非限定説**[7]、さらに、暴行と脅迫を区別し、暴行については相手方の任意性を侵害する形態であれば足りるとする**区分説**[8]が主張されています。

本罪は、個人の性的自由・性的自己決定を保護法益とするものであること、

---

6) 判例（最判昭和24・05・10刑集3・6・711）・通説です。

7) 大判大正13・10・22刑集3・749、大判大正14・12・01刑集4・743。

8) 大塚仁・99頁、大谷・114頁、曽根・67頁。

また、暴行・脅迫は相手方の意に反して猥褻な行為が行われたことを確認するための要件であることを考慮すると、暴行・脅迫の行為自体が性的な意味をもった、猥褻行為といえる場合は、それが相手方の反抗・抵抗を著しく困難にする態様でなされる限り、本条の暴行・脅迫に当たるとすべきです。例えば、相手方の隙を突いて性器に触れる行為は、それ自体が暴行による猥褻な行為に当たります。つまり、被害者の意思に反して行われた行為の態様を問題とすべきで、その程度を問題とすべきではないのです。

③　**行　為**　本罪の行為は、客体が13歳以上の者の場合は暴行・脅迫を手段とし、13歳未満の者の場合は同意の有無、暴行・脅迫の有無にかかわらず**猥褻な行為**をすることです。本罪では、被害者本人の観点が重視されます[9]ので、公然猥褻罪（174条）における猥褻概念よりも緩やかであることに注意してください。例えば、公園でカップルがキスをする行為は公然猥褻罪（174条）にはならないでしょうが、相手方の意思に反して行えば強制猥褻罪となるのです。

④　**故　意**　13歳未満の者を客体とする場合は、相手方が13歳未満であること、猥褻な行為を行うことについて故意が必要です。

相手方を13歳以上と誤信し、その同意を得て猥褻な行為をした場合は、事実の錯誤として（要件）故意が阻却されます。13歳未満と分かっていたが、その同意があるので猥褻な行為は許されると誤信した場合は、違法性の錯誤で、**責任説**を採る本書によれば、故意を肯定したうえで、故意責任の非難可能性を判断することになります。他方、相手方が13歳以上であるにもかかわらず、童顔だったので13歳未満と誤信し、その同意を得て猥褻な行為をした場合は、幻覚犯として本罪は成立しません。同じく、13歳未満と誤信し、同意がないので暴行・脅迫を用いて猥褻な行為をした場合は、本罪が成立します。

---

9) 本罪における猥褻な行為とは、被害者の性的羞恥心を害する行為をいうとする見解もあります（西田・89頁）。しかし、性的羞恥心には個人差があり、同じ個人でも状況・場面によって違いが生じうること、準強制猥褻罪（178条）の場合には、被害者の実際の性的羞恥心を考慮できないことなどから、やはり性的自由・性的自己決定を軸にするのが妥当です。

116　第09講　性的自由に対する罪

(2)　性的意図の要否

　本罪の成立には、行為者の**性的意図**を要するか議論があります。

> 　**判例**[10] は、性的意図不要説だと本罪の処罰範囲が広がり、治療行為等も犯罪となってしまいかねないこと、行為者に性的意図があるかどうかによって、被害者の性的羞恥心の侵害される程度は異なることを根拠に**性的意図必要説**を支持します。

> 　これに対し、**性的意図不要説**[11] は、被害者の性的羞恥心は行為者の主観的な意図とは無関係であること、被害者の性的自由の保護が行為者の性的意図によって左右されるのは奇妙であること、許される治療行為か許されない猥褻な行為かは客観的に判断されるべきことを根拠にします。

　本罪は、行為者が不当に性欲を刺激・興奮・満足させることを罰するものではなく、被害者の性的自由・性的自己決定を侵害することを罰するものですから、**性的意図不要説**が妥当です。

(3)　罪　　数

　13歳未満の者に暴行・脅迫を加えて猥褻行為をしたときは、同一法益主体への犯罪なので包括して強制猥褻罪の一罪が成立するというのが判例・通説[12]です。しかし、本罪は被害者の性的自由・性的自己決定を侵害する犯罪、暴行・脅迫は被害者の生命・身体の安全を侵害する犯罪で、法益が異なること、13歳未満への強制猥褻罪の場合、暴行・脅迫はその射程範囲を超えること、176条1文の罪を排斥する形で同条2文の罪が存在していることから、本罪と暴行罪・脅迫罪の観念的競合が妥当です。本罪が公然と行われた場合は、本罪と公然猥褻罪の観念的競合となります[13]。

---

10)　**最判昭和45・01・29**刑集24・1・1、判時583・88、判タ244・230〔百選Ⅱ・14〕（女性を脅迫し裸にして撮影する行為であっても、もっぱらその女性に報復し、又はこれを侮辱し、虐待する目的に出たときは、強制わいせつ罪は成立しない。）、大塚仁・100頁、高橋・127頁。

11)　通説です。なお、**東京地判昭和62・09・16**判時1294・143（全裸写真を撮る行為は性的に刺激・興奮させる性的意味を有した行為）、**東京高判平成26・02・13**高等裁判所刑事裁判速報集平成26・45（強制猥褻罪の保護法益は被害者の性的自由であり、性的意図の有無は法益侵害とは関係を有しない）。

12)　最決昭和44・07・25刑集23・8・1068、判時566・94、判タ239・216頁、大塚仁・101頁、大谷・115頁。

13)　大判明治43・11・17刑録16・2010。

03　強制性交等罪（177条）

　　13歳以上の者に対し、暴行又は脅迫を用いて性交、肛門性交又は口腔性交（以下「性交等」という。）をした者は、強制性交等の罪とし、5年以上の有期懲役に処する。13歳未満の者に対し、性交等をした者も、同様とする〔強制性交等の罪とし5年以上有期懲役〕。
　　未遂も罰せられます（180条）。

(1)　趣　旨

　　本条は、2017年（平成29年）に、性犯罪の実情に鑑み、事案の実態に即した法的対処をするために、強姦罪の法律要件を改め、法定刑の下限を引き上げ、罪名を「強制性交等罪」に改正されました。強制猥褻行為と強制性交等行為とを区別している点で未だ充分とはいえませんが、本罪が被害者の性的自由・性的自己決定を侵害する暴力的な性犯罪であることが考慮されたということができます。

　　改正前の強姦罪は、男子のみが主体であるが、男子との共同正犯[14]や、男子を一方的に利用する間接正犯により、女子も本罪の主体となりうるという解釈がなされていました。しかし、改正により、そのような議論は意味を失い、性別を問わず誰でも本罪の主体及び客体となりうることになりました。

(2)　要　件

　　①　客体が人（男子・女子）であること〔客体〕
　　②　客体が13歳以上の者であるときは、暴行又は脅迫を手段とすること〔手段〕
　　③　性交、肛門性交又は口腔性交をすること〔行為〕
　　④　故意があること〔故意〕

　　①　**客　体**　本罪の客体は、強制猥褻罪（176条）と同様、**人**（男子・女子）であり、加害者・被害者が、異性間でも同性間でも成立します[15]。

　　すなわち、強制性交等により被る心身への重大な被害は、性別によって相違はないと考えられており、旧強姦罪の客体が女子に限定されていた日本の法制度は、男性被害者の視点が軽視されていたこと、ジェンダーの視点が欠落していたといえます。

---

14) 最決昭和40・03・30刑集19・2・125。
15) ショクンが、性別適合手術を受けて形成された膣や陰茎を有する性同一性障害者に対する強制性交等の行為も本罪に該当するのではないかと考えたとしたら、それは適切です。

118 第09講 性的自由に対する罪

② **手　段**　客体が13歳以上の者の場合は**暴行・脅迫**を手段とすることが必要で、13歳未満の者の場合は、暴行・脅迫を手段としなくとも、また同意があっても、本罪が成立します。

> 暴行・脅迫については、ⓐ相手方の反抗を抑圧するに足りる程度まで必要ないが、**相手方の反抗を著しく困難にする程度**のものが必要であるとする見解[16]、ⓑ相手方の意思に反すれば足り、**暴行・脅迫の程度を問わない**とする見解が対立しています。

本罪は被害者の性的自由・性的自己決定を侵害し、暴行・脅迫は相手方の意思に反することを確認するための要件にすぎないのですから、ⓑ**暴行・脅迫の程度を問わない**とする見解が妥当です。

③ **行　為**　本罪の行為は、客体が13歳以上の者の場合は、暴行・脅迫を手段として**性交、肛門性交**又は**口腔性交**（以下「性交等」）をすること、13歳未満の者の場合は、同意の有無、暴行・脅迫の存否にかかわらず性交等をすることです。

改正前は、男子による女子に対する性交のみが姦淫として強姦罪に当たるとされ、肛門性交・口腔性交は強制猥褻罪（176条。6月以上10年以下懲役）に当たるとされていました。しかし、肛門性交・口腔性交も濃密な身体接触を伴う性行為を強いられる点で、性交（姦淫）と同様であり、同じく重く処罰すべきであるとされ、本条に包含されました。

④ **故　意**　13歳未満の者を客体とする場合には、相手方が13歳未満の者であること、性交等の行為を行うことについて、13歳以上の者を客体とする場合には、性交等の行為を行うことについて、故意が必要です。

(3)　未遂・既遂

本罪の**着手**は、性交等の目的による暴行・脅迫を開始したときです[17]が、暴行行為自体が性交等の行為とみられる場合は、性交等の行為の開始が着手となります。例えば、性交の場合、交接作用を基準に、男性器が女性器に一

---

16) 判例（最判昭和24・05・10刑集3・6・711）・通説です。

17) **最決昭和45・07・28**刑集24・7・585、判時599・98、判タ251・271は、ダンプカーの運転席に通行中の女性を引きずり込み、約5キロメートル離れた場所で姦淫（強制性交等）した事案について、「運転席に引きずり込もうとした段階においてすでに強姦に至る客観的な危険性が明らかに認められる」として着手を肯定しています。

03　強制性交等罪（177条）　119

部挿入された段階で既遂となり、全部を挿入したこと、射精したことは必要ありません。

⑷　夫婦間の強制性交等

　例えば、夫が暴行・脅迫を用いて妻を強制性交等し、又は妻に猥褻行為を強いたとき、強制性交等罪・強制猥褻罪が成立するのでしょうか。これは、夫婦関係の存在は、強制性交等行為・強制猥褻行為の違法性・有責性に影響を及ぼすかを問う問題でもあります。強姦を中心に考えてみます。

　男子・女子の性的自由・性的自己決定の侵害は、両者が婚姻関係にある場合とそうでない場合とで別異に考えるべきなら、分けて検討するのが合理的です。その場合の婚姻関係は、単なる法律上の形式的な婚姻関係ではなく、事実上の実質的な婚姻関係を前提とすべきことになります[18]。

①　事実上婚姻関係が継続・存在している場合

ⓐ　**原則不成立説**[19]	原則）夫に強制性交等罪は成立しない（暴行罪、脅迫罪の余地）
	例外）妻に性交渉を拒否する正当な理由があるときは、本罪の成立を認める
	例：病気、体調不良、産前・産後、夫による異常な性行為の強要など
	＜根拠＞・夫婦は互いに性交渉を求めそれに応ずべき法律上の義務がある（憲法24条1項、民法752条）
	・婚姻関係は継続的な性関係を前提とし、それを是認する制度である
	・婚姻関係の合意は、一般に、互いに性的交渉に対する事前の包括的同意・推定的同意があると考えるべきである
ⓑ　**限定成立説**──	夫婦といえども暴行・脅迫による性交渉に応ずべき法律上の義務はないが、婚姻関係によって、本罪の成立範囲が限定される
	＜根拠＞・夫婦は互いに性的交渉を求めそれに応ずべき法律上の義務があるが、拒否を全く認めない強制的な義務ではない

18）婚姻関係が実質的に継続しているか破綻しているかを前提にして考察するのは、**広島高裁松江支部判昭和 62・06・18** 高刑集 40・1・71、判時 1234・154、内縁関係・夫婦関係などの身分関係の如何は本罪の成立に何ら消長を来すものではないとするのは、**札幌高判昭和 30・09・15** 高刑集 8・6・901。

19）広島高裁松江支部判昭和 62・06・18 高刑集 40・1・71、判時 1234・154。

120　第09講　性的自由に対する罪

> ・婚姻関係は継続的な性的関係を是認する制度であるが、性的交渉は、互いの性的自由・性的自己決定の問題である
> ・事前の包括的同意・推定的同意の存在は、本罪の違法性を減弱させ、その成立範囲を限定する要素と考えるべきである
>
> ⓒ　**原則成立説**——夫婦といえども、通常の場合と同じであり、夫婦関係の存在によって本罪の成立範囲が限定されることはない
> 　　　＜根拠＞・夫婦は互いに性的交渉を求めそれに応ずべき法律上の義務があるが、それは互いの存在を犠牲にすることを要求するものではない（憲法24条）
> 　　　　　　・事前の包括的同意・推定的同意の存在を認めるとしても、それは、個々の性交渉についての個人の性的自由・性的自己決定を放棄したものと解することは適当でない
> 　　　　　　・本条には「13歳以上の女子」と規定されているのみで、夫婦関係等の身分関係を考慮するような文言は使われていない

　この問題は、**親密圏における犯罪の成否**を考える素材でもあります。例えば、同じく相手の身体を叩く行為であっても、見知らぬ第三者に行えば暴行罪に当たりますが、数十年ぶりに再会した者に行った場合は、（被害者の同意を論じる前に）暴行罪でいう暴行に当たらないのでないかと考えられるからです。本書は、**限定成立説を妥当**と考えます。

　②　**事実上婚姻関係が破綻している場合**　この場合は、婚姻関係にない第三者の場合と同じように判断することになります。

⑸　集団強姦罪等の廃止

　集団強姦等罪（178条の2）・集団強姦等致死傷罪（181条3項）が削除されました。これらの規定は、暴力的な性犯罪の中でも、集団による強姦罪・準強姦罪という悪質な犯罪に対して旧強姦罪等よりも厳しく対処するために、2004年（平成16年）の改正により導入されたのです。

　しかし、2017年（平成29年）の改正により、強制性交等罪（177条）・同致死傷罪（181条2項）の法定刑の下限が引き上げられたことに伴い、2人以上の者が現場で共同して行う強制性交等を犯す犯罪については、引き上げられた法定刑の範囲内で量刑上考慮すれば適切な科刑が可能であるということで、廃止されました。

04 準強制猥褻罪・準強制性交等罪（178条） 121

04　準強制猥褻罪・準強制性交等罪 (178条)

> 　人の心神喪失若しくは抗拒不能に乗じ、又は心神を喪失させ、若しくは抗拒不能にさせて、わいせつな行為をした者は、第176条〔強制猥褻罪〕の例による。
> 　2　人の心神喪失若しくは抗拒不能に乗じ、又は心神を喪失させ、若しくは抗拒不能にさせて、性交等をした者は、前条〔強制性交等罪〕の例による。
> 　未遂も罰せられます（180条）。

(1)　要　件

> ①　人の心神喪失・抗拒不能に乗じ、又は心神を喪失させあるいは抗拒不能にさせること〔手段〕
> ②　人に猥褻な行為又は性交等の行為をすること〔行為〕
> ③　故意があること〔故意〕

　①　**手　段**　本罪が成立するには、既に存在している人の心神喪失・抗拒不能状態を利用し、又は行為者自ら心神喪失・抗拒不能状態を作り出し、その状態を利用して猥褻行為・姦淫行為をすることが必要です。ここでの**心神喪失**は、刑法39条1項にいう心神喪失とは意味が異なり、例えば、重い精神障害、失神、睡眠、泥酔・酩酊など、精神障害・意識障害によって性的行為に関して正常な判断ができないか、著しく困難な状態にあることをいいます。また、**抗拒不能**とは、例えば、身体の捕縛、異常な恐怖、無知・誤認、従属・服従など、心神喪失以外の理由によって物理的・心理的に抵抗ができないか、著しく困難な状態にあることをいいます。

　行為者が、㋐心神喪失・抗拒不能状態を作出した後に猥褻行為・姦淫行為の故意を生じ、心神喪失・抗拒不能状態を利用した**利用目的なき作出後の利用**、㋑第三者によって作出された心神喪失・抗拒不能状態を利用した**作出なき利用**、及び、㋒猥褻行為・姦淫行為の目的をもって自ら心神喪失・抗拒不能状態を作出してこれを利用した**利用目的ある作出後の利用**のいずれも、本罪に当たります。その点で、㋒形態に限定されている昏酔強盗罪（239条）におけるよりも広いので、注意してください。

> 　**判例**では、被害者が半睡半醒の状態のため行為者を情夫と誤信している状態を利用して性交した事案[20]、治療のためにやむを得ないと被害者を誤信させて性交した事案[21]、また、牧師が信者の少女に対し、自分の指示に従わないと地

---

20)　仙台高判昭和32・04・18高刑集10・6・491、広島高判昭和33・12・24高刑集11・10・701。

122　第09講　性的自由に対する罪

獄に堕ちて永遠に苦しむことになると申し欺いて、少女の畏怖状態を利用して性交した場合[22]について、いずれも準強制性交等罪の成立が肯定されています。

②　行　為　本罪の行為は、人の心神喪失・抗拒不能状態を利用して**猥褻行為**〔準強制猥褻罪〕又は**性交等の行為**をすること〔準強制性交等罪〕です。

③　故　意　準強制猥褻・準強制性交等の行為について故意が必要で、具体的には、被害者が心神喪失・抗拒不能の状態にあること、及び、人に猥褻な行為又は性交等の行為をすることについて、故意が必要です。

　例えば、睡眠薬・飲酒等で既に寝ている人を縛り上げて性交等をした場合のように、縛り上げる暴行行為と性交等の行為との間に因果関係がないと認められるときは、強制性交等罪の故意で準強制性交等罪を実現したことになりますが、両罪が重なり合う軽い準強制性交等罪が成立することになります。

(2)　欺罔による承諾

　行為者が欺罔手段を用いたにもかかわらず、被害者が猥褻行為・性交等行為に承諾している場合にも、準強制猥褻・準強制性交等の罪の成立が認められるのでしょうか。本書は、本罪が成立するには、実質的にみて、暴行・脅迫を用いたのと同じ程度に相手方の性的自由・性的自己決定を侵害したと認められる特別の事情がなければならないと考えます。具体的には、被害者を心理的に追い詰め、正常な判断能力を失わせて、抵抗が不能もしくは著しく困難な心理状態に陥らせ、これを利用することが必要です[23]。

　東京地判昭和58・03・01（刑裁月報15・3・255、判時1096・145）は、「刑法178条の準強姦罪（現・準強制性交等罪）は、暴行・脅迫以外の方法を手段とするもののうち、実質上これと同程度に相手方の自由意思を無視して姦淫（性交）する行為について規定している」との解釈を前提にして、行為者Xは、成年A

---

21)　大判大正15・06・25刑集5・285、名古屋地判昭和55・07・28刑裁月報12・7・709、判時1007・140。

22)　京都地判平成18・02・21判タ1229・344。

23)　この問題を法益関係的錯誤の観点から処理し、性行為について認識と承諾がある場合に準強姦罪は認められないとする見解（西田・93頁、山中・171頁）も主張されています。しかし、この見解は、利益概念と要保護性概念が結合した法益概念につき、利益に関する錯誤と要保護性に関する錯誤とがあることを分析し切れていない点で疑問があります。関・総論・183頁以下参照。

女に対し、その性器に異状があり、自分の霊感治療であれば治すことができると申し欺いたところ、A女は、性行為がなされることを認識してこれに応じた事案につき、準強姦罪（現・準強制性交等罪）の成立を認めるには、「性行為の承諾があつたにもかかわらず、なお暴行・脅迫と同程度に相手方の自由意思を無視したものと認めざるを得ないような特段の事情」の存することが必要であるが、「本件の全経過に徴してもこれを認めることができない」として、本罪の成立を否定しました。

(3)　他罪との関係

　本罪は、本来の強制猥褻罪・強制性交等罪と同じ法定刑で処断されます。だからといって、両罪の区別を曖昧にすることは許されません。

05　監護者猥褻・監護者性交等罪 (177条)

　18歳未満の者に対し、その者を現に監護する者であることによる影響力があることに乗じてわいせつな行為をした者は、第176条〔強制猥褻罪〕の例による〔6月以上10年以下の懲役〕。
　2　18歳未満の者に対し、その者を現に監護する者であることによる影響力があることに乗じて性交等をした者は、第177条〔強制性交等罪〕の例による〔6月以上10年以下の懲役〕。
　未遂も罰せられます（180条）

(1)　趣　旨

　監護者猥褻・監護者性交等罪の規定は、2017年（平成29年）の改正により、未遂罪の規定（179条）を繰り下げ、179条として新たに導入されました。本罪は一種の地位利用犯罪であり、精神的に未熟な18歳未満の者が生活全般にわたって自己を監督・保護している監護者に精神的にも経済的にも依存している関係にあることを利用して、監護者が、18歳未満の者に猥褻行為をした場合〔監護者猥褻罪〕、又は性交等をした場合〔監護者性交等罪〕には、18歳未満の者がそれに応じたとしても、それは自由な意思決定によるものとはいえず、性的自由・性的自己決定を侵害しているので、強制猥褻罪（176条）・強制性交等罪（177条）と同様に処罰するものとしたのです。その意味で、準強制猥褻罪・準強制性交等罪（178条）と同じ趣旨ですが、それよりも射程範囲の広い罪であり、準々強制猥褻罪・準々強制性交等罪としての性格を有しているということができます。

124 第09講 性的自由に対する罪

(2) 要 件

① 18歳未満の者を現に監護する者であること（主体）
② 客体が18歳未満の者であること（客体）
③ その影響力があることに乗じて猥褻又は性交等の行為をすること（行為）
④ 故意があること（故意）

① **主 体** **現に監護する者**とは、事実上監護している関係を有する者の意味です。民法において、監護は親子関係を基本とし、親権者などが未成年者の心身の健全な成長を図るために日常の身の回りの世話や教育をする監護・教育の権利（・義務）を意味し（民法820条）、親権のうち身上監護権（居所指定権・懲戒権・職業許可権・第三者妨害排除請求権・子引渡請求権・身分行為代理権）を指すのが一般的です[24]が、本条にいう現に監護する者とは、法律上の監護権の有無に重点があるのではなく、事実上、現に18歳未満の者を継続的に監督し、保護する関係にある者をいいます。したがって、法律上監護権を有する者であっても、実際に監護・被監護の実態が存在しなければ、現に監護する者には当たりません。具体的には、親子関係と同視できるほどに、居所場所、養育関係、生活費用、人格形成など生活全般にわたって継続的な依存・被依存、保護・被保護の関係が認められる場合をいい、同居の有無、居所場所やその指定状況、未成年者に対する養育・指導状況、身の回りの世話等日常の生活状況、生活費の支出などの経済状況、未成年者に関する諸手続等を行う状況などを考慮して判断されます。

なお、養護・養育施設における施設長・職員などは本罪の主体となりえますが、生徒に対する教師、スポーツ選手に対する監督・コーチ等の指導者、労働者に対する雇用主、祖父母等なども、被害者に対する強い影響力を有しているといえますが、本罪の主体には含まれません。

② **客 体** 客体は、**18歳未満の者**で、男性・女性の性別を問いません。一般に18歳未満の者は、精神的に未熟であり、監護者に精神的・経済的に依存しています。そうした者に対して、監護者がその影響力を利用して猥褻・性交等の行為を行った場合、被害者は自由な意思決定によるものとはいえず、

---

24) ほかに、「現に監護する者（もの）」を規定している法律には、児童福祉法6条、児童虐待防止法1条1項、少年法2条2項、母子保健法6条4項、子ども・子育て支援法6条2項、家事事件手続法235条以下などがあります。

行為者は性的自由・性的自己決定を侵害していると考えられます。

　未成年者（20歳未満の者）とせず、18歳未満の者としたのは、18歳頃というのは、一般的に高校卒業の年齢であり、その年齢になれば、精神的にも成熟してきて、監護者に対する精神的・経済的な依存度も低くなると考えられること、また、年少者の保護を目的とする児童福祉法（4条）、「児童売春、児童ポルノに係る行為等の規制及び処罰並びに児童の保護等に関する法律」（2条1項）などでも、年少者の社会生活の実態を踏まえて、18歳未満を「児童」として保護の対象としていることなども考慮したものです。

　③　**行　為**　現に監護する者であることによる影響力があることに乗じて、猥褻・性交等の行為を行うことです。**現に監護する者であることによる影響力があることに乗じて**は、現に監護する者であることによる影響力を利用してという意味ですが、暴行・脅迫の行為を要しませんし、準強制猥褻・準強制性交等の場合のように、心神喪失・拒否不能の状態に乗じる必要もありませんし、必ずしも積極的・明示的な作為による必要はなく、黙示や挙動による影響力の利用もありえます。具体的には、被害者が、親等の監護権者からの要求をなかなか断りにくい心理状況にあることを利用し、監護者に嫌われたくないというような気持ちから猥褻行為・性交等に応じる場合、さらには、監護者との性的関係が継続して常態化しているために、被害者の感情が麻痺してしまっている場合のように、強制・強要や意思抑圧の程度が比較的軽微なものも含まれます[25]。

　なお、確認ですが、本罪の主体は、現に監護する者であれば、男性・女性の性別を問いませんし、客体も18歳未満の者であれば、性別を問いませんので、本罪の猥褻行為・性交等の行為は異性間のものだけでなく、同性間のものも含まれます。

　④　**故　意**　行為者は、18歳未満の者を現に監護する者であること、現に監護する者であることによる影響力を利用して猥褻行為又は性交等を行うことについて、故意が必要です。

25）例えば、現に監護する者である行為者が、暗闇の中で犯行に及ぶとか、変装して犯行に及ぶとかして、自分が監護者であることを被害者に認識されないように犯行に及んだ場合は、「影響力があることに乗じた」には当たらないでしょう。

126 第09講 性的自由に対する罪

06 性犯罪の非親告罪化 (旧180条の削除)

旧180条は、強制猥褻罪（176条）、強姦罪（177条）、準強制猥褻罪・準強姦罪(178条)、及びこれらの罪の未遂罪を親告罪としていました。その趣旨は、被害者が捜査手続・裁判手続に参加せざるをえなくなることで、名誉、プライバシーその他の利益を害されるおそれがることに配慮し、公訴提起を被害者の意思に委ねたものです。しかし、性犯罪への厳正な対処等の要請が高まったこともあり、性犯罪の非親告罪化が検討されるようになりました。

その結果、親告罪であることにより、かえって被害者に対して、告訴するか否かの選択を迫ることで心理的負担を負わせ、また、告訴したことにより被告人から報復を受けるのではないかという不安を抱かせ、被害者に精神的負担を生じさせている現状があることが認識され、被害者の精神的負担を解消するためには非親告罪化すべきであるとされたのです。他方で、刑事訴訟法の改正や実務上の運用により、既に取調段階において被害者の公訴提起を求める意思が丁寧に確認され、捜査・公判段階においても被害者の精神的負担の軽減やプライバシー保護のための工夫がなされている（刑事訴訟法157条の4～157条の6など）ことも考慮されました。

07 強制猥褻等致死傷罪 (181条)

第176条、第178条第1項〔強制猥褻罪・準強制猥褻罪〕若しくは第179条第1項〔監護者猥褻罪〕の罪又はこれらの罪の未遂罪を犯し、よって人を死傷させた者は、無期又は3年以上の懲役に処する。
2 第177条、第178条第2項〔強制性交等罪・準強制性交等罪〕若しくは第179条第2項〔監護者性交等罪〕の罪又はこれらの罪の未遂罪を犯し、よって人を死傷させた者は、無期又は6年以上の懲役に処する。

(1) 沿 革

本条は、2017年（平成29年）の改正により、強姦罪・準強姦罪の法律要件が強制性交等罪・準強制性交等罪に改められ、監護者猥褻・監護者性交等罪が新設されたことに伴って改正され、法定刑の下限も引き上げられました。

本罪は、強制猥褻罪・強制性交等罪等を基本犯とする**結果的加重犯**です。2004年（平成16年）及び2017年（平成29年）の改正により、基本犯の如何によっ

て、㋐強制猥褻罪・準強制猥褻罪・監護者猥褻罪及びこれらの未遂罪、㋑強制性交等罪・準強制性交等罪・監護者性交等罪及びこれらの未遂罪の類別に応じて、有期刑の下限に差が設けられました。強制猥褻罪・強制性交等罪等の未遂にも適用されますので、強盗致死傷罪（243条・240条）におけるような議論は不要です。

(2) 要 件

① 基本犯（既遂・未遂）の行為がなされること〔行為〕
② 死傷結果が発生すること〔結果〕
③ 死傷結果について予見可能性があること〔予見可能性〕
④ 基本犯の行為について故意が存在すること〔故意〕

① **行 為** 基本犯として、強制猥褻罪・準強制猥褻罪・監護者猥褻罪、強制性交等罪・準強制性交等罪・監護者性交等罪、及びその未遂罪と定められていますので、その**行為**は、猥褻行為・性交等行為のみならず、その手段としての暴行行為・脅迫行為も含みます。したがって、死傷結果は、猥褻行為・性交等行為により生じた場合だけでなく、手段としての暴行・脅迫の行為により生じた場合も含みます[26]。

ⓐ **限定説**[27] ——死傷結果は、猥褻行為・性交等行為及びその手段たる暴行・脅迫の行為により生じた場合に限定される
  　＜根拠＞・240条と異なり、本条は「よって」という文言が使われているので、基本犯に内在する危険の範囲内に限定された結果的加重犯と解すべきである
  　　　　　・本条の刑が重いのは、猥褻行為・性交等行為に随伴して死傷結果が生じる可能性が高いことを考慮してのことだから、基本行為は猥褻行為・性交等行為及びその手段たる暴行行為・脅迫行為に限定されるべきである
ⓑ **密接行為説**[28] ——死傷結果は、猥褻行為・性交等行為及びそれと密接に関連する行為により生じた場合に限定される
  　＜根拠＞・本条の刑が重いのは、猥褻行為・性交等行為に随伴して死傷結果が生じる可能性が高いことを考慮してのことだから、基

---

26) **最決昭和43・09・17** 刑集22・9・862、判時535・86、判タ227・177（女性に対する姦淫行為自体によりその女性に傷害を負わせた場合ばかりでなく、姦淫の手段である暴行によって傷害を負わせた場合でも強姦致傷罪が成立）。

27) 曽根・70頁、大谷・125頁、西田・95頁、井田・116頁。

28) 通説です。

128 第09講　性的自由に対する罪

> 　　　　　本行為は猥褻行為・性交等行為と密接に関連する行為によっ
> 　　　　　てその範囲を画するのが合理的である
> ⓒ　随伴説 [29] ——死傷結果は、猥褻行為・性交等行為の機会に、猥褻行為・性
> 　　　　　交等行為あるいはその手段たる暴行行為・脅迫行為に随伴し
> 　　　　　て生じた場合であれば足りる
> 　　＜根拠＞・本条は、刑事学上、強制猥褻・強制性交等の機会に生じる可
> 　　　　　能性の高い死傷結果を防止するために設けられたので、強盗致
> 　　　　　死傷罪の場合と同じように解すべきである

　例えば、強制性交等後、逃走する際に被害者に暴行をふるって負傷させた場合、ⓐ説・ⓑ説によると、本条の適用はなく、強制性交等罪と傷害罪の併合罪になるのに対し、ⓒ随伴説によると本条の適用が認められます [30]。

　本条の趣旨は、強制猥褻罪・強制性交等罪等によって死傷結果が生じるのを防止することにあり、また、準強制猥褻罪・準強制性交等罪も含まれています。したがって、猥褻行為・性交等行為と密接に関連する行為によって基本行為の範囲を画するのが合理的ですので、ⓑ**密接行為説**が妥当です。

　②　**結　果**　現に、**死亡・傷害の結果**が生じることが必要です。また、基

---

29) **大判明治 44・06・29** 刑録 17・1330（「死傷を惹起したる行為が猥褻姦淫罪に随伴するに於ては、其目的が犯罪を遂行する為めなると又犯罪を免る為めなるとを問うことなし」）、**大判大正 15・05・14** 刑集 5・175（「其の傷害は必ずしも強姦の行為自体若は其の手段たる暴行行為に因りて生じたるものなることを要せず、強姦行為を為すに際し、其の被害者に傷害を加えたる場合も亦強姦致傷罪を構成する」）、**最決昭和 43・09・17** 刑集 22・9・862、判時 535・86、判タ 227・177（「被害者の受けた傷害は、姦淫の手段である暴行によつて生じたものと認められるから、被告人の所為が刑法 181 条の強姦致傷罪に該当する」）、**最決昭和 46・09・22** 刑集 25・6・769、判時 645・108、判タ 269・244（「被害者の傷害は、共犯者 A に強姦された後、さらに被告人らによつて強姦されることの危険を感じた被害者が、詐言を用いてその場をのがれ、暗夜人里離れた地理不案内な田舎道を数百米逃走し救助を求めるに際し、転倒などして受けたものであるから、右傷害は、本件強姦によつて生じたもの」）、**最決平成 20・01・22** 刑集 62・1・1、判時 2000・160、判タ 1266・137〔百選Ⅱ・15〕（「被告人は、被害者が覚せいし、被告人の T シャツをつかむなどしたことによって、わいせつな行為を行う意思を喪失した後に、その場から逃走するため、被害者に対して暴行を加えたものであるが、被告人のこのような暴行は、上記準強制わいせつ行為に随伴するものといえるから、これによって生じた上記被害者の傷害について強制わいせつ致傷罪が成立する」）。以上の判決文は、「強姦」は「強制性交等」に、「姦淫」は「性交等」に読み替えると現行刑法に対応します。

30) **大阪高判昭和 62・03・19** 判時 1236・156（強姦が既遂に至った後、被告人が「既に姦淫の意思を喪失して専ら逃走を容易にしようとの意思」で、「時間的及び場所的関係において、それに先立つ姦淫目的の暴行脅迫と接着して行われて」おり、「逃走のための行為として通常随伴する行為の関係にある」とみられる場合には強姦致傷罪が成立）。

07　強制猥褻等致死傷罪（181条）　129

本犯に未遂罪も含まれていますので、基本犯が既遂か未遂かを問わず、死傷の結果が発生すれば成立します[31]。法定刑の重さからすると、軽微な傷害は本条にいう傷害には当たらないと解すべきでしょう[32]。

③　**予見可能性**　猥褻・性交等の行為、その手段となる暴行・脅迫の行為又は密接関連行為と死傷結果との間に**因果関係**がなければなりませんし、さらに、責任原則から、結果発生の**予見可能性**が必要です。

被害者が逃走中に転倒して負傷した場合[33]や、被害者が救いを求めて2階から飛び降り負傷した場合[34]、いずれも因果関係が認められます。なお、被害者が羞恥心あるいは精神異常をきたして自殺した場合、特別の事情がない限り因果関係は認めるべきでないとするのが通説です[35]。今後、PTSDは傷害であるという判断が定着し、また、被害者保護の考え方がさらに強まっていったとき、この見解も変更を迫られるかもしれません。

④　**故　意**　本条は、死傷結果について故意がある場合も含むかについて議論があります。強制性交等致死傷罪を素材に考察します。

ⓐ　**結果的加重犯説**[36]——本条は結果的加重犯を処罰する規定であり、死傷結果について故意がある場合を含まない

　㋐　傷害の故意がある場合：強制性交等罪（177条）と傷害罪（204条）の観念的競合（5年～20年）

　㋑　殺人の故意がある場合：強制性交等罪（177条）と殺人罪（199条）の観念的競合（5年～死刑）

　＜根拠＞・本罪は「よって」の文言が使われていることからも明らかなように、結果的加重犯であり、故意ある場合を含まない

ⓑ　**観念的競合説**[37]——本条は結果的加重犯だけでなく故意犯の形態も処罰する規定である

---

31) 最判昭和23・11・16刑集2・12・1535。

32) **最判昭和24・07・26**裁判集刑12・831（「強姦（現・強制性交）行為を為すに際して相手方に傷害を加えた場合には、たとえその傷害が、『メンタム1回つけただけで後は苦痛を感ぜずに治』つた程度のものであつたとしても、強姦致傷の罪が成立する」）、**東京高判昭和46・02・02**高刑集24・1・75、判時636・95、判タ261・270（消失に10日余りかかるいわゆるキスマーク（皮下出血）を女性の乳房に付けた行為は生理的機能の障害に当たる）の結論は疑問です。

33) 最決昭和46・09・22刑集25・6・769、判時645・108、判タ269・244。

34) 最決昭35・02・11裁判集刑132・201。

35) 判例の傾向でもあります。

36) 大塚仁・106頁、曽根・70頁。

130 第09講 性的自由に対する罪

　　　　㋐　傷害の故意がある場合：強制性交等致傷罪（181条2項）と傷害罪（204
　　　　　　条）の観念的競合（6年〜無期）
　　　　㋑　殺人の故意がある場合：強制性交等致死罪（181条2項）と殺人罪（199
　　　　　　条）の観念的競合（6年〜死刑）
　　　＜根拠＞・本罪は基本的に結果的加重犯であり、故意による部分は、傷
　　　　　　　害罪・殺人罪との観念的競合で処理すれば足りる
　　ⓒ　区分説[38]——刑の均衡を図るために、傷害の故意ある場合と殺人の故意あ
　　　　　　る場合とを区別して処理すべきである
　　　　㋐　傷害の故意がある場合：強制性交等致傷罪（181条2項）のみ（6年
　　　　　　〜無期）
　　　　㋑　殺人の故意がある場合：強制性交等罪（177条）と殺人罪（199条）
　　　　　　の観念的競合（5年〜死刑）
　　　＜根拠＞・刑の不均衡を回避するためには、区分するのが妥当である

　「よって」という文言からも明らかなように、本罪は結果的加重犯です。
刑の不均衡を回避したいために、殺人・傷害の故意ある場合に本条の適用を
認めるのは、文理に反し、罪刑法定原則に抵触します。また、ⓑ説が、刑の
不均衡を理由に本罪と殺人罪・傷害罪との観念的競合を認めるのは、便宜的
であるばかりでなく、死亡・負傷の結果を故意犯と結果的加重犯から二重に
評価しており、適当ではありません。ⓒ説は、殺人の故意ある場合は本条の
適用を認めず、傷害の故意ある場合は本条の適用のみを認めますが、条文上
そうした区別をうかがわせる文言は用いられておらず、別異に取り扱うのは
適当ではありません。結局、ⓐ**結果的加重犯説**が妥当であり、2017年（平成
29年）の改正による性犯罪に関する法定刑の引き上げは、この説の妥当性を
刑の均衡からも明らかにするものとなっています。

(3)　他罪との関係

　猥褻行為・性交等行為によって被害者を負傷させ、さらに死亡させたとき
は、性交等の行為の既遂たると未遂たるとを問わず、強制猥褻致死罪・強制
性交等致死罪のみが成立します[39]。強制性交等の後、その犯行の発覚を恐

37）　**最判昭和31・10・25**刑集10・10・1455（殺意をもって被害者を強制性交等し死亡させた場合
　　は、強姦致死罪（現・強制性交等致死罪）と殺人罪の観念的競合）、団藤・495頁、平野・181頁、
　　福田・185頁、藤木・174頁。
38）　通説です。
39）　最判昭和23・11・16刑集2・12・1535。

れて被害者を殺害したときは、強制性交等罪と殺人罪の併合罪です。

　なお、強制性交等目的で暴行を加え死亡させた直後に姦淫したときは、包括して強制性交等致死罪となるとする判例[40]がありますが、単純に、強制性交等は未遂であるが死亡させているので強制性交等致死罪とすべきでしょう。

08　淫行勧誘罪（182条）

> 　営利の目的で、淫行の常習のない女子を勧誘して姦淫させた者は、3年以下の懲役又は30万円以下の罰金に処する。

(1)　保護法益

> 　本罪の保護法益について、営利の目的が要件となっていること、性交の相手方も不可罰となっていること、また、親告罪とされていないことから、性風俗を害する**社会法益に対する犯罪**であるとする見解[41]が有力です。

　姦淫行為をした女子を罰する規定がないこと、また、不特定の第三者を相手に性交する習癖のない女子を勧誘して第三者と性交させる行為をしただけでは処罰に値する実質的な違法性に欠ける場合が多いので、営利の目的を成立要件としたと考えられることから、女性の**性的自由・性的自己決定**が保護法益であると解されます[42]。

　ただ、性交及び性交させる行為に金銭が絡むことについて、多くの人は、強い反発と嫌悪の情を抱くことでしょう。こうした一般の人々の感情の基礎には、性の乱れに伴う女子の性的自由・性的自己決定が脅かされることへの不安感があることは否定できません。この不安感を保護法益とすることはできませんが、売春防止法が、「売春が人としての尊厳を害し、性道徳に反し、社会の善良の風俗をみだす」(1条)と規定している趣旨に通じます。この点が、本罪が親告罪となっていない理由の1つと考えられます。そうであっても、売春防止法によって、本条の存在意義は実質上失われたといえます。

40）小松川女子高生殺害事件・最判昭和36・08・17刑集15・7・1244、判時270・6。
41）大塚仁・514頁、福田・129頁、西田・400頁、伊東・355頁、高橋・571頁、佐久間・382頁。
42）団藤・489頁、大谷・128頁、曽根・70頁、中森・70頁。

(2) 要　件

① 淫行の常習のない女性であること〔客体〕
② 所定の客体を勧誘して姦淫させること〔行為〕
③ 営利の目的を有すること〔目的〕
④ 故意があること〔故意〕

　淫行の常習のない女子とは、不特定の第三者を相手に性交する習癖のない女性をいい、性経験があるか否かを問いませんし、年齢の高低は関係ありません。本罪の行為は、営利の目的をもって、不特定の第三者を相手に性交する習癖のない女性を勧誘して姦淫させることです。**勧誘**とは、女性に不特定の第三者との性交を決意させる一切の行為をいいます。性交には、行為者自らが相手となる場合も含まれます。本罪は、営利の目的を要します（目的犯）。**営利の目的**とは、財産上の利益を取得する目的をいい、自分が得る目的であるか、第三者に取得させる目的であるかを問いません。

　本罪を社会法益に対する罪と解するならばともかく、**個人法益に対する罪**と解する以上、既に姦淫の決意を有する女性に対してなされる場合は勧誘に当たりませんので、売春の斡旋をしても本罪には当たりません。

(3)　未遂・既遂

　営利の目的をもって、不特定の第三者を相手に性交する習癖のない女性を勧誘することが**実行の着手**であり、実行行為です。未遂処罰規定がないので、当該女性が姦淫行為を開始することで既遂に達し、可罰的となります。

今日の一言

少年よ　少女よ
己の中に　良心の規準をもちなさい
そして　それに従って生きなさい
真の大人になるために

133

第 10 講　住居・秘密を侵す罪

01　住居侵入罪（130 条）

> 　正当な理由がないのに、人の住居若しくは人の看守する邸宅、建造物若しく
> は艦船に侵入し、又は要求を受けたにもかかわらずこれらの場所から退去しな
> かった者は、3 年以下の懲役又は 10 万円以下の罰金に処する。
> 　130 条の未遂は、罰する（132 条）。

⑴　保護法益

　①　**一元説の支配**　戦前は、家父長権・戸主権という家制度的な支配権を
基礎にした旧住居権説が支配的でしたが、戦後、日本国憲法の平等権に反す
ると批判され、平穏説が支配的となりました。近時は、新住居権説が有力と
なっています。いずれにしても、学説では、**一元説**が支配的です。

> ⓐ　**平穏説** [1] ——本罪の保護法益は、住居等における事実上の平穏状態である
> 　　　＜根拠＞・住居では、居住者全員が生活の安全を享受できなければな
> 　　　　　　　　らないが、それを保障するのが事実上の平穏状態である
> 　　　　　　　・平穏とは、生命・身体・業務・財産などへの危険性がない
> 　　　　　　　　客観的な事実状態をいい、平穏概念が曖昧ということはな
> 　　　　　　　　い
> ⓑ　**新住居権説** [2] ——本罪の保護法益は、住居等に誰を立ち入らせ、誰の滞留
> 　　　　　　　　を許すかを決定する自由ないし許諾権である
> 　　　　　＜根拠＞・住居は個人の城であり、居住者はいかに平穏な態様の立入
> 　　　　　　　　りであってもその立入りを拒絶する自由を有する
> 　　　　　　　・旧住居権とは異なる構成をすれば、住居権は、本罪が個人
> 　　　　　　　　法益に対する罪であることにふさわしい

　②　**制約説・相対化説の登場**　しかし、一元説の限界が認識されるようにな
ります。平穏説に対しては、事実上の平穏概念で本罪の成否を判断するのは、
個人法益を侵害する罪としての性格と矛盾するという批判が加えられ、また、
新住居権説に対しては、プライバシー的利益が色濃い住居には妥当するが、

1）団藤・501 頁、大塚仁・111 頁、福田・203 頁、岡野・70 頁、佐久間・129 頁、井田・145 頁。
2）通説です。

134 第10講 住居・秘密を侵す罪

公の建物や社会的営造物の領域では、管理権者に絶対的な自由は認められないので、限界があるという批判が加えられたのです。

© **制約説** [3]——基本的には新住居権説に立脚しつつ、公の建造物の場合、建物の目的・必要性によって、住居権者・管理権者の意思が事実的・規範的に制約されている

　　原則）住居権＝居住者の（意思）決定の自由
　　例外）公の建造物の場合、住居権者・管理権者の意思は制約される

ⓓ **相対化説**——保護法益は一元的に把握するが、領域によって侵入概念を相対化する

　㋐ 平穏説からの相対化説 [4]——平穏説に立脚しつつ、侵入概念を相対化
　　住居）居住者の意思は絶対的であり、平穏侵害は居住者意思の侵害として主観的である
　　　　⇒侵入概念の重要な判断基準は、居住者・管理者の（推定的）意思である
　　公の建物）管理者の意思は相対的であり、平穏侵害は事実上の平穏状態の侵害として客観的である
　　　　⇒侵入概念の重要な基準は住居等の平穏状態であり、居住者・管理者の意思はその判断資料の１つにすぎない
　㋑ 新住居権説からの相対化説 [5]——新住居権説に立脚しつつ、侵入概念を相対化
　　住居）住居権の支配権・自由権は絶対的であり、居住者の恣意的な意思も保護される
　　　　⇒侵入概念の絶対的基準となっているのは、住居権者の（推定的）意思である
　　公の建物）住居権（管理権）者の支配権・自由権は制限されており、恣意的な意思は保護されず、立入り拒否の意思も客観的に表示されていなければならない
　　　　⇒侵入概念の判断基準は、住居権者の（推定的）意思であるが、それは客観的に明確でなければならない

---

③ **多元説の登場** 制約説は、住居権（許諾権）が建物の目的・必要性によって制約されるという構成を採っており、法益論からは不徹底です。しかも、

---

3) 中山・140頁、山口・118頁、曽根・79頁。
4) 熊谷直之助「住居侵入罪の構成要件」判タ88号（1959年）223頁以下、前野育三「客体が公の建造物である場合における住居侵入罪・不退去罪の特殊性について」静岡大学・法経研究17巻1号（1968年）75頁以下。
5) 伊東研祐『現代社会と刑法各論』（第2版・2002年）231頁、伊東・86頁。

住居権に替わって建物の目的・必要性を保護法益とするもので、新住居権説を放棄したといわざるをえません。

他方、相対化説は、領域によって侵入概念を相対化するもので、法益概念の機能が稀薄化しています。そうした相対化は、むしろ領域によって保護法益が異なることに起因しており、個人のプライバシー領域である住居と、一般的開放性を前提とした公の建造物・社会的営造物とでは、保護法益が異なるのです。多元的保護法益論の登場は、論理的な必然ともいえます。

ⓔ **多元的保護法益論**[6]──保護領域によって本罪の保護法益が異なる

　住居）プライバシー領域であり、居住者の意思が絶対的に尊重される領域
　　　　⇒保護法益は、他人が一定の領域へ立入りまたは滞留することを許容し、あるいは許容しないことを決定する自由であり、侵入概念の判断基準となるのは、居住者の（推定的）意思
　公の建物・社会的営造物）労働・職務の場所であり、一定の目的・必要性に資する労働・職務領域
　　　　⇒保護法益は、個々の職員が、その営造物の利用目的に従って平穏かつ円滑に業務を遂行しうる事実上の平穏状態であり、侵入概念の判断基準となるのは、事実上の平穏状態

---

④　**判例の状況**　判例は、戦前、**旧住居権説**[7]を支持していましたが、住居の平和・平穏とするもの[8]や、本罪を家族生活の平穏を害する公共的犯罪の一種とするもの[9]も散見されました。

戦後、判例は、憲法の平等原則・個人尊重主義のもと、旧住居権説からの転換を迫られ、**平穏説**へと傾斜していきます。

　王子米陸軍病院事件・最決昭和49・05・31（裁判集刑 192・571）は、「住居侵入罪の保護すべき法律上の利益は、住居等の事実上の平穏であり、居住者又は看守者が法律上正当の権限を有するか否かは犯罪の成立を左右するものではない」とし、また、**東大地震研究所事件・最判昭和51・03・04**（刑集 30・2・79、判時 812・43、判タ 335・326）は、「建物の囲繞地を刑法 130 条の客体とするゆえんは、まさに右部分への侵入によつて建造物自体への侵入若しくはこれに準ずる程度に建造物利用の平穏が害され又は脅かされることからこれを保護しよう

---

6) 関哲夫『住居侵入罪の研究』（1995 年）323 頁以下。
7) 大判大正 7・12・06 刑録 24・1506、大判昭和 16・03・13 法律評論 30 刑法 140。
8) 大判昭和 3・02・14 法律新聞 2866・11、大判昭和 9・12・20 刑集 13・1767、大判昭和 13・05・17 法律新聞 4033・5。
9) 東京控判昭和 17・12・24 刑集 21・附録 104。

136　第10講　住居・秘密を侵す罪

とする趣旨にほかならない」とし、平穏説を採ることを明らかにしました。

　ところが、判例は、その後、本罪の保護法益に直接言及することなく、侵入概念に焦点を当て、**住居権者・管理権者の意思に反する立入り**とする考え方を打ち出していきます。

> **大槌郵便局事件・最判昭和58・04・08**（刑集37・3・215、判時1078・153、判タ497・112〔百選Ⅱ・16〕）は、「刑法130条前段にいう『侵入し』とは、他人の看守する建造物等に管理権者の意思に反して立ち入ることをいうと解すべきであるから、管理権者が予め立入り拒否の意思を積極的に明示していない場合であっても、該建造物の性質、使用目的、管理状況、管理権者の態度、立入りの目的などからみて、現に行われた立入り行為を管理権者が容認していないと合理的に判断されるときは、他に犯罪の成立を阻却すべき事情が認められない以上、同条の罪の成立を免れない」とし、また、**自衛隊立川宿舎事件・最判平成20・04・11**（刑集62・5・1217、判時2033・142、判タ1289・90）は、「刑法130条前段にいう『侵入し』とは、他人の看守する邸宅等に管理権者の意思に反して立ち入ることをいう」ところ、自衛隊・防衛当局が管理している場所に「管理権者の意思に反して立ち入ることは、管理権者の管理権を侵害するのみならず、そこで私的生活を営む者の私生活の平穏を侵害するものといわざるを得ない」としました [10]。

　この点を捉えて、判例は新住居権説に移行したと評するのが一般的ですが、それは即断といわざるをえません。というのは、住居権者・管理権者の意思に反する立入りとする見解には、新住居権説からの意思侵害説のほかに、平穏説からの主観的平穏侵害説もありうるからです。

(2)　要　件

> ①　人の住居、又は人の看守する邸宅・建造物・艦船であること〔客体〕
> ②　所定の場所に侵入し、又は、要求を受けたにもかかわらずこれらの場所から退去しないこと〔行為〕
> ③　故意があること〔故意〕

正当な理由がないのにという文言が使われています。捜査機関の捜索をは

---

10)　同旨なのは、**亀有マンション事件・最判平成21・11・30**刑集63・9・1765、判時2090・149、判タ1331・79〔百選Ⅱ・17〕（「本件マンションの構造及び管理状況、玄関ホール内の状況、上記はり紙の記載内容、本件立入りの目的などからみて、本件立入り行為が本件管理組合の意思に反するものであることは明らかで」あり、「たとえ表現の自由の行使のためとはいっても、そこに本件管理組合の意思に反して立ち入ることは、本件管理組合の管理権を侵害するのみならず、そこで私的生活を営む者の私生活の平穏を侵害する」）。

じめ、住居・建造物等への立入りが法令等で許容されている場合[11]、建物等が一般人に公開・開放されている場合、あるいは、居住者・管理者の承諾が存在する場合もあるので、この文言は、信書開封罪・秘密漏示罪のそれと同じく、正当化事由の不存在を慎重に判断すべきことを要請するものです。

① **客 体**　まず、⑦人の住居ですが、**人**とは行為者以外の者をいい、住居の所有関係は関係ありません。自己所有の住居であっても、他人に貸しているときは、人の住居に当たります。また、以前そこに居住していたとしても、そこから離脱した者は他人です[12]。死者は人ではありませんから、居住者全員が死亡している住居に侵入しても、本罪は成立しません。

> **東京高判昭和57・01・21**（刑裁月報14・1=2・1）は、被告人両名が共謀の上、被害者を松山に誘い出して殺害して財物を強取し、直ちに飛行機で東京に引き返し、被害者宅に侵入して財物を奪取したときは、殺害と奪取との間に25時間の間隔があったとしても、本罪が成立するとしました。これは、被告人らは当初から侵入の意図で殺害していること、航空路線の発達から場所的距離・時間的間隔は「それほど大きいものではない」こと、被害者死亡の事実は被告人らだけが知っていたこと、被害者宅は施錠され、同女の生前と同じ状況下にあつたことなどを理由に、「住居の平穏は、被告人らの侵入の時点においても、同女の生前と同様に保護されるべき」であり、「被告人らはその法益を侵害したものと解される」としたもので、平穏説によるというよりも、当初から財物領得の意思で人を殺害して財物を領得した場合は、生前の占有を侵害するので強盗殺人罪となるという考え方を住居侵入罪に応用したものと考えるべきでしょう。

人の**住居**とは、日常生活に使用するために人が占拠する場所とする見解[13]もありますが、住居は、プライバシー的色彩の濃い人格的自由領域、私的親密圏としての性格が強い領域であり、実験室・事務室・作業室・研究室などを含めるのは広範にすぎます。住居とは、人の起臥寝食の用に供するために占拠されている場所と解すべきです[14]。なお、住居としての使用は

---

11) 例えば、刑事訴訟法102条・218条、児童虐待の防止等に関する法律9条、大麻取締法21条1項、消防法13条の16など。

12) **最判昭和23・11・25**刑集2・12・1649（家出した息子が実父宅に共犯者とともに強盗目的で侵入〔肯定〕）、**東京高判昭和58・01・20**判時1088・147（離婚訴訟中で妻と別居していた行為者が、妻の住む自己所有の家屋へ、同女の不貞行為を現認する目的で、以前から持っていた合鍵で玄関から立ち入った〔肯定〕）。

13) 福田・204頁、大塚仁・112頁、高橋・143頁、伊東・87頁、萩原・46頁など。

14) 通説です。

138　第10講　住居・秘密を侵す罪

一時的であってもよく、旅館やホテルの客室、短時間の休息用の部屋も住居となります。逆に、現に住居とされたときには、一時留守であっても、住居という性質は失われません。また、放火罪の場合のように、建物全体を1つの住居とみるのではなく、マンションやアパートの一室・一区画も他室・他区画から独立していれば、独立した住居となります。

　次に、⑦人の看守する邸宅・建造物・艦船ですが、**人の看守する**とは、人が事実上管理・支配していること[15]を意味し、例えば、管理人、監視人、警備員を置くなどの人的設備を施す、鍵をかけ、施錠してその鍵・錠を保管するなどの物的設備を設けるなどして、自由な立入りを禁止・制限する意思が客観的に明示されていることをいいます[16]。

　邸宅とは、住居の用に供されるために建てられた建造物とそれに付属する囲繞地をいいますが、現に起臥寝食の用に供するために占拠されている場所は住居となるので、それを除いたものです。例えば、未だ居住者が住んでいない新築建物、空き家、シーズンオフで閉鎖中の別荘[17]などです。なお、住居の囲繞地は、判例及び本書によれば、邸宅又は「入ることを禁じた場所」（軽犯罪法1条32号）に当たりますが、通説は住居に含めます。**建造物**とは、屋蓋を有し、障壁・柱材によって支持されて土地に定着し、少なくとも人の起居出入りに適した構造を有する工作物で、住居・邸宅を除いたものをいいます[18]。例えば、デパート・百貨店の建物、官公署の庁舎、銀行、学校、

---

15) **駅構内ビラ配布事件・最判昭和 59・12・18** 刑集 38・12・3026、判時 1142・3、判タ 546・128（井の頭線吉祥寺駅南口1階階段付近は、「同駅の財産管理権を有する同駅駅長がその管理権の作用として、同駅構内への出入りを制限し若しくは禁止する権限を行使しているのであつて、現に同駅南口一階階段下の支柱2本には『駅長の許可なく駅用地内にて物品の販売、配布、宣伝、演説等の行為を目的として立入る事を禁止致します京王帝都吉祥寺駅長』などと記載した掲示板3枚が取り付けられているうえ、同駅南口一階の同駅敷地部分とこれに接する公道との境界付近に設置されたシャッターは同駅業務の終了後閉鎖される」ので、「人の看守する建造物」に当たる）。

16) 門塀を設け、扉を設置するなどの物的設備によって、直ちに看守性が肯定されるわけではないことに注意して欲しい。関哲夫『続々・住居侵入罪の研究』（2012年）61頁以下を参照。

17) 最決昭和 32・02・28 裁判集刑 117・1357。

18) **広島原爆ドーム事件・広島地判昭和 51・12・01** 刑裁月報 8・11=12・517、判時 846・125（「『原爆ドーム』の全般的構造は、一言にして廃墟の感を免れず、到底人の起居出入りに適するものとは言い難く」、また、「人の起居出入りを本来的に予定していないことも明らかであり」、結局、「『建造物』には該当しない」）。また、放火罪が問題となった事案ですが、**安達洋裁学院放火事件・最判昭和 40・01・22** 判時 399・20（「台風によつてトタン板の屋蓋が全部飛散してなくなり、とう

01　住居侵入罪（130条）　139

工場、倉庫などです。**艦船**とは、軍艦及び船舶をいい、少なくとも人の起居出入りに適する構造を有するものでなければなりません。

　㋑**囲繞地**とは、建物に接してその周辺に存在し、かつ、管理者が外部との境界に垣根、門塀等の囲障を設置することにより、建物の付属地として、建物利用のために供されるものであることが明示され土地をいいます[19]。

> **判例**は、戦前、「邸宅とは、人の住居の用に供せらるる家屋に付属し、主として住居者の利用に供せらるべき区劃せる場所を謂う」[20] として、邸宅と解されない限り、本条の保護客体とならないと考えていました。つまり、邸宅である場合を除いて、旧警察犯処罰令 2 条 25 号の「出入を禁止したる場所」（現在の軽犯罪法 1 条 32 号）としての保護を考えていたのです。しかし、戦後、**最大判昭和 25・09・27**（刑集 4・9・1783）は、「刑法 130 条に所謂建造物とは、単に家屋を指すばかりでなく、その囲繞地を包含する」としましたが、これによって、建造物の囲繞地を建造物に包摂する判例の流れが定着します[21]。他方、**最判昭和 32・04・04**（刑集 11・4・1327）は、社宅 20 数戸が石垣・煉瓦塀で囲まれ一般民家と区画された社宅街構内を全体として 1 つの邸宅とし、大審院の昭和 7 年判決を覆すような見解を示しました。そして、この見解は、集合住宅の建物共用部分・敷地部分を邸宅に包摂することを認めた**自衛隊立川宿舎事件・最判平成 20・04・11**（刑集 62・5・1217、判時 2033・142、判タ 1289・90）へと連なるのですが、1 階が店舗・事務所、2 階以上が住戸に分譲されている集合住宅の建物共用部分を住居とした控訴審判決を維持した**亀有マンション事件・最判平成 21・11・30**（刑集 63・9・1765、判時 2090・149、判タ 1331・79〔百選Ⅱ・17〕）との整合性を検討する必要があります。

　学説では、囲繞地は、その建物に隣接してその付属地として建物利用に供されており、不可分一体として把握すべきであるし、バランスの取れた解釈論からいっても、住居の囲繞地は住居に、邸宅の囲繞地は邸宅に、建造物の囲繞地

　　てい雨露をしのぐことのできない状態となつた」物置小屋は、「仮に将来修繕する予定になっていたとしても、現実にその修繕が行なわれる」までは、「建造物にあたらない」）。

19) 東大地震研究所事件・最判昭和 51・03・04 刑集 30・2・79、判時 812・43、判タ 335・326。

20) **大判昭和 7・04・21** 刑集 11・407（長屋・合宿所・購買会・浴場等のある社宅納屋構内は住居でも邸宅でもなく、旧警察犯処罰令 2 条 25 号の「出入を禁止したる場所」）。また、人の居住する建物の囲繞地は邸宅であるとしたものとして、**大判昭和 4・05・21** 刑集 8・288、**大判昭和 14・09・05** 刑集 18・473。

21) **最大判昭和 44・04・02** 刑集 23・5・685（裁判所構内）、**東大地震研究所事件・最判昭和 51・03・04** 刑集 30・2・79、判時 812・43、判タ 335・326（大学研究所構内）、**駅構内ビラ配布事件・最判昭和 59・12・18** 刑集 38・12・3026、判時 1142・3、判タ 546・128（駅入口 1 階階段付近）。

140 第10講 住居・秘密を侵す罪

は建造物に当たると解すべきであるとする見解が支配的です[22]。

　本書によれば、立法沿革としては、邸宅概念が存在していたところに住居概念が導入されたという経緯があること、改正刑法草案308条も保護客体として、「人の住居」・「人の看守する建造物」・「囲いのあるこれらの付属地」・「人の看守する船舶・航空機」を掲げており、「人の看守する邸宅」をあげていないこと、本条は場所的空間の保護を主眼とし、特に建造物においてはそこでなされる業務・職務の内容は多様で、何らの職務・業務も行われない場合もあるので、囲繞地というだけで一律に刑法的に保護すべき理由はないことなどから、次のように解すべきです。本条において、住居の用に供されるために建てられた建造物とそれに付属する囲繞地とを含む邸宅概念がまず存在する、邸宅内の建物が現に住居の用に供されている場合はその建物は住居となるが、そうでない場合はその建物は囲繞地ともども邸宅である、住居・邸宅以外の建物は建造物であり、これに付属する囲繞地は建造物には含まれない、と。つまり、建物の囲繞地は、それが邸宅と解されない限り、本条の保護客体とはならないのです[23]。

　②　**行　為**　本罪の行為は、まず、**侵入**です。

ⓐ　**平穏説**──本罪の保護法益は、住居等における事実上の平穏状態
　　　　⇒侵入
　　　ⓐ　**主観的平穏侵害説**──居住者・管理者の（推定的）意思に反する立
　　　　　　　　　　　　　　　入りは、住居の平穏を害する侵入である
　　　＜規準＞　居住者・管理者の（推定的）意思
　　　　※殺人・強盗目的での立入りは、居住者が承諾しても本罪成立
　　　　　詐欺・押し売り・贈賄目的での立入りは居住者が承諾していれ
　　　　　ば本罪不成立
　　　ⓘ　**客観的平穏侵害説**──住居等の事実上の平穏状態を侵害する態様
　　　　　　　　　　　　　　　での立入り
　　　＜規準＞　あくまでも客観的な平穏侵害の有無（居住者・管理者の意
　　　　　　　　思は判断資料の１つにすぎない）
ⓑ　**新住居権説**──本罪の保護法益は、住居等に誰を立ち入らせ、誰の滞留を

22）平野・183頁、大塚仁・113頁・114頁、大谷・132〜134頁、山中・183頁、高橋・146頁、伊東・87頁など。

23）松宮・135〜136頁、須之内・72頁、関哲夫『続・住居侵入罪の研究』（2001年）74頁以下参照。

許すかを決定する自由〔住居権者の（意思）決定の自由もし
くは居住者・管理者の許諾権〕
⇒侵入　**意思侵害説**──住居権者（居住者・管理者）の（推定的）意思に
反する立入り

ⓒ　**制約説**──新住居権説に立脚し、建物の目的・必要性による事実的・規範
的な制約を導入
⇒侵入　原則）〔**意思侵害説**〕住居権者の意思に反する立入り
例外）　公の建造物の場合、住居権者・管理権者の意思は、建物
の目的・必要性によって事実的・規範的に制約を受ける

ⓓ　**相対化説**
㋐　平穏説からの相対化説
住居）　居住者・管理者の（推定的）意思が重要な判断基準
公の建造物）事実上の住居等の平穏状態が規準であり、居住者・管理
者の意思は判断資料の１つ
⇒侵入　住居）〔**主観的平穏侵害説**〕居住者・管理者の（推定的）意思に
反する立入り
公の建造物）〔**客観的平穏侵害説**〕住居等の事実上平穏状態を侵
害する態様での立入り
㋑　新住居権説からの相対化説
住居）住居権者の主観的意思が絶対的な規準
公の建造物）住居権者の支配権・自由権は制限されており、立入り拒
否の意思も客観的に表示されて、明確になっていなけれ
ばならない
⇒侵入　住居）〔**主観的意思侵害説**〕住居権者の（推定的）意思に反する
立入り
公の建造物）〔**客観的意思侵害説**〕住居権者の客観的な意思に反
する立入り

ⓔ**多元的保護法益論**によれば、住居の場合は居住者の（推定的）意思が規
準となり、侵入とは居住者の（推定的）意思に反する立入り〔**意思侵害説**〕
を意味することになり、公の建造物・社会的建造物の場合は、個々の職員が、
その営造物の利用目的に従って平穏かつ円滑に業務を遂行しうる平穏な事実
状態が規準となり、侵入とは事実上の平穏状態を侵害する態様での立入り〔**客
観的平穏侵害説**〕を意味することになります。
次に、**不退去**とは、住居、人の看守する邸宅・建造物・艦船に適法に又は
過失により立ち入った者が、退去要求を受けたにもかかわらずその場から立

142　第10講　住居・秘密を侵す罪

ち退かないことをいいます。退去しない行為は、不作為でなされるのが通常ですが、例えば、退去すべき部屋の外に通じる橋を壊す、ドアに鍵をかける行為のように、積極的な作為によってなされることもあります。なお、初めから違法に侵入した者が、退去要求にもかかわらず退去しなかった場合は、住居侵入罪と不退去罪が成立するのではなく、住居侵入罪のみが成立します。有効に退去要求できる権限（退去要求権）は、住居の場合は、そこに居住する者全員が平等に有しますが、邸宅・建造物・艦船の場合は、その建物・艦船の所有者・管理権者あるいはこれらの者から授権された者です。

　③　**故　意**　行為者には、人の住居、人の看守する邸宅・建造物・艦船に侵入すること、又は退去しないことについて、故意が必要です。

(3)　未遂・既遂

　①　**住居侵入罪**　住居侵入罪では、他人の住居等に侵入する行為を開始したとき、例えば、空き巣がドア・ノブに手を掛けたときや、塀を乗り越えようと塀に取りすがったときが**着手**であり、危険結果が発生したと考えられるとき、例えば、ドアを開けたときや、身体の一部を中に入れようとしたときが**未遂犯**成立のときであり、身体の全部を中に入れたときが**既遂**です。

　②　**不退去罪**　不退去罪では、退去要求を受けたにもかかわらず、退去行為を開始しないときが**着手**であり、退去行為を開始するのに要する時間を経過したときが**未遂犯**成立のときであり、退去の完了に要する時間を経過したとき**既遂**となります。したがって、退去の完了に要する時間が経過する前に、家人によって突き出されたような場合は、本罪の未遂となります[24]。

(4)　問題類型

　①　**万引き事例**

　【事例01】　Ｘは、スマート・フォンを万引きする目的を秘して、営業時間中のＡ店に、一般の顧客と同様の平穏な態様で立ち入り、5階の電気製品売場に行った〔万引き事例〕。

　最決平成 19・07・02（刑集 61・5・379、判時 1986・156、判タ 1252・169〔百選Ⅱ・18〕）が、現金自動預払機の利用客のカード暗証番号等を盗撮する目的で現金自

---

24)　大塚仁・123頁、山中・196頁、川端・95頁、佐久間・133頁、松宮・138頁、高橋・152頁、井田・154頁。

> 動預払機が設置された銀行支店出張所に営業中に立ち入った行為が、「同所の管理権者である銀行支店長の意思に反するものであることは明らかであるから、その立入りの外観が一般の現金自動預払機利用客のそれと特に異なるものでなくても、建造物侵入罪が成立する」としており、この見解によると、**事例01**について建造物侵入罪が成立することになるでしょう[25]。

> 学説では、A店の経営者（管理権者）が万引き目的の立入りを承諾することはありえず、その意思に反することは明らかであるから、建造物侵入罪が成立するとする**肯定説**[26] も主張されていますが、立入りの態様は、通常の顧客と同様、平穏であり、管理権者の**事前の包括的承諾**の範囲内にあるので、建造物侵入罪は成立しないとする**否定説**[27] が有力です。

多元的保護法益論によれば、**事例01**の場合、不特定・多数の一般人の自由な立入りを予定している一般開放性ある社会的営造物が問題となっていること、この領域での侵入とは、建造物等の事実上の平穏を害する態様での立入りをいうこと〔客観的平穏侵害説〕、また、行為者は違法な窃盗目的を有しているとはいえ、外見上は一般顧客と同じく平穏な態様で立ち入っており、立入り行為それ自体はA店の平穏を害するものではないので、本罪は成立しません[28]。

25）また、**最決平成21・06・29**刑集63・5・461、判時2071・159、判タ1318・112〔百選Ⅱ・30〕（不正な方法でメダルを窃取する目的でパチスロ店に立ち入った行為〔肯定〕）。

26）大倉馨「違法目的による立入りと住居侵入罪」警察学論集32巻7号（1979年）12頁、頃安健司「刑法130条前段の『侵入』の意義」研修420号（1983年）73頁以下、川本哲郎「住居侵入罪の保護法益と『侵入』の意義(2)」京都学園法学1993年2=3号62頁。

27）大谷・136頁、曽根・83頁、山中・191頁、中森・80頁、高橋・148頁、佐久間・130頁、井田・151頁。なお、松原・115頁。

28）デパート・百貨店等のように、不特定・多数の一般顧客の利用を当てにしている一般開放性ある領域につき、有力説や判例のように、侵入とは管理権者の意思に反する立入りであるとの見解に立ったとしても、万引き目的の立入りに直ちに本罪の成立が肯定されることにはなりません。というのは、管理権者の意思によって構築された意思障壁は一般的・仮設的なものにすぎず、万引き目的の立入りというような、平穏な立入り行為に対しては有効に機能しないからです。それは、管理権者が、入店時に立入りを個別にチェックするという経営戦略を放棄しているからでもあります。管理権者は、入店しようとする者が、外見上、明らかに入店拒否をしたい者と判別できる場合でない限り、原則として、万引き目的の者も含めて、入店希望者全員の入店を一般的・包括的に許容したうえで、入店者の店内での行動を監視することで営業上のリスクを管理する経営戦略を採っていると考えられるのです。

144　第10講　住居・秘密を侵す罪

②　意思の対立

【事例 02】　夫婦 A・B のうち、A の不在に乗じ、行為者 X は、B と情交関係を結ぶ意図で、B の承諾を得てその住居に立ち入った〔姦通事例〕

　事例 02 は、現在する居住者と不在の居住者の意思が対立していると推定される場合〔潜在的意思対立〕です。

　事例 02 について、X の立入り行為に住居侵入の成立を認める**肯定説**[29)] は、夫婦の一方が他方に代わって立入りを承諾しうるのは、他方の意思に反しない場合であるが、X の行為に A が同意することは通常考えられないこと、B の承諾があっても、A の承諾がない以上、A の住居権は侵害されていること、共同居住者の住居権はその共同生活を維持するために行使されるべきで、姦通目的でこれを行使するのは権利の濫用に当たることなどを根拠とします。
　本罪の成立を認めない**否定説**[30)] は、住居権は事実上の支配・管理権をいうから、現在者の承諾があれば、住居権の侵害は認められないこと、夫婦の一方が不在で、管理を事実上及ぼしえないときは、現在者の意思が優先すること、住居権は居住者全員が享有する利益であり、他の居住者との間で共有され、他の居住者との関係で制限された利益であることなどを根拠とします。

　複数の居住者が 1 つの居住領域に共住して共同生活を営んでいる場合、そこには、居住空間の共有関係が存在します。それは、相互に制約しあった利益であるとともに、居住者ごとに分断することになじまないこと、複数存在する居住者の意思の対立は対内問題であり、それを本罪の成立を根拠づけるために対外的に援用するのは適当でないこと、不在者の推定された意思は、現在する居住者の現実の意思に譲歩せざるをえず、現在する居住者の意思が優先することから、**事例 02** の場合、行為者 X に本罪は成立しません。

【事例 03】　モンタギュー家のロミオは、反目し合うキャピレット家のジュリエット（13 歳）と相思相愛となり、彼女の両親から、「娘に近づかないように」と強く申し渡されていたが、彼女に一目会いたい一心で、ある日の深夜、キャピレット家の庭に入ったところ、バルコニーにいたジュリエットがそれに気づき、「早くここに」と招きいれてくれたので、彼女の部屋のバルコニーに上がり、同女の部屋に立ち入った〔ロミジュ

---

29)　名古屋高判昭和 24・10・06 高裁刑事判決特報 1・172、江家・239 頁、植松・320 頁、内田・170 頁以下、大塚仁・119 頁。
30)　尼崎簡判昭和 43・02・02 下刑集 10・2・211、平野・182 頁、西田・101 頁、曽根・81 頁、中森・80 頁、林・102 頁、大谷・137 頁、高橋・149 頁、伊東・88 頁、山口・124 頁、井田・153 頁。

リ事例〕。

　事例 03 は、現在する複数の居住者の意思が現実に対立する場合〔顕在的対立〕です。

　　本罪の成立を認める**肯定説**[31] は、居住者の住居権は平等ですから、一方の承諾があっても他方の承諾がない以上、その者の住居権を侵害することになること、立入り拒否の明示の意思表示に反して立ち入ったのであるから、その行為は住居の平穏な利用・管理権を侵害するものといえることなどを根拠とします。
　　本罪の成立を認めない**否定説**[32] は、各居住者が許諾権を有するので、幼児は別として、一人が許諾すれば侵入にはならないこと、住居内でのプライバシーの利益は、他の居住者との間で共有され、他の居住者の意思との関係で制限された利益であるので、一人の居住者が承諾するときは、他の居住者はその利益を失うこと、居住者間の意思の食い違いは共同体内部の問題であり、居住者の一人の承諾を得て立ち入った者を処罰するのは、共同体への刑法的介入であり、適当でないこと、住居の場合、領域ごとに個別化して考えるべきであり、各々の個室には独立の住居権があると解されること、などを根拠とします。

　現在する一部の居住者の明示の承諾が存在する以上、他の居住者が現に立入りを拒絶したとしても、住居侵入罪は成立しません。それは、行為者の立入りが外見上穏やかな態様であるからではなく、住居に共住している複数の居住者の一部の者による有効な承諾が存在するからです。

　③　**錯誤に基づく承諾**

　【**事例 04**】　Xは、強盗目的を秘し、顧客を装って、A宅玄関で「こんばんは」と声を掛けたら、家人AがXの意図を知らずに、「どうぞ、入ってください」と答えたのに応じて、住居に立ち入った〔強盗目的事例〕。

　判例は、承諾は任意かつ真意によるものでなければならないことを根拠に、**事例 04** の場合[33] だけでなく、多数の威力を背景に威圧されて承諾をした場合[34]、多分に心理的強制を受けて承諾をした場合[35] にも、承諾の有効性を否定

---

31)　江家・239 頁、植松・320 頁、内田・174 頁、大塚仁・119 頁、大谷・137 頁、林・102 頁、川本哲郎「住居侵入罪の保護法益と『侵入』の意義(2)」京都学園法学 1993 年 2=3 号 69 頁。

32)　平野・182 頁、西田・101 頁、中森・80 頁、山口・124 頁、町野朔「被害者の承諾」西原春夫ほか編『判例刑法研究 2』(1981 年) 212 ～ 213 頁。

33)　**最判昭和 23・05・20** 刑集 2・5・489（「被害者において顧客を装い来店した犯人の申出を信じ店内に入ることを許容したからと言つて、強盗殺人の目的を以て店内に入ることの承諾を与えたとは言い得ない」）、**最大判昭和 24・07・22** 刑集 3・8・1363（「外見上家人の承諾があつたように見えても、真実においてはその承諾を欠くものであることは、言うまでもない」）。

146　第10講　住居・秘密を侵す罪

します。

　学説では、承諾は任意かつ真意によるものでなければならないとする**主観的真意説**の立場から、居住者が行為者の強盗の意図を認識していたならば、立入りを承諾しなかったはずなので、承諾は無効であり、本罪が成立するとする**肯定説** [36)] が有力ですが、承諾は任意である必要はあるが、事実上のもので足り、真意に出たものである必要はないとする**事実的意思説**が妥当であること、**法益関係的錯誤説**から、立入り目的についての錯誤は直接本罪の法益に関係する錯誤ではないこと、承諾はあくまでも立入り行為に関して表示された現実の承諾意思を重視すべきであって、行為者の内心にとどまっている目的・意図を考慮して承諾の有効性を否定すべきではないことを根拠に、本罪の成立を否定する**否定説** [37)] も主張されています。

　本書によれば、本罪の保護法益は、居住者が住居を事実上占拠しているという事実に基づいて認められる事実的性格を有していること、本罪は住居等への立入り行為を問題する犯罪であり、立入り後になす犯罪の意図や行為の態様を居住者の真意を媒介にして考慮するのは、本罪の射程範囲を超えることなどを考慮すると、承諾は立入り行為時点の行為を問題にすべきで、事実上の承諾で足りるとする**事実的意思説**が妥当です。したがって、錯誤に基づく承諾は、原則として、有効となります。

---

34) **最大判昭和25・10・11刑集4・10・2012**（「市長夫人が被告人等に対して家宅捜索の承諾を与えたのは、赤旗を擁した多数の威力を背景とする同人等の言動に威圧されたためであって、その真意から出たものでないことを被告人も知っていた」のであるから、家宅捜索のために市長宅に立ち入った行為は住居侵入罪が成立する）。

35) **福岡高判昭和30・09・28高裁刑事裁判特報2・22・1149**（借家人が、「○月○日までに怠納家賃の支払ができないときは、強制的に家を出されてもよい」と言ったのは、「被告人等から強硬な交渉をうけ延滞家賃の支払を迫られた結果、これまで度重なる違約を続けて既に弁明の余地もないような破目に追い込まれていたため、窮余の一策として当もないまま、つい心にもなく申し述べた遁辞であつて、当時の状況上、多分に心理的強制をうけてなされた瑕疵ある意思表示で、自由な、真実の意思に合致するものとは認められない」ので、「被害者の同意があつたものとは到底認めることができない」）。

36) 植松・323頁、団藤・505頁、大塚仁・117頁、福田・207頁、内田・174頁、大谷・136頁、川端・217頁、佐久間・134頁、井田・150頁。

37) 平野・184頁、中森・80頁、西田・102頁、曽根・81頁、山中・190頁、山口・126頁、高橋・150頁、松宮・137頁。

02　秘密を侵す罪　147

02　秘密を侵す罪

(1)　保護法益・類型

　　刑法は個人秘密の侵害のみを犯罪としており、本罪は**個人法益**に対する罪
です。国家・公共団体の秘密の漏示については、国家公務員法・地方公務員
法など特別法に処罰規定があります。

　　秘密を侵す罪は、個人のプライバシー（私事的事項）の利益を侵害する面が
あり、この点は、住居に関する住居侵入罪と共通します。ただ、住居侵入罪
は、プライバシーの器としての住居を場所的・空間的に保護するのに対し、
秘密を侵す罪は、プライバシー（私事的事項）に関する個人情報及びそれに対
する個人の管理・統制を保護するという違い、つまり、前者が場所の形式的
な保護、後者が情報の実質的な保護という違いがあります。

○信書開封罪（133 条）　　　　　　　　○秘密漏示罪（134 条）

(2)　信書開封罪（133 条）

　　正当な理由がないのに、封をしてある信書を開けた者は、1 年以下の懲役又は
20 万円以下の罰金に処する。
　　本罪は親告罪です（135 条）。

①　封をしてある信書であること〔客体〕
②　その信書を開けること〔行為〕
③　故意があること〔故意〕

　　本条では、**正当な理由がないのに**という文言が使われています。信書の開
封が法令上許容される場合[38]、監護・教育の権利・義務として認められる
場合[39]、権利者が開封に同意している場合もあり、この文言は、正当化事
由（違法性阻却事由）の不存在を慎重に判断すべきことを要請するものです。

　　①　**客体**　客体は封をしてある信書です。**封をしてある**とは、外包を破
るか壊さない限り内容が認識できないように、信書と一体となる態様で施さ
れた外包装置をいいます。ですから、㋐外包を破るか壊さなければ、その内
容が認識できない外包装置であること〔外包装置〕、かつ㋑信書と一体となっ

---

38)　例えば、郵便法 41 条 2 項・54 条 1 項、刑事訴訟法 111 条、刑事収容施設及び被収容者等の処
　　遇に関する法律 127 条など。
39)　民法 820 条。

た態様の外包装置であること〔一体性〕を要します。例えば、封筒に入れて糊で封をする、小箱に入れてテープで貼る、ファイルに入れて紐で固く縛るのも含みますが、開いた封筒をクリップで留める、小包に単に縄ひもをかけるのは㋐が欠けますし、開いた封筒を金庫や机の引き出しに入れて鍵をかけるのは㋑が欠けますので、本罪の客体には当たりません。

信書とは、特定の人が特定の人に宛てた、その意思・思想・感情又は事実を伝達する文書をいい、郵便物に限りませんが、郵便物である場合はその発信の前後を問いません。

> 信書は意思・事実を伝達する文書に限定されるかについて、意思・事実の伝達を内容とするものであれば足りるし、濫りに開封されない利益が保護されていることを考えれば、客体は文書に限定されず、図画・写真・小包なども信書といえるとする**非限定説**[40]もあります。

信書という文言の本来の意味、他の法令での定義を考慮すると、図画・写真などをこれに含めるのは困難です〔**文書説**〕[41]。葉書は信書ですが、封がしてありませんので、本罪の客体とはなりません。最近よく見かける一度剥がすと戻せなくなる**剥離式葉書**は本罪の客体に当たります。

特定の人には、自然人だけでなく、法人、法人格を有しないその他の団体、国・地方公共団体も含みます。この点、本罪は個人法益に対する罪であるから、国・公共団体相互間のものは除外されるとする見解[42]もありますが、妥当ではないでしょう。というのは、本罪は、個人の秘密それ自体を直接保護しているのではなく、信書を濫りに開封する行為を罰することで間接的に秘密を保護していること、国・公共団体もその代表個人名をもって文書が発信・受信されている状況があること、さらに、建造物侵入罪（130条）の客体について国・公共団体が除外されていないからです。

② **行　為**　封がなされた文書を**開けること**、すなわち、封を破棄・除去

---

40) 大塚仁・126頁、大谷・152頁、佐久間・137頁、中森・82頁、山口・129頁、井田・156頁。

41) 福田・209頁、藤木・255頁、山中・198頁、前田・118頁、高橋・154条、松宮・146頁。郵便法には、「この法律において『信書』とは、郵便法第4条第2項に規定する信書をいう。」（2条1項）「他人の信書（特定の受取人に対し、差出人の意思を表示し、又は事実を通知する文書をいう。以下同じ。）」（4条2項）という定義が見られます。

42) 大谷・152頁、西田・105頁。

して信書の内容を知りうる状態にすることをいい、その内容を現認することまで要しません〔(具体的) **危険犯**〕。したがって、強い光で中を透視する行為、既に開封されている信書の内容を閲読する行為は、本罪に当たりません。

　③　**故　意**　封がしてある他人の信書であること、その封を破棄・除去することについて、故意を要します。

(3)　秘密漏示罪（134条）

> 　医師、薬剤師、医薬品販売業者、助産師、弁護士、弁護人、公証人又はこれらの職にあった者が、正当な理由がないのに、その業務上取り扱ったことについて知り得た人の秘密を漏らしたときは、6月以下の懲役又は10万円以下の罰金に処する。
> 　2　宗教、祈祷若しくは祭祀の職にある者又はこれらの職にあった者が、正当な理由がないのに、その業務上取り扱ったことについて知り得た人の秘密を漏らしたときも、前項と同様とする。
> 　本罪は親告罪です（135条）。

---

① 　医師、薬剤師、医薬品販売業者、助産師、弁護士、弁護人、公証人、若しくは宗教、祈祷、祭祀の職にある者、又はこれらの職にあった者であること〔主体〕
② 　その業務上取り扱ったことについて知り得た人の秘密であること〔客体〕
③ 　人の秘密を漏らすこと〔行為〕
④ 　故意があること〔故意〕

　正当な理由がないのには、法令上、告知・届出・報告すべき義務を課されている場合[43]、秘密の主体である本人が同意している場合、第三者の利益を擁護するために他人の秘密を漏示する場合[44]もあるので、正当化事由（違法性阻却事由）の不存在を慎重に判断すべきことを要請するものです。

　医師・弁護士等が業務上知りえた人の秘密について、刑事訴訟法（149条）・民事訴訟法（197条1項2号）では証言拒絶権を認められていますが、この権利を行使しないで証言した場合に本罪が成立するかが問題となります。

---

43) 例えば、「感染症の予防及び感染症の患者に対する医療に関する法律」12条、家畜伝染病予防法4条・4条の2など。
44) 大判昭和5・02・07刑集9・51（身代り犯人が被告人となっていることを知った弁護人が、被告人の意思如何にかかわらず、被告人の真の利益を擁護すべき職責を有し、この職責を果たすに当たり、たとえ業務上知りえた他人の秘密を漏示する結果を生じても、違法性を阻却し、秘密漏示罪は成立しない）。

150　第10講　住居・秘密を侵す罪

> 　証言は司法に協力する行為ですし、証言拒絶権は権利であって義務を課すものではないので、本罪を構成しないとする**否定説**[45]、及び、医師・弁護士等に証言拒絶権が認められている趣旨に鑑みれば、むしろ本人の秘密の利益を優先させたと考えるべきで、本罪の成立を認めるべきとする**肯定説**[46] が主張されています。

　本書によれば、**否定説**が妥当です。但し、例えば、弁護士は、秘密を漏らされた本人からの民事賠償請求や弁護士会への懲戒請求によって、その当否が判断されることを覚悟しなければなりません。

　① **主　体**　本罪は、行為主体が限定された犯罪（構成身分犯）です。ほかの職業でも、秘密漏示の行為を罰している特別法[47] はたくさんあります。

　主体は、**医師**（歯科医師も）[48]、**薬剤師**[49]、**医薬品販売業者**[50]、**助産師**[51]、**弁護士**[52]、**弁護人**[53]、**公証人**[54]、**宗教・祈禱・祭祀の職にある者**[55]、及び**これらの職にあった者**です。

　② **客　体**　業務上取り扱ったことについて知りえた人の**秘密**です。

> 　㋐　**業務上取り扱ったことについて知りえたものであること**　業務を遂行する過程で知ることができ、業務上取り扱った事項に関するものでなければならないのです。例えば、医師が裁判所から鑑定を命じられて、その鑑定を実施する過程で知り得た人の秘密は当然含まれます[56] が、病院の待合室、酒場あるい

---

45) 団藤・510頁、大塚仁・131頁、高橋・158頁など多数説です。

46) 曽根・87頁。ほかに、秘密を侵害されない本人の利益と証言に伴う司法上の利益の比較衡量で判断すべきとする見解（江家・243頁）もあります。

47) 国家公務員法109条12号、地方公務員法60条2号、司法書士法76条、行政書士法22条、児童福祉法61条など。

48) 医師・歯科医師国家試験に合格し、厚生労働大臣の免許を受けた者（医師法2条、歯科医師法2条）。

49) 薬剤師国家試験に合格し、厚生労働大臣の免許を受けた者（薬剤師法2条・3条）。

50) 医薬品の販売業の許可を受けた者（「医薬品、医療機器等の品質、有効性及び安全性の確保等に関する法律」24条以下）。

51) 厚生労働大臣の免許を受けて、助産又は妊婦・じよく婦・新生児の保健指導を行うことを業とする女子（保健師助産師看護師法3条）。

52) 弁護の資格を有する者（弁護士法4条以下）。

53) 弁護士資格を有しない者で、刑事訴訟法上の特別弁護人（刑事訴訟法31条2項）。

54) 法務実務に携わってきた者の中から、法務大臣が任命する者で、（地方）法務局に所属する公務員で（公証人法10条以下）。

55) 神官、僧侶、牧師、祈禱師など。

56) 最決平成24・02・13刑集66・4・405、判時2156・141、判タ1373・86。

は電車でたまたま見聞きした秘密は含まれません。

　㋑　**一般に知られていない事実であること**　公知の事実は含まれないことになりますが、これだと、事実がどのくらいの範囲の人に知られているかを認定し、公知か非公知かを判断しなければなりません。むしろ、人に管理・統制権のある私的情報を濫りに漏示することによって私事的情報の空間に侵入したという視点を導入すべきです。

　㋒　**本人に秘密にする意思が存在すること**　本人が主観的に秘密にしたい意思を有している事実であることが必要で、それで足ります〔主観説〕[57]。これに対し、一般人からみて、秘密として保護に値する客観的利益を有する事実とする客観説[58]、本人が主観的に秘密とすることを欲する事実であると同時に、一般人からみても秘密として保護に値する客観的利益を有する事実とする折衷説[59] もあります。しかし、プライバシー権の積極的側面が認識されつつある現状に鑑みると、本人が他言を禁じるなどして他に知られたくないという事実は秘密として尊重されるべきで、本人が秘密として保護することを希望しない事項まで法的に保護する必要はないでしょう。**主観説**が妥当です。

　本罪の主体が私生活上の秘密を取り扱うことの多い業務者に限定されており、しかも、業務上取り扱ったことについて知りえた秘密に限定されていること、親告罪とされていることから、私生活上の秘密に限ります。また、本罪は人のプライバシー（私事的事項）の利益を秘密として保護するものなので、人は自然人、法人や法人格のない団体を含みますが、死者、国・公共団体、企業の営業秘密[60] は含みません。

　③　**行　為**　秘密を**漏らすこと**、すなわち、未だ秘密を知らない他人に当該事項を知らせることです。公然性は要求されていませんので、一人でもよいことになります。他言を禁じても成立しますし、例えば、秘密を記載した書面を他人が読むのを放置しておく不作為による場合もあります。

　本罪は、漏示行為における告知が相手方に到達すれば既遂となり、告知内容が相手方に了知されることを要しません〔（具体的）**危険犯**〕。

---

57)　藤木・256頁、曽根・86頁、西田・107頁（本人の意思が明示されていない場合は客観説に従う）。
58)　団藤・510頁、西原・161頁、福田・210頁、大塚仁・129頁、中森・83頁、前田・119頁。
59)　平野・189頁、大谷・154頁、山中・201頁、川端・177頁、高橋・156頁、佐久間・139頁、山口・132頁、松宮・148頁。
60)　営業秘密の漏示等については、不正競争防止法21条に処罰規定があります。

152　第10講　住居・秘密を侵す罪

(4)　親告罪（135条）

> この章の罪〔信書開封罪・秘密漏示罪〕は、告訴がなければ公訴を提起することができない。

　①　**信書開封罪**は親告罪で、公訴提起によって本人の秘密が公になってしまい、かえって不利益になることがある点に配慮をしたものです。

> **大判昭和11・03・24**（刑集15・307）は、発信者は常に告訴権を有するが、信書到着後は発信者・受信者の両方とし、学説では、ⓐこれを支持する見解[61]、ⓑ信書の受信の前後を問わず、発信者と受信者とする見解[62]、ⓒ受信以前は発信者が、受信以後は受信者とする見解[63]、ⓓ常に発信者のみとする見解[64]があります。

　本書によれば、信書の秘密は、受信までは、発信者の利益であることは明らかですが、受信後は、その利益は受信者に移転したと考えるべきです。それは、受信者はそれを開封するか否かを自ら決めることができること、場合によっては、開封及び閲読を第三者に依頼することも許され、その場合に、発信者の利益を侵害したので告訴権があると考えるのは合理的でないことを想起すれば明らかです。ⓒ**受信前は発信者、受信後は受信者**が告訴権を有すると解すべきです。

　②　**秘密漏示罪**も親告罪で、その趣旨は信書開封罪と同様です。本罪でも、**告訴権を有する者**については争いがあります。告訴権を有する者の範囲を明確に画するために、また、個人のプライバシー（私事的事項）への意識が強くなっている状況に鑑みると、**秘密の主体である本人**に限るとすべきです[65]。

61）江家・244頁、山口・131頁。
62）通説です。
63）西原・181頁、曽根・85頁、高橋・155頁。
64）林・108頁。
65）内田・200頁、曽根・87頁、中森・83頁、山口・133頁。

第11講　名誉に対する罪

01　総　説

(1)　名誉概念

①	**名誉感情**——主観的名誉ともいい、本人が自分自身に対して持っている価値意識・感情
②	**社会的名誉**——外部的名誉・社会的評価・社会的評判ともいい、社会がその人の価値に対して与える評価
	⑦　事実的名誉——現に社会に通用している事実上の社会的評価
	⑦　規範的名誉——その人の虚名にではなく真価に対応したあるべき社会的評価
③	**内部的名誉**——人の真価ともいい、自分・他人・社会の評価から独立した、その人に関する客観的・絶対的な人格的価値

(2)　類型・保護法益

○名誉毀損罪（230条1項）○死者の名誉毀損罪（230条2項）○侮辱罪（231条）

　　名誉に対する罪の保護法益は人の名誉ですが、その具体的な保護法益について議論があります。

見　解	名誉毀損罪	侮辱罪	両罪の区別
ⓐ社会的名誉説	社会的名誉	社会的名誉	事実摘示の有無
ⓑ区分説	社会的名誉	名誉感情	法益の相違
ⓒ総合説	社会的名誉＋名誉感情	社会的名誉＋名誉感情	事実摘示の有無

ⓐ　**社会的名誉説**[1]——名誉毀損罪・侮辱罪ともに、人の社会的名誉

　　　　＜根拠＞・両罪において公然性が要求されているのは、人の社会的名誉を低下させることを防止する点を考慮しているからで、名誉感情を保護するのであれば公然性は不要のはずである

　　　　　　　・名誉感情を保護法益にすると、名誉感情を持たない者に対する侮辱罪・名誉毀損罪が成立しないことになってしまう

　　　　　　　・そもそも個人の単純な主観的な名誉感情を刑法で保護することには疑問がある

---

1) 判例（大判大正15・07・05刑集5・303）・通説です。

154　第11講　名誉に対する罪

ⓑ　**区分説**[2]──名誉毀損罪は人の社会的名誉、侮辱罪は名誉感情
　　　　＜根拠＞・本罪の歴史的沿革からすると、ゲルマン法以来、社会的名
　　　　　　　　　誉だけでなく被害者の名誉感情も保護されてきた
　　　　　　　・法文言・法定刑の相違からして、名誉毀損罪と侮辱罪には
　　　　　　　　保護法益など質的な相違があると考えざるをえない
　　　　　　　・侮辱罪に公然性が要求されているのは、非公然の場合には
　　　　　　　　名誉感情を害する程度が低いので処罰する必要がないと考
　　　　　　　　えたから

ⓒ　**総合説**[3]──名誉毀損罪・侮辱罪ともに、社会的評価と名誉感情
　　　　＜根拠＞・名誉毀損罪の保護法益としての社会的評価は、被害者の名
　　　　　　　　　誉感情と切り離して論ずることはできない
　　　　　　　・名誉毀損罪が親告罪とされているのは、名誉感情を害され
　　　　　　　　た被害者の告訴を前提としているからである

　本書によれば、名誉毀損罪と侮辱罪は侵害される法益の内容・性質に違い
はなく、事実摘示をもって社会的名誉を毀損する前者と、事実摘示がないけ
れども社会的名誉を毀損する後者というように、侵害態様に相違があるにす
ぎず、それが法定刑の差に表れています。**社会的名誉説**が妥当です。

　ⓑ説では、摘示事実が真実と証明されて名誉毀損罪が不処罰となっても、名
誉感情を侵害していれば侮辱罪で処罰されることになり、230条の2の規定を無
意味にしてしまうこと、名誉感情を持たない者（例：幼児・精神障害者・法人・団
体など）に対しても侮辱罪が成立することを合理的に説明できないこと[4]、侮辱
罪に公然性が要求されていることを合理的に説明できないこと、名誉感情のよ
うな、人により千差万別なものを保護法益とするのは、刑法の適用を不明確で
不安定なものにしてしまうなどの問題点を指摘できます。また、ⓒ説については、
名誉感情を保護法益に加えることは、刑法の適用に不明確で不安定な要素を加
えることになること、結論において社会的名誉説と大差ないのであれば、名誉
感情を法益に加えることに意味がないことなどの問題点を指摘できます。

---

2) 江家・247頁、団藤・512頁、福田・188頁、川端・249頁。
3) 平野・191頁、大塚仁・135頁、前田・123頁。
4) **最決昭和58・11・01** 刑集37・9・1341、判時1099・35、判タ515・126〔百選Ⅱ・22〕は、法
　人に対する侮辱罪の成立を肯定しています。

02　名誉毀損罪（230条1項）　155

02　名誉毀損罪 (230条1項)

> 公然と事実を摘示し、人の名誉を毀損した者は、その事実の有無にかかわらず、3年以下の懲役若しくは禁錮又は50万円以下の罰金に処する（230条1項）。
> 本罪は親告罪です（232条1項）。

(1)　要　件

> ①　人の名誉であること〔客体〕
> ②　公然と事実を摘示して人の名誉を毀損すること〔行為・結果〕
> ③　故意があること〔故意〕

①　**客　体**　客体は、人の名誉です。**人**は、名誉感情の有無を問わないので、幼児、重篤な精神障害者などの自然人のほか、法人、法人格のない団体も含みます。自然人は、個人として具体的に特定されることが必要なので、「新潟県人」「タイガースファン」「チェリ・マニア」といった集団は、特定性に欠ける漠然とした集団ですので、本罪は成立しません[5]。

名誉は社会的名誉をいいます。但し、㋐人の支払能力・支払意思に関する社会的評価は、信用毀損罪（233条）によって保護されているので、本罪の客体からは除外されます。また、㋑名誉は現に社会に通用している事実上の社会的評価（事実的名誉）ですので、犯罪等の違法行為者、道義的非難に値する行為者にも、事実上の社会的評価としての名誉が認められますし、いわゆる虚名も保護されます。しかし、㋒名誉は積極的な社会的評価でなければなりませんので、悪名のような消極的名誉は、本罪の客体ではありません。

②　**行為・結果**　本罪の行為は、公然と事実を摘示して人の名誉を毀損することです。

㋐　**公然性**　**公然**とは不特定又は多数の人が認識しうる状態をいいます[6]。**不特定**とは、例えば、公道の通行人や開放された場所にいる聴衆のように、相手方が特殊な関係・状況によって局限された範囲の人ではないという意味[7]です。**多数**とは、具体的数字で明示できませんが、社会一般の人に知

5）大判大正15・3・24刑集5・117。
6）判例（大判昭和3・12・13刑集7・766、最判昭和36・10・13刑集15・9・1586）・通説です。
7）摘示場所の**開放性**に着目して公然性を肯定したのは、**大判大正6・07・03刑録23・782**（会葬者が自由に出入りできる葬祭場）、**大判大正12・06・04刑集2・486**（傍らに巡査ほか数名の者が居合わせた田の畔）、**大判大正12・12・15刑集2・988**（葬式の際に遺族その他の者が自由に

156　第11講　名誉に対する罪

れ渡る程度の員数であることを意味し、行為の態様、その状況などを考慮して判断することになります[8]。不特定性と多数性のいずれかが充たされれば、公然性が認められることになります[9]。例えば、行為者が相手方の再三の質問や執拗な要請に応える形で事実を摘示したように、事実摘示が消極的態様でなされた場合でも、公然性を否定することにはなりません[10]。

　直接的には特定かつ少数の人に対し事実を摘示したが、それが不特定・多数の人に伝播する可能性がある場合には公然性が認められるとする**伝播性の理論**について、議論されています。

　摘示行為が人の社会的評価を低下させる危険性を有する点に本罪の処罰根拠があるので、公然性はその危険性ある状況を意味すること、したがって、直接的な視聴可能性に限定するのは不合理であることを根拠に、伝播性の理論を採用する**肯定説**[11]があります。

　判例は、伝播性の理論を肯定します[12]が、それでも、公然性を否定したものとして、**大判昭和12・11・19刑集16・1513**（列席者は秘密保持の責任がある）、**最決昭和34・02・19刑集13・2・186**（検事・検察事務官は秘密保持の法的責任がある）、**最決昭和34・12・25刑集13・13・3360**（公然性がないことは明らか）、**東京高判昭和42・03・28下刑集9・3・215**（伝播の意図がない）、**東京高判昭和58・04・27高刑集36・1・27、判時1084・138**（伝播する虞はなかった）などがあります。

　本条の文言によれば、公然性は行為の結果ではなく行為の態様を意味すること、本罪は社会に直接情報を流布することを処罰する一種の情報犯罪であり、伝播性の理論は個人の自由への不当な介入であること、抽象的危険犯と

出入りできる僧侶等の休憩所）、**大判昭和6・10・19刑集10・462**（裁判所の公衆控所）。

8)　**多数性**に着目して公然性を肯定したのは、**大判大正5・05・25刑録22・816**（書面約1300通の選挙区民への郵送）、**大判昭和3・12・13刑集7・766**（150人への文書郵送）、**大判昭和6・06・19刑集10・287**（会社役員・株主約60名が在席する株主総会での発言）、最判昭和36・10・13刑集15・9・1586（役員・組合員約25名が居合わせた労働組合執行委員会での発言）。

9)　㋐不特定かつ多の場合はもちろん、㋑不特定かつ少数の場合、及び、㋒特定かつ多数の場合にも、公然性が肯定されます。

10)　最判昭和34・05・07刑集13・5・641〔百選Ⅱ・19〕。但し、相手方の質問・要請の態様によっては、相手方に共同正犯・共犯の可能性が生じます。

11)　団藤・514頁、大塚仁・137頁、中森・87頁、井田・166頁。但し、具体的・現実的な伝播可能性を要求することでその適用範囲を限定しようとします。

12)　最判昭和34・05・07刑集13・5・641〔百選Ⅱ・19〕。

される本罪の射程範囲をさらに曖昧なものにしてしまうこと、また、この理論は、本罪の成否を、伝播させるかどうかの相手方の意思に委ねるだけでなく、摘示事実の内容、その事実への相手方の興味・意思、その後の伝播の態様・程度など摘示行為後の不確定要素に本罪の成否を委ねるもので、公然性の要件を結果責任の道具にしてしまいかねません。伝播性の理論は否定されるべきで、公然とは不特定又は多数の人が直接認識しうる状態と解すべきです。学説の中には、伝播性の理論は、事実摘示の相手方が多数であっても、伝播の可能性がないときには公然性を否定する限定原理として機能させる見解[13]も主張されています。しかし、この見解は、直接的な認識可能性に伝播可能性という不純物を混入させるものですし、何よりも一度拒絶した伝播性の理論を裏から招き入れるようなものです。

　なお、異なる特定・少数の人に多数回にわたって事実摘示をした場合、それが同一人の名誉に対する1つの意思に担われた行為である限り、公然性が認められます[14]。

　㋑　**事実の摘示**　本罪が成立するには、**事実の摘示**、すなわち、人の社会的評価を低下させるに足りる具体的な事実を表示することが必要です。摘示事実は、人の社会的評価を低下させるほどに具体性がなければなりません[15]ので、それが欠ける場合には本罪の成立は否定され、侮辱罪の成立を検討することになります。また、摘示事実は、230条の2の場合は別として、原則として真実であるか虚偽であるかを問いません[16]し、非公知であるか公知であるかも問いません。但し、公知であるため、人の社会的評価を低下させるおそれが全くないときは不能犯となります。摘示方法は、口頭、文書、図画、インターネット、メール、あるいは聴覚障害者による手話など身振りによるものでも構いません。新聞・雑誌の記事では、「……という噂がある」・「近所の人の話しでは……」・「関係者の話しでは、……」など、噂・風聞、伝聞の形式で摘示されることがありますが、こうした場合も含みます。

13）曽根・91頁、西田・112頁、林・116頁。

14）高橋・164頁、山口・137頁。

15）東京高判昭和33・07・15高刑集11・7・394、判タ83・47。

16）（刑）法では、事実と真実は異なり、事実には虚偽の事実と真実の事実があることに注意してください。

158　第11講　名誉に対する罪

　㋒　**結　果**　本罪が成立するには、人の社会的名誉を低下させる結果が発生し、摘示行為と結果との間に因果関係が存在することが必要です。

> 　被害者の社会的名誉が現実に毀損されたことを実際に立証し、認定することは困難であることを理由に、本罪は被害者の社会的名誉が具体的に侵害されたことを要しない（準）抽象的危険犯であるとする見解[17]が有力です。

　本条は「毀損した」と規定していること、また、名誉毀損に関する民事判例[18]の集積を考慮するならば、危険犯ではなく**実害犯**とすべきです[19]。

　③　**故　意**　摘示事実が人の社会的評価を低下させるに足りる事実であること、そうした事実を公然と摘示すること、及び、人の名誉を毀損する結果・因果関係について故意が必要です[20]。

(2)　真実性の証明（230条の2）

> 　前条第1項〔名誉毀損罪〕の行為が公共の利害に関する事実に係り、かつ、その目的が専ら公益を図ることにあったと認める場合には、事実の真否を判断し、真実であることの証明があったときは、罰しない。
> 　2　前項の規定の適用については、公訴が提起されるに至っていない人の犯罪行為に関する事実は、公共の利害に関する事実とみなす。
> 　3　前条第1項〔名誉毀損罪〕の行為が公務員又は公選による公務員の候補者に関する事実に係る場合には、事実の真否を判断し、真実であることの証明があったときは、これを罰しない。

　名誉毀損罪（230条）は、原則として摘示事実の真否に関係なく成立します。しかし、一定の事項について真実を述べる言論活動、より広く、自由な表現活動、自由な情報交換を保障し、情報・意見の自由な流通を保障することは、民主主義社会の基盤です。

　本条は、230条による社会的評価の保護と憲法21条で保障された表現の自由との調整を図るため、1947年（昭和22年）に追加されたものです。

---

17)　**大判昭和13・02・28**刑集17・141（「名誉毀損罪の既遂は、公然人の社会的地位を貶する足るべき具体的事実を摘示し、名誉低下の危険状態を発生せしむるを以て足る」）、団藤・513頁、大谷・163頁、西田・112頁、高橋・116頁。

18)　最近のものとして、例えば、最判平成14・01・29裁判集民205・289、判時1778・56、判タ1086・114、最判平成24・03・23裁判集民240・149、判時2147・61、判タ1369・121。

19)　内田・222頁、曽根・89頁、平川・227頁、林幹人・114頁、佐伯仁志「名誉とプライヴァシーに対する罪」『刑法理論の現代的展開・各論』（1996年）80頁。

20)　大判大正6・07・03刑録23・782。

02　名誉毀損罪（230条1項）　159

> ①　事実の公共性——摘示事実が公共の利害に関するものであること
> ②　目的の公益性——事実摘示の目的が専ら公益を図るものであること
> ③　真実性の証明——摘示事実が真実であることの証明があること

　①　**事実の公共性**　**公共の利害に関する事実**とは一般多数の利害に関する事実をいいますが、公衆の批判にさらすことが公共の利益増進に役立つと認められる事実、市民が民主的自治を行う上で知る必要がある事実であると定義される[21]ことがあります。しかし、表現の自由・知る権利との関係では、公共の利益増進に役立つという積極的な機能が認められなければならないとする必要はありませんし、民主的自治に関連する事実に限定する必然性もありません。社会一般に相当な影響を及ぼす事実と考えておけば充分でしょう。この要件は、事実自体の内容・性質を考慮して客観的に判断されるべきで、摘示方法・態様・目的によって左右されるものではありません。

　肉体的・精神的な障害、遺伝的資質、病気、家系・家柄、血統等はプライバシー（私事的事項）に関する事実です。ただ、私人の私生活の行状であっても、その携わる社会的活動の性質及びこれを通じて社会に及ぼす影響力の程度などによっては、公共の利害に関する事実に当たる場合があります[22]。

　②　**目的の公益性**　**専ら公益を図る目的**とは、事実摘示の主たる動機が公益を図るものであること、逆にいえば、例えば、読者の好奇心を満足させる目的[23]、読者の好奇心を煽って販売部数を伸ばす目的、恐喝目的、被害弁償を促がそうとする目的[24]など他の動機が、公益を図る目的に優越してはならないということです。しかし、摘示事実が公共の利害に関し、そのことを行為者も認識しているのに、行為者の目的・動機という主観要件に違法性の有無、処罰の要否を依存させることは、行為無価値論的思考であり、疑問です。事実の公共性が認められるときは、原則として目的の公益性を推定し、

21）藤木・242頁、大谷・161頁、平川・231頁、西田・113頁、高橋・167頁。

22）月刊ペン事件・最判昭和56・04・16刑集35・3・84、判時1000・25、判タ440・47〔百選Ⅱ・20〕。

23）**東京高判昭和30・06・27**東高時報6・7・211（「一般読者の好奇心の満足を図り興味をそそろうとしたことがその主たる目的」であったときは「専ら公益を図ることにあつたと解することはできない」）。

24）**広島高判昭和30・02・05**高裁刑事裁判特報2・4・60（「判示事実の公表は、主として窃盗犯人と信じているMより被害弁償をうける手段としてなされたものであつて、窃盗事件捜査の進捗を図る等公共の利益のみを図るためになされたものと言うことはできない」）。

160 第11講 名誉に対する罪

その推定をくつがえすような他の目的・動機が優越することが明らかでない限り、目的の公益性を肯定していくのが合理的でしょう。

③ **真実性の証明** ①・②の要件が充たされたと認めるとき、裁判所は、摘示事実の真否を判断しなければなりません。摘示事実が真実であることの**挙証責任**は被告人側に転換されており、真偽不明のときの不利益は被告人が負うことになりますので、「疑わしきは被告人の利益に」原則に抵触しない解釈が求められます。**証明の対象**は摘示事実であり、その重要部分が真実であることの証明がなされれば足り、細部まで証明する必要はありません。噂、風聞、伝聞の形で摘示されていても、証明の対象は、その噂等の存在・出所ではなく、噂等の内容を構成している事実です[25]。犯罪の告発、報道等において、犯罪事実の証明を私人たる被告人に要求するのは筋が違うし、無理であることを根拠に、噂・告発等の存在・出所などを証明の対象にすべきであるとの見解[26]も主張されています。しかし、それは、真実性の錯誤の問題、35 条による別個の正当化事由の問題です。**証明の程度**について、判例は、**厳格な証明**による合理的な疑いを容れない程度に真実であることの証明を要する[27]としますが、既に上記①・②の要件が充たされたことが前提となっていること、また、被告人・弁護人側は個人であり、その証拠収集能力には限界があることを考慮すると、**証拠の優越**で足りると解すべきです[28]。

(3) 特 則

	①事実の公共性	②目的の公益性	③真実性の証明
通常の場合	必要	必要	必要
特則(1)(犯罪事実)	不要	必要	必要
特則(2)(公務員等)	不要	不要	必要

① **犯罪事実に関する特則** 未だ**公訴の提起されていない犯罪行為に関す**

---

25) **最決昭和 43・01・18** 刑集 22・1・7、判時 510・74、判タ 218・205（「人の噂であるから真偽は別として」という表現を用いて名誉を毀損する事実を摘示した場合、「所定の事実の証明の対象となるのは、風評そのものが存在することではなく、その風評の内容たる事実の真否である」）。
26) 植松・342 頁、大塚仁・142 頁、大谷・169 頁。
27) 夕刊和歌山時事事件・最大判昭和 44・06・25 刑集 23・7・975、判時 559・25、判タ 236・224〔百選Ⅱ・21〕。
28) 通説です。

02　名誉毀損罪（230条1項）　　161

る**事実**は、公共の利害に関する事実とみなされ、上記①の要件が擬制されます。これは、一般市民の捜査への協力を容易にすることによって捜査の端緒を広範に獲得したいこと、犯罪事実を一般市民の監視の下におくことによって捜査活動・訴追活動を統制することを趣旨としています。未だ公訴の提起されていない犯罪行為は、捜査開始前のもの、捜査は開始されたが起訴前のもの、不起訴処分のものを含みます。

　　②　**公務員等に関する特則**　**公務員又は公選による公務員の候補者に関する事実**については、上記①・②の要件が擬制され、直ちに事実の真否の判断に入ります。これは、公務員[29]を選定・罷免することは国民固有の権利であること（憲法15条1項）、公務員は全体の奉仕者であるであること（憲法15条2項）を考慮し、公務員・公選候補者を一般市民の監視の下におくことを趣旨とするものです。しかし、例えば、公務員の身体的・精神的な障害を摘示するような、摘示事実が公務員としての活動や資質・能力と全く関係のない場合は、これに当たりません[30]。

⑷　真実性の錯誤

　　①　**問題性**　事実の公共性、目的の公益性の要件を充たし、真実性の証明がなされた場合には、「罰しない」という効果が生じます。

A 型：確実な資料・根拠に基づいて言論活動をした＋真実性の証明に成功した
B 型：確実な資料・根拠に基づいて言論活動をした＋真実性の証明に失敗した
C 型：確実な資料・根拠に基づかないで言論活動をした＋真実性の証明に成功した
D 型：確実な資料・根拠に基づかないで言論活動をした＋真実性の証明に失敗した

　　②　**判例の状況**

ⓐ　**処罰阻却事由説**[31]——真実性の証明という訴訟上の要件が充たされた場合に限って、不処罰という法効果が生じるにすぎない ⇒真実性の錯誤——真実性の証明に失敗した以上、本罪の成立に影響しない

29）7条参照。

30）**最判昭和28・12・15**刑集7・12・436、判タ38・60（「ことさらに『肉体的の片手落は精神的の片手落に通ずるとか、ヌエ的町議がある。』等と凡そ公務と何等の関係のないこと」を摘示するのは名誉毀損罪が成立）。

31）**最判昭和34・05・07**刑集13・5・641〔百選Ⅱ・19〕（「被告人についてはその陳述する事実につき真実であることの証明がなされなかつたものというべく、被告人は本件につき刑責を免れることができない」）。

162　第11講　名誉に対する罪

　　　　　□Ａ型・Ｃ型は不処罰／Ｂ型・Ｄ型は可罰的
　ⓑ　**故意阻却説**[32]──事実が真実であることの証明がない場合でも、行為者が
　　　　　　　　　　　　その事実を真実であると誤信し、その誤信したことにつ
　　　　　　　　　　　　いて確実な資料・根拠に照らし相当な理由があるときは、
　　　　　　　　　　　　犯罪の故意がなく、本罪は成立しない
　　　⇒真実性の錯誤──確実な資料、根拠に照らし相当な理由があるとき
　　　　　　は故意を否定
　　　　　□Ａ型・Ｂ型・Ｃ型は不処罰／Ｄ型は可罰的

　③　**学説の状況**　学説には、ⓐ錯誤の問題として捉え、事実の錯誤・違法
性の錯誤への振り分けをして、故意阻却が可能かを検討する故意論アプロー
チ、ⓑ故意の問題とせず、有責性の有無を検討する責任論アプローチ、さら
に、ⓒ正当な言論活動として刑法35条の適用を模索する正当行為論アプロー
チ、そして、ⓓ真実性の証明規定（230条の）は過失の名誉毀損罪を規定した
ものと読み変えて処理する過失犯論アプローチがあります。

　ⓐ　**故意論アプローチ**
　　　前提）　真実性の証明──**正当化事由**
　　　㋐　真実性の錯誤──正当化事由の錯誤であり、行為者は規範の問題に直
　　　　　　　　　　　　　面しているとはいえないので**事実の錯誤**
　　　　　⇒真実性の錯誤は、確実な資料・根拠の有無を問わず、事実の錯誤と
　　　　　　して**故意阻却**[33]
　　　　　□Ａ型・Ｃ型は不処罰／行為者が真実だと思っている限り、Ｂ型・Ｄ型
　　　　　　も不処罰の余地
　　　㋑　真実性の錯誤──正当化事由の錯誤だが、法律要件該当事実について
　　　　　　　　　　　　　認識があるので**違法性の錯誤**
　　　　　⇒**厳格故意説**により、真実性の錯誤は違法性の意識を欠くので故意が
　　　　　　認められない
　　　　　□Ａ型・Ｃ型は本条により不処罰／行為者が真実だと思っている以上故
　　　　　　意がなく、Ｂ型・Ｄ型も不処罰の余地
　　　㋒　真実性の錯誤──正当化事由の錯誤だが、法律要件該当事実について
　　　　　　　　　　　　　認識があるので**違法性の錯誤**
　　　　　⇒**制限故意説**により、確実な資料・根拠に基づいて真実と誤信したと
　　　　　　きには、違法性の意識の可能性がないので故意は認められない

32）夕刊和歌山時事事件・最大判昭和44・06・25刑集23・7・975、判時559・25、判タ236・224〔百
　　選Ⅱ・21〕。
33）斎藤信治・79頁。

　　　　□Ａ型・Ｃ型は本条により不処罰／確実な資料・根拠に基づいて真実だと思っている限り故意がなく、Ｂ型も不処罰
　　㋓　真実性の証明の対象――**証明可能な程度の真実性**
　　　　⇒行為者が証明可能な程度の資料・根拠をもって真実と誤信したときは、正当化事由の前提事実に関する錯誤として**故意を阻却**するが、軽率に証明可能だと誤信したときは、違法性そのものに関する評価の錯誤として故意を阻却しない[34]
　　　　□Ａ型・Ｃ型は本条により不処罰／確実な資料・根拠に基づいて真実だと思っている限り故意がなく、Ｂ型も不処罰
　ⓑ　**責任論アプローチ**
　　㋔　前提）真実性の証明――**正当化事由**
　　　　⇒**厳格責任説**により正当化事由の錯誤は**違法性の錯誤**であり、確実な資料・根拠に基づいて真実と誤信したときには、違法性の意識の可能性がないので、**責任が阻却**される[35]
　　　　□Ａ型・Ｃ型は本条により不処罰／確実な資料・根拠に基づいて真実だと思っている限り責任がなく、Ｂ型も不処罰
　ⓒ　**正当行為論アプローチ**
　　㋕　前提）真実性の証明――**処罰阻却事由**
　　　　⇒確実な資料・根拠に基づいた言論活動は、真実性の証明に失敗した場合であっても、**正当行為**（35条）として違法性が阻却される[36]
　　　　□Ａ型・Ｃ型は本条により不処罰／確実な資料・根拠に基づいている限り正当行為であり、Ｂ型も不処罰
　　㋖　前提）真実性の証明――**正当化事由**
　　　　⇒証明可能な程度の確実な資料・根拠に基づいて事実を摘示したが、真実性の証明に失敗した場合にも、正当な言論であり、**正当行為（35条）**として違法性が阻却される[37]
　　　　□Ａ型・Ｃ型は本条により不処罰／確実な資料・根拠に基づいている限り正当行為であり、Ｂ型も不処罰
　ⓓ　**過失犯論アプローチ**
　　㋗　前提）真実性の証明――**処罰阻却事由**
　　　　⇒真実性の錯誤――違法性を阻却することはありえないが、230条の2は、真実性の錯誤に過失があるときには**過失名誉毀損罪**として処罰することを認めた特別の規定（38

---

34) 大塚仁・147頁、曽根・97頁、山中・227頁、佐久間・151頁。
35) 福田・194頁。
36) 江家・254頁、藤木・245頁、前田・130頁、中森・94頁、平川・235頁、高橋・176頁。
37) 大谷・172頁。

164　第11講　名誉に対する罪

条1項但し書）
⇒ 230条の2——故意犯と過失犯の結合形態を認めたもの[38]
□ A型・C型は本条により不処罰／確実な資料・根拠に基づいている限り過失はないと考えられ、B型も不処罰

　④　**本書の立場**　230条の2は、事実の公共性及び目的の公益性の要件を充足することを前提に、真実性の証明に成功したときは処罰しません。本条は230条1項による社会的名誉の保護と憲法21条による表現の自由の保障との調整を図る規定であることを考慮すると、真実性の証明は正当化事由とする**正当化事由説**が妥当です。他方、事実の公共性は実体法的な客観要件、目的の公益性は実体法的な主観要件であり、真実性の証拠は訴訟法的な客観要件です。つまり、ここでの真実性は、訴訟手続における真実性であり、摘示事実が「真実である」ことではなく、「真実であると証明できた」ことが正当化事由となっているのです。したがって、上記A型・C型は当然に正当化されますが、B型は正当化を認めることはできず、ただ、正当化事由（違法性阻却事由）の錯誤として処理されるにすぎません。

　正当化事由説に対して、挙証責任を被告人に転換することは、「疑わしきは被告人の利益に」の原則に反するという批判が加えられますし、そもそも本条は憲法31条に違反するともいえます。この違憲性を回避するために、検察官が摘示事実の虚偽性についての挙証責任を負担すべきであると主張することも可能かもしれませんが、そのような解釈は、本条が「真実であることの証明があったときは」と規定していることと矛盾します。摘示事実の真実性の挙証責任は被告人にあると解さざるをえず、証明程度が証拠の優越の程度に緩和されることで、かろうじてその違憲性を回避できます。被告人のその負担は、人の名誉を毀損する事実を摘示しようとする者は、自らの地位・職業・能力等に応じて事実の真実性に関する情報を収集・分析したうえで摘示すべきであるという、情報伝達者の負うべき負担といえるのです[39]。

---

38) 平野・198頁、内田・220頁、林・124頁、山口・147頁。真実性の証明を違法性阻却事由とする立場から、同様の結論を採るのは、西田・119頁。
39) 個人的には、本条は、不処罰の範囲が限定されすぎています。むしろ、プライバシー（私事的

ⓒ正当行為論アプローチの**カ**の見解については、そもそも真実性の証明を処罰阻却事由とする点に疑問があります。また、この見解で、確実な資料・根拠に基づいた言論活動は真実性の証明に失敗しても 35 条により正当化され、真実性の証明に成功したら処罰阻却となるというのは、本条の文理に反します。また、ⓒ正当行為論アプローチの**キ**の見解によれば、確実な資料・根拠に基づかない不当・軽率な言論活動であっても真実性の証明に成功したら正当化されると解するのですが、この事後的な正当化の説明が充分ではありません。

ⓓ過失犯論アプローチについては、真実性の証明に成功しなかった以上、真実性の錯誤は違法性を阻却することはないとする前提は妥当ですが、230 条の 2 は、230 条 1 項により名誉毀損罪が成立していることを前提にした規定であることを軽視しています。また、被告人が挙証責任を負担する点について、本書のように解することができるなら、真実性の証明をあえて処罰阻却事由とする必然性はないでしょう。本条を違法性の減少に基づく処罰阻却事由とするのであれば、端的に正当化事由とする方が理論的にも納得しやすいでしょう。

難解さによって学説の当否が決まるわけではありません。しかし、難解さは、時として、条文を自らの解釈に強引に押し込もうとするとき、あるいは自らの理論の問題点を解消しようとするときに生じることがあるので注意を要します。

03 死者の名誉毀損罪 (230条2項)

公然と事実を摘示し、死者の名誉を毀損した者は、3 年以下の懲役若しくは禁錮又は 50 万円以下の罰金に処する。ただし、虚偽の事実を摘示することによってした場合でなければ、罰しない。

本罪は親告罪です (232 条 2 項)。

(1) 保護法益

ⓐ **死者名誉説**[40] —— 本罪の保護法益は死者自身の名誉であり、死者が生存中に有していた名誉の保護を死後にまで及ぼしたもの

ⓑ **公共法益説**[41] —— 本罪の保護法益は、死者に対する社会的評価としての公共法益

ⓒ **遺族感情説**[42] —— 本罪の保護法益は、遺族が死者に対して抱いている尊崇・敬虔の感情

事項) に関わる事実以外については、摘示事実が真実である限り不処罰にすべきであると考えています。

[40] 通説です。なお、大塚仁・148 頁。

[41] 中野次雄「名誉に対する罪」『刑事法講座第 4 巻』(1952 年) 820 頁、平野龍一「刑法各論の諸問題 5」法セ 203 号 (1972 年) 79 頁。

166　第11講　名誉に対する罪

　　ⓐ説は、死者自身に法益主体としての地位を認めており、刑法の思考法になじみません。この点は、死者が生前に有していた人格・権利が死後も残存しているとか、死者が生前に有していた名誉の保護を死後にまで及ぼしたものと説明しても、同じです。ⓑ説は、本罪が個人法益に対する罪として親告罪となっていることと矛盾します。ⓒ説では、尊崇・敬虔感情の内容が明確ではありませんし、人により千差万別な感情を保護しようとするのは、刑法の適用を不明確で不安定なものにしてしまいます。

　本書によれば、本罪の保護法益は、遺族の有する死者に対する社会的評価としての名誉であり、**遺族に帰属する死者の社会的名誉**です。死者の名誉においては、その対象客体と帰属主体とが分離しており、対象客体は死者ですが、帰属主体は、死亡により遺族になったのです[43]。この見解に対しては、遺族が存在しないとき本罪が不成立になってしまうという批判がなされるでしょう。この場合、死者の名誉の帰属主体は存在しませんが、死者の名誉それ自体は毀損されていますので、法は、「利害関係人の申立により」と定めて告訴権者を補充しています[44]。

(2) 要　件

　①　死者の名誉であること〔客体〕
　②　公然と虚偽の事実を摘示して、死者の名誉を毀損すること〔行為・結果〕
　③　故意があること〔故意〕

　①　**客　体**　客体は、**死者の名誉**です。

　②　**行為・結果**　行為は、公然と虚偽の事実を摘示し、死者の名誉を毀損することです。**公然**とは、不特定又は多数の人が直接に認識しうる状態をいいます[45]。**虚偽の事実**とは、客観的真実に反する事実をいい、虚偽であると考えて事実を摘示した場合でも、真実であるときは本罪を構成しません。

　本罪が成立するには、死者の名誉（社会的評価）を低下させる行為と結果との間に因果関係が必要です。

42）中森・95頁、前田・126頁。
43）刑事訴訟法233条が死者の名誉毀損罪について死者の親族・子孫を告訴権者としていることが、1つの根拠となるでしょう。
44）刑事訴訟法234条を参照。
45）判例が直接的認識可能性に限定せず、伝播性の理論を認めていることについては、本書156頁参照。

③　故　意　死者の名誉を毀損することだけでなく、摘示事実が虚偽であることについても故意が必要です。確定的に認識していることを要し、未必の故意では足りないとする見解[46]が支配的ですが、なぜ通常の犯罪の場合と異なって、確定的認識を要するのか、その理由が明らかではありません。未必的な故意で足りるでしょう[47]。虚偽の事実を真実と誤信して摘示した場合は、本罪を構成しません。

(3)　名誉毀損罪と死者の名誉毀損罪との関係

　通常の名誉毀損罪は、摘示事実の真偽を問わず成立し、真実の事実を摘示した場合には、事実の公共性、目的の公益性の要件を充足する限りで、不処罰とされます（230条の2）。これに対し、死者の名誉毀損罪は、虚偽の事実を摘示することに限定された名誉毀損罪です。

> 【事例01】　Xは、Aは既に故人となっていると思って、Aの名誉を毀損する事実を公然と摘示したところ、実はAは、介護施設で生きていた。

　①　**Xが、摘示事実は虚偽であると認識して虚偽の事実を摘示した場合**　この場合、Aは死者ではありませんので、通常の名誉毀損罪の成立を検討することになり、本罪の成立が肯定されることになります。摘示事実は虚偽なので、230条の2の適用はありません。

　②　**Xが、摘示事実は虚偽であると誤信して真実の事実を摘示した場合**　この場合も、通常の名誉毀損罪の成立を検討しますが、摘示事実は真実ですので、230条の2の要件を検討することになります。

　③　**Xが、摘示事実は真実であると誤信して虚偽の事実を摘示した場合**　この場合は、まず通常の名誉毀損罪の成立を検討しますが、行為者は真実であると誤信しているので、真実性の錯誤の問題となります。本書によれば、正当化事由の錯誤として処理することになります。

　④　**Xが、摘示事実は真実であると信じて真実の事実を摘示した場合**　この場合も、まず通常の名誉毀損罪の成立を検討しますが、摘示事実は真実ですので、230条の2の要件を検討することになります。

　両罪は射程範囲を共通にしていますので、名誉を毀損された被害者が生者

---

46)　通説です。

47)　伊東・113頁。

168　第11講　名誉に対する罪

なのか死者なのかを「入口」にして振り分け、その成否を検討します。

04　侮辱罪（231条）

> 事実を摘示しなくても、公然と人を侮辱した者は、拘留又は科料に処する。
> 本罪は親告罪です（232条1項）。

(1)　要　件

① 　人の名誉であること〔客体〕
② 　事実を摘示しないで公然と人を侮辱すること〔行為・結果〕
③ 　故意があること〔故意〕

　①　**客　体**　客体は、名誉毀損罪と同じく、人の名誉です。**人**は、名誉感情の有無を問わないので、幼児、重篤な精神障害者などの自然人のほか、法人、法人格のない団体も含みます[48]。**名誉**は、名誉毀損罪と同じく、社会的名誉です。但し、人の支払能力・支払意思に関する経済的信用に対する社会的評価は、信用毀損罪（233条）で保護されていますので、本罪の客体からは除外されます。

　②　**行為・結果**　事実を摘示しないで、公然と侮辱することです。本罪は、名誉毀損罪と異なり、事実の摘示を必要としません。この点が、本罪の法定刑が名誉毀損罪のそれより軽くなっている理由です。

　判例は、**公然**とは不特定又は多数の人が認識しうる状態をいうとし、伝播性の理論を肯定して間接的な認識可能性のある場合もこれに含めます。しかし、名誉毀損罪の場合と同じく、公然とは不特定又は多数の人が直接に認識しうる状態と解すべきです[49]。**侮辱**とは、人を侮蔑・蔑視する価値判断を表示することをいいます。名誉毀損罪との違いは、名誉を毀損する具体的な事実を摘示しない点にあります[50]。例えば、「お前は卑怯者だ」、「馬鹿者が」と怒鳴りつける行為のように、単に侮蔑的・蔑視的な価値判断を表示する場

---

48) 判例（最決昭和58・11・01刑集37・9・1341、判時1099・35、判タ515・126〔百選Ⅱ・22〕）・通説です。

49) 本書157頁を参照。

50) 大判大15・07・05刑集5・303（「侮辱罪は、事実を摘示せずして他人の社会的地位を軽侮する犯人自己の抽象的判断を公然発表するによりて成立する」のに反し、「名誉毀損罪は、他人の社会的地位を害するに足るべき具体的事実を公然告知するに依りて成立するもの」）。

合や、「お前は腹黒い黒幕だ」、「やる気もないくせに、ウソを突くんじゃない」とけなす行為のように、抽象的な事実を表示する場合は、侮辱罪を構成するにすぎません。

③ **故　意**　行為者には、公然と人の社会的名誉を毀損する侮辱的な行為をすることについて故意が必要です。

(2) 罪　質

本罪が成立するには、人の社会的名誉を低下させる結果が発生すること、そして、侮辱行為と結果との間に因果関係が存在することが必要で、本罪は危険犯ではなく**実害犯**です。

05　罪数・他罪との関係

本罪の罪数は、人の名誉、つまり被害者の数を基準に判断されます。例えば、1通の文書で複数の人の名誉を毀損したときは、被害者の数だけ本罪が成立し、観念的競合となります[51] し、雑誌・新聞紙上に同一人物の名誉を侵害する記事を連載したときは、本罪の包括一罪となります[52]。

なお、230条の2が適用されて名誉毀損罪が不処罰となったとき、社会的名誉説（判例・通説）では、保護法益が同一なので侮辱罪成立の余地はありませんが、侮辱罪の保護法益を名誉感情とする区分説の立場では、侮辱罪の成立を否定できないことになります。

06　親告罪 (232条)

この章の罪〔名誉毀損罪、死者の名誉毀損罪、侮辱罪〕は、告訴がなければ公訴を提起することができない。

2　告訴をすることができる者が天皇、皇后、太皇太后、皇太后又は皇嗣であるときは内閣総理大臣が、外国の君主又は大統領であるときはその国の代表

---

51) 東京高判昭和 35・08・25 下刑集 2・7=8・1023、判タ 109・33（「同一新聞紙上に 3 名の名誉を毀損すべき 3 個の記事を執筆掲載して、これを発行頒布した場合は、被害者別に 3 個の名誉毀損罪が成立するけれども、行為としては 1 個の発行頒布があるに過ぎないのであるから、右 3 個の罪に対しては、いわゆる一所為数法に該るものとして、刑法第 54 条第 1 項前段〔観念的競合〕」）。

52) 大判明治 45・06・27 刑録 18・927（「毎日発行する新聞紙上に包括的に一人の名誉を毀損すべき 1 個若しくは数個の事実を掲載し之を発行したるときは、1 個の名誉毀損罪成立する」）。

170　第11講　名誉に対する罪

者がそれぞれ代わって告訴を行う。

　親告罪としたのは、公訴提起によって、被害者への二次被害が生じる危険性を考慮し、公訴提起を被害者の意思に委ねたものです。

　告訴権を有する者は、被害者及びその法定代理人[53]である保護監督者（親権者・後見人）ですが、死者の名誉毀損罪については、死者の親族・子孫が告訴権者となります[54]。

07　インターネットにおける名誉毀損・侮辱

　近時、インターネットにおける掲示板やブログでの名誉毀損・侮辱の問題が深刻化しています。注意を喚起したいので、少し説明しておきます。

⑴　行為者の責任

　人の名誉を毀損する事実を掲示板に書き込んだ者や、そうした事実を含んだ情報をブログにアップした者に名誉毀損罪・侮辱罪が成立するのは当然です[55]。ただ、その掲示版やブログを閲覧できる人の範囲を限定している場合は、公然性の要件に影響することが考えられます。

> 【事例 02】　被告人 X は、自らが開設したインターネット上のホームページに、フランチャイズによる飲食店の加盟店の募集及び経営指導等を業とする A 会社はカルト集団である旨を記載した文章や、同社が会社説明会の広告に虚偽の記載をしている旨の文章を載せ、不特定多数の者に閲覧させた。

> 　この事案につき、**一審判決**は、「被告人は、インターネット上で情報を発信する際に、個人利用者に対して要求される水準を満たす調査を行った上、本件表現行為において摘示した事実がいずれも真実であると誤信してこれらを発信したものと認められ、結局、被告人が摘示した事実が真実でないことを知りながら発信したとも、上記の調査をせず真実かどうか確かめないで発信したともみることはできないので、被告人に対して名誉毀損の罪責は問い得ない」としました。これに対し、**控訴審判決**[56]は、「被害者に反論の可能性があることをもっ

---

53)　刑事訴訟法 230 条、231 条。
54)　刑事訴訟法 233 条。なお、同法 234 条も参照。
55)　自ら書き込んではいませんが、その書き込みを共有にし、あるいは「こんな記事が載っているよ」と転送して、拡散させた者は、本罪の正犯ではないとしても、片面的従犯を肯定するならば従犯が成立する可能性があります。

て最高裁大法廷判決が判示している基準を緩和しようとするのは、被害者保護
に欠け、相当でない」として破棄しました。

　最決平成 22 年 03 月 15 日（刑集 64 巻 2 号 1 頁、判時 2075 号 160 頁、判タ 1321
号 93 頁）は、「インターネットの個人利用者による表現行為の場合においても、
他の場合と同様に、行為者が摘示した事実を真実であると誤信したことについ
て、確実な資料、根拠に照らして相当の理由があると認められるときに限り、
名誉毀損罪は成立しないものと解するのが相当であって、より緩やかな要件で
同罪の成立を否定すべきものとは解されない」としました。

　一審判決は、いわゆる対抗言論の法理[57]を根拠に、名誉毀損罪の免責要
件を通常の紙媒体による表現活動等におけるものよりも緩和する考え方を示
しましたが、上訴審（控訴審・上告審）によって一蹴されてしまいました（>o<）。
本書によれば、一審判決は、正当化される表現活動の範囲を表現領域によっ
て相対化する思考法を採用しており、重要な問題提起をしました。

(2)　罪　質

　学説では、本罪は公然と事実を摘示した時点で既遂となり、同時に終了す
るとする状態犯説があります。しかし、事実の摘示がインターネット上に残っ
ている限り、名誉毀損・侮辱の危険性は増大・拡散し続けていますし、少な
くとも公然と事実を摘示する（230条）という行為は終了していないので、継
続犯説[58]が妥当でしょう。

　大阪高判平成 16・04・22（高刑集 57・2・1、判タ 1169・316）は、インターネッ
ト上の名誉毀損の被害者が、その摘示事実の存在を知ったときから 6 か月を超
えた時点で告訴した事案につき、被告人が、「名誉を毀損する記事をサーバーコ
ンピュータに記憶・蔵置させ、不特定多数のインターネット利用者らに閲覧可
能な状態を設定した」ことによって、「名誉に対する侵害の抽象的危険が発生し、
本件名誉毀損罪は既遂に達した」というべきであるが、その後、「サーバーコン
ピュータから削除されることなく、利用者の閲覧可能な状態に置かれたままで
あった」のであるから、「被害発生の抽象的危険が維持されていた」といえるから、
「既遂に達した後も、未だ犯罪は終了せず、継続している」のであり、被告人が
ホームページ管理者に対して、記事の削除を申し入れ、管理者も「これに異を

56）東京高判平成 21・01・30 刑集 64・2・93、判タ 1309・91。

57）高橋和之ほか編『インターネットと法』（第 4 版・2010 年）64 頁以下参照。

58）鎮目征樹「プロバイダ等の刑事責任」現代刑事 57 号（2004 年）17 頁以下、渡邊卓也『電脳空
　　間における刑事的規制』（2006 年）84 頁以下参照。

172 第11講 名誉に対する罪

唱えていなかった事実が認められる」ときは、「被告人が、自らの先行行為により惹起させた被害発生の抽象的危険を解消するために課せられていた義務を果たしたと評価できる」から、「被告人が上記申入れをした時点をもって、本件名誉毀損の犯罪は終了した」としました。

(3) プロバイダーの責任

インターネット上に、人の名誉を毀損する違法な内容の文章・記事等のコンテンツが掲載されているときに、その存在を知りながら削除せずに放置しているプロバイダーに、情報の直接発信者の名誉毀損罪・侮辱罪に対する不作為の正犯・共犯が成立するかが問題となります。

明白な名誉毀損の事実の掲載があり、しかも情報の直接発信者が削除要求を無視し続けている状況において、プロバイダーがその掲載事実を認識しながら、それを放置している場合には、管理者は、そうしたコンテンツを削除できる排他的な立場にいるのですから、不作為による従犯、場合によっては単独の正犯を認めることができるでしょう[59]。

今日の一言

不可能を可能にするのは
キミの智恵
それを駆動する情熱
それを継続する耐力

---

59) 渡邊卓也「犯罪の終了時期と公訴提起の時間的限界」姫路獨協大学・姫路法学 49 号（2009 年）267 頁以下、西田・122 頁参照。

第12講　信用及び業務に対する罪

01　保護法益・類型

　同じ章に規定されていますが、信用毀損罪の保護法益は、自然人、法人その他の団体の支払能力・支払意思に関する社会的信用がその中心にあり、人の経済活動に係る積極的な社会的信用を保護している点で財産に対する罪の性質を有し、同時に、社会的な信用という社会的評価を保護している点で名誉に対する罪の性質も有しています。

　これに対し、業務妨害罪の保護法益は、自然人、法人その他の団体が社会生活上の地位に基づき反復・継続して従事している事務の円滑な遂行がその中心にあり、人の経済活動・社会活動の円滑な遂行を保護している点で財産に対する罪の性質を有し、同時に、経済活動・社会活動の自由を保護している点で自由に対する罪の性質も有しています。

> ○信用毀損罪（233条前段）　　○業務妨害罪（233条前段・234条）
> ○電子計算機損壊等業務妨害罪（234条の2）

02　信用毀損罪（233条前段）

> 　虚偽の風説を流布し、又は偽計を用いて、人の信用を毀損した者は、3年以下の懲役又は50万円以下の罰金に処する。

(1)　要　件

> ①　人の信用であること〔客体〕
> ②　虚偽の風説を流布し又は偽計を用いること〔手段〕
> ③　人の信用を毀損すること〔行為・結果〕
> ④　故意があること〔故意〕

　①　**客　体**　客体は、人の信用です。**人**には、自然人、法人、法人格を有しない団体も含まれます。**信用**とは、人の経済活動に係る積極的な社会的信用、具体的には、人の支払能力・支払意思に対する社会的な信用です。

174 第12講 信用及び業務に対する罪

> 従来、信用とは、人の支払能力・支払意思に対する社会的な信用・信頼とする見解[1] が支配的でした。**最判平成 15・03・11**（刑集 57・3・293、判時 1818・174、判夕 1119・116）は、この見解を改め、「信用毀損罪は、経済的な側面における人の社会的な評価を保護するものであり、同条にいう『信用』は、人の支払能力又は支払意思に対する社会的な信頼に限定されるべきものではなく、販売される商品の品質に対する社会的な信頼も含む」とし、人の支払能力・支払意思、商品の品質に対する社会的信頼がそれに含まれるとしました。

> 学説では、判例よりも広く、人の技量等に対する社会的信用も含むとする見解[2] も主張されています。

　従来の支配的見解が信用の概念を限定したのは、それを広く解すると、一方で名誉毀損罪、他方で業務妨害罪との区別が曖昧になるのを懸念したからです。また、信用を毀損されると、業務妨害罪と同じく、人の経済活動に支障を来しますので、同じ条文に規定されているのです。「信用」という文言自体には支払能力・支払意思に限定する意味はありませんが、条文の位置・内容を考慮すると、名誉毀損罪が保護する社会的評価の中から、信用毀損罪は人の経済活動に関する社会的信用を取り出して保護していると考えられます。ですから、信用毀損罪の規定により、名誉毀損罪は人の人格的価値に関する社会的評価を保護することに縮限され、他方で、業務妨害罪は人の経済活動・社会活動の円滑な遂行を保護することになったのです。

　こうして、信用毀損罪の信用を、人の経済活動の基盤である経済的な能力・意思に対する社会的信用と解し、その中核には、人の経済的な支払能力・支払意思に対する信用があると考えるのは、名誉毀損罪・業務妨害罪との区別の観点からも合理的です。また、商品の品質をも含むと解するのは妥当ですが、人の能力・技量等は、人の経済活動に係るというよりも、その人の人格的価値に近いものですから、信用に含めるのは妥当でないと考えます[3]。

---

1) **大判大正 5・06・26** 刑録 22・1153（「第 233 条の虚偽風説の流布に依る信用毀損罪は、故意に虚偽の事実を伝播して人の支払資力又は支払意思に対する他人の信用に危害を加ふるに因て成立する」）、**大判大正 5・12・18** 刑録 22・1909、**大判昭和 8・04・12** 刑集 12・413（「刑法第 233 条に所謂信用毀損罪は、人の経済的方面に於ける価値、即ち人の支払能力又は支払意思に対する社会的信頼を失墜せしむるの虞ある行為を為すに依りて成立する」）、団藤・533 頁、大塚仁・154 頁、大谷・178 頁、中森・97 頁。
2) 西田・125 頁、山中・234 頁、高橋・180 頁、山口・154 頁、井田・174 頁。

②　手　段　本罪が成立するには、虚偽の風説を流布し、又は偽計を用いることが必要です。**虚偽**とは客観的真実に反することをいい、全くの虚偽である場合だけでなく、一部真実が含まれている場合でも構いません。**風説**とは噂のことであり、その出所・根拠等が曖昧かどうかは問いませんし、行為者自身が創作したかどうかも本罪の成否に影響しません[4]。**流布**とは、不特定又は多数の人に伝播させることをいい、文書によると口頭によるとを問いません。行為者自らが直接に不特定・多数の人に告知しなくとも、不特定・多数の人に伝播する可能性があることを予測して特定の人に告知した場合も、流布に当たります[5]。本罪で伝播性の理論が拒否されないのは、名誉毀損罪と異なり、公然性が要件とされていないからです。

偽計を用いるとは、行為者が自ら人を欺罔、誘惑する手段を用いること、又は行為者が人の錯誤・不知の状態を利用することをいいます[6]。

③　行為・結果　**毀損する**とは、人の経済的な能力・意思に対する社会的信用を低下させる行為をいいます。虚偽風説の流布、偽計の利用という手段を用いて人の信用を毀損する行為と、毀損結果との間に因果関係が必要です。

④　故　意　虚偽風説の流布、偽計の利用という手段を用いて人の信用を毀損することについて、故意が必要です。

(2)　罪　質

> **ⓐ　抽象的危険犯説**[7]——信用の毀損は、人の信用を低下させる虞のある状態

---

3)　大判大正5・06・01刑録22・854は、例えば、その所有船舶が暴風によって沈没し、財産上大損害を被ったとか、借財をしたという虚偽の風説を流布するのは、「現代の社会観念に照し、直ちに之を人の社会上の地位又は価値に侵害を加ふるものと断ずるを得」ないが故に、信用毀損罪を構成することはあるが、名誉毀損罪を構成することはないとしています。

4)　大判大正2・01・27刑録19・85（「虚偽の風説を流布し」とは、「虚偽の事項を内容とする風説を世上に伝播することを意味す。其風説が被告に依り創作せられたると否とは風説の虚偽なることに消長する所なし」）。

5)　大判昭和12・03・17刑集16・365（「被告人が虚偽の事実を告知したるは、所論の如く僅に3名のみとするも、延て其の者の口を借りて順次多数の人に伝播せらるる虞あること普通なれば、所謂流布たるを失なはざる」）。

6)　東京高判昭和48・08・07高刑集26・3・322、判時722・107、判タ301・278（偽計を用いるとは、「欺罔行為により相手方を錯誤におちいらせる場合に限定されるものではなく、相手方の錯誤あるいは不知の状態を利用し、または社会生活上受容できる限度を越え不当に相手方を困惑させるような手段術策を用いる場合をも含む」）。

7)　中森・86頁、西田・125頁、高橋・181頁、井田・174頁。

176　第12講　信用及び業務に対する罪

　　　　　　　を発生させることをいい、現実にこれを低下させる
　　　　　　　ことを要しない
　ⓑ　**具体的危険犯説**[8]——本罪は危険犯であるが、人の信用を低下させる現実
　　　　　　　の具体的危険の発生を必要とする
　ⓒ　**実害犯説**[9]——本罪は現実に人の信用を低下させることを要する実害犯で
　　　　　　　ある

　（抽象的・具体的）危険犯説は、信用毀損という結果について故意を要する
とすると、本罪成立の範囲が限定されて妥当でないし、信用毀損の結果を証
明するのは困難であることを根拠とします。しかし、本条は「毀損した」と
規定しており、名誉毀損に関する民事判例[10] の集積を考慮して、実害犯と
解すべきです〔**実害犯説**〕[11]。

(3)　罪数・他罪との関係

　虚偽風説を流布し、かつ、偽計を用いて、人の信用を毀損した場合は、包
括して1つの信用毀損罪が成立します。また、人の経済活動の基盤である信
用は名誉から除かれているので、公然と虚偽の事実を流布して信用のみを毀
損した場合は、信用毀損罪が成立し、公然と虚偽の事実を流布する1つの行
為によって、信用と信用以外の名誉とを同時に毀損した場合は、名誉毀損罪
と信用毀損罪の観念的競合となります。

03　業務妨害罪 （233条後段・234条）

　　虚偽の風説を流布し、偽計を用い、又は威力を用いて、人の業務を妨害した
　者は、3年以下の懲役又は50万円以下の罰金に処する。

(1)　要　件

　①　人の業務であること〔客体〕
　②　虚偽の風説を流布し、偽計を用い、又は威力を用いること〔手段〕
　③　人の業務を妨害すること〔行為・結果〕

---

8) 団藤・533頁、福田・198頁、大塚仁・154頁、佐久間・156頁。
9) 内田・230頁、曽根・101頁、林・127頁、前田・141頁。
10) 最近のものとして、例えば、最判平成14・01・29裁判集民205・289、判時1778・56、判タ
　　1086・114、最判平成24・03・23裁判集民240・149、判時2147・61、判タ1369・121。
11)「そのおもちゃを毀損したら、処罰するよ」と言われた場合に、現実に毀損していないのに、「毀
　損する危険性」を発生させたから処罰されることはないですよね。

03　業務妨害罪（233条後段・234条）　177

④　故意があること〔故意〕

　①　**客　体**　**人**の**業務**とは、自然人、法人その他の団体が社会生活上の地位に基づき反復・継続して従事している事務をいい[12]、経済活動に関する事務だけでなく、広く社会活動に関する事務も含みます。

　業務性のポイントは、以下のとおりです。㋐**社会活動に関する事務**で足りますので、文化活動、経済活動も含まれます。㋑**報酬の有無を問いません**が、例えば、観光のためにするドライブ、娯楽のための狩猟など、娯楽として行う行為や、親の育児、家族による介護など、日常の家庭生活上の行為、生徒の学習活動、学生の勉学活動など、個人的活動の面が強い行為は除外されます。㋒**反復・継続的な事務**であることを要します。㋓違法であっても**事実上平穏に行われている業務**であれば足ります。

　　反復・継続性の要件について、判例では、例えば、株式会社の創立総会は「一の事業にして之を遂行するには継続して従事することを要すべき性質のもの」であること[13]、政党の結党大会は「結党大会準備委員会の結党大会運営に関する事務は「検討準備着手の時から結党完了の時まで継続して行われるべき要素を備えている」こと[14]を根拠に、それぞれ業務性が肯定されましたが、ある団体の結成式は「一回的一時的なものであつて、何ら継続的な要素を含まない」ことを根拠に業務性が否定されました[15]。これに対し、**神戸地判昭和49・10・11**（刑裁月報6・10・1031）は、「継続性の要件は保護の目的である人の社会生活そのものが果して保護に値するか否かを判断する際にはじめて要求されるに留まり、人の社会生活が、例えば会社、大学、一般商店等のように、その社会的存在そのものとして当然保護の目的とされるに値すると見得る場合には個々の業務において継続性をとりたてて問題にする必要はない」としました。
　　また、判例は、耕作する権限のない者の行っていた田植え行為[16]、知事の許可を受けていない者の営む浴場営業[17]、行政取締法規に違反するパチンコの景品を相当価格で売買する行為[18]に業務性を肯定しており、必ずしも適法であることを要しないとしています。

12）　大判大正15・02・15刑集5・30。
13）　大判大正10・10・24刑録27・643。
14）　東京高判昭和37・10・23高刑集15・8・621、判時326・33。
15）　東京高判昭和30・08・30高刑集8・6・860、判タ53・55。
16）　東京高判昭和24・10・15高刑集2・2・171。
17）　東京高判昭和27・07・03高刑集5・7・1134。
18）　横浜地判昭和61・02・18判時1200・161、最決平成14・09・30刑集56・7・395〔百選Ⅱ・24〕。

② **手 段** 虚偽の風説の流布にいう**虚偽**とは客観的真実に反することをいい、一部真実が含まれている場合でも構いません。**風説**とは噂・評判のことであり、その出所・根拠等が曖昧であるかどうかは問いませんし、行為者自身が創作したものか否かも本罪の成否に影響しません[19]。**流布**とは、不特定又は多数の人に伝播させることをいい、文書でも口頭でも構いません。本罪は公然性が要件となっていませんので、行為者自らが直接に不特定・多数の人に告知しなくとも、不特定・多数の人に伝播する可能性があることを予測して特定の人に告知した場合も、流布に当たります[20]。

偽計を用いるとは、行為者が自ら人を欺罔、誘惑する手段を使うこと、又は行為者が人の錯誤・不知の状態を利用することをいいます[21]。他人の適正な判断又は業務の円滑な遂行を誤らせるに足りる程度の手段・方法であれば、公然と相手方に障害物・妨害状態の存在を誇示する態様でなくても構いません。また、直接に人に向けられているものに限定されないので、目に見えない態様でなされることで足り、詐欺罪における欺罔行為よりも広い概念です。

威力を用いるとは、人の自由意思を制圧するに足りる勢力を示すことをいい[22]、必ずしも直接に業務者に対してなされる必要はありません[23]。しかし、人の意思を制圧するに足りる行為である必要があるので、公然と相手方に障害物・妨害状態の存在を誇示する態様でなされる必要があります。威力を用いる行為は、暴行・脅迫の概念よりも広いことに注意してください。

判例の一般的傾向としては、外面から容易にうかがい知ることができない態様において障害物を置く行為は**偽計**、外面からうかがい知ることができる態様において障害物を置く行為は**威力**とする傾向にあります[24]。

---

19) 大判大正 2・01・27 刑録 19・85。
20) 大判昭和 12・03・17 刑集 16・365。
21) 東京高判昭和 48・08・07 高刑集 26・3・322、判時 722・107、判タ 301・278。
22) **小松製作所事件・最判昭和 28・01・30** 刑集 7・1・128（威力とは「犯人の威勢、人数及び四囲の状勢よりみて、被害者の自由意思を制圧するに足る犯人側の勢力」）。
23) **古河雨竜事件・最判昭和 32・02・21** 刑集 11・2・877（「威力を用い」とは、「一定の行為の必然的結果として、人の意思を制圧するような勢力を用いれば足り、必ずしも、それが直接現に業務に従事している他人に対してなされることを要しない」）。
24) 大判大正 3・12・03 刑録 20・2322。

03 業務妨害罪（233条後段・234条） 179

◇**偽計** 漁場の海底に障害物を沈めておき漁網を破損させた行為[25]／ある新聞の購読者を吸収しようと、自ら経営する新聞をそれに酷似させて発行した行為[26]／駅弁立売業者の駅弁が不潔である旨の虚偽の内容の葉書を鉄道局に有した行為[27]／虚偽の仮処分申請書を提出して得た家屋明渡しの仮処分命令を執行して営業を不能にした行為[28]／物品購入等の虚構の注文をし、徒労の物品配達を行わせる行為[29]／約3ヵ月の間に約970回にわたり中華そば店に無言電話をかけた行為[30]／有線放送用電線を秘かに切断撤去した行為[31]／マジックホンと称する電気機器を加入電話の回線に取り付けた行為[32]／計器ボックス内の電線を抜き出し切断し、実際の使用電力量より少ない電力量を支持するように工作する行為[33]／店舗に陳列されている寝具に縫針を差し込んだ行為[34]／虚偽の通報をして海上保安庁職員を出動させ、徒労の業務を行わせた行為[35]／銀行の現金自動預払機を利用する客のカードの暗証番号等を盗撮する目的で、盗撮用ビデオカメラを設置するため、銀行支店出張所で約1時間50分間にわたって現金自動預払機を占拠し続けた行為[36]／インターネット掲示板に虚構の無差別大量殺人の実行を予告する書き込みをした行為[37]

◇**威力** 営業中の商家の表側のほとんどに板囲いをして営業不能にした行為[38]／電車の運転手を強打して電車の操縦を妨げる行為[39]／食堂にシマヘビ20匹を撒き散らした行為[40]／競馬場に釘を撒き散らして競馬挙行を妨げた行為[41]／弁護士業務にとつて重要な書類が在中する鞄を奪取し隠匿し

25) 大判大正3・12・03刑録20・2322。
26) 大判大正4・02・09刑録21・81。
27) 大判昭和3・07・14刑集7・490。
28) 大判昭和15・08・08刑集19・529。
29) 大阪高判昭和39・10・05下刑集6・9=10・988。
30) 東京高判昭和48・08・07高刑集26・3・322、判時722・107、判タ301・278。
31) 大阪高判昭和49・02・14刑裁月報6・2・118、判時752・111、判タ312・285。
32) 最決昭和59・04・27刑集38・6・2584、判時1119・160、判タ531・149〔百選Ⅱ・25〕、最決昭和61・06・24刑集40・4・292〔百選Ⅰ・17〕。
33) 福岡地判昭和61・03・03判タ595・95。
34) 大阪地判昭和63・07・21判時1286・153。
35) 横浜地判平成14・09・05判タ1140・280。
36) 最決平成19・07・02刑集61・5・379、判時1986・156、判タ1252・169〔百選Ⅱ・18〕。
37) 東京高判平成21・03・12高刑集62・1・21、判タ1304・302、東京高判平成25・04・12東高時報64・103。
38) 大判大正9・02・26刑録26・82。
39) 大判大正14・02・18刑集4・54。
40) 大判昭和7・10・10刑集11・1519。
41) 大判昭和12・02・27法律新聞4100・4。

180　第12講　信用及び業務に対する罪

> た行為 [42]／被害者の事務机引き出し内に赤く染めた猫の死骸を入れてお
> くなどした行為 [43]／弁護の周囲を取り囲み、ベルト等を掴んで法廷への
> 出頭を妨害した行為 [44]／国体のある競技会の開会式中に、センターポー
> ルに形容されていた日の丸旗を引き降ろし、点火して球場内の人々に見
> せるなどし、その半分を焼失させた行為 [45]／選挙の立候補届出受理の際
> に、突如大声を発し、ボールペンを机上に叩きつけて怒号した行為 [46]／
> インターネットの掲示板に、文化センターで開催予定の講座について、「文
> 化センターを血で染め上げる」、「教室に灯油をぶちまき、火をつける」
> などと書き込んだ行為 [47]／街宣車を使って、被害会社・同代表者を誹謗
> 中傷する内容の文言を繰り返し大音量で流した行為 [48]／卒業式の直前に、
> 参列している保護者らに向けて大声で呼びかけを行う行為 [49]

　③　**行為・結果**　人の**業務を妨害する**とは、人の業務の円滑な遂行に外形
的な混乱・支障を生じさせる行為をいい、業務の遂行そのものを妨げる場合
だけでなく、業務の経営を阻害する一切の行為を含みます [50]。本罪が成立
するには、業務妨害の行為、結果、及び、業務妨害行為と結果との間に因果
関係が必要です。

　例えば、替え玉受験や試験での不正行為によって、試験の成績に虚偽の内
容を混入させ、試験結果を不公正なものにする行為は、試験成績・試験結果
という個別の業務に関する業務者の判断を歪めはしますが、試験業務の円滑
な遂行そのものに外形的な混乱・支障を生じさせるわけではありませんので、
本罪は成立しません [51]。

　④　**故　意**　虚偽風説の流布、偽計・威力の利用を手段とする業務妨害の
行為、業務妨害の結果、及びその因果関係について故意を要します。

42）最決昭和 59・03・23 刑集 38・5・2030、判時 1121・142、判タ 532・135。
43）最決平成 4・11・27 刑集 46・8・623、判時 1441・151、判タ 804・83。
44）東京高判平成 6・08・05 判時 1519・149。
45）福岡高裁那覇支部判平成 7・10・26 判時 1555・140、判タ 901・266。
46）大阪高判平成 9・02・13 判時 1704・171、判タ 979・245。
47）東京高判平成 20・05・19 東高時報 59・1=12・40。
48）東京高判平成 21・05・11 東高時報 60・50。
49）都立板橋高校事件・最判平成 23・07・07 刑集 65・5・619、判時 2130・144、判タ 1358・73。
50）大判昭和 8・04・12 刑集 12・413。
51）西田・130 頁、中森・75 頁、曽根・75 頁、高橋・195 頁、松原・160 頁。

04 電子計算機損壊等業務妨害罪（234条の2）　181

(2) 罪　質

ⓐ	**抽象的危険犯説**[52]	——妨害結果の発生は不要であり、業務を妨害するに足りる行為があれば足りる
ⓑ	**具体的危険犯説**[53]	——危険犯であるが、業務を具体的に妨害する虞のある状態を生じさせることを要する
ⓒ	**実害犯説**[54]	——本罪は現実に業務を妨害する結果が必要である

　危険犯説は、業務妨害行為の有する危険に着目する**行為危険説**と、業務妨害結果を惹起する危険に着目する**結果危険説**に分けることができます。本書によれば、本罪は、人の経済活動・社会活動の円滑な遂行を妨害する実害結果を要する**実害犯**です。危険犯説は、業務妨害結果について故意を要すると、本罪成立の範囲が限定されて妥当でないこと、業務妨害結果を証明するのは困難であることを根拠とします。しかし、本条は「妨害した」と規定していること、名誉毀損罪におけるよりも、より客観的な判断が可能であることから、実害犯と解すべきです[55]。

(3) 罪　数

　数個の偽計及び威力を用いて同一の業務を妨害したときは、233条と234条の両条の罪に当たる単純一罪となります[56]。同一の行為によって他人の信用を毀損すると同時に業務を妨害するときは、両罪の観念的競合です。

04　電子計算機損壊等業務妨害罪 （234条の2）

　人の業務に使用する電子計算機若しくはその用に供する電磁的記録を損壊し、若しくは人の業務に使用する電子計算機に虚偽の情報若しくは不正な指令を与え、又はその他の方法により、電子計算機に使用目的に沿うべき動作をさせず、又は使用目的に反する動作をさせて、人の業務を妨害した者は、5年以下の懲役

---

52) 判例（大判昭和11・05・07刑集15・573、小松製作所事件・最判昭和28・01・30刑集7・1・128）、井田・176頁。

53) 佐伯千仭・136頁、団藤・538頁、福田・201頁、大塚仁・159頁、西原・285頁、藤木・251頁、佐久間・156頁。

54) 通説です。

55) さらに、名誉毀損罪・信用毀損罪は危険犯であるが、業務妨害罪では、業務妨害結果の証明が困難・不可能といった事情はなく、ある程度客観的に判断できることを根拠に、実害犯とする見解もありますが、証明の難易で危険犯かどうかを決めることに説得力はありません。

56) 福岡高判昭和33・12・15高裁刑事裁判特報5・12・506。

182　第12講　信用及び業務に対する罪

> 又は 100 万円以下の罰金に処する。
> 　未遂も罰せられます（234 条の 2 第 2 項）

(1)　沿革・保護法益

　本条は、1987 年（昭和 62 年）に、コンピュータ犯罪に対処するために新設されました。通信・交通・金融・製造・医療等の分野における電子計算機の普及に伴い、従来、人の身体動作等によって遂行されていた業務の処理が、電子情報処理システムにより自動処理されるようになり、その結果、業務妨害の行為が、電子情報処理システムそれ自体に対する加害によってもなされるようになりました。これにより、広範囲の業務停滞、重大な業務妨害が発生し、かつ、これが市民生活にも深刻な影響を及ぼす虞が生じたので、電子情報処理システムの中心的存在である電子計算機に対する加害行為を手段とする新しい型の業務妨害罪を新設し、より重い法定刑を定めたのです。ですから、本罪は、通常の業務妨害罪の特別犯罪ということになります。

　本罪の**保護法益**は、自然人、法人その他の団体が社会生活上の地位に基づき反復・継続して従事している電子計算機による人の事務の円滑な遂行です。

(2)　要　件

> ①　電子計算機によって遂行される人の業務であること〔客体〕
> ②　㋐人の業務に使用する電子計算機もしくはその用に供する電磁的記録を損壊し、㋑人の業務に使用する電子計算機に虚偽の情報もしくは不正の指令を与える行為をし、㋒その他の方法による加害行為をすること〔行為〕
> ③　㋐電子計算機をして使用目的に沿うべき動作をさせないこと、又は、㋑電子計算機の使用目的に反する動作をさせること〔動作阻害〕
> ④　加害行為の結果、人の業務を妨害したこと〔結果〕
> ⑤　故意があること〔故意〕

　①　**客　体**　客体は、電子計算機によって遂行される人の業務です。**業務**は、自然人、法人その他の団体が、職業その他の社会生活上の地位に基づき反復・継続して従事している事務をいいますが、電子計算機を使用して遂行される業務に限定されます。電子計算機・電磁的記録は本罪の保護客体ではなく、加害行為の対象です。**人の業務に使用する電子計算機**は、人の業務において、それ自体が一定の独立性をもって、人に代わってある程度広範な情報処理を自動的に行うために用いられる電子計算機をいいます。例えば、自

動販売機、家電製品、電卓などの機械に組み込まれ、その構成部分になっているマイクロコンピュータは、ここでの電子計算機には含まれません[57]。

② **行　為**　損壊とは、電子計算機及びその電磁的記録を物理的に壊す行為のほか、例えば、ハードディスクのデータ消去など、その効用を喪失させる一切の行為を含みます。**虚偽の情報**とは、当該電子情報処理システムにおいて企図されている事務処理の目的からみて、その内容が客観的真実に反する情報をいい、**不正の指令**とは、当該電子情報処理の過程において与えられるべきでない指令をいい、**与える**とは、これら虚偽の情報・不正の指令を電子計算機に入力することをいいます。いわゆるコンピュータウイルスを投入し、動作を阻害する行為は、不正の指令に当たります。行為者自ら直接に行う直接正犯形態のほかに、プログラマー・事務員・オペレーターを使う間接正犯形態もあります。**その他の方法**とは、電子計算機の動作に直接影響を及ぼすような性質をもった行為をいい、例えば、電子計算機の電源切断、温度・湿度等の適正動作環境の破壊・変更、通信回線の切断、入出力装置等の付属設備の破壊、処理不能データの入力などです。したがって、オペレーター・事務員の拘束やコンピュータ室の占拠などのような、電子計算機の動作阻害に間接的な影響を与える行為は含まれません。

③ **動作阻害**　本罪が成立するには、加害行為によって、直接に電子計算機に動作阻害を発生させることが必要です。電子計算機の一部分を損壊しても、動作阻害に至ってない場合は本罪は成立せず、器物損壊罪が成立するにとどまります。動作阻害は、本罪の中間結果ともいうべきもので、具体的には、電子計算機をして使用目的に沿うべき動作をさせないこと、又は、電子計算機の使用目的に反する動作をさせることを意味します。

使用目的とは、電子計算機を使用している主体が、具体的な業務遂行の過程において、電子計算機による情報処理システムによって実現を企図している目的をいい、**使用目的に沿うべき動作**とは、電子計算機の使用目的に適合

---

57)　**福岡高判平成 12・09・21** 判時 1731・131、判タ 1064・229（パチンコ遊技台の電子計算機部分は、「一定の作業をあらかじめロムに書き込まれているプログラムどおりに作動させるにとどまり、その内容も比較的単純なもので、あくまでも当該機械の動作を制御するにとどまるもの」で、「自動販売機の電子計算機部分と同様に、個々のパチンコ遊技台の機能を向上させる部品の役割を果たしているにすぎない」から、「業務に使用する電子計算機」に該当しない）。

184　第12講　信用及び業務に対する罪

した動作をいい、電子計算機が情報処理のために行う入力・出力・検索・演算等に適合した動きをいいます。**使用目的に反する**動作とは、電子計算機の使用目的に背反する動作をいいます。

④　**結　果**　本罪が成立するには、加害行為によって電子計算機の動作阻害を生じさせ、その結果として、人の業務を**妨害する**ことが必要で、「加害行為─動作阻害─業務妨害」が因果関係で結ばれていることを要します。本罪は、「妨害した」の文言から明らかなように、**実害犯**です[58]。

⑤　**故　意**　電子計算機・電磁的記録の損壊、虚偽の情報・不正な指令の入力、その他の方法による加害行為をし、動作阻害を生じさせ、業務の円滑な遂行に混乱・支障を生じさせることについて、故意が必要です。

⑶　未遂・既遂

本罪は実害犯ですので、加害行為は行われたが、動作阻害の結果が発生しなかった場合や、動作阻害の結果が発生したが、業務妨害が生じなかった場合は、未遂にとどまります。また、他人の電子計算機を勝手に使ったり、情報を無権限でインプットしたりする行為のように、外形的な混乱・支障を現に発生させていない場合は、本罪は成立しません。

⑷　罪数・他罪との関係

本罪の罪数は、加害行為及び業務妨害の結果が規準となり、複数の加害行為により1つの業務を妨害したときは、単純一罪として処理されます。また、電子計算機を損壊して業務を妨害した場合は、器物損壊罪と本罪の観念的競合となりますし、電磁的記録を消去して業務を妨害した場合は、電磁的記録毀棄罪（258条・259条）と本罪の観念的競合となります。

> 　放送会社内に設置されたサーバコンピュータのハードディスク内に記憶・蔵置されていた天気予報画像のデータファイルを消去し、代わりに猥褻画像データファイルを送信してハードディスク内に記憶・蔵置させ、不特定・多数のインターネット利用者にこれを再生・閲覧させたときは、人の業務に使用する電子計算機の用に供する電磁的記録を損壊し、かつ、同電子計算機に虚偽の情報を与え、電子計算機に使用目的に反する動作をさせて、人の業務を妨害するとともに、猥褻な図画を公然と陳列したものであり、電子計算機損壊等業務妨害

58）通説です。具体的危険犯とするのは、大塚仁・166頁、

罪と猥褻図画公然陳列罪の観念的競合になるとしたもの[59]、農林水産省のインターネット・サーバコンピュータの掲示板に不正な書き込みをし、これにより、本件掲示板を表示させた者の使用するコンピュータに本件音楽を繰り返し流すような命令を送るというその使用目的に反する動作をさせ、同省の業務を妨害した行為は、電子計算機損壊等業務妨害罪を構成するとしたもの[60]があります。

05　公務と業務の関係

(1)　問題性

　公務と業務の関係に関する議論はやや複雑です（>_<）。ショクンは、公務は業務に含まれて業務妨害罪によっても保護されるのかをめぐる議論であることをまず押さえてください。

(2)　学説の状況

- ⓐ **積極説**[61]――公務のすべてが業務に含まれる
  - ○業務：通常の民間の業務＋すべての公務
  - ○公務：公務一般（強制力を行使する権力的公務か否かを問わず）
  - ＜根拠＞・現行刑法は、業務妨害罪の業務にも公務執行妨害罪の公務にも、何の限定も加えていない
  - ・公務執行妨害罪は、公務の妨害を国家作用の面から犯罪としたものであるが、公務を執行する個人の側からみれば、公務員としての個人の業務活動の面も有しているので、業務妨害罪の客体にもなるとすることに合理性がある
- ⓑ **消極説**[62]――公務と業務は異なり、すべての公務は業務から除外される
  - ○業務：通常の民間の業務のみ
  - ○公務：公務一般（強制力を行使する権力的公務か否かを問わず）
  - ＜根拠＞・公務執行妨害罪は国家法益に対する罪、業務妨害罪は個人法益に対する罪で、保護法益・行為態様が異なる
  - ・公務員は、私人と異なり、職務執行を担保しうる合法的な実力・強制力を有しており、暴行・脅迫の程度に至らない抵抗行為（威力・偽計）を容易に排除しうる
  - ・業務が虚偽風説の流布、偽計・威力の利用から保護されている

---

59) 大阪地判平成9・10・03判タ980・285。
60) 東京地判平成13・05・29判時1796・108（損害賠償請求事件）。
61) 無限定積極説ともいいます。植松・351頁、西原・285頁、大谷・143頁。
62) 吉川・115頁、伊達秋雄「公務執行妨害罪」『刑事法講座第4巻』（1952年）679頁。

186 第12講 信用及び業務に対する罪

のは、民間経営基盤の特別の脆弱性にあるのであって、民間業務との類似性や自力執行力の有無といった表面的な特徴を基準にして公務にも業務と同等の保護を与えるのは適当でない

ⓒ **限定積極説** [63]——強制力を行使する権力的公務は公務であるが、それ以外の公務は業務にも含まれて、二重に保護される

　○業務：通常の民間の業務＋強制力を行使する権力的公務以外の公務
　　⇒強制力を行使する権力的公務以外の公務は業務にも含まれる
　○公務：公務一般（強制力を行使する権力的公務とそうでない公務を問わず）
　＜根拠＞・公務が公共の福祉に資するものである以上、民間の業務よりも厚く保護されることに合理性がある
　　　　　・強制力を行使する権力的公務の場合は、暴行・脅迫の程度に至らない抵抗行為（例：偽計・威力）を排除する実力・強制力も有しているので、その種の妨害に対して保護する必要はないが、強制力を行使する権力的公務以外の公務は、一般私人の業務と何ら変わるところがなく、これが公務であるという理由だけで、業務妨害罪と法的保護に差異を設ける合理的根拠はない
　　　　　・強制力を行使する権力的公務以外の公務の場合は、暴行・脅迫の程度に至らない行為（例：虚偽風説流布・偽計・威力）によって妨害されやすいので、これを業務妨害罪で保護する必要がある

ⓓ **限定消極説** [64]——強制力を行使する権力的公務は公務であるが、強制力を行使する権力的公務以外の公務は業務に含まれ、公務執行妨害罪の保護対象から除外される

　○業務：通常の民間の業務＋強制力を行使する権力的公務以外の公務
　○公務：強制力を行使する権力的公務のみ
　＜根拠＞・強制力を行使する権力的公務以外の公務は、一般通常の業務と異ならず、これを公務ということだけで法的保護に差異を設ける合理的理由はない
　　　　　・強制力を行使する権力的公務は、暴行・脅迫に至らない抵抗行為を克服する実力を有しているので、そうした妨害から保護する必要はないが、強制力を行使する権力的公務以外の公務は暴行・脅迫に至らない抵抗行為によって妨害されやすいので、民間と同じくように保護する必要がある

ⓔ **修正限定積極説** [65]——強制力を行使する権力的公務は公務であり、強制力

---

63) 福田・199頁、大塚仁・158頁、内田・159頁、林・129頁、高橋・188頁、川端・257頁、佐久間・159頁、井田・177頁。

64) 団藤・536頁、中山・150頁、藤木・20頁、曽根・73頁、平川・208頁、中森・73頁、山中・237頁、伊東・98頁、萩原・59頁。

05 公務と業務の関係　187

　　　　　　　　　　を行使する権力的公務以外の公務は公務にも業務に
　　　　　　　　　　も含まれるが、自力排除力によって若干の修正を要
　　　　　　　　　　する
　　　○業務：通常の民間の業務＋強制力を行使する権力的公務以外の公務
　　　○公務：公務一般（強制力を行使する権力的公務とそうでない公務を問わず）
　　　　　　　　⇒強制力を行使する権力的公務は偽計によって妨害されることには
　　　　　　　　　無力なので、偽計業務妨害については積極説を採用し、偽計につ
　　　　　　　　　いては、強制力を行使する権力的公務も業務に含まれる
　　　＜根拠＞・強制力を行使する権力的公務以外の公務は、一般私人の業務と
　　　　　　　　　何ら変わるところはなく、これが公務であるという理由だけで、
　　　　　　　　　業務妨害罪と法的保護に差異を設ける合理的根拠はない
　　　　　　　・強制力を行使する権力的公務の場合は、通常、暴行・脅迫の程
　　　　　　　　　度に至らない抵抗行為を排除する実力・強制力を有しているので、
　　　　　　　　　その種の妨害に対して保護する必要はないが、偽計に対しては無
　　　　　　　　　力なので、業務に包括して保護するのが適当である

問題は、偽計・威力により公務の執行を妨害した場合です。

ⓐ　積極説⇒暴行・脅迫を手段としていないので業務妨害罪が成立
ⓑ　消極説⇒いずれの罪も不成立
ⓒ　限定積極説⇒権力的公務であればいずれの犯罪も不成立、権力的公務以外
　　　　　　　　の公務であれば業務妨害罪のみ成立
ⓓ　限定消極説⇒権力的公務であればいずれの犯罪も不成立、権力的公務以外
　　　　　　　　の公務であれば業務妨害罪のみ成立
ⓔ　修正限定積極説⇒権力的公務を妨害した場合に、威力を用いたときには公
　　　　　　　　　　務執行妨害罪は不成立であるが、偽計を用いたときには
　　　　　　　　　　業務妨害罪のみが成立し、権力的公務以外の公務を妨害
　　　　　　　　　　した場合に、暴行・脅迫を用いたときには公務執行妨害
　　　　　　　　　　罪が成立するが、偽計・威力を用いたときには業務妨害
　　　　　　　　　　罪のみが成立

(3)　判例の状況

　判例は戦後、大審院の消極説[66]を踏襲した時期もあったのです[67]が、**摩周**

---

65) 西田・128 頁、山口・161 頁。
66) **教育勅語事件・大判大正 4・05・21** 刑録 21・663（「村立小学校長が勅語謄本貴重物件を保管
　する職務は、公務員たる小学校長の公務に属するを以て刑法第 233 条の所謂業務に該当せず」）。
67) **理研小千谷工場事件・最大判昭和 26・07・18** 刑集 5・8・1491（「業務妨害罪にいわゆる業務
　の中には、公務員の職務は含まれないものと解するを相当とするから、公務員の公務の執行に対
　し、かりに、暴行又は脅迫に達しない程度の威力を用いたからといつて、業務妨害罪が成立する

188　第12講　信用及び業務に対する罪

丸事件・最大判昭和41・11・30（刑集20・9・1076、判時466・58、判タ200・136）で判例変更がなされ、旧国鉄の行う事業・業務の実態は、「運輸を目的とする鉄道事業その他これに関連する事業ないし業務であって、国若しくは公共団体又はその職員の行う権力的作用を伴う職務ではなく、民営鉄道のそれと何ら異なるところはない」のであるから、「国鉄の行う事業ないし業務は刑法233条、234条にいう『業務』の中に含まれる」と判示しました。この©説の考え方は、**マジックホン事件・最決昭和59・04・27**（刑集38・6・2584、判時1119・160、判タ531・149〔百選Ⅱ・25〕）で、旧電電公社の架設する電話回線において、発信側電話機に対する課金装置を作動させるため受信側から発信側に送出される応答信号の送出を、「マジックホンと称する電気機器を加入電話回線に取り付け使用」することによって妨害するとともに「発信側電話機に対する課金装置の作動を不能にした行為」は、「有線電気通信妨害罪……及び偽計業務妨害罪にあたる」とされ、また、**新潟県議会委員会室乱入事件・最決昭和62・03・12**（刑集41・2・140、判時1226・141、判タ632・107）では、「本件において妨害の対象となつた職務は、新潟県議会総務文教委員会の条例案採決等の事務であり、なんら被告人らに対して強制力を行使する権力的公務ではないのであるから、右職務が威力業務妨害罪にいう『業務』に当たる」とされ、さらに、**最決平成12・02・17**（刑集54・2・38、判時1704・169、判タ1025・128〔百選Ⅱ・23〕）では、公職選挙法上の選挙長の立候補届出受理事務は、「強制力を行使する権力的公務ではない」から、「233条、234条にいう『業務』に当たる」と表現されました。判例が、©限定積極説を採っているのは明らかです[68]。

　ただ、**新宿ホームレス退去妨害事件・最決平成14・09・30**（刑集56・7・395、判時1799・17、判タ1105・92〔百選Ⅱ・24〕）では、「本件において妨害の対象となった職務は、動く歩道を設置するため、本件通路上に起居する路上生活者に対して自主的に退去するよう説得し、これらの者が自主的に退去した後、本件通路上に残された段ボール小屋等を撤去することなどを内容とする環境整備工事であって、強制力を行使する権力的公務ではないから、刑法234条にいう『業務』に当たる」ところ、「道路管理者である東京都が本件工事により段ボール小屋を撤去したことは、やむを得ない事情に基づくものであって、業務妨害罪としての要保護性を失わせるような法的瑕疵があったとは認められない」としており、**権力的公務か否か**という要素に加えて**法的な要保護性**の要素にも言及している点は注目されます。

　また、©説を基本としながら、偽計の場合には、権力的公務も含めて公務のすべてを業務に含ませる©説を採用した判例もみられます。**東京高判平成21・**

と解することはできない」）。

68）**横浜地判平成14・09・05**判タ1140・280（海上保安庁職員の行政事務・パトロール業務・出動待機業務等の業務）。

05 公務と業務の関係 189

03・12（高刑集 62・1・21、判タ 1304・302）は、インターネット掲示板に無差別殺人を実行する旨の虚構予告をし、同掲示板を閲覧した者からの通報を介して、警察署職員らを出動、警戒等の徒労の業務に従事させ、その間、予告がなければ遂行されたはずの人の業務を妨害したとして偽計業務妨害罪で起訴された事案につき、「妨害された本来の警察の公務の中に、仮に逮捕状による逮捕等の強制力を付与された権力的公務が含まれていたとしても、その強制力は、本件のような虚偽通報による妨害行為に対して行使し得る段階にはなく、このような妨害行為を排除する働きを有しないのである。したがって、本件において、妨害された警察の公務（業務）は、強制力を付与された権力的なものを含めて、その全体が、本罪による保護の対象になる」としたのです。

(4)　本書の立場

　ⓐ説については、公務執行妨害罪と業務妨害罪の法定刑の上限が同じ 3 年であるので、この説では公務執行妨害罪の存在意義が失われてしまうこと、暴行・脅迫を手段とするか、虚偽風説流布・偽計・威力を手段とするかによって、同じ公務の妨害行為が国家法益に対する罪、個人法益に対する罪とされるのは奇妙ですし、強制力を行使する権力的公務に対して偽計・威力を用いた場合も業務妨害罪が成立することになるのは、明らかに文理に反します。ⓒ説については、95 条 1 項の文言からも明らかなように、公務は公務員の行う職務と解するのが素直な解釈ですし、同じ公務をその性質・内容によって振り分けることを現行刑法は考慮していません。また、この説によると、強制力を行使する権力的公務以外の公務が二重に保護され、しかも、その行為の手段によって国家法益に対する罪と個人法益に対する罪とに分かれていくのは適当でないこと、職務執行を担保しうる公務員の合法的な実力・強制力は、公務そのものに認められているのではなく、公務員自身に認められていると解されることなどの批判が可能です。ⓓ説については、やはり、暴行・脅迫を手段とするか、虚偽風説流布・偽計・威力を手段とするかによって、同じ公務の妨害行為が国家法益に対する罪と個人法益に対する罪とに分かれるのは奇妙です。そして、ⓔ説については、この説が主張する、「公務執行における強制力が無力だから業務に含めて法的に保護する」という解釈は、公務執行妨害罪・業務妨害罪の条文からは出てこないこと、この説は、結局のところ、妨害を刑法的に抑止する必要があるかという観点から公務と業務を分ける見解であり、法解釈の発想が逆転していて妥当でないなどの批判が可能です。

　本書は、**消極説**を妥当と考えます。そもそも業務妨害罪（233 条後段・234 条）は、旧刑法の「第 8 章　商業及び農工の業を妨害する罪」（267 条ないし 272 条）[69]を受け継ぐ形で改正されたのですが、そこでは、物品売買の営業、農

工業における業務が主に保護されていました。現行刑法は広く、人の経済活動・社会活動の円滑な遂行を保護していますが、いずれにおいても、直接的な暴行・脅迫に至らない虚偽風説流布・偽計・威力という間接的でソフトな手段による業務妨害を罰しています。それは、そうした場合に、直ちに公的機関による妨害排除の措置を期待できないからで、ひとたび経済活動・社会活動の円滑な遂行に混乱・支障が生じてしまうと、民間の業務であるだけに回復が難しく、場合によっては、その活動・営業の基盤に深刻な打撃を受けて原状回復が困難になってしまうこと、他方、公務の場合には、妨害排除を期待できる場合が多いですし、組織単位での公務活動であるだけに、原状回復が困難とか不可能という事態は考えにくいこと、したがって、立法者は暴行・脅迫に至らない手段による公務妨害を処罰する必要性を感じなかったと考えられます。両罪のこうした相違を無視し、「民間企業と類似した公務」、「自力排除力の有無」を根拠にして、公務も業務と均等に保護しようと技巧的な解釈をするのは、結局は、処罰の間隙を埋めるために文理を無視するもので、適切とは思われません。現行刑法の規定に処罰の間隙があり、それが耐え難いのであれば、主権者である国民にその点を説明し、国民（の代表者）の議論を経て改正の要否を決する手続を採るのが、民主主義の原則です [70]。

---

69) 例えば、旧刑法267条は、「偽計又は威力を以て穀類其他衆人の需用に欠く可からざる食用物の売買を妨害した者」（1項）、及び、「前項に記載したる以外の物品の売買を妨害した者」（2項）を、同269条は、「偽計又は威力を以て農工の業を妨害したる者」を、同272条は、「虚偽の風説を流布して、穀類其他衆人需用物品の価値を昂低せしめたる者」を罰していました。

70) こうした法解釈のゆがみを容認することは、単に日本語を乱すにとどまらず、解釈改憲を許すことに通じますし、立憲主義をも脅かしかねない毒牙ともなっているのです。

第13講 財産罪・総説

01 問題点

財産罪について、以下の点をあらかじめ説明しておきます。

① 財産罪の類型──財産罪にはどのような種類があるのか
② 財物・利益の意義──財物・財産上の利益とは何か
③ 奪取罪の保護法益──奪取罪の保護法益は何か
④ 領得意思──領得意思とは何か、どのような機能を果たしているのか、そもそも必要なのか
⑤ 占 有──刑法における占有はどのような意義か

02 財産罪の類型

```
□個別財産罪──財物罪──領得罪──直接領得罪──奪取罪──盗取罪
                                              └交付罪
                          └間接領得罪──横領罪──委託物横領罪
               └毀棄・隠匿罪                     └遺失物等横領罪
         └利得罪
□全体財産罪
```

(1) 個別財産罪・全体財産罪

① **個別財産罪**──個々の財物の所有・占有、債権、無体財産権など個別の財産を侵害
   例）窃盗罪（235条）、不動産侵奪罪（235条の2）、1項強盗罪（236条1項）、1項詐欺罪（246条1項）、1項恐喝罪（249条1項）、横領罪（252条）、遺失物等横領罪（254条）、盗品等に関する罪（256条）、毀棄・隠匿罪（258条以下）など
② **全体財産罪**──個別財産に対する罪以外で、全体の財産状態を侵害
   例）背任罪（247条）
   ＊2項強盗罪（236条2項）、2項詐欺罪（246条2項）、2項恐喝罪（249条2項）も全体財産罪としての性質を有する

(2) 財物罪・利得罪

① **財物罪**──財物を客体とする

192　第13講　財産罪・総説

　　　例）窃盗罪（235条）、1項強盗罪（236条1項）、1項詐欺罪（246条1項）、1
　　　　項恐喝罪（249条1項）など
　②　**利得罪**──財産上の利益を客体とする
　　　例）2項強盗罪（236条2項）、2項詐欺罪（246条2項）、2項恐喝罪（249条
　　　　2項）

(3)　領得罪・毀棄罪

　①　**領得罪**──財物・利益の経済的価値ないし効用を取得する
　　　例）窃盗罪（235条）、不動産侵奪罪（235条の2）、強盗罪（236条）、詐欺罪（246
　　　　条）、横領罪（252条）など毀棄罪以外
　②　**毀棄・隠匿罪**──財物・利益の経済的価値ないし効用を減却させる
　　　例）公用文書等毀棄罪（258条）、私用文書等毀棄罪（259条）、建造物損壊罪
　　　　（260条）、器物損壊罪（262条の2）、信書隠匿罪（263条）

(4)　直接領得罪・間接領得罪

　①　**直接領得罪**──他人の財物・利益の経済的価値・効用を直接に取得する
　　⑦　**奪取罪**──被害者の財産の占有を奪い行為者・第三者に占有を移転する
　　　　○盗取罪──被害者の意思に反して行為者・第三者に占有を移転
　　　　　例）窃盗罪（235条）、不動産侵奪罪（235条の2）、強盗罪（236条）
　　　　　　など
　　　　○交付罪──被害者の瑕疵ある意思に基づいて行為者・第三者に占有を
　　　　　移転
　　　　　例）詐欺罪（246条）、準詐欺罪（248条）、恐喝罪（249条）など
　　④　**横領罪**──被害者の占有から離れた他人の財産を領得する
　　　　○委託物横領罪──委託信任関係に基づいて他人が占有する財産を領得
　　　　　例）横領罪（252条）、業務上横領罪（253条）
　　　　○遺失物等横領罪──行為者以外の占有に属さない他人の財産を領得
　　　　　例）遺失物等横領罪（254条）
　②　**間接領得罪**──本犯に関与し、直接領得罪により領得された他人の財産を
　　　さらに領得する
　　　　例）盗品等に関する罪（256条）

03　財物・利益の意義

(1)　財　物

　①　**有体性の要否**　財物罪の「財物は有体物に限るか」という質問に対して、
Yesと答えるのが**有体物説**、Noと答えるのが**管理可能性説**です。

03　財物・利益の意義　193

　判例は、戦前から、一貫して（物理的）管理可能性説を採っています。**電気窃盗事件・大判明治36・05・21**（刑録9・874）は、「約言すれば、可動性及び管理可能性の有無を以て窃盗罪の目的たることを得べき物と否らざる物とを区別するの唯一の標準となすべきものとす。而して電流は有体物にあらざるも、五官の作用に依りて其存在を認識することを得べきものにして、之を容器に収容して独立の存在を有せしむることを得るは勿論、容器に蓄積して之を所持し、一の場所より他の場所に移転する等人力を以て任意に支配することを得べく可動性と管理可能性とを有するを以て優に窃盗罪の成立に必要なる窃取の要件を充たす」としています[1]。

ⓐ　**有体物説**[2]　財物：有体物（固体・液体・気体）に限られる
　　<帰結>　○ガス・蒸気——財物
　　　　　　×熱、光、水力、冷気、牛馬の牽引力、人の労働力、債権、
　　　　　　　情報——財物でない
　　<根拠>・民法85条の規定と同じく、刑法上の財物も有体物に限られる
　　　　　・罪刑法定原則の厳格解釈の要請からすれば、財物は有体物に
　　　　　　限られるのであり、その範囲を安易に拡大すべきではない
　　<245条の趣旨>本来電気は財物ではないが、刑法上の保護の必要性か
　　　　　　　　　ら財物と擬制したにすぎず、本条は例外規定
ⓑ　**（物理的）管理可能性説**[3]　財物：有体物のほか、可動性と物理的管理可能
　　　　　　　　　　　　　　　　　　性がある物を含む
　　<帰結>○ガス・蒸気、熱、光、水力、冷気、空気圧など——財物
　　　　　×牛馬の牽引力、人の労働力、債権、情報——財物でない
　　<根拠>・エネルギーのような無体物も刑法的保護の必要があり、電気
　　　　　　とそれ以外のエネルギーとで差を設ける実質的理由はない
　　　　　・刑法上財物であるためには、窃取・占有移転という侵害態様
　　　　　　に適合する性質を有していなければならないが、そのために
　　　　　　は、物理的方法によって管理可能で、その管理状態を移転で
　　　　　　きるものであれば足りる
　　　　　・刑法における財物概念は、刑法独自の処罰の必要性、可罰性
　　　　　　の観点から決すべきで、民法85条の規定と同じ解釈をすべき
　　　　　　必然性はない
　　<245条の趣旨>本来電気も当然に財物であるが、刑法上の保護の必要

---

1) この判決は、現行刑法245条の規定がなかった旧刑法時代のものですが、財物であるためには所持の可能性を規準に、㋐独立の存在を有し、五官の作用によってその存在を認識することができること、及び、㋑人力をもって任意に支配することができることを重視しています。
2) 通説です。
3) 旧通説です。団藤・548頁、福田・215頁、大塚仁・172頁、佐久間・173頁。

194 第13講 財産罪・総説

性を明らかにするための注意規定、例示規定

　立法者は明らかに有体物説を採り、245 条は特別の規定です。罪刑法定原則の厳格解釈の要請からいっても、財物は有体物と解するのが素直な文理解釈で、**有体物説**が妥当です。（物理的）管理可能性説では、窃盗罪等の成立範囲が拡散し、限界を不明確にしてしまいます。有体物ではないが刑法で保護すべきだというのであれば、立法手続を経てのことです。現に電気はそうしましたし、無体財産権等も特別刑法で保護されているのですから。

　② **価値の内容・程度**　財物の財産的価値が問題となります。

　主観的価値ですが、所有者・占有者にとって主観的な感情的価値はあるけれども、客観的な経済的交換価値がほとんどあるいは全く無い物は財物といえるでしょうか。例えば、金銭的な価値のない記念品、ボロボロになったラブレターや写真などです。また、客観的な経済的交換価値は認められないが、他人の手に渡った場合に悪用・濫用される虞のある、いわば**消極的価値**ある物は財物といえるのでしょうか。例えば、消印済の収入印紙、日銀が回収した破損日銀券などです。

財物である以上、民法上の慰謝料の対象となり得る程度に金銭的に評価できる物でなければならないし、所有者・占有者と物との主観的関係を基礎としつつも、客観的にみて金銭的に評価しうる物でなければならないことを根拠に、その物が人の物質的・精神的な欲望を満足させうる性質を有し、交換価値・使用価値を金銭的に評価しうる物でなければならないとする見解があります。

　主観的価値、消極的価値を有するにすぎない物であっても、所有権の目的物として刑法的保護に値する物であれば足ります[4]。

◇財物性肯定　　無効な約束手形[5]／偽造された借用証書[6]／書類、印鑑等政党の中央指令綴数 10 点[7]／支払期日が経過した無効の小切手[8]／使用済の乗車券[9]／消印済の収入印紙[10]

---

4) 判例・通説です。
5) 大判明治 43・02・25 刑録 16・256。
6) 大判大正元・12・20 刑録 18・1563。
7) 最判昭和 25・08・29 刑集 4・9・1585。
8) 最決昭和 29・06・01 刑集 8・6・787。
9) 大阪高判昭和 29・06・24 高裁刑事判決特報 28・148。
10) 最判昭和 30・08・09 刑集 9・9・2008、判タ 53・53。

◆**財物性否定**　　はずれ馬券 [11]

　価値の程度ですが、客観的な経済的交換価値がきわめて軽微で、一般的に
みて刑罰をもって保護する程度とは認められない物については、端的に財物
に当たらず、財産罪の法律要件該当性が否定されます。

◇**財物性肯定**　　価格 2 銭ほどの一塊の石 [12]／神社内に安置された木像 1 体と
　　　石塊 1 個 [13]
◆**財物性否定**　　すり行為によるメモ 1 枚 [14]／すり行為によるちり紙 13 枚 [15]
　　　／スリ行為による広告用パンフレット入りの封筒 [16]〔いずれも窃盗未遂〕

　③　**不動産**　**不動産**とは土地及びその定着物（民法 86 条 1 項）をいい、例え
ば、建物、その他の構築物、立木などです。

⑦　動産のみ　　例）窃盗罪（235 条）、遺失物等横領罪（254 条）、盗品等に関す
　　　　　　　　　る罪（256 条）、毀棄・隠匿罪（258 条以下）
⑦　不動産のみ　　例）不動産侵奪罪（235 条の 2）、建造物損壊罪（260 条）
⑦　動産・不動産の両方　　例）横領罪（252 条）、1 項詐欺罪（246 条 1 項）、1
　　　　　　　　　　　　　　　項恐喝罪（249 条 1 項）、1 項強盗罪（236 条 1 項）

　1960 年（昭和 35 年）に不動産侵奪罪（235 条の 2）が新設され、窃盗罪（235 条）・
強盗罪（236 条）などの盗取罪、遺失物等横領罪（254 条）について不動産は客
体でなくなりました。但し、利益強盗罪（236 条 2 項）の成立はありえます。
これに対し、盗取罪を除いた詐欺罪（246 条）・恐喝罪（249 条）などの奪取罪、
横領罪（252 条以下）、間接領得罪である盗品等に関する罪（256 条）、毀棄罪（258
条以下）などは、不動産も客体となります。

　④　**人の身体・臓器**　個人の尊厳により、人は権利主体として特別の価値
が認められており、所有権の対象とはなりません。しかし、臓器、組織等が
人体から切り離されたとき、例えば、摘出された臓器、散髪された髪、献血
された血液などは財物となりえます。しかし、移植術に使用される臓器は「臓
器の移植に関する法律」により売買が禁止され、未受精卵等を含め細胞は「再

11）札幌簡判昭和 51・12・06 刑裁月報 8・11＝12・525、判時 848・128。
12）大判大正元・11・25 刑録 18・1421。
13）大判大正 4・06・22 刑録 21・879。
14）大阪高判昭和 43・03・04 下刑集 10・3・225、判時 514・85、判タ 221・224。
15）東京高判昭和 45・04・06 東高時報 21・4・152、判タ 255・235。
16）東京高判昭和 54・03・29 東高時報 30・3・55、判時 977・136。

196　第13講　財産罪・総説

生医療等の安全性の確保等に関する法律」等により管理されていますので、現実に財産罪の客体となる場合は多くありません[17]。死体やその一部は、文化財その他特別の事由によって所有権の対象となっている場合を除いて、一般に財物ではなく、死体損壊等罪（190条）の対象となるにすぎません。

　⑤　**葬祭対象物**　例えば、死体・遺骨・遺髪・棺内収納物などの**葬祭対象物**は、死体損壊等罪（190条）の対象となりますが、例えば、それらを不法に窃取した場合、棺内収納物領得罪（190条）のほかに窃盗罪（235条）が成立するのか議論されています。

> 　**大判大正4・06・24**（刑録21・886）は、「刑法第190條及第191條ニ所謂死體トハ死者ノ祭祀若クハ紀念ノ爲メ墳墓ニ埋葬シ又ハ埋葬スベキ死體ヲ云ヒ、之ヲ損壊遺棄又ハ領得スルコトハ、公ノ秩序及善良ノ風俗ニ害アルヲ以テ、法律ハ禮拝所及墳墓ニ關スル罪ト題スル章下ニ右2條ノ規定ヲ設ケ、社會共同ノ利益ヲ保護スル爲メ之ヲ禁ジタルモノニシテ死體ヲ私權ノ目的タル一般ノ物ト同視シ、財産上ノ權利ニ關スル一個人ノ利益ヲ保護スル爲メ之ヲ禁ジタルモノニアラザレバ右2條ノ規定ニ背キ領得シタル死體ハ他人ノ財産權ヲ侵害スル不法行爲ニ因テ得タル贓物ナリト云フヲ得ズ」と判示しました。

　ⓐ　**肯定説**[18]　――葬祭対象物は、190条の客体であると同時に財物でもある
　　　　　　　　　　　⇒財産罪と棺内収納物領得罪（190条）の観念的競合
　　　＜根拠＞・その物が棺内収納物であるかどうかは客体側の事情であって、行為者からすれば、その物は財産的価値ある財物である
　　　　　　　・財産罪と棺内収納物領得罪は保護法益が異なるので、相互に排他的と考える必然性はないし、特に高価な棺内収納物に対する罪を190条のみで処理するのは刑の権衡を失する
　ⓑ　**否定説**[19]　――葬祭対象物は、190条の客体にすぎず、財物ではない
　　　　　　　　　　　⇒財産罪は成立せず、棺内収納物領得罪（190条）のみ成立
　　　＜根拠＞・刑法が死体・遺骨等を領得する行為を独立した犯罪類型とし、しかも財産罪よりも法定刑を軽く規定しているのは、これらの物を財産罪の客体から除外した趣旨である

---

17)　**東京高判昭和27・06・03**高刑集5・6・938（都が管理する戦災死亡者仮墳墓の改葬作業中に死体から脱落した金歯につき、「本件金歯は仮埋墳墓の改葬作業中死体より脱落したものである」から、「棺内に蔵置した物」ということもできず、「既に死体若くは遺骨とは別個独立して純然たる財物として死者の遺族の権利に属し明らかに所有権の対象となる」）。

18)　団藤・363頁、福田・217頁、内田・519頁。棺内収納物についてのみ占有離脱物横領罪の成立を認め、本罪との観念的競合を認めるのは、前田・428頁。

19)　通説です。

> ・棺内収納物は、蔵置された瞬間から、所有者・占有者にとって
> 財産的価値を喪失してもっぱら信仰的感情の対象となる

　所有者・占有者は、棺内蔵置物の財産的価値の面を後退させ、死者等への尊崇感情の対象としてそれを棺内に収納したのであり、この点を考慮して、刑法は、一般の財物とは異質であるとしてその財物性を否定しました。財産罪に比べて本罪の法定刑が軽いのは、その趣旨です。**否定説**が妥当です。

　⑥　**他人性**　財物は、所有権等の対象として人の所有に属していなければなりません。所有者が放棄した物や鳥獣保護区域内の鳥獣は**無主物**です。

> 　**最判昭和32・10・15**（刑集11・10・2597）は、河川の砂利等は、「流水の変化に伴ない移動を免れないので、その占有を保持するため他に特段の事実上の支配がなされない限り、右の事実だけでは刑法の窃盗罪の規定によつて保護されるべき管理占有が地方行政庁によつてなされているものと認めることはできない」とし、窃盗罪を否定しました。他方、**ロストボール事件・最決昭和62・04・10**（刑集41・3・221、判時1231・164、判タ637・91）は、ゴルフ場内の池の中に落ちたロストボールは、「無主物先占によるか権利の承継的な取得によるかは別として、いずれにせよゴルフ場側の所有に帰していたのであつて無主物ではなく、かつ、ゴルフ場の管理者においてこれを占有していた」というべきで、これを無断で1300個拾い集めた行為は窃盗罪となるとしました。

　では、覚醒剤、麻薬、阿片、銃砲刀剣類などのように、法令上、所轄官庁の免許・許可等のない限り、また指定証を交付された者でない限り、所持・保有が禁じられている**禁制品**は財物といえるでしょうか。法令上は、一般にこれを所持・保有する権利は認められていないので財産罪の客体とはなりえないとする否定説[20]もありましたが、現在は、奪取罪の保護法益は事実上の占有であり、禁制品についてもそれを侵害することが可能であること、禁制品であってもその没収には一定の法的手続を要するので、その限度では財物性を認めることができることを根拠に、肯定説が支配的です[21]。問題は、

---

20)　**大判明治42・11・09**刑録15・1536（「被告等の偽造したる公正証書の原本は無価値のものなるのみならず、所有権の目的物とならざるを以て、之を騙取するも詐欺取財罪を構成せざる」）など旧判例の立場でした。

21)　判例（**元軍用アルコール騙取事件・最判昭和24・02・15**刑集3・2・175〔「刑法における財物取罪の規定は人の財物に対する事実上の所持を保護せんとするもの」であって、「たとい刑法上その所持を禁ぜられている場合でも現実にこれを所持している事実がある以上社会の法的秩序を維持する必要からして、物の所持という事実上の状態それ自体が独立の法益として保護せられみ

198　第13講　財産罪・総説

禁制品の不法な所持者には、その禁制品を不法に奪取する行為者との関係で、保護されるべき権利・利益が認められるかです。

　⑦　**情報の財物性**　情報そのものは、財産的価値があるとしても、有体性・物質性を有しないので財物ではありません。もし情報が財物だとすると、ショクンが受験中に隣の学生の答案を盗み見る行為、電車内の隣の乗客が読んでいる本を盗み読む行為が、窃盗罪になってしまいます。情報そのものではなく、情報を化体した情報媒体、例えば、入試問題用紙、USB メモリー、SD カードなどの記録媒体が情報と一体となって財物性を獲得することがあります。

　　W 大学商学部入試問題漏洩事件・東京高判昭和 56・08・25（判時 1032・139、判タ 455・157）は、本件入試問題用紙は、「極めて厳重な管理体制のもとで印刷されるという機密性の高い重要な文書であつて、本来経済的な取引の対象となるものではないから、客観的な取引価格などはあり得ないものであるが、入学試験以前にこれを知りたいと欲する者の中には、多額の金員を支払ってでも、これを入手したいというもの」であり、「窃盗の客体たる財物に該当する」とし、**新薬産業スパイ事件・東京地判昭和 59・06・28**（刑裁月報 16・5=6・476、判時 1126・3〔百選Ⅱ・33〕）は、「情報の化体された媒体の財物性は、情報の切り離された媒体の素材だけについてではなく、情報と媒体が合体したものの全体について判断すべきであり、ただその財物としての価値は、主として媒体に化体された情報の価値に負う」とし、また、**住民基本台帳閲覧用マイクロフィルム窃盗事件・札幌地判平成 5・06・28**（判タ 838・268）は、本件住民基本台帳閲覧用マイクロフィルムは、「住民基本台帳のマスターファイルからその上に転記された住民の氏名・住所等の情報と一体不可分の関係にあり、右情報の価値をも包含して」おり、その「財物としての価値は前記のフィルム自体の価値を遥かに超えていることは明らかである。しかし、それは、あくまでも有体物たる本件マイクロフィルムの財物としての経済的価値が、それに化体された情報の価値に負うところが大きいということを意味するに過ぎない」のであって、「本件マイクロフィルムについて財物性を肯定することは、同フィルムを離れた情報それ自体の財物性を認めることを意味するわけではない」としています[22]。

だりに不正の手段によつて、これを侵すことを許さぬとする趣意である。」）・通説です。

22)　**産業スパイ事件・東京地判昭和 40・06・26** 下刑集 7・6・1319、判時 419・14（凸版に関する大日本印刷の機密情報〔贓物収受罪〕）、**東京地判昭和 55・02・14** 刑裁月報 12・1=2・47、判時 957・118（自分の勤務する会社の機密資料としての購読会員名簿〔窃盗罪〕）、**新潟鉄工事件・東京地判昭和 60・02・13** 刑裁月報 17・1=2・22、判時 1146・23、判タ 552・137（新しいコンピュータシステムを開発するための会社の機密資料〔業務上横領罪〕）、**綜合コンピュータ事件・東京地判昭和 60・03・06** 判時 1147・162、判タ 553・262（コンピューター・ソフトウェアの開発・販

⑵ 利　益

　財産上の**利益**とは、財物以外の財産的価値のある利益の一切をいい、例えば、所有権移転の意思表示[23]、債権の取得、労務の提供[24]、利率の増加などの積極的価値の増加だけでなく、債務の免除[25]、債務履行の延期[26]、抵当権の抹消[27]などの消極的価値の減少もこれに当たります。

　①　**移転性**　財産上の利益の存否の判断において、**移転性**を要するかが問題となります。例えば、暴行・脅迫を加えたり、騙したりして、タクシーや自動車に乗車させ、相手方に運搬させた場合、財産上の利益を取得したといえるかが問題となるのです。

> 　移転性を厳格に要求し、役務・サービスには移転性がないこと、役務・サービスが不正に取得されても、被害者は代金請求権を失うだけで、行為者が取得した利益と被害者が失った利益とに同一性が認められないことを根拠に、役務・サービスは財産上の利益に含まれないとする**消極説**[28]があります。
> 　これに対し、利益は観念的な存在なので移転性を要求するのは妥当でないこと、対価の支払を伴う役務・サービスの提供は利益性が認められることを根拠に、対価の支払いを伴う役務・サービスは財産上の利益に含めることができ、行為者の取得した利益と被害者が失った利益とは一応の対応関係にあるので、被害者に財産上の損害を認めることができるとする**積極説**[29]が支配的です。

> **【事例01】**　刑法の勉強が好きなＡ大学学生Ｘは、Ｋ大学学生の友人ＢがＳ教
> 　　　　　　授の刑法の授業の話しをするので、一度聴講してみたくなり、Ｋ大学

売等を目的とする会社が開発した新聞販売店購読者管理システムのオブジェクトプログラム（本件プログラム）を磁気により記録したフロッピーシート〔背任罪〕）、**東京地判昭和62・09・30**判時1250・144（百貨店の顧客名簿が入力された磁気テープ〔窃盗罪〕）、**城南信用金庫不正告発事件・東京地判平成9・12・05**判時1634・155（信用金庫事務センターのホストコンピュータに電磁的に記録・保存されている預金残高明細等をアウトプットさせて、同信用金庫支店備付けの所定の用紙に印字した書類〔窃盗罪〕）。

23) 大判明治44・12・04刑録17・2095。
24) 朝鮮高等法院大正11・09・21法律評論11刑法300。
25) 大判明治43・06・07刑録16・1064。
26) 大判明治45・04・22刑録18・496。
27) 大判明治42・11・15刑録15・1622。
28) 内田・273頁、町野・133頁など少数説です。この見解によると、役務・サービスは財産上の利益には当たりませんが、役務・サービスの対価の支払を免れた場合には財産上の利益を得たことになり、2項財産罪が成立する余地があり、**債務免脱説**といいます。なお、山口・247頁も参照。
29) **有償役務説**といい、通説です。

キャンパスに入り、Ｓ教授の講義を聴講した〔他大学聴講事例〕。
【事例 02】　Ｙは、仕事帰りで非常に疲労していたので、下肢が不自由なふりをし、車で通りかかったＡに自宅まで送ってもらった〔欺罔運搬事例〕
【事例 03】　Ｚは、路上で、往来する不特定・多数の人に向かって、「被災者に支援を！」と嘘を言い、多くの人から金銭、物品、役務・サービスの寄付をしてもらった〔詐欺寄付事例〕。

　②　**具体性・確実性**　次に、**具体性・確実性**を要するかが問題となります。例えば、債権者を欺罔して自ら負担している債務を免除させ、あるいは債務の履行期を延期させた場合、財産上の利益を取得したといえるか問題となるのです。この場合、財産上の利益を取得したといえるためには、単に一時的に債務を免れたとか、履行を免れたとかでは足りず、財物移転と同視しうるような具体性・確実性が必要とされています。

　利益の具体性・確実性に関し、**神戸地判平成 17・04・26**（判時 1904・152、判タ 1238・343）は、会社の経営権等の取得を目的として当該会社の実質的経営者を殺害した事案につき、「『経営上の権益』などというものについて、包括的な承継が全く観念できない訳ではないとしても、本件においては、被害者を殺害すること自体によって、それが行為者に移転するという関係を想定することは困難である」ことから、本件の事実関係のもとでは、「『経営上の権益』は刑法 236 条 2 項の『財産上の利益』に当たらない」としました。また、支払猶予に関し、**最判昭和 30・04・08**（刑集 9・4・827、判タ 51・43〔百選Ⅱ・56〕）は、「債権者がもし欺罔されなかったとすれば、その督促、要求により、債務の全部または一部の履行、あるいは、これに代りまたはこれを担保すべき何らかの具体的措置が、ぜひとも行われざるをえなかったであろうといえるような、特段の情況が存在したのに、債権者が、債務者によって欺罔されたため、右のような何らか具体的措置を伴う督促、要求を行うことをしなかったような場合にはじめて、債権者は一時的にせよ右のような結果を免れたものとして、財産上の利益を得たものということができる」とし、債務免除に関し、**最決昭和 30・07・07**（刑集 9・9・1856、判時 57・29、判タ 53・48〔百選Ⅱ・52〕）は、「刑法 246 条 2 項にいわゆる『財産上不法の利益を得』とは、同法 236 条 2 項のそれとはその趣を異にし、すべて相手方の意思によって財産上不法の利益を得る場合をいうものである。従って、詐欺罪で得た財産上不法の利益が、債務の支払を免れたことであるとするには、相手方たる債権者を欺罔して債務免除の意思表示をなさしめることを要するものであって、単に逃走して事実上支払をしなかっただけで足りるものではない」としました[30]。

③　**利益取得の時点**　また、**利益取得の時点**が未遂・既遂として問題となります。例えば、被害者を脅迫して債務負担の約束をさせ、あるいは被害者を騙して土地所有移転の意思表示をさせた場合、それだけで2項財産罪の既遂となるか議論されているのです。

> 　大判大正11・12・15（刑集1・763）は、立木を騙取する目的で、その所有者を欺罔し、売渡契約を締結させた事案につき、「之に因り其の立木の所有権は直に犯人に移転することあるべしと雖」も、「犯人に於て現実に之が引渡を受け若は他人の土地に於て立木を所有することを得べき権利取得の登記を為すに非ざれば、其の詐欺は既遂罪を構成せざる」としました[31]。しかし、**最決昭和43・10・24**（刑集22・10・946、判時537・86、判タ228・162）は、いわゆる詐欺賭博の事案につき、「被告人らが詐欺賭博を行ない賭客となつた被害者を欺罔し同人をして被告人ら共犯者の一人である原審相被告人に対し金139万円を支払うべき債務を負担させたものであるから刑法第246条第2項の罪が成立する」とした原判決を維持しました[32]。

　例えば、金銭・物品などの財物を騙取するために欺罔行為を行ったところ、相手方がその財物を引き渡す約束をした場合、判例は、その時点で、行為者は財物の引渡しを受けるべき権利を取得し、相手方はその債務を負担させられたのであるから、2項詐欺罪は既遂になるとしますが、妥当ではありません。判例は、1項詐欺罪の未遂を2項詐欺罪の既遂に格上げし、1項詐欺罪と2項詐欺罪の区別を曖昧にしているだけでなく、利益概念を拡散させて財物概念との区別を困難にしているからです。条文上は、1項犯罪が先に規定されているのですから、1項犯罪の認定を優先させ、それが否定されたとき

---

30)　**大阪高判昭和44・08・07**刑裁月報1・8・795、判時572・96、判タ242・307〔百選II・53〕（詐欺利得罪は、「被欺罔者が日本国有鉄道のような組織体の一職員であつて、被欺罔者のとった処置により当然にその組織体の他の職員から有償的役務の提供を受け、これによつて欺罔行為をした者が財産上の利益を得、または第三者をして得させる場合にも成立する」）、**最決昭和61・11・18**刑集40・7・523、判時1216・142、判タ626・93〔百選II・39〕（「被告人による拳銃発射行為は、Bを殺害して同人に対する本件覚せい剤の返還ないし買主が支払うべきものとされていたその代金の支払を免れるという財産上不法の利益を得るためになされたことが明らかであるから、右行為はいわゆる二項強盗による強盗殺人未遂罪に当たる」）。

31)　同旨なのは、**大判大正12・02・13**刑集2・52（詐欺利得罪が成立するには、「相手方をして権利の放棄、債務の約束其の他財産上の利益を授与すべき特定の行為を為さしめ、欺罔者又は第三者に於て之に因りて事実上利益を取得したる事実の存在を必要とし」）。

32)　同旨なのは、**最決昭和34・03・12**刑集13・3・298（債務者が債権者を欺罔し債務の弁済の猶予を得たときは、詐欺利得罪〔246条2項〕が成立する）。

202 第13講 財産罪・総説

に2項犯罪の認定を行うのが妥当な解釈ですし、1項財産罪と2項財産罪の区別を明確にする解釈です[33]。

04 奪取罪の保護法益

(1) 問題点

奪取罪の保護法益は何でしょうか。ショクンは、窃盗罪（235条）を念頭に考えてみてください。

(2) 判例の状況

> ① **本権説から**　大審院は、本権説を採っていました。例えば、**恩給年金証書回復事件・大判大正7・09・25**（刑録24・1219）は、恩給年金帯有者が恩給法に違反してその証書を債権担保として債権者に交付した後、債権者の意に反してその証書を取り戻した事案につき、242条・251条の規定は、「占有者が適法に其占有権を以て所有者に対抗し得る場合に限りて適用せらるべきものにして、此の如き対抗権の存せざる場合に於ては、此規定に依り占有者を保護し所有者を処罰すべき理由を存せず」として窃盗罪・詐欺罪の成立を否定しましたし、**大判昭和5・05・26**（刑集9・342）は、債務の弁済を受ける権利を有する債権者が債権取立てに際して数人と共同して脅迫を行った事案につき、「其の権利実行の為恐喝手段を施用するも恐喝罪と成らざるは、該罪の構成要件の一たる財産に関する不法利益の要件を欠缺するが為」であり、「蓋し権利の行使は法律の認むる範囲内に於てのみ為すべきものなること勿論なれば、其の範囲を超越して為したる行為にして罰条に触るる場合は、其の触れたる限度に於て権利の行使に属せず、犯罪行為を組成すればなり」として集団恐喝罪ではなく集団脅迫罪（暴力行為等処罰ニ関スル法律1条）を認めるにとどめました。

> ② **占有説へ**　戦後、最高裁は、占有説へと大きく舵を切ります。例えば、禁制品である隠匿物資の元軍用アルコールを騙取した事案に関する**元軍用アルコール騙取事件・最判昭和24・02・15**（刑集3・2・175）は、「刑法における財物取罪の規定は人の財物に対する事実上の所持を保護せんとするもの」であるとして、詐欺罪の成立を認めました[34]し、**国鉄公傷年金証書騙取事件・最判昭和34・08・28**（刑集13・10・2906、判時199・7）は、国鉄公傷年金受給者が法令上禁止されているにもかかわらずその証書を債権担保として債権者に差し入れ

---

33) 大谷・281頁、曽根・150頁、高橋・212頁。

34) 同旨なのは、**最判昭和24・02・08**刑集3・2・83（盗品を運搬中の者に警察官であるかのような虚偽の事実を申し向けて盗品を喝取した事案〔恐喝罪〕）、**最判昭和25・04・11**刑集4・4・528（不法に所持する占領軍物資を喝取した事案〔恐喝罪〕）。

た後、債権者を欺罔してその証書を交付させた事案につき、「詐欺罪の規定は、必ずしも財産的損害を生ぜしめたことを問題とせず、むしろ、個々の財物に対する事実上の所持それ自体を保護の対象としていると解すべき」ところ、「自己の所有にかかる国鉄公傷年金証書を担保として同人に差入れたことが無効であるとしても、同人の右証書の所持そのものは保護されなければならないのであるから、欺罔手段を用いて右証書を交付させた被告人の判示所為が刑法 242 条にいわゆる『他人ノ財物ト看做』された自己の財物を騙取した詐欺罪に該当する」とした原審判決を維持するとともに、大審院時代の恩給年金証書回復事件・大判大正 7・09・25（刑録 24・1219）を変更することを明らかにしました。そして、**買戻約款付自動車引揚事件・最決平成元・07・07**（刑集 43・7・607、判時 1328・151、判タ 711・199〔百選 II・26〕）は、買戻約款付自動車売買契約により自動車金融をしていた貸主が、買主の買戻し権喪失により自動車の所有権を所得した後、借主の事実上の支配内にある自動車を無断で引き揚げた事案につき、「被告人が自動車を引き揚げた時点においては、自動車は借主の事実上の支配内にあつたことが明らかであるから、かりに被告人にその所有権があつたとしても、被告人の引揚行為は、刑法 242 条にいう他人の占有に属する物を窃取したものとして窃盗罪を構成するというべきであり、かつ、その行為は、社会通念上借主に受忍を求める限度を超えた違法なもの」として窃盗罪を認めました。

　判例は、法的救済手続を優先させる法治国原理を基本に、奪取罪の保護法益につき**占有説**に立ち、占有侵害が認められる場合は窃盗罪などの奪取罪の要件該当性を肯定し、ただ行為者側に被害者に対抗でき、また占有侵害行為の違法性を阻却する特別な事由がないかを認定する方法を採っています。

(3)　学説の状況

ⓐ　**占有説**[35]　──財物の事実上の占有・所持それ自体
　　＜根拠＞・複雑化した社会では、現に財産が占有されているという財産的秩序の保護を図る必要があり、もし占有権限のない者の占有が法的に保護されず、そうした者から財物を奪取しても処罰されないとすると、私人による「無秩序な奪取のための乱闘」が生じる
　　　　　　・現行刑法 235 条が、旧刑法 366 条のように明文で「人の所有物」としなかったのは、他人の所有物に限定しない趣旨である
ⓑ　**本権説**[36]　──事実上の占有を基礎づけている所有権その他の本権
　　＜根拠＞・刑法は、「他人の」（235 条、235 条の 2）という文言を使っており、他人所有の物と解するのが素直な解釈である

35）大塚仁・181 頁、大谷・192 頁、岡野・82 頁、川端・307 頁、伊東・150 頁、井田・198 頁。
36）団藤・561 頁、平川・336 頁、林・164 頁、松宮・197 頁、松原・183 頁。

204　第13講　財産罪・総説

　　　　　　　・現行刑法は、旧刑法366が「人の所有物」と規定していた趣旨を
　　　　　　　　継承した
　ⓒ　**平穏占有説**[37]——保護すべき占有概念を平穏な占有、一応理由のある占有、
　　　　　　　　　　　　　一応適法な外観を有する占有に限定すべきである
　　＜根拠＞・権利関係が複雑化している現代社会では、権利関係の処理は民事
　　　　　　　手続に委ねるべきで、刑法は、占有という事実関係に表れた財産
　　　　　　　秩序を保護することを出発点にすべきである
　　　　　　・奪取罪は、究極的には所有権その他の本権の保護を目指しており、
　　　　　　　その保護を十分に実現するには、必ずしも本権に基づかないけれ
　　　　　　　ども一応適法な外観を有する占有をも保護すべきである
　　　　　　・民事手続による回復を強制することが妥当な法律関係や、民事手
　　　　　　　続による救済が図られるべき法律関係が存在する場合には、平穏
　　　　　　　な占有として刑法上も保護すべきである
　ⓓ　**修正本権説**[38]——権利主張するについて一応合理的理由のある占有、民事
　　　　　　　　　　　　　法上認めうる利益が存在する合理的可能性がある占有に
　　　　　　　　　　　　　まで保護範囲を拡張すべきである
　　＜根拠＞・奪取罪は、究極的には所有権の保護を目指していることは否定で
　　　　　　　きず、235条・236条1項の文言からもこの点は明らかである
　　　　　　・占有の基礎となっている本権、及び占有の裏づけとなっている法的・
　　　　　　　経済的見地からする財産的利益も第二次的な保護法益であり、こ
　　　　　　　れらに裏づけられた占有も保護されるべきである

　㋐　その学説は、奪取罪である235条・236条などにいう「他人の財物」をどの
　　ように解しているか〔**他人の財物**〕
　㋑　その学説は、242条・251条にいう「他人が占有」をどのように解している
　　か〔**他人が占有**〕
　㋒　所有権者などの本権者が、盗まれた自分の物を後日窃盗犯人から取り戻し
　　た場合、その学説は、窃盗罪など奪取罪の成立を肯定するか〔**盗品取戻し**〕
　㋓　第三者が窃盗犯人から盗品を奪取した場合、その学説は、窃盗罪など奪取
　　罪の成立を肯定するか〔**第三者の盗品奪取**〕
　㋔　不法に禁制品を所持している者からその禁制品を奪取した場合、その学説
　　は、窃盗罪など奪取罪の成立を肯定するか〔**禁制品の奪取**〕
　㋕　行為者が、窃取した他人の物を毀損したり、売却したりした場合に、その
　　学説は、不可罰的事後行為をどう説明するか〔**不可罰的事後行為**〕

37）平野・206頁、福田・219頁、藤木・273頁、中森・106頁。
38）西田・155頁、曽根・112頁、山中・264頁、高橋・218頁、山口・193頁。

	占有説	本権説	平穏占有説	修正本権説
「他人の財物」	他人の占有する財物	他人が所有する財物	他人が平穏に占有する財物	権利主張について一応合理的理由のある占有による財物
「他人が占有」	他人が事実上支配・管理するという意味（242条は単なる注意規定）	他人の権原に基づく占有という意味（242条は刑罰拡張規定）	他人が平穏に占有するという意味（242条は刑罰拡張規定）	他人が権利主張するについて一応合理的理由のある占有という意味
盗品取戻し	奪取罪の要件該当性（但し、自救行為の余地）	奪取罪の要件該当性なし	原則として、奪取罪の要件該当性があるが、窃取直後はない	原則として、奪取罪の要件該当性はない
第三者の盗品奪取	奪取罪を構成	窃盗犯は盗品の占有について第三者に対抗できるので、奪取罪の要件該当性あり／所有権者の追求権をさらに困難にするので所有権侵害を観念できる	（占有の平穏性の如何によって決まるが）原則として奪取罪の要件該当性あり	（合理的理由の如何によるが）原則として、奪取罪の要件該当性あり
禁制品の奪取	奪取罪の要件該当性あり	禁制品も本権の対象となり、国家による正式な没収手続によらなければ財物を奪われない利益が認められるので、奪取罪成立	原則として、奪取罪の要件該当性あり	原則として、奪取罪の要件該当性あり
不可罰的事後行為	根拠づけに苦しむ	根拠づけは充分可能	根拠づけは可能	根拠づけは可能

(4) 本書の立場

現代社会は、所有権等の本権[39]と利用・管理の占有[40]との分離を前提に、物の利用・消費により利益・価値を創出しようとする社会です。レンタル社会で生きているショクンは、占有者・使用者が必ずしも所有者とは限らないことを実感しているよね。現代社会は、所有権が見えにくい社会であり、所有よりも占有を保護すべきという要請が強くなっているのです[41]。他方、

---

39) 本権とは、民法206条から398条の2までに規定されている物権〔物権法定主義〕を指し、法律上占有を正当化することのできる実質的な権利をいい、所有権（206条以下）がその典型です。

40) 占有権は、民法180条から205条までに規定されています。

41) 戦後、最高裁が本権説から占有説へと舵を切ったのは、戦後の混乱した経済状況を考慮して、所有権の帰属よりも占有それ自体を保護することで事件を処理することを考慮したと考えることもできます。

206　第13講　財産罪・総説

民法は、占有について、所有意思・善意・平穏・公然及び継続の推定（186条）、権利の適法性の推定（188条）、さらに、占有保全の訴え（199条）、占有保持の訴え（198条）、占有回収の訴え（200条）などの占有訴権を認め、しかも、本権の訴えとは別になすことができる（202条）と規定しています。ということは、民法では、占有権は、推定の上に構築された仮設的な権利、しかも、所有権等の本権とは別個の権利として存在しています。この仮設的な権利を奪取罪の保護法益とするのは適当でなく、**本権説**を妥当とすべきです。

> 先の諸点について、本書の帰結を明らかにしておきます。
> 　所有権者による**盗品取戻し**は、窃盗罪を構成しません。**第三者の盗品奪取**は、所有権者による追求権を侵害し、所有権の回復をさらに困難にするという意味で、所有権等の本権の侵害を肯定できます。また、**禁制品の奪取**については、奪取罪の保護法益を前提に、禁制品の所持者・保有者に、その禁制品を不法に奪取しようとする行為者との関係で、財産罪の規定によって保護されるべき権利・利益が認められるかですが、禁制品の不法な所持者・保有者には、所有権その他の本権が存在しないことは勿論、第三者との関係で保護されるべき所持・保有も存在しません。それが、行為者との関係で、一転して、「私人から奪われない利益が存在する」と説くのは奇妙ですし、結論先取りとなっています。また、法律上の没収手続によらなければ侵害できない利益は法的手続の履践に伴う反射的利益にすぎず、窃盗罪を根拠づける利益となるのか疑問です。禁制品を奪取する者の行為に違法性が認められるとしたら、それは、禁制品を転々と拡散させる危険性と考えられますが、これが窃盗罪を根拠づけることができるか疑問です。禁制品の所持等は、特別刑法で対処することになります。

05　領得意思

(1)　意義・機能

　領得罪については、主観要件として、故意のほかに領得意思が必要か、必要な場合、どのような内容なのかが問われます。領得意思は、一般に、権利者を排除し他人の物を自己の所有物と同様にその経済的用法に従いこれを利用し又は処分する意思をいい[42]、2つの要素が盛り込まれています。

> ⑦　**排除意思**──権利者を排除し他人の物を自己の所有物にしようとする意思

---

42) これは古典的な定義で、大審院時代からの判例の見解です。教育勅語隠匿事件・大判大正4・05・21刑録21・663参照。

<機能>可罰性限定機能＝軽微な使用窃盗の不可罰性を根拠づける

　　⇒いわゆる使用窃盗を窃盗罪の可罰範囲から除外

　　　例）隣の学生の「六法」をちょっと借用して条文を確認（六法を忘れるなんて（@_@;））

㋑　**利用意思**──その物の経済的用法に従いこれを利用し又は処分する意思

<機能>犯罪個別化機能＝領得罪を毀棄・隠匿罪から区別する

　　⇒毀棄・隠匿罪との区別を可能にすると同時に、器物損壊罪（261条：長期3年以下の懲役）と比べて窃盗罪（235条：長期10年以下の懲役）の法定刑が重いのを根拠づける

　　　例）隣の学生の「六法」を破り捨てる意図で持ち去った（六法を破るとは（>_<））

(2)　必要説

①　内　容

ⓐ　**排除・利用意思説** [43]

領得意思＝権利者を排除し他人の物を自己の所有物と同様にその経済的用法に従いこれを利用し又は処分する意思

<根拠>・奪取罪は所有権その他の本権を侵害するものである以上、主観要件として、占有侵害の認識のほかに、排除意思が必要であり、これによって一時使用の不可罰性を根拠づけることができる

　　　　・客観的な態様によって奪取罪と毀棄・隠匿罪を区別することができない以上、処分意思で区別する必要がある

ⓑ　**排除意思説** [44]

領得意思＝権利者を排除して所有権の内容を行使しようとする意思、あるいは、財物につき自ら所有者として振る舞う意思

<根拠>・奪取罪は所有権その他の本権を侵害するものである以上、主観要件として、占有侵害の認識のほかに、排除意思が必要である

　　　　・これによって一時使用の不可罰性を根拠づけることができる

ⓒ　**利用意思説** [45]

領得意思＝他人の財物をその経済的用法に従いこれを利用し又は処分する意思

<根拠>・奪取罪の利欲犯的性格を考慮して法定刑が毀棄罪よりも重くなっているのは、利用意思があるから

---

43) 平野・207頁、藤木・280頁、大谷・197頁、斎藤信治・115頁、中森・113頁、西田・157頁、林・190頁、山中・280頁、山口・198頁、松宮・214頁以下、井田・207頁。

44) 団藤・563頁、福田・231頁、佐久間・187頁以下。

45) 江家・270頁、岡野・107頁、前田・156頁以下、伊東・145頁、高橋・221頁。

208　第13講　財産罪・総説

　　　　　・客観的態様では奪取罪と毀棄罪を区別できないので、利用意思
　　　　　　で区別する必要がある

②　体系的地位

　ⓐ説には、排除意思・利用意思は一括して領得行為の可罰的違法性を基礎づ
ける主観的違法要素（主観的法律要件）とする**主観的違法要素説**、一括して領得
行為の非難可能性を高める責任要素とする**責任要素説**、及び、排除意思は領得
行為の可罰性を根拠づける主観的違法要素（主観的法律要件）、利用意思は利欲犯
的要素として責任非難を重くする責任要素とする**主観的違法・責任要素説** [46] が
あります。ⓑ説には、排除意思は、主観的違法要素（主観的法律要件）とする**主
観的違法要素説** [47] が主張されています。ⓒ説には、**主観的違法要素説** [48]、**主観
的違法・責任要素説** [49] があります。

(3)　本書の立場

　①　**対応関係**　従来、奪取罪の保護法益と領得意思の要否とは、論理的な
関連性があると考えられていました。

　しかし、「本権説—領得意思必要説」、「占有説—領得意思不要説」の関連
性は消失し、奪取罪の保護法益と領得意思の要否の間に論理関連性はないと
いう認識が定着しています [50]。それは、本権説と占有説の対立は、奪取罪
の保護法益の問題として、被害者の占有が保護に値するかを問うのに対し、
領得意思の要否は、占有侵害行為の可罰性の問題として、故意のほかに主観
要件が必要であるかを問うもので、問題の次元が異なると認識されたからで
す。

　②　**不要説の妥当性**　本書は、**不要説** [51] を採ります。領得罪は事実上の占
有侵害を手段として所有権その他の本権を侵害する犯罪ですが、占有侵害の
認識（故意）があれば、通常は、本権侵害の認識へとつながります。一時使
用の不可罰性は、領得意思（特に排除意思）の不存在によるのではなく、客観

---

46)　藤木・280頁、大谷・196頁、中森・115頁、山中・280頁、西田・158頁、林・193頁、山口・
　　200頁。
47)　団藤・564頁、福田・232頁、佐久間・189頁。
48)　岡野・109頁、前田・159頁、伊東・146頁。
49)　高橋・224頁。
50)　大谷・196頁、西田・157頁、中森・113頁、高橋・219頁など一般的な認識です。
51)　大塚仁・197頁、中・137頁、内田・255頁、平川・347頁、曽根・122頁、川端・287頁。

的に処罰に値する領得行為が存在しないか、占有侵害の認識（故意）がないことにあります。また、領得罪と毀棄・隠匿罪との法定刑の相違は、他人の物の占有を侵害して自分の支配管理下に置き、その物から不正に利益を得ることができる状態を作出する客観状態が財産制度、財産秩序を危うくする点にある領得罪と、財物それ自体を損壊し、隠匿するにすぎない毀棄・隠匿罪という性格、及び、行為態様の相違に求められます。判例においても、領得意思の中味が稀薄になっており、使用窃盗の不可罰性も毀棄罪・隠匿罪との区別も、領得意思ではなく、客観事情に依拠して判断しているのが実情です。

③　各説の帰結

【事例04】　Ｖは、近所でちょっとした用事を済ますため、使用後直ちに返還するつもりで、駐輪場の鍵のかかっていない他人（Ａ）の自転車を無断で借り出し、約12分後に返還した〔自転車借用事例〕。

　ⓐ説・ⓑ説によると、使用窃盗として、Ｖには権利者Ａを排除する意思がないので領得意思が認められず、窃盗罪は不成立です。ⓒ説によると、利用処分意思があり領得意思が認められるので、窃盗罪の法律要件に該当しますが、受忍限度内として可罰的違法性が認められないときは窃盗罪不成立です。

不要説によると、Ｖは、一時的にせよ他人Ａの自転車を無断で使用する意思があり、窃盗の故意が認められるので、窃盗罪が成立します。しかし、類型的に可罰的違法性のある窃取行為には当たらないとする余地があり、その場合は窃盗罪は成立しません。

【事例05】　Ｗは、深夜、急用を思い出したので、使用後に返還するつもりで、駐車場に駐車されていた他人Ｂの自動車を無断で借り、翌日早朝に、ガソリンを満タンにして返還した〔自動車借用事例〕。

　ⓐ説によると、Ｗは、Ｂの自動車の価値を費消することを認識しつつ使用していますので、排除意思・利用意思が肯定され、窃盗罪が成立します。ⓑ説も、Ｗは、一時使用とはいえＢの自動車の価値の低下を認識しつつ使用しているので、権利者Ｂを排除する意思は肯定されるので、窃盗罪が成立することになります。ⓒ説によると、Ｗは、自動車の価値の費消を伴うことを認識しつつ使用しているので、利用意思が肯定され、窃盗罪が成立します。

不要説によると、可罰的な窃取行為といえるかを軸にして、客観的に、使用時間の長短、使用場所の遠近、価値の費消、所有者・占有者の利用可能性

210　第13講　財産罪・総説

などを考慮し、一時的にせよ他人Bの自動車を無断で使用し、価値の実質的な低下を惹起している以上、ガソリンを満タンにして返却したとしても、類型的に可罰的違法性のある窃取行為といえるので、窃盗罪が成立します。

【事例06】　Xは、Cが大事にしている骨董の壺を壊して嫌がらせをしてやろうと考え、Cの壺を無断で持ち出し、自宅で直ちにその壺を壊して、破片を粉々にして近所の河原に捨てた〔壺損壊事例〕。

　ⓐ説によると、利用意思が認められないので窃盗罪は不成立で、器物損壊罪が成立します。ⓑ説によると、排除意思が認められるので窃盗罪が成立します（器物損壊は不可罰的事後行為）。ⓒ説によると、利用意思が認められないので窃盗罪は不成立で、器物損壊罪となります。

　不要説によると、Xには占有侵害の認識が認められ、可罰的な窃取行為ともいえるので、窃盗罪が成立し、損壊行為は不可罰的事後行為となります。

【事例07】　Yは、Dが大事にしている骨董の壺を壊して嫌がらせをしてやろうと考え、Dの壺を無断で持ち出し自宅に持ち帰ったが、壊すのが面倒になり、押入れに入れて放置した〔壺放置事例〕。

　ⓐ説・ⓒ説によると、Yに利用意思が認められないので窃盗罪は不成立ですが、隠匿行為は損壊行為の一形態とすると、器物損壊罪が成立します。ⓑ説によると、排除意思が認められ、窃盗罪が成立します。

　不要説によると、Yには占有侵害の認識が認められますし、可罰的な窃取行為ともいえるので、窃盗罪が成立します。

【事例08】　Zは、Eが大事にしている骨董の壺を壊して嫌がらせをしてやろうと考え、Eの壺を無断で持ち出し、自宅に持ち帰ったが、高価そうなので自分の物にして使用し、愛玩した〔壺愛玩事例〕。

　ⓐ説・ⓒ説によると、Zに利用意思が認められないので窃盗罪は不成立ですが、占有離脱物横領罪が成立します。ⓑ説によると、排除意思が認められるので窃盗罪が成立します。

　不要説によると、Zには占有侵害の認識が認められますし、可罰的な窃取行為ともいえるので、窃盗罪が成立します。

(4) 判例の状況

① 排除意思に関する判例

　　自転車の一時使用について、**大判大正9・02・04**（刑録26・27）は、「当初より無断使用の末これを破壊し且つ**乗り捨てる意思**があるときは、他人の自転車を一時使用するに止まらずして終局的に被害者の所持を奪い事実上自己の安全なる支配に移しこれを使用処分して自ら所有者の実を挙ぐる意思あるものと解すべく、即ち不正領得の意思ある」としました[52]。また、**自動車の一時使用**について、**最決昭和43・09・17**（裁判集刑168・691、判タ227・177）は、盗品運搬のため他人の自動車を夜間無断で使用することを繰り返し、翌朝までに「これを元の位置に戻しておいたにしても、被告人らに不正領得の意思を肯認することができる」とした原判決を維持しましたし、**最決昭和55・10・30**（刑集34・5・357、判時982・154、判タ427・83〔百選Ⅱ・32〕）は、深夜、駐車場から他人所有の普通乗用自動車を約5時間後には元に戻すつもりで、所有者に無断で乗り出し、その後4時間余りの後、無免許運転で検挙された事案につき、「数時間にわたつて完全に自己の支配下に置く意図のもとに、所有者に無断で乗り出し、その後4時間余りの間、同市内を乗り廻していたというのであるから、たとえ、使用後に、これを元の場所に戻しておくつもりであつたとしても、被告人には右自動車に対する不正領得の意思があつた」としました[53]。

　　コピー目的の**機密資料の持出し**について、**新薬産業スパイ事件・東京地判昭和59・06・28**（刑裁月報16・5=6・476、判時1126・6〔百選Ⅱ・33〕）は、勤務先の機密資料をコピー目的で持ち出し、約7時間後に返還した事案につき、「これは正に被告人らにおいて、権利者を排除し、本件ファイルを自己の所有物と同様にその経済的用法に従い利用又は処分する意思であつたと認められる」として領得意思が認められるとしました[54]。

---

52) **京都地判昭和51・12・17**判時847・112（強姦目的で他人の自転車を夜間無断で約2、3時間持ち出し、その間に約2キロ走行していたが、警察官に逮捕されたためいつものように返還できなかった事案につき、「これをもつて被告人が右自転車の所有者を排除するまでの意思を有していたとみることはできず、むしろ、単に一時的に使用するために右自転車を自己の占有に移したとみるのが相当である」として領得意思を否定）。

53) **東京高判昭和33・03・04**高刑集11・2・67、判タ80・71（他人の自動車を無断で約18時間乗り回した事案）、**札幌高判昭和51・10・12**判時861・129（他人の自動車を無断で約16時間、長距離にわたって運転し、同車を道路脇の側溝に落とす事故を起こしてそのまま放置して逃げ帰った事案）、**高松高判昭和61・07・09**判時1209・143（銀行強盗目的で、駐車場の他人の自動車を使用して犯行後返還し、自分の自動車で逃走した事案）、**東京高判平成2・06・18**高等裁判所刑事裁判速報集平成2・100（後の処置について格別の考えもないまま、他人所有の自動車を無断で乗り出し、約3日間自己の支配下に置いた事案）は、いずれも、一時的にもせよ、本件自動車に対する所有者の権利を排除し、あたかも自己の所有物と同様にこれを使用する意思、すなわち領得意思があったものと認定しています。

212 第13講 財産罪・総説

　最判昭和 31・08・22（刑集 10・8・1260、判タ 63・50）は、**景品交換の目的**で、磁石を用いてパチンコ機械から玉を不正に取得した事案につき、「パチンコ玉につきみずから所有者としてふるまう意思を表現したもの」として排除意思を認めましたし、**大阪地判昭和 63・12・22**（判タ 707・267）は、**購入した商品の返品を装って金銭の交付を受けようとスーパーから商品を万引きした事案**につき、「被告人のこのような意思は、権利者を排除して物の所有者として振舞い、かつ、物の所有者にして初めてなしうるような、その物の用法にかなった方法に従い利用・処分する意思に外ならない」として領得意思を肯定し、また、**東京高判平成 19・03・16**（高等裁判所刑事裁判速報集平成 19・147）は、被害女性に財布を在中品ごと返還して**交際するきっかけ**を掴もうと、電車内で被害女性が背負っていたリュックサックの中から財布を抜き取った事案につき、「典型的な盗犯の手口でされた本件が、被告人に金銭的な利欲目的がなかったとの一事をもって、窃盗罪の成立を否定されることにはならない」として窃盗罪が肯定されました。

　判例が、一時使用について、領得意思、特に排除意思だけで判断しているわけではなく、客観事情、具体的には、行為客体、その価額、自己の支配下に置いた時間、使用・移動した距離、使用に伴う価値減少・費消、所有者・占有者の利用可能性・回復可能性などを考慮して判断しているのは明らかです。排除意思の存在意義は失われているといわざるをえません。

　他方、窃盗罪等の領得罪の成否の判断は、財物の占有を侵害する時点に固定されるべきであると主張されており、これが、客観事情を超過するものとして排除意思を要求する根拠にもなっています[55]。しかし、これは、領得罪の性質を誤解するものです。領得行為が、一方で、占有侵害を手段としつつ所有権その他の本権を侵害する危険を惹起し、他方で、犯罪完成後の違法状態を継続させる契機となっているのですから、ある程度の時間幅の中で当該領得罪の成否を判断するのは当然です。そうであるからこそ、一時使用の可罰性・不可罰性を判断することができるのですし、不可罰的事後行為の存

54）**建設調査会事件・東京地判昭和 55・02・14** 刑裁月報 12・1=2・47、判時 957・118（購読会員名簿を社外に持ち出してコピーし、約 2 時間後に戻した事案）、**新薬産業スパイ事件・東京地判昭和 59・06・15** 判時 1126・3、判タ 533・255（勤務先の機密資料をコピー目的で持ち出し、約 16 時間後及び 7 時間後に返還した事案）は、いずれも、資料の経済的価値がその具現化された情報の有用性・価値性に依存するものである以上、資料の内容をコピーしその情報を獲得しようとする意思は領得意思であるとしています。

55）松宮・217 頁、佐久間・189 頁参照。

05 領得意思 213

在を根拠づけることもできるのです。

② 利用意思に関する判例

隠匿意思について、**教育勅語隠匿事件・大判大正4・05・21**（刑録21・663）は、校長を困らせる意図で教育勅語を学校の天井裏に隠した事案につき、「固より其物を自己に領得するの意思に出でたるものに非ざれば、窃盗罪を以て論ずべきに非ず」とし領得意思を否定しました[56]。

投棄・廃棄意思について、**大判大正5・01・17**（刑録22・3）は、2個の郵便物行嚢内にある現金を抜き取って領得し、その他の在中物は行嚢とともに河に投棄した事案につき、投棄した物について、排除・利用意思は「永久的に其物の経済的用方に従ひ利用若くは処分するの意思たることを要せざる」として窃盗罪の成立を肯定しました。また、**最判昭和26・07・13**（刑集5・8・26）は、強盗傷人の犯行後追跡されて陸地から船で逃走しようと企て、他人所有の肥料船に乗り込み、対岸に着けばこれを乗り捨てる意思で50メートル余り漕ぎ出した事案につき、領得意思は「永久的にその物の経済的利益を保持する意思であることを必要としないのであるから、被告人等が対岸に該船を乗り捨てる意思で前記肥料船に対するDの所持を奪つた以上、一時的にも該船の権利者を排除し終局的に自ら該船に対する完全な支配を取得して所有者と同様の実を挙げる意思即ち右にいわゆる不正領得の意思がなかつたという訳にはゆかない」としました。他方、**最決平成16・11・30**（刑集58・8・1005、判時1884・149、判タ1172・146〔百選Ⅱ・31〕）は、支払督促制度を悪用して叔父の財産を差し押さえるなどして多額の金員を得ようと企て、叔父に立替金債権を有する旨の内容虚偽の支払督促を申し立て、支払督促・仮執行宣言付支払督促の正本を送達してきた郵便配達員の求めに応じて、共犯者が叔父を装って、郵便送達報告書の受領書を偽造・行使し、正本等を騙取したが、被告人は、当初から支払督促正本等を何らかの用途に利用するつもりはなく、すぐに廃棄した事案につき、一審・二審が領得意思を肯定したのに対し、「廃棄するだけで外に何らかの用途に利用、処分する意思がなかった場合には、支払督促正本等に対する不法領得の意思を認めることはできないというべきであり、このことは、郵便配達員からの受領行為を財産的利得を得るための手段の一つとして行ったときであっても異ならない」として、詐欺罪の領得意思を否定しました[57]。

---

56) **大判昭和9・12・22**刑集13・1789（単に競売手続きの進行を妨げる意図で競売場から競売記録を持ち出し隠匿下事案につき、「経済上の用法に従い利益を獲得せんとしたものにあらざる」として窃盗罪を否定し、公用文書毀棄罪の成立を肯定）。

57) **仙台高判昭和46・06・21**高刑集24・2・418（報復目的で海中に投棄する目的で他人の動力鋸を持ち出して海中に投棄した事案）、**福岡地裁小倉支部判昭和62・08・26**判時1251・143（自己に覚せい剤事犯の累が及ぶのを恐れて廃棄する目的で覚せい剤を差し出させた事案）、**東京地判昭和62・10・06**判時1259・137（殺害後に死体を山中に埋める際、犯行の発覚を防ぐため、

214　第13講　財産罪・総説

最判昭和33・04・17（刑集12・6・1079）は、市議会議員選挙に際し、特定候補者を当選させるため、後日その候補者氏名を記入して混入させて投票数を増加する**水増し投票の目的**で、投票所管理者の保管する市選挙管理委員会所有の投票用紙を密かに持ち出した事案につき、「投票用紙を恰も自己の所有物のごとくこれを同用紙として利用する意思であつたこと明らかである」とし、**最決昭和35・09・09**（刑集14・11・1457）は、大水で漂流中の木材1本を引揚げ、その流失を防ぐため付近の柱に巻付けてあった他人所有の電線の約12メートル（約1,200円相当）を勝手に切断し、木材を**繋留する目的**でその電線を用いた事案につき、「電線を送電用ではなく流木を岸に繋留するために使用することは、電線の廃棄ではなくその経済的用法に従つたもの」であり領得意思が認められるとした原判決を肯認し、**最判昭和37・06・26**（裁判集刑143・201）は、性的趣味を満足させるために**収集の目的**で女性の下着を窃取した事案につき、「権利者を排除して本件物品に対する完全なる支配を取得し所有者と同様の実を挙げる意思即ち不正領得の意思を有していたことは明らかである」とし、いずれも領得意思を認めました。また、**東京高判平成12・05・15**（判時1741・157）は、**物盗りを装う目的**で金品を奪い、一部は投棄し、一部は自宅に隠匿した事案につき、「金員そのものを強奪したり盗んだりするのを主目的としてはいなかったとはいえ、単に物を廃棄したり隠匿したりする意思からではなく、第一の犯行では事前から物取りを装う意図を有していて、A子が生命を守るのと引替えに自分のバッグを提供したのに乗じてそのバッグを奪っており、第三の犯行ではその場で物取りを装おうと考え、その意図を実現するのに相応しい前記金品を持ち出して所有者の占有を奪っているのであるから、すでに右の事実関係からして、いずれの場合も被告人には不法領得の意思があった」としました[58]。

　判例にあっては、一時的であっても、また純粋に領得する目的がなくとも、自己の所有物のごとく何らかの用途に利用する意思でもって占有を奪い、そ

腐敗しない腕時計等を投棄しようとして死体から剥ぎ取った事案）、**東京高判平成18・04・03**高等裁判所刑事裁判速報集平成18・84（他人が使用できないようにして嫌がらせをする目的で、被害者方から物品を持ち出して他人の田畑、海中に投棄した事案）、**名古屋高判平成19・08・09**判タ1261・346（不正ロムを取り付ける目的でパチスロ遊技機の正規ロムを取り外して投棄するため持ち去った事案）は、いずれも、領得意思を否定しています。

58）広島地判昭和50・06・24刑裁月報7・6・692は、刑務所に入る目的で他人の財物を窃取し、直ちに派出所に窃取した財物を持って出頭し、その財物を任意提出した事案につき、「一時的にせよ権利者を排除する意思はなかった」として領得意思を否定しましたが、**広島高裁松江支部判平成21・04・17**高等裁判所刑事裁判速報集平成21・205は、奪取した現金を自首の際にそのまま提出するつもりであったという事案につき、そうした意思が「要するに他人の財物を奪って所有者として振る舞う意思であったことに何ら変わりはなく、単純な毀棄又は隠匿の意思をもってする場合には当たらない」として領得意思を肯定しました。

の物に対する完全な支配を取得する意思が認められる限り、領得意思が肯定され、単純な投棄・廃棄の目的で、かつ時間的な間隔がそれほど空かない段階で投棄・廃棄の行為を行っている場合は、領得意思が否定されます。ということは、利用意思は、判例では、その物を何らかの用途に利用する意思という、きわめて稀薄なものとなっており、単純な毀棄・隠匿の意思をもってする場合を排除する機能をはたしているにすぎません[59]。利用意思の存在意義は失われており、故意に包括されていると考えられます。

06 占 有

(1) 意義・要素

刑法において占有とは財物に対する事実上の支配を意味します。民法上の占有と比較すると、刑法における占有は、民法上の占有よりも現実的な支配の点が重視されること、支配意思は必要であるが、民法のように「自己のためにする意思」（民法180条）は不要であること、刑法上、代理人占有（民法181条）の概念は存在しないこと、民法と異なり、相続によって当然に相続人に移転するものでないこと、そして、刑法上、他人のための占有は、その占有者自身の占有となることなどの特徴があるとされます。

占有には、主観要素の支配意思、客観要素の支配事実が必要です。

> **支配意思**とは、財物を事実上支配する意欲・意思を意味します。社会的事実として、支配意思のないところに支配の事実は存在しませんが、法的概念として構成されているわけではありませんので、幼児や心神喪失者にも認めることができます。また、例えば、留守中の自宅内にある物、外出中に配達された配達物のように、個々の財物に対する個別的・具体的な支配意思がある必要はなく、包括的・抽象的な意思でも足ります。意思の主体を観念できる限り、それは自然人・法人を問いません。
> **支配事実**とは、支配意思に基づき占有者が財物を事実上支配している状態を意味します。社会的事実として、その支配者・占有者を推知しうる事実状態が存在することが必要ですが、例えば、店頭の傘立てに傘を入れて店内で買い物をした、自転車置場に自転車を駐輪して他の場所に出かけたというように、直接握持していなくても、また離れていても、支配事実が認められます。

---

59) 広島高裁松江支部判平成21・04・17高等裁判所刑事裁判速報集平成21・205参照。

216　第13講　財産罪・総説

　例えば、財物を身に着けている、身辺に置いている、家の中に保管している場合のように、事実上の支配状態が明白であれば、そのことを常に意識している必要はありません。逆に、例えば、自転車を駐輪場に置いた、乗車を待つ列に荷物を置いて買い物をするためそこを離れた、次の授業までの休憩時間に机上に六法を置いてトイレに行った場合のように、支配意思が明確であれば、常に所持・管理している必要はありません。つまり、支配意思と支配事実の相関関係で決まるのです。

(2)　判例の状況

　①　**占有の有・無**　判例によると、刑法上の占有は、人が物を実力的に支配する関係であって、必ずしも物の現実の所持又は監視を必要とするものではなく、物が占有者の支配力の及ぶ場所に存在するを以て足り、「通常人ならば何人も首肯するであろうところの社会通念によつて決するの外はない」[60]とされます。

> ◇**占有肯定**　　安置者が意識して置いたが看守者のいない仏堂内の仏像[61]／一定の生息場所に復帰する慣習を失わない春日大社の鹿[62]／大震災の際に公道に置いて避難した荷物[63]／海中に落としたが、大体の位置を意識しており、引き揚げを依頼していた物[64]／夕方には家に帰る習性のある犬[65]／行列の移動につれて置き忘れて進んだため、約5分間、距離約20メートル離れたカメラ[66]／公園のベンチに置き忘れた後に約27メートルの距離まで離れたポシェット[67]
> ◆**占有否定**　　特段の事実上の支配がなされていない河川の砂利[68]／スーパーマーケット6階のベンチ上に置き忘れたまま、同一建物内の地下1階まで移動し、約10分経過した後の札入れ[69]

　②　**第三者の占有**　財物が、所有者・占有者の占有を離れても、第三者の

---

60)　最判昭和 32・11・08 刑集 11・12・3061。
61)　大判大正 3・10・21 刑録 20・1898。
62)　大判大正 5・05・01 刑録 22・672。
63)　大判大正 13・06・10 刑集 3・473。
64)　最判昭和 32・01・24 刑集 11・1・270。
65)　最判昭和 32・07・16 刑集 11・7・1829。
66)　最判昭和 32・11・08 刑集 11・12・3061。
67)　最決平成 16・08・25 刑集 58・6・515、判時 1873・167、判タ 1163・166〔百選Ⅱ・28〕。
68)　最判昭和 32・10・15 刑集 11・10・2597。
69)　東京高判平成 3・04・01 高等裁判所刑事裁判速報集平成 3・27、判時 1400・128。

事実的支配が認められる場合があります。誰もが出入りできる開放された場所に置き忘れられた物は、通常、第三者の占有は認められず占有離脱物となりますが、管理者・経営者など一定の第三者の支配・管理のもとにあることが明白である場所に置き忘れられた物は、その管理者・経営者の占有に移ることになります。

◇**第三者の占有肯定**　客が旅館内の便所に忘れた財布は旅館主の占有[70]／公衆電話ボックスの電話機内に置き忘れられた硬貨は電話局長・電話分局長の管理[71]／ゴルフ場内の池に落ちているロストボールはゴルフ場の管理者の占有[72]

◆**第三者の占有否定**　一般人の立入り可能な村役場事務室に納税者が置き忘れた紙幣は村長の占有に属さない[73]／鉄道係員の乗務する鉄道列車内の網棚に置き忘れた荷物は遺失物[74]／列車内の網棚に置き忘れたまま立ち去つてからきわめて短い時間であった品物は依然所持者の占有[75]

(3) 死者の占有

死者に支配意思はありませんので、占有は認められないのが原則です。

① **当初から財物奪取の意思で人を殺害し財物を奪取した場合**　財物奪取の意図で殺人が行われれば、財物奪取に成功したか否かを問わず、強盗殺人罪が成立するので、殺害後の財物奪取の時点において被害者に財物の占有があるかを問題にする必要がないこと、強盗は生前の占有を殺人行為を手段として侵奪したとみることができること、全体的観察により、被害者の生前の占有を殺害・盗取という一連の行為により侵害し、自己の占有に移したものと解しうることを根拠に、強盗殺人罪（240条後段）の成立が認められます[76]。

② **人を殺害した後に、財物奪取の意思を生じて財物を奪取した場合**

強盗罪説[77] は、財物奪取の行為が、殺人の余勢をかってなされたと認められ

---

70) 大判大正 8・04・04 刑録 25・382。

71) 東京高判昭和 33・03・10 高裁刑事裁判特報 5・3・89、判タ 80・73。

72) ロストボール事件・最決昭和 62・04・10 刑集 41・3・221、判時 1231・164、判タ 637・91。

73) 大判大正 2・08・19 刑録 19・817。

74) 大判大正 15・11・02 刑集 5・491。

75) 東京高判昭和 35・07・26 東高時報 11・7・202、判タ 107・53。

76) **大判大正 2・10・21** 刑集 19・982（「財物強取の手段たる暴行に因りて他人を死に致し、其占有に係る財物を自己に領得せる行為は、当然、強盗殺人罪の観念中に属すればなり」）。

77) 藤木・302 頁。

218　第13講　財産罪・総説

る程度に殺害行為と密着している場合、自己の殺害行為によって生じた被殺者の抵抗不能状態を利用してその所持品を奪取しているので、その所持品は犯人との関係ではなお被殺者の占有に属し、当初から財物奪取の意思を有していた場合と同じく、強盗罪である〔**抵抗不能状態利用説**〕とします。

　窃盗罪説にはさらに、㋐殴ったら気絶した被害者から、財物奪取の意思を生じて奪取した場合は窃盗罪を認めるのが通常であるから、それとのバランスからいっても、被害者の死亡直後はその占有は継続するのであり、死亡直後の生々しい死体からその物を奪うのは窃盗罪となるとする見解〔**積極説**〕[78]、㋑被害者が生前有していた占有は被害者を死に至らしめた犯人との関係で、被害者の死亡と時間的・場所的に近接した範囲内にある限りは刑法的保護に値するのであり、犯人が被害者を死に至らしめたことを利用し、その財物を奪取したという一連の行為を全体的に観察し、窃盗罪の成立を認めるべきであるとする見解〔**人的相対化説**〕[79]、㋒物の占有者が死亡した場合においても、例えば、死亡後間もない死体の懐中物や、死者が生前その住居に保管していた物のように、その物が、社会観念上、他人の支配を排除する状態にあると認められるときには占有を認めることができるとする見解〔**支配排除状態説**〕[80]が主張されています。

　占有離脱物横領罪説[81]は、占有主体が死亡した以上、占有は消失したと考えるべきで、殺害行為は、基本的に殺人罪で評価されており、死者には占有は認められないという原則を貫徹する見解です。

　判例は、「被害者が生前有していた占有は、被害者を死に至らしめた犯人との関係では、一連の行為を全体的に考察して、被害者の死亡と時間的・場所的に近接した範囲内にある限りは、なお刑法的保護に値する」を常套句に、**人的相対化説**に立っています。

◇**占有肯定**（⇒窃盗罪）　被害女性と住んでいた家屋で同女を殺害して死体を海岸に遺棄し、殺害の約3時間ないし86時間経過の後の、室内に遺留された同女の所有の財物[82]／被害者宅で被害者を殺害して16時間ないし49時間後の、被害者の居室内にあった財物[83]／殺害後1時間20分経過した後の、殺害現場から約3.2キロメートル離れた山中で死体を埋める際

78）小野・245頁。
79）判例（大判昭和16・11・11刑集20・598、最判昭和41・04・08刑集20・4・207、判時447・97、判タ191・145〔百選Ⅱ・29〕）、団藤・572頁、福田・225頁、大塚仁・187頁、平川・343頁、川端・316頁、前田・170頁、井田・216頁など。
80）江家・279頁、野村稔「刑法における占有の意義」『刑法基本講座第5巻』（1993年）80頁。
81）通説です。
82）東京高判昭和39・06・08高刑集17・5・446、判時378・15、判タ164・191。
83）福岡高判昭和43・06・14下刑集10・6・592、判時535・89。

に、被殺者が身に着けていた腕時計と、同所からさらに約2.2キロメートル離れた車内に遺留された被害者の指輪 [84] ／殺害後約8時間半後の、死体埋没場所から12メートルの場所に隠匿しておいた被殺者の衣類とポケット内在中品 [85] ／殺害4日後の、殺害現場から数キロメートル離れた被害者の居室内の財物 [86] ／自動車内で殺害した3日後の、同車内にあった被害者所有のバッグ内の現金 [87]

◆**占有否定**（⇒占有離脱物横領罪）　居室内で殺害して約9時間後の、室内の貯金通帳 [88] ／交通事故で被害者を死亡させて死体を遺棄した後の、死亡後4時間ないし8時間後の、被害者が車内に遺留した金員 [89] ／殺害して5日及び10日後の、被害者宅内の財物 [90]

　本書によれば、**占有離脱物横領罪説**が妥当です。そもそも刑法は、「被害者の抵抗不能状態に乗じて財物を奪取する」という準強盗類型を規定していませんので、「抵抗不能状態に乗じたから強盗だ」とするのは不当な類推解釈ですし、「自ら招いた死亡状態を利用したから強盗だ」とするのも、当罰性を偏重するものです。殺害行為の悪辣さは、殺人・傷害致死の量刑において考慮するのが本筋でしょう。窃盗罪説は、死者には支配意思も支配事実も認められないことを無視するものですし、㋐積極説のいう「死亡直後」の「生々しい死体」、㋑人的相対化説のいう「時間的・場所的に近接した範囲」、㋒支配排除状態説のいう「他人の支配を排除する状態」という規準は不明確ですし、刑の上限における1年と10年の落差を埋めるにふさわしい規準とは思えません。そもそも㋑人的相対化説は、占有概念を人によって相対化するもので妥当ではありませんし、この説のいう「被害者を死に至らしめた犯人」には、直接正犯者だけでなく、間接正犯者・共謀共同正犯者や共犯者（教唆者・幇助者）も含まれるのか明らかではありません [91]。

84）東京高判昭和50・01・29刑裁月報7・1・32。
85）福岡高判昭和50・02・26刑裁月報7・2・84。
86）東京地判平成10・06・05判タ1008・277、東京高判平成13・09・11東高時報52・1=12・45。
87）東京高判平成25・06・06高等裁判所刑事裁判速報集平成25・69。
88）東京地判昭和37・12・03判時323・33、判タ140・114。
89）盛岡地判昭和44・04・16刑裁月報1・4・434、判時582・110。
90）新潟地判昭和60・07・02刑裁月報17・7=8・663、判時1160・167。
91）これらすべての共同正犯者・共犯者が含まれるとすると、死者の占有を正面から肯定する見解へと接近していくことになります。

220　第13講　財産罪・総説

③　被害者の死亡と関係のない第三者が当該死体から財物を奪取した場合

> 　窃盗罪説のうちの㋐積極説は、被害者の死亡直後はその占有は残存し、死亡直後の生々しい死体からその物を奪うのは窃盗罪とするでしょうし、同じく、㋒支配排除状態説も、社会観念上、他人の支配を排除する状態と認められるときは占有が肯定され、窃盗罪を肯定するはずです。

　抵抗不能状態利用説、㋑人的相対化説も、第三者との関係では原則論に立ち戻り、死者の占有は認められず占有離脱物横領罪が成立するとします。**大判大正 13・03・28**（法律新聞 2247・22）も、大火災の際に無数に散在している焼死者の死体から現金を領得した事案につき、「占有を離れたる他人所有の現金」と認定しています。

⑷　封緘委託物の占有

　①　**問題点**　**封緘委託物**とは、財物を包装、封印、施錠等の装置により封緘して、他人に保管を依頼するなど委託した物をいいます。

　②　**判例の状況**　判例は、封緘委託物について、内容物の占有は委託者にあり、封緘物それ自体の占有は受託者にあると解しています〔**区分説**〕。

> 　行為者が預かった、施錠した鞄の中の衣類[92]、郵便局集配人が配達中の信書に封入してある為替証書[93]、縄掛け梱包した行李在中の衣類[94]、集金カバン在中の現金[95]につき、いずれも内容物の占有は委託者にあると解し、その内容物を領得する行為に窃盗罪の成立を肯定しています。
> 　他方、郵便局集配人が配達すべき紙幣在中の普通郵便物を占有中にこれを領得した事案[96]、及び、郵便局集配人が配達中に領得してポケット内に入れた書留郵便物1通を郵便局内の自己の被服箱に入れて隠匿し、数日後、その書留郵便物を自宅に持ち帰って開封し、在中の現金をとり出した事案[97]につき、郵便集配人に郵便物の占有を認め、（業務上）横領罪の成立を肯定しています。

92）大判明治 41・11・19 刑録 14・1023。

93）大判明治 45・04・26 刑録 18・536。

94）最決昭和 32・04・25 刑集 11・4・1427。

95）東京高判昭和 59・10・30 刑裁月報 16・9=10・679、判時 1147・160〔百選Ⅱ・27〕。

96）大判大正 7・11・19 刑録 24・1365。

97）**東京地判昭和 41・11・25** 判タ 200・177。この判決は、被告人が本件書留郵便物を自己のズボンポケットに入れた時点で業務上横領罪が成立し、以後の隠匿、開披等の行為は不可罰的事後行為に当たるとしました。

③ 学説の状況

ⓐ **窃盗罪説**[98] ——封緘物全体、在中物ともに委託者に占有
　　　　⇒在中物を抜き取った場合も、封緘物を領得した場合も、窃盗罪
　　　＜根拠＞・封緘物が委託された場合、在中物も全体についても委託者が
　　　　　　　占有を継続し、受託者は委託者の占有の補助者にすぎない

ⓑ **横領罪説**[99] ——封緘物全体、在中物ともに受託者に占有
　　　　⇒在中物を抜き取った場合も、封緘物を領得した場合も、横領罪
　　　＜根拠＞・刑法上の占有は事実的な概念であり、現実に直接管理してい
　　　　　　　る受託者の占有下にあると考えるべきである

ⓒ **区分説**[100] ——封緘物全体の占有は受託者に、在中物の占有は委託者にある
　　　　⇒在中物を抜き取った場合は窃盗罪、封緘物をそっくり領得した場合
　　　　　は横領罪
　　　＜根拠＞・封緘をして内容物を披見できないようにしたということは、
　　　　　　　在中物の占有は委託者に留保されているのであって、受託者を
　　　　　　　委託者の占有の補助者にすぎない
　　　　　　・在中物を領得する意思でまず全体を領得して、その後在中物
　　　　　　　を抜き取った場合は、横領罪は窃盗罪に吸収されるので、刑の
　　　　　　　不均衡は生じない

④ **本書の立場**　いかに封緘措置が施されていても、委託と同時にその物
の事実上の占有は集配業者・宅配業者に移ると考えるべきです。ⓐ説は妥当
ではありません。また、ⓒ説によると、封緘委託物をそのまま他人に売却す
ると横領罪（最大5年懲役、業務上であれば最大10年懲役）、在中物だけを抜き取っ
て他人に売却すると窃盗罪（最大10年懲役）となるのは、刑の均衡を失して
合理的ではありません。在中物の領得と封緘物全体の領得とを刑法的に区分
する意味はないと考えられます。

　委託者との信頼関係を前提にして財物の占有は受託者の事実的支配に移っ
ており、そのため、受託者によって比較的容易に領得が犯されやすいなどの
事情を考慮すると、封緘委託物の領得行為は、その実質において（単純・業
務上）横領罪に近いといえます〔**横領罪説**〕。

---

98) 団藤・570頁、福田・224頁、大塚仁・189頁、香川・495頁、山中・276頁、山口・182頁。

99) 岡野・120頁、中森・111頁、林・189頁、佐久間・172頁、松原・195頁。

100) 江家・286頁、藤木・276頁、西田・147頁、大谷・211頁、前田・169頁、高橋・239頁、伊東・
　　142頁、萩原・75頁、井田・214頁。

第 14 講　窃盗の罪

01　総　説

　窃盗の罪は、相手方の意思に反して財物を取得する盗取罪である点で強盗の罪と共通しますが、財産上の利益を客体としない点、暴行・脅迫を手段としない点で強盗の罪と異なります。

○窃盗罪（235 条）	○不動産侵奪罪（235 条の 2）

02　窃盗罪（235条）

　他人の財物を窃取した者は、窃盗の罪とし、10 年以下の懲役又は 50 万円以下の罰金に処する。
　235 条の未遂は、罰する（243 条）。

(1)　要　件

①	他人の占有する他人の財物であること〔客体〕
②	他人の財物を窃取すること〔行為・結果〕
③	故意があること〔故意〕

　①　**客　体**　客体は、他人の財物と規定されていますが、正確には、**他人の占有する他人の財物**です。但し、自己の財物であっても、他人の占有に属する財物又は公務所の命令によって他人が看守する財物については、他人の財物とされます（242 条）ので、注意してください。

　窃盗罪が成立するには、財物が他人の占有下にある必要があります。

　⑦　**占有の意義**　**占有**とは、財物に対する事実上の支配を意味し、主観要素の支配意思、客観要素の支配事実が必要です。例えば、授業のある教室の机上にあらかじめ置いた六法・教科書のように、支配意思が明確な場合もあれば、逆に、授業に出席していて不在のアパートに配達された郵便物のように、支配事実が明確な場合もあり、両要素は相関関係にあります。

　⑦　**占有の主体**　占有の主体は、自然人、法人を問いません。自然人の場合、支配意思は責任能力、判断能力とは無関係ですから、幼児、心神喪失者など

も占有の主体となりえます。

　死者は占有の主体となりえないのが原則です。ただ、判例[1]は、「被害者が生前有した占有は被害者を死に至らしめた犯人との関係で、被害者の死亡と時間的・場所的に近接した範囲内にある限りは刑法的保護に値し、犯人が被害者を死に至らしめたことを利用し、その財物を奪取したという一連の行為を全体的に観察し、窃盗罪の成立を認めるべきである」とする**人的相対化説**を採っています。

　㋒　**封緘委託物**　財物を包装、封印、施錠等の装置により封緘した物を委託された者がその封緘委託物を領得した場合について、判例・多数説は、封緘委託物の内容物の占有は委託者に、封緘物それ自体の占有は受託者にあると解しています〔**区分説**〕。しかし、この説によると、封緘委託物をそのまま領得し処分すると横領罪（最大5年懲役、業務上であれば最大10年懲役）、在中物だけを抜き取って領得し処分すると窃盗罪（最大10年懲役）となり、刑の不均衡を招来しますので妥当ではありません。封緘委託物の占有は受託者にあると解すべきで、それを領得する行為は、その実質において横領に近いので、（単純・業務上）横領罪とすべきです。

　㋓　**複数占有者の占有の帰属**　複数存在する占有者間に**上下関係**がある場合、一般に、上位者に占有が帰属し、現実の所持者である下位者はその占有補助者・監視者にすぎません。

　物品を販売する店員が店主に無断で店頭にあった商品を領得した場合[2]、倉庫会社に雇われていた倉庫番が倉庫内の在庫品を不正に領得した場合[3]、通信事務員が、郵便局長の指揮監督の下に郵便物を整理中に、右郵便物を不正に領得した場合[4]、農業会長の指揮監督の下に農業会の保管する政府管理米の入出庫に関する事務を担当する倉庫係が、右政府米を倉庫より取出させて領得した場合[5]、車掌が乗務中の貨物列車から積載荷物を不正に領得した場合[6]、時計店の店員に陳列棚の時計を見せてくれと要求し、店員が一時渡したところ、すき

1）　最判昭和 41・04・08 刑集 20・4・207、判時 447・97、判タ 191・145〔百選Ⅱ・29〕。
2）　大判大正 3・03・06 法律新聞 929・28、大判大正 7・02・06 刑録 24・32。
3）　大判大正 12・11・09 刑集 2・778。
4）　大判昭和 15・11・27 刑集 19・820。
5）　大判昭和 21・11・26 刑集 25・50。
6）　最判昭和 23・07・27 刑集 2・9・1004。

224　第14講　窃盗の罪

に乗じてこれを奪い、逃走した場合[7]、顧客のように装って古物商の店舗に赴き、「上衣を見せてくれ」と言ってその交付を受けて着用し、「ちょっと小便に行ってくる」と言って着たまま逃走した場合[8]、旅館の宿泊客が旅館の提供した丹前、浴衣、帯、下駄を着用したまま旅館から立ち去った場合[9]、信用金庫の元専務理事が同金庫の支店長らと共謀し、同支店長をして、不正の目的で同金庫理事長の管理する多数の預金者の預金残高明細等をアウトプットさせて同信用金庫支店備付けの用紙に印字させたうえ、自己宛て私信用の封筒に封入させた場合[10]には、横領罪ではなく窃盗罪が成立します。

　これに対し、上位者との信頼関係に基づき、一定の処分権を委ねられているときは、現実に財物を占有・管理する下位者に占有が帰属します。

　郵便局集配人が配達のため占有していた紙幣在中の普通郵便物を不正に領得した場合[11]や、郵便局の通信事務員が為替貯金事務に従事中に貯金者より受領した郵便貯金を不正に領得した場合[12]は、窃盗罪ではなく業務上横領罪が成立します。

　他方、複数存在する占有者が**対等関係**にあるときには、一般に、共同占有とされることが多いといえます。

　銀行の支配人心得が、頭取及び常務取締役と共同して同銀行の有価証券を保管する責務に違背して、同銀行備付けの金庫に入れて頭取・常務取締役と共同保管中に、他の共同保管者の同意を得ずに不正に領得した場合[13]、石炭窒素係長の指揮に従って石炭窒素の倉庫内への出納保管等を担当していた同主任が、共同占有者である同係長に無断で自己の単独占有に移した場合[14]は、占有は共同者全員に帰属すると考えられますので、その一部の者が他の共同占有者に無断で不正に単独占有に移した場合は、窃盗罪が成立します。

　なお、占有を移す行為そのものが処分行為となる場合があります。

　自動車販売店で自動車購入を偽って商談を持ち掛けた後、「試乗したい」と話しを持ちかけ、店員が被告人単独で試乗させたのに乗じて、そのまま逃走した場合[15]、店舗内で店員が注文どおりの商品を販売ケースの上に置いて商品の数

7）東京高判昭和30・04・02高裁刑事裁判特報2・7・247。
8）広島高判昭和30・09・06高刑集8・8・1021。
9）最決昭和31・01・19刑集10・1・67、判時71・26、判タ57・42。
10）東京地判平成9・12・05判時1634・155。
11）大判大正7・11・19刑録24・1365。
12）大判昭和2・02・16刑集6・43。
13）大判大正8・04・05刑録25・489。
14）最判昭和25・06・06刑集4・6・928。

の確認を求めた際に、店員に「今若い衆が外で待っているから、これを渡してくる。お金は今払うから、先に渡してくる。」と虚言を用い、商品を持ったまま店外に出て逃走した場合[16] は、詐欺罪の成立が認められました。

　　② **行為・結果**　**窃取**とは、占有者の意思に反して財物に対する占有者の占有を侵害し、財物を自己又は第三者の占有に移すことをいいます。

　　占有者の意思に反すればよいので、例えば、パチスロ店経営者による「通常の方法以外での遊戯方法は固く禁じます」旨の明示の意思に反し、いわゆる体感器を装着し、大当たりを出して不正にメダルを取得する行為は、「通常の遊戯方法の範囲を逸脱」し、「店舗がおよそそのような態様による遊戯を許容していない」ので、体感器を装着して遊戯を開始したときをもって窃盗の着手があり、取得されたメダルすべてにつき窃盗罪が成立します[17]。また、他人になりすまして消費者金融会社の係員を欺いてローンカードを交付させたうえ、これを利用して同社の現金自動入出機から現金を引き出した場合、同カードを交付させた行為には1項詐欺罪が成立し、同カードを利用して現金自動入出機から現金を引き出した行為には窃盗罪が成立します[18]。さらに、他人から買い取った銀行口座に振り込め詐欺・恐喝による被害者から振り込まれた金員をATM機を介して引き出す行為も、同口座・キャッシュカードの買い受け人は、預金者との間に特殊な関係（例：親子・夫婦関係など）にあるなど特段の事情のない限り、預金取引約款上、預金払戻しの正当な権限を有するものではなく、当該預金の払出し行為は「銀行の意思に反する」ので、窃盗罪が成立します[19]。

　　自己又は第三者の占有に移すことが必要ですから、単に占有を侵害するだけでは窃取に当たりません。

　　他人が飼育している鳥を放鳥する行為、養殖魚を川に放流する行為などは、占有の取得がありませんので窃取には当たらず、器物損壊罪（261条）が成立するにすぎません。

　　第三者に占有を移転させる行為でも足りるとするのが通説ですし、判例も、

15）東京地裁八王子支部判平成3・08・28判タ768・249。

16）東京高判平成12・08・29判時1741・160、判タ1057・263。

17）最判平成19・04・13刑集61・3・340、判時1982・160、判タ1251・163、なお、最判平成21・06・29刑集63・5・461、判時2071・159、判タ1318・112〔百選Ⅱ・30〕。

18）最決平成14・02・08刑集56・2・71、判時1777・159、判タ1085・196。

19）東京高判平成17・12・15東高時報56・1=12・107。なお、自己名義の銀行口座に振り込め詐欺・恐喝等により入金された預金を窓口で払戻を受ける行為又はATM機から引き出す行為につき詐欺罪、窃盗罪の成立を肯定することができるかについては疑問があります。これに対して、橋爪隆「銀行預金の引出しと財産犯の成否」研修735号（2009年）3頁以下参照。

226　第14講　窃盗の罪

他人の所有・管理に係る物件につき何ら管理処分権を有しない者が、自己に処分権があるように装って善意の第三者に売却し、搬出させた行為に窃盗罪を認めています[20]。しかし、この事案では、事情を知らない第三者を利用しつつも、そこに行為者自身の領得行為を観念しうるか、領得意思必要説に立つ通説・判例では領得意思が認められるかが重要のはずです。例えば、コンビニの店員が、客による商品の万引きを黙認する行為は、領得意思必要説からは、店員は領得意思を欠くため、窃盗罪の間接正犯ではなく、背任罪（又は器物損壊罪）が成立するにすぎないはずです。

窃取の方法・態様には特に限定がありませんので、公然と行われたか秘密裏に行われたかは本罪の成立に影響しません[21]。

なお、窃取の行為と財物の自己・第三者への占有移転の結果との間に因果関係が必要です。窃取行為は行ったが、被害者が同情心から財物を差し出した場合は、因果関係に欠けるので窃盗の未遂です。

③　故　意　他人の占有・管理下にある財物を窃取するについて故意が必要で、過失窃盗は不処罰です。例えば、うっかり自分の傘と間違えて他人の傘を持ってきてしまった場合、財物の他人性の認識がありませんので、その誤信に過失があっても本罪は不成立です。

判例・通説は、故意のほかに領得意思が必要であると解していますが、本書は領得意思不要説を妥当と考えます。

(2)　**未遂・既遂**

①　着　手　犯罪の着手時期は、一般に、**法律要件に該当する結果の発生する現実的危険性のある行為を開始したとき**と解されており〔実質的客観説〕、現実的危険性の内実は、実害犯、具体的危険犯・抽象的危険犯、挙動犯（単純行為犯）によって異なります。

これを窃盗罪に応用すると、財物に対する他人の占有を侵害する現実的危険性のある行為を開始したときとなります。判例は、**他人の財物に対する事実上の支配を犯すにつき密接な行為をなしたとき**とし[22]、占有を現実に侵

---

20)　最決昭和31・07・03刑集10・7・955、判タ62・60。
21)　大判大正15・07・16刑集5・316、最決昭和32・09・05刑集10・7・955。
22)　大判昭和9・10・19刑集13・1473。

害する行為まで待ちません。

　　住居侵入窃盗の場合、通常、家人がそこに居住している場合が多いので、単に住居に侵入しただけでは本罪の着手は認められず[23]、金品物色のため箪笥に近づいたとき[24]、財物を物色したとき[25]に着手が認められています。**倉庫侵入窃盗**の場合、そこは専ら財物が保管されている空間ですので、侵入行為を開始したときと[26]、閉店後の店舗内で現金を窃取する目的で煙草売場の方に行きかけたとき[27]に着手が認められています。

　　スリ事犯で、財物の存在を確認するためにポケットの外側に手を触れる「当たり行為」は準備行為にすぎませんが、窃取の意思で他人のポケットの外側に触れる行為は着手となります[28]。

　　車上狙い・車上荒らしについては、自動車内の金品を窃取する目的で車のドアやドアガラスを開披する行為を開始したとき[29]、**釣銭狙い**については、自動券売機の釣銭返却口から釣銭を取得する意図でその返却口に接着剤を塗布したとき[30]、着手とされています。

　② **既　遂**　本罪の既遂時期は、財物に対する占有を取得したときとする**取得説**が通説・判例です[31]。具体的には、財物の大小・形状、所在場所、占有状況、犯行の場所・空間の状態、行為の態様、搬出の容易性などを考慮して判断されます。

　　店頭で小さな品物を手に取り懐中したとき[32]、他人の浴場で発見した金の指輪を、他日持ち帰るために浴場内の他人の発見しにくいすき間に隠したとき[33]、鉄道機関士が、後刻その場所に戻って拾う意図で、進行中の貨物列車から積荷を突き落としたとき[34]、既遂となります。しかし、門扉・障壁・守衛等の設備があってその障害を排除して財物を未だ構外に搬出していない以上、「所有者の

---

23) 東京高判昭和34・01・31東高時報10・1・84。

24) 大判昭和9・10・19刑集13・1473（接近行為）。

25) 最判昭和23・04・17刑集2・4・399（物色行為）。

26) 名古屋高判昭和25・11・14高刑集3・4・748。

27) 最判昭和40・03・09刑集19・2・69、判時407・63、判タ175・150〔百選Ⅰ・62〕。

28) 最決昭和29・05・06刑集8・5・634。

29) 山口簡判平成2・10・01判時1373・144、東京地判平成2・11・15判時1373・145。

30) 東京高判平成22・04・20判タ1371・251。

31) ほかに、接触説（財物に手を触れたとき）、移転説（財物をそれが置かれていた場所から別の場所に移転させたとき）、隠匿説（財物を容易に発見できない場所に隠匿したとき）があります。

32) 大判大正12・04・09刑集2・330。

33) 大判大正12・07・03刑集2・624。

34) 最判昭和24・12・22刑集3・12・2070。

228 第14講 窃盗の罪

事実上の支配を排除して自己の支配内に納めたものといえない」ので、本罪の既遂とはなりません[35]。しかし、被害者宅の奥の部屋で取得した財物在中の袋を手に持って1、2歩次の部屋に歩き出したとき警察官に逮捕された場合[36]は、既遂とされました。

他方、駐車場所から自動車を押して付近道路まで移動させ、エンジンを始動させていつでも発進可能の状態に置いたとき[37]、深夜、出入り自由な駐車場に駐車中の自動車からタイヤ4本を取り外したとき[38]、工場内に設置された自動販売機の錠を壊して扉を開け、中のコインホルダーを外したとき[39]、既遂とされました。

また、スーパー店内で買物かごに商品35点を入れた後、レジを通ることなく、買物かごをレジの外側に持ち出したとき[40]、大型量販店の家電売り場のテレビを買い物カートのかごに入れ、精算せずにそのまま同店同階にあるトイレに入り、そこの扉付きの収納棚に同テレビを隠し入れたとき[41]、大型店舗内で相当に大きな複数のプラモデル等をトイレの個室に持ち込み、持参したバッグ等に詰めて持ち去ることが可能な状態に置いたとき[42]、本罪の既遂とされました。

03 不動産侵奪罪 (235条の2)

> 他人の不動産を侵奪した者は、10年以下の懲役に処する。
> 235条の2の未遂は、罰する (243条)。

(1) 沿 革

本条は、1960年（昭和35年）に、境界損壊罪（262条の2）とともに新設されました。それまでは、窃盗罪にいう**財物**に不動産が含まれるかについて、場所的移転が不可能であり、場所的な移動を要する**窃取**の文言にはなじまないので、不動産は本罪の客体とならないとするのが通説・判例でした。

本条により、不動産窃盗は条文化されましたが、強盗罪における「財物」(236

---

35) 大阪高判昭和29・05・04高刑集7・4・591、仙台高判昭和29・11・02高裁刑事裁判特報1・9・415。
36) 大阪高判昭和51・03・12判時831・123。
37) 広島高判昭和45・05・28判タ255・275。
38) 東京高判昭和63・04・21判時1280・161、判タ670・252。
39) 東京高判平成5・02・25判タ823・254。
40) 東京高判平成4・10・28判タ823・252〔百選Ⅱ・34〕。
41) 東京高判平成21・12・22判タ1333・282。
42) 東京高判平成24・02・16東高時報63・31。

条）に不動産は含まれないが、詐欺罪・恐喝罪・横領罪における「財物」（246条・248条、249条）・「物」（252条・253条）には不動産も含まれると解されており、必ずしも一貫した解釈がなされているわけではありません。

(2) 要 件

① 他人の占有・管理する他人の不動産であること〔客体〕
② 他人の不動産を侵奪すること〔行為・結果〕
③ 故意があること〔故意〕

① **客 体** 客体は、他人の占有・管理する他人の不動産です。但し、自己所有物の特則（242条）及び親族相盗例（244条）の適用があります。

本罪は、不動産に対する事実上の占有・管理それ自体を保護の対象とするものですから、必ずしも本権が存在することを要しません。裁判所執行官による仮処分決定に基づく不動産占有は、暫定的に当該不動産の占有状態を凍結、維持するために行なわれるもので、個人の財産権がその実質的な基礎として控えています。したがって、裁判所執行官が仮処分決定に基づき保管中の他人所有の建物は、それが本権に基づく占有とはいえないとしても、不動産侵奪罪の対象となるのです。

不動産とは、土地及び建物等その定着物をいいます（民法86条1項）。土地はその上の空間及び地下も含みますし、建物の一部・一室も不動産となります[43]。石灯籠・ブロック塀などは土地に定着していますが動産です。建物の一部を取り壊して移動・領得する場合も同様ですが、例えば、国宝の茶室・待庵をそのまま移動・領得する場合は、本罪ではなく窃盗罪と解すべきでしょう。というのは、不動産侵奪罪は、場所的移動を伴わない不動産の不法占拠の処罰を主旨とするものだからです。

なお、特別法でいう「みなし不動産」[44]は、民法の不動産規定を準用する趣旨ですので、本罪の不動産には当たりません。

② **行為・結果** 侵奪とは、占有者の意思に反して不動産に対する他人の占有を排除する積極的な作為により自己又は第三者の占有を設定することを

---

43) 東京高判昭和46・09・09高刑集24・3・537、判タ272・301。
44) 例えば、立木（「立木ニ関スル法律」2条）、工場財団（「工場抵当法」14条）、鉱業権（「鉱業法」12条）。

230　第14講　窃盗の罪

いいます。具体的事案に応じて、不動産の種類、占有侵奪の方法・態様、占有期間の長短、原状回復の難易、占有排除・占有設定の意思の強弱、相手方に与えた損害の有無などを総合的に考慮して判断されることになります[45]。

　　例えば、自己の所有建物敷地の隣の他人の空地に無断で排水口等を築造した行為は、主観的には領得意思が認められないし、客観的には本件排水口の設置により空地所有者の土地占有が完全に排除され、自己の支配を確定的にする占有を新たに設定したと認めることができないので侵奪には当たらないとされました[46]。また、他人のマンション入口に立入禁止の貼り紙をし、玄関ドアの鍵を交換する行為は、本罪の実行の着手に当たりますが、他人の占有を排除して自らの事実的支配を設定したとまではいえないので、未遂にとどまります[47]。

　　しかし、例えば、他人の農地を無断で耕作して苗床を造り播種する行為[48]、自分の家屋を増築する際に、その２階部分を隣地との境界を超えて突出させて築造する行為[49]、他人の土地を掘削して多量の産業廃棄物を投棄する行為[50]、地上建物の賃借権とこれに付随する土地の利用権を有する者がその土地に大量の廃棄物を堆積させる行為[51]は、侵奪とされます。

　直ちに撤去でき原状回復が容易な簡易施設を設置して一時使用している**使用侵奪**ではなく、解体・撤去が格段に困難となるような改築を行い、また新たな施設を築造して、占有の態様・意味が質的に変化し、他人の占有を新たに排除したと認められる行為は侵奪となります。

　　他人所有の空き地を所有者の黙認のもとに建築資材置場等として一時使用していた者が、仮設的な塀が台風で倒壊した後に、所有者の中止方の強い申し入れにもかかわらず、周囲にコンクリートブロック塀を築造する行為[52]、また、使用貸借の目的とされた土地を所有者に無断で賃借し、同土地とともに、鉄パイプの骨組み、トタンの波板等をくぎ付けして屋根にし、側面にビニールシートを結び付けるなどした同土地上の簡易施設の引渡しを受けた者が、同施設を改造して、内壁・床面・天井を有し、シャワー・便器を設置した８個の個室か

---

45) 大阪高判昭和40・12・17高刑集18・7・877、判時442・56、判タ188・151、最判平成12・12・15刑集54・9・923、判時1739・149、判タ1054・112。
46) 大阪高判昭和40・12・17高刑集18・7・877、判時442・56、判タ188・151。
47) 最決平成12・12・15刑集54・9・1049、判時1739・152、判タ1054・111〔百選Ⅱ・37〕。
48) 新潟地裁相川支部判昭和39・01・10下刑集6・1=2・25。
49) 大阪地判昭和43・11・15判タ235・280。
50) 大阪高判昭和58・08・26刑裁月報15・7=8・376、判時1102・155。
51) 最決平成11・12・09刑集53・9・1117、判時1698・160、判タ1019・93〔百選Ⅱ・36〕。
52) 最決昭和42・11・02刑集21・9・1179、判時501・30、判タ215・132。

らなる本格的店舗を構築する行為[53]は、侵奪に当たるとされました。

侵奪の行為と不動産の占有取得という結果との間に因果関係が必要です。

③　**故　意**　本罪は故意犯ですから、過失の不動産侵奪は不処罰です。

判例・通説は、故意のほかに領得意思が必要であるとしますが、本書は領得意思不要説を妥当と考えます[54]。

(3) 罪　数

本罪は、不動産に対する占有を取得したとき既遂となり、その後に違法状態が継続する**状態犯**です[55]。

他人の管理する部屋を居住の用に供するため、管理者の意思に反して不法占拠する行為は、本罪と住居侵入罪の観念的競合とする学説[56]が有力ですが、判例[57]のように、不動産侵奪のための行為として不動産侵奪罪に該当する以上、ほかに住居侵入罪は成立しないとするのが妥当です。

04　親族相盗の特例 (244条)

　配偶者、直系血族又は同居の親族との間で第235条の罪、第235条の2の罪又はこれらの罪の未遂罪を犯した者は、その刑を免除する。
　2　前項に規定する親族以外の親族との間で犯した同項に規定する罪は、告訴がなければ公訴を提起することができない。
　3　前2項の規定は、親族でない共犯については、適用しない。

(1) 法的性質

本条は、配偶者・直系血族・同居親族の間の窃盗罪（235条）・不動産侵奪罪（235条の2）、これらの未遂罪（234条）について刑の必要的免除を規定し、その他の親族間では親告罪とする特例を定めたものです[58]。

①　**学説・判例の状況**　本条1項の法的性質について議論があります。

---

53) 最決昭和42・11・02刑集21・9・1179、判時501・30、判タ215・132。

54) 詳細は、本書・206頁以下参照。

55) なお、福岡高判昭和37・07・23高刑集15・5・387、判時319・50、判タ136・51参照。

56) 団藤・584頁、大塚仁・207頁、大谷・220頁、中森・104頁。

57) 福岡高判昭和37・08・22高刑集15・5・405、判時321・34、判タ136・52。

58) 本条は、詐欺罪、電子計算機使用詐欺罪、背任罪、準詐欺罪、恐喝罪、これらの未遂罪にも準用され（251条）、また、横領罪、業務上横領罪、遺失物等横領罪にも準用され（255条）、盗品等に関する罪にも規定があります（257条）。しかし、強盗罪、毀棄罪についてはありません。

232　第14講　窃盗の罪

　　一身的刑罰阻却説は、本条項は親族間の財産犯については国家が干渉するよりも親族間の処理に委ねたほうがよいと考えた立法者の政策的判断に基づくもので、「法は家庭に入らず」で表されるように、親族という身分を基礎に一身的に処罰を阻却するものです[59]。
　　これに対し、親族間における財物の所有・占有関係は共同的で、明確な基準でもって区別できない合同的であるため行為の（可罰的）違法性がないとする**正当化説**[60]や、行為の違法性が減弱しているとする**違法性減少説**[61]、また、一般に、親族間では個人の所有・特有財産の意識が薄いので誘惑的な要因により反対動機の形成が期待できないとする**有責性阻却説**[62]、期待可能性が減弱しているとする**有責性減少説**[63]、さらに、違法性・有責性減少と刑事政策的考慮とを組み合わせる**総合説**[64]もあります。

　②　**本書の立場**　一身的刑罰阻却説は、刑の免除が有罪判決の一種であること、非同居の親族の場合を親告罪としていることと調和しますが、親族相盗例の適用・準用が一部の財産罪に限定され、ほかの財産罪や身体への犯罪に適用・準用されていないことの説明が困難であるなどの疑問があります。むしろ、「親族間の一定の財産犯罪については、国家が刑罰権の行使を差し控え、親族間の自律にゆだねる方が望ましいという政策的な考慮」[65]の実質的な根拠を探究すべきです。

　⑦　**配偶者間、同居の親族**の場合、財産は共同所有にあるとは限りませんが、その消費については一種の消費共同体が存在していると考えられます[66]。本条が財産の所有関係の明確・不明確を問わないのは、所有ではなく消費に着目したからです。しかも、親族間では財産の占有・消費の形態も各家族により多様であることに配慮し、同居の親族間の一定の財産罪については刑罰権の行使を控え、親族間の自律的な処理に委ねました。こうした政策的考慮の背景にある実質的理由は、親族間における窃取行為自体の違法性

---

59) 判例（最判昭和25・12・12刑集4・12・2543）・通説です。
60) 佐伯千仞・総論・221頁、中山・234頁。
61) 平野・207頁、中森・104頁。
62) 瀧川・113頁、松原・225頁。
63) 曽根・126頁、西田・164頁、山中・274頁、林・203頁。
64) 高橋・252頁。
65) 最決平成20・02・18刑集62・2・37、判時1998・161、判タ1265・159〔百選Ⅱ・35〕。
66) 現代社会における核家族化は、生産・消費の共同体であった家族が単なる消費の共同体へと変質したことを意味します。

及び窃取行為者自身の非難可能性が減弱している点にあります〔**違法性・有責性減少説**〕。

　㋑　**非同居の親族**の場合、消費共同体の一員としての性格は弱いですから、違法性・有責性の減弱は大きくありません。本条2項はこの点を考慮して、これを親告罪として親族間の自律的な処理に委ねました。

　㋒　本条3項は**非親族の共同正犯・共犯**に本条の適用を排除していますが、その理由は、非親族は消費共同体の部外者であること、非親族は親族の窃取行為に自ら加担したという独立要素の面が強いこと [67]、部外者たる非親族に有責性減弱の効果は及ばないことにあります。

　刑の免除は有罪判決の一種とされています（刑訴法334条）ので、親族相盗行為は法律要件に該当し、違法な行為であり、行為者も有責であることになります。しかし、実務上も、刑の免除に当たる場合は、検察官において不起訴処分がなされ、起訴された場合には免訴（刑訴法337条）か公訴棄却（同339条1項2号）の言渡しをすべきとされています。学説では、免訴判決に一事不再理効を認めることを前提に、免訴事由に何らかの実体的要素を包含させる見解が有力ですし、公訴棄却でも、親族相盗行為について国は刑罰権を欠くと解されています。

(2)　適用要件

ⓐ　刑の免除類型（1項）
　　①　配偶者、直系血族又は同居の親族との間で犯されること
　　②　窃盗罪（235条）、不動産侵奪罪（235条の2）又はこれらの罪の未遂罪が犯されること
ⓑ　親告罪類型（2項）
　　①　配偶者、直系血族又は同居の親族以外の親族との間で犯されること
　　②　窃盗罪（235条）、不動産侵奪罪（235条の2）又はこれらの罪の未遂罪が犯されること

---

　①　**親族の意義**　　**親族**とは、民法により、6親等内の血族、配偶者、3親等内の姻族をいいます [68]。養親子関係についても、血族間と同一の親族関

---

67)　共同正犯・共犯の処罰根拠について、本書は、一部独立性志向・一部従属性志向の混合惹起説を採っています。関・総論・411頁参照。

68)　民法725条。

234　第14講　窃盗の罪

係を生じます（民法 727 条）。**配偶者**について、判例 [69] は、「免除を受ける者
の範囲は明確に定める必要がある」として、これに内縁関係を含めません。
しかし、内縁関係であっても、そこには、婚姻費用の分担・日常家事債務の
連帯責任 [70] を負わせるのが相当といえる消費共同体の実態が存在するので
あれば、本条の適用を認めるべきでしょう [71]。戸籍簿の外観上婚姻関係が
認められても、継続的に夫婦生活を営む意思がなく、金員を騙取する手段と
して婚姻届を出したにすぎない場合は、本条の適用はありません [72]。**同居
の親族**とは、同じ居住空間で日常生活を継続して共同にし、家計を同じくす
るなど消費共同体としての実態を認めることができる場合をいいますので、
家屋の一室を賃借しているにすぎず、別に生活している親族や、一時宿泊し
ているにすぎない親族はこれに当たりません [73]。

②　親族の範囲

> 窃盗罪の保護法益に関する本権説を前提にして、親族関係は行為者と所有者
> との間にあれば足りるとする**「行為者＋所有者」説** [74]、占有説を前提にして、
> 親族関係は行為者と占有者との間にあれば足りるとする**「行為者＋占有者」
> 説** [75]、さらに、「法は家庭に入らず」という政策的根拠を前提にして、親族関係
> は行為者と所有者と占有者の間になければならないとする**「行為者＋占有者＋
> 所有者」説** [76] が主張されています。

　窃盗罪の保護法益に関する議論は本罪の保護法益をめぐる争いですが、親
族相盗例における親族の範囲に関する議論は、親族という消費共同体におけ
る自律的処理の範囲をめぐる争いであり、次元が異なります。

　親族相盗例の法的性質について、本書の違法性・有責性減少の見解によれ

---

69)　最決平成 18・08・30 刑集 60・6・479、判時 1944・169、判タ 1220・116。
70)　民法 760 条、761 条。
71)　平川・352 頁、大谷・225 頁、松原・226 頁参照。
72)　東京高判昭和 49・06・27 高刑集 37・3・291、判タ 320・305。
73)　**東京高判昭和 26・10・03** 高刑集 4・12・1590（一室を賃借し、まったく別個に生活している
　　親族）、**札幌高判昭和 28・08・24** 高刑集 6・7・947（一時宿泊した親族）。
74)　中・148 頁。
75)　瀧川・113 頁。
76)　通説・判例です。判例は、「行為者＋占有者」説に立っていた時期もありました（最判昭和
　　24・05・21 刑集 3・6・858）が、**最決平成 6・07・19** 刑集 48・5・190、判時 1507・169、判タ
　　860・118 は「行為者＋占有者＋所有者」説に立っています。

ば、親族相盗行為に違法性と法的非難可能性の減弱が認められるには、そこに消費共同体としての親族関係が存在している必要がありますから、「**行為者＋占有者＋所有者**」説が妥当です。

(3) 親族関係の錯誤

> 【事例】　Xが、父親Aの占有する財物をAの所有であると思って窃取したところ、実は他人Bから預かった物であった。

この場合、一身的刑罰阻却説によれば、この錯誤は行為の違法性、行為者の有責性に影響しない錯誤ですから、情状の問題として処理すれば足ります[77]。しかし、本条は違法性・有責性減少という一種の減軽要件を規定したものです。親族関係を錯誤した場合、抽象的事実の錯誤となるので、38条2項により、軽い本条が適用されることになります[78]。また、違法性・有責性減少説によれば、親族関係の錯誤は、違法性減少事由の錯誤と有責性減少事由の錯誤の両方の面を有することになります。前者は正当化事由を基礎づける事実の錯誤、後者は期待可能性を基礎づける事実の錯誤の性質を備えており、両者相まって故意の責任を否定すると考えることができます。

(4) 244条の1項と2項の関係

1項の場合は非親告罪で、刑の免除という有罪判決の一種にとどまるのに対し、2項の場合は親告罪であり、告訴がない場合で比べると、より近い親族関係にある者が不利益な取扱いを受けて不均衡ではないか。

そこで、1項の場合にも親告罪とすべきであるとする見解[79]や、刑訴法339条1項2号に準じ公訴棄却の扱いをすべきであるとする見解[80]などがありますが、解釈論としては無理であり、立法に委ねざるをえません[81]。

---

[77] 大阪高判昭和28・11・18高刑集6・11・1603、大谷・225頁。一身的刑罰阻却説から本条の準用を認めるのは、藤木・287頁、内田・267頁、前田・182頁。

[78] 福岡高裁昭和25・10・17高刑集3・3・487、西田・166頁。親族関係の錯誤につき親族相盗例の適用を肯定するのは、曽根・126頁、山中・275頁、中森・105頁、高橋・254頁、松原・230頁。

[79] 団藤・582頁、山口・208頁。

[80] 藤木・288頁、大谷・225頁、中森・120頁。

[81] 曽根・127頁、西田・167頁、前田・183頁。なお、改正刑法草案334条参照。ただ、1項の免除は必要的ですから、告発の有無にかかわらず、同項の親族関係があるのに起訴されることは実際にはありません。

第 15 講　強盗の罪

01　総　説

　強盗の罪は、財物とともに財産上の利益をも客体とする点、暴行・脅迫を手段とする点で窃盗罪と異なります。暴行・脅迫を手段とする点で恐喝の罪と共通しますが、恐喝の罪が相手方の瑕疵ある意思に基づいて財物・利益を取得する交付罪であるのに対し、強盗の罪は相手方の反抗を抑圧し、その意思に反して財物・利益を取得する盗取罪です。

○強盗罪　　・〔財物強盗罪〕（236 条 1 項）　・〔強盗利得罪〕（236 条 2 項）
○強盗致死傷罪（240 条）　○強盗・強制性交等及び同致死罪（241 条）
○準強盗罪　　・〔事後強盗罪〕（238 条）　・〔昏酔強盗罪〕（239 条）

02　強盗罪 （236 条）

　暴行又は脅迫を用いて他人の財物を強取した者は、強盗の罪とし、5 年以上の有期懲役に処する。
　2　前項の方法により、財産上不法の利益を得、又は他人にこれを得させた者も、同項と同様とする。
　未遂も罰せられます（243 条）し、予備も罰せられます（237 条）。

(1)　要　件

①　暴行又は脅迫を手段とすること〔手段〕
②　他人の占有する他人の財物又は財産上の利益であること〔客体〕
③　他人の財物を強取すること又は財産上不法の利益を得もしくは他人にこれを得させること〔行為・結果〕
④　故意があること〔故意〕

　①　**手　段**　本罪での**暴行・脅迫**は、相手方の反抗を抑圧するに足りる程度のもの（最狭義）、すなわち、相手方が心理的・身体的な自由を喪失してしまう程度のものでなければならず、その程度に至らない場合は恐喝罪（249 条）にとどまります。

　その判断基準については、一般的見地から、暴行・脅迫自体の客観的性質

を基準とする**客観説**[1] が妥当ですが、その際、暴行・脅迫の態様・程度、犯行の場所・時刻、周囲の状況などの行為事情、行為者・被害者の人数、性別、年齢、性格、凶器使用の有無など具体的事情が考慮されます[2]。

> 【事例01】　Xは、Aが特に臆病であることを知りつつ、金品を強奪する意図で軽微な暴行・脅迫を加えたところ、Aが反抗を抑圧されたため、金品を奪うことができた。

　Xに強盗罪を認める見解[3] もありますが、客観説からは疑問です。軽微な暴行・脅迫は強盗の手段としての当罰性が欠けているのですから、それを行為者の主観的な強盗の故意によって変質させるのは、法的評価の安定性を損なうもので、妥当ではないからです[4]。

> 【事例02】　Xは、自車の窓から歩行者Aのハンドバッグをひったくろうとその下げ紐を掴んで引っ張ったところ、Aが手を離さなかったため、Aを数メートル引きずりようやくハンドバックを奪い取ることができた。

　単純な**ひったくり**の場合は、反抗抑圧のための暴行・脅迫が用いられていないので、窃盗罪にとどまりますが、**事例02**のように、被害者はその財物を手放さないと生命・身体の安全に重大な危険を生じかねず、反抗抑圧に足る暴行がなされたと認定できますので、強盗罪となります[5]。

　暴行・脅迫の相手方は、財物の所有者・占有者に限らず、財物強取について障害となる者であれば足りるとする見解[6] もあります。しかし、それでは、強盗罪の成立範囲が広くなりすぎます。事後強盗罪の射程範囲を考慮するならば、財物の占有に直接関わる者、広げても、占有補助者までででしょう[7]。

　② **客　体** ⑦ **財　物**　財物強盗罪（236条1項）の客体は、**他人の占有す**

---

1) 最判昭和24・02・08刑集3・2・75。
2) 具体的事情を詳細に考慮すると、客観的基準が主観化する危険があることに注意を要します。
3) 大塚仁・213頁、大谷・229頁、中森・121頁、林・206頁、山中・305頁、佐久間・196頁、山口・218頁。
4) 曽根・129頁、西田・169頁、高橋・263頁。
5) 東京高判昭和38・06・28高刑集16・4・377、下刑集5・05=06・530、最決昭和45・12・22刑集24・13・1882、判時618・103、判タ257・218。なお、札幌高判平成4・10・30判タ817・215。
6) 大判大正元・09・06刑録18・1211、最判昭和22・11・26刑集1・28、内田・270頁、大塚仁・214頁、大谷・229頁、佐久間・196頁。
7) 中森・121頁、山口・219頁、山中・307頁。

238　第15講　強盗の罪

る他人の財物ですが、他人の占有等に係る自己所有物の特例規定（242条）があります。不動産も財物ですが、可動性がありませんので、財物強盗罪ではなく強盗利得罪（同条2項）の客体となります。

　　④　**財産上の利益**　強盗利得罪（236条2項）の客体は、**財産上の利益**、すなわち、財物以外の財産的価値ある利益です。条文には「財産上不法の利益」とありますが、利益そのものではなく、利益の獲得方法が不法という意味で、行為者にその取得について正当な権利がない利益という意味です。

　　③　**行為・結果**　⑦　**強　取**　財物強盗罪が成立するには、**強取**、すなわち、財物奪取の意思をもって暴行・脅迫を行って相手方の反抗を抑圧し、相手方の意思によらずに財物を奪取することを要します。このように財物を取得したのであれば、相手方が財物を交付する場合、財物の持ち去りを黙認する場合[8]、財物を放置して逃走する場合[9]、さらに、相手方が知らない間に財物を奪取する場合[10]も、強取に当たります。但し、金品を強取しようと暴行・脅迫を加えたところ、相手方が畏怖して逃走する際に落とした財物を領得する場合は、暴行・脅迫による財物奪取という直接的な関係がないので、強盗未遂罪と窃盗罪（又は占有離脱物横領罪）との観念的競合となります[11]。

> 【事例03】　Xは、金品を強奪する意図でAの反抗を抑圧するに足りる暴行・脅迫を加えたが、剛胆な性格であったAは畏怖することなく、「お前はこんなことまでして金品が欲しいのか」と、金品をAに交付した。

　判例は、Xに強盗既遂罪を認めます[12]が、暴行・脅迫と財物奪取との因果関係が切れていますので、強盗未遂罪にとどまるはずです。

　　④　**暴行・脅迫を手段として財産上不法の利益を得、又は他人にこれを得させること**　強盗利得罪につき問題となるのは、相手方の**処分行為**を要するかです。

---

8)　大阪地判平成4・09・22判タ828・281。

9)　名古屋高判昭和32・03・04高裁刑事裁判特報4・6・116、東京高判昭和42・06・20判タ214・249。

10)　最判昭和23・12・24刑集2・14・1883、大阪高判昭和47・08・04高刑集25・3・368、判タ298・443。

11)　名古屋高判昭和30・05・04高裁刑事裁判特報2・11・501。

12)　最判昭和24・02・08刑集3・2・75。

必要説は、同じく利得罪である詐欺利得罪（246条2項）・恐喝利得罪（249条2項）においても処分行為が必要とされていること、財物強盗罪は占有移転という外部的事実によって成立するので、強盗利得罪の場合も、利益の移転という外部的事実を明確にするため処分行為を要するとすべきことを根拠とします。

　本罪では、相手方が処分行為やその意思表示をなし得ない程度にまでその反抗を抑圧することもありえますので、**不要説**が妥当です。しかし、本罪における利益及びその取得を緩やかに解すると、本罪の射程範囲が不当に拡大します。そこで、財産上の利益が行為者・第三者に移転したという事実を確認する必要があります。単に一時的に債権の追求を免れただけでは足りず、事実上、債権の現実的な追求を受けることがなくなった、それが著しく困難になった、あるいは、相当長期にわたって不可能になったというような事態が生じなければならないのです。例えば、債権者を殺害した場合であっても、債権の存在が依然明白であり、相続人も債務履行の具体的方策を有している場合は、利得は認められません。

　判例は、必要説の立場を変更し、強盗利得罪は財物強盗罪と同じく、「相手方の反抗を抑圧すべき暴行、脅迫の手段を用いて財産上不法利得するをもつて足り、必ずしも相手方の意思による処分行為を強制することを要するものではない」[13) と、不要説に転じました。

　大阪高判昭和59・11・28（高刑集37・3・438、判時1146・158、判タ555・344）は、多額の債務を負担している債務者がその債務の支払を免れる目的で債権者を殺害した事案につき、「履行期の到来し又は切迫している債務の債権者を殺害したときは、債権者自身による追及を絶対的に免れるだけでなく、債権の相続人等による速やかな債権の行使をも、当分の間不可能ならしめて、債権者による相当期間の支払猶予の処分行為を得たのと実質上同視しうる現実の利益を得ることになる」ので、利益の取得があるとしました[14)。しかし、こうした相続人の債権行使に通常随伴する期限の利益のみをもって利益の取得と認定するのは、利益概念をあまりにも抽象化するもので妥当ではありません。また、**東京高判平成21・11・16**（判時2013・158、判タ1337・158）は、キャッシュカードを窃取した被告人が、被害者に包丁を突きつけて反抗を抑圧し、同人名義の預金口座の暗証番号を聞き出した事案につき、キャッシュカードをいつでも容易に取得

---

13) 最判昭和32・09・13刑集11・9・2263〔百選Ⅱ・40〕。
14) 大津地判平成15・01・31判タ1134・311。

240　第15講　強盗の罪

> できる状態に置いた上で被害者に脅迫を加えてその暗証番号を聞き出す行為は、「被告人が、ATM を通して本件口座の預金の払戻しを受けることができる地位を得る反面において、本件被害者は、自らの預金を被告人によって払い戻されかねないという事実上の不利益、すなわち、預金債権に対する支配が弱まるという財産上の損害を被ることになる」から、2項強盗罪が成立するとしました。しかし、「預金の払戻しを受けることができる地位」が本罪の「財産上の利益」に当たるとするのは、類推と言わざるをえません。

　④　故　意　暴行・脅迫を手段とし、客体が他人の財物又は財産上の利益であり、他人の財物を強取し又は財産上不法の利益を得もしくは他人にこれを得させることについて故意を要します。

　判例・通説は、故意のほかに領得意思を必要としますが、本書は領得意思不要説を妥当と考えます。

(2)　未遂・既遂

　本罪の着手時期は、手段としての暴行・脅迫の開始時点であり、財物奪取・利益取得の開始時点ではありません。強盗の意図であっても、暴行・脅迫を行わずに財物奪取を実現した場合は、強盗未遂罪ではなく窃盗罪となります。強盗罪の未遂・既遂は財物奪取・利益取得の有無で決まります。

(3)　問題類型

　①　居直り強盗　単なる窃盗の意思で財物奪取に着手したところ、家人に見つかったので、居直って暴行・脅迫を加えてさらに財物を奪取したという形態を**居直り強盗**といいます。財物強盗罪となり、先行する窃盗の未遂・既遂はそれに吸収されます。

　居直り強盗に類似した事案として、強盗の意図でまず財物を奪取した（窃盗既遂）ところ、家人に見つかったので、暴行・脅迫を加えて奪取の財物を確保した場合、占有取得と暴行・脅迫との間に因果関係が認められるので強盗罪とする見解[15]があります。しかし、先行する財物奪取は、強盗の意図とはいえ窃盗罪にすぎませんし、その後の暴行・脅迫は財物確保のためですから、事後強盗罪とすべきでしょう。また、単なる窃盗の意思で窃盗に着手

---

15)　最判昭和24・02・15刑集3・2・164、藤木・293頁、大塚仁・216頁、大谷・232頁、曽根・130頁、高橋・265頁。

したところ、家人に見つかったので、居直って暴行・脅迫を加えてさらに財物を強取しようとしたが失敗した場合、後行の行為につき強盗未遂罪が成立し、先行する窃盗罪を吸収します[16]。さらに、財物を窃取した後、家人に見つかったので、居直って暴行・脅迫を加えてさらに財物を強取しようとしたが失敗した場合に、その暴行・脅迫が同時に逮捕を免れる目的でなされたものであるときは、先行の（窃盗罪を吸収した）強盗未遂罪は後行の事後強盗罪に吸収されます[17]。

② **暴行・脅迫後の財物奪取**　例えば、強制性交等・強制猥褻など強盗以外の目的で暴行・脅迫を加えて相手方の反抗を抑圧した後に財物奪取の意思を生じて財物を奪取した場合、強盗罪が成立するか問題となります。

> 学説では、行為者は自らの暴行・脅迫によって生じさせた相手方の抵抗不能状態を積極的に利用し、その余勢をかって財物を奪取したと認められること、暴行・脅迫と財物奪取との結びつきは事後強盗（238条）の場合よりも緊密であり、強盗罪を適用しないとバランスを失することを根拠に、財物奪取に向けられた新たな暴行・脅迫は必要でないとする**不要説**[18]があり、強盗罪の成立を認めます。

> 判例では、明らかに不要説に立つもの[19]もありますが、財物奪取に向けられた新たな暴行・脅迫を要する**必要説**が大勢であると解されます。但し、必要とされる新たな暴行・脅迫は、先行する暴行・脅迫により作出された反抗抑圧状態を前提に判断されますので、その程度は軽度なもので足ります[20]。

　強盗罪は暴行・脅迫を手段として財物奪取をする点に本質があること、事後強盗罪の規定（238条）は例外的な補充規定であり、これを原則的な犯行形態と解することはできないこと、強盗罪では、準強制性交等・準強制猥褻罪（178条）のような「抗拒不能に乗じた」行為を処罰する明文の規定を欠いていることを考慮すると、財物奪取に向けられた新たな暴行・脅迫が行われな

16）大阪高判昭和33・11・18高刑集11・9・573。
17）広島高判昭和32・09・25高刑集10・9・701、判タ77・49参照。
18）藤木・294頁。
19）大阪高判昭和47・08・04高刑集25・3・368、判タ298・443、東京高判昭和57・08・06判時1083・150、大阪高判平成11・07・16判タ1064・243。
20）**東京高判昭和48・03・26**高刑集26・1・85、判時711・142、判タ295・380（「その後の暴行・脅迫は通常の強盗罪の場合に比し程度の弱いもので足りる」）、**大阪高判平成元・03・03**判タ712・248（「自己の先行行為によって作出した反抗抑圧状態を継続させるに足りる暴行、脅迫があれば十分である」）。

242　第15講　強盗の罪

い限り、強盗罪は成立しないとする**必要説**（通説）が妥当です。但し、例えば、強制性交等の目的で暴行・脅迫を加えて相手方の反抗を抑圧した場合に、「その財布と指輪をよこすんだ」といった些細な言動でも強盗の手段としての脅迫に当たるといえる場合が多いでしょう。

　問題となるのは、例えば、相手方を殺害し、失神させ、あるいは緊縛した後に財物奪取の意思を生じた場合です。

> 　**判例**は、野外において相手方を殺害した後に財物奪取の意思を生じた場合 [21]、相手方に暴行を加えて失神させた後に財物奪取の意思を生じた場合 [22]、いずれも窃盗罪の成立を認めています。また、緊縛した事案につき、「被害者が緊縛された状態にあり、実質的には暴行・脅迫が継続していると認められる場合には、新たな暴行・脅迫がなくとも、これに乗じて財物を取得すれば、強盗罪が成立する」のであり、「緊縛状態の継続は、それ自体は、厳密には暴行・脅迫には当たらないとしても、逮捕監禁行為には当たりうるものであって、被告人において、この緊縛状態を解消しない限り、違法な自由侵害状態に乗じた財物の取得は、強盗罪に当たる」とするもの [23] もあります。

　財物奪取に向けられた新たな暴行・脅迫があったといえるには、単に反抗抑圧状態に乗じただけでは足りず、その状態をさらに強化する作為やその状態の緩和・解消を回避する作為を要するでしょう。

03　強盗予備罪（237条）

> 　強盗の罪を犯す目的で、その予備をした者は、2年以下の懲役に処する。

(1)　要　件

①　強盗の罪を犯す目的があること〔目的〕
②　強盗の予備行為を行うこと〔行為〕
③　故意があること〔故意〕

　①　**目　的**　強盗を犯す目的が必要な**目的犯**であり、かつ自己予備の目的に限定されています。他人の強盗予備に関与する場合は、他人が予備にとど

21）最判昭和 41・04・08 刑集 20・4・207、判時 447・97、判タ 191・145〔百選Ⅱ・29〕。死者の占有の問題として論議されています。本書 ·217 頁以下参照。
22）高松高判昭和 34・02・11 高刑集 12・1・18、判タ 89・54、札幌高判平成 7・06・29 判時 1551・142。
23）東京高判平成 20・03・19 高刑集 61・1・1、判タ 1274・342〔百選Ⅱ・41〕。

まっているときは強盗予備罪の（共謀）共同正犯、他人が強盗の未遂・既遂に至ったときは強盗未遂・既遂罪の従犯が成立する余地があります。本罪の目的は、確定的なものでなければなりませんが、「家人に見つかったら、これで殴り倒そう」と棍棒を用意するように、条件付きの目的であっても、それが確定的な目的となっているときは肯定されます。

　問題は、「強盗の罪を犯す目的」は準強盗罪〔事後強盗罪（238条）・昏酔強盗罪（239条）〕の目的も含むかです。

> 　準強盗罪の目的も含むとする**積極説**[24]が有力で、判例[25]もこの立場です。その根拠は、準強盗罪はいずれも「強盗として論ずる」（238条・239条）と規定されており、同様の処理をすべきこと、事後強盗と居直り強盗との差は紙一重であり、予備について差を設ける理由がないこと、見つかったら暴行・脅迫を加える目的で凶器を準備し、また、昏酔強盗の目的で睡眠薬を準備するのも本罪に当たるので、条文の位置は決定的な論拠とならないことがあげられます。

　強盗予備罪の規定を準強盗罪の前に置いたのは、本来の強盗罪を予定したからで、その立法者の意思を無視するのは適切ではありません。また、事後強盗罪の予備を罰するのは、現行刑法で不処罰とされている窃盗の予備を処罰することになり妥当ではありませんし、昏酔強盗の目的で睡眠薬を準備するのも本罪に当たるとするのは、むしろ昏酔強盗罪が本来の強盗罪ではなく準強盗罪とされている趣旨を没却させるものです。**消極説**[26]が妥当です。

　②　行　為　強盗の**予備行為**は、強盗の実現を容易にするための準備をすることです。例えば、強盗目的で包丁、ナイフ及び懐中電燈を買い求め、これを携えて徘徊する行為[27]、強盗目的で拳銃を携え、被害者方の塀を乗越え邸宅に侵入する行為[28]、貨物自動車・積載荷物を強奪する目的で貨物自動車を物色しながら徘徊する行為[29]、タクシーの売上金を強奪する目的で

24）団藤・598頁、福田・248頁、大谷・254頁、西田・182頁、山口・231頁、林・215頁、前田・218頁。

25）最決昭和54・11・19刑集33・7・710、判タ953・131、判タ406・109〔百選II・43〕。

26）大塚仁・237頁、香川・524頁、藤木・296頁、内田・284頁、川端・283頁、曽根・136頁、高橋・273頁、佐久間・201頁、松宮・231頁、中森・111頁など多数説です。

27）最判昭和24・12・24刑集3・12・2088。

28）東京高判昭和25・04・17高裁刑事判決特報12・14（住居侵入罪との観念的競合）。

29）名古屋高裁金沢支部判決昭和30・03・17高裁刑事裁判特報2・6・156。

244 第15講 強盗の罪

乗車し、運転を命じて犯行の機会をうかがう行為[30]などです。

(2) 強盗予備の中止

強盗予備につき**中止犯**規定（43条但し書）が準用されるか問題となります。

> 判例は、予備は一種の挙動犯であり、予備行為がなされれば直ちに既遂となり、中止の観念を容れる余地はないこと、強盗予備に刑の免除が規定されていないのは、それが重大だからであることを根拠にして、準用否定説[31]に立っています。

　予備の段階で中止すると刑の減免が受けられないのに、予備から実行行為の段階に至った後に中止すれば刑の減免が受けられるのは、情状による刑の任意的免除の規定がない強盗予備では、いかにも不均衡です。強盗予備の中止により、実質的にも、危険性の減少・消滅という違法性の面と非難可能性の減少・消滅という有責性の面とが充足される限り、中止犯の規定を準用すべきです[32]。

04 事後強盗罪 （238条）

> 窃盗が、財物を得てこれを取り返されることを防ぎ、逮捕を免れ、又は罪跡を隠滅するために、暴行又は脅迫をしたときは、強盗として論ずる。

(1) 準強盗罪の1

　刑法は、窃盗犯人が財物を得た後にこれを確保するため、逃亡の際に捕捉されないようにするため、又は、犯行を隠滅するために、暴行・脅迫を加えることが多いという刑事学的実態に着目し、これらは強盗罪に準ずる（準強盗罪）と考え、人身保護の観点から、強盗として処断することにしました。

(2) 要 件

> ① 窃盗犯人であること〔主体〕
> ② 財物を得てこれを取り返されることを防ぎ、逮捕を免れ、又は罪跡を隠滅する目的であること〔目的〕
> ③ 窃盗の機会継続中に暴行・脅迫を行うこと〔行為〕
> ④ 故意があること〔故意〕

---

30) 東京高判昭和32・05・31高裁刑事裁判特報4・11=12・289、名古屋高判昭和35・04・11下刑集2・3=4・357。

31) 最判昭和24・05・17裁判集刑10・177、最大判昭和29・01・20刑集8・1・41。

32) 詳細は、関・総論・379頁以下参照。

①　**主　体**　**窃盗**とは窃盗犯人のことで、財物の取返しを防ぐときは窃盗は既遂となっていますが、それ以外は窃盗の既遂・未遂を問いません[33]。強盗、恐喝、詐欺の犯人は含みません。本罪は身分犯ではなく**結合犯**です。

②　**目　的**　本罪は**目的犯**[34]であり、この目的は窃盗犯人の主観要件ですから、被害者等が実際にこの目的に対応する行為をしたかは問いません[35]。

財物を得てこれを取り返されることを防ぐ目的とは、被害者等による財物の取り返しを防ぐ目的をいいます。**逮捕を免れる目的**とは、被害者・追跡者・警察官などによって捕捉されて身体を拘束されるのを防ぐ目的、又は捕捉された直後にその拘束状態から脱しようとする目的をいいます。**罪跡を隠滅する目的**とは、例えば、犯罪の証明となる物を奪い、目撃者を脅し、証人となるべき者を殺害する[36]など、後日窃盗犯人として検挙され、処罰される際の証拠となるものを隠滅する目的をいいます。

③　**行　為**　本罪の**暴行・脅迫**の程度は、相手方の反抗を抑圧するに足りるものでなければなりません[37]。暴行・脅迫の相手方は、窃盗の被害者だけでなく、犯行を目撃し追跡してきた者、現行犯人として逮捕するために追跡してくる警察官などを含みます。所定の目的が実現されたか問いせんが、その目的と客観的な関連性を有する暴行・脅迫であることは必要です。

暴行・脅迫は、少なくとも窃盗行為と時間的・場所的に近接した機会になされる必要があります。具体的には、窃盗の犯行現場、窃盗の犯行と時間的・場所的に接着した機会、ないしそれと近接した機会であることを要し、これを**窃盗の機会継続性**といいます。通説は、追跡・追及態勢が継続している限り、窃盗の犯行現場から相当に離れた時間・場所も窃盗の機会とします。

---

33) 大判昭和7・12・12刑集11・1839。これに対し、既遂の場合に限るとするのは、西田・178頁、林・216頁。

34) **東京地判平成8・02・07**判タ1600・160は、万引きをした被告人が警備員から万引きを指摘され詰問されたため、立腹して暴行を加えても、財物の取還を防ぎあるいは逮捕を免れる目的に出たものでないときは、本罪は成立せず窃盗罪と暴行罪にとどまるとしました。

35) 最判昭和22・11・29刑集1・40、判タ2・29。

36) 大判大正15・02・23刑集5・46。

37) **名古屋地判平成23・06・28**D1-Law.com・判例ID281850469（ガソリンスタンドにおいて給油代金を支払わず逃走しようとした際に、被告人車両のドアハンドルをつかんだ店員を引きずり負傷させた事案につき、被告人には暴行の故意が認められるとして強盗致傷罪の成立を肯定）。

246　第15講　強盗の罪

しかし、追跡・追及の可能性は窃盗の犯行現場とは別次元の概念のはずですから、前者の概念で後者の概念を拡張し、本罪の成立範囲を拡げることには問題があります。判例は、「被告人が被害者等から容易に発見されて、財物を取り返され、あるいは逮捕され得る状況はなくなったものというべき」かどうかを常套句的な規準としています[38]。

> ㋐　**現場滞留型**　窃盗犯人が窃盗の犯行現場に留まっている現場滞留型の場合には、窃盗の機会継続性が肯定されます。例えば、**最決平成14・02・14**（刑集56・2・86、判時1778・159、判タ1087・104）は、窃盗の犯行の約3時間後に帰宅した被害者の通報を受けて臨場した警察官にナイフで切り付けて傷害を負わせた事案につき、「窃盗の機会の継続中に行われたもの」としました。
>
> ㋑　**継続追跡型**　犯行現場から継続して追跡されている継続追跡型の場合には、窃盗の機会継続性が肯定される傾向にあります。例えば、窃盗の現場から約330メートル離れた所で追跡者に暴行・脅迫を加えた事案[39]、窃盗犯人が、窃盗から約30分後、現場から約1キロメートル離れた所で被害者に暴行・脅迫を加えた事案[40]、犯行後屋外に出た所で被害者に暴行を加えた事案[41]につき、いずれも窃盗の機会継続性が肯定されています。しかし、否定判例もあり、例えば、窃盗犯人が、窃盗の現場から約200メートル離れた所で、たまたま警邏中に職務質問しようとした警察官に暴行を加えた事案[42]や、窃盗の現場から追跡されることなく逃走し、1時間くらい休んで帰りかけたところ、現場から二百数十メートルくらい離れたところで、犯人を捜査中の司法巡査に誰何されて逃走し、逮捕を免れるために殺害した事案[43]につき、窃盗の機会継続性が否定されました。また、逮捕・連行される途中は機会継続性が肯定される傾向にあります[44]が、逮捕後30分後に、犯行現場から1キロメートル以上離れた所で、派出所に連行される途中で暴行に及んだ事案[45]、窃盗の犯行から約70分後、現場から約200メートル離れた所で、警察に行くように説得していた現行犯の逮捕者に暴行を加えて傷害を負わせた事案[46]につき、機

38）　例えば、最決平成14・02・14刑集56・2・86、判時1778・159、判タ1087・104、最判平成16・12・10刑集58・9・1047、判時1887・156、判タ1174・256〔百選Ⅱ・42〕。

39）　大判昭和8・06・05刑集12・648。

40）　広島高判昭和28・05・27高裁刑事判決特報31・15。

41）　最判昭和30・12・23刑集9・14・2957。

42）　東京高判昭和27・06・26高裁刑事判決特報34・86。

43）　福岡高判昭和29・05・29高刑集7・6・866。

44）　最判昭和33・10・31刑集12・14・3421、最決昭和34・03・23刑集13・3・391、最決昭和34・06・12刑集13・6・960。

45）　名古屋高判昭和26・04・27高裁刑事判決特報27・84。

会継続性が否定されています。

⑦ **現場回帰型** 最も問題となるのは、窃盗犯人が犯行現場に舞い戻ってきた現場回帰型です。例えば、窃盗犯人が自車で一旦は逃走することに成功したが、約20分後、約2.5キロメートル走行後に、道に迷って犯行現場近くに立ち戻ったため、再び被害者に追跡されて追いつかれ、現場から約4キロメートル離れた所で被害者を刺殺した事案につき、機会継続性を肯定した判例[47]がありますが、**最判平成16・12・10**（刑集58・9・1047、判時1887・156、判タ1174・256〔百選Ⅱ・42〕）は、誰にも発見されずに窃盗現場を立ち去ったが、約30分後に再び被害者宅に舞い戻り忍び込んだところ、家人に発見されたため脅迫した事案につき、「被告人が被害者等から容易に発見されて、財物を取り返され、あるいは逮捕され得る状況はなくなった」とし、また、**東京高判平成17・08・16**（高刑集58・3・38、判タ1194・289）は、被害者方に侵入して財物を窃取したが、誰からも追跡されることなく隣接する自宅に戻り、自己の窃盗が発覚したと考えて被害者を殺害するほかないと考えて、約10分ないし15分後に被害者宅に赴き家人を殺害した事案につき、「被害者側の支配領域から完全に離脱したというべきであるから、被害者等から容易に発見されて、財物を取り返され、あるいは逮捕され得る状況がなくなった」とし、いずれも窃盗の機会継続中ということはできないとしました。

④ **故 意** 所定の目的のほかに、暴行・脅迫の行為をするについて故意が必要です。

(3) 処 断

強盗として論ずるとは、単に法定刑が本来の強盗罪に準ずるというだけでなく、強盗致死傷罪（240条）、強盗・強制性交等罪及び同致死罪（241条）などとの関係においても強盗の罪に準じて処断するという意味です。

(4) 問題類型

① 未遂・既遂

本罪の財産犯的性格を重視し、後行する暴行・脅迫行為の既遂・未遂ではなく、また、最終的な財物取得の有無ではなく、先行する窃盗罪の既遂・未遂を本罪の既遂・未遂の基準とする**窃盗基準説**が判例[48]・通説です。この説は、「強盗として論ず」る本罪も、本来の強盗罪との均衡からして、先行する窃取行為による財物の取得を基準とすべきこと、その意味で、本罪は、強盗罪と同じく、財

---

46) 京都地判昭和51・10・15刑裁月報8・9=10・431、判時845・125、判タ349・282。

47) 福岡高判昭和42・06・22下刑集9・6・784、判時496・87。

48) 最判昭和24・07・09刑集3・8・1188。

248 第15講 強盗の罪

物奪取の有無を主眼においた犯罪であることを根拠とします。

　本罪で、先行する窃盗行為の時点に本罪の未遂・既遂の規準を固定するのは適当でなく、むしろ、後行する暴行・脅迫の時点に本罪の未遂・既遂の規準を求めるのが、犯罪認定上合理的といえます。それは、本罪が財産犯的性格とともに、自由・身体の安全に対する人身犯罪的性格を有していることからもいえます。窃盗基準説は、法文上「財物を得て」の後に読点がないこと、それゆえ、逮捕免脱・罪跡隠滅の目的の場合は財物を取得していなくともよいことを指摘して財物取得基準説[49]を批判します。しかし、所定の目的はあくまでも窃盗犯人の主観要件であること、大きな財物を窃取する場合を考えれば明らかなように、「財物を得て」も既遂段階に至っているとは限らないこと、「財物を得て」も取り返される可能性が否定できないこと、窃盗は未遂にとどまっていても、逮捕免脱・罪跡隠滅の目的の暴行・脅迫によって財物を取得することもありうることから、最終的に財物取得に成功したか否かを本罪の既遂・未遂の規準とする**財物取得基準説**が妥当です。

　② **共同正犯・共犯**　事後強盗罪は身分犯か結合犯か問題となります。

　身分犯説の中の**構成身分犯説**[50]によると、本罪は窃盗犯人でなければ犯し得ない構成身分犯であり、暴行・脅迫のみに関与した非窃盗犯人は、65条1項により、事後強盗罪の共同正犯・共犯となるとします。身分犯説の中の**加減身分犯説**[51]によると、本罪は誰でも犯しうる暴行罪・脅迫罪につき、窃盗犯人たる身分が加わることにより刑が加重されている加減身分犯であり、暴行・脅迫のみに関与した非窃盗犯人は、65条2項により、暴行罪・脅迫罪の共同正犯・共犯となるとします。また、財物取還防止の目的の場合は窃盗犯人という身分は違法身分であり、65条1項が適用されて連帯的に作用するので事後強盗罪の共同正犯・共犯が成立するが、逮捕免脱・罪跡隠滅の目的の場合は窃盗犯人という身分は責任身分であり、65条2項が適用されて個別的に作用するので事後強盗罪の共同正犯・共犯は成立しないとする**違法身分・責任身分説**[52]も主張されています。

---

49) 植松・394頁、曽根・135頁、西田・181頁。
50) 大阪高判昭和62・07・17判時1253・141、判タ654・260、堀内・135頁、前田・200頁、井田・238頁。
51) 新潟地判昭和42・12・05判時509・77、東京地判昭和60・03・19判時1172・155、大塚仁・224頁、内田・285頁、大谷・243頁、松宮・233頁。
52) 佐伯仁志「事後強盗罪の共犯」研修632号（2001年）3頁以下、曽根・136頁。

05　昏酔強盗罪（239条）　249

　事後強盗罪は身分犯ではなく、窃盗行為と所定の目的での暴行・脅迫の行為が行われることによって、先行する窃盗行為と暴行・脅迫行為とが結合される**事後結合犯**です。身分犯説に立つと、事後強盗罪の未遂・既遂を窃盗の未遂・既遂で分ける判例・通説の考え方と矛盾します。身分としての「窃盗」に窃盗未遂犯人も含むとすると、窃盗行為が未遂でも、所定の目的で暴行・脅迫をしただけで、事後強盗の既遂になってしまうからです。逆に、「窃盗」は既遂犯に限るとすると、窃盗行為が未遂の場合を事後強盗罪の射程範囲から除外することになります。結局のところ、身分犯説は身分概念と相容れません。**結合犯説**[53]が妥当です。

　結合犯説に立った場合、窃盗行為には関与せず、途中から関与した非窃盗犯人につき、事後強盗罪の承継的共同正犯・共犯が問題となりますが、本書の立場[54]からは、暴行罪（傷害罪）・脅迫罪の共同正犯・共犯が成立するにとどまります。

05　昏酔強盗罪（239条）

> 人を昏酔させてその財物を盗取した者は、強盗として論ずる。
> 未遂も罰せられます（243条）。

(1)　準強盗罪の2

　刑法は、暴行・脅迫を手段としたわけではないが、相手方を昏酔させてその意識作用に障害を生じさせることによって、その者の反抗を不可能ないし著しく困難にしてその財物を盗取する行為は強盗罪に準ずる（準強盗罪）と考え、強盗として処断することにしました。

(2)　要　件

> ①　人を昏酔させること〔手段〕
> ②　人の財物を盗取すること〔行為〕
> ③　故意があること〔故意〕

　①　**手　段**　**昏酔させる**とは、相手方の意識作用に一時的又は継続的に障害を生じさせて、財物に対する事実的支配を困難にする状態に陥れることを

---

53)　中森・128頁、西田・184頁、山中・324頁、高橋・281頁、山口・233頁、松原・248頁。
54)　関・総論・430頁以下参照。

250　第15講　強盗の罪

いいます。暴行・脅迫による場合を除きますが、例えば、泥酔させる、麻酔
薬・睡眠薬を用いるなど、その方法に制限はありません。行為者自身が相手
方を昏酔させて盗取することを要します。

　②　行　為　人の財物を盗取することです。窃盗罪の「窃取」、強盗罪の「強
取」という語ではなく、盗取という語を用いたのは、それらの犯罪の行為と
差別化するためで、その実質は同じです。

　③　故　意　人を昏酔させること、及び、その人から財物を盗取すること
について、故意が必要です。

06　強盗致死傷罪（240条）

> 強盗が、人を負傷させたときは無期又は6年以上の懲役に処し、死亡させた
> ときは死刑又は無期懲役に処する。
> 未遂も罰せられます（243条）。

(1)　射程範囲

　本条は、強盗犯人が人に傷害を負わせ又は人を死亡させた場合を重く処罰
する規定ですが、強盗罪の結果的加重犯だけでなく、傷害・死亡について故
意ある場合も含んだ規定なのか議論があります。

> **結果的加重犯説**は、本条の「傷害を負わせた」「死亡させた」は結果的加重を
> 念頭においた文言であること、強盗致死傷罪は結果的加重犯として利欲犯的性
> 格が強いのに対し、強盗傷人・強盗殺人は故意犯として攻撃犯的性格が強く、
> 両罪は前提の行為者類型が異なること、結果的加重犯と故意犯とを同一条文に
> 規定することは考えられないことを根拠とします。

　本条は、結果的加重犯の規定に見られる「よって」の文言が使われていな
いこと、強盗の機会には殺傷結果を伴うことは刑事学上よく見られるところ
であり、抑止する必要があること、また、結果的加重犯説によると、強盗殺
人が強盗致死より刑が著しく軽くなってしまい不合理であることから、殺傷
の点に故意がある場合も含むとする**故意犯包摂説**[55]が妥当です。すなわち、
本条は、結果的加重犯である**強盗致傷罪**、**強盗致死罪**、傷害・死亡について
故意のある**強盗傷人罪**、**強盗殺人罪**[56]を含んでいるのです。

55）判例・通説です。なお、改正刑法草案327条・328条を参照。
56）最判昭和32・08・01刑集11・8・2065。

(2) 要　件

① 　強盗犯人であること〔主体〕
② 　強盗の機会に人を負傷させ又は死亡させること〔行為・結果〕
③ 　人を負傷させ又は死亡させるについて故意又は過失があること〔故意・過失〕

　①　**主　体**　**強盗**とは強盗犯人をいい、本来の強盗罪だけでなく準強盗罪（事後強盗罪・昏酔強盗罪）の既遂犯人・未遂犯人を含みますが、強盗予備の犯人は含みません。事後強盗罪における窃盗犯人とは異なり、殺傷は強盗行為に随伴する結果であり、強盗犯人の新たな行為を必要とするわけではありませんので、本罪を身分犯と解することはできません[57]。

　②　**行為・結果**　人を**負傷**させ又は**死亡**させることです。強盗致傷・強盗傷人における傷害の程度は、反抗抑圧程度の暴行の結果として生じた傷害であり、本罪の法定刑も重いことを考慮すると、傷害罪にいう傷害よりも重大で、医師の治療を要する程度のものである必要があるでしょう[58]。そのような傷害の程度を発生させたのであれば、強盗の機会になされた行為によって致死傷の結果を生じている限り、脅迫による場合も含みます[59]。

> 　**最判昭和 23・03・09**（刑集 2・3・140）は、「強盗殺人罪は強盗たる者が強盗をなす機会において他人を殺害することにより成立する犯罪」であり、「一旦強盗殺人の行為を終了した後新な決意に基いて別の機会に他人を殺害したときは右殺人の行為は、たとえ時間的に先の強盗殺人の行為に接近しその犯跡を隠ぺいする意図の下に行われた場合であつても別箇独立の殺人罪を構成」するとし、**最判昭和 25・12・14**（刑集 4・12・2548）は、住宅に侵入して財物を強取する際に傍らに寝ていた幼児 2 名を殺害した事案につき、「強盗殺人罪は、必ずしも殺人を強盗の手段に利用することを要するものではなく、強盗の機会に人を殺害するを以て足りる」として強盗殺人罪を認め、**最判平成 18・06・27**（裁判集刑 289・481）は、他の仲間と強盗を共謀して犯行を行う際に、単独で報復の意図をもって被害者を刺殺した事案につき強盗殺人を肯定しています。

> 　学説では、強盗の手段である暴行・脅迫の行為から直接生じたものでなければならないとする**手段説**[60]がある一方で、強盗の機会に行われた行為によって

57）　本罪を加減身分犯とするのは、仙台高判昭和 34・02・26 高刑集 12・2・77、判タ 91・59、大塚仁・227 頁、佐久間・206 頁、松宮・239 頁。
58）　名古屋高裁金沢支部判昭和 40・10・14 高刑集 18・6・691、判タ 185・136。
59）　大阪高判昭和 60・02・06 高刑集 38・1・50、判時 1149・165、判タ 555・342。
60）　瀧川・131 頁、香川・531 頁。

252 第15講 強盗の罪

生じたことで足りるとする**機会説**[61]があり、両説の中間的見解として、手段説
に立脚して事後強盗類似の状況に限定し、強盗の手段たる暴行・脅迫から生じ
たもののほか、事後強盗類似の状況における暴行・脅迫、238条所定の目的によ
る暴行・脅迫から生じることを要するとする**拡張手段説**[62]、そして、機会説に
立脚して一定の密接な関連性で限定し、強盗の機会に行われた行為によって、
かつ、その原因行為が当該強盗行為と密接な関連性を有する行為により生じた
ことを要するとする**制限機会説**[63]が主張されています。

　手段説によると、240条の強盗には事後強盗も含まれるにもかかわらず、
逮捕免脱・罪跡隠滅の目的による殺傷を本罪に問うことができませんし、本
罪の攻撃的性格を考慮すると、死傷結果を手段としての暴行・脅迫から生じ
たものに限定する必然性はないように思われます。他方、機会説によると、
行為者が単に私怨を晴らす目的で強盗の機会に殺傷結果を惹起した場合や、
強盗の機会に仲間割れのため殺傷した場合にも、本罪が成立してしまい、本
罪の射程範囲が不当に拡大されています。

　本罪の射程範囲は、強盗の手段である暴行・脅迫により死傷結果が生じた
場合はもちろん、財物強盗が先行するときは事後強盗類似の状況における暴
行・脅迫により死傷結果が生じた場合、強盗利得が先行するときは強盗の手
段である暴行・脅迫により死傷結果が生じた場合に限定されます。

　③　**故意・過失**　本条は、死傷結果について故意がある故意犯と、その故
意がない結果的加重犯とを包摂していますので、死傷結果について故意又は
過失が必要となります。

【事例04】　Xは、深夜、A宅に侵入し、家人に対して拳銃を向け、「現金を出せ」
　　　　　と脅かして室内を物色しようと歩き回っていたところ、就寝中の乳児
　　　　　Aを踏み殺してしまった。

　本条は被害者の生命・身体の安全を厚く保護する規定であり、純然たる過
失による死傷結果についても重い強盗致死傷罪で処断すべきであるとする見

---

61) 団藤・594頁、藤木・299頁、内田・288頁、井田・245頁。なお、機会説に立ちつつ、単なる
　過失致死の場合を本罪から除外するために、「少なくとも暴行の故意は必要であろう」とするのは、
　団藤・595頁。
62) 曽根・138頁、西田・186頁、山口・236頁、松宮・241頁、松原・258頁。
63) 大塚仁・231頁、大谷・247頁、平川・360頁、岡野・149頁、高橋・288頁。

07　強盗・強制性交等罪、強盗・強制性交等致死罪（241条）　　253

解[64] もあります。しかし、本条は暴行・脅迫の行為について過失がある場合を包摂する規定ではありません。また、その法定刑の重さを考慮し、責任原則からすると、行為者には、少なくとも死傷結果を生じさせる行為の危険性を基礎づける前提事実の認識は必要ですので、暴行・脅迫について故意が必要とする見解[65] が妥当です。

(3)　未遂・既遂

> 本罪の生命・身体に対する攻撃犯的性格と財産犯的側面を考慮して、殺傷の点が未遂に終わった場合だけでなく、強盗の点が未遂に終わった場合も本罪の未遂とすべきであるとする見解[66] があります。

　本罪の生命・身体に対する攻撃犯的性格を重視し、かつ、その法定刑の重さを考慮すると、死傷結果が生じたときは、強盗が未遂であっても、本罪の既遂を肯定すべきです。ただ、傷害の故意で傷害結果が未遂に終わった場合は、傷害罪（204条）の未遂処罰規定はなく、暴行を手段とする傷害未遂は暴行罪（208条）として処断されることとの関係でいえば、この場合は強盗罪が成立するにとどまります。結局、本罪の未遂は、殺人の点が未遂に終わった場合に限られることになります。

07　強盗・強制性交等罪、強盗・強制性交等致死罪 (241条)

> 　強盗の罪若しくはその未遂罪を犯した者が強制性交等の罪（第179条第2項の罪を除く。以下この項において同じ。）若しくはその未遂罪をも犯したとき、又は強制性交等の罪若しくはその未遂罪を犯した者が強盗の罪若しくはその未遂罪をも犯したときは、無期又は7年以上の懲役に処する。
> 　2　前項の場合のうち、その犯した罪がいずれも未遂罪であるときは、人を死傷させたときを除き、その刑を減軽することができる。ただし、自己の意思によりいずれかの犯罪を中止したときは、その刑を減軽し、又は免除する。
> 　3　第1項の罪に当たる行為により人を死亡させた者は、死刑又は無期懲役に処する。
> 　第3項の未遂も罰せられます（243条）。

64）大谷・250頁、前田・209頁。
65）団藤・595頁、大塚・233頁、曽根・139頁、西田・186頁、山口・238頁。
66）平野・211頁、中山・259頁、曽根・140頁。この説でも、傷害が未遂に終わった場合は、強盗罪の成立を認めれば足りるとされます。

(1) 趣　旨

　本条は、2017 年（平成 29 年）に改正されました。改正前、本条は、強盗犯人が女子を強姦する犯罪として「強盗の罪＋強姦の罪」の順で犯される結合犯を処罰する規定（無期・7 年以上懲役）で、順序が逆になり、強姦犯人が強姦の機会に強盗を行う「強姦の罪＋強姦の罪」の場合は、本罪ではなく、強姦罪と強盗罪の併合罪となる（5 年以上 30 年以下懲役）と解されていました[67]。

　しかし、同一機会に強盗と強姦の両方の被害に遭うという点で変わりはありませんし、強盗と強姦の順序が入れ替わる犯行形態もしばしば発生する犯罪であるのに、強盗犯人が強姦をする場合と、強姦犯人が強盗をする場合とで処断に差異があるのは、とりわけ被害者にとって納得しがたいこと、また、強姦されたうえで金銭を奪われる事案の被害はきわめて重大であることなどを考慮し、同一機会にそれぞれ単独でなされても悪質な強盗と強姦の双方を行うことの悪質性・重大性に鑑み、「強盗の罪＋強姦の罪」だけでなく、「強姦の罪＋強盗の罪」の犯行形態についても、同様の刑をもって処罰することができるようにしたのです。

(2) 強盗・強制性交等罪（1 項）

　本罪は、同一機会になされた「強盗の罪＋強制性交等罪」及び「強制性交等罪＋強盗の罪」の両方の結合犯形態を同じ様に処断しています。すなわち、強盗罪（236 条）、事後強盗罪（238 条）、昏酔強盗罪（239 条）もしくはこれらの未遂罪又は強盗致死傷罪と、強制性交等罪（177 条）、準強制性交等罪（178 条 2 項）もしくはこれらの未遂罪又は強制性交等致死罪（181 条 2 項）とを行った場合、両罪の前後関係を問題とすることなく、いずれも同じ重い法定刑（無期・7 年以上懲役）で処罰することにしたのです。

　なお、同一機会に監護者性交等罪と強盗の罪とが行われることは、実際には考えられないので、本条から除外されました。

(3) 未遂罪・中止犯（2 項）

　同一機会になされた強盗と強制性交等のいずれかの行為が既遂に至った場合、それぞれ単独でなされても悪質な強盗と強制性交等の行為とが同一機会

67）最判昭和 24・12・24 刑集 3・12・2114。

に両方とも行われ、少なくともそのいずれかの行為はその目的を達している
のですから、その行為の悪質性、結果の重大性は、両方の行為とも未遂段階
にとどまった場合に比べて大きいので、あえて刑の減軽を認める必要はない
と考えられます。そこで、本罪の未遂は、被害者を死傷させたときを除き、
強盗と強制性交等の両方の行為が未遂にとどまった場合にのみ認めることに
しました。

この改正により、従来、強盗強姦罪（旧241条1文）の未遂とはどのような
場合をいうのかという議論は、立法的に解決されたことになります。

また、本条項は、強盗と強制性交等の両方の行為が未遂にとどまって本罪
の未遂が成立すると認められた場合であって、強盗と強制性交等の少なくと
も一方の行為について自己の意思で中止したときは、刑法総則の中止犯規定
（43条但し書）と同じ趣旨で、刑の必要的な減軽・免除を認めることにしました。

本書は、中止犯における刑の必要的減免の根拠は、中止行為による客観的
な違法性減少・消滅の面と主観的な有責性減少・消滅の双方を考慮した「違
法性減少・消滅＋有責性減少・消滅」説を妥当と考えます[68]が、強盗と強
制性交等の両方の行為が障害未遂の場合に比べ、違法性・有責性の減少を認
めることができるでしょう。

(4)　強盗・強制性交等致死罪（3項）

本条は、同一機会に強盗と強制性交等の行為がなされ、しかも、そのいず
れかの行為が原因となって被害者を死亡させる結果を生じさせた場合、旧
241条後段（強盗強姦致死罪）が定めていた法定刑と同じ「死刑・無期懲役」
で処断することにしました。

改正前、殺意のある強盗犯人が女子を強姦し、殺害した場合の処理につい
て、ⓐ強盗強姦罪と殺人罪との観念的競合とする説[69]、ⓑ強盗強姦致死罪
と殺人罪との観念的競合とする説[70]、またⓒ強盗強姦致死罪のみを認める
説[71]、さらにⓓ殺意のある場合に強盗殺人を認めることを前提にして強盗

---

68) 関・総論・370頁参照。

69) 瀧川春雄＝竹内正『刑法各論講義』（1965年）185頁。

70) 香川・536頁。

71) 内田・299頁、山中・338頁、林・223頁、山口・242頁。

256　第15講　強盗の罪

殺人罪と強盗強姦罪との観念的競合を認める説[72]が対立していました。

　しかし、改正により、強盗・強制性交等致死罪は、殺意をもって被害者を死亡させた場合をも含むものとされました。それぞれ単独でなされても悪質な強盗と強制性交等の行為が同一機会にともになされていること、殺意をもって被害者を殺害した場合についても、同様の刑で処断するのが適当であること、そもそも「無期・無期懲役」という重い法定刑はその趣旨を内含しており、現行法における強盗殺人罪と強盗強姦罪の観念的競合を認める場合の処断とも変わらないこと、結果的加重犯の規定に用いられる「よって」の文言も使われていないことなどを考慮し、本条項は、殺意をもって被害者を殺害した場合をも包含しているとされたのです。ですから、殺意をもって被害者を殺害しようとしたが、それが未遂に終わった場合は、本罪の未遂（243条）ということになります。

　なお、強盗・強制性交等により被害者に傷害を負わせた場合の処理については、本条項は、被害者死亡の場合のみを規定し、傷害について規定していないので、問題となります。ⓐ強盗・強制性交等罪と強盗致死罪との観念的競合とする説[73]もありますが、ⓑ強盗・強制性交等罪の刑は下限は懲役7年、強盗致死罪の刑の下限は懲役6年と前者の方が重いことを考慮すると、強盗・強制性交等罪の成立のみを認めれば足ります[74]。

今日の一言

学問に安んずるには
書物を必須とせず
誠実な志と理非を曲げない心とを
友とする限り

---

72)　判例（大判昭和10・05・13刑集14・514、最判昭和33・06・24刑集12・10・2301）・通説です。
73)　福田・247頁、大塚・236頁、西田・188頁、佐久間・211頁。
74)　大判昭和8・06・29刑集12・1269、東京地判平成元・10・31判時1363・158、判タ729・228、大谷・252頁、曽根・141頁、中森・132頁、山口・343頁。

257

第 16 講　詐欺の罪

01　総　説

(1)　意義・類型

　詐欺の罪は、財産上の利益についても成立する点で窃盗罪と異なりますし、相手方の瑕疵ある意思に基づいて財物又は財産上の利益を交付・処分させる交付罪である点で窃盗罪・強盗罪等の盗取罪と異なります。詐欺による交付・処分行為は、いずれも民法上取り消すことができます[1]が、この取消権の行使が詐欺罪成立の前提となるわけではありません。

　詐欺の罪は、相手方を欺罔して財物を交付させ又は財産上の利益を処分させる罪で、「欺罔行為→相手方の錯誤→相手方の交付・処分行為→財物・利益の取得」という経過が因果の系列でつながっている必要があります。

○ 1 項詐欺罪（246 条 1 項）　　○詐欺利得罪（2 項詐欺罪）（246 条 2 項）
○電子計算機使用詐欺罪（246 条の 2）　　○準詐欺罪（248 条）

　詐欺の罪については、他人の占有等に係る自己の財物の特例（242 条）、親族相盗例（244 条）及び電気（245 条）の規定が準用されます（251 条）。

(2)　国家法益についての詐欺

　詐欺罪は個人財産の保護を念頭においており、国家法益に向けられた詐欺的行為は詐欺罪の定型性を欠くこと、そうした詐欺的行為はむしろ特別刑法で対応するのが適切であることを根拠に、国家法益について本罪の成立を否定する見解[2]があります。しかし、それが本罪の保護法益である財産権を侵害するものであるときは、各種の特別刑法が刑法典の適用を排除していない限り、詐欺罪の成立を認めるべきです。

◇肯定判例　**最判昭和 23・11・04**（刑集 2・12・1446）は、食糧営団出張所係員を欺罔して配給の主要食糧を騙取した事案につき、「被害法益は、不当に騙取せられる財物であり、配給制度そのものではない」とし、**最判昭和 25・03・23**（刑

1）民法 96 条 1 項。
2）団藤・607 頁、福田・249 頁、大塚仁・241 頁。

258　第16講　詐欺の罪

集4・3・382）は、虚偽の封鎖預金支払請求書を提出して封鎖預金の払戻しを受けた事案につき、「預金者は、所定の條件に基き支払を請求する場合の外支払禁止の解除される迄その支払の請求を爲す権利を有しない」とし、また、**最判昭和51・04・01**（刑集30・3・425、判時816・102、判タ337・286〔百選Ⅱ・47〕）は、農地法により国が国有未墾地を開墾・営農の意思ある基準適格者に売却する旨を公示したところ、欺罔的手段により買い受けた事案につき、「農業政策という国家的法益の侵害に向けられた側面を有する」としても、「それが同時に、詐欺罪の保護法益である財産権を侵害するものである以上、当該行政刑罰法規が特別法として詐欺罪の適用を排除する趣旨のものと認められない」とし、**最判平成12・03・27**（刑集54・3・402、判時1715・171、判タ1035・113）は、簡易生命保険契約の事務に従事する係員を欺罔して簡易生命保険契約を締結させ、その保険証書を騙取した事案につき、**最判平成19・07・10**（刑集61・5・405、判時1983・176、判タ1251・160）は、公共工事の請負者が、地方公共団体から使途を限定して請負者名義の預金口座に振り込まれた前払金について当該使途に沿った支払と偽って払出し請求をし、金員を領得した事案につき、それぞれ詐欺罪の成立を認めました。

◆否定判例　脱税[3] や、旅券[4]、建物所有証明書[5]、印鑑証明書[6]、運転免許証[7]、免状・鑑札等の資格証明書[8] について、本罪の成立を否定しています。

　判例が詐欺罪の成立を否定したのは、騙取した文書が資格証明・事実証明の性格を有していること、別に刑法157条2項等の特別規定や特別刑法が存在していることによるものです。

02　1項詐欺罪・詐欺利得罪

(1)　1項詐欺罪（246条1項）

> 人を欺いて財物を交付させた者は、10年以下の懲役に処する。
> 未遂も罰せられます（250条）。

> ①　他人の占有する他人の財物であること〔客体〕
> ②　人を欺いて財物を交付させること〔行為・結果〕
> ③　故意があること〔故意〕

3）　大判明治44・05・25刑録17・959。
4）　大判昭和9・12・10刑集13・1699。
5）　大判大正3・06・11刑録20・1171。
6）　大判大正12・07・14刑集2・650。
7）　高松地裁丸亀支部判決昭和38・09・16下刑集5・9=10・867。
8）　最判昭和27・12・25刑集6・12・1387。

① **客　体**　客体は、**他人の占有する他人の財物**です。但し、自己の財物であっても、他人の占有に属する財物又は公務所の命令によって他人が看守する財物については、他人の財物として扱われます（251条）。窃盗罪とは異なり、不動産も、欺罔的手段によって登記簿上の名義を変更し、その法律的な支配（法律上の占有）を移すことが可能ですから、本罪の客体に含まれます。

② **行為・結果**　人を欺いて財物を交付させることです。

㋐ **欺罔行為**　人を欺く（欺罔する）とは、相手方を錯誤に陥れて財物を交付させるに足りる行為をいいます。例えば、「あっちに、有名人なタレントがいる」と言って注意を他に向けさせて財物を奪取する場合は、相手方の隙を作るための嘘〔**隙を作る嘘**〕にすぎず、錯誤に陥れて交付行為をさせるという欺罔行為の性質を有していませんので、本罪ではなく窃盗罪となります。また、原則として、機械に対する欺罔・詐欺はありませんので、自動販売機に金属片を挿入して商品を取り出す行為は、本罪ではなく窃盗罪です[9]。

欺罔の程度は、行為時の具体的な状況を前提にしたとき、一般に人を錯誤に陥れる程度のものであれば足ります。問題は、取引交渉において一般に許容されている駆け引き・誇張と本罪の欺罔行為との区別です。その行為が相手方の財物の侵害として当罰的な違法性に達していることが必要で、その判断に当たっては、取引の内容・性質・種類、当事者双方の取引に関する知識・経験、当該取引行為に係る社会的状況などが考慮されます。

欺罔の対象については、相手方に財物を交付させる動機を生じさせるもので足りますので、例えば、「これはドイツで製造されたハンドメイドの特注品です」と虚偽の事実を告げるような、事実を虚構・歪曲・隠蔽するものや、「これは、今後10年で価値が10倍になる」と虚構の価値判断を告げるような、価値・評価を虚構・歪曲・隠蔽するものもあります。近時、相手方が「その交付により達成しようとしたもの」[10]や「その交付の判断の基礎となる重要な事項」[11]という規準が示されていますが、経済的に評価して損害といえ、

---

9) **最決昭和31・08・22**刑集10・8・1260、判タ63・50（磁石を使って不正にパチンコ機械から玉を領得した事案に窃盗罪の成立を肯定）参照。

10) 西田・204頁、中森・137頁、山口・268頁。

11) **最決平成22・07・29**刑集64・5・829、判時2101・160、判タ1336・55〔百選Ⅱ・50〕、最決平成26・03・28刑集68・3・582、判時2244・121、判タ1409・136、最決平成26・03・28刑集

被害者の錯誤が財産的損害と実質的に関係することが必要です。

　欺罔の方法・態様に制限はなく、言語、動作でも構いませんし、作為だけでなく、既に錯誤に陥っている相手方に対して告知義務があるのにそれを告知しない不作為もあります。**釣銭詐欺**について、支配的見解は、行為者は取引上の信義則により告知義務（作為義務）があるので詐欺罪が成立するとします。しかし、行為者の行為と無関係に既に錯誤に陥っている相手方に対して、行為者は作為・不作為のいずれの欺罔行為も行っていませんし、本罪を肯定すると、行為者に相手方の財産を保護する義務を課すことになり、妥当でありません[12]。本罪ではなく占有離脱物横領罪を検討すべきです。

　④　**交付行為・結果**　財物を**交付させる**とは、相手方の錯誤に基づいて財物を移転させる行為（交付行為）によってその占有を取得することをいいます。1項詐欺罪は、相手方の交付行為に基づいて財物の占有を取得する犯罪で、例えば、相手方を騙してその財物を捨てさせ、これを拾得する行為は、相手方の財物放棄によって直接に行為者の事実的支配内に財物が移転したと認められない限り、本罪にはなりません[13]。その意味で、欺罔行為、錯誤と交付行為との間に**直接性**が必要です。交付行為は作為が通常ですが、欺罔行為によって錯誤に陥った相手方に、行為者の財物移転行為を黙認・放置させる不作為もありえます。また、財物を移転する行為は事実行為で足り、民法上無効で取り消しうる法律行為でも構いません。なお、財物を第三者に移転する場合、第三者は、間接正犯における被利用者のように、一方的に行為者の手足となっている者や、行為者に代わって受領する者など、行為者との間に特別な関係を要し、全く無関係な第三者では足りません[14]。

　交付は相手方の錯誤に基づいて財物の占有を移転する行為ですから、占有移転とその結果について認識し〔交付意思〕、移転すること〔交付事実〕を要するでしょう[15]。例えば、幼児や重篤な精神病者に虚言を弄して財物を

　　68・3・646、判時 2244・126、判タ 1409・143、最決平成 26・04・07 刑集 68・4・715、判時 2228・129、判タ 1403・88。
12) 中森・137 頁、松宮・254 頁。
13) 占有離脱物横領罪が成立するにとどまります。1項詐欺罪を認めるのが多数説ですが、窃盗罪であるとする説（団藤・616 頁）もあります。
14) 大判大正 5・09・28 刑録 22・1467。

奪う行為は、本罪ではなく窃盗罪となりますし、目が不自由であるため証書の内容を認識しえない者を欺罔して署名・押印させて証書の交付を受けた場合は、本罪ではなく文書偽造罪（間接正犯）となります。

> 【事例01】 Ｘは、Ａが所持する本の間に１万円札が挟まっているのに気づいていないのに乗じて、「君のその本を1,000円で売ってくれないか」と持ちかけて買い取った〔万札本事例〕。

学説には、交付意思を不要とする不要説[16]、緩和した交付意思で足りるとする緩和説[17]があり、**事例01**につき１項詐欺罪を肯定します。しかし、交付行為があったといえるためには、相手方が当該財物（１万円札）の占有を事実上移転することの認識が必要で、Ｘには窃盗罪が成立します。

財物が交付されたといえるためには、財物の占有が単に弛緩しただけでは足りず、終局的に移転することが必要です。

> **最判昭和26・12・14**（刑集5・13・2518）は、行為者Ｘの虚言を信じた相手方Ａが自ら現金を持参するつもりで、紙幣を入れた風呂敷包を玄関の所に置いて便所に行った隙に、Ｘがこれを持ち逃げした事案につき、Ｘは「事実上自由に支配させることができる状態に置かせた上でこれを自己の占有内に収めた」のであるから１項詐欺罪が成立するとしました。

この事案における被害者Ａには占有移転の意思が認められませんし、占有は未だＡにあったと考えられますので、Ｘには本罪ではなく窃盗罪を認めるべきです。他方、自動車の購入を偽って試乗したいと持ちかけ、販売店に試乗のため一定時間の単独走行を認めさせて自動車を交付させるのは、占有移転の意思に基づく占有移転の事実があり、終局的な占有移転も認められるので、１項詐欺罪が成立します[18]。

③ **故 意** 本罪が成立するには、「欺罔行為→相手方の錯誤→相手方の交付行為→財物移転」が因果関係で結ばれ、故意によって包括されている必要があります。

---

15) 曽根・147頁、大谷・267頁、平川・371頁、山中・367頁、林・237頁。
16) 平野・215頁、中森・139頁、西田・196頁。
17) 高橋・311頁、山口・259頁、前田・237頁。
18) 東京地裁八王子支部判平成3・08・28判タ768・249。

262　第16講　詐欺の罪

(2)　詐欺利得罪（246条2項）

> 前項〔246条1項〕の方法により〔人を欺いて〕、財産上不法の利益を得、又は他人にこれを得させた者も、同項と同様とする〔10年以下の懲役〕。
> 未遂も罰せられます（250条）。

① 他人の、財物以外の財産上の利益であること〔客体〕
② 人を欺いて財産上不法の利益を得、又は他人にこれを得させこと〔行為・結果〕
③ 故意があること〔故意〕

① **客体**　客体は、**財産上不法の利益**です。利益の獲得方法が不法という意味で、行為者にはその取得について正当な権利がない利益という意味です。積極的価値の増加だけでなく、消極的価値の減少もこれに当たります。

② **行為・結果**　人を欺いて財産上不法の利益を得、又は他人にこれを得させることです。

⑦ **欺罔行為**　人を欺く（欺罔）とは、相手方を錯誤に陥れて財産上の利益を処分させるに足りる行為をいい、1項詐欺罪におけると同様です。ただ、本罪の客体が利益ですので、認定の如何によっては本罪の射程範囲が広がるので注意を要します。例えば、債権者を欺罔して債務免除を受け[19]、履行を猶予させるなどは本罪を構成しますが、コンサート会場の入口係員に、「あっちの方でちょっと揉めていますよ」と嘘をつき〔**隙を作る嘘**〕、その隙に入場してコンサートを視聴する行為は、相手方を錯誤に陥れて財産的処分行為をさせる欺罔行為の性質を有しませんので、本罪は成立しません。

④ **処分行為・結果**　本罪の成立には、相手方の瑕疵ある意思に基づく処分行為によって財産上の利益を取得することが必要です。**処分行為**は、1項詐欺罪の交付行為と同じく、相手方の錯誤に基づいて財産上の利益を移転する行為ですから、**処分意思**と**処分事実**が必要です[20]。例えば、反原発の署名簿と偽って債務免除の書類に署名・押印させる行為は、相手方に債務免除の認識がありませんので、本罪にいう処分行為には当たりません[21]。

---

19)　大判昭和9・03・29刑集13・335。
20)　曽根・147頁、平川・371頁、林・237頁、山中・367頁、大谷・267頁。
21)　1項詐欺では処分意思を要求しつつ、詐欺利得罪では無意識的処分行為ないし緩和された処分意思で足りるとする見解（大塚仁・252頁、262頁、大谷・267頁、275頁）も見られます。

最判昭和 30・04・08（刑集 9・4・827、判タ 51・43〔百選Ⅱ・56〕）は、本罪が成立するためには、「他人を欺罔して錯誤に陥れ、その結果被欺罔者をして何らかの処分行為を為さしめ、それによつて、自己又は第三者が財産上の利益を得たのでなければならない」とし、既に履行遅滞にある債務者によって、「債権者がもし欺罔されなかつたとすれば、その督促、要求により、債務の全部または一部の履行、あるいは、これに代りまたはこれを担保すべき何らかの具体的措置が、ぜひとも行われざるをえなかつたであろうといえるような、特段の情況が存在したのに、債権者が、債務者によつて欺罔されたため、右のような何らか具体的措置を伴う督促、要求を行うことをしなかつたような場合にはじめて、債務者は一時的にせよ右のような結果を免れたものとして、財産上の利益を得たものということができる」と判示し、また、**最決昭和 30・07・07**（刑集 9・9・1856、判時 57・29、判タ 53・48〔百選Ⅱ・52〕）は、無銭宿泊・飲食の事案につき、「詐欺罪で得た財産上不法の利益が、債務の支払を免れたことであるとするには、相手方たる債権者を欺罔して債務免除の意思表示をなさしめることを要するものであつて、単に逃走して事実上支払をしなかつただけで足りるものではない」と判示しています。

　③　**故　意**　客観的に、「欺罔行為（欺く行為）→相手方の錯誤→相手方の処分行為→利益移転」が因果関係によって連結されているだけでなく、主観的な故意によっても包括されている必要があります。

03　財産的損害

⑴　要　否

　246 条は、247 条（背任罪）と異なり、明文で損害の発生を要すると規定していませんが、本罪も財産罪ですから、実質的に財産上の損害が必要です。

⑵　意　義

　ⓐ**形式的個別財産説**[22]は、欺罔行為がなければ交付・処分されなかったであろう財物・利益の喪失それ自体が財産的損害とします。財物の交付や財産上の利益の処分それ自体が反射的に損害となるので、財産的損害を別個に考察する必要がなく、事実上財産上の損害の認定は不要になりかねません。

　他方、ⓑ**全体財産説**[23]は、詐欺罪は全体財産に対する罪であり、財産的損害の有無は、被害者が提供した財産だけでなく、被害者に提供された財産、被害

22）団藤・619 頁、福田・250 頁、大塚仁・256 頁、大谷・270 頁。

23）林・142 〜 146 頁によると、説明の相違にすぎず、結局、実質的個別財産説と同旨と考えられます。

264 第16講 詐欺の罪

者の主観も考慮した上で判断されなければならないとします。この説によると、個別財産に減少があっても、例えば、相当価格での販売の場合のように、全体としての財産に減少がなければ財産的損害はなく、本罪の成立を否定します。

ⓐ説のように、交付・処分自体が損害であるすると、「本当のことを知れば交付・処分しなかったであろう」という場合、常に詐欺罪が成立することになり、妥当ではないでしょう。また、詐欺罪はあくまでも財物・利益が被欺罔者から行為者に移転することを内容とする財産移転罪ですから、やはり個別財産に対する罪と解すべきです。ⓑ説のように、詐欺罪のみを背任罪と同じく全体財産に対する罪と解する根拠が明らかではありません。

本罪では、財物・利益の移転による実質的な法益侵害性それ自体が重要で、**実質的個別財産説** [24] が妥当です。これによると、被害者が当該取引によって獲得しようとしたものと現実に交付・処分されたものとを比較し、被害者が獲得しようとしてできなかったものは経済的に評価して損害といえるか、被害者の錯誤が財産的損害と実質的に関係するかで判断されます。

最判平成 13・07・19（刑集 55・5・371、判時 1759・150、判タ 1070・262〔百選Ⅱ・49〕）は、工事請負人が欺罔手段を用いて請負代金の支払を受ける時期を早めて受領した事案につき、そのことをもって「詐欺罪が成立するというためには、欺罔手段を用いなかった場合に得られたであろう請負代金の支払とは社会通念上別個の支払に当たるといい得る程度の期間支払時期を早めたものであることを要する」としており、財産上の損害を実質的に把握しています。

法益関係的錯誤説 [25] は、交付者・処分者の錯誤が本罪の保護法益に関係する錯誤か否かで本罪の成否を判断します。これによると、詐欺罪は、財産をその存在自体において保護しているわけではなく、財産交換手段・目的達成手段として保護しているがゆえに、財産交換・目的達成における錯誤は法益関係的錯誤であり本罪が成立するとします。ただ、法益概念は利益概念と要保護性概念との複合概念であるという観点からの分析が求められます [26]。

---

24) 曽根・144 頁、西田・203 頁、山中・379 頁、前田・244 頁、高橋・328 頁、松宮・265 頁、松原・276 頁。

25) 佐伯仁志「詐欺罪(1)」法教 372 号（2011 年）107 頁以下、山口・267 頁。

26) 関・総論・183 頁以下参照。

03　財産的損害　265

(3) 問題類型

① 相当価格での販売

【事例 02】　X は、自分は医者であると詐称して、A に対して胃に効く丸薬を処方して売ったが、定価も効能も薬局で販売している通常のものと変わらなかった〔偽医者薬事例〕。

　形式的個別財産説によれば、相手方は行為者 X が医者と欺罔されなければ薬を購入しなかったといえるので、詐欺罪が成立します。しかし、**大判昭和 3・12・21**（刑集 7・772）は、「相手方は毫も財産上不正の損害を被りたる事実なく又被告人に於て之に因り特に不法の利益を享受したるものと謂うを得ざればなり」として詐欺罪の成立を否定しました[27]。

　本書によれば、被害者 A が本件取引によって獲得しようとしたものは、まさにその丸薬で、定価も効能も獲得しようとしたものと同じですので、そこには錯誤はありませんし、損害もありません。医者と詐称された被害者の錯誤は、損害と実質的に関係がないので、財産的損害を根拠づけません。

【事例 03】　X は、電気あんま機（市価 2,100 円相当）を中風や小児麻痺に効果のある高価な特殊治療の医療機器であると偽って、A に 2,200 円で販売した〔電気あんま機事例〕。

　形式的個別財産説によれば、相手方は X が「中風や小児麻痺に効果のある高価な特殊治療の医療機器である」と欺罔しなければそれを購入しなかったといえますので、詐欺罪が成立します。

　最決昭和 34・09・28（刑集 13・11・2993〔百選Ⅱ・48〕）は、「たとえ相当価格の商品を提供したとしても、事実を告知するときは相手方が金員を交付しないような場合において、ことさら商品の効能などにつき真実に反する誇大な事実を告知して相手方を誤信させ、金員の交付を受けた場合は、詐欺罪が成立する」としました。この決定の、「ことさら商品の効能などにつき真実に反する誇大な事実を告知して相手方を誤信させ」の部分に注目するとき、この決定が形式的個別財産説を採っていると即断するのは適当ではないでしょう[28]。

---

27)　**東京地判昭和 37・11・29** 判タ 140・117（医師名義の指示・処方箋がなければ購入できない医薬品を入手するため、医師の処方箋を偽造し、薬局から当該医薬品を相当対価で購入した事案につき、「何ら個人的財産上の法益を侵害するものでない」として詐欺罪を否定）。

28)　**最決平成 16・07・07**（刑集 58・5・309、判時 1871・144、判タ 1163・170）は、X が、自己の支配・経営する会社が所有し、住管機構に対して根抵当権・抵当権（以下「根抵当権等」という。）の設定された不動産を任意売却する際に、真実は X が実質的に支配するダミー会社に売却することなどを秘し、本件各不動産を第三者に売却するものと誤信させ、当該不動産の時価に相

266 第16講 詐欺の罪

　本書によれば、**事例03**において、被害者Aが本件取引によって獲得しようとしたものは、中風や小児麻痺に効果のある特殊治療の医療機器だったわけで、現実に交付された機器によってそれは獲得されておらず、経済的に評価して損害といえます。

② 財産的損害と判例

◇**預貯金通帳**　　　**最決平成14・10・21**（刑集56・8・670）は、預金通帳はそれ自体所有権の対象となり得るにとどまらず、これを利用して預金の預入れ、払戻しを受けられるなどの財産的価値を有する財物に当たり、他人に成り済まして預金口座を開設し、銀行窓口係員から預金通帳の交付を受けた行為は本条1項の詐欺罪に当たるとし、**最決平成19・07・17**（刑集61・5・521、判時1985・176、判タ1252・166）は、第三者に譲渡する意図を秘して銀行に自己名義の預金口座の開設を申し込む行為は、本人がこれを自分で利用する意思であることを表しているというべきであるから、人を欺く行為にほかならず、これにより自己名義の預金通帳・キャッシュカードの交付を受ける行為は本条1項の詐欺罪を構成するとしました。**最決平成26・04・07**（刑集68・4・715、判時2228・129、判タ1403・88）は、銀行口座開設申込者が暴力団員を含む反社会的勢力であるかどうかは本件係員らにおいてその交付の判断の基礎となる重要事項であるから、約款で暴力団員からの貯金の新規預入申込みを拒絶する旨定めている銀行の担当者に暴力団員であるのに暴力団員でないことを表明・確約して口座開設等を申し込む行為は人を欺く行為に当たり、これにより口座通帳・キャッシュカードの交付を受ける行為は本条1項の詐欺罪を構成するとしました。

◇**搭乗券**　　　**最決平成22・07・29**（刑集64・5・829、判時2101・160、判タ1336・55〔百選Ⅱ・50〕）は、搭乗券の交付を請求する者自身が航空機に搭乗するかどうかは、本件係員らにおいてその交付の判断の基礎となる重要事項であるから、自己に対する搭乗券を他の者に渡してその者を搭乗させる意図であるのにこれを秘して本件係員らに対してその搭乗券の交付を請求する行為は人を欺く行為にほかならず、これによりその交付を受けた行為は本条1項の詐欺罪を構成するとしました。

◇**会員施設利用**　　　**最判平成26・03・28**（刑集68・3・646、判時2244・126、判タ1409・143）は、ゴルフ倶楽部の施設利用者が暴力団関係者かどうかは、本件ゴルフ倶楽部の従業員において施設利用の許否の判断の基礎となる重要事項であるから、同伴者が暴力団関係者であるのにこれを申告せずに施設利用を申

当する金額を根抵当権者である住管機構に支払って根抵当権等の放棄を受け、その登記の抹消を経た事案につき、「本件各不動産が第三者に正規に売却されるものと誤信しなければ、住管機構が本件各根抵当権等の放棄に応ずることはなかった」として詐欺罪を肯定しました。本書によっても、本罪の成立を肯定できます。

> し込む行為は人を欺く行為にほかならず、これによって施設利用契約を成立さ
> せ、施設利用をする行為は本条1項の詐欺罪を構成するとしました[29]。

　確かに、申込者が自分で利用すること、申込者が暴力団員を含む反社会的
勢力でないこと、搭乗券交付請求者自身が航空機に搭乗することという事実
は、相手方にとって、交付行為・処分行為の判断の基礎となる重要事項とい
えるかもしれません。しかし、これでは、騙されなければ交付・処分の行為
をしなかったといえれば本罪の成立を肯定する見解に限りなく近づき、重要
事項は限定要素になっていません。判例の考え方には疑問があります[30]。

04　詐欺の形態

(1)　三角詐欺

　①　**訴訟詐欺**　被欺罔者（交付者・処分者）と財産上の被害者とが同一でな
い詐欺の形態を**三角詐欺**といいます。例えば、虚偽の事実を主張して裁判所
（裁判官）を欺き、自己に有利な判決等を得て、これに基づき敗訴者から強制
的に財物・財産上の利益を剥奪する**訴訟詐欺**がこれに当たります。

　三角詐欺では、被欺罔者は、被害者の財産を処分しうる権能を有すること
が必要です。この点、刑事・民事の訴訟では自由心証主義[31]が採られており、
裁判所の判断が「歪められた」「欺かれた」ということができますし、判決
等を通じて敗訴者の財産を処分しうる地位にありますから、被欺罔者＝交
付・処分者は裁判所、被害者は敗訴者と解することができます。

> 　**最判昭和45・03・26**〔刑集24・3・55、判時590・3、判タ247・167〔百選Ⅱ・
> 55〕）は、Xが、Yと共謀して、抵当権実行により債権者Aの所有・占有に帰し
> た家屋の奪回を企て、依然自分が所有・占有しているかのように装い、裁判所
> に対し、既に失効したYとの間の和解調書正本につき執行文付与の申請をし、
> 同裁判所書記官補により執行文の付与を受け、さらに執行吏を誤信させて右家
> 屋の占有をXからYに移転する強制執行をさせた事案につき、「被欺罔者と財
> 産上の被害者とが同一人でない場合には、被欺罔者において被害者のためその
> 財産を処分しうる権能または地位のあることを要する」としつつ、本権強制執

---

29) この判決と、類似の事案につき詐欺罪の成立を否定した最判平成26・03・28刑集68・3・582、
　判時2244・121、判タ1409・136と比較し、結論の相違をもたらした理由を考えてみてほしい。

30) 曽根・145頁、高橋・334頁。

31) 刑事訴訟法318条、民事訴訟法247条。

268　第16講　詐欺の罪

行に用いられた債務名義の執行債務者は被告人Xであって、Aではないから、「右
債務名義の効力がAに及ぶいわれはなく」、したがって、「裁判所書記官補およ
び執行吏は、なんらAの財産である本件家屋を処分しうる権能も地位もなかつ
たのであり、また、同人にかわつて財産的処分行為をしたわけでもない」ので、
「被告人らが本件家屋を騙取したものということはできない」と判示しました。

②　クレジットカードの不正使用

【事例04】　Xは、クレジット会社A社の会員であるが、代金支払の意思もなく、
　　　　　　支払期日に決済銀行の預金残高が購入金額に満たなくなることを認識
　　　　　　しながら、加盟のB店において、ノートパソコン（売価78,000円＋税）
　　　　　　を購入し、カードを提示してその引き渡しを受けた。

自己名義のクレジットカードの不正使用の事例は、考え方によっては、三
角詐欺となります。

◆**詐欺罪否定説**[32]　（1項詐欺罪・）詐欺利得罪は成立しない
　＜根拠＞・B店は、カード自体の有効性と署名の同一性を機械的に確認すれ
　　　　　　ば足りるので、B店に対する欺罔行為は存在しない
　　　　　・B店は、A社から自動的に立替払いを受けるのであるから、B店
　　　　　　には錯誤はない
◇**詐欺罪肯定説**　詐欺利得罪が成立する〔詐欺利得罪説〕
　ⓐ　「被欺罔者＝処分者＝被害者：A社」説[33]
　　　　＜根拠＞・Xは、A社を欺罔してB店への立替払いをさせたのであり、
　　　　　　　　　被欺罔者・処分者・被害者はいずれもA社である
　ⓑ　「被欺罔者＝処分者：B店／被害者：A社」説
　　　　＜根拠＞・Xは、B店を欺罔して処分行為をさせており、被欺罔者・処
　　　　　　　　　分者はB店であり、被害者は立替払いをしたA社である
　　　　＜既遂時期＞○B店が処分行為をしてA社に債務を負担させた時点（商
　　　　　　　　　品購入時点）[34]
　　　　　　　　　○A社がB店への立替払いをした時点（立替払い時点）[35]

　カード取引は高度の信用取引を前提とするもので、B店はA社のために
不良債権の発生を防止すべき信義則上の義務があるだけでなく、B店がXに
支払意思・支払能力がないことを認識し、又はその点に重大な過失がある

---

32)　松宮・259頁。
33)　藤木・370頁。
34)　中森・141頁、西田・202頁、山口・266頁、高橋・321頁、松原・290頁。
35)　曽根・154頁。

ときは、A 社は、信義則違反を理由に支払を拒絶できます。そうすると、X の行為につき B 店への欺罔行為とそれによる B 店の錯誤を肯定できます。また、錯誤に基づいて商品を交付しているのも B 店ですから、被欺罔者・交付者ともに B 店と解するのが売買取引の実態に即しています。また、B 店にとって、行為者が自己名義のクレジットカードを支払意思・支払能力も無く不正に使用しているかどうかは、商品の交付をするうえで重要事項のはずです。そもそもクレジットカードによる取引システムは、商品売買をサポートし、その代金決済を簡便にすることを意図したものです。したがって、商品・サービス代金の決済システムの面ではなく、商品・サービスの売買の面を基本に考察すべきで、三角詐欺の構成をする必要はないことになります。本書によれば、代金支払の意思も能力もない X が自己名義のクレジットカードを提示して商品を購入する行為は、欺罔行為によって B 店を錯誤に陥らせ、瑕疵ある意思に基づいて財物を交付させたもので、**1 項詐欺罪**が成立します[36]。

他人名義のクレジットカードの不正使用の場合も同じように処理することになります[37]。

問題となるのは、**カード名義人の承諾**がある場合です。

最決平成 16・02・09（刑集 58・2・89、判時 1857・143、判タ 1149・302〔百選 II・54〕）は、「被告人は、本件クレジットカードの名義人本人に成り済まし、同カードの正当な利用権限がないのにこれがあるように装い、その旨従業員を誤信させてガソリンの交付を受けたことが認められるから、被告人の行為は詐欺罪を構成する。仮に、被告人が、本件クレジットカードの名義人から同カードの使用を許されており、かつ、自らの使用に係る同カードの利用代金が会員規約に従い名義人において決済されるものと誤信していたという事情があったとしても、本件詐欺罪の成立は左右されない」と判示しました。

他方、**東京高判平成 3・12・26**（判タ 787・272）は、「例外的にカード名義人以外の者のカード利用が黙認されることがあるとしても、それはカード名義人においてカード使用者に対してカード利用の承諾を与え、その代金決済を自己

36）福岡高判昭和 56・09・21 刑裁月報 13・8=9・527、判タ 464・178、名古屋高判昭和 59・07・03 判時 1129・155、判タ 544・268、東京高判昭和 59・11・19 判タ 544・251、井田・280 頁。

37）福岡高裁那覇支部判決昭和 61・02・27 高等裁判所刑事裁判速報集昭和 61・253、大阪高判平成元・11・15 高等裁判所刑事裁判速報集平成元・175。

270　第16講　詐欺の罪

> がカードを利用する場合と同様に名義人自らの責任においてすることを了解しており、かつそのことが客観的にも強く推認される配偶者間などの場合に限られる」としており、注目されます。

　夫婦カード、家族カードや団体カードが作られて普及すれば、この問題は解消するでしょう。カード利用についての承諾や代金決済についての了解の存在が強く推認される配偶者間、同居の親族間などの人的関係においては、カード名義人の承諾があれば詐欺罪の成立を否定すべきです[38]。

(2)　無銭飲食・宿泊

①　犯意先行型

> 【事例05】　Ｘは、当初から代金を踏みたおす意思で、Ａレストランで飲食物を注文し、飲食した後に、レストランの店員の隙をみて逃走した。

　当初から無銭飲食の意思があるＸには、代金支払の意思のないことを店員に告知すべき義務があるとするのは奇妙です。飲食物注文行為が欺罔行為であり〔作為犯説〕、1項詐欺罪が成立しますが、サービスなどの無形的な労務の提供を伴っている場合は、1項詐欺罪と詐欺利得罪とを包括して1個の詐欺罪となります。

②　飲食先行・単純逃走型

> 【事例06】　Ｘは、Ａレストランで飲食物を注文し、飲食した後に代金を踏み倒す気になり、レストランの店員の隙をみて逃走した。

　飲食後に代金不払の意思を生じて代金支払を免れる型には、まず、店員の隙をみて逃走する単純逃走型があり、この場合は、欺罔行為も債務免除の処分行為も存在しませんので、Ｘは利益窃盗として不可罰です。

③　飲食先行・偽計逃走型

> 【事例07】　Ｘは、Ａレストランで飲食物を注文し、飲食した後に代金を踏み倒す気になり、「自動車で帰宅する知人を見送ってくる」と店員を申し欺いて店先に出てそのまま逃走した。

　飲食後に代金不払の意思を生じて代金支払を免れる型には、次に、虚言を

---

38)　詐欺の罪にも親族間の犯罪に関する特例規定（244条）が準用されます（251条）ので、この規定を使って処理することも考えられますが、第三者（信販会社・加盟販売店）が絡んでいるので無理でしょう。

04 詐欺の形態　271

弄して逃走する偽計逃走型があり、この場合は、代金支払を免脱する処分行為を認めることはできませんし、店員は債権の存在が念頭にあるとしても、代金の支払を一時的にでも猶予するという期限の利益を与えることの認識がありませんので、やはり、X は利益窃盗として不可罰です[39]。

> **最決昭和 30・07・07**（刑集 9・9・1856、判時 57・29、判タ 53・48〔百選Ⅱ・52〕）も、「詐欺罪で得た財産上不法の利益が、債務の支払を免れたことであるとするには、相手方たる債権者を欺罔して債務免除の意思表示をなさしめることを要する」として、詐欺罪の既遂と解したことは失当であるとしました。

　例えば、行為者が、店員に対し、「財布を忘れたので、すぐ取ってきて払う」と申し向ける場合のように、店員に、代金支払を一時的にでも猶予する期限の利益を与えることの認識がある場合は、店員の行為は代金支払を一時猶予する処分行為と認められますので、詐欺利得罪が成立します。

(3)　キセル乗車

> 【事例 08】　X は、A 駅から B 駅、C 駅を経由して D 駅まで行って降車するに際し、A－B 駅間の乗車券（回数券）を A 駅の改札係員甲に示して入場し、B－C 駅間の乗車運賃を免れて不正に乗車し、D 駅で C－D 駅間の定期券を改札係乙に示して改札口を出た。

　キセル乗車とは、A－B 駅間と C－D 駅間については有効な乗車券・定期券を使って乗車してはいるが、途中の B－C 駅間について運賃の支払を免れる不正乗車の形態をいいます。

> ⓐ**乗車駅基準説**[40]
> 　　○欺罔行為──A－B 駅間の乗車券は無効であり、X が有効な乗車券であるかのように装って A 駅改札係員甲に B 駅までの乗車券を呈示した作為の行為
> 　　○処分行為──改札係員甲が X を入場させ、電車の乗務員が D 駅まで運搬するという有償的な役務の提供をした行為
> 　　　　＊欺罔行為によって改札係員が駅構内に入場することを許諾すれば、行為者は希望する区間の乗車という利益を直接に取得するのが通常であり、役務・利益の提供という処分行為が認められる

39）林・242 頁。処分意思必要説から、債権の存在は意識されており期限の利益も与えているので詐欺利得罪が成立するとする見解（大塚仁・262 頁、曽根・151 頁）は、理論的に一貫しません。

40）大阪高判昭和 44・08・07 刑裁月報 1・8・795、判時 572・96、判タ 242・307〔百選Ⅱ・53〕、大塚仁・264 頁、大谷・279 頁、中森・140 頁。

272 第16講 詐欺の罪

　　　○既遂時期──行為者が輸送の利益を得た時点、事例ではXがA駅を出発
　　　　　　　　　した時点
　　　○利得内容──A－D駅間の運送労務の提供〔**役務提供説**〕
　　　○成立区間──乗車した全区間（A－D駅間）相当の運賃額
　ⓑ**下車駅基準説**[41)]
　　　○欺罔行為──正規運賃を支払っているかのように装って、XがD駅改札
　　　　　　　　　　係員乙にD駅までの乗車券を呈示した作為の行為
　　　○処分行為──改札係員乙が錯誤によって請求すべき運賃の支払を請求し
　　　　　　　　　　ないで改札口の通過を許諾した不作為
　　　　　＊欺罔行為によって改札係員が駅構内から退場することを許諾すれ
　　　　　　ば、行為者は事実上運賃支払の義務を免れるのが通常であり、債
　　　　　　務免除という財産上の利益を供与する処分行為が認められる
　　　○既遂時期──行為者が債務を免れた時点、事例ではXがD駅の改札口を
　　　　　　　　　　通過した時点
　　　○利得内容──B－C駅間の運賃債務を免れた利益〔**債務免除説**〕
　　　○成立区間──B－C駅間の区間（運賃債務を免れた区間）相当の運賃額

　本書によれば、ⓐ説については、A－B駅間の乗車券を無効とするのは
適当でないこと、改札係甲は入場を許諾したにすぎないので処分行為者とす
るのは適当ではありませんし、改札係員甲の直接的な意思支配の下にない乗
務員を処分行為者とすることにも無理があることなど、疑問があります。ま
た、ⓑ説については、D駅改札係乙には、XがB－C駅間の運賃債務の支
払を免れようとしていることの認識はありませんので、乙の行為を処分意思
に基づく処分行為と解するのは無理です。

　キセル乗車については、詐欺罪の成立を否定する**否定説**[42)]が妥当であり、
鉄道営業法上の不正乗車罪（同法29条）の成立を認めれば足ります。

　なお、キセル乗車については、改札の自動機械化に伴って、議論は電子計
算機使用詐欺罪（246条の2後段）の成否に移っています。

---

41) 処分意思必要説から高橋・307頁、林・244頁、山口・261頁、処分意思不要説から内田・317頁、
　西田・199頁。高速道路をキセル利用して通行料金の支払を免れた事案につき、同様の見解と採
　るのは、福井地判昭和56・08・31刑裁月報13・8=9・547、判時1022・144。
42) 東京高判昭和35・02・22判タ102・38、広島高裁松江支部判昭和51・12・06高刑集29・4・
　651、判時851・241、西原・249頁、曽根・152頁、斎藤信治・158頁、平川・372頁、山中・392
　頁、松宮・264頁。

04　詐欺の形態　273

(4)　誤振込み

> 【事例09】　Xは、乙銀行の自己名義の口座の残高記入を通帳にしてもらった際、
> 　　　　　見知らぬ会社名（A）で誤って自分の口座に75万円の誤振込みがあっ
> 　　　　　たことを知ったが、これを借金の返済に充てようと考え、銀行窓口係
> 　　　　　員Bに対し、誤振込みの事実を告げずに、残高が90万円余りになっ
> 　　　　　ていた預金のうち85万円の払戻請求をしてその交付を受けた。

　①　**構　造**　誤振込みは、仕向銀行甲の過誤による場合や被仕向銀行乙の
過誤による場合もありますが、振込依頼人の口座番号の打ち間違えの場合が
ほとんどです。

　事例09は、本来の振込先はBでしたが、振込依頼人Aの過誤によりX
の口座に振り込まれてしまったもので、Xが、誤振込みであることを知りな
がら、それを秘して、銀行窓口で、その払戻の請求をしてその交付を受けた
行為に犯罪（詐欺罪・占有離脱物横領罪）が成立するかが問われます。

　②　**学説・判例の状況**　誤振込みの事案については、㋐誤振込みに係る預
金の占有は誰にあるのか、㋑欺罔行為、錯誤、交付行為・処分行為は存在す
るのかに着目してください。

> ⓐ　**犯罪不成立説**[43]　詐欺罪・占有離脱物横領罪は、いずれも成立しない
> 　　＜根拠＞・平成8年民事最高裁判決[44]によってXには預金債権が認められ
> 　　　　　　　るので、信義則を根拠にXに告知義務を認めることはできない
> 　　　　　・誤振込みにつき、調査・照会等の手続を経ての預金払戻請求であっ
> 　　　　　　たとしても、預金債権を否定できない以上、社会通念上、通常
> 　　　　　　の預金払戻とは別個の支払であるとして財産的損害を肯定する
> 　　　　　　こともできない
> 　　　　　・銀行には、その保管する金銭に対して事実上の占有が認められ
> 　　　　　　るが、預金については預金者の法律上の支配力が優越する
> 　　　　　・誤振込みに係る預金も、振込依頼人に準所有権的な物件的請求
> 　　　　　　権を認めることはできず、預金債権に基づいて引き出した者が
> 　　　　　　その所有権を取得するので、それは「他人の物」ともいえない
> ⓑ　**1項詐欺罪説**[45]　1項詐欺罪が成立する

---

43)　高橋・366頁。

44)　最判平成8・04・26民集50・5・1267。

45)　通説です。この見解によると、キャッシュカード等を使ってATM機を介して誤振込みに係る
　　預金を引き出した場合は窃盗罪に、ATM機を使ってその預金を他人の銀行口座に振替送金した
　　場合は、電子計算機使用詐欺罪（246条の2）、電磁的記録不正作出・同供用罪（161条の2）の

274　第16講　詐欺の罪

> <根拠>・誤振込に係る預金も含めて預金に対する事実上・法律上の支配
> 　　　　　力は銀行が有しており、占有は銀行にある
> 　　　　・先の平成8年民事最高裁判決は、誤振込みに係る預金に対する
> 　　　　　差押えにつき、振込依頼人からの第三者異議の訴えを却下した
> 　　　　　にすぎず、刑法上、誤振込に係る預金の処理について本来権原
> 　　　　　のない受取人の債権を正面から認めたものではない
> 　　　　・振込依頼人と受取人との間に原因関係が存在しない以上、その
> 　　　　　ような受取人には預金債権を行使すべき実質的な権原はないの
> 　　　　　で、誤振込みであることを認識した受取人からの預金払戻請求
> 　　　　　の行為は権利の濫用に当たり、銀行を欺く行為に当たる
> 　　　　・受取人Xには、正当な払戻権限が認められないし、もし被仕向
> 　　　　　銀行乙が誤振込みであることを知っていたならば、銀行は払戻
> 　　　　　しに応じることはないはずである

　最決平成15・03・12（刑集57・3・322〔百選Ⅱ・51〕）は、「銀行にとって、払戻請求を受けた預金が誤った振込みによるものか否かは、直ちにその支払に応ずるか否かを決する上で重要な事柄である」し、「受取人においても、銀行との間で普通預金取引契約に基づき継続的な預金取引を行っている者として、自己の口座に誤った振込みがあることを知った場合には、銀行に上記の措置を講じさせるため、誤った振込みがあった旨を銀行に告知すべき信義則上の義務がある」から、受取人が誤った振込みがあることを秘して預金の払戻しを請求することは、欺罔行為に当たり、また、誤った振込みの有無に関する錯誤は本罪の錯誤に当たるから、錯誤に陥った銀行窓口係員から預金の払戻しを受ける行為は1項詐欺罪を構成するとしました。

　③　**本書の立場**　振込手続を誤った振込依頼人Aの財産や、被仕向銀行乙の預金（財産）を保護すべき義務がXにあるとは思えませんし、ましてや、その義務が刑法上の詐欺罪を根拠づけるとは考えられません[46)]。

　平成8年民事最高裁判決は、振込依頼人Aと受取人Xとの間に振込みの原因となる法律関係が存在しないにかかわらず、振込みによってXが振込金額相当の預金債権を取得したときは、Aは、Xに対し、同額の不当利得返還請求権を有するにとどまり、預金債権の譲渡を妨げる権利を取得するわ

　観念的競合となります。

46)　そうでないと、自分の銀行口座に誤振込みがなされたと知ったときから、口座名義人は、犯罪者となることを覚悟すれば別ですが、何もできなくなり、いわば塩漬け状態にしておくことしかできなくなってしまいます。また、実に嫌な例ですが、誰かを陥れたければ、その者の銀行口座に「誤振込み」すればよいことになってしまいます。

04　詐欺の形態　275

けではないので、債権者がした預金債権に対する強制執行の不許を求めることはできない旨を判示しています。この判決を前提にすれば、Xは、原因となる法律関係の有無を問わず、口座内の預金全額について預金債権を有するので、Xに告知義務を認め、それを本罪成立の根拠にし、Xの払戻請求の行為を欺罔と解するのは適切でないことになります。預金では、預金者の法律上の占有と銀行の事実上の占有が競合していますが、預金者の法律上の占有が優越しているはずですから、自己の口座内預金についてはその名義人に占有があるはずです。但し、誤振込に係る預金についての口座名義人の占有は委託関係に基づかないので、占有離脱物と解されます。したがって、Xの行為は、振込依頼人Aを被害者とする**占有離脱物横領罪**が成立するにすぎません[47]。それは、自宅に誤配達された品物を領得する場合と同様です。

⑸　**不法原因給付**

　民法708条（不法原因給付）は、「不法な原因のために給付をした者は、その給付したものの返還を請求することができない。ただし、不法な原因が受益者についてのみ存したときは、この限りでない。」と規定しています。

　①　**欺罔行為によって不法原因に係る給付をさせる類型**

> 【事例10】　Xは、A女に対し、「お前が憎いと思っている夫B男を交通事故を装って殺してやる。報酬は500万円だ。お前には後から多額の保険金が手に入るから安いもんだろう。」と申し欺いて、AからB殺害報酬の名目であらかじめ500万円を騙取して海外に逃走した〔殺害報酬詐欺事例〕。

　占有説によると、欺罔行為がなされる前の時点での被害者の占有は何ら違法ではなく保護に値するので、被害者にその物の返還請求権があると否とを問わず、欺罔行為による占有侵害があれば詐欺罪が成立するとします。**本権説**によっても、欺罔行為がなされる前の時点での被害者の占有を基礎づけている所有権その他の本権は保護に値し、しかも、行為者自らが不法原因を作出し、被害者は欺罔されなければ財物を交付しなかったといえるので、詐欺罪の成立を認めます。また、不法原因が受益者（行為者）についてのみ存する場合なので、民法708条但し書が適用され、被害者に返還請求権が認めら

---

47) 曽根・171頁、林・281頁、井田・271頁、松原・319頁。

れ、したがって詐欺罪が成立するとする見解[48]もあります。

　この類型で重要なのは、被害者に返還請求権が認められるかではなく、被害者の所有権その他の本権は行為者との関係で保護に値するかです。

□**戦　前**　戦前の判例は、「他人を欺罔し以て財物を交付せしめたる以上は1項詐欺罪を構成すべく、仮令其財物の交付が不法の原因に由りたるものにして被害者に於て民法上其返還を請求する能はざる場合と雖も之が為めに同罪の成立を妨ぐるものに非ず」を根拠に、贋造紙幣買入の周旋料又は紙幣偽造用の薬品代価として金員・証書を騙取した事案[49]、及び通貨偽造の資金・報酬等と偽って金銭を騙取した事案[50]につき、いずれも1項詐欺罪の成立を肯定しました。

□**戦　後**　戦後の判例も、「詐欺罪の如く他人の財産権の侵害を本質とする犯罪が、処罰されたのは単に被害者の財産権の保護のみにあるのではなく、かかる違法な手段による行為は社会の秩序をみだす危険がある」こと根拠に、**最判昭和25・07・04**（刑集4・7・1168〔百選Ⅱ・46〕）は、闇取引において代金を支払うかのように相手方を欺罔して統制物品を交付させた事案につき、相手方を欺罔して財物を交付させ、相手方の財物に対する支配権を侵害した以上、たとい相手方の財物交付が経済統制法規によって処罰される闇取引という不法原因に基いたものであって民法上その返還又は損害賠償を請求することができない場合であっても、詐欺罪の成立を妨げるものではないとし、**最判昭和25・12・05**（刑集4・12・2475）は、闇米を買ってやるように偽って、代金名義で金銭を騙取した事案につき、闇米の売買であっても、被告人は米を買つてやると欺いてその代金を騙取した以上詐欺罪は成立するとし、また、**最決昭和33・09・01**（刑集12・13・2833）は、接客婦として働く意思もなく、かつ返済する意思も能力も無いにもかかわらず、働いて返済するかのように装い、相手方を欺罔して前借金の交付を受けた事案につき、詐欺罪も成立を認めています。さらに、**神戸地判平成14・01・08**（D1-Law.com 判例体系・判例 ID:28075171）は、殺害行為をする意思も無いのに、着手金を払ってくれればすぐにでも殺害すると誤信させて金員を受領した事案につき、「たとえ相手方の財物交付が不法原因に基づくものであり、民法上その返還等を請求できない場合であっても、相手方の財物に対するもともとの占有自体は刑法上の保護に値するものであるし、不法原因となるべき話を欺罔手段に用いて財物を騙取する行為が違法であることも明らかであるから、詐欺罪の成立を否定すべき理由は存しない」としています。

48）西田・213頁。
49）大判明治42・06・21刑録15・812。
50）大判明治43・05・23刑録16・906。

②　不法原因に係る債務を欺罔行為に係る類型

> 【事例11】　X男は、売淫料を支払う約束で自分相手にA女に売春させた後に、同女を欺いて売淫料の支払を免れた〔売淫料詐欺事例〕。

> 　この場合に、詐欺利得罪の成立を肯定する見解[51]は、刑法上の詐欺罪の成否は民事上の効果とは独立に判断されるべきであるし、**事例11**の場合、欺罔されなければ性行為の相手方にはならなかった点では先の**事例10**と同じであり、刑法上保護に値することを根拠とします。

　そもそも売淫料それ自体が売淫行為という不法原因によって生じた不法なものであり、民法上債権・債務を発生させない[52]はずで、法的保護に値する財産上の利益とはいえませんので、欺罔行為によって売淫料の支払を免れたとしても、財産的損害を観念することはできません。にもかかわらず、その支払を刑事制裁により強制するのは、法秩序全体から見て不合理です。

　売淫料に関する判例は、分かれています。

> ◇**肯定説**　名古屋高判昭和30・12・13（高裁刑事裁判特報2・24・1276、判時69・26）は、契約が「公序良俗に反し民法第90条により無効のものであるとしても民事上契約が無効であるか否かということと刑事上の責任の有無とはその本質を異にする」ものであり、詐欺罪が処罰されるのは、「単に被害者の財産権の保護のみにあるのではなく、斯る違法な手段による行為は社会秩序を乱す危険があるから」で、「社会秩序を乱す点においては売淫契約の際行われた欺罔手段でも通常の取引における場合と何等異るところがない」として、本条2項の詐欺罪を構成するとしました。
> ◆**否定説**　札幌高判昭和27・11・20（高刑集5・11・2018）は、「元来売淫行為は善良の風俗に反する行為であつて、その契約は無効のものであるからこれにより売淫料債務を負担することはない」から、「売淫者を欺罔してその支払を免れても財産上不法の利益を得たとはいい得ない」のであり、詐欺罪を構成しないとし、また、福岡高判昭和29・03・09（高裁刑事判決特報26・70）は、売淫行為についての対価請求権は明らかに「犯罪行為それ自体によるもので、法律上何等の保護も与えられないもの」であり、欺罔によりその支払を免れても「刑法246条2項の詐欺罪の成立する余地はない」としました。

51）前田・234頁、大谷・282頁。

52）民法90条参照。

278　第16講　詐欺の罪

05　罪数・他罪との関係

(1)　罪　数

　1個の欺罔行為によって数回にわたって同一人から財物の交付を受けた場合は、包括一罪です[53]。同一被害者であっても、欺罔行為が数回にわたり、その都度財物の交付をさせた場合は、併合罪となります[54]。例えば、1個の欺罔行為により金員と債務弁済の延期とを取得し、また無銭飲食と無銭宿泊とをした場合のように、財物と財産上の利益の双方を騙取した場合は、包括して本条一罪が成立します[55]。

【事例12】　Xは、いわゆる詐欺賭博により、賭客となったAを欺罔して負けさせ、寺銭・賭金名義で金員を支払うべき債務を負担させた〔詐欺賭博借金事例〕。

　この事例につき、**最決昭和43・10・24**（刑集22・10・946、判時537・86、判タ228・162）は、詐欺賭博によりAに債務を負担させたのであるから詐欺利得罪が成立するとした控訴審判決を維持しました。

　判例の考え方は、1項詐欺罪と詐欺利得罪の区別を失わせ、財物犯罪を利益犯罪に転化させてしまいます。「財物を軸にし、それを補充する利益」という観点を基本に、財物・利益のいずれを最終的な取得目標としているかによって判断すべきで、Xには、1項詐欺罪の未遂を認めるべきです。

【事例13】　Xは、Aを欺いて約束手形の割引名義で同人から金員を騙取した後、更に別の偽造手形を差し入れて前の約束手形の支払を延期させた〔手形金騙取事例〕。

　この事例につき、**東京高判昭和40・06・18**（高刑集18・4・377、判タ180・117）は、約束手形の振出が手形法上有効であるかに関係なく、その支払いが延期されたことは本罪にいう「財産上の利益」にほかならないこと、この利益は別の新たな欺罔行為に基づくもので、約束手形の割引による現金取得の利益とは別個であることを根拠に、1項詐欺罪と詐欺利得罪の併合罪としました。

　本書は、この判決の考え方は妥当であると考えます[56]。

---

53)　大判明治43・01・28刑録16・46。
54)　東京高判昭和37・08・23東高時報13・8・212。
55)　大判大正4・04・26刑輯21・422、東京高判昭和33・12・25東高時報9・12・312、判タ88・67。
56)　交付させた財物とその代金支払債務とは実質的に同一と考えることができるので、詐欺利得罪

街頭募金詐欺の場合の罪数が問題となります。

> **東京高判昭和 35・01・27**（東高時報 11・1・3、判タ 101・42）は、被告人の犯意が同一の意思の継続したもので犯行の時間が比較的短かったとしても、被害者は 10 人で全く別異であり、犯行の場所も異なり、犯行の時も別の機会であって、「10 の行為はその被害者毎に 1 個の詐欺罪の構成要件を充足しているのであるから犯罪の個数は 10 個である」とし併合罪としました。
>
> しかし、**最決平成 22・03・17**（刑集 64・2・111、判時 2081・157、判タ 1325・86）は、約 2 か月間にわたり、事情を知らない多数の募金活動員をアルバイトして雇い、通行人の多い複数の場所に配置し、募金箱を持たせて寄付を勧誘する発言を連呼させ、これに応じた通行人から現金を騙取した事案につき、本件犯行は、個々の被害者毎に個別に欺罔行為を行うものではなく、不特定多数の通行人一般に対し、一括して同一内容の定型的な働き掛けを行って寄付を募る態様であること、1 個の意思・企図に基づき継続して行われた活動であること、㋑被害者が投入する現金は混和して特定性を失ってしまい、個々に区別して受領するものでないことなどに鑑みると、これを一体のものと評価して包括一罪と解することができるとしました。

　この問題は、行為者の 1 個の意思に基づく包括性に着目するか、被害者の個別性に着目するかが結論を分けます。本書によれば、被害者毎に本罪が成立し、併合罪とするのが妥当です。但し、例えば、1 回の呼び掛け行為に応じて複数の被害者が募金に応じた場合には観念的競合となります[57]。

(2)　他罪との関係

　窃取・騙取した預貯金通帳を利用して窓口で銀行係員を欺罔して預貯金を引き出した場合は、通帳の窃盗罪・1 項詐欺罪のほか、現金引出しにより新たな法益を侵害していますので 1 項詐欺罪が成立し、併合罪となります[58]。窃取・騙取したカードを利用して ATM 機から現金を引き出した場合は、カードの窃盗罪・1 項詐欺罪のほかに窃盗罪が成立し、併合罪となります[59]。

　通貨を偽造し、その偽造通貨を使って財物を取得した場合、通貨偽造罪・偽造通貨行使罪が成立し、詐欺は偽造通貨行使罪に包括評価されていると考えます[60]。また、文書偽造罪・偽造文書行使罪と詐欺罪、有価証券偽造罪・

　は 1 項詐欺罪の不可罰的事後行為として吸収されるとするのは、曽根・150 頁。
57）東京高判昭和 37・08・23 東高時報 13・8・212。
58）最判昭和 25・02・24 刑集 4・2・255。
59）最決平成 14・02・08 刑集 56・2・71。

280　第16講　詐欺の罪

偽造有価証券行使罪と詐欺罪とは、牽連犯となります[61]。

06　電子計算機使用詐欺罪 (246条の2)

> 　前条〔246 条〕に規定するもののほか、人の事務処理に使用する電子計算機に虚偽の情報若しくは不正な指令を与えて財産権の得喪若しくは変更に係る不実の電磁的記録を作り、又は財産権の得喪若しくは変更に係る虚偽の電磁的記録を人の事務処理の用に供して、財産上不法の利益を得、又は他人にこれを得させた者は、10 年以下の懲役に処する。
> 　未遂も罰せられます（250 条）。

　不正に預金口座に入金させて数字上の処理しか行われない場合のように、電子計算機による事務処理の形態を不正に利用して財産上の利益を得る行為が頻発し、しかも被害額が多額であるのに、窃盗罪・詐欺罪の条文で処断できないため、1987 年（昭和 62 年）に、本条が新設されました。

(1)　不実電磁的記録作出型

> ①　人の事務処理に使用する電子計算機であること〔客体〕
> ②　虚偽の情報もしくは不正な指令を与えて財産権の得喪・変更に係る不実の電磁的記録を作り、財産上不法の利益を得、又は他人にこれを得させること〔行為・結果〕
> ③　故意があること〔故意〕

　①　**客　体**　客体は、**人の事務処理に使用する電子計算機**、すなわち、他人がその事務を処理するために使用する電子計算機です。人の事務処理に使用する電子計算機に限定されますので、例えば、ゲーム・コンピュータなど娯楽用のコンピュータのようなものは含みません。

　②　**行為・結果**　行為は、虚偽の情報もしくは不正な指令を与えることを**手段**として、財産権の得喪・変更に係る電磁的記録を作ることです。

　⑦　**手　段**　**虚偽の情報**とは当該システムにおいて予定されている事務処理の目的に照らし、その内容が真実に反する内容の情報をいいます。例えば、入金等に関していえば、現実にこれに見合う現金の受入れ等がなく、全く経済的・資金的実体を伴っていない情報、あるいはそれに符合しない情報をい

60）大判明治 43・06・30 刑録 16・1314。
61）大判昭和 8・10・02 刑集 12・1721。

います[62]。**不正な指令**とは当該システムにおいて予定されている事務処理の目的に照らし、与えられるべきでない指令をいいます。**与える**とは上記情報・指令を人の事務処理に使用する電子計算機に入力することをいいます。

　④　**行　為**　**財産権の得喪・変更に係る電磁的記録**とは、財産権の得喪・変更が存在したという事実や、その得喪・変更を生じさせるべき事実を記録した電磁的記録であって、一定の取引場面においてその作出・更新によって事実上財産権の得喪・変更が行われるものをいいます。例えば、国際電話回線の接続・切断等の回線制御・通話料金請求のための課金ファイル作成に必要な通話情報の記憶・伝送等の事務を電子計算機によって処理している電話会社の電話料金課金ファイル中の料金データ記録[63]、銀行が預金・為替などの事務処理を行うオンラインシステムに接続された電子計算機の利用に供される顧客元帳ファイルにおける預金残高記録[64]、テレホンカード等のプリペイドカードの残度数の記録、自動改札に用いられる定期券の時期面における情報記録などがこれに当たります。但し、不動産登記ファイル、自動車登録ファイルのように、財産権の得喪・変更を公証するための記録や、キャッシュカード、クレジットカードの磁気部分の記録のように、一定の資格を証明するための記録は、これには当たりません。なお、**係る**となっているのは、電磁的記録の作出・更新と財産権の得喪・変更との間に直接的・必然的な関連を要求する趣旨です。

　不実の電磁的記録を作るとは、虚偽のデータを入力して真実に反する内容の電磁的記録を作出することをいいます。

> **最決平成 18・02・14**（刑集 60・2・165、判時 1928・158、判タ 1207・141〔百選Ⅱ・59〕）は、情報受送信サービス利用の決済手段として利用される電子マネーを不正に取得しようと企て、インターネットを介し、クレジットカード決済代行業者の電子計算機に、窃取したクレジットカードの名義人氏名、番号等の情報を入力送信して電子マネーを購入した事案につき、「被告人は、本件クレジットカードの名義人による電子マネーの購入の申込みがないにもかかわらず、本件電子計算機に同カードに係る番号等を入力送信して名義人本人が電子マネー

62）東京高判平成 5・06・29 高刑集 46・2・189、判時 1491・141、判タ 844・273〔百選Ⅱ・57〕。
63）東京地判平成 7・02・13 判時 1529・158〔百選Ⅱ・58〕。
64）東海銀行オンライン詐欺事件・名古屋高判平成 9・01・10 判時 1491・141。

282 第16講 詐欺の罪

の購入を申し込んだとする虚偽の情報を与え、名義人本人がこれを購入したとする財産権の得喪に係る不実の電磁的記録を作り、電子マネーの利用権を取得して財産上不法の利益を得た」とし、本罪の成立を認めました。

⑦ 結 果 所定の行為の結果、財産上不法の利益を得、又は他人にこれを得させることが必要です。**財産上不法の利益**とは、利益獲得の方法・手段の不法性を意味し、利益自体の不法性を意味するものではありません。例えば、預貯金カードの不正使用による預貯金の増額付け替え、虚偽の入金データへの書き換えなど、事実上財産を自由に処分できる地位を得る積極利得の形態と、虚偽の返済データへの書き換え、借入金データの消去など、債権者の追求を事実上不可能とする債務免脱の形態があります。なお、他人の電子計算機から財産的価値ある情報を写し取り、それを売却して利益を得る行為は、本罪の手段の要件を満たさないので本罪を構成しません。

③ 故 意 人の事務処理に使用する電子計算機であること、虚偽情報、不正指令を与えて財産権の得喪・変更に係る不実の電磁的記録を作り、財産上不法の利益を得、又は他人にこれを得させることについて、故意が必要です。

(2) 虚偽電磁的記録供用型

① 虚偽の電磁的記録を人の事務処理の用に供して、財産上不法の利益を得、又は他人にこれを得させること〔行為・結果〕
② 故意があること〔故意〕

① 行為・結果 ⑦ 行 為 行為は、**虚偽の電磁的記録を人の事務処理の用に供する**ことであり、行為者がその所持する内容虚偽の電磁的記録を他人の事務処理用の電子計算機において用いることができる状態に置くことをいいます。虚偽の電磁的記録は、行為者自身が作出したものに限りません。

例えば、偽造に係る Suica・Pasmo カードを使って電車を不正に利用する行為が、これに当たります。なお、拾得したテレホンカード、Suica・Pasmo カードを使うのは、内容虚偽の電磁的記録を用いたわけではないので、本罪ではなく、占有離脱物横領罪の成立がありえます。

A－B 駅間と C－D 駅間について有効な乗車券・定期券を使って乗車してはいるが、途中の B－C 駅間について運賃の支払を免れるキセル乗車について、**東**

> **京高判平成 24・10・30**（高等裁判所刑事裁判速報集平成 24・146）は、「刑法 246 条の 2 後段にいう『虚偽』とは、電子計算機に使用する当該事務処理システムにおいて予定されている事務処理の目的に照らし、その内容が真実に反するもの」をいい、情報それ自体が虚偽でなければならないと限定的に解すべき理由はないとしたうえで、「自動改札システムの目的、機能に照らせば」、「入場情報がない C−D 駅間の回数券」あるいは「C 駅における入場情報がエンコードされた乗車券」は、「乗車に係る実際の入場駅である A 駅とは異なる点で虚偽のもの」であり、それを下車 D 駅の自動改札機（あるいは自動精算機）に投入する行為は、「刑法 246 条の 2 後段の構成要件に該当する」としました[65]。

　④　**結　果**　行為の結果、財産上不法の利益を得、又は他人にこれを得させることが必要です。

　②　**故　意**　虚偽の電磁的記録を人の事務処理の用に供して、財産上不法の利益を得、又は他人にこれを得させることについて、故意が必要です。

(3) 未遂・既遂

　本罪の**着手**は、不実電磁的記録作出型では、虚偽の情報・不正の指令を与える行為に着手したときで、例えば、銀行の行員が自分の口座に入金があったかのように虚偽の情報を、同行のオンライン端末のコンピュータ・キーボードで入金処理の操作を始めようとしたときが、これに当たります。虚偽電磁的記録供用型では、虚偽の電磁的記録を供する行為に着手したときで、例えば、偽造の Suica カードを自動改札機の読み取り器にかざそうとしたときが、これに当たります。

　本罪の**既遂**は、財産上の利益を得、又は他人にこれを得させたときです。具体的には、不実電磁的記録作出型では不実の電磁的記録がなされたとき、虚偽電磁的記録供用型では虚偽電磁的記録が読み込まれたときです。

(4) 罪数・他罪との関係

　①　**罪　数**　複数回にわたって他人の事務処理の用に供する電子計算機に虚偽の情報を入力し、財産上不法の利益を得た場合は、同一犯行日の数回の行為は包括一罪を構成しますが、犯行日が異なれば別罪となり、併合罪となります[66]。不法に得た利益を現金化すれば、本罪のほかに、詐欺罪や窃盗

65）**東京地判平成 24・06・25** 判タ 1384・363（キセル乗車につき電子計算機使用詐欺罪の成立を肯定）参照。

罪が成立し、併合罪となります。なお、正当な預金残高が存在しており、電子計算機使用詐欺罪により獲得した預金と混在した場合、それを払い戻したときは、金額の多寡を問題としないで、当然に詐欺罪・窃盗罪が成立するとする考えもありますが、むしろ、正当な預金残高を上回る払い戻し行為があるときにのみ詐欺罪・窃盗罪の成立を認めるべきです。

　また、預貯金カードの不正使用や架空の入金データの入力によって預貯金口座の残高記録を改変する場合、不実電磁的記録作出型の電子計算機使用詐欺罪（246条の2前段）、及び電磁的記録不正作出罪・同供用罪（161条の2第1項・第2項）の観念的競合となります。

　② **他罪との関係**　**詐欺罪**との関係ですが、例えば、偽造した入金伝票を担当の銀行員に渡して電子計算機により架空の送金処理をさせる場合のように、本罪を犯すについて、人に対する欺罔行為が介在している場合は、本罪ではなく詐欺罪（詐欺利得罪）を構成します。電子計算機使用詐欺罪と詐欺利得罪との間の錯誤は、抽象的事実の錯誤ですが、法律要件の重なり合いが認められるので故意を阻却しません。

　本罪は窃盗罪・詐欺罪の受け皿的な条文ですので、獲得した物が財物であれば、行為態様がどうであれ窃盗罪の成立を検討します。

　横領罪との関係ですが、例えば、銀行員が自分の管理する現金を不法に領得した後、それをごまかそうと預金の払戻しがあったかのように装うため口座の数字を操作した場合のように、不実記録の作出行為や虚偽電磁的記録の供用行為が財物横領の手段として行われているにすぎず、財産上の利益の取得を別個に観念できないときは、単純横領罪（252条）、電磁的記録不正作出罪・同供用罪（161条の2第1項・第2項）が成立するにとどまります。

07　準詐欺罪（248条）

　未成年者の知慮浅薄又は人の心神耗弱に乗じて、その財物を交付させ、又は財産上不法の利益を得、若しくは他人にこれを得させた者は、10年以下の懲役に処する。

---

66) 東京地裁八王子支部判平成2・04・23判時1351・158、判夕734・249。

> 未遂も罰せられます（250条）。

(1) 意 義

本罪は、詐欺罪における欺罔行為を行わない場合であっても、相手方の知識が乏しく思慮が足りない状態や知的能力の低い状態を利用して財物を交付させ、又は財産上の利益を得、もしくは他人に得させる行為は詐欺罪に準じて処罰すべきであるとしたもので、準詐欺罪といいます。

(2) 要 件

① 未成年者の知慮浅薄又は人の心神耗弱に乗じること〔手段〕
② その財物を交付させ、又は財産上不法の利益を得、若しくは他人にこれを得させること〔行為・結果〕
③ 故意があること〔故意〕

未成年者の知慮浅薄に乗じてとは、相手方が未成年者[67]であり、かつ当該具体的事項についてその者に知識が乏しく思慮が足りない状態を利用することをいいます。婚姻による成年擬制[68]は民法上の法効果を擬制するものなので、本罪には適用されません。

人の心神耗弱に乗じてとは、精神の健全を欠き、事物の判断をするのに必要な普通人の知能を備えていない状態を利用することをいいます。詐欺罪でいう欺罔行為に当たる行為がなされた場合には、通常の詐欺罪が成立しますし、相手方が心神喪失者や全く意思能力を欠く者である場合は、窃盗罪が成立することになります。

67）民法4条参照。
68）民法753条。

第17講 恐喝の罪

01 総説

恐喝の罪は、相手方を恐喝して財物又は財産上の利益を領得する罪です。

異同	同	異
窃盗罪	直接領得罪のうちの奪取罪	恐喝罪：被害者の瑕疵ある意思に基づく交付罪 窃盗罪：被害者の意思に反する盗取罪（財物のみ）
強盗罪	手段としての暴行・脅迫	恐喝罪：相手方の反抗を抑圧するに至らない瑕疵ある意思に基づく 強盗罪：相手方の反抗を抑圧し、意思に反する
詐欺罪	相手方の瑕疵ある意思に基づく	恐喝罪：暴行・脅迫により身体・意思の自由を害する 詐欺罪：欺罔による錯誤による
強要罪	暴行・脅迫により意思決定の自由を害して義務の無いことを行わせる	恐喝罪：財物・利益に対する財産罪〔特別法〕 強要罪：非財産的行為を行わせる自由に対する犯罪〔一般法〕

○1項恐喝罪〔財物恐喝罪〕（249条1項）
○恐喝利得罪〔2項恐喝罪・利益恐喝罪〕（249条2項）

02 1項恐喝罪 (249条1項)

人を恐喝して財物を交付させた者は、10年以下の懲役に処する。
未遂も罰せられます（250条）。

(1) 要件

① 他人の占有する他人の財物であること〔客体〕
② 人を恐喝し、財物を交付させること〔行為・結果〕
③ 故意があること〔故意〕

① **客体** 客体は、他人の占有する他人の財物です。251条には注意です。
② **行為・結果** ⑦ **行為** 恐喝とは、財物取得の意思をもってなされ、相手方の反抗を抑圧するに至らない程度の行為をいいます。多くは脅迫がなされますが、場合によっては暴行もこれに当たります。

脅迫は、相手方を畏怖させるような害悪を告知することをいい、相手方の反抗を抑圧するに至らない程度であることを要し、その程度を超えた場合は強盗罪となります。逆に、単に威圧感を与える、困惑させる程度のものは恐喝には当たりません。それがいずれの罪に当たるかは、一般に被害者の反抗を抑圧するに足りる程度のものであるかという客観的基準によって決せられます[1]。害悪の内容に限定がありませんので、例えば、「お前の一家の平和を乱してやる」、「貴様の信用を失わせてやる」、「あなたの秘密を暴露しますよ」など、害悪の種類が何であるか、その害悪が権利の実行に属するかは、恐喝罪の成立に影響しません[2]。また、害悪の内容は必ずしも違法である必要はありませんので、例えば、相手方の犯罪事実を知る者が、その犯罪事実を警察に申告するかのように偽って畏怖させ、口止め料を提供させる行為も本罪に当たります[3]。告知される加害の対象は、脅迫罪（222条）の場合は限定されていますが、本罪では特に制限がないので、相手方又はその親族の生命・身体・自由・名誉・財産に対する害悪の告知に限らず、相手方の友人、縁故者などの第三者に対する加害の告知でもよいことになります。第三者によって害悪が実現される旨の告知もありえますが、少なくとも行為者は第三者による実現に対して何らかの影響力を発揮できると相手方に思わせることが必要です。吉凶禍福・天変地異の警告は、通常、それらは行為者がその発生を左右しうる事象ではありませんので恐喝にはなりませんが、例えば、霊媒師、占い師、運勢鑑定人など、これらの事象をその力で左右しうると信じさせるときは恐喝となりえます[4]。

暴行も、行為者の要求に応じないとさらに暴行などの危害を加えられるか

---

1) 最判昭和24・02・08刑集3・2・75。
2) **大判明治44・02・28**刑録17・230（「不法に財物を交付せしむる手段として被害者に対し右制裁〔村八分〕を解除せず従て害悪の継続すべきことを告げ、因て財物を交付せしめたる以上は、恐喝取財の罪を構成」）。
3) 最判昭和29・04・06刑集8・4・407、判タ40・28。
4) **広島高判昭和29・08・09**高刑集7・7・1149（病気平癒祈祷の依頼を受けた者が、相手方に対し、「あんたのお母さんには外道がついている、その外道を神様に頼んでとってあげる、そのかわり金10万円出せ、出さぬと母の生命が危い」などと申し向け、相手方の畏怖の結果として金員を交付させたときは、それが相手方を畏怖させるに足り、かつその財物交付が畏怖に基づいている以上、恐喝罪が成立）。

288　第17講　恐喝の罪

もしれないと畏怖させた場合には、害悪告知の手段となります[5]。

　　⑦　**結　果**　恐喝行為の結果、「恐喝行為→相手方の畏怖→相手方の交付行為→財物移転」が因果関係によって連結され、故意によって包括されている必要があります。財物の交付を受ける者が第三者である場合には、行為者と第三者との間に共同正犯・共犯者、友人・知人、同伴者など一定の関係が必要です。

　　③　**故　意**　人を恐喝し、財物を交付させるについて、故意が必要です。

(2)　着手・未遂

　人を畏怖させるに足りる恐喝行為がなされたときが、本罪の実行の着手ですが、相手方が畏怖することなく、同情心から財物を交付した場合は、因果関係が切れましたので、財物を取得しても、本罪の未遂にとどまります。

(3)　問題類型

　　①　**三角恐喝**　被恐喝者と最終的な被害者とが異なる**三角恐喝**の形態もあります。この場合、必ずしも被害者に恐怖心を生じさせることは必要ありませんが、被恐喝者は被害者の交付行為について何らかの権限を有し、恐喝行為と財物交付との間に因果関係が存在する必要があります。

　　②　**相当対価の支払と恐喝**　相当対価を提供して財物の交付を受けた場合が問題となります。判例[6]は、恐喝の結果、相手方を畏怖させてその財物を交付させたので、相当対価の提供があっても本罪の成立を妨げないとしています。

03　恐喝利得罪（249条2項）

　前項〔249条1項〕の方法により〔人を恐喝して〕、財産上不法の利益を得、又は他人にこれを得させた者も、同項と同様とする〔10年以下の懲役〕。
　未遂も罰せられます（250条）。

(1)　要　件

　①　他人の財産上の利益であること〔客体〕
　②　人を恐喝し、財産上不法の利益を得、又は他人にこれを得させること〔行為・

---

5)　最決昭和33・03・06刑集12・3・452。
6)　大判明治44・12・04刑録17・2095。

結果〕

③　故意があること〔故意〕

①　**客　体**　客体は、他人の財産上の利益です。251条には注意です。

②　**行為・結果**　⑦　**行　為**　行為は人を**恐喝**すること、その意義について
は、1項恐喝罪の説明を参照して下さい。

④　**結　果**　恐喝行為の結果、畏怖した相手方が財産上の利益を処分する
行為をし、行為者が財産上の利益を取得し、又は他人にこれを得させること
を要します。**財産上不法の利益を得る**とは、相手方の畏怖に基づく処分行為
によって自分が取得する権利のない財産上の利益を取得することです。相手
方の瑕疵ある意思に基づく処分行為が必要で、例えば、畏怖した相手方に債
務免除の意思表示をさせる作為もあれば、債務履行の請求を事実上できない
ようにさせる不作為もあります。財産上の利益に限られますので、そうした
評価のできない非財産的な利益は強要罪の対象となるにすぎません。

> **最決昭和43・12・11**（刑集22・13・1469、判時545・84、判タ230・252〔百選Ⅱ・
> 61〕）は、飲食店で飲食後、同店従業員から代金を請求された際に脅迫的な発言
> をして畏怖させ、請求を一時断念させた事案につき、「そこに被害者側の黙示的
> な少くとも支払猶予の処分行為が存在する」としています。この事案では、被
> 恐喝者には利益の移転に関する処分意思と処分事実が認められます。

③　**故　意**　人を恐喝し、財産上不法の利益を得、又は他人にこれを得さ
せることについて故意が必要で、「恐喝行為→相手方の畏怖→相手方の処分
行為→利益移転」が因果関係によって連結されているとともに、故意によっ
て包括されている必要があります。

(2)　未遂・既遂

> **【事例01】**　Xは、Aを脅迫して同人に金25万円を交付する旨を約束させた。

> **事例01**につき、**最判昭和26・09・28**（刑集5・10・2127）は、たとえそれが「法
> 律上正当にその履行を請求することのできない債権」であっても、財産上不法
> の利益を得たものと解するに何の妨げもないとし、恐喝利得罪としました[7]。

事例01の場合、人を恐喝して金員を交付させる1項恐喝罪の形態であり、

---

7)　**大判明治44・12・04**刑録17・2095（土地所有者を恐喝して土地所有権移転の意思表示をさせ
た場合には財産上不法の利益を得たものに外ならない）。

290　第17講　恐喝の罪

未だ金員交付の約束にとどまっているときは、1項恐喝罪の未遂と解すべきです。「金員を取得できるかもしれない」という期待を財産的利益とするのは、利益概念を弛緩させるもので、妥当ではないからです。

04　権利行使と恐喝

　相手方に対して債権等を有するがゆえに財物・財産上の利益を取得する権利を有する者が、その権利行使の際に脅迫的言辞を用いて財物・財産上の利益を取得した場合に、恐喝罪が成立するかが問題となります。

> 【事例02】　Xは、期限を過ぎても、Aが借金500万円を返済してくれないので、同人に対し、「早く返してくれ。こちらにも都合があるんだ。今この場で返さないと、その筋の人に頼んで、お前の身体に聞いてもらってもいいんだぞ」と申し向けたところ、Aは、「暴力団関係者に痛めつけられるかもしれない」と怖くなり、直ちに500万円をXに払った。

(1)　判例の状況

> □戦　前　大連判大正2・12・23（刑録19・1502）は、欺罔又は恐喝の手段により、①権利の範囲内で財物・財産上の利益を取得する行為は詐欺・恐喝の罪を構成しないこと、②権利の範囲を超えた場合、それが法律上可分であれば超過部分についてのみ詐欺・恐喝の罪を構成し、可分でなければ全部につき詐欺・恐喝の罪を構成すること、他方、③ただ単に名目上権利の実行に仮託した場合は詐欺・恐喝の罪を構成することを明らかにし、その根拠として、「犯人の領得したる財物又は利益の中其権利に属する部分は正当なる法律上の原因ありて給付せられたるものなれば、此部分に付きては給付行為は弁済として有効に成立し、犯人の有する権利は之に因りて消滅するを以て何等不当の利益あることなく」と判示し、また、大判大正13・11・29（法律新聞2337・22）は、損害賠償請求権の実行に当たって脅迫をなした事案につき、恐喝罪を構成すべきものに非ずして脅迫罪を認むべきものと判示しました。
>
> □戦　後　最判昭和30・10・14（刑集9・11・2173、判時63・3〔百選Ⅱ・60〕）は、債権額6万円の取立てに当たって、債務者の身体に危害を加えるような態度を示して同人を畏怖させて6万円を交付させた事案につき、「権利行使の手段として社会通念上、一般に忍容すべきものと認められる程度を逸脱した手段である」ときは、「債権額のいかんにかかわらず、右金6万円の全額について」恐喝罪が成立するとしました[8]。

---

8)　ユーザーユニオン事件・東京高判昭和57・06・28刑裁月報14・5=6・324、判時1047・35、判タ470・73も参照。

04 権利行使と恐喝　291

　現在の判例は、権利の範囲を超えた場合には恐喝罪を肯定します。では、権利の範囲を超えない場合ですが、昭和30年最高裁判決が、「その権利の範囲内であり且つその方法が社会通念上一般に忍容すべきものと認められる程度を超えない限り」としていることから、恐喝罪を認めると考えられます。

(2)　学説の状況

ⓐ　**恐喝罪説**[9]　恐喝罪が成立する
　　＜根拠＞・本罪は個別財産に対する罪なので、権利行使であっても、恐喝行為を手段とする権利行使は許されず、恐喝罪の法律要件に該当する
　　　　　　・畏怖しなければ交付・処分しなかったであろう財物・財産上の利益を、脅迫された結果、その財物・利益に対する使用・収益・処分という本権の事実的機能が害されたので、財産上の損害は認められる
ⓑ　**脅迫罪説**[10]　　脅迫罪が成立するにとどまる
　　＜根拠＞・財産罪は私法上の権利関係を保護するものであり、行為者が財物・財産上の利益を受ける権利を有し、しかも相手方の意思に基づいて交付・処分を受ける場合には、被害者に財産上の損害は認められない
　　　　　　・その手段としてなされた行為が相手方の意思決定の自由に危険を生じさせた点で、脅迫罪の成立がある

(3)　本書の立場

　事例02のように、財産的権利が認められる行為者に、そうした権利が認められない場合と同じように恐喝罪を肯定するのは疑問です。債務者に期限の利益、同時履行の抗弁権など金銭保持の正当な抗弁が認められない場合、債務者の金銭保持の利益は債権者に対抗できないはずで、にもかかわらず、金銭債権の実現も法的手続によるべきとし、その反射的利益として、「法的手続によらなければ交付しなくてもよい利益」を肯定して恐喝罪の成立を認めるのは、利益概念を変質させ、本罪の射程範囲を歪めるものです。

---

9) 団藤・555頁、福田・270頁、大塚仁・277頁、大谷・295頁、前田・260頁、高橋・355頁、萩原・102頁、山口・286頁、佐久間・233頁、井田・293頁など多数説です。この説も、行為の法律要件該当性を肯定しても、正当化（違法性阻却）の余地までも否定するものではありません。
10) 内田・337頁、中森・136頁、山中・367頁、曽根・165頁、西田・228頁、林・166頁、松原・305頁。

292　第17講　恐喝の罪

　本書によれば、2つの結論がありえます。①**脅迫罪**を認めるもので、恐喝罪の財産罪的側面である「財産上の損害をもたらすべき恐喝行為」は認められませんが、脅迫罪の自由侵害的側面である「意思決定の自由の侵害・危殆化」は認められるので、脅迫罪の成立を肯定するのです。また、②**恐喝罪の未遂**を認めるもので、相手方は脅迫されて財物・財産上の利益を交付・処分していますので、恐喝罪の法律要件該当の実行行為は認められるが、本罪の成立に必要な財産的損害の結果が認められないので、未遂にとどまるとするものです。

05　罪数・他罪との関係

　1個の恐喝行為によって財物と財産上の利益の両方を取得した場合は、包括して1個の恐喝罪が成立します[11]。

　脅迫罪・暴行罪との関係ですが、恐喝の手段としてなされた脅迫・暴行の行為は、通常、恐喝罪に吸収されて別罪を構成しません[12]。但し、相手方に怪我を負わせたときは、恐喝罪と傷害罪の観念的競合となります[13]。また、Aから現金を喝取するために、Bに暴行を加え、電話によりBの悲鳴をAに聞かせたという場合、Aに対する恐喝（未遂）罪とBに対する傷害罪は、1個の行為と評価することはできず、併合罪です[14]。

　詐欺罪との関係ですが、例えば、盗品を運搬中の者に対し、警察官を装って、「警察の者だが取調べの必要があるからその物を差し出せ」などと、虚偽の事実を申し向けて右盗品を交付させた場合、欺罔行為が相手方を畏怖させる脅迫の一材料として用いられているにすぎないので、詐欺罪でなく恐喝罪のみが成立します[15]。これに対し、欺罔行為と恐喝行為の両手段を併用して財物を喝取した場合は、詐欺罪と恐喝罪の観念的競合となります[16]。

---

11)　大判明治45・04・15刑録18・469。
12)　大判明治43・02・18刑録16・276。
13)　最判昭和23・07・29刑集2・9・1062。
14)　東京高判平成13・05・16東高時報52・1=12・32、判時1760・146。
15)　最判昭和24・02・08刑集3・2・83。
16)　大判昭和5・05・17刑集9・303。

293

第18講　横領の罪

01　総　説

(1)　類　型

　横領の罪は、他人の占有に属していない他人の財物、又は公務所から保管を命ぜられている自己の財物を領得する犯罪です。本罪は、窃盗罪・強盗罪・詐欺罪・恐喝罪と同じく領得罪に分類されますが、他人の占有を侵害する事実を伴わない点で、それらの奪取罪と異なります。

○単純横領罪（252条）　○業務上横領罪（253条）　○占有離脱物横領罪（254条）

　いずれも未遂処罰規定はありません。また、親族間の犯罪に関する特例規定（244条）が準用されます（255条）。

> 　財物の占有の帰属に着目し、①誰の占有にも属していない他人の財物であるときは、占有離脱物横領罪を、②行為者の占有に属しているときでも、占有離脱物横領罪を、そして、③委託に基づいて行為者の占有に属しているときは、単純横領罪・業務上横領罪を、それぞれ検討することになります。②と③は、他人の物が行為者の占有に属している点で共通していますが、その占有が委託に基づいている③と、そうでない②という違いがあります。

　単純横領罪・業務上横領罪を併せて委託物横領罪といい、行為者の占有の基礎となっている委託信任関係を破壊する点にその特質があり、この点が、占有離脱物横領罪に比べ重く処罰されている理由ですし、背任罪と共通する点でもあります。これに対し、占有離脱物横領罪は、委託信任関係を破壊する点を欠いており、むしろ窃盗罪に近いといえます。すなわち、単純横領罪が横領の罪の基本型であり、業務上占有者の身分が加わると業務上横領罪が成立しますし、行為者の占有が委託に基づかない、又はそもそも行為者の占有にも属していない場合には、占有離脱物横領罪が成立することになります。

(2)　保護法益

　横領の罪の保護法益は、財物の所有権その他の本権です〔**本権説**〕。公務所から保管を命ぜられた自己の物を領得する行為も処罰されますが、この場

294　第18講　横領の罪

合の保護法益は、平穏な保管状態です。

02　単純横領罪（252条）

　自己の占有する他人の物を横領した者は、5年以下の懲役に処する。
　2　自己の物であっても、公務所から保管を命ぜられた場合において、これを横領した者も、前項と同様とする。

(1)　要　件

① 　他人の物を占有する者、又は公務所から保管を命ぜられた自己の物を保管する者であること〔主体〕
② 　委託に基づいて占有する他人の物、又は公務所から保管を命ぜられた自己の物であること〔客体〕
③ 　委託の趣旨に反して横領すること〔行為・結果〕
④ 　故意があること〔故意〕

　① 　主　体　主体は、㋐委託に基づいて他人の物を占有する者（1項）、又は、㋑公務所の命令によって自己所有物を保管する者（2項）です（構成身分犯）[1]。

　② 　客　体　㋐　委託に基づいて占有する他人の物（1項）　他人の物とは他人の財物をいい、動産・不動産の双方を含みます。原則として財物は有体物に限られ〔有体物説〕、245条の規定は準用されていませんので、電気は本罪の客体には含まれません。権利・利益も本罪の客体とはなりえませんので、例えば、委託により債権証書を保管中の者がその債権を行使して債務者から金銭を取得しても本罪を構成しません[2]。その限りで、利益横領（2項横領）は不可罰です。

　本罪を構成するのは、委託に基づいて行為者が占有している他人の財物を領得した場合です。**委託関係**は、使用貸借、賃貸借、委任、寄託、雇傭、事務管理、後見等[3]の契約により、あるいは取引における信義誠実の原則等により生じます。例えば、他人の依頼により物品を売却して受領した代金、集金を業とする者が集金した金員、売主が売買契約成立後に買主に引き渡すまで保管している物品の占有は委託関係に基づいており、それを領得すれば

1）最判昭和27・09・19刑集6・8・1083。
2）大判明治42・11・25刑録15・1672。但し、背任罪が成立する可能性があります。
3）使用貸借（民法593条以下）、賃貸借（民法601条以下）、委任（民法643条以下）、寄託（民法657条以下）、雇傭（民法623条以下）、事務管理（民法697条以下）、後見（民法838条以下）。

02 単純横領罪（252条）　295

本罪が成立します。ただ、委託関係の存在が微妙な場合があります。例えば、店員が間違えて多く渡した釣り銭や、自分の所に誤配達された郵便物・商品に対する占有について、判例・通説は、相手が間違えて渡そうとしている段階で気づきながら黙って受領し領得すれば不作為による1項詐欺罪、受領後に間違いに気づいてから領得すれば、委託が存在しないので占有離脱物横領罪が成立すると解しています[4]。

　本罪の客体は**自己の占有**する他人の物です。窃盗罪・強盗罪・詐欺罪等における占有は事実的な支配を意味しますが、本罪における占有は、事実的な支配のほかに法律的な支配も含みます[5]。というのは、横領罪において重要なのは、財物それ自体ではなく**委託された財物**であるため、占有概念が広くなっているからです。ですから、倉庫証券・船荷証券等を所持する者は倉庫内の財物や船荷について、所有権移転登記・抵当権設定登記に必要な一切の書類を委託された者はその不動産について、事実的な支配が認められ、登記簿上の名義人[6]はその不動産について法律上の支配が認められるのです。但し、未登記の不動産については、事実上それを管理・支配している者が占有者です[7]。

　預金の占有について、判例は、預金者は金融機関にある金銭のうち預金相当額の金銭を占有していると考え、村長が自己の保管する村有金を銀行に預け入れても、その金はなお村長の占有下にあるから、領得意思で引き出せば横領罪を構成するとします[8]。本罪における占有には、事実上の占有のほかに法律上の占有も存在することを考慮し、預金者には法律上の占有が認められると解すれば足りるでしょう[9]。

　　学説では、預金者に預金の占有を認めることは、預金行為を介して預金債権のような単なる債権をも財物概念に含ませることになるので、むしろ、預金者は預金の払戻請求権（預金債権）を取得するにすぎないことを根拠に、預金者は金銭の占有を有していないとする見解[10]があります。この見解によると、領得

4）　大判大正6・10・15刑録23・1113（誤配達の郵便物）、大谷・323頁、西田・223頁。
5）　大判大正4・04・09刑録21・457。
6）　最判昭和30・12・26刑集9・14・3053、判タ57・42。
7）　最決昭和32・12・19刑集11・13・3316。
8）　大判大正元・10・08刑録18・1231。
9）　通説です。

意思で預金を引き出した村長には、引き出し行為後の現金について横領罪が成立しうるにすぎないことになります。

　この見解に対しては、委託された金銭をそのまま領得すると横領罪となるのに、預金した上で振替送金の形で預金債権のまま処分すると背任罪にしかならないというのは不合理であるという批判が加えられます[11]。そこで、委託物横領についてだけは「預金による金銭の占有（預金の占有ではない）」を認めるべきとの見解[12]も主張されていますが、委託物横領についてだけそのように解する根拠が明確ではありません。

　委託関係に基づいて占有する物は、他人の物でなければなりません。**他人の物**とは、行為者以外の自然人・法人の所有に属するという意味です。

　㋑　**公務所から保管を命ぜられた自己所有の物（2項）**　自己所有の物であっても、公務所から保管を命ぜられた物については、本罪の客体となります。例えば、強制執行として差押えがなされ、債務者に差押え物の保管が命ぜられた場合や[13]、滞納処分として差押えがなされ、滞納者に差押え物の保管が命ぜられた場合[14]です。

　③　**行為・結果**　本罪の行為は、**横領する**ことです。

　ⓐ　**領得行為説**[15]——横領とは自己の占有する他人の物について領得意思を実現する一切の行為

　　　＜根拠＞・本罪は単なる背信罪ではなく背信的な領得罪であり、利欲犯としての性格を有するので、領得意思を要する

　　　　　　・本罪が毀棄・隠匿罪より重いのは、領得意思が存在するから

　　　　　　・越権行為説によると、占有物を毀棄・隠匿する行為も横領になってしまい、妥当でない

　ⓑ　**越権行為説**[16]——横領とは委託に基づく信任関係を破壊し、自己の占有する他人の物に対して権限を超えて行う処分行為

　　　＜根拠＞・現行刑法では、委託物横領罪が基本類型で、占有離脱物横領罪は補充類型であり、委託物横領罪の本質が委託関係を破壊

---

10)　松宮・281頁。

11)　芝原邦爾編『刑法の基本判例』（1988年）134頁〔的場純男〕。

12)　西田・235頁。

13)　民事執行法123条3項・4項。

14)　国税徴収法60条・61条。

15)　判例（大判大正6・07・14刑録23・886、最判昭和24・03・08刑集3・3・276〔百選Ⅱ・65〕）・通説です。

16)　大塚仁・296頁、内田・364頁、川端・334頁。

することにある以上、横領とは越権行為を意味するはず
・越権行為を行うについて領得意思は不要
・横領を領得意思を実現する行為と解すると、その成立範囲が狭くなり、妥当でない
ⓒ **越権的領得行為説**[17] ──横領とは単なる領得行為ではなく、権限を逸脱して自己の占有する他人の物を処分すること
＜根拠＞・横領罪は委託関係に違背して財物を領得する点にその本質があるので、委託関係に違背するという客観要件と、財物を領得するという主観要件が必要
・本罪の客観要件は、委託の趣旨に反し権限を逸脱した処分行為がなされることであり、この点では越権行為説が妥当
・本罪の主観要件として領得意思が不可欠であり、この点では領得行為説が妥当

　本書によれば、領得行為説を基本としつつ、領得意思を不要とする見解が妥当で、**横領**とは、委託の趣旨に反して所有権等の本権を侵害して領得する行為及びその結果を意味します[18]。横領の有無は、あくまでも行為の客観面の評価であって、領得意思という主観要素で決まるものではないので、この点で越権行為説は妥当です。しかし、この説によると、委託の趣旨に反し権限を超えた行為は、それが毀棄・隠匿の行為であっても横領罪を構成することになってしまいます。これは、横領罪の背信罪的性格を偏重し、領得罪的性格を軽視するもので、本罪と背任罪との区別を曖昧にしますし、占有侵害を随伴する通常の毀棄罪・隠匿罪との間に不均衡を生じます。

　横領の行為は、売却・質入・貸与・贈与・抵当権設定などの法律上の処分行為だけでなく、費消・着服・隠匿・返還拒絶などの事実上の処分行為も含みますし、作為義務者による不作為の横領もありえます[19]。

　④　**故　意**　委託に基づいて占有する他人の物、又は公務所から保管を命ぜられた自己の物であること、及び、委託の趣旨に反してそれを横領することについて、故意が必要です。故意のほかに領得意思が必要かについて[20]、

17）中森・153頁、大谷・310頁、前田・268頁。

18）その意味で、横領行為に毀棄・隠匿も含まれると解することはできません。

19）大判昭和10・03・25刑集14・325（警察官が、職務上保管すべき他人の物を領置手続を取らずに保管を続けた）。

20）本書・206頁以下参照。

298　第18講　横領の罪

本書は、判例・通説と異なり、領得意思は不要と解しています。

> **判例**は、横領罪における領得意思とは、「他人の物の占有者が委託の任務に背いて、その物につき権限がないのに、所有者でなければできないような処分をする意思」[21] としており、窃盗罪等におけるよりも広い定義を示しています。

> **学説**は、判例の定義では毀棄・隠匿の意思をも含んでしまいかねないし、経済的用法に従って利用・処分する意思を不要とする趣旨にも取られて適切でないとし、委託の趣旨に反してその物の経済的用法に従い利用・処分する意思とする見解[22] が有力です。

　領得意思必要説に立つと、行為者の動機・目的を横領行為に反映させて横領罪を認定できるので、納得し易いことは否定できません。しかし、判例・学説においても、領得意思は純主観的な目的として機能しておらず、例えば、「権利者が許容しないであろう程度・態様の利用・処分である」・「本人に実質的な経済的損害を生じさせる利用・処分である」[23] という客観的な行為・状況の認識として機能しているのが現状です。その限りで、客観面を超過しておらず、領得意思を必要とする実務上の意義は失われています。

　一時流用の目的をもって占有物を利用・処分する**使用横領**も、その行為が委託の趣旨に反して所有権等の本権を侵害して領得する横領行為といいうるかを客観的に判断することになります。例えば、短時間の使用を許された自動車を8日間乗り回す行為[24]、自己の保管する文書を持ち出し隠匿し[25]、複写して返還する行為[26] は、横領といえます。他方、使途を限定して委託された現金をほしいままに費消した場合であっても、それと同額以上の現金や預金があるとか、期限までに確実に同額の現金を補填できる状況が存在する場合は、横領行為は存在しないと解することができますし、横領行為が認められたとしても、主観的に、横領罪の故意が認定されなければなりません。

　判例・通説は、横領罪につき領得意思を専ら自己のために領得する意思に限定する理由はないので、行為者と特殊の関係を有する**第三者に領得させる**

---

21) 最判昭和24・03・08刑集3・3・276〔百選Ⅱ・65〕、最判昭和28・12・25刑集7・13・2721。
22) 大谷・313頁、山口・307頁、松原・320頁。
23) 西田・244頁、林・294頁。
24) 大阪高判昭和46・11・26高刑集24・4・741、判時665・102、判タ280・334。
25) 大判大正2・12・16刑録19・1440。
26) 新潟鉄工事件・東京高判昭和60・12・04刑裁月報17・12・1171、判時1190・143。

意思も含まれるとします[27]。しかし、本書によれば、この場合も領得意思ではなく横領行為の問題として検討すべきです。本罪は自己領得を本質とする犯罪ですので、行為者と特殊の関係を有する第三者とは、例えば、行為者自身が代表取締役を務める会社の場合のように、行為者自身が領得したのと同視できる関係にある者であり、全く関係のない第三者に領得させる場合は、背任罪の成立があるにすぎません。判例・通説は、例えば、寺院の住職が、檀家総代の同意や主務官庁の認可を得ずに、寺院の什器を買戻し特約付で売却した場合、それが寺院建設費に充てる目的のとき[28]、また、農業協同組合長が組合の定款に違反し、総会・理事会の議決を経ずに、組合名義で営む事業に組合資金を支出した場合、それが組合のためになされたとき[29]は、領得意思が認められないので横領罪は成立しないとします。しかし、これらの場合に横領罪が否定されるのは、客観的に、それが委託の趣旨に反していない、本人に実質的な経済的損害を生じさせる横領行為ではない、あるいは、主観的に、その点の認識が行為者に認められないからです。

(2) 既 遂

本罪には、未遂処罰規定がありません。領得意思を外部に表現し、あるいは権限を逸脱する処分行為があれば、本罪は既遂に達するので、理論上はともかく、実際上は未遂の観念を容れる余地はないとするのが判例・通説です[30]。しかし、本罪も財産侵害罪の一種ですから、横領行為の開始だけではなく、現に実質的な経済的損害が発生したと認められることが必要です。例えば、自己の占有する他人の物を第三者に売却する場合、①動産では、売却の意思表示によって横領罪の着手が認められ、目的物の引渡しが可能となった時点で、経済的損害が発生し、既遂に達したと解すべきでしょう[31]。

---

27) 大判大正 12・12・01 刑録 2・895、大谷・313 頁。
28) 大判大正 15・04・20 刑集 5・136。
29) 最判昭和 28・12・25 刑集 7・13・2721、判時 20・24。
30) **大判明治 43・07・26** 刑録 16・1431（預金の払戻しを受けた時点）、**大判大正 2・06・12** 刑録 19・714（動産の売却において売却の意思表示をした時点）、**大判大正 11・02・23** 刑集 1・69（質権設定において担保供与の申込みをした時点）、**大判昭和 8・10・19** 刑集 12・1828（自己の所有物であるとして民事訴訟を提起した時点）、**最判昭和 25・09・22** 刑集 4・9・1757（自己の所有物であるとして民事訴訟を提起した時点）。
31) 曽根・175 頁、西田・247 頁、高橋・382 頁。

他方、②不動産では、第三者への売買契約申込みによって横領罪の着手が認められ、所有権移転登記の完了によって既遂に達したと解すべきです。

(3) 問題類型

① **物の他人性について** ㋐ **金銭その他の代替物** 封金のように特定物として渡された金銭の所有権は、依然として委託者に存します。その委託は保管だけを委ねたもので、費消を許さない趣旨と解されるからです。したがって、その金銭は、受託者にとって他人の物であり、これを費消すれば、横領罪を構成します。

これに対し、銀行預金のように、不特定物として渡された金銭の所有権は、受託者に移転します。その委託は、当該金銭の費消を許容する消費寄託[32]だからです。そうすると、その金銭は、受託者にとって他人の物とはいえず、これを費消しても、横領罪成立の余地はありません。

例えば、アパートの契約金（敷金・礼金）のように、**使途を限定して渡された現金**の場合、その所有権は依然として委託者に存するとするのが、判例[33]・通説です。この場合、委託者の意思を尊重し、予定された使途に用いることを法的に保護すべきだし、通貨として特定していなくとも金額が特定している限り、その金額を特定の財物とみることができることを根拠とします。したがって、受託者がこれを費消すれば、特段の事情のない限り、横領罪を構成することになります。しかし、この立場を常に貫徹できるか疑問があります。使途を限定して委託された現金をほしいままに費消した場合であっても、それと同額以上の現金や預金があるとか、期限までに確実に同額の現金を補填できる状況にある場合、客観的に横領行為が存在しないとか、主観的に本罪の故意がないとする余地があるからです〔使用横領〕。

また、債権取立て・販売委託・手形割引のような委託された行為に基づき受領した金銭の所有権は、原則として委託者にあると解されます。委託により受領した現金は、保管だけが委ねられたもので、費消を許さないもの、あるいは使途を限定して委託されたものとなるからです。しかし、この場合も、使用横領と同じ問題が生じます。

32）民法 666 条。
33）最判昭和 26・05・25 刑集 5・6・1186〔百選Ⅱ・63〕。

02　単純横領罪（252条）　　301

　㋑　**不動産の二重売買**　売買契約の成立によって目的物の所有権は買主に移転するのが原則です[34]。したがって、XがAと売買契約を締結したが、目的物を引渡す前や所有権移転登記を完了する前に、Bとも売買契約を締結し、Bに引渡しや所有権移転登記を完了した場合は、横領罪を構成するというのが、判例[35]・通説です。

　Xの横領行為の**着手**時期ですが、刑法上保護に値する他人性が確定したときという観点からすると、少なくとも代金のほとんどの支払が完了したことを要すると解すべきでしょう。Xの横領行為が**既遂**となるのは、Aが目的物の所有権を確定的に喪失したとき、すなわち、動産であればBへの引渡しの時点、不動産であれば所有権移転登記の完了時点になります。Bが善意であり、所有権移転登記を完了しているのであれば、Bは財産的損害を被っていないので、Bに対する詐欺罪を肯定すべきではありません。但し、Bが代金の支払を完了したにもかかわらず、Aが所有権移転登記を完了したときは、Aに対する横領罪は成立しませんが、Bに対する詐欺罪が成立する余地があります。Bが単純悪意者である場合、民法上、Bは登記によって有効に所有権を取得し、第三者に対抗できます[36]ので、民法との整合性から、Bには、Xの横領罪に対する共同正犯・共犯は成立しないと解されます[37]。これに対し、Bが背信的悪意者である場合、Bは民法上所有権を取得しませんので、刑法上も、Xの横領罪に対する共同正犯・共犯が成立します[38]。

　㋒　**横領行為後の横領**

　委託を受けて他人の不動産を占有する者が、これに勝手に抵当権を設定してその旨の登記を完了した後に、さらに当該不動産について売却等の行為を行いその旨の登記を完了した事案につき、従来の判例であれば、横領行為完了後に行われた新たな処分行為は不可罰的事後行為として別に横領罪を構成しないのです[39]が、**最大判平成15・04・23**（刑集57・4・467、判時1829・32、判タ1127・89〔百選Ⅱ・68〕）は、これを変更し、当該不動産について、その後に「委託の

---

34)　民法176条。
35)　最判昭和30・12・26刑集9・14・3053、判タ57・42。
36)　民法177条。
37)　最判昭和31・06・26刑集10・6・874、判タ61・65。
38)　福岡高判昭和47・11・22刑裁月報4・11・1803、判タ289・292〔百選Ⅱ・64〕。
39)　最判昭和31・06・26刑集10・6・874、判タ61・65。

任務に背いて、その物につき権限がないのに所有者でなければできないような処分をした」のであるから、「売却等による所有権移転行為について、横領罪の成立自体は、これを肯定する」ことができ、「先行の抵当権設定行為が存在することは、後行の所有権移転行為について犯罪の成立自体を妨げる事情にはならない」としました[40]。

　この判例が、先行の横領行為と後行の横領行為のいずれも処罰しうるが、委託関係と侵害客体が同じである以上、1個の横領罪（包括一罪）が成立するにすぎないという趣旨であれば妥当です。

　㋒　**譲渡担保**　例えば、AがBから1千万円を借りる代わりに自己の動産・不動産の所有権をBに移転するが、履行期日までに元利合計金を返済したときはそれを買い戻すことができるという特約付の契約の場合、履行期前の債権者（B）による処分は、所有権が債権者に移転しているので、背任罪の余地があるにすぎません。他方、履行期前・後の債務者（A）による処分は、原則として横領罪を構成することになります。但し、債務弁済が大部分完了しており、債務残額に充当するために目的物を売却したような場合は、横領罪を否定することになります[41]。

　㋓　**所有権留保**　所有権留保は、割賦販売などで多く見られる売買契約ですが、目的物の割賦払金の支払が完済するまでは、所有権は割賦販売業者に留保されたものと推定されます[42]ので、目的物の引渡しを受けた購入者が代金完済前にそれを処分すると、横領罪を構成します。但し、譲渡担保の場合と同じく、債務の弁済が大部分完了しており、債務残額に充当するために目的物を売却したような場合は横領罪の成立を認める必要はないでしょう[43]。

　㋔　**不法原因給付・委託物**　不法原因給付物ですが、民法708条本文は、

---

40)　**大阪地判平成20・03・14**刑集63・3・305、判タ1279・337（「先行する前記抵当権設定仮登記の点について包括的一罪として横領罪の成立を認めれば足り、後行する前記所有権移転仮登記の点はいわゆる不可罰的ないし共罰的事後行為としてもはや処罰の対象にはならず、この点は、量刑事情として考慮すれば足る」）。

41)　平川・381頁、林・289頁。

42)　割賦販売法7条。

43)　割賦販売業者（あるいは債権買取業者）の最大関心事は購入者がちゃんと割賦払金の支払を完済してくれるかにあり、目的の商品がどのような状態にあるかに関心がないのが実情です。

不法原因のために給付をなした者はその物の返還を請求できない旨を定めています。例えば、愛人関係を継続するためにA男がB女に家屋を贈与した場合、判例は、AはBに不当利得の返還請求ができないだけでなく、所有権に基づく物権的返還請求権の行使もできないため、その反射効として、目的物の所有権は受贈者（B）に帰属すると解しています[44]。したがって、例えば、Aが自分の肝臓の一部をBに売却することを約し[45]、Bはその対価300万円の前払金として100万円を給付したが、Aは肝臓の一部を提供せずに100万円を着服した場合、Aに横領罪は成立しないことになります[46]。

不法原因委託物ですが、例えば、贈賄の依頼を受けて委託された金銭や、覚醒剤購入の依頼を受けて委託された金銭を費消した場合に横領罪の成立が認められるかについて、見解が分かれています。

ⓐ **横領罪肯定説**[47]──（民法708条の適用を認めず）横領罪の成立を肯定
　　　＜根拠＞・不法原因に基づくにせよ、財物の委託関係自体は保護する必要があり、この点で委託関係のない不法原因給付物の場合とは決定的に異なる
　　　　　　　・不法原因に基づき財物を委託するのであって給付ではないので、民法708条の適用のある不法原因給付物とは異なり、依然として返還請求権が存在すると解することも可能である
　　　　　　　・委託者にその返還請求権を認めるということは、不法な目的の実現（贈賄、覚醒剤購入など）を未然に防止するのに有益であるばかりでなく、受託者に不法な原因に基づく利益を与えないためにも必要である
　　　　　　　・委託者は、かりに民法上返還請求権を認められないとしても、所有権を失うものではないから、受託者にとってその物は依然として他人の物である

ⓑ **横領罪否定説**[48]──民法708条の適用を認め、横領罪の成立を否定
　　　＜根拠＞・民法では、不法原因給付物・委託物を区別することなく民法

---

44) 最大判昭和45・10・21民集24・11・1560、判時609・3、判タ254・137。
45) 移植臓器の売買は、「臓器の移植に関する法律」11条・20条によって禁じられています。
46) 判例・通説です。横領罪を肯定するのは、藤木・340頁、内田・363頁、佐久間・240頁。
47) 判例（大判昭和11・11・12刑集15・1431〔密輸出品の購入資金〕）、最判昭和23・06・05刑集2・7・641〔贈賄金〕〔百選Ⅱ・62〕）・多数説です。
48) 大塚仁・291頁、植松・444頁、岡野・188頁、中森・149頁、高橋・374頁、井田・305頁、松原・330頁など、近時の有力説です。

708 条の適用が肯定されているので、委託者には返還請求権は
認められないはずで、その反射的効果として、委託者の所有
権は保護されない
・民法上保護されない不法原因委託物の委託者に対し、刑法上
横領罪の被害者として保護を与えるのは法秩序の統一を破る
・委託者に返還請求権は認められず、その結果、保護に値する
所有権を喪失するので、受託者にとってその物は他人の物で
はない
・横領罪を認めることは、違法行為を促進することになる

ⓒ　**占有離脱物横領罪説**[49] ——占有離脱物横領罪の成立を肯定
　　　＜根拠＞・不法原因の委託であり、保護に値する委託関係が存在しない
　　　　　　・占有離脱物横領罪の処罰によっても、受託者に対して委託者
　　　　　　　への委託物返還を要求することになるので、違法行為を阻止
　　　　　　　する積極的な意味をもちうる

　本書によれば、ⓑ**説**が妥当です。民法 708 条にいう**不法原因**とは、給付に
よって企図された目的が公序良俗に反するため、給付者に対する非難可能性
を生じさせる事由をいい、給付内容自体が不法なもの、不法行為の対価のた
め不法なもの、及び動機・目的が不法なものを含むとされています。また、
給付とは、自由な意思に基づいてなされた財産的価値のある出捐をいい、事
実上最終的な利益を与えるものとされます。ということは、民法においては、
原則として不法原因給付物と不法原因委託物は区別されておらず、いずれも
708 条の適用が認められています[50]。しかも、贈賄資金や覚醒剤購入資金を
委託する委託者の行為は単なる金銭保管の委託ではなく、贈賄罪・覚醒剤所
持罪の教唆に当たり、それ自体が不法であり法の保護を受けられないはずで
す。ⓐ説は、不法原因に基づくにせよ、財物の委託関係自体は保護する必要
があると主張しますが、委託者への委託物返還を要求することとなり、妥当
ではありません。また、この説は、委託者に返還請求権を認めることは不法
を阻止し、受託者に不法原因の利益を与えないためにも有益であると主張し
ます。これによると、贈賄・覚醒剤購入行為をやめて委託金銭を委託者に返
還しなかったことが横領罪の処罰根拠になりますが、これでは、受託者を贈

49）江家・324 頁、野村稔『刑法判例百選Ⅱ各論』（第 4 版・1997 年）107 頁。
50）**東京地判昭和 56・12・10** 判時 1028・67、判タ 455・91（裏口入学資金の委託）。

賄・覚醒剤購入と委託金銭返還とのジレンマに陥れた委託者、しかも贈賄罪・覚醒剤所持罪の教唆行為を行った委託者を一方的に利する形で返還を強制するもので、クリーン・ハンズの原則に反し、「不法を阻止し、受託者に不法原因の利益を与えない」ための方策がゆがんでいます。

　他方、ⓒ説は、不法原因委託物の委託関係は刑法上保護に値しないとする点で妥当ですが、委託金銭を占有離脱物とする点で無理があります。

　㋖　盗品等の処分代金

ⓐ　**横領罪否定説**[51]——横領罪の成立を否定
　　＜根拠＞・委託者である窃盗犯人はその財物について所有権を有しないので、受託者にとってその財物は他人の物といえない
　　　　　　・窃盗犯人・受託者間の委託関係は刑法的な保護に値しないし、所有者・受託者間には何の委託関係も存在しないので、横領罪を構成しない
　　　　　　・受託者が盗品罪を犯して所有者の追求権を侵害していると評価された以上、その後の領得行為は盗品罪に吸収され別罪を構成しない

ⓑ　**横領罪肯定説**[52]——横領罪の成立を肯定
　　＜根拠＞・窃盗犯人からとはいえ委託を受けて自己以外の者のために占有しているのであるから、受託者にとってその財物は他人の物である
　　　　　　・窃盗犯人の所持も刑法上保護に値すると解される以上、窃盗犯人との間の委託関係も保護に値する
　　　　　　・盗品罪は売買・交換等の斡旋行為によって所有者の追求権を侵害する点を処罰するにすぎず、窃盗犯人が平穏に占有している物に対しては別に横領罪の成立を認めるべき

　本書によれば、ⓐ**説**が妥当です。横領罪は占有侵害犯罪ではないこと、横領罪の保護法益は所有権等の本権であり、委託関係だけで本罪を根拠づけることはできないこと、窃盗犯人には所有権が存在しないこと、所有者と受託者との間には委託関係が存在しないことなどがその根拠です。行為者には、盗品等関与罪の成立が考えられます。

---

51) **大判大正8・11・19**刑録25・1133（盗品の売却を依頼された者がその売却代金を着服につき否定）、大塚仁・292頁、内田・363頁、西田・243頁、曽根・173頁、高橋・375頁。

52) **最判昭和36・10・10**刑集15・9・1580（盗品の売却を依頼された者がその売却代金を着服につき肯定）、大谷・308頁、前田・267頁。

306　第18講　横領の罪

②　**共同正犯・共犯関係**　単純横領罪は、他人の物の占有者を主体とする構成身分犯ですので、身分のない者が身分者の行為に加功したときは、65条1項により、本罪の共同正犯・共犯が成立します[53]。

03　業務上横領罪 (253条)

> 業務上自己の占有する他人の物を横領した者は、10年以下の懲役に処する。

(1)　加重の根拠

本罪は単純横領罪の加重類型であるとともに、他人の物の占有者という構成身分と業務者という加減身分とが重層化している身分犯です。業務者の刑が加重される根拠は、ⓐ物の保管を業務とする者の横領行為は、法益侵害の範囲が広く、法益侵害も高度で、頻発する危険が高いことにあるとする見解[54]、ⓑ業務を行う者は横領罪を犯す可能性が高いため、一般予防の見地から責任が加重する趣旨にあるとする見解[55]もありますが、むしろ、ⓒ反復・継続して他人の物を占有・保管する業務者の背信性の強さによって責任非難が加重されたものと解すべきでしょう[56]。

(2)　要　件

①　業務上他人の物を占有する者であること〔主体〕
②　委託に基づいて業務上占有する他人の物であること〔客体〕
③　委託の趣旨に反して横領すること〔行為・結果〕
④　故意があること〔故意〕

①　**主　体**　**業務上他人の物を占有する者**であることが必要です。他人の物の占有者という構成身分と業務者という加減身分とが重層化しており、二重の身分犯です。

本罪の**業務**は、他人の委託に基づき金銭その他他人の物を反復・継続して占有・保管することを内容とする職業・職務です。例えば、運送業者・質屋・倉庫業者・修理業者・クリーニング業者・荷物一時預り業者・宅配業者などが典型ですが、銀行・郵便局・その他企業・官庁において職業上金銭を保管・

---

53) 大判昭和10・07・10刑集14・799、最判昭和27・09・19刑集6・8・1083。

54) 大塚仁・308頁、中森・155頁。

55) 通説です。

56) 中山・313頁、曽根・177頁。

管理する地位にある会社員・公務員もこれに当たりますし、弁護士が依頼人から契約金・預り金などを受け取った場合もこれに当たります。

業務の根拠には、法令・契約・慣習[57]があげられます。それを他人の業務として行うか自己の業務として行うか、公的業務として行うか私的業務として行うかは問題となりません。判例は、本来の業務ばかりでなく、それに付随してなされる事務として他人の物を保管する場合も含むとします[58]が、本来の業務と密接な関連性を有することで業務性が生じるか、又は、その付随事務自体が、他人の委託に基づき他人の物を反復・継続して占有・保管することを内容とすることを要するでしょう。業務者としての保管の責任は、業務上の地位を失った後でも、後任者への引継ぎが終わるまでは継続します[59]。

② **客 体** 客体は、**業務に関連して占有・保管する他人の物**です。業務者が業務外で占有している他人の物は、本罪の客体ではありません。

③ **行為・結果** 横領とは、委託の趣旨に反して所有権等の本権を侵害し、領得する行為、及びその結果を意味します。

④ **故 意** 委託に基づいて業務上占有する他人の物であること、及び、委託の趣旨に反してそれを横領することについて、故意が必要です。

本書によれば、故意のほかに領得意思は不要です。

(3) 共同正犯・共犯関係

① **単純占有者と業務占有者との加功** 他人の物の単純占有者 X が業務占有者 Y の横領行為に加功した場合、X の罪責はどうなるでしょうか。

ⓐ 構成身分犯として65条1項により単純横領罪の共同正犯・共犯が成立し、業務占有者 Y は65条2項により業務上横領罪が成立するとする見解[60]

ⓑ 業務上横領罪の共同正犯・共犯が成立し、単純占有者 X は単純横領罪の刑で処断されるとする見解[61]

---

57) **大判明治44・10・26**刑録17・1795（「業務とは職業若くは職務を汎称し、其職務たるには法令に因ると慣例に因ると、将た契約に因るとを問ふことなし」）、**札幌高判昭和28・06・09**高裁刑事判決特報32・29（「業務とは職業若くは職務を指称するものであつて、その職場たるには法令若くは慣習によると、はたまた契約によるとを問わない」）。

58) 大判大正11・05・17刑集1・282。

59) 名古屋高判昭和28・02・26高裁刑事判決特報33・11。

60) 平野・総論・373頁、西田・250頁、前田・274頁、大谷・320頁、中森・156頁、高橋・389頁。

308　第18講　横領の罪

　罪名と科刑の分離を認めるべきでないこと、単純占有者 X は占有者としての構成身分を有することを考慮すると、X には、構成身分犯として 65 条 1 項により単純横領罪の共同正犯・共犯が成立し、業務占有者 Y は 65 条 2 項により業務上横領罪が成立することになります。

　②　非占有者と業務占有者との加功　業務者でも占有者でもない非占有者 X が業務占有者 Y の横領行為に加功した場合、X の罪責はどうなるでしょうか。

> ⓐ　65 条 1 項により業務上横領罪の共同正犯・共犯となるが、65 条 2 項により単純横領罪の刑を科せられるとする見解 [62]
>
> ⓑ　業務者は責任身分であるから、非占有者 X には作用せず、X は 65 条 1 項により単純横領罪の共同正犯・共犯が成立する（業務占有者 Y は 65 条 2 項により業務上横領罪が成立する）とする見解 [63]
>
> ⓒ　単純占有者が業務上横領に加功した場合には単純横領罪が成立することとの均衡上、単純横領罪の共同正犯・共犯とすべきとする見解 [64]
>
> ⓓ　単純横領罪は構成身分犯であるから 65 条 1 項により単純横領罪の共同正犯・共犯が成立し、業務占有者 Y には 65 条 2 項により業務上横領罪が成立するとする見解 [65]

　罪名と科刑の分離を認めるべきでないこと、65 条 2 項は、身分によって構成すべき犯罪を前提にして、種類の異なる犯罪間でも共同正犯・共犯の成立を認め、各犯罪による科刑を貫徹すべきことを求めた規定であることを考慮すると、X には単純横領罪の共同正犯・共犯が、Y にはそれを包含した業務上横領罪が成立することになります。

(4)　他罪との関係

　例えば、不動産を第三者に売却した後、依然として自分が登記名義人になっていることを利用して不法に抵当権を設定・登記すれば横領罪が成立し、その後に、二番抵当権を設定・登記したり、当該不動産の所有権を移転したり

---

61)　最判昭和 25・09・19 刑集 4・9・1664、判タ 6・39、団藤・643 頁、大塚仁・311 頁、内田・372 頁。

62)　**最判昭和 15・03・01** 刑集 19・63。65 条 1 項は構成的・加減的身分犯について共犯の成立に関する規定（構成身分犯について共同正犯を除外）であり、65 条 2 項は加減身分犯について科刑に関する規定であるとする立場から、団藤・643 頁、大塚仁・311 頁、佐久間・245 頁。

63)　平野・総論Ⅱ・373 頁、西田・250 頁、曽根・178 頁、高橋・389 頁、松原・334 頁。

64)　内田・372 頁、中森・156 頁。

65)　前田・274 頁、大谷・320 頁。

しても、別に横領罪を構成しません[66]。また、既に領得した他人の物について、欺罔的手段によって領得を確保し又は返還を免れても、交付・処分行為による占有移転が存在しませんので、1項詐欺罪は成立しません[67]。ただ、委託者から委託物の返還請求を受けた際に、「台風で壊れてしまった」と欺いて請求を免れた場合、委託者の返還請求権も保護に値する財産上の利益であるとし、単純横領罪と詐欺利得罪の観念的競合あるいは重い詐欺利得罪に吸収されるとすることは可能ですが、単純横領罪が窃盗罪・詐欺罪よりも軽い犯罪とされている趣旨を没却させますし、同一財物を二重評価する点で疑問があります。この場合の欺罔的行為は不可罰的事後行為と解すれば足ります[68]。なお、自己の占有する他人の物を自己の所有物であるかのように装って担保に供し、第三者から金銭を借り入れる行為は、新たな法益侵害を生じさせていますので、横領罪と1項詐欺罪の観念的競合となります[69]。

04　占有離脱物横領罪 (254条)

　遺失物、漂流物その他占有を離れた他人の物を横領した者は、1年以下の懲役又は10万円以下の罰金若しくは科料に処する。

(1)　要　件

① 　遺失物、漂流物その他占有を離れた他人の物であること〔客体〕
② 　横領すること〔行為・結果〕
③ 　故意があること〔故意〕

　① 　**客　体**　本罪は、占有侵害を伴わない点で委託物横領罪（単純横領罪・業務上横領罪）と共通ですが、委託関係がない点でこれと異なります。

　遺失物とは落し物のこと、**漂流物**とは海水・湖水・河川などにある遺失物のことで、いずれも占有を離れた他人の物の例示です。**占有を離れた他人の物**とは、占有者の意思によらないでその占有を離れ、誰の占有にも属していない物、あるいは、委託関係に基づかないで（たまたま偶然に又は占有者・行為者の錯誤等によって）行為者の占有に属している物をいいます。例えば、誤っ

---

66) 最判昭和31・06・26刑集10・6・874、判タ61・65。
67) 大判大正12・03・01刑集2・162。
68) 西田・248頁。
69) 東京高判昭和42・04・28東高時報18・4・144、判タ210・222。

て余分に支払われた金銭[70]、誤配達された郵便物・宅配物[71]、行為者が自分の物と誤信して持ってきた物、隣家から風で飛んできた洗濯物等です。

占有離脱物は、それが他人の所有に係る物であれば、所有者が誰であるかが明確である必要はありません[72]。但し、他人が明確に所有権を放棄した物や無主物であるときは、いかに財産的価値が高くても、本罪の客体とはなりません。判例では、1500年以上経過した古墳内に、遺体とともに埋葬された宝石・鏡・剣等[73]、養殖生け簀から湖沼に逃げ出した鯉[74] は、無主物ではなく占有離脱物としましたが、ゴルフ場のロストボール[75] は占有離脱物ではなく、ゴルフ場管理者の占有に属するとしています。

② **行　為**　横領について、判例は、領得意思をもって占有離脱物を自己の事実上の支配内に置くことをいうとします[76]。しかし、横領の有無は、あくまでも行為の客観面の評価であり、領得意思は不要です。

③ **故　意**　遺失物、漂流物その他占有を離れた他人の物であること、それを横領することについて、故意が必要です。

(2)　未遂・既遂

占有離脱物を初めから領得するつもりで拾得する場合は、その拾得行為の開始時点が本罪の着手であり、横領を実現する行為があったときに既遂となります。例えば、路上の財布を拾得した当初は警察に届けるつもりであったが、後にそれを領得しようと考えた場合、その領得行為を開始したときが着手であり、それを実現する行為があったときに既遂となります。

(3)　他罪との関係

占有離脱物であると誤信して他人の占有下にある物を領得したときは、窃盗罪と占有離脱物横領罪の抽象的事実の錯誤であり、刑法38条2項により、法律要件の重なり合いが認められる軽い占有離脱物横領罪が成立し、これに

---

70) 大判明治43・12・02刑録16・2129。

71) 大判大正6・10・15刑録23・1113。

72) 最判昭和25・06・27刑集4・6・1090。

73) 大判昭和8・03・09刑集12・232。

74) 最決昭和56・02・20刑集35・1・15、判時999・127、判タ441・112。

75) ロストボール事件・最決昭和62・04・10刑集41・3・221、判時1231・164、判タ637・91。

76) 大判大正6・09・17刑録23・1016。

05　親族間の特例　311

より処断されます[77]。また、横領した占有離脱物を飲食したり、壊したり、捨てたりする行為のように、横領した物を通常の形態で利用・処分する行為は、一般に別罪を構成しません。

　判例では、拾得した乗車券で払戻しを受けた事案につき、占有離脱物横領罪のほかに詐欺罪は成立しない[78]としますが、払戻しを受けるのは通常の利用・処分形態とはいえず、新たな法益侵害も生じていますので、詐欺罪の成立を認め、占有離脱物横領罪との併合罪とすべきでしょう[79]。

05　親族間の特例

(1)　親族関係

　本罪にも、親族間の特例規定（244条）が準用されます（255条）。委託物横領罪の場合、委託関係が横領行為の有無を決定する要素となっていますので、親族関係は行為者と委託物の所有者との間だけでなく、委託者との間にも存在する必要があります。これに対し、占有離脱物横領罪の場合は、委託関係は存在しませんので、親族関係は行為者と所有者の間に存在すればよい。

(2)　後見人と被後見人との親族関係

> 　**最決平成 20・02・18**（刑集 62・2・37、判時 1998・161、判タ 1265・159〔百選Ⅱ・35〕）は、家庭裁判所から選任された未成年後見人 X が、業務上占有する未成年被後見人 A 所有の財物を横領したが、X と A との間に親族関係が存在した事案につき、親族相盗例の規定は、「親族間の一定の財産犯罪については、国家が刑罰権の行使を差し控え、親族間の自律にゆだねる方が望ましいという政策的な考慮に基づき、その犯人の処罰につき特例を設けたにすぎず、その犯罪の成立を否定したものではない」との人的処罰阻却事由説の立場から、「未成年後見人の後見の事務は公的性格を有するものであって、家庭裁判所から選任された未成年後見人が、業務上占有する未成年被後見人所有の財物を横領した場合に、上記のような趣旨で定められた刑法 244 条 1 項を準用して刑法上の処罰を免れるものと解する余地はない」としました[80]。

　この判例の考えを支持する見解[81]もありますが、家庭裁判所を委託者と

---

77)　東京高判昭和 35・07・15 下刑集 2・7=8・989。

78)　東京地判昭和 36・06・14 判時 268・32、判タ 120・115、浦和地判昭和 37・09・24 下刑集 4・9=10・879、大塚仁・315 頁、大谷・324 頁。

79)　西田・252 頁、山口・317 頁。

80)　**最決平成 24・10・09** 刑集 66・10・981、判時 2182・158、判タ 1388・113（成年後見人）参照。

312　第18講　横領の罪

解すること[82]は困難ですし、未成年者Ａと後見人Ｘとの間に親族関係が存在するのに、後見事務の公的性格[83]を援用して244条1項の準用を否定するのは、罪刑法定原則に抵触します。準用を肯定すべきです[84]。

06　横領罪における占有

横領罪において、占有の有無を確定するのはなかなか難しいので、ここで、整理しておきます (*^o^*)。

⑴　占有の意義

本罪が成立するには、自己の**占有する**他人の物という客体が存在しなければなりません。本罪での占有は、法律上行為者が容易に他人の物を処分しうる地位・状態にあり、処分の濫用の虞のある支配力を有していることが重要ですので、事実上の占有だけでなく法律上の占有も認められます[85]。

⑵　問題類型

①　**動　産**　動産の場合として、㋐預金口座の名義人Ｘの当該**預金に対する占有**が問題となります。

> Ｘは一定の手続を取ることで預金の払戻しを受けることができるのであるから事実上・法律上の占有はＸにあるとする**口座名義人占有説**のほかに、金融機関は払戻請求があれば直ちに自動的に応じるのではなく、真実の権利者であることを確認して払戻しに応じるシステムになっているので、事実上・法律上の占有は金融機関にあるとする**金融機関占有説**もありえます。

事実上の占有は金融機関、法律上の占有はＸにあるとする**占有重層説**が合理的と考えます。例えば、他人から金銭の保管を委託されたＸが、その金銭を銀行に預金した場合、当該口座の金員については、Ｘに法律上の占有があります[86]。また、ＡからＡ名義の預金通帳・印鑑を預かったＸは、当

---

81)　西田・232頁、大谷・223頁、高橋・392頁。
82)　秋田地判平成18・10・25家裁月報59・5・89、判タ1236・342。
83)　最高裁決定が、「後見人という地位の公的性格」ではなく、「後見の事務の公的性格」と判示している点に巧みさを感じます。
84)　曽根・179頁、松原・229頁、松宮・293頁。
85)　**大判大正4・04・09**刑録21・457（「刑法第252条及び同法第253条に所謂占有とは必ずしも物の握持の意義のみに解すべきに非ず、事実上及び法律上物に対する支配力を有する状態を汎称する」）。

該預金口座の金員について事実上の占有を有することになり、口座名義人Aが法律上の占有者ということになります。この場合、Xと金融機関との間で事実上の占有の競合が存在しています。Xが委託関係によって占有している場合、Xの占有が金融機関の占有に優先し、委託関係がないのにXが占有している場合は、金融機関の占有が優先することになります。

　④　**誤振込み**によってXの預金口座に振り込まれた金員について、預金に対する事実上・法律上の占有は金融機関にあるとする**金融機関占有説**が判例[87]・多数説です。これによると、Xが誤振込みに係る預金をそれと知りつつ銀行窓口で払戻を受けた場合、1項詐欺罪が成立することになります。

　しかし、誤振込みの預金も含めて、預金に対する事実上・法律上の占有はXにあると解すべきで、**口座名義人占有説**が妥当です。但し、誤振込みに係る預金の占有は委託関係に基づくものではありませんので、Xには占有離脱物横領罪説が成立することになります。

　⑤　例えば、Xが、友人Aから、旅行中のA宅の留守番を頼まれたが、その間にAに無断でA宅のテレビ・家具等を売却して換金したという事例〔留守番事例〕の場合、A宅内の物に対する事実上の占有はなおAにあると考えられますので、Xには、横領罪ではなく窃盗罪が成立します。

　②　**不動産**　不動産の場合、登記簿上の名義人が当該不動産に対する法律上の占有者となり、不動産を事実上管理・支配している者が事実上の占有者となります[88]。例えば、Xが他人の未登記不動産を事実上管理している場合は、Xがその事実上の占有者[89]ですが、未登記ですので、法律上の占有を観念する必要はありません。また、抵当権設定のために他人の土地の登記済証・白紙委任状を預かり保管しているXは、当該土地に法律上の占有を有しますが、事実上の占有者は事実上それを管理・支配している者です[90]。

　③　**委託関係**　本罪の客体は、**委託関係**に基づく占有です。

86）大判大正元・10・08刑録18・1231も、このような趣旨に解することができるでしょう。
87）最決平成15・03・12刑集57・3・322〔百選Ⅱ・51〕。
88）大判大正6・06・25刑録23・699も、このような趣旨に解することができるでしょう。
89）最判昭和32・12・19刑集11・13・3316も、このような趣旨に解することができるでしょう。
90）福岡高判昭和53・04・24判時905・123も、このような趣旨に解することができるでしょう。

314　第18講　横領の罪

> 【事例01】　Xは、Aから預金通帳と印鑑を預かって保管していたが、その預金を引き出して自分のために費消した。

　預金通帳と印鑑を預かったXは、Aの預金の事実上の占有者であり、委託関係に基づいて占有するAの物を横領したとして横領罪が成立します。

> 【事例02】　Xは、A所有の未登記の建物について、勝手にX名義の所有権保存登記を行ったうえ、Bに売却して代金を着服した。

　本件のXは、Aからの委託関係に基づいて建物を占有しているわけではありませんので、その点で横領罪の要件を満たしません。Xは、Bに対する詐欺罪の罪責を負うことになります。

> 【事例03】　Xは、執行官から自己所有の建物の保管を命じられていたが、この命に従わず、これを売却した。

　本件では、自己所有の建物が客体となっていますが、刑法252条2項により、Xには横領罪が成立します。

今日の一言

ヒトは　ミスを犯す動物である
だから　ミスを責めてはならない
むしろ　ミスの原因を究明し
ミスを犯しても重大な結果へと至らない体制を築くべきなのだ

第 19 講　背任の罪

01　総　説

(1)　意　義

　背任の罪は、他人（事務依頼者）のためにその事務を処理する者が自己もしくは第三者の利益を図り、又は本人（事務依頼者）に損害を加える目的で、その任務に背く行為をして本人に財産上の損害を加える犯罪です。

　背任の罪は全体財産に対する罪と解されますので、個々の財産が失われて本人に財産上の損害が発生しているように見えても、これを填補する反対給付があり、本人の財産状態に負の変化が生じていない場合は本罪は成立しないか未遂にとどまることになります。

(2)　本　質

　①　**判例の状況**　判例は、基本的に**背信説**に立っていると考えられます。

> 　質権者から質物の保管を依頼された者が無断でこれをその所有者に交付した行為[1]、売掛代金を受取り、支払のないときは売買を解除して商品を取戻すべき事務を処理する任務に背いて、既に商品の返却を受けたとの虚偽の事実を帳簿に記載する行為[2]、自らはその事務を処理する独立の権限を有しない事実上の補助者の補助行為[3]、立木所有者から 6,200 円以上での売買価格の斡旋を依頼された者が、買主との間に 7,000 円での売買がまとまったにかかわらず、買主と共謀して 6,200 円でまとまったと虚偽の報告をして契約を結ばせ、差額 800 円を取得した行為[4]、さらに、会社のコンピュータープログラムの管理等の職務に従事している者が自ら独自に販売するコンピュータに会社のプログラムを不正に入力して会社に損害を与えた行為[5]につき、いずれも横領罪ではなく背任罪の成立を認めています。

　②　**学説の状況**　背任罪の本質について、学説では議論があります。

---

1) 大判明治 44・10・13 刑録 17・1698。
2) 大判大正 3・06・20 刑録 20・1313。
3) 大判大正 5・06・03 刑録 22・873。
4) 大判大正 12・03・21 刑集 2・242。
5) 東京地判昭和 60・03・06 判時 1147・162、判タ 553・262。

316 第19講 背任の罪

ⓐ **背信説**[6] ——背任罪は、本人との信頼関係・誠実義務に違反して本人に財産上の損害を加える犯罪

　⇒法的代理権の存在を問わず、背任行為は本人との信頼関係・誠実義務に反する財産侵害

　⇒背任行為は、本人に対する対内関係においても成立し、横領行為と同じく事実行為で足りる

ⓑ **限定背信説**[7] ——背任罪は、事務に関する特定高度な信頼関係に違反して本人に財産上の損害を加える犯罪

　⇒法的代理権の存在を問わず、背任行為は事務そのものに関する本人との高度な信頼関係に違背する財産侵害

　⇒背任罪は、本人に対する対内関係においても成立し、事実行為としての高度な信頼関係違背の罪

ⓒ **権限濫用説**[8] ——背任罪は、本人から与えられた法律上の処分権限を濫用して本人に財産上の損害を加える犯罪

　⇒法的代理権の存在が前提であり、背任行為は法的な代理権を濫用して本人に財産的損害を加え、第三者に対する対外的関係における法律行為に限定される

　⇒背任罪は、法的代理権という権利に対する犯罪

ⓓ **新権限濫用説**[9] ——背任罪は、本人から与えられた法律上・事実上の事務処理権限を濫用してなされる背信的な権限濫用行為による財産権侵害の犯罪

　⇒法的代理権の存在を前提としないが、背任行為は本人との関係で法律上・事実上の財産的な事務処理権限を濫用して行われる背信的な権限濫用による財産権侵害

　⇒背任罪は事務処理権限の濫用による財産権侵害の犯罪

ⓔ **意思内容決定説**[10] ——背任罪は、財産処分についての意思内容決定を委託された者が、その権能を用いて、財産処分について本人にとって不利益な意思内容を内部的に決定して本人に財産上の損害を加える犯罪

　⇒背任行為は、行為者が本人から委託された、法律行為による財産処分についての意思内容決定権限を濫用し、背信的な意思内容を決定して

---

6) 通説です。

7) 曽根・181 頁、林・268 頁、高橋・394 頁。

8) 瀧川・173 頁。

9) 藤木・354 頁、大塚仁・317 頁、内田・345 頁、大谷・326 頁、伊東・229 頁、前田・280 頁、佐久間・251 頁。

10) 上嶌一高『背任罪理解の再構成』(1997 年) 238 頁以下、245 頁、松原・339 頁。

本人に財産上の損害を加える行為

⇒本罪の事務処理者は、本人の財産処分についての意思内容決定過程そのものに関与する者及び意思決定過程そのものには関与しないがその決定過程を監督する者

ⓕ　**内部的信任関係説**[11]——背任罪は、資本主義市場経済が発達し、分業形態による組織的経済活動が一般化するのに伴って事務委託の安全を保護するために生まれた比較的新しい犯罪

⇒財産を大規模・高度に利用・運用して効率的経済活動を行うために、会社組織や各種の代理・代行機関を利用するなどして他人を自己の分身・手足・頭脳として利用して財産の管理・処分に関わらせたとき、その者が信頼関係に反して不正行為を行い、かえって財産的犯罪を被る恐れがある。それゆえ、背任罪は、1つの組織的経済活動の内部にある者相互間の内部的信任関係を保護するための犯罪

⇒本罪の事務処理者は、組織的な財産運用の内部において、本人の経済活動の延長として、本人に対する内部的関係の中で実質的な財産的事務を処理する法的義務を有する者

③　本書の立場

　ⓐ説については、単に信頼関係・誠実義務に反するとするだけでは、自己の事務が問題となるにすぎない民法上の債務不履行などとの区別が不明確であるとの批判が加えられます。ⓑ説は、ⓐ説のいう信頼関係・誠実義務の違背を限定し、「特定の高度な信頼関係を生じさせる事務自体に関する信頼関係」に反する財産侵害に限りますが、量的概念で限定するので不明確・無限定であるとの疑問は払拭されていません。

　他方、ⓒ説については、2項の利得犯罪（詐欺利得罪・恐喝利得罪など）には権利に対する罪も含まれていますし、背任行為を第三者に対する法律行為に限定して事実行為[12]による信頼関係の違背を排除することは適当ではありません。また、ⓓ説では、物の処分ではなく、権限逸脱して財産上の権利・利益を害する行為は横領罪が成立せず、かといって権限逸脱として背任罪の成立が一律に否定されるのは妥当でないでしょう。また、この説によれば、二重抵当の場合に背任罪の成立を否定することになりますが、判例の見解と異なり妥当でないという批判が加えられます。

11）平川・389頁。なお、山中・452頁参照。

12）事実行為として、例えば、財物の保管を委託された者がその財物を毀損する行為、組合の組合長が帳簿に虚偽の事実を記載する行為、企業の営業秘密を管理する者が秘密を漏示する行為などをあげることができます。

318　第19講　背任の罪

　さらに、ⓔ説については、事実行為に関する事務処理者を背任罪の主体から
除外するのは適当でないという批判が可能です。

　背任罪は、財産運用に係る法律上・事実上の経済活動において内部者相互
に認められる高度な信頼関係に違反する行為によって本人の財産を侵害する
犯罪で、その本質は経済活動における内部的信頼関係に違背して本人の財産
に損害を加える点にあります。ⓕ**内部的信任関係説**が妥当と考えます。

(3)　横領罪との罪数関係

　ⓐ説を採れば、両罪は同性質の信頼関係を前提としていますので**特別法〔横
領罪〕・一般法〔背任罪〕**の関係にあることになりますし、ⓓ説を採れば、背任
罪における事務は信任関係に基づく財産管理上の一般的事務、横領罪における
事務は信任関係に基づく物の占有という特定の事務であり、かつ、権限逸脱は
権限濫用の究極の類型であると解するのであれば、同じく、両罪は特別法〔横
領罪〕・一般法〔背任罪〕の関係にあることになります。
　他方、ⓒ説を採れば、法律行為については背任罪、事実行為については横領
罪とするので、両罪は射程範囲を異にする**択一関係**にあることになりますし、
ⓑ説を採れば、背任罪には高度な信頼関係の破壊が要求されますので、両罪は
射程範囲を異にする択一関係にあることになります。

　横領罪と背任罪は、主体・客体・行為などの法律要件において異なるので、
単一の規準で区別するのは難しい。むしろ、両罪は2つの円がずれて交わっ
た関係にあると考えると分かりやすい[13]。ですから、それぞれの犯罪の成
立を検討し、両罪の法律要件が充たされた場合には法条競合とし、単純横領
罪・業務上横領罪と背任罪の重い方を適用することになります。
　具体的には、①対内的信頼関係への違背が問題となる場合、㋐それが財物
に対するときは、両罪は重なり合っています。横領罪は、横領行為という特
別な行為による信頼関係への違背を要件としていますので、それに該当する
ときは横領罪だけが成立し、そうでないときは背任罪が成立することになり
ます〔特別法・一般法の関係〕。また、㋑それが財産上の利益に対するとき
は背任罪が成立します。
　他方、②互いに向き合った取引関係にある者相互間の対向的信頼関係への
違背が問題となる場合、㋒それが財物に対するときは横領罪のみが成立しま

---

13)　平野龍一『犯罪論の諸問題下巻』(1982年) 351頁、平川・391頁、松原・350頁。

すし、㋓財産上の利益に対するときは背任罪ではなく詐欺罪等が成立します。

(4) 横領罪との区別

【事例 01】　甲銀行支店長 X は、取引先である A 社の業績が悪化した後も自己の過剰融資が発覚するのを恐れて融資を続けた。

【事例 02】　甲信用組合支店長 X は、預金成績の向上を装うため預金謝礼金を預金者に交付し、それを補填するために、貸付を受ける資格のない者に高利で資金を貸し付けた。

【事例 03】　甲から金銭の保管を委託された X が、甲に無断でこれを第三者に不法に貸し付けた。

　事例 01 の X には（特別）背任罪が、**事例 02** の X には（業務上）横領罪が、**事例 03** の X には背任罪が成立するとされますが、その際、両罪の区別の規準が問われます。

　① **学説の状況**　学説は、錯綜した議論状況にあります。

　ⓐ**背信説**は、客体により区別し、自己の占有する他人の財物に対する信頼違背の処分行為は横領罪、財物以外の財産上の利益に対する信頼違背の処分行為は背任罪とします〔**客体区別説**〕。ⓑ**限定背信説**は、行為態様により区別し、自己の占有する他人の財物を領得する行為は横領罪、そうした要件を充たさないそのほかの信頼違背の処分行為は背任罪とします〔**領得行為区別説**〕。
　ⓒ**権限濫用説**は、行為の性質により区別し、特定物を侵害する事実行為は横領罪、法的代理権を濫用して行われる法律行為は背任罪とします〔**事実行為・法律行為区別説**〕。ⓓ**新権限濫用説**は、委託物に対する一般的・抽象的権限を逸脱する行為は横領罪、抽象的・一般的権限内の濫用にとどまる行為は背任罪とします〔**権限逸脱・濫用区別説**〕。

　ⓐ説については、横領罪・背任罪には 1 項犯罪・2 項犯罪に対応するような関係は認められないこと、両罪の客体の多くが金銭であり、金銭は財物であるとすると、背任罪は成立しなくなってしまい妥当でないこと、この説では、客体の違いが両罪の法定刑の差になっていることを合理的に説明できないことなどの問題点を指摘できます。また、ⓑ説については、領得意思の発現である領得行為があれば横領罪だとするのは、財物に対する侵害の程度を考慮しない形式的な処理に陥ってしまうでしょう。

　ⓒ説は権限濫用説に立たない限り採りえませんが、現在この説の支持者はいないこと、しかも、財産上の利益を侵害する事実的行為についてどちらの

犯罪も成立しないことになり、妥当ではありません。また、ⓓ説は、新権限濫用説を採り、横領行為の意義について越権行為説を採ることになるのですが、支配的見解である領得行為説と整合的ではありませんし、権限を超えていれば横領罪とするのでは、やはり形式的な処理に陥る危険があります。

　②　**判例の状況**　判例は、客体、目的、名義・計算、使途限定などの要素を考慮して横領罪と背任罪を区別しており[14]、判例は名義・計算説だとするのは正確ではありません。

> 　まず、㋐**客体**の要素ですが、財物のときは横領罪、その他の財産上の利益のときは背任罪とするもので、**大判明治43・12・16**（刑録16・2214）が、刑法247条（背任罪）は、「他人の事務を処理する者が自己の占有する他人の物を横領したる場合を除き其の他の方法を以て本人に財産上の損害を加へたる総ての場合に適用すべき規定」とするのがこれに当たります。
>
> 　次に、㋑**目的**の要素ですが、客体が財物である場合に、行為者が専ら自己の利益を図る目的のときは横領罪、第三者の利益を図る目的のときは、客体が財物であっても背任罪とするもので、**大判昭和8・03・16**（刑集12・275）は、耕地整理組合長が、その占有中の組合の金員を自ら不正に領得するのではなく、組合の計算において、「第三者の利益を図る目的を以て其の任務に背きたる行為を為し本人に財産上の損害を加へたるときは背任罪を構成すべきもの」にして横領罪を構成しないとしました。この点、**最決平成13・11・05**（刑集55・6・546〔百選Ⅱ・66〕）は、会社の経理部長が会社の株式の買占めに対抗するための工作費用として会社の資金を第三者に交付した事案につき、「行為者の主観において、それを専ら会社のためにするとの意識の下に行うことは、あり得ないことではない。したがって、その行為が商法その他の法令に違反するという一事から、直ちに行為者の不法領得の意思を認めることはできない」としました。
>
> 　また、㋒**名義・計算**の要素ですが、第三者の利益を図る目的であっても、自己の名義・計算において行われたときは横領罪、本人の名義・計算において行われたときは背任罪とするもので、**大判昭和9・07・19**（刑集13・983〔百選Ⅱ・67〕）は、村長が職務上保管している村の基本財産を村会の決議を経ないでほしいままに村の計算において第三者に貸与したときは、業務上横領罪ではなく背任罪を構成するとしました。また、**最判昭和33・10・10**（刑集12・14・3246、判時166・76）は、信用組合の支店長らが、預金成績の向上を装うため、自己の業務上保管する組合の金員中から、預金者に対し正規の利息の外に預金謝礼金名下に支出交付し、かつそれを補填するため、融資を受ける資格のない者に正規よりも高利で貸し付けたときは、それが支店長ら（自己）の計算においてなさ

---

14)　曽根・182頁参照。

れたものである限り業務上横領罪を構成するとしました。

　さらに、**①使途限定**の要素ですが、本人の名義・計算において行われたものであっても、金員の使途が厳格に限定されているのに目的外に流用しているときは横領罪とするもので、**最判昭和34・02・13**（刑集13・2・101）は、町の森林組合長らが、造林資金以外の用途への流用支出を禁じられた金員を組合のため業務上保管中、専ら第三者たる地方公共団体の利益を図り、その諸経費支払資金に充てるためにこれを貸付支出したときは、第三者に対する貸付が組合（本人）名義をもってなされていたとしても業務上横領罪が成立するとしました。

　③　**本書の立場**　まず、**㋐客体**を考慮し、それが財産上の利益であるときは背任罪を検討し、それが自己の占有する他人（本人）の財物であるときは、次に、**㋑行為者の目的**を考慮します。専ら本人の利益を図る目的で処分したときは犯罪不成立となり、専ら自己の利益を図る目的で処分したときは横領罪を検討し、第三者の利益を図る目的や、本人・自己のどちらの利益を図る目的か不明のときは、**㋒その計算・名義**を考慮します。自己の計算でかつ自己の名義でなしたときは横領罪を検討し、自己の計算でかつ本人の名義でなしたときも横領罪を検討し、本人の計算でかつ本人の名義でなしたときは背任罪を検討することになります。

　こうした認定を経た結論を、「権限逸脱なので横領罪」「権限濫用にすぎないので背任罪」と説明することはできますが、後付けの説明となる可能性があります。

02　背任罪（247条）

　他人のためにその事務を処理する者が、自己若しくは第三者の利益を図り又は本人に損害を加える目的で、その任務に背く行為をし、本人に財産上の損害を加えたときは、5年以下の懲役又は50万円以下の罰金に処する。
　未遂も罰せられます（250条）。

(1)　要　件

①　他人のためにその事務を処理する者であること〔主体〕
②　その任務に背く行為をし、本人に財産上の損害を加えること〔行為・結果〕
③　故意があること〔故意〕
④　自己若しくは第三者の利益を図り又は本人に損害を加える目的であること〔目的〕

322　第19講　背任の罪

①　**主　体**　主体は、他人（本人）のためにその事務を処理する者〔事務処理者〕であり、本人固有の事務をその者に代わって行う者です（構成身分犯）。

事務の範囲について、まず、㋐**委託された事務**であることが必要ですが、それが法令上の地位・契約による場合だけでなく、慣習[15]・事務管理[16]による場合も含むかは検討を要します[17]。少なくとも、他人の財産上の権利・義務を処理できる立場にある者の事務であることを要し、単なる機械的な内容のものは除外すべきです。㋑**事務処理権限**は独立して行使しうる権限だけでなく、補助者・代行者として権限行使に関わる場合も含まれます[18]。また、㋒事務は行為者が**直接担当**するものに限られるので、例えば、社員が無断で会社の機密資料を持ち出してコピーしそれを他に売却しても、同社員がこれら機密資料を保管する事務に直接従事していなかったときは、就業規則に会社の業務上の秘密を漏示してはならないと規定されていても、背任罪になりません[19]。さらに、㋓**事務の種類**については、本罪は財産罪であり、現行刑法もそのように性格づけており、また、法文上背任行為は本人に財産的損害を加える行為とされていることを考慮すると、財産上の事務に限定されると解すべきです〔**限定説**〕[20]。

本罪の事務は**他人の事務**、すなわち、他人のために行う事務であることを要し、自己の事務であってはいけません。例えば、売主の目的物引渡し義務、買主の代金支払義務、借主の返済義務などは、相手方のためでもありますが、自己の事務ですので、これらの義務に違反しても単なる債務不履行になるだけで、背任罪を構成しません。また、賃借人の善管注意義務も、相手方との関係で負っている義務ですが、やはり自己の事務であり、横領罪の余地はあっても背任罪とはなりません。議論のあるのは、**二重抵当**の抵当権設定者の登

15）**大判大正3・04・10**刑録20・498（区裁判所に雇われ登記事務を扱っていた雇員）。

16）**大判大正3・09・22**刑録20・1620（事実上・法令上収入役代理として事務を処理していた者）。

17）山口・321頁。

18）大判大正4・02・20刑録21・130、大判大正5・06・03刑録22・873、最決昭和60・04・03刑集39・3・131、判時1154・153、判タ556・116。

19）東洋レーヨン産業スパイ事件・神戸地判昭和56・03・27判時1012・35。

20）通説です。医師Xが患者Aに財産上の損害を加える意図で、故意に不適切な治療を施して病状を悪化させ、Aの仕事に支障を生じさせて給与を減額させた事例につき、背任罪を肯定するか否かの違いが出ますが、限定説は本罪の成立を否定します。

02 背任罪（247条）　323

記協力義務ですが、この義務の履行は他人の事務であり、これに違反すると背任罪が成立するとするのが判例[21]・通説ですが、疑問があります。

　② **行為・結果　任務に背く行為**（背任行為）は、本人による委託信任の趣旨に反する本人の財産に損害を加える行為を意味します。**任務**とは、事務処理者として当然になすべきものとして法的に期待されている行為をいい、**背く**とは、信任関係に違背することです。背任行為には、貸付権限を有する金融機関の役職者が回収不能な融資をする作為の法律行為もあれば、貸付金の回収が困難となるのが確実であるのにそれを放置しておく不作為の法律行為もありますし、帳簿に虚偽の記載をする作為の事実行為もあれば、倉庫業者が荷物引換証等と引き換えることもなく預かり品の勝手な搬出をそのまま放置しておく不作の事実行為もあります。

　背任行為の有無は、法令・通達、定款、社内内規、契約、行為の状況等を考慮して、事務処理者の具体的な事務の内容、その地位・権限を軸にして判断されますので、画一的な判断は禁物です。例えば、株式売買、金融商品取引、融資取引などにおいて、その事務自体が危険を伴う投機的な性質を有する**冒険的取引**である場合、ある程度の危険を伴うことは織り込み済みで、その事務処理の範囲内のこととして許容されている限り、問題の取引が行為者の裁量権の範囲内であれば、直ちに背任罪となるということはないのです。

　判例では、労働金庫の専務理事が貸付を受ける資格がなく、しかも資力の乏しい者であることを知りながら、定めに反して無担保で貸付を行った行為[22]、取締役には利益であるが会社には不利益を及ぼす利益相反行為について取締役会の承認を得ないでなした取引行為[23]、村長が、給与所得に係る村民税納税義務者に対する所得割の賦課に際して、村条例に規定がないのに、給与所得者の所得から一定額を控除して過少賦課・徴収した行為[24]、コンピューター・ソフトウェアの開発・販売等を目的とする会社のコンピュータープログラムの管理等の職務に従事していた者が、自己の利益をはかり、同プログラムを自己らが独自に販売するコンピューターに入力し、会社に対して入力代金相当の損害を与えた行為[25]、信用組合の専務理事が、自ら所管する貸付事務について、貸付

21）最判昭和 31・12・07 刑集 10・12・1592〔百選Ⅱ・69〕。
22）最決昭和 38・03・28 刑集 17・2・166。
23）大阪高判昭和 45・06・12 刑裁月報 2・6・626、判タ 255・264。
24）最決昭和 47・03・02 刑集 26・2・67、判時 658・3、判タ 275・188。

324 第19講 背任の罪

金の回収が危ぶまれる状態にあることを充分に知りながら無担保ないし不十分な担保でもって貸付を行った行為[26]、そして、銀行の代表取締役頭取が、実質上倒産状態にある融資先企業グループの各社に対し、客観性を持った再建・整理計画もないまま赤字補てん資金等を実質無担保で追加融資した行為[27]につき、いずれも背任行為が肯定されています。

財産上の損害には、経済的見地において本人の財産状態を評価し、被告人の行為によって本人の既存の財産の価値が減少したことを内容とする**積極的損害**と、取得しうべき利益を喪失しもしくは増加しうべき価値が増加しなかったことを内容とする**消極的損害**とがあります〔経済的損害概念説〕[28]。例えば、銀行の貸付係が無担保で貸し付けた場合、確かに銀行は代わりに債権を得ますが、実現可能性のない債権は無価値ですから、経済的に銀行は損害を受けたと考えます。つまり、本人の財産総額について損害が発生することが必要で、その意味で本罪は**実害犯**です。

　信用保証協会事件・最決昭和 58・05・24（刑集 37・4・437、判時 1080・36、判タ 500・133〔百選Ⅱ・71〕）は、信用保証協会の支所長が、A 企業者の保証業務を遂行するに当たり、同 A の資金使途が倒産を一時糊塗するためであることを知りながら、同支所長に委任された限度額を超えた債務保証を専決し、協会長に対する稟議資料に不実の記載をし、保証条件として抵当権設定させるべき旨の協会長の指示に反して保証書を交付するなどして同協会に保証債務を負担させた事案につき、「本人に財産上の損害を加えたとき」（247 条）とは、「経済的見地において本人の財産状態を評価し、被告人の行為によつて、本人の財産の価値が減少したとき又は増加すべかりし価値が増加しなかつたときをいうと解すべきであるところ、被告人が本件事実関係のもとで同協会をして A 企業者の

25）東京地判昭和 60・03・06 判時 1147・162、判タ 553・262。

26）最決昭和 60・04・03 刑集 39・3・131、判時 1154・153、判タ 556・116。

27）旧拓殖銀行特別背任事件・最決平成 21・11・09 刑集 63・9・1117、判時 2069・156、判タ 1317・142〔百選Ⅱ・70〕。

28）通説です。ほかに、ⓐ財産上の損害とは法律的見地において本人の権利の侵害があるかなど、法律的に損害があることをいうとする**法律的損害概念説**があります。この説によると、例えば、銀行の貸付係が、無担保で貸し付けた場合でも、銀行は代わりに債権を得る以上財産上の損害はないことになります。また、ⓑ財産上の損害とは経済的な価値の有無だけではなく、その経済的価値が公序良俗に反していないかどうかを加味して判断すべきであり、例えば、銀行の貸付の場合、単なる経済的損害の有無だけでなく、その損害をもたらした任務違背行為について行為者がどの程度任務に背くものであったかも考慮し、任務違背の程度が小さければ、財産上の損害とはいえないとする**法律的・経済的損害概念説**もあります。

債務を保証させたときは、同人の債務がいまだ不履行の段階に至らず、したがって同協会の財産に、代位弁済による現実損失がいまだ生じていないとしても、経済的見地においては、同協会の財産的価値は減少したものと評価される」から、同条にいう「本人に財産上の損害を加えたとき」に当たるとしました[29]。また、**最決平成 08・02・06**（刑集 50・2・129、判時 1563・133、判タ 905・134）は、金融業を営む A 社の代表取締役 X が、B 銀行支店長 Y と共謀し、A 社に既に決済能力がないことを知りながら、A 社が振り出した約束手形に B 銀行をして手形保証を負担させた事案につき、手形保証と引換えに額面金額と同額の資金が A 社名義の B 銀行当座預金口座に入金され、同 B 銀行に対する当座貸越債務の弁済に充てられていたとしても、それは、「被告人 X と右支店長 Y との間の事前の合意に基づき、一時的に右貸越残高を減少させ、同 A 社に債務の弁済能力があることを示す外観を作り出して、同 B 銀行をして引き続き当座勘定取引を継続させ、更に同 A 社への融資を行わせることなどを目的として行われた」事実関係の下で、「右入金により当該手形の保証に見合う経済的利益が同 B 銀行に確定的に帰属したものということはできず」、B 銀行が手形保証債務を負担したことは財産上の損害に当たるとしました。

③ **故 意**　故意が必要で、自己の行為が任務に違背している**任務違背の認識**、及び、本人に財産上の損害を加える**財産的加害の認識**が必要です。これらは、背任行為の認識と結果（・因果関係）の認識に対応します。

④ **目 的**　本罪は、自己又は第三者の利益を図る**図利目的**、又は、本人に損害を加える**加害目的**を要します（**目的犯**）[30]。目的の内容となる利益・損害は身分上の利益・損害その他非財産的利益・損害を広く含むとする非限定説を採り、保身の目的、他人の信頼を確保したい目的なども含むとするのが支配的見解[31]です。しかし、本罪も財産罪の一種である以上、利益・損害は経済的な価値尺度によって評価しうる財産的なものに限定されますし、「利益・損害」の文言もそのような趣旨に解すべきです〔**限定説**〕[32]。

図利・加害の目的の**程度**については、確定的な認識を要するとする確定的認識説[33]がありますが、図利・加害の目的は、本人の利益を図る目的がな

---

29) 同最高裁決定における団藤重光・谷口正孝両判事の補足意見は、法律的・経済的損害概念説を採ると考えられます。

30) この目的は主観的法律要件ですが、主観的違法要素ではなく、責任要素です。

31) 判例（大判大正 3・10・16 刑録 20・1867、大光相互銀行事件・新潟地判昭和 59・05・17 判時 1123・3)・通説です。

32) 団藤・655 頁、大塚仁・326 頁、大谷・333 頁、曽根・187 頁、前田・283 頁。

いことを裏から確認する要件であり、本人に財産上の損害を加えることを認識していたとしても、主として本人の利益のためであれば、本罪の処罰対象から除外すべきで、目的要件でこれを担保すべきです〔**消極的動機説**〕[34]。自己・第三者の利益を図る目的と本人の利益を図る目的とが併存する場合は、その主従関係を検討し、主として自己・第三者の利益を図る目的（本人の利益を図る目的以外）の場合は目的要件を肯定して本罪の成立を認め、主として本人の利益を図る目的の場合は目的要件を否定して本罪の成立を否定することになります。

> **最決昭和63・11・21**（刑集42・9・1251、判時1297・141、判タ685・166）は、（特別）背任罪における図利・加害目的を肯定するには、図利加害の点につき「意欲ないし積極的認容までは要しない」としています。専ら本人の利益を図る目的であれば、本人に損害を加えることになっても背任罪は成立しません。**大判大正15・04・20**（刑集5・136）は、寺院の住職が、檀徒総代の同意や主務官庁の認可を得ないで、その寺院の建設費に充てるために職務上保管する什物を買戻約款つきで処分した行為につき、自己・第三者図利目的及び寺院への加害目的を認めることはできないとして本罪の成立を否定しました。
>
> 認定が難しいのは、本人図利目的と自己・第三者図利目的とが併存する場合です。**大判昭和7・09・12**（刑集11・1317）は、会社の取締役が法令・定款の規定に違反し、株主に配当すべき利益が無いにもかかわらず、粉飾決算により架空の利益を計上して株主に利益配当を行う**蛸配当**をなした場合に、本人の経済的信用を維持する目的であっても、主として株主（第三者）に配当利益を与える目的であるので背任罪を構成するとしました。また、**平和相互銀行事件・最決平成10・11・25**（刑集52・8・570、判時1662・157、判タ991・134〔百選Ⅱ・72〕）は、旧平和相互銀行の役員らが、土地の購入資金及び開発資金等の融資に当たり大幅な担保不足にもかかわらず多額の融資をなした事案につき、右融資は融資先に対し、大幅な担保不足であるのに多額の融資が受けられるという利益を与えることになることを認識しつつ、あえて右融資を行うこととしたものであり、たとえ相互銀行の利益を図るという動機があったにしても、それは融資の決定的な動機ではなかったなどの事情の下では、右役員らに第三者図利目的を認めることができるとしました。

---

33) 大塚仁・327頁、大谷・332頁、曽根・187頁、前田・283頁。なお、松原・345頁
34) 香城敏麿「背任罪の成立要件」『刑法基本講座第5巻』（1993年）265頁、中森・161頁、西田・260頁、前田284頁、高橋・403頁、山口・327頁など多数説です。

⑵ 問題類型

①　**共同正犯・共犯**　融資資金の回収が事実上不可能ないし困難であると知りながら、無担保もしくは充分な担保を徴求することなく、追加・継続の融資等を行う不正融資につき、貸付事務処理者が（特別）背任罪[35]に問われるのは当然として、借手は（特別）背任罪の共同正犯・共犯に問われるべきでしょうか。

> 　学説では、ⓐ共同正犯・共犯の成立要件の問題として処理すれば足り、特に借手の刑事責任を限定することを考慮しない**非限定説**[36]もありますが、ⓑ借手は銀行の貸付事務処理者とは異なる利害を有し、対向的な関係にあることを考慮して、借手の刑事責任を限定しようとする**限定説**が支配的傾向です。例えば、日常的な経済活動の相手方に共同正犯・共犯の成立を認めるためには厳格な要件が必要であり、具体的には、相手方も本人の財産的利益を保護すべき立場にあるといえるような事情がある場合、相手方が事務処理者の任務違背行為を作り出したといわざるをえない場合、あるいは、事務処理者に対する働きかけが著しく不相当であって、経済的利益の追求という枠を明らかに超える場合に限るとする見解[37]、融資担当者の図利・加害目的や任務違背性の認識などを十分に認識していること、迂回融資などの不正融資交錯に積極的に関与していること、自らも図利・加害目的を有するなどの要件を充たす場合には借手にも共同正犯が成立するとする見解[38]などがそれです。

> □**戦　前**　不正融資につき、借手は銀行・貸付事務処理者とは異なる対向的な利害を有する特殊な関係にあることを全く考慮することなく、借手に（特別）背任罪の共同正犯を肯定する大審院判例が見られました[39]。
> □**戦　後**　不正融資における借手の個別事情、特殊事情を考慮して、慎重な認定を行う判例が見られるようになります。
> 　まず、㋐借手が貸付事務処理者の弱みにつけ込むなどの威迫的手段やリベートの提供などの硬軟両様の方法を用い、融資側を実質的支配下に置いていたという事情を重視する**実質支配**の類型があり、例えば、**JHL 不正融資事件・最決平成 15・02・18**（刑集 57・2・161、判時 1819・155、判タ 1118・100〔百選Ⅱ・73〕）

35）通常の背任罪は刑法（247 条）に、特別背任罪は会社法（960 条・961 条）、保険業法（322 条・323 条）等に規定されています。

36）川端・434 頁、山中・468 頁、高橋・409 頁。

37）曽根・188 頁。中森・160 頁も同旨と思われます。

38）西田・264 頁。

39）大判昭和 8・09・29 刑集 12・1683、大判昭和 13・04・08 法律新聞 4282・16、大判昭和 14・12・22 法律学説判例評論全集 29・刑法 30。

は、破綻した JHL（住宅金融専門会社）の代表取締役らが不動産会社に不正融資した特別背任について、取引先の不動産会社の代表取締役が特別背任罪の共同正犯に問われた事案につき、融資担当者の任務違背、融資会社の財産上の損害について「高度の認識を有していたこと」に加え、融資担当者が自己及び融資会社の利益を図る目的を有していることを認識し、「本件融資に応じざるを得ない状況にあることを利用し」つつ、「本件融資の実現に加担」していたとして、特別背任罪の共同正犯を肯定しました[40]。

　④融資側の貸付事務処理者に積極的に働きかけて事務処理者に任務違背行為を行わせ、あるいはそれを強いたとする**積極的働きかけ**の類型があり、例えば、**石川銀行事件・最決平成 20・05・19**（刑集 62・6・1623、判時 2047・159、判タ 1301・126）は、銀行頭取 Y らの特別背任の事案につき、融資先会社の実質的経営者である「被告人 X は、特別背任罪の行為主体の身分を有していないが、上記認識の下、単に本件融資の申込みをしたにとどまらず、本件融資の前提となる再生スキームを Y らに提案し、G 社との債権譲渡の交渉を進めさせ、不動産鑑定士にいわば指し値で本件ゴルフ場の担保価値を大幅に水増しする不動産鑑定評価書を作らせ、本件ゴルフ場の譲渡先となる C 社を新たに設立した上、Y らと融資の条件について協議するなど、本件融資の実現に積極的に加担したものである」として特別背任罪の共同正犯を肯定しました[41]。

　さらに、⑤借手が金融機関の内部者であり、その内規、事務処理者の任務内容などの内部事情を熟知し、それに精通しているという事情を重視する**内部者**の類型があり、例えば、**大判昭和 8・09・29**（刑集 12・1683）は、A 証券株式会社株式売買係の被告人 X が、同会社常務取締役で会社資金の貸付・保管等の業務に従事する Y と共謀して、Y の任務に背き、確実な有価証券を担保として徴求しかつ融資金額は該担保価格の 8 割を標準とするという融資条件に違反し、充分な担保を提供せずに、同証券会社資金を自己に貸付けさせて同証券会社に損害を加えたとして背任罪の共同正犯で起訴された事案につき、被融資側の立場にある被告人 X が、同時に融資側である A 証券株式会社の従業員であり、しかも、株式売買係であったという事情を考慮して背任罪の共同正犯を肯定しました。

　また、⑥借手と貸付事務処理者との間に依存関係があり、継続融資をすることに利害の共通化があることを利用して不正融資がなされたという**利害共通化**の類型があり、例えば、**イトマン絵画取引事件・最決平成 17・10・07**（刑集 59・8・1108、判時 1914・157、判タ 1197・148）は、被告人 X が、株式会社 B 社及

---

40) ほかに、三越事件・最決平成 9・10・28 判時 1617・145、判タ 952・203、最判平成 16・09・10 刑集 58・6・524、判時 1875・148、判タ 1167・106。

41) ほかに、大判昭和 4・04・30 刑集 8・207、富士銀行背任事件・最判昭和 57・04・22 判時 1042・147。

02　背任罪（247条）　329

びその子会社の取締役で絵画等購入担当者であるYらと共謀のうえ、B社をして、被告人Xが実質的に支配するA会社から、多数の絵画等を著しく不当な高額で購入させ、B社に総額約223億1000万円相当、その子会社に総額約40億4000万円相当の損害を負わせたとして特別背任罪に問われた事案につき、Yと被告人Xは、「共に支配する会社の経営がひっ迫した状況にある中、互いに無担保で数10億円単位の融資をし合い、両名の支配する会社がいずれもこれに依存するような関係にあったことから、Yにとっては、被告人Xに取引上の便宜を図ることが自らの利益にもつながるという状況」にあり、「被告人は、そのような関係を利用して、本件各取引を成立させた」として、特別背任罪の共同正犯を肯定しました。

　そして、㋔借手が貸付事務処理者の任務違背行為の背任性、図利加害目的、融資の加害性を確定的に認識していたなどの主観事情を重視する**主観重視** [42] の類型があり、例えば、**千葉銀行特別背任事件・最判昭和40・03・16**（裁判集刑155・67）は、甲銀行頭取であったYが、同銀行支店長らの強い反対にもかかわらず、実業家Xに対して同支店を通じて巨額の融資を行い、多額の回収不能を生じさせた事案につき、控訴審判決が、「銀行頭取のなした貸付が不当貸付と認められ、頭取が特別背任罪に問われるべき場合においても、貸付をなす任務即ち貸付をなす身分を有しない借受人の立場は、銀行の立場とは全く別個の利害関係を有する立場であるから、借受人が貸付人と特別背任罪を共謀する認識を有していたか否かの点の認定については、その判断は極めて慎重を要するもので、貸付を受ける者の立場、その利害関係から生ずる心理状態等を仔細に検討したうえ、借受人が差入れた担保物件ついて有した認識、評価その他各般の重要な情況についても、銀行の立場又は第三者の立場を離れ、銀行頭取の有する任務違背の認識とは独立して、借受人の立場を中心として判断しなければならない」のであり、「任務すなわち身分を有しない者をして、任務を有する者の任務違背の所為につき、共同正犯としての責を負わしめんがためには、その際任務を有する者が抱いた任務違背の認識と略同程度の任務違背の認識を有することを必要とする」として借手Xの罪責を否定した結論を維持しました。

　本書によれば、不正融資には、借手と銀行・貸付事務処理者との利害の対立・対向が存在していることに目を向ける必要があります。借手は、自己の経営する会社の倒産を回避し、あるいは経営状態の改善・回復を図るために、是非とも銀行から（継続）融資を受けられるように努力・画策する一方で、銀行は、企業組織体として融資に伴う危険を回避するために、稟議手続の履

42）ほかに、拓殖銀行特別背任事件・最決平成21・11・09刑集63・9・1117、判時2069・156、判タ1317・142〔百選Ⅱ・70〕。

330 第19講 背任の罪

践、監査制度の活用を図り、また防衛手段として担保の徴求、決済資金の拘束、割増手数料の徴収、上乗せ金利の徴収などの防衛措置を講じます。そこでは、融資を挟んで、借手と銀行・貸付事務処理者との利害の対立・対向が存在しているのです。ですから、借手の刑事責任を考察するとき、この対向的利害関係の存在を踏まえたうえで、背任罪は事務処理者がその任務に違背することを通じて本人に財産上の損害を加えることを本質とする犯罪であることを意識する必要があります。しかも、本罪の実行行為それ自体は、専ら事務処理者によって専権的に行われ、借手は実行行為に直接関与することはできません。すなわち、本罪における事務処理者と本人とは対内的な内部的信任関係にあり、事務処理者の行うべき事務は、本人のために、本人に代わって誠実に行われるべき対内的事務の性格を強く持っているのです。他方、借手の行為は、貸付事務処理者の行為を介して銀行の財産的法益を侵害するのですが、それは銀行側に立っての認定であり、それをそのまま、利害の対立・対向する借手に妥当させることはできません。その限りで、貸付事務処理者の任務違背行為と借手の融資依頼行為ないし被融資行為との間には違法性の隔絶が存在しており、違法の連帯性が遮断されていると考えられるのです。さらに、借手には、銀行から（継続）融資を受けようと努力・画策するについて期待可能性が低減しているとも考えられます。すなわち、自己の経営する会社の不渡りを何とか回避して倒産を防ぐため、早急に運転資金を獲得しようと努力し、できるだけの情報収集をしてその画策をすることは、経営者として当然なすべき行為といえます。まして従業員を抱えている会社の経営者であってみれば、家族同然の従業員の生活を守るために倒産を回避したいと考え、現在の危機的状況を脱すれば何とか経営状態の改善・回復を図ることができると考えるのは無理からぬ心情であって、そこに合理的な経営者としての適切かつ冷静な判断に欠けるところがあったとしても、また、結局は倒産を回避することができず、銀行に財産的損害をもたらすことも充分ありうると予想していたとしても、貸付事務処理者の「任務違背行為に共同加功した」として刑罰をもって非難すべきか大いに疑問があるのです。つまり、借手の刑事責任については、事実的対向犯として、対向犯的関与者の一方不処罰の片面的対向犯と同じように考えるべきなのです〔**事実的対向犯説**〕。

② 不動産の二重抵当

【事例 04】　X は、債権者 A のために自己所有の土地に抵当権を設定した後、未だ A がその登記を完了していないことを奇貨として、さらに債権者 B のために新たに抵当権を設定し、設定登記を完了した。

　最判昭和 31・12・07（刑集 10・12・1592〔百選Ⅱ・69〕）は、**事例 04** 類似の事案につき、「抵当権設定者はその登記に関し、これを完了するまでは、抵当権者に協力する任務を有する」とし、X が、A に対し自己の不動産に根抵当権設定後、いまだその登記なきを利用し、更に B に対して根抵当権を設定してその登記を了する所為は、A に対する背任罪を構成し、1 番抵当を後順位の 2 番抵当とすることは刑法 247 条の損害に当たるとしました [43]。また、**最決平成 15・03・18**（刑集 57・3・356）は、株式を目的とする質権の設定者が、質入れした株券について虚偽の申立により、除権判決 [44] を得て株券を失効させ、質権者に損害を与えた事案につき、「株式を目的とする質権の設定者は、株券を質権者に交付した後であっても、融資金の返済があるまでは、当該株式の担保価値を保全すべき任務を負い、これには、除権判決を得て当該株券を失効させてはならないという不作為を内容とする任務も当然含まれる。そして、この担保価値保全の任務は、他人である質権者のために負うものと解される」とし、質権設定者が株券を質権者に交付した後であっても背任罪が成立するとしました。

◇**背任罪説** [45]　　　二重抵当の行為者には、背任罪が成立
　　○事務処理者　　X は、抵当権設定者として、第 1 抵当権者 A に対し、信義誠
　　　　　　　　　　実義務により登記協力義務があり、この義務がなければ A の
　　　　　　　　　　抵当権設定登記を完了させて財産を保全することはできない
　　　　　　　　　　ので、X は他人（A）のためにその**事務を処理する者**に当たる
　　　　⇒ X は、A との関係で抵当権保全義務を負い、権利証・白紙委任状・
　　　　　住民票・印鑑証明書など登記に必要な書類を交付して、A が第 1 抵
　　　　　当権設定登記を完了するまでその地位を保全せしめ、A の 1 番抵当
　　　　　権が対抗力を備えた権利となるようにすべき義務も負っている
　　○任務違背行為　　X がこの義務に違背し、A の 1 番抵当権確保を妨げる処

---

43) **大判昭和 7・10・31** 刑集 11・1541（電話加入権名義人から贈与を受けた者のためその名義書替する任務のある者が、名義人と共謀のうえ、これを第三者に売却し、その名義変更請求書を所轄郵便局に提出した行為につき、背任未遂罪を肯定）、**最判昭和 38・07・09** 刑集 17・6・608（県知事の許可を条件として農地を売渡し代金を受領した者が、その農地につき県知事の許可を得る前に第三者のために抵当権を設定しその登記を経た行為につき、買主に対する背任罪を肯定）。
44) 除権判決とは、株券等を紛失した者が第三者に株券等の善意取得をされることで権利を喪失することを防ぐため、公示催告を経たうえで当該株券等の効力を喪失させる判決をいいます。
45) 通説です。

332 第19講 背任の罪

	分行為を行うことは**任務違背の行為**に当たる
○目 的	X には、本人である A に損害を加える本人加害目的、抵当権設定によって B から融資を受けるという自己図利目的、B の利益を図るという第三者図利目的という**図利加害目的**も肯定できる
○着手時期	X の任務違背行為が、外形的に明確になった時点、つまり、B のための登記に着手した時点が本罪の着手時点
○既遂時期	A に財産上の損害が発生した時点、つまり、B のための登記が完了した時点が既遂時期[46]。

　本書によれば、抵当権設定登記に協力すべき義務は、抵当権設定契約において、他人（抵当権者）のための事務ですが、抵当権者に対して対向的関係にある対外的義務、その意味で、双務的な義務であり、抵当権設定者自身の事務であり、他人の事務とはいえません[47]。これを他人の事務と解して本罪の成立を肯定するのは、単純な債務不履行にも本罪の成立を認めることになり、妥当ではありません。

　事例04では、X が、既に A との間に抵当権設定の事実が存在することを秘匿し、B に金員貸与の申込みをする行為が欺罔行為であり、これによって、B は錯誤に陥り、X と抵当権設定の契約を締結して金員を貸与するという交付・処分行為をしたわけです。この場合、B にとっては、当該不動産につき 1 番抵当権を取得できるかが重要な関心事ですから、A との間に既に抵当権設定の事実が存在することを知ったならば、そうした民法上の紛争に巻き込まれることを嫌うこともあって、B は、交付・処分行為をしなかったであろうと考えられるので、詐欺罪が成立します〔**詐欺罪説**〕。ここでは、A は、当該不動産につき 1 番抵当権を獲得したと信じて金員を貸与したにもかかわらず、B の行為によって財産上の損害を被ったのですから、**三角詐欺**の構成をもって、A を被害者とみるべきでしょう。

　本書の見解に対しては、欺罔行為により錯誤に陥った B は、被害者 A の

---

46) 通説によると、B が単純な悪意者である場合は、民法 177 条により、善意・悪意を問わず登記によって第三者に対する対抗要件を具備するので、X に成立する背任罪の共同正犯・共犯は成立しないが、背信的悪意者である場合は、登記を経ても所有権の取得を第三者に対抗できず、民法上も公序良俗違反の違法な行為として保護されない（民法 90 条）ので、背任罪の共同正犯・共犯として可罰的違法性を有するとします。

47) 平野・229 頁、平川・392 頁、松原・341 頁。

抵当権順位を左右しうる地位・権限はないとの批判が加えられますが、民法上第三者対抗要件となっている登記の法効果により、自ずと B は財産上の損害を被るのですから、その批判は当てはまりません[48]。先の平成 15 年最高裁決定の事案で、質権設定者である行為者は質権者の対抗要件の具備に必要な株券引渡し行為を完了しているので、質権者の質権を管理している地位にはなく、典型的な二重抵当の場合よりも一層、「当該株式の担保価値を保全すべき他人（質権者）の事務を処理する者」には当たらないわけです。

(3) 他罪との関係

　詐欺罪との関係ですが、例えば、A 保険会社の外交員 X が、A 会社を欺いて、保険契約が締結されたかのように装って周旋料を騙取する行為のように、他人（A 保険会社）のためにその事務を処理する者の任務違背行為が同時に本人（A 社）への欺罔行為となっている場合、任務違背行為は詐欺罪の欺罔行為に包含されているので、詐欺罪のみが成立するという見解[49]もあります。しかし、詐欺罪と背任罪は法律要件が異なりますし、背任罪の前提となっている信任関係は、詐欺罪で要求される信義誠実義務などよりも高度な対内的な内部的信任関係ですから、両罪の観念的競合とすべきです[50]。

　また、**毀棄罪**との関係ですが、背任行為によって本人の財物を毀棄した場合、背任罪と毀棄罪との観念的競合とする説が通説です。しかし、毀棄罪は個別の財物に対する罪であり、背任罪は全体財産に対する罪であるところ、現行刑法は、個別の財物に対する罪（財物犯罪）の次に財産上の利益に対する罪（利得犯罪）という認定順序を想定していること、多様な任務違背行為の中から財物毀棄行為が抽出されて、しかも軽い法定刑を規定されていること、これは毀棄・隠匿罪と領得罪との法定刑の相違の趣旨にも相応するものであることを考慮すると、法条競合により損壊罪により処断されると解することができます。

48）大審院はこのような三角詐欺の構成で詐欺罪の成立を肯定していました。**大判大正元・11・28** 刑録 18・1431（「B が被告に金員の交付を為したる結果、先に其家屋に対し第 1 番抵当を得たるものと信じ金員の貸与を為したる A は之が為めに自然財産上の損害を被りたる筋合なる」）参照。

49）最判昭和 28・05・08 刑集 7・5・965。

50）通説です。

第 20 講　盗品等に関する罪

01　総　説

(1)　意　義

　盗品等に関する罪は、個別の財物を領得する領得罪の一種ですが、直接領得罪ではなく、本犯である直接領得罪に関与し、これにより領得された他人の財物をさらに領得する**間接領得罪**です。

○盗品等無償譲受け罪（256 条 1 項）　　○盗品等運搬罪（256 条 2 項前段）
○盗品等保管罪（256 条 2 項前段）　　○盗品等有償譲受け罪（256 条 2 項前段）
○盗品等有償処分あっせん罪（256 条 2 項後段）

(2)　本　質

　以前は、密漁した鳥獣、賄賂、賭博罪の目的物など広く違法な財物取得状態を維持することに本罪の本質があるとする@**違法状態維持説**もありましたが、1995 年（平成 7 年）の改正により、本罪の客体が「贓物」から「財産に対する罪に当たる行為によって領得された物」に改められたことで維持できなくなりました。

　これに代わって通説となった⑥**追求権説**によると、本罪が横領の罪と毀棄・隠匿の罪の間に規定されていること、本罪の客体が財産罪により取得された財物に限定されたことを根拠に、本罪は本犯の被害者である本権者の私法上の追求権（返還請求権）の行使を困難にする犯罪であり、その保護法益は被害者の追求権（民法上の返還請求権）です。しかし、⑥説に対しては、不法原因給付物について盗品性を一切否定することになり妥当でないこと、追求権を不能化する毀棄行為は盗品関与罪を構成しないことや運搬・有償譲受け等の罪の法定刑が重いことを合理的に説明できないなどの難点が指摘されました。

　そこで、違法状態維持説を再評価し、違法状態維持と追求権の両要素を統合しようとする©**新違法状態維持説**[1] が有力となっており、この説によると、厳密な意味での民法上の返還請求権でなくとも、本犯の被害者には、財産罪によって取得された財物に対する違法状態が維持・存続させられることに対する刑法独自の追求権が認められ、それは盗品等関与罪の犯人の側からすれば違法状態の維持・存続であるとします。

　他方、⑥説を基本にしながらも、本罪は、本犯者による盗品等の保持や換金

1）近時の通説といえるでしょう。

行為を事後に援助することで財産罪を助長する本犯助長的・事後従犯的な性格とともに、盗品等関与行為者自身も利益を得る利益関与的性格を有するがゆえに一般類型的に予防の必要性が高いとするⓐ**事後従犯説**[2] さらに、本罪は本犯犯行後の本犯者への協力・援助行為を禁止して本犯者を孤立させることで、財産罪への誘因を除去するための規定であり、その保護法益は「財産領得罪を禁止する刑法規範の実効性」であり、本犯の被害者の保護は規制の反射的効果にすぎないとするⓔ**物的庇護説**[3] も主張されています。

最判昭和23・11・09（刑集2・12・1504）が、「贓物に関する罪の本質は、贓物を転々して被害者の返還請求権の行使を困難もしくは不能ならしめる点にある」と判示していることからも明らかなように、判例は、基本的にはⓑ**追求権説**に立っている[4] と考えられます。しかし、**最判昭和26・01・30**（刑集5・1・117、判タ10・58）のように、「贓物に関する罪を一概に所論の如く被害者の返還請求権に対する罪とのみ狭く解するのは妥当でない（法が贓物牙保を罰するのはこれにより被害者の返還請求権の行使を困難ならしめるばかりでなく、一般に強窃盗の如き犯罪を助成し誘発せしめる危険があるからである）。」と判示して、追求権だけでなく事後従犯の性格を加味していると考えられるものも散見されます。

　本書によれば、本罪は、財産罪の一形態として、個別の財物の間接的領得によって被害者の追求権を侵害する犯罪で、ⓑ**追求権説**が軸となります。しかし、本罪には本犯助長的面も有しており、これを防止し、盗品等関与者の利益関与を防止する意味をもたせることで、本罪の射程範囲を画し、処罰の段階を根拠づけたもので、ⓐ**事後従犯説**のいう趣旨も考慮していると考えられます。

02　盗品等関与罪（256条）

　盗品その他財産に対する罪に当たる行為によって領得された物を無償で譲り

---

2)　西田・270頁、山中・472頁、高橋・415頁、山口・338頁。

3)　井田良「盗品等に関する罪」『刑法理論の現代的展開各論』（1996年）257頁以下。

4)　**最決昭和27・07・10**刑集6・7・876、判タ23・40（窃盗罪の被害者から贓物の回復を依頼されてこれを被害者宅に運搬した行為につき、「結局証拠に基き被告人並びに原審相被告人等の本件贓物の運搬は被害者のためになしたものではなく、窃盗犯人の利益のためにその領得を継受して贓物の所在を移転したものであつて、これによつて被害者をして該贓物の正常なる回復を全く困難ならしめたものである」）、**最判昭和34・02・09**刑集13・1・76（「贓物に関する罪は、被害者の財産権の保護を目的とするものであり、被害者が民法の規定によりその物の回復を請求する権利を失わない以上、その物につき贓物罪の成立することある」）。

336　第20講　盗品等に関する罪

受けた者は、3年以下の懲役に処する。
　2　前項に規定する物を運搬し、保管し、若しくは有償で譲り受け、又はその
有償の処分のあっせんをした者は、10年以下の懲役及び50万円以下の罰金に処
する。

(1)　要　件

① 　本犯者、本犯の共同正犯者ではないこと〔主体〕
② 　盗品その他財産に対する罪に当たる行為によって領得された物であること
　〔客体〕
③ 　盗品等を無償で譲り受けること、運搬し、保管し、若しくは有償で譲り受
　けること、又はその有償処分の斡旋をすること〔行為・結果〕
④ 　故意があること〔故意〕

　①　主　体　解釈により、**本犯者**及び本犯の**（実行・共謀）共同正犯者**は本
罪の主体から除外されています。というのは、本犯者が自分の犯した財産罪
により領得した財物を処分する行為は、一般類型的に、本犯に包摂されてお
り、不可罰的事後行為と解されるからです。

　本犯の**共犯者（教唆犯・従犯）**については、本犯を自ら実行する者ではない
こと、盗品等関与行為は本犯の共犯行為を超える不法があることを根拠に、
本罪の主体となるとするのが通説です。しかし、追求権侵害の観点からみた
とき、本犯への関与行為は直接的な本権・占有権の侵害である点で変わりは
なく、共同正犯について本罪の成立を否定するなら、当然に共犯についても
本罪の成立を否定するのが筋です。しかも、共謀共同正犯を肯定するなら、
共同正犯と共犯（特に従犯）との違いにより盗品等関与行為の成否を決する
のは、形式的な判断に陥ってしまいます。本犯の共犯（教唆犯・従犯）も本罪
の主体となりえないと解すべきです。

　本犯の教唆・幇助行為を行った者がその後に盗品等関与罪も犯した場合、例
えば、窃盗の教唆者が盗品有償処分あっせん罪を犯した [5]、有償譲受け罪を犯
した [6]、あるいは、窃盗の幇助者が盗品保管罪を犯した場合 [7]、判例は、本犯の
共犯（教唆犯・従犯）は本罪の主体となりうるという立場から、いずれも両罪の
併合罪とします。学説は、併合罪説 [8] と牽連犯説 [9] が対立しています。

---

5)　最判昭和24・07・30刑集3・8・1418。
6)　最判昭和25・11・10裁判集刑35・461。
7)　最判昭和28・03・06裁判集刑75・435。

> 本書によれば、本犯の共同正犯・共犯は本罪の主体から除外されますので、この問題は論じる実益がないことになります。

② **客　体**　本罪の客体であるためには、第1に、**盗品その他財産に対する罪に当たる行為によって直接に領得された物**であることを要します。すなわち、㋐窃盗罪・詐欺罪・強盗罪・横領罪など**財産罪**によって領得された財物でなければならず、収賄罪によって収受した賄賂の金品、賭博行為により得た賭物、納棺物領得罪により獲得した納棺物、偽造行為より得た偽造文書・偽造通貨、不法に栽培した大麻草、狩猟法違反で捕獲した鳥獣など、財産罪以外の犯罪行為で得た物は本罪の客体とはなりません。次に、㋑財産罪によって**直接に領得された**財物であることを要し、間接的に領得されたものは本罪の客体となりません。例えば、機密資料を持ち出してコピーした場合に、資料原本に対する窃盗罪が肯定されても、コピーそのものに盗品性は認められないことになります。さらに、㋒財産罪の**法律要件に該当する違法な行為**によって直接に領得された物であれば足り、有責性まで具備する必要はありませんが、本犯の領得部分は既遂に達している必要があります。というのは、本犯が未遂段階で関与すると、盗品等関与罪ではなく本犯の共同正犯・共犯の余地があるからです。責任無能力者の行為によるもの、親族相盗例による刑の免除がなされたもの[10]、本犯の行為について公訴時効が完成しているため処罰できないもの[11]も、本罪の客体に当たりますし、動産だけでなく不動産も含まれます。

第2に、**被害者が法律上追求でき、返還請求できる物**であることを要します。すなわち、被害者に民事上の返還請求権が認められる物については当然に盗品性を肯定できますが、民事上の返還請求権を欠き又はこれを喪失した物については、盗品性は認められません。民法192条により第三者が**即時取得**した場合は、その物の盗品性は消失します。但し、盗品・遺失物については、即時取得の要件が充足されても、所有者は盗難・遺失の時から2年間は

8）大谷・349頁、山口・350頁。
9）大塚仁・340頁、曽根・192頁、中森・169頁。
10）最判昭和25・12・12刑集4・12・2543。
11）大判明治42・04・15刑録15・435。

338 第20講 盗品等に関する罪

占有者に対しその物の返還を請求できます[12]ので、その間、盗品性は消失しません。民法246条で**加工**によってその物の同一性が失われ、その所有権が工作者に帰属した場合は、盗品性が消失します[13]。民法708条の**不法原因給付**（・**寄託**）**物**については、詐欺罪・横領罪等の成立を肯定すれば盗品性が認められることになりますが、その成立を否定すれば盗品性は認められないことになります。

　盗品性の判断が難しいのは、**金銭**という代替物です。盗品等を売却して得た金員は原則として盗品性がありません。例えば、拾得した商品券を換金して得た金銭、窃取された金銭で支払われた飲食物、騙取した現金で購入したパソコンなどは盗品性がないことになります。しかし、例えば、盗品である金銭を両替して得た金銭は盗品性が存続します[14]し、騙取した小切手を現金化して得た金員[15]は、小切手の現金化の行為が詐欺罪に当たるので、盗品関与罪の客体に当たります。さらに、窃取・騙取して得た預金通帳を使用して行員を欺き、現金の払戻しを受けた場合の現金も、銀行に対する新たな詐欺罪の成立が認められますので、盗品性が認められます。

　③　**行為・結果**　**無償譲受け**（旧「収受」）とは、無償で盗品等の交付を受け取得することをいい、無償で貰い受ける受贈、利息無しで借り受ける消費貸借などが、これに当たります。**運搬**（旧「運搬」）とは、本犯者の委託を受けて盗品等を場所的に移転させることをいい、有償・無償を問いません。**保管**（旧「寄蔵」）とは、本犯者の委託を受けて盗品等を管理することをいい、有償・無償を問いません。預かる受託、質物・貸金の担保として受け取る行為が、これに当たります。単なる合意・契約の段階では未遂（不処罰）であり、現実に盗品等を受け取ることを要します。**有償譲受け**（旧「故買」）とは、盗品等を有償で取得することをいい、購入する売買、物・サービスと交換する交換、債務弁済への充当が、これに当たります。この場合も、現実の引き渡し

12）民法193条。

13）**最判昭和24・10・20**刑集3・10・1660〔百選Ⅱ・76〕（盗品である自転車から車輪とサドルを外し、これを他の自転車の車体に取り付けても、民法上の附合にも加工にも当たらないので、当該車輪・サドルの盗品性は失われない）。

14）大判大正2・03・25刑録19・374。

15）大判大正11・02・28刑集1・82。

を要します。**有償処分の斡旋**（旧「牙保」）とは、売買・交換・質入れなど盗品等の法律上の有償処分を仲介することをいい、斡旋の行為について有償・無償を問いません。

④　**故　意**　盗品性についての故意は、何らかの財産罪によって得られた物であることの認識で足り、本犯の罪種、犯行の日時・場所など具体的な犯罪事実を認識している必要はありません。

故意が存在すべき時期〔**知情時期**〕ですが、（有償・無償）譲受け・有償処分の斡旋は当該行為によって犯罪が完成する即成犯ですから、当該行為開始の時点で必要です。盗品等の運搬・保管は一定の行為の継続を要する継続犯ですから、当該行為開始の時点だけでなく、当該行為の途中から生じた場合も含みます[16]が、少なくとも盗品等の占有移転のときに必要です。

(2)　既　遂

本罪の既遂時期については、本罪の本質を追求権の侵害に求める本書の立場からすると、被害者の追求を現実に困難にした時点、すなわち、盗品等を場所的に移転させたときになります。したがって、**無償譲受け罪・運搬罪・保管罪・有償譲受け罪**の場合は、約束・合意、契約しただけでなく、盗品等の移転が必要ということになります[17]。

他方、**有償処分斡旋罪**の場合には、斡旋行為のあった時点で直ちに本罪が成立するとする斡旋行為時説[18]や、契約成立の時点であるとする契約成立

---

16)　**最決昭和 50・06・12** 刑集 29・6・365、判時 798・101、判タ 333・320〔百選Ⅱ・75〕（「贓物であることを知らずに物品の保管を開始した後、贓物であることを知るに至つたのに、なおも本犯のためにその保管を継続するときは、贓物の寄蔵にあたる」）。

17)　通説・判例です。判例では、**大判大正 12・01・25** 刑集 2・19（有償譲受け罪の成立には情を知って売買交換等有償行為により盗品等を受領することを要す）、大判昭和 14・12・22 刑集 18・572（有償譲受け罪につき同旨）、**最判昭和 33・10・24** 刑集 12・14・3368（運搬罪の成立には情を知って運ぶ場所的移転があれば足り、運んだ距離がさほど遠くなくとも被害者の「権利の実行を困難ならしめた」以上本罪が成立する）、**京都地判昭和 45・03・12** 刑裁月報 2・3・258（保管罪が成立するには、「『故意』として、被告人が贓物を預る旨の意思を有していることが必要であるほか、『実行行為ないしは結果』として、被告人が贓物を現実に預つたこと、すなわち贓物に対する占有が被告人の支配下に移転されたことが必要である」）。

18)　**最判昭和 23・11・09** 刑集 2・12・1504（「いやしくも贓物たるの情を知りながら贓物の売買を仲介周旋した事実があれば、既に被害者の返還請求権の行使を困難ならしめる行為をしたといわなければならないから、其周旋にかかる贓物の売買が成立しなくとも、贓物牙保罪の成立をさまたげるものではない」）、**最判昭和 26・01・30** 刑集 5・1・117、判タ 10・58（「されば被告人の

340　第20講　盗品等に関する罪

時説[19]もありますが、追求権の現実の侵害を考慮するとともに無償譲受け罪・運搬罪等との均衡を図るのであれば、盗品等が現実に移転された時点とする**移転時説**[20]が妥当です。

(3)　被害者への返還行為

　最決昭和27・07・10（刑集6・7・876、判タ23・40）は、被告人Xが被害者Aから、盗難にあったミシン等の回復を依頼され、その窃盗犯人Yと交渉してミシン等を取り戻してA宅まで運搬したが、Aに窃盗犯人の要求する8万円を支払わせた事案につき、「本件贓物の運搬は被害者のためになしたものではなく、窃盗犯人の利益のためにその領得を継受して贓物の所在を移転したもの」で、「これによつて被害者をして該贓物の正常なる回復を全く困難ならしめた」ものであるから盗品等運搬罪が成立するとしました。また、**最決平成14・07・01**（刑集56・6・265、判時1798・161、判タ1104・161〔百選Ⅱ・74〕）は、A社は約束手形181通を盗まれたが、被告人Xらが、氏名不詳者（手形ブローカー）から、この一部131通（額面5億5千万円）のA社への売却を依頼され、盗品であることを知りながら、A社の関連子会社B社に売却するあっせんをした事案につき、「盗品等の有償の処分のあっせんをする行為は、窃盗等の被害者を処分の相手方とする場合であっても、被害者による盗品等の正常な回復を困難にするばかりでなく、窃盗等の犯罪を助長し誘発するおそれのある行為であるから、刑法256条2項にいう盗品等の『有償の処分のあっせん』に当たる」と判示しました。

　学説では、本犯の被害者に盗品等を返還する行為について、判例と同じく、盗品等関与罪の成立を肯定する肯定説が主張されています。ⓐ追求権の限定によって根拠づける立場[21]によると、追求権はあくまでも財産罪の枠内で保護されるのであり、負担の内容としても財産的・経済的価値に関するものに限られる以上、それは正当な理由なく財産的・経済的負担を課されることなく返還を請求しうる権利とされるべきで、判例のいう「正常な回復」とは「特段の理由のない負担を伴わない回復」と解すべきとします。他方、ⓑ本罪の本犯助長的性格によって根拠づける立場[22]によると、被害者の利益のために被害者側に立って行われた場合は本罪を構成しないが、窃盗犯人等の本犯者、盗品等関与者の利益のために本犯者側に立って行われた場合は本罪を構成するとします。

右周旋行為によつて未だ贓物の賣買は完成するに至らず、また本犯の被害者の贓物返還請求権行使を不能又は困難ならしめるおそれはなかつたとしても、尚行為自体は既に贓物牙保罪の成立に必要な周旋行為に該当する」）。

19）大塚仁・339頁、大谷・347頁、佐久間・257頁など多数説です。

20）西田・276頁、曽根・195頁、高橋・421頁。

21）山口・346頁、井田・338頁。

22）中森・167頁、西田・274頁。

本罪の本質につき追求権を軸にする以上、被害者に盗品等を返還する行為は被害者の追求権を実現するものですから、本罪は成立しません[23]。この場合に、専ら被害者の利益のためだったのか、それとも本犯者・盗品等関与者の利益のためだったのかという利益帰属の目的を規準とするのは、本罪の本質を見誤るものです。また、被害者が対価を強いられるなど、正当な理由もなく財産的・経済的負担を課せられたか否かを規準とするのも、「正当な理由のない負担」を本罪の客体に包摂するもので、妥当ではありません。そうした負担は盗品等とは別の財物・利益の侵害として恐喝罪・詐欺罪等の成立を検討すべきです。また、被害者にとって、対価を支払ってでも盗品を取り戻したいと望むことは充分にありうることであって、そうした被害者の選択を無視して本罪の成立を肯定することに合理性があるとは思えません。

(4) 罪数・他罪との関係

① **本犯との関係** 本犯である財産罪の犯人は盗品等関与罪の主体とはなりえません。例えば、既遂後の窃盗犯人と共同してその盗品を運搬した者は、本犯者が運搬罪に問われないとしても、運搬罪の責任を免れません[24]。

本犯者は、通説・判例では、（直接・間接）正犯・（実行・共謀）共同正犯のみとしますが、本書は教唆犯・従犯も含むとします[25]。判例・通説によれば、例えば、窃盗の教唆者がその盗品の有償処分の斡旋をした場合は窃盗教唆罪と盗品等有償処分斡旋罪が[26]、その盗品を購入した場合は窃盗教唆罪と盗品等有償譲受け罪が[27]、また、窃盗の幇助者がその盗品を保管した場合は、窃盗幇助罪と盗品等保管罪が[28]成立します[29]が、本書によれば、後者の盗品等関与罪は成立しません。

② **本罪内での関係** 盗品等をそれと知りながら購入し又は無償で譲受けた者が、それを運び、保管しても、その運搬・保管について本犯者の委託は

---

23) 通説です。
24) 最決昭和35・12・22刑集14・14・2198。
25) 西田・278頁、高橋・425頁。
26) 最判昭和24・07・30刑集3・8・1418。
27) 最判昭和25・11・10裁判集刑35・461。
28) 最判昭和28・03・06裁判集刑75・435。
29) 併合罪とするのが判例、牽連犯とするのが通説です。

342　第20講　盗品等に関する罪

なく単なる事後処分にすぎませんので、有償・無償の譲受け罪のほかに運搬罪・保管罪は成立しません[30]。

　同じ盗品等について、盗品等関与罪に該当する複数の行為を連続して行ったときは、原則として、包括一罪となります。例えば、盗品4点の売却を依頼された者がこれを運搬し、うち2点を売却したがほか、2点は売却できなかったという場合、運搬罪と有償処分幹旋罪の2罪が成立するのではなく、包括一罪として評価され、重い有償処分幹旋罪で処断されるのです[31]。盗品等の（有償・無償）保管の後にそれを無償で譲受した場合は、包括一罪として保管罪で処断され、保管の後にそれを購入した場合は包括一罪として有償譲受け罪で処断されます。なお、有償処分幹旋の意図で交付を受けて運搬・保管し、有償処分の幹旋をしたときは、包括処理して一番重い有償処分幹旋罪の一罪が成立します[32]。但し、情を知りながら預かった盗品等を一旦返還した後に、依頼によりその売却の幹旋をしたときは、保管罪と有償処分幹旋罪の併合罪となります[33]。

　③　他罪との関係　詐欺罪との関係ですが、盗品等の売却を依頼されて所持する者が、盗品等であることを秘してこれを売却した場合、肯定説は、買主に関しては、本犯・盗品等関与罪とは被害者も法益も異なるので、別に詐欺罪が成立するとします[34]。しかし、有償処分幹旋罪の既遂時期は盗品等を移転させたときであること〔移転時説〕を前提にし、情を知らない買主が錯誤により購入意思を生じて代金を支払うのは、有償処分の幹旋行為に不可避的に随伴する行為・結果として本罪に包摂評価されていますし、実質的にみても、善意の買主（第三者）は民法上保護されます（民法96条3項・192条）ので、刑法上の詐欺罪で保護する必要はないでしょう。**否定説**[35]が妥当です。

　横領罪との関係ですが、例えば、依頼されて盗品等の（有償・無償）保管を

---

30)　最判昭和 24・10・01 刑集 3・10・1629。

31)　**最決昭和 32・04・16** 刑集 11・4・1366（「被告人の右行為はこれを包括的に観察して贓物運搬牙保罪の包括一罪として処断さるべき」であって、原判決が運搬罪と有償処分あっせん罪の「2罪が成立すると判示したのは刑法 256 条 2 項の解釈を誤ったもの」）。

32)　大判明治 44・05・23 刑録 17・948。

33)　最判昭和 25・03・24 刑集 4・3・407。

34)　高橋・425 頁、山口・350 頁。

する者が、その盗品等を不法に着服した事案で問題となります。

> 　**大判大正 11・07・12**（刑集 1・393）は、既に盗品等を保管等して「所有者の追求権を侵害する」以上、初めから「該追求権を侵害すると毫も違う所なければ」、盗品等関与罪のほかに横領罪の成立はないとしたのですが、戦後、**最判昭和 36・10・10**（刑集 15・9・1580、判タ 125・55）は、本犯の窃盗犯人が保管者である被告人に対し「その返還を請求し得ないとしても、被告人が自己以外の者のためにこれを占有して居るのであるから、その占有中これを着服した以上、横領の罪責を免れ得ない」としました。

　不法原因給付・委託物と横領罪の成否の問題について、本書は横領罪否定説を妥当と考えます[36]し、盗品等関与罪の本質である現実の追求権侵害の有無を考慮すると、大審院と同じく**否定説**が妥当です。

　また、盗品等を保管する者がそれを損壊したとき、盗品等の保管行為が追求権を侵害する点で本罪の他の行為と異なるところはありませんし、保管罪の法定刑は器物損壊罪のそれよりも重いことを考慮すると、器物損壊の行為は盗品等保管罪に吸収されます[37]。占有離脱物であることを認識しながら、これを拾得・領得した場合、それが盗品であることを認識していたとしても、本犯者の委託がありませんので譲受け罪は成立せず、占有離脱物横領罪のみが成立します[38]。

03　親族間の犯罪 (257条)

> 　配偶者との間又は直系血族、同居の親族若しくはこれらの者の配偶者との間で前条の罪を犯した者は、その刑を免除する。
> 　2　前項の規定は、親族でない共犯については、適用しない。

(1)　意　義

　本条が、本罪について親族相盗例（244条）を準用せずに独自の規定を設けたのは、本犯の被害者と盗品等関与罪の犯人との間に本犯者が存在している

35）**大判大正 8・11・19** 刑録 25・1133（盗品等有償処分のあっせんにより情を知らない買主より代金を受け取るのは、あっせん行為の「当然の結果にして別に詐欺罪を構成するものにあらず」）、西田・277 頁、山中・482 頁。

36）本書・302 頁以下参照。

37）東京地裁八王子支部判昭和 51・12・17 刑裁月報 8・11=12・527、判時 844・112。

38）最判昭和 23・12・24 刑集 2・14・1877。

344   第20講　盗品等に関する罪

点を考慮するとともに、本罪が財産罪としての性格にとどまらず、犯人蔵匿罪（103条）・証拠隠滅罪（104条）における親族間の特例（105条）と同じ趣旨で、本犯者と一定の親族関係にある者には、事後従犯として一般類型的に期待可能性が減弱している点を考慮したからです。

(2)　適用要件

> ①　配偶者の関係、又は直系血族、同居の親族、これらの者と配偶者の関係が存在すること〔親族関係〕
> ②　所定の親族関係のある者の間で、盗品等関与罪が犯されたこと〔犯罪〕

　本条の趣旨からすると、親族関係は少なくとも本犯者と盗品等関与罪の犯人との間に存在する必要があります。本条２項も、有責性の個別性に基づく当然の規定ということになります。

　盗品等関与罪の犯人相互間に親族関係が存在する場合、例えば、窃盗犯人から盗品と知りながら購入したＸから依頼されてその妻Ｙがその盗品を預かった場合に、本条１項の適用があるかが問われます。

> **最決昭和38・11・08**（刑集17・11・2357、判時359・64）は、本犯者と盗品等関与罪の犯人との間に本条項所定の親族関係がある場合に盗品等関与罪の犯人の刑を免除する旨の規定であるとして、本条項の適用を否定しました。学説も、本罪はこれに先行する本犯者を支援・助長する側面に着目したものである点を重視して、本条項の適用を否定する見解[39]が有力です。

　本条は期待可能性の減弱を趣旨とする規定ですし、盗品等関与罪の犯人相互間に親族関係が存在する場合を本条項が明示的に排斥していると解釈できない以上、本条項の適用を肯定すべきです[40]。

---

39)　大塚仁・343頁、大谷・350頁、西田・279頁、佐久間・259頁、井田・341頁など。
40)　曽根・197頁、高橋426・頁、中森・170頁、林幹人・313頁、山口・351頁、松宮・314頁、松原・367頁など多数説です。

第 21 講　毀棄・隠匿の罪

01　総　説

(1)　保護法益

　毀棄・隠匿の罪は、領得罪と異なり、他人の財物を直接に侵害して、その物の経済的価値ないし効用を減却させる財産罪です。また、本罪は、同じ毀棄・損壊等に係る外国国章損壊罪（92条）、橋梁等損壊による往来妨害罪（124条）、汽車電車等破壊罪（126条）等と異なり、個人財産としての物ないしその物の効用が保護法益です。

<毀棄の罪>○公用文書等毀棄罪（258条）　○私用文書等毀棄罪（259条）　○建
　　　　　造物損壊罪（260条1文）　○建造物損壊致死傷罪（260条2文）　○
　　　　　器物損壊罪（261）　○境界損壊罪（262条の2）
<隠匿の罪>○信書隠匿罪（263条）

(2)　毀棄・損壊の意義

　「毀棄」・「損壊」の語が使い分けられていますが、実質的には同じ意味です。

　毀棄・損壊の概念で特に問題となるのは、㋐対象物の隠匿は毀棄・損壊に当たるか、㋑単にその占有を失わせる行為も毀棄・損壊に当たるか、㋒心理的・感情的にその利用を不可能にする行為も毀棄・損壊に当たるかです。

　効用侵害説[1]は、毀棄・損壊とは対象物を物理的に破壊・損壊することに限らず、対象物の本来の効用を害する一切の行為をいうとします。この説は、㋐㋑㋒について肯定します。この説では、信書の隠匿もその効用を害する行為ですので、本来であれば毀棄・損壊の一形態として器物損壊罪が成立するのですが、一般に信書の財産的価値は低いですし、物理的な毀棄を伴わない隠匿行為はその発見を妨げる行為として、信書の利用を完全に不可能にする物理的損壊に比べて軽いですから、信書隠匿罪の規定が設けられたのだとします。

---

1)　効用侵害説は、効用侵害とは財物の一般的効用を害する一切の行為をいうとし、効用侵害の程度、
　原状回復の程度等を重視しない**一般的効用侵害説**（東海電通局事件・最判昭和41・06・10刑集
　20・5・374、判時454・64、判タ191・149）と、効用侵害とは財物の本来の効用を害する行為を
　いうとし、効用侵害の程度、原状回復の程度等を重視して効用侵害の範囲を限定する**本来的効用
　侵害説**（最判昭和39・11・24刑集18・9・610、判時393・9、判タ170・181）に分かれます。

346 第21講 毀棄・隠匿の罪

> 　判例も効用侵害説に立っています。例えば、⑦では、競売事件の記録を秘かに持ち出して隠匿し、一時競売を不能にさせた行為[2]、木製看板を取り外して140メートル離れた他家の塀内に投棄した行為及び輸送荷物に取り付けられていた荷札を剥ぎ取り持ち去った行為[3]、債権者の示した小切手・借用証書を取り上げて返還しない行為[4]が、④では、養魚池の水門の板・格子戸を外して鯉を流出させる行為[5]、捕獲場に収容されていたイルカを逃がす行為[6]が、⑤では、鍋に放尿する行為[7]、自動車のドアハンドルやフェンダー裏側に人糞を塗りつける行為[8]などが、毀棄・損壊に当たるとされています。

　毀棄・損壊とは、対象物の全部又は一部を物理的に破壊・毀損することによってその物の本来の効用を害することをいいます〔**物理的損壊説**〕[9]。この説に対しては、⑦領得意思必要説に立ったとき、隠匿目的で他人の信書以外の物の占有を侵害する行為を処罰できなくなってしまうという批判が加えられます。しかし、不可罰となるのは行為者への占有移転のない場合であって、領得意思不要説によっても、行為者への占有移転が存在する限り、隠匿目的であっても窃盗罪成立の余地があります。そもそも、この説によると、隠匿は毀棄・損壊とは異質の行為であり、信書隠匿罪の規定は器物損壊罪とは性質の異なる独立の犯罪、つまり、物理的損壊を伴わないけれども名宛人

---

2) **大判昭和9・12・22**刑集13・1789（公用文書の毀棄）。

3) **最判昭和32・04・04**刑集11・4・1327（器物の損壊）。

4) **最決昭和44・05・01**刑集23・6・907、判時560・90、判タ236・206（「刑法259条にいわゆる文書を毀棄したというためには、必ずしもこれを有形的に毀損することを要せず、隠匿その他の方法によつて、その文書を利用することができない状態におくことをもつて足り、その利用を妨げた期間が一時的であると永続的であると、また、犯人に後日返還の意思があつたと否とを問わない」）。

5) **大判明治44・02・27**刑録17・197（鯉の傷害）。

6) **静岡地裁沼津支部判昭56・03・12**判時999・135（「刑法261条にいう『損壊』には、物理的な毀損を伴わないものの、その器物の清潔感や美観を害し、事実上又は感情上器物の効用を阻害することも含まれる」）。

7) **大判明治42・03・12**刑録15・452（「毀棄若くは損壊とあるは、単に物質的に器物其物の形態を変更又は滅尽せしむる場合のみならず、事実上若くは感情上其物をして再び本来の目的の用に供すること能わざる状態に至らしめたる場合をも包含せしむる」）。

8) **東京高判平成12・08・30**東高時報51・1=12・96（器物の損壊）。

9) 曽根・199頁、林・314頁、松宮・319頁。この説では、物理的損壊を伴わない汚損行為は、原則として、毀棄・損壊に当たらないことになります。しかし、この説には、例えば、鯛・海老の書かれた掛け軸に「不吉」の字を墨で大書きした行為について、原状回復の困難さを考慮して毀棄・損壊に当たるとする見解があります。なお、大判大正10・03・07刑録27・158参照。

がその情報に接するのを阻害する行為を軽く処罰する別個の規定なのです。また、⑦例えば、他人が飼っている鳥を籠から逃がすような、単に物の占有を失わせる行為は毀棄・損壊には当たりません。この点は、物理的損壊説への批判の例としてあげられますが、そうした行為を動物傷害罪（器物損壊罪）で処罰する必要があるのか疑問がありますし、処罰する必要があるとしても、本罪に該当するのか改めて検討する必要があります[10]。さらに、⑦例えば、食器に放尿するような、心理的・感情的に物の利用を不可能にする行為も毀棄・損壊に当たりません。そうした情緒的な規準を毀棄・損壊の概念に持ち込むと、処罰範囲が拡散してしまいます[11]。毀棄・損壊を物理的な破壊・損壊に限定すると、物の効用・利用を害する行為を不処罰にしてしまうため妥当でないと批判されるのですが、そうした行為の可罰性が認められるとしても、それが現行刑法の毀棄・損壊に当たるのかは別に検討すべきで、現行刑法にそれを罰する規定がないのですから、立法化すべきです。

毀棄・損壊の認定に当たって、回復・補修の難易性を考慮すべきかについて、判例では、「刑法第261条に謂う損壊とは物質的に物の全部、一部を害し又は物の本来の効用を失わしむる行為」をいい、「原状回復の難易如何は本罪の成立に影響あるものではない」とするもの[12]が支配的です。

02 公用文書等毀棄罪 (258条)

> 公務所の用に供する文書又は電磁的記録を毀棄した者は、3月以上7年以下の懲役に処する。

① 公務所の用に供する文書又は電磁的記録であること〔客体〕
② 公用文書・公用電磁的記録を毀棄すること〔行為・結果〕
③ 故意があること〔故意〕

---

10) 軽犯罪法1条12号で対処するか、それが不可能な場合は、「動物の愛護及び管理に関する法律」で処罰すべき行為と考えられます。

11) 例えば、相手方に対し、「君のその食器に僕の汗をつけたよ」と嘘をついたときにも、毀棄・損壊に当たるのでしょうか。

12) **大判昭和8・11・08**刑集12・1931（艦船損壊罪）、**最判昭和25・04・21**刑集4・4・655（器物損壊罪）。回復・補修の難易性を毀棄・損壊の有無にではなく、行為客体である建造物・器物の認定に反映させる考え方もあります。

348　第21講　毀棄・隠匿の罪

①　**客　体**　公務所の用に供する文書〔公用文書〕とは、現に公務所において使用に供せられ又は使用の目的で保管されている文書をいい、作成者が公務所・公務員であるかを問いませんし、作成名義人が私人であっても構いません。使用・保管の目的が私人のためのものも含みます。「当該公務員が公務所の作用として職務権限に基づいて作成中の文書は、それが文書としての意味、内容を備える」に至っていること[13]、具体的には、それが公務所の用に供しうる程度に文書としての内容・体裁を備えるに至っていれば、作成の手段・方法が違法とされるものであってもよいとされます[14]

◇**公用文書**　村役場が使用の目的で保管していた被告人偽造の徴税伝令書[15]／酒税官吏が所得税法反則事件につき差し押さえた帳簿書類[16]／署名・押印を欠くなど作成方式に欠陥があり未完成の村農地委員会議事録[17]／旧国鉄の助役がチョークを用いて列車案内等を記載した急告板[18]

　公務所の用に供する電磁的記録〔公用電磁的記録〕とは、公務所・公務員が現に使用し又は将来使用する目的で保管・管理している電子的方式・磁気的方式など人の知覚によって認識できない方式により作られた記録であって、電子計算機による情報処理の用に供されるもの（7条の2）をいいます。公務所が現に使用し又は使用のために保管・管理しているものであればよいので、公電磁的記録・私電磁的記録（161条の2第1項、第2項）を問いません。現在、自動車登録ファイル、住民登録ファイル、不動産登記ファイルなど、電子計算機による処理が拡大していますので範囲が広がっています。

②　**行為・結果**　公用文書・公用電磁的記録を毀棄することです。**毀棄**の意義について、通説・判例は、文書・電磁的記録の本来の効用を害する一切の行為、及びその結果をいうと解します〔効用侵害説〕。

　判例では、文書の物理的毀損はもちろん、公正証書に添付されている収入印紙を剥離する行為[19]、文書の内容を変更しないで文書の連署者中1名の署名を

13）最判昭和52・07・14刑集31・4・713、判時862・105、判タ354・309。
14）最判昭和32・01・29刑集11・1・325、最判昭和57・06・24刑集36・5・646、判時1050・
　　159、判タ476・82。
15）大判大正9・12・17刑録26・921。
16）最判昭和28・07・24刑集7・7・1638。
17）最決昭和33・09・05刑集12・13・2858。
18）最判昭和38・12・24刑集17・12・2485。

抹消し新たに他の氏名の署名を加える行為[20] も毀棄に当たるとし、さらに、文書の隠匿も毀棄に当たる[21] とします。

物理的損壊説によれば、隠匿行為も毀棄に当たるとするのは疑問です。

③　**故　意**　客体が公務所の用に供する文書・電磁的記録であること、毀棄することについて、故意が必要です。

03　私用文書等毀棄罪 (259条)

　権利又は義務に関する他人の文書又は電磁的記録を毀棄した者は、5年以下の懲役に処する。

(1)　要　件

①　権利・義務に関する他人の文書又は電磁的記録であること〔客体〕
②　私用文書・私用電磁的記録を毀棄すること〔行為・結果〕
③　故意があること〔故意〕

①　**客　体**　客体は、権利・義務に関する他人の文書〔私用文書〕・電磁的記録〔私用電磁的記録〕です。**権利・義務に関する文書・電磁的記録**とは、権利・義務の存否・得喪・変更などを証明するための文書・電磁的記録であり、公文書であるか私文書であるかを問いません。事実証明に関する文書は本罪の客体ではなく、私文書 (159条)・器物 (261条) です。なお、信書が権利・義務に関するものであるときは、本罪の客体となります。

他人の文書とは、行為者以外の人が所有・占有・管理している文書をいい、文書の作成名義人・作成人が誰であるかを問いません。**他人**とは行為者以外の私人をいい、自然人と法人を含みます。公務所が所有・保管しているときは、公用文書であり本罪の客体とはなりません。**他人の電磁的記録**とは、行為者以外の他人が所有・占有・管理している電磁的記録をいい、公電磁的記

---

19)　**大判明治 44・08・15** 刑録 17・1488 (「文書の毀棄とは文書の実質的部分を有形的又は無形的に毀損し其全部又は一部を利用する能わざる状態に措く行為のみならず、文書の形式的部分を毀損する行為をも包含す」)。

20)　大判大正 11・01・27 刑集 1・16。

21)　**大判昭和 9・12・22** 刑集 13・1789 (競売を一時妨害する意図で競売記録を持ち出し自宅内に隠匿する行為は公用文書毀棄罪)、**大判昭和 12・05・27** 刑集 16・794 (助役を引責辞職に追い込む意図で戸籍簿を持ち出し竹林の木の根元に隠匿する行為は公用文書毀棄罪)。

350 第21講 毀棄・隠匿の罪

録か私電磁的記録かを問いませんし、自己名義の文書であっても構いません。手形・小切手等の有価証券も権利・義務を証明する文書ですから私用文書となります[22]。なお、自己の所有する文書・電磁的記録であっても、差押を受け、物権を負担し、又は賃貸したものであるときは本罪の客体となります（262条）。例えば、質入れした自己の債権証書が、これに当たります。

② **行為・結果** 文書・電磁的記録を毀棄することです。**毀棄**の意義については、公用文書等毀棄罪におけると同様です。

③ **故意** 客体が権利・義務に関する他人の文書・電磁的記録であること、毀棄することについて、故意が必要です。

(2) **親告罪**

本罪は親告罪です（264条）。告訴権者は、私用文書・私用電磁的記録の所有者、自己所有の文書・電磁的記録が本罪の客体であるときは文書・電磁的記録に対する物上の権利を有する者です。

04 建造物等損壊罪・建造物等損壊致死傷罪（260条）

> 他人の建造物又は艦船を損壊した者は、5年以下の懲役に処する。よって人を死傷させた者は、傷害の罪と比較して、重い刑により処断する。

(1) **建造物等損壊罪**

① 他人の建造物又は艦船であること〔客体〕
② 他人の建造物・艦船を損壊すること〔行為・結果〕
③ 故意があること〔故意〕

① **客体** 客体は、他人の建造物・艦船です。電車・汽車、艦船類似物件は、含みません。

他人のとは他人が所有するという意味ですが、自己の建造物・艦船であっても、差押を受け、物権を負担し、又は賃貸したものは本罪の客体となります（262条）。民法上の所有権の有無とは一応独立し、事実上、特定の人の所有に属すると推定される状況であれば足りますので、他人の所有権が将来民事訴訟等において否定される可能性がないことまで要しません[23]。

---

22) 最決昭和44・05・01刑集23・6・907、判時560・90、判夕236・206。
23) 最判昭61・07・18刑集40・5・438、判時1210・138、判夕620・80〔百選Ⅱ・77〕。

04 建造物等損壊罪・建造物等損壊致死傷罪（260条）　351

　建造物とは家屋その他これに類似する建造物をいい、屋蓋を有し障壁・柱材により支えられている状態のもので、土地に定着し、人がその内部に出入りできるものをいいます[24]。物置小屋[25]が典型例ですが、外塀、門や、単に棟上げが終了しただけで屋根や周りの壁がない物は建造物には当たりません。なお、建造物に人が現在しているか否かは本罪の成否に影響しません。

　建造物に取り付けられた物が建造物なのか器物なのか問題となります。

> 　判例は、以前は、毀損しなければ取外しができない状態にあるか否かを規準としていました[26]が、**最決平成 19・03・20**（刑集 61・2・66、判時 1963・160、判タ 1237・176〔百選Ⅱ・78〕）は、「当該物と建造物との接合の程度のほか、当該物の建造物における機能上の重要性をも総合考慮して決すべき」としました[27]。
> 　判例では、天井・敷居・鴨居・屋根瓦などが建造物の一部とされ、畳・雨戸・障子・ふすま、建具などは器物とされます[28]。

　回復・補修の容易性は建造物か器物かの判断に影響しないとするのが支配的見解です[29]が、本罪は器物損壊罪に比べ法定刑が重く、非親告罪となっているので、回復・補修の容易性を考慮し、簡単に回復・補修が可能な部分は、器物損壊罪の客体となるにすぎないと解すべきです[30]。

　艦船とは船舶（軍艦・船舶）をいい、航行能力を有することが必要ですので、廃船となっているもの、解体中のものは含まれません[31]。人が現在しているか否かは、本罪の成否に関係ありません。本条は電車を除外しているので、それとの均衡上、小舟等小さな船・艇は含まないとする見解もあります。

　②　**行為・結果**　他人の建造物・艦船の**損壊**とは、物理的に毀損することだけでなく、建造物・艦船の効用（使用価値・機能）を害する一切の行為をいうとするのが判例・通説です〔効用侵害説〕。しかし、本書によると、対象

---

24)　大判大正 3・06・20 刑録 20・1300。
25)　大判明治 41・12・15 刑録 14・1102。
26)　大判明治 43・12・16 刑録 16・2188。
27)　この決定は、集合住宅居室の金属製ドアは、「住居の玄関ドアとして外壁と接続し、外界とのしゃ断、防犯、防風、防音等の重要な役割を果たしている」ので、「適切な工具を使用すれば損壊せずに同ドアの取り外しが可能であるとしても」本罪の客体に当たるとしました。
28)　大判大正 6・03・03 法律新聞 1240・31、大判大正 8・05・13 刑集 25・632。
29)　判例（大判昭和 8・11・08 刑集 12・1931〔艦船損壊罪〕）・通説です。
30)　団藤・675 頁、曽根・202 頁、山中・490 頁、高橋・433 頁。
31)　広島高判昭和 28・09・09 高刑集 6・12・1642。

352 第21講 毀棄・隠匿の罪

物の全部又は一部を物理的に損壊することによってその物の本来の用法に従う使用の全部又は一部を不能にすることをいいます〔**物理的損壊説**〕。

建造物へのビラ貼り、ペンキ塗布、落書きなど、美観を汚損する行為について、効用侵害説（判例・通説）によると、物にはその機能・価値に応じた固有の**美観**があり、それを著しく汚損することは物の本来の効用を減損することであり、損壊に当たるとします[32]。そして、実用的な物については美観の汚損が著しい場合に損壊と認められるが、文化的価値を有する物（文化財・芸術作品など）については汚損の程度が軽微であっても損壊に当たるとします。しかし、その物の効用と美観とは次元の異なる概念であり、また、その物の効用に美観を含ませるのは、それが情緒的な美観の感情であるときは、いっそう処罰範囲を拡大し、その限界を不明確にしてしまいます。建造物へのビラ貼り、ペンキ塗布、落書きなど、美観を汚損する行為については、本罪ではなく、軽犯罪法1条33号違反を検討すれば足ります。

③ **故 意** 客体が他人の建造物・艦船であること、損壊することについて故意が必要です。

(2) 建造物等損壊致死傷罪

① 他人の建造物・艦船を損壊すること〔客体・行為〕
② よって、人を死傷させること〔結果〕

本罪は、他人の建造物・艦船を損壊し、その結果、人を死傷させる犯罪で、傷害の罪に比較して重い刑で処断される**結果的加重犯**です。死傷の結果を生じたのが、建造物・艦船の中に現在していた人かどうかは問いません。

05 器物損壊罪 (261条)

前3条〔258条・259条・260条〕に規定するもの〔公用文書・公用電磁的記録、私用文書・私用電磁的記録、建造物・艦船〕のほか、他人の物を損壊し、又は傷害した者は、3年以下の懲役又は30万円以下の罰金若しくは科料に処する。

---

32) **東海電通局事件・最判昭和 41・06・10** 刑集 20・5・374、判時 454・64、判タ 191・149（建造物又はそ庁舎の壁・窓硝子戸・硝子扉・シャッターなどに 3 回にわたり糊で多数のビラを貼付した行為）、**最決平成 18・01・17** 刑集 60・1・29、判時 1927・161、判タ 1207・144〔百選 II・79〕（公園内の公衆便所の外壁に赤・黒のラッカースプレーで文字を大書きした行為）、大谷・357 頁、山中・492 頁など。

05 器物損壊罪（261条）　353

(1) 要　件

① 258条・259条・260条に規定する物以外の他人の物であること〔客体〕
② 損壊又は傷害すること〔行為・結果〕
③ 故意があること〔故意〕

① **客　体**　他人の所有に属する物のうち、公用文書等毀棄罪・私用文書等毀棄罪・建造物等損壊罪の客体以外のすべての物が客体です。自己の物についての262条には注意してください。

他人の物とは他人の所有に属する財物をいい、動物、建造物以外の**不動産**も含みます。例えば、家屋を建設するために整地した敷地を掘り起こし、畑として耕作物を植え付ける行為は、本罪に当たります[33]。違法に掲示された政党演説会告知用ポスターのように、違法な物も本罪の客体となります。

② **行為・結果**　**損壊**とは、物理的に器物自体の形状を変更し、滅失させることだけでなく、事実上又は感情上その物の本来の効用を失わせることであるとする**効用侵害説**が通説・判例です。これによると、他人の鍋に放尿する行為[34]、物の利用を防げる目的で隠匿し、看板を取り外して空地に投げ捨てる行為[35]、公選法違反のポスターにシールを貼る行為[36]も、損壊に当たることになります。しかし、本書は**物理的損壊説**を妥当と考えます。

傷害とは、他人所有の動物を傷つけるだけでなく殺害することも含みますので、注意です。判例・通説は、効用侵害を重視しますので、例えば、鳥籠を開けて他人の鳥を逃がす行為、池に飼育されている他人の鯉を、いけすの柵をはずして流出させる行為も傷害に当たるとします[37]が、疑問です。

③ **故　意**　客体が他人の物であること、損壊することについて、故意が必要です。

(2) 親告罪

本罪は親告罪です（264条）。告訴権者は、損壊された物の本権者、適法に占有していた者です[38]。

---

33) 大判昭和4・10・14刑集8・477。
34) 大判明治42・04・16刑集15・452。
35) 最判昭和32・04・04刑集11・4・1327。
36) 最決昭和55・02・29刑集34・2・56、判時955・19、判タ408・63。
37) 大判明治44・02・27刑録17・197。

354　第21講　毀棄・隠匿の罪

06　境界損壊罪（262条の2）

　境界標を損壊し、移動し、若しくは除去し、又はその他の方法により、土地の境界を認識することができないようにした者は、5年以下の懲役又は50万円以下の罰金に処する。

　本条は、不動産侵奪罪の新設と併せて、1960年（昭和35年）に新設された条文で、不動産侵奪罪の予備的行為を処罰するものです。

⑴　要　件

① 　境界標など土地の境界であること〔客体〕
② 　所定の客体を損壊・移動・除去し、又はその他の方法によって土地の境界を認識することができないようにすること〔行為・結果〕
③ 　故意があること〔故意〕

　① 　**客　体**　土地の境界とは、権利者を異にする土地の場所的区画線、限界線をいいます。**境界標**とは、柱・杭等の土地の境界を示す標識をいい、石垣・塀などの人工物だけでなく、立木・河川などの自然物も含みます。境界の明認性が重要なので、所有権だけでなく地上権等の物権、賃借権のような債権に基づくものでも構いませんし、私法上の権利だけでなく、府県境・市町村境などの公法上の権利関係に基づく境界も含まれます。境界として認識されている物であれば足りますので、それが真正の法律関係を示すものであるかどうかは問いません[39]。

　② 　**行為・結果**　境界標の損壊・移動・除去は例示です。これらに準ずる、境界を認識でないようにする行為・方法などを広く含みます。標識によって示される境界が重要ですから、その境界標などが自己所有か他人所有かは、本罪の成否に影響しません。

　土地の境界を認識することができないようにすることとは、境界を認識する方法がなくなったという意味ではなく、新たに確認の方法を採らない限り、認識が不可能になったという結果の発生を要請する意味です。結果の発生がないときは、器物損壊罪の成立が考えられます[40]。

38）最判昭和45・12・22刑集24・13・1862、判時617・101、判タ257・218。

39）東京高判昭和41・07・19高刑集19・4・463、判時464・60、判タ196・153。

40）**最判昭和43・06・28**刑集22・6・569、判時525・92、判タ224・185は、境界標である有刺鉄線張りの丸太32本を根元から鋸で切り倒し、境界線を損壊した事案につき、「境界毀損罪が成

③ **故 意** 客体が境界標などの土地の境界であること、損壊・移動・除去その他土地の境界を認識できないようにすることについて、故意が必要です。

(2) 他罪との関係

本罪は不動産侵奪罪の予備的行為ですが、同時に不動産侵奪罪の手段となる行為でもありますから、本罪と不動産侵奪罪は牽連犯となります。また、土地の境界標などを損壊して認識不能にした場合は、本罪と器物損壊罪との観念的競合となります[41]。

07 信書隠匿罪 (263条)

> 他人の信書を隠匿した者は、6月以下の懲役若しくは禁錮又は10万円以下の罰金若しくは科料に処する。

(1) 要 件

> ① 他人の信書であること〔客体〕
> ② 他人の信書を隠匿すること〔行為・結果〕
> ③ 故意があること〔故意〕

① **客 体** 客体は、他人所有の信書です。**信書**とは、特定人から特定人に宛てた意思を伝達するための文書です。信書開封罪(133条)における信書と異なり、封緘された信書である必要はなく、郵便葉書も本罪の客体となります。なお、効用侵害説に立つと、信書としての目的を完全に果たしてしまった文書は信書でなくなり、器物に当たることになります[42]。

② **行為・結果** 信書の**隠匿**とは、信書の所在の発見を不可能又は著しく困難にする行為、及びその結果をいいます。

> **効用侵害説**によると、信書の隠匿も毀棄・損壊の行為の一態様のはずですから、信書隠匿罪が文書・電磁的記録毀棄罪(258条・259条)や器物損壊罪(261条)よりも軽い法定刑が規定されている理由、及び特に器物損壊罪との区別が問わ

立するためには、境界を認識することができなくなるという結果の発生することを要するのであって、境界標を損壊したが、未だ境界が不明にならない場合には、器物毀棄罪が成立することは格別、境界毀損罪は成立しない」としました。

41) 東京高判昭和41・07・19高刑集19・4・463、判時464・60、判タ196・153。

42) 大谷・361頁。

356 第21講 毀棄・隠匿の罪

れることになります。ⓐ信書の財産的価値が類型的に低いことに求める見解[43]
によると、信書隠匿罪は客体に着目した器物損壊罪の特別減軽類型ということ
になり、信書の損壊も信書隠匿罪になります。また、ⓑ信書の財産的価値の低
さではなく、損壊行為の程度に達していない隠匿行為の軽微性に求める見解[44]
によると、信書隠匿罪は隠匿行為に着目した器物損壊罪の特別減軽類型という
ことになり、信書の損壊は器物損壊罪になります。さらに、ⓒ信書の財産的価
値の低さではなく、信書の利用を不可能にしてその効用を害する隠匿は損壊で
あり、それを困難にしてその効用を危殆化するのが隠匿であるとする見解[45]に
よると、信書の損壊は器物損壊罪に、信書の隠匿は信書隠匿罪になります。

　隠匿行為は毀棄行為の一態様ではなく、それと異質の行為ですから、信書
隠匿罪は器物損壊罪の特別減軽類型ではなく、独立の犯罪類型と考えるべき
です。本罪が文書・電磁的記録毀棄罪（258条・259条）や器物損壊罪（261条）
よりも軽い法定刑が定められているのは、信書を物理的に損壊すること
によってその財産的価値を毀損することに着目したからではなく、信書の意思・
情報の伝達手段としての機能に着目して、信書の受取人がそうした情報・意
思に接するのを妨害する点に本罪の本質があると考えたからです[46]。

　③　**故　意**　他人所有の客体が信書であること、これを隠匿することにつ
いて、故意が必要です。

(2) 親告罪

　本罪は、親告罪です（264条）。告訴権者は、信書が発信される前は発信人
のみが、受信後は発信人と受信人の双方です。

---

43) 福田・308頁、中森・175頁、前田・312頁。
44) 平野・236頁、西田・287頁、山中・499頁、山口・361頁。
45) 団藤・680頁、藤木・373頁、内田・408頁、大谷・362頁、佐久間・266頁。
46) 曽根・205頁、松宮・326頁、松原・380頁。

第22講　騒乱の罪

01　総　説

　騒乱の罪は、同一の目標に向けられた多数の者の関与行為を必要とする集合犯（集合的犯罪）である点で、内乱に関する罪（77条以下）と共通しますが、堅い集団性・組織性を要しない点、一定の目的の存在を要件としていない点で、内乱の罪と異なります。

　本罪の保護法益について、判例[1] は、公共の平穏（静謐）としますが、これでは漠然としており、むしろ、多数の関与行為者が集合して暴行・脅迫をなすことによって一定範囲の地域の不特定・多数の人の生命・身体・自由・財産を害する危険を発生させる**公共危険犯**とするのが適当です[2]。

○騒乱罪（106条）	○多衆不解散罪（107条）

02　騒乱罪（106条）

> 　多衆で集合して暴行又は脅迫をした者は、騒乱の罪とし、次の区別に従って処断する。
> 　一　首謀者は、1年以上10年以下の懲役又は禁錮に処する。
> 　二　他人を指揮し、又は他人に率先して勢いを助けた者は、6月以上7年以下の懲役又は禁錮に処する。
> 　三　付和随行した者は、10万円以下の罰金に処する。

(1)　要　件

> ①　集合した多衆であること〔主体〕
> ②　集団として暴行又は脅迫をすること〔行為〕
> ③　首謀者、他人指揮者・率先助勢者又は付和随行者としての役割分担行為をすること〔分担行為〕
> ④　共同意思が存在すること〔共同意思〕
> ⑤　故意があること〔故意〕

---

1)　平事件・最判昭和35・12・08刑集14・13・1818、判時244・15、判タ112・61。
2)　通説です。

358 第22講 騒乱の罪

① **主体** 主体は、集合した多衆です。**多衆**とは、一定範囲の地域の人々の公共の安全を害するに足りる暴行・脅迫をなすに適当な多数人の集団をいいます[3]。本罪は、一定範囲の地域の不特定・多数の人の生命・身体・自由・財産を害する危険を発生させる犯罪ですから、一見して、どれくらいの人数が集合しているのか把握できないほど多数の人が集まっている集団であることを要するでしょう[4]。

集合とは、多数の人が時と場所を同じくして集まり集団をなして行動することをいいます。内乱罪の場合と異なり、集団としての一体性・組織性までは必要ありませんので、首謀者の存在を要しませんが、集団としての同一性は認められなければなりません。

② **行為** 多衆で集合して暴行・脅迫をなすことです〔**集合犯**〕。したがって、本罪の**暴行・脅迫**は集団としてのそれでなければならず、一部の者が個別に散発的に行った暴行・脅迫は本罪の暴行・脅迫に当たりません。本罪の暴行・脅迫は、一定範囲の地域の不特定又は多数の人の生命・身体・自由・財産を害する危険を発生させるに足りるものでなければなりませんが、その相手方は個人・公衆、特定人・不特定人を問いませんし、人に対するか物に対するかも問いません〔最広義〕。

本罪は公共危険犯ですから、**一定範囲の地域（一地方）**はその暴行・脅迫の行為自体による危険が直接に及ぶ範囲の地域に限られるべきで、その危険が周辺地域に及ぶことはないのに周辺地域を含め、そこの人心に与える不安・動揺をも含めて判断するのは、妥当ではありません。

> **新宿騒乱事件・最決昭和59・12・21**（刑集38・12・3071、判時1141・62、判タ546・107）は、「単に暴行・脅迫が行われた地域の広狭や居住者の多寡などとい

---

3) 大判大正2・10・03刑録19・910（数百名）、**最判昭和28・05・21**刑集7・5・1053、判タ31・70（30余名）、**平事件・最判昭和35・12・08**刑集14・13・1818、判時244・15、判タ112・6（約500人）（「多衆であるためには一地方における公共の平和、静謐を害するに足る暴行、脅迫をなすに適当な多人数であることを要する」）。

4) 曽根・210頁。ほかに、これに属する個々の人の意思では支配できない程度の集団であることを要するとする見解（平野・241頁、中森・180頁）、相当多数の一般住民・通行人その他の者の生命・身体・財産に危険を及ぼすことが可能な程度の多数人であることを要するとする見解（西田・291頁、山口・367頁以下）も主張されています。この程度に至らない集団による暴行・脅迫は、「暴力行為等処罰ニ関スル法律」1条の罪になります。

つた静的、固定的要素のみによつてこれを決めるべきものではなく、右地域（同所にある建物・諸施設、事業所などをも含む。）が社会生活において占める重要性や同所を利用する一般市民の動き、同所を職域として勤務する者らの活動状況などといつた動的、機能的要素をも総合し、さらに、当該騒動の様相が右地域にとどまらず、その周辺地域の人心にまで不安、動揺を与えるに足りる程度のものであつたか否かといつた観点からの考察も併せて行うべき」としました[5]。

③　**分担行為**　本条は、共同意思に基づいた多数の者による暴行・脅迫の存在を前提に、その内部分担行為に応じて処罰に段階を設けています。

首謀者とは、騒乱となる集団行動を首唱・画策し、多数の者をしてその合同力により暴行・脅迫を行わせる者をいい、暴行・脅迫を自ら行い、現場にあって総括指揮することを要しません[6]。首謀者は、一人とは限りません。

指揮者とは、騒乱に際して集団の一部又は全部に対し指揮を執る者をいい、指揮は暴行・脅迫の現場においてすると、事前に他の場所においてするとを問いません[7]。**率先助勢者**とは、多数の者から抜きん出て、特に騒乱の勢いを増大させる行為をする者をいい、多数の者の先頭に立って暴行・脅迫をする者、多数の者を激励して暴行・脅迫をさせる者、多数の者の騒乱行為を促す演説をする者などで、それが決行前になされるか、決行現場においてなされるか、それ以前になされるかは問いません[8]。

付和随行者とは、多数の者が暴行・脅迫を行うため形成しつつある集団又は既に形成された集団に共同意思をもって付和雷同的に参加した者をいい、自ら暴行・脅迫をしない参加者も含みます[9]。

④　**共同意思**　本罪は集合犯ですから、集団として暴行・脅迫をするという**共同意思**が必要です。これは、多数の者による集団としての暴行・脅迫の

---

5) この決定が、「一定範囲の地域（一地方）」、本件でいえば暴行・脅迫が行われた地域（新宿駅）における危険の程度を判断するに当たって、周辺地域に与える危険も考慮するという動態的に判断する趣旨であれば理解できますが、そうではなく、周辺地域の人心に与える不安・動揺も含めて判断するとしたら、適当ではありません。

6) 最判昭和 28・05・21 刑集 7・5・1053、判タ 31・70。

7) 大判昭和 5・04・24 刑集 9・265。

8) 大判大正 8・06・23 刑録 25・800、最決昭和 53・09・04 刑集 32・6・1652、判時 898・34、判タ 369・145。なお、**大判昭和 2・12・08** 刑集 6・476（騒乱行為に際し妨害を排除するために見張りをした行為は、「暴行脅迫の行為の気勢を援助したる所謂率先助勢の行為に該当する」）参照。

9) 大判大正 4・10・30 刑録 21・1763。

行為、各参加者の役割に応じた分担行為についての故意を超えるので、故意とは別の主観要件です。これは、集団の参加者である個人の意思であり〔**個人意思説**〕、一部の参加者の暴行・脅迫の行為を集団全体のものにする主観要件である同時に、集団の参加者が惹起した結果を他の参加者に帰責する主観要件でもあります。

> 　**共同意思の位置**づけについて、集団のもつ群集心理に着目し、多数の者の行為を全体として考察するための要件である〔全体意思説〕ので、故意とは別の**主観法律要件**、しかも主観的違法要素とする見解が支配的です。

　法律要件事実（法律要件を充足する事実）の主観面への反映が故意だとすると、集団としての暴行・脅迫の行為についても、各参加者の役割に応じた分担行為についても、その主観面への反映が本罪の故意であり、したがって、共同意思は個人犯罪についての故意を集団犯罪としての故意に翻訳した「集団犯の故意」ということになります[10]。しかも、故意はそれ自体で法益の侵害・危殆化に影響を与えるものではなく、必ず客観要件による検証を経ることでしか法益の侵害・危殆化の意味を明らかにすることはできないので、主観法律要件ではありますが、主観的違法要素ではなく責任要件です。本罪は、国家体制の撹乱を目的とする内乱の罪のように、一定の目的を要件としていませんし、堅い集団性・組織性を必要とせず、騒乱状態を惹起すれば足りる犯罪ですから、共同意思といっても、個人を超越した集団の意思を措定して本罪の射程範囲を拡張することは避けなければなりません。ただ、集団の同一性の範囲を主観面から限界づける主観要件として共同意思を充分に機能させるために[11]、故意とは別にすることにも意味があるかもしれません。

> 　**新宿騒乱事件・最決昭和 59・12・21**（刑集 38・12・3071、判時 1141・62、判タ546・107）は、「同一地域内において、構成を異にする複数の集団により時間・場所を異にしてそれぞれ暴行・脅迫が行われた場合であつても、先行の集団による暴行・脅迫に触発、刺激され、右暴行・脅迫の事実を認識認容しつつこれを承継する形態において、その集団による暴行・脅迫に時間的、場所的に近接して、後の集団による暴行・脅迫が順次継続的に行われたときには、各集団による暴行・脅迫は全体として同一の共同意思によるもの」であるとしました。

---

10) 曽根・212 頁、山中・514 頁参照。

11) 中山・374 頁、曽根・212 頁、松宮・339 頁。

02 騒乱罪（106条） 361

しかし、客観的な事情によって認定されるべき集団の同一性の範囲を、暴行・脅迫の意思の承継という主観要素で認定することには疑問があります。

共同意思とは、暴行・脅迫を集団のものとして行う意思と解されています。

> **平事件・最判昭和35・12・08**（刑集14・13・1818、判時244・15、判タ112・6）は、共同意思を、「多衆の合同力を恃んで自ら暴行又は脅迫をなす意思ないしは多衆をしてこれをなさしめる意思」と、「かかる暴行又は脅迫に同意を表し、その合同力に加わる意思」とに分け、「集合した多衆が前者の意思を有するものと後者の意思を有する者とで構成されているときは、その多衆の共同意思がある」としました。この共同意思は、㋐多衆の合同力を恃んで自ら暴行・脅迫をなす意思、㋑多衆の合同力を恃んで多衆に暴行・脅迫を行わせる意思、及び、㋒そのような暴行・脅迫に同意してその合同力に加わる意思に分解することが可能であり、これらのいずれかがあれば共同意思が認められるとされます[12]。
>
> また、**大須事件・最決昭和53・09・04**（刑集32・6・1077、判時898・27、判タ369・137）は、騒乱行為に加担する意思は確定的であることを要するが、「多衆の合同力による暴行脅迫の事態の発生については、常に必ずしも確定的な認識までを要するものではなく、その予見をもって足りる」と判示しました。

共同意思は、共謀や通謀と同義ではなく、多数の者の全員に意思連絡・相互認識を要するものではありません。騒乱行為に参加する意思は確定的であることを要しますが、多数の者による暴行・脅迫の発生については未必的な認識で足ります[13]。

⑤ **故意** 本罪が成立するには、共同意思のほかに故意が必要ですが、本書によれば、共同意思も集団犯罪の故意に包摂されます。そうはいっても、共同意思を除いた本罪の故意は、多数の者による集団としての暴行・脅迫の行為及び内部で分担した役割行為に応じて、その具体的中身は異なることになります。

(2) 罪 質

本罪は公共危険犯ですが、抽象的危険犯・具体的危険犯のいずれでしょうか。

> **大判大正13・07・10**（刑集3・564）は、「多衆集合して暴行又は脅迫を為すによりて成立する」ものにして、「其の所為の結果特に当該地方に於ける静謐を害

---

12) 大谷・369頁、山中・514頁。
13) 未必的では足りないとするのは、曽根・213頁。

362　第22講　騒乱の罪

> する事を要件とするものに非ず。」というのは、「其の所為自体に於て当然地方の静謐又は公共の平和を害する虞あるものとして特に現実斯の如き具体的結果の発生を必要とするものに非ざればなり」としていますし、**最判昭和 28・05・21**（刑集 7・5・1053、判タ 31・70）は、「刑法 106 条は、多衆聚合して暴行又は脅迫をしたときは、その行為自体に当然地方の静謐又は公共の平和を害する危険性を包蔵するものと認めたが故に騒擾の罪として処罰するものであるから、同罪の成立には、右のごとき暴行脅迫の外更らに所論のごとく、群集の暴動に発展し社会の治安を動揺せしむる危険又は、社会の治安に不安動揺を生じせしめた事実を必要とするものではない」としています。

　判例は、本罪は抽象的危険犯で、しかも、騒乱行為としての暴行・脅迫の行為自体に公共危険の発生が包蔵されているので、さらに危険結果が発生することを要しないとします〔擬制説・形式説〕。学説では、抽象的危険犯とする説[14]が支配的で、実際に公共危険が発生しなかったときは（未遂として）不可罰とします。

　本罪は、暴行罪・脅迫罪の集団的公共危険犯として、その客体は一定範囲の地域における不特定・多数の人の生命・身体・自由・財産であり、**具体的公共危険犯**です[15]。

(3)　共同正犯・共犯関係

　集団の外にあって騒乱行為に関与する者に総則の共同正犯・共犯の規定の適用が認められるかについて、議論があります。

> **適用否定説**[16]は、集合犯としての騒乱罪の規定は、首謀者、指揮者・率先助勢者、付和随行者の 3 つ役割分担の形態に応じた処罰が定められているので、総則の共同正犯・共犯の規定は排除されているとします。

　騒乱罪は必要的共犯であると同時に、内乱の罪と異なり、謀議参与者（77条 1 項 2 号）は集団参加者に含まれていませんので、それが他の関与役割分担行為に該当しない限り、他の参加者の共同正犯・共犯として処罰されることはありません。本条は、集団内の参加者を、その分担行為に応じて段階的に処罰している規定です。したがって、集団の外にあって加担する者、例えば、首謀者と共謀したが集団の参加者ではない者、率先助勢者を唆した部外

---

14)　通説です。
15)　西田・293 頁。
16)　大判明治 44・09・25 刑録 17・1550、団藤・181 頁、福田・62 頁、大塚仁・362 頁、内田・427 頁。

者、他人を勧誘して集団に参加させた部外者などは、成立要件に欠けるところはないので、共同正犯・共犯の規定を適用すべきでしょう。

(4) 他罪との関係

騒乱罪の行為は暴行・脅迫（最広義）ですから、暴行罪・脅迫罪は本罪に吸収されます[17]。そうすると、付和随行者が暴行・脅迫を行うと、むしろ、処罰が軽くなってしまいますが、本罪は群集心理に基づく有責性の低減を考慮した特別の規定ですので、このような解釈も許容されるとされます。

> 暴行・脅迫が同時に他の罪名に触れる場合の罪数関係について、**判例**は、殺人罪、傷害罪、強盗罪、恐喝罪、住居侵入罪、建造物損壊罪、公務執行妨害罪、現住建造物放火罪などと本罪とは観念的競合とします[18]。

> **学説**では、ⓐ他の罪の刑が、指揮者・率先助勢者のそれよりも重い場合には観念的競合とし、軽い場合には本罪に吸収されるとする見解[19]、ⓑ本罪に包含されている行為を予定している犯罪は吸収され、それ以外の罪は観念的競合とする見解[20] が主張されています。

法益の質・量の相違、法定刑の軽・重などを考慮すると、安易に吸収を認めるのは妥当ではありません。観念的競合とする判例の立場が妥当です[21]。

03　多衆不解散罪（107条）

> 暴行又は脅迫をするため多衆が集合した場合において、権限のある公務員から解散の命令を3回以上受けたにもかかわらず、なお解散しなかったときは、首謀者は3年以下の懲役又は禁錮に処し、その他の者は10万円以下の罰金に処する。

本条は騒乱行為の前段階の行為を罰しようとするもので、本罪は騒乱罪のいわば予備罪的犯罪です。したがって、騒乱行為としての暴行・脅迫がなされれば、本罪は吸収されて騒乱罪のみが成立することになります[22]。

> ①　暴行又は脅迫をするため集合した多衆であること〔主体〕

---

17) 理論的一貫性を求めるのであれば、観念的競合とすべきかもしれません（>_<）。
18) 平事件・最判昭和35・12・08刑集14・13・1818、判時244・15、判タ112・61。
19) 団藤・181頁、大塚仁・365頁、内田・427頁、前田・316頁。
20) 西原・389頁、曽根・210頁、大谷・373頁。
21) 通説といってよいでしょう。
22) 大判大正4・11・02刑録21・1831。

364 第22講 騒乱の罪

② 権限のある公務員から解散の命令を3回以上受けたにもかかわらず、なお
解散しなかったこと〔行為〕

③ 首謀者又はそれ以外の者としての役割分担行為をしたこと〔分担行為〕

④ 故意があること〔故意〕

① **主 体** 主体は、暴行・脅迫の目的で集合している多衆です。本罪は
目的犯ですが、この目的は遅くとも解散命令を受ける時点で存在すれば足り
ますので、この目的をもって集合したか、集合した後にこの目的をもつに至っ
たかを問いません。しかし、この目的があれば足りるのではなく、少なくと
も暴行・脅迫に至る現実的な危険性の存在が必要です[23]。

② **行 為** 行為は、当該公務員から解散の命令を3回受けるに及んでも
なお解散しない不作為です〔不作為犯〕。**解散の命令**は、警察官など、解散
命令の権限を有する公務員による合法的なものであることを要します[24]。

3回以上の意義について、ⓐ3回に及んだ時点で直ちに本罪は既遂に達する
とする説[25]、ⓑ3回目の解散命令の後に解散に要する時間を経過した時点で既
遂に達すとする説[26]、ⓒ4回目以降の命令で解散した場合であっても本罪が成
立しない場合があるとする説[27]もあります。

本書によれば、「3回以上」という文言が使われており、治安維持を優先
させる傾向のある公務員による解散命令の回数で直ちに本罪が既遂に達する
とするのは、現状を無視するものです。3回目の解散命令の後に解散に要す
る時間が経過したときに不作為の**実行行為**が認められ、その後、暴行・脅迫
に至る現実的な危険性が発生したときに本罪の**危険結果**が認められて既遂に
達します。命令の伝達方法は、口答・文書を問いません。命令は、解散を促
す手段であり、犯罪成立宣言ではないので、「解散せよ」と3回連呼しても
1回の命令と解されます。各回の命令の間に集合者が解散に要する相当の時
間の経過が必要です。**解散**とは、集団から任意に離脱することをいい、集団
を維持したまま場所を移動しても解散には当たりません。また、多数の者の
一部が離脱しても、なお多数が滞留している場合は解散に当たりませんが、

---

23) 曽根・214頁、大谷・374頁。

24) 警察官職務執行法5条参照。

25) 団藤・185頁、福田・63頁、大塚仁・366頁、中森・183頁、前田・317頁。

26) 西田・295頁、山中・518頁、山口・373頁、高橋・445頁、松原・431頁。

27) 平野・243頁、中山・378頁、大谷・374頁、曽根・214頁。

離脱した者が多数で、その集団が一地方の平穏を害する程度の規模でなくなった場合は解散に当たり、残余者を本罪で処罰することはできません。

③ **分担行為** 本罪も多数の者による暴行・脅迫の目的の存在を前提に、集合犯の内部分担行為に応じて、法定刑に差が設けられています。しかし、本条は、106条と異なり、首謀者とそれ以外の者とに分けられているにすぎません。

本罪の**首謀者**は、騒乱罪における首謀者のように集団形成において主導的役割を演じた者ではなく、解散命令に応じないことにつき主導的役割を演じた者です。

④ **故　意** 暴行・脅迫をするため集合した多衆が存在すること、権限ある公務員から解散命令を3回以上受けたこと、それでも解散しないこと、及び、首謀者又はそれ以外の者としての役割分担行為について、故意が必要です。

今日の一言

過去も　未来も　観念の中に存在するだけ
永遠に通じる出口は　過去には存在しない
永遠に通じる入口も　未来には存在しない
永遠は　現在の連続にすぎないのだから
永遠を眼前において
現在を生きていくしかないのだ

第23講 放火・失火の罪

01 総 説

(1) 保護法益

放火・失火の罪は、公共危険犯の典型であり、一定範囲の地域にいる不特定又は多数の人の生命・身体・財産の安全を保護していると解されています。しかし、刑法は、目的物が他人所有の物件か自己所有の物件かによって法定刑に差を設けているので、副次的には、財産法益も考慮していると考えられます。すなわち、本罪は基本的には**公共危険犯**ですが、副次的には**財産犯的性格**をも有していることになります。

> 本罪は、放火行為によって一定範囲の地域にいる不特定・多数の人の生命・身体・財産に重大な危害をもたらす**公共危険犯**の性格を有しています。それは、本罪の規定が公共危険犯である「騒乱の罪」と「出水・水利に関する罪」との間に配列されていること、自己所有物件を焼損した場合であっても公共の危険を生じたときは処罰されること（109条2項・110条2項）、他人所有の建造物等以外の物を焼損した場合、公共の危険を生じないときは放火罪として処罰されないこと（110条1項）から明らかです。
>
> 他方、本罪は、放火行為によって直接に建造物等の財産を侵害する**財産犯的性格**を有しています。それは、自己所有物に対する放火罪の法定刑（109条2項・110条2項）が、他人所有物に対する放火罪（109条1項・110条1項）のそれに比べて軽いこと、他人所有の非現住建造物等放火罪の未遂・予備が処罰されている（112条・113条）のに対し、自己所有の非現住建造物等放火罪のそれは処罰されていないこと、自己所有の建造物等であっても差押え等を受けているときは他人の物として扱われていること（115条）からもうかがうことができます。
>
> さらに、本罪は、放火行為によって建造物等の内部に存在する（可能性のある）人の生命・身体に対する危険性も考慮しており、**人身犯罪**としての面も有しています。それは、「現住・現在」建造物等放火罪では建造物等の内部に現に存在する人、存在する可能性のある人の生命・身体に対する危険性を考慮し、非現住建造物等放火罪（109条1項）の法定刑よりも格段に重い法定刑を規定し、殺人罪（199条）のそれと同じにしていることに表れています。

① 単一の放火行為により数個の（現住・非現住）建造物を焼損し[1]、また、建造物と建造物以外を焼損しても、**包括**して最も重い放火罪が成立し、処断

01　総説　367

されます。但し、放火行為が各別に複数であると認定されたときは、数個の放火罪が成立し、併合罪となります。

②　本罪は公共危険犯ですから、**被害者の承諾**が放火行為の違法性を消滅させることはありません。しかし、放火罪には財産犯的側面が含まれていますので、例えば、108条の客体（現住建造物等）である戸建住宅への放火行為に居住者全員が承諾した場合、それは当該住宅の現住建造物としての法的要保護性が消滅し、刑法としては本条で保護する契機を失いますので、109条の客体（非現住建造物等）へと変化します。また、109条の客体（非現住建造物等）・110条の客体（建造物等以外）への放火行為に所有者が承諾した場合、その客体は109条2項・110条2項（自己所有物）へと変化します。

③　本罪の公共危険犯としての性格が、**実行の着手**に影響することがあります。例えば、戸建住宅（108条の客体）を焼損する意図でこれに近接する物置（109条の客体）に放火した場合、物置を燃やすにとどまり、住宅に燃え移らなかったとしても、現住建造物等放火罪の未遂となります。単一の放火行為の発展過程の中で、軽い放火罪は、意図された重い放火罪を実現するための媒介手段として後者に吸収されると考えるからです。

(2)　**類　型**

> ○現住建造物等放火罪（108条）　○非現住建造物等放火罪（109条）
> ○建造物等以外放火罪（110条）　○延焼罪（111条）　○消火妨害罪（114条）
> ○失火罪（116条）　○激発物破裂罪（117条）
> ○業務上失火罪・重失火罪（117条の2）
> ○ガス漏出等罪・ガス漏出等致死傷罪（118条）

放火罪のうち108条から110条の罪を整理しておきます。

条　文	犯　罪	法定刑	公共危険犯	財産犯的性格	建物内部の人への危険
108条	現住建造物等放火	死刑、無期・5年以上懲役	抽象的危険	現住建造物等焼損	存在する可能性のある人への危険
	現在建造物等放火		抽象的危険	現在建造物等焼損	現に存在する人への危険

1）　大判大正11・12・13刑集1・754、大判大正12・11・15刑集2・794。

条	項					
109条	1項	非現住建造物等放火	2年以上有期懲役	抽象的危険	（他人所有）非現住建造物等焼損	——
	2項	自己所有の非現住建造物等放火	6月以上7年以下懲役	具体的危険	自己所有非現住建造物等自損行為	——
110条	1項	建造物等以外放火	1年以上10年以下懲役	具体的危険	（他人所有）建造物等以外焼損行為	——
	2項	自己所有の建造物等以外放火	1年以下懲役、10万円以下罰金	具体的危険	自己所有建造物等以外自損行為	——

(3) 公共危険犯の類型

① **抽象的危険犯**＝条文上、公共危険の発生が要求されておらず、抽象的な公共危険の発生があれば足りる――108条、109条1項、116条1項、117条1項1文

② **具体的危険犯**＝条文上、公共の危険の発生が要求されており、犯罪成立のためには具体的な公共危険の発生を要する――109条2項、110条、116条2項、117条1項2文、118条1項

> **形式説**[2]によると、抽象的危険犯は立法理由が公共危険にあるにすぎず、法律要件該当事実（放火行為・焼損）が存在するとき、既にそれ自体の中に公共危険が内含されているので、別に公共危険の発生は不要であるとします。

形式説が、例えば、周辺に建造物・樹木など何もない荒野・平原にある他人所有の住宅や小屋に放火した場合、何ら公共危険が発生していないのに、「住宅の住人や小屋の所有者、あるいはこれらの者と生活圏を同じく人々の受ける不安や脅威」を根拠に、現住建造物等放火罪（108条）・非現住建造物等放火罪（109条1項）の成立を認める[3]のは、所有者・居住者等の不安感・恐怖感に本罪の処罰根拠を求めるもので、適当とはいえません。むしろ、個別事案の具体的事情をもとに、現に抽象的な公共危険が存在するかを認定すべきで、**実質説**[4]が妥当です。

---

2) 判例（大判明治44・04・24刑録17・655）・通説です。

3) 岡野・225頁。なお、『大コンメンタール刑法第7巻』（第3版・2014年）9頁〔村瀬均〕参照。

4) 中山・383頁、内田・442頁、中森・185頁、前田・318頁、曽根・220頁、高橋・450頁。

抽象的危険犯と具体的危険犯との区別についても、議論があります。

ⓐ **危険推定説**[5] ──危険の推定の有無に求める
　○抽象的危険犯　社会通念上法益侵害の危険があるとして類型化されているので、要件該当事実があれば公共危険の発生が推定されるが、荒野・平原にある一軒家への放火の場合のように、公共危険の推定を覆す事実が存在するときには、本罪ではなく建造物損壊罪の成立にとどまる
　○具体的危険犯　法律要件の内容として、具体的危険の発生を積極的に認定する必要がある
ⓑ **判断区別説**[6] ──危険の判断基底の相違に求める
　○抽象的危険犯　行為当時の一般的事情、特に行為の客体の形態や自然的・社会的状況などを判断基底にして危険を認定
　○具体的危険犯　行為当時及び行為後に生じた全事情を判断基底にして、危険を認定

危険推定説については、危険判断に推定の概念を導入する点に疑問がありますし、判断区別説については、抽象的危険犯の判断基底・判断時点が行為時に固定されている点に疑問がありますし、現行刑法が、そもそもそうした危険判断の質的な差別化をしているのか疑問があります。

　本書によれば、抽象的危険犯では、法益侵害の一般的な現実的危険の発生を要するのに対し、具体的危険犯では、法益侵害の具体的な現実的危険性を要します〔**量的区別説**〕[7]。

(4) 公共危険の意義

　① **意　義**　公共危険とは、一定範囲の地域にいる不特定又は多数の人の生命・身体・財産に対する危険をいいます。公共危険については、火災現場にいる人及び近辺の住民の生命・身体・財産に対して危害を及ぼすと一般人に感じさせることを内容とする一般人の危険感・危惧感とする見解もありますが、本罪の保護法益は一般人の安心感・安全感ではなく、不特定・多数の人の生命・身体・財産の安全ですから、これらの法益に対する客観的な物理的危険を内容とすべきです。

---

5) 岡野・225 頁。
6) 中山研一ほか編『刑法各論』(1977 年) 211 頁〔名和鐵郎〕。
7) 平野・総論Ⅰ・120 頁、山口・総論・47 頁、松原・総論・54 頁など。

370 第23講 放火・失火の罪

② **範 囲** 公共危険の範囲については微妙な議論が展開されています。

> **延焼危険説**[8] は、公共の危険とは 108 条・109 条所定の建造物等への延焼を介して不特定・多数の人の生命・身体・財産に被害を及ぼす危険とするものです。**周辺危険説**[9] は、公共の危険とは建造物等への延焼の危険のほか、建造物内及び建造物の周辺にいる人の生命・身体に対する危険をも含むとするものです。さらに、**付随危険説**[10] は、公共の危険とは付近の人々が避難しようとして受ける危険や消火のために駆け付けた消防士、居住者等に対する危険をも含むとするものです。

> □**戦 前** 判例は、「其の放火行為により一般不特定の多数人をして第108条及び第109条の物件に延焼する結果を発生すべき虞ありと資料せしむるに相当する状態」[11] の判示に代表されるように**延焼危険説**に立っていました。
> □**戦 後** これを引き継ぐもの[12] もありますが、「108 条、109 条 1 項の物件に延焼する危険、その他不特定多数人の生命・身体・財産を侵害する危険」[13] とするものが存在します。そして、**最決平成 15・04・14**（刑集 57・04・445、判時 1823・154、判タ 1124・151〔百選Ⅱ・84〕）は、駐車場に停めてあった自動車にガソリンをかけて放火したところ、車両の前後から出火し、周囲への延焼はなかったが、被害自動車の近くに駐車されていた別の 2 台の自動車と、付近にあったゴミ集積場に延焼する危険があったという事案につき、刑法「110 条 1 項にいう『公共の危険』は、必ずしも同法 108 条及び 109 条 1 項に規定する建造物等に対する延焼の危険のみに限られるものではなく、不特定又は多数の人の生命、身体又は前記建造物等以外の財産に対する危険も含まれる」として建造物等以外放火罪（110 条 1 項）の成立を認めた原判決を維持しました[14]。**周辺危険説**に移行していることがうかがえます。

　本書によれば、公共の危険は、108 条・109 条所定の**建造物等への客観的な延焼可能性**を前提に、**不特定・多数の人の生命・身体・財産への危険**を内容とします。前半部分は、延焼罪(111 条)が加重結果の延焼客体として 108 条・109 条 1 項所定の建造物等への延焼を要求している趣旨からうかがえます。

---

8) 西田・306 頁以下、山口・389 頁。
9) 武田誠『放火罪の研究』（2001 年）96 頁、曽根・217 頁、林・331 頁、松原・404 頁。
10) 井田・387 頁、井田良「放火罪をめぐる最近の論点」『刑法基本講座第 6 巻』（1993 年）184 頁。
11) 大判明治 44・04・24 刑録 17・655。
12) 名古屋地判昭和 35・07・19 下刑集 2・7=8・1072。
13) 大阪地判昭和 58・08・22 判タ 512・191、浦和地判平成 2・11・22 判時 1374・141、判タ 752・244。
14) これを支持するのは、山中・538 頁、高橋・448 頁、松宮・352 頁。

この点、先の平成 15 年最高裁決定によると、最初から 3 台の自動車を焼損する意図で放火すれば器物損壊罪にしかならないのに、1 台の自動車だけを焼損する意図で放火すれば建造物等以外放火罪になってしまい、いかにも不均衡です [15]。他方、後半部分の危険の対象については、110 条 1 項と 2 項の法定刑の差を見ると、建造物等以外の財産に対する危険を除外する積極的理由はないと考えられます。

③ 判断基準

> **一般人基準説** [16] は、公共危険は心理的・客観的に一般人をして危険感・不安感を抱かせる程度をもって足りるとし、一般人を規準にします。これに対し、**物理的基準説** [17] は、延焼の物理的な可能性を含め、保護法益に対する客観的な物理的危険をいうとし、物理的危険を規準にします。

本罪の保護法益は一般人の単なる安心感・安全感ではなく、不特定・多数の人の生命・身体・財産の安全なのですから、危険性判断の規準とされるべきは、これらの法益に対する客観的な物理的危険であるのは当然です。ここでも、科学主義を徹底させ、物理的危険を客観的に判断すべきです。

> 公共危険の判断時点・判断基底について、**事前判断説** [18] は、公共危険の判断に関し一般人を規準とする立場から、行為時点で一般人が認識・予見可能な事情を基礎にした事前判断であるとします。これに対し、**事後判断説** [19] は、公共危険の判断に関し客観的・物理的判断を規準とする立場から、行為時に現実に存在した客観的事情を基礎にした事後判断であるとします。

本罪の保護法益が不特定・多数の人の生命・身体・財産の安全にある以上、それを脅かしたか否かは物理的危険を軸に判断すべきです。ですから、行為時に現に存在した事情は、行為当時、一般人にも付近の住民にも認識・予見が不可能な事情であっても、すべて危険判断の基礎におかれるべきです〔**事**

---

15) 西田・309 頁、松原・404 頁。

16) 大判明治 44・04・24 刑録 17・655、大判大正 5・09・18 刑録 22・1359、大阪地判昭和 58・08・22 判タ 512・191、浦和地判平成 2・11・22 判時 1374・141、判タ 752・244、大塚仁・379 頁、藤木・88 頁、大谷・375 頁以下、386 頁以下、松宮・352 頁、井田・388 頁。

17) 曽根・217 頁、林・331 頁、松原・404 頁、武田誠『放火罪の研究』(2001 年) 102 頁。

18) 静岡地判昭和 34・12・24 下刑集 1・12・2682、浦和地判平成 2・11・22 判時 1374・141、判タ 752・244、大塚仁・379 頁、藤木・88 頁、大谷・386 頁以下、松宮・352 頁、井田良「放火罪をめぐる最近の論点」『刑法基本講座第 6 巻』(1993 年) 185 頁。

19) 林・331 頁、高橋・449 頁、山口・389 頁、武田誠『放火罪の研究』(2001 年) 108 頁。

372　第23講　放火・失火の罪

後判断〕。処罰の根拠は科学主義にあるべきであって、一般人の不知・無知が処罰の根拠となるような事態は絶対に避けなければなりません。

⑸　**焼　損**

①　**判例・学説の状況**　放火行為は焼損の段階に至ると既遂になるといわれ、焼損は放火罪の未遂・既遂を画する概念と解されていますが、その意義については激しい議論があります。本罪の**公共危険犯的性格**を重視する立場から@独立燃焼説が主張され、この説による既遂時期を遅くするために⑥燃え上がり説が主張され、他方で、本罪の**財産犯的面**に着目する立場から©効用喪失説が主張され、この説による既遂時期を早くするために⑥一部損壊説が主張されています。

@　**独立燃焼説**[20] ――火が媒介物を離れて目的物に燃え移り、立ち消えすることなく独立して燃焼を継続する状態に至ったとき

　＜根拠＞・現在も木材等の家屋が主流で、過密した住宅地も多い日本の状況を考慮すると、目的物が独立に燃焼する状態に達したとき、公共危険の発生は相当に高いと考えられる

　　　　　・財産的侵害が拡大する前に既遂を認めることで、未遂犯処罰規定のない失火罪等においても妥当な結論が得られる。

⑥　**燃え上がり説**[21] ――目的物の主要部分が燃焼を開始し、その全体に燃え移る危険が認められる程度に炎を上げて燃えたとき

　＜根拠＞・独立燃焼説に立ちながらも、財産犯的面との調和を図るために、目的物の一定程度以上の部分が燃焼することとするのは合理的

　　　　　・放火罪は公共危険犯であり、毀棄・損壊の程度に至らなくても、公共危険発生の焼損は考えられる

©　**効用喪失説**[22] ――火力によって目的物の重要部分を失い、その本来の効用を喪失するに至ったとき

---

20)　判例・通説です。判例では、**大判大正7・03・15**刑録24・219（「放火罪は静謐に対する犯罪なれば、苟くも放火の所為が一定の目的物の上に行われ、其状態が導火材料を離れ独立して燃焼作用を営み得べき場合に於ては、公共の静謐に対する危険は既に発生せるを以て、縦令其目的物をして全然其効用を喪失せしむるに至らざるも刑法に所謂燒燬の結果を生じ放火の既遂状態に達したる」）、**最判昭和23・11・02**刑集2・12・1443（「火勢は放火の媒介物を離れて家屋が独立燃焼する程度に達したことが認められるので、原判示の事実は放火既遂罪を構成する事実を充たした」）、**最判昭和25・05・25**刑集4・5・854〔百選Ⅱ・80〕（「被告人の放火が判示媒介物を離れて判示家屋の部分に燃え移り独立して燃焼する程度に達したこと明らかである」）。

21)　平野・248頁、福田・67頁、松宮・346頁。

22)　植松・97頁、香川・172頁、曽根・219頁。

> <根拠> ・放火罪の財産犯的面を考慮するなら、火力によって目的物の重要
>   　　　　部分を焼失し、その本来の効用を喪失したときを既遂とすべき
> 　　　　・同じ公共危険犯の出水罪（119条）にいう「浸害」と同じく、効用
>   　　　　喪失の意味に解すべき
>
> ⓓ　**一部損壊説** [23] ──火力によって目的物が毀棄・損壊の程度に達したとき
> 　<根拠> ・焼損とは火力によって物を毀棄・損壊するという意味であり、そ
>   　　　　の段階に達したかどうかの判断に当たって、目的物自体の毀棄・
>   　　　　損壊の意義から離れることは許されない
> 　　　　・公共危険犯と財産犯的面との両面を考慮するなら、毀棄罪にいう
>   　　　　損壊の程度に達したときに公共の危険が発生したといえる

　② **本書の立場**　条文は、「放火」行為、「焼損」状態、及び「公共の危険」の発生を書き分けていますから、これら３つの概念を区別し、かつ、整合的に解釈する必要があります。焼損と公共危険の発生とを結合させるのは、適切な解釈ではないのです。他方、本罪は抽象的危険犯・具体的危険犯の２種に分けられますが、各危険犯に応じて未遂・既遂の時期が異なり、焼損をもって直ちに既遂だと画一的に断定するのは、理論的ではありません。すなわち、実行行為に必要な危険、未遂結果に必要な危険、及び既遂結果に必要な危険は犯罪の性質によって異なると考える本書 [24] によれば、焼損の時点で放火罪は既遂に達するとする解釈は再考する必要があるのです。

　先に、本罪は、基本的には公共危険犯であるが、副次的には財産犯的性格をも有すると説明しましたが、本罪は、建造物等や建造物等以外の損壊・毀棄の行為を通過点にして、公共危険を発生させる罪です。したがって、本罪における焼損も、建造物損壊罪・器物毀棄罪における物理的損壊説 [25] を軸に規定されるべきで、焼損とは、火力によって目的物の重要部分を物理的に焼失させることによってその物の本来の効用を害することをいいます。

　㋐　**抽象的危険犯**　抽象的危険犯（108条・109条１項）の場合、放火行為により焼損の状態に至ると、公共危険の発生が認められる場合が多いと考えられ、その限りで、焼損と公共危険の発生とが近接しています。条文に公共危険の言及がないのはそのためといえるでしょう。しかし、それは、事実上の

23）大塚仁・372頁、大谷・379頁、川端・481頁、山中・524頁。
24）武田誠『放火罪の研究』（2001年）129頁、関・総論・343頁以下参照。
25）本書・345頁以下。

推認にすぎないので、例えば、周辺に建造物など延焼するものが何もない荒野にある居住者一時不在の一軒家の住宅に放火し、焼損の状態に至ったとき、直ちに現住建造物等放火罪（108条）の成立を認めるのは適当ではありません。

すなわち、抽象的危険犯では、火の付いた媒介物を目的物に近づけることにより本罪の**着手**となり、目的物の独立燃焼の継続により未遂結果が認められて**未遂罪**となり、目的物の重要部分を物理的に焼失させる**焼損**により、抽象的な現実的公共危険が発生したときに**既遂**になります。

　④　**具体的危険犯**　これに対し、**具体的危険犯**（109条2項・110条など）では、焼損とは別に具体的な現実的公共危険の発生を積極的に認定する必要があります。条文に公共危険の言及があるのはそのためといえます。

　すなわち、具体的危険犯では、火の付いた媒介物を目的物に近づけることにより本罪の**着手**となり、目的物の独立燃焼の後、目的物の重要部分を物理的に焼失させる**焼損**により、一般的ではあっても現実的な公共危険が発生する未遂結果が認められて**未遂罪**となり、さらに、具体的な現実的公共危険が発生したときに**既遂**に達したことになるのです[26]。

　③　**難燃性建造物と焼損**　近時、難燃性・耐火性の建造物への放火で、目的物は炎を上げて独立燃焼しないが、火力・熱によって有毒ガス・煙等を発生し、建材・壁等が剥落する事態をどう処理すべきか議論されています。

> **東京地判昭和59・06・22**（刑裁月報16・5=6・467、判時1131・156、判タ531・245）は、鉄筋コンクリート造の建物に火を放ち、塵芥処理場のコンクリート内壁表面のモルタルを剥離・脱落させるとともに、同所のコンクリート天井表面に吹きつけてあった石綿を損傷・剥離させたほか、吸気ダクトの塗装等を焼損した事案につき、「火が媒介物を離れて、それら、ひいては建造物自体に燃え移り、独立して燃焼を維持する程度に達したと認める証拠はない」として、現住建造物放火罪の未遂を認めるにとどめました[27]。
>
> 他方、**最決平成元・07・07**（判時1326・157、判タ710・125〔百選Ⅱ・81〕）は、

---

26) 焼損とは目的物の燃焼の火力が人の制御困難な状態に陥った時点とする**制御困難説**（伊藤渉ほか『アクチュアル刑法各論』（2007年）316頁〔齊藤彰子〕、松原・396頁）も主張されていますが、未遂犯と既遂犯とを画する概念として明確なのか疑問があります。「消火のための機材が進化・充実すれば、焼損の時期が遅くなる」ということではないでしょう。この説によると、放火罪が抽象的危険犯か具体的危険犯かによって制御困難性に差が生じることになるのでしょうか。

27) 同じく独立燃焼説の立場から難燃性の建造物について判断したものとして、東高高判昭和49・10・22東高時報25・10・90、東京高判昭和52・05・04判時861・122。

02 現住建造物等放火罪（108条） 375

> 12階建集合住宅である本件マンション内部に設置されたエレベーターのかご内で火を放ち、その側壁に使用されている化粧鋼板表面の一部を焼失させた事案につき、マンションに設置されたエレベーターのかご部分は「建造物たる本件マンションの一部を構成する」ものであり、エレベーターのかごの「壁面表面のフルオールシートが溶融、気化して燃焼し、一部は炭化状態となり、一部は焼失したことが明らかである」以上、「建造物の位置」が「媒介物であるガソリンから離れて独立して燃焼したと認めるに十分である」とした原判決を維持しました。独立燃焼説を前提に、媒介物の火力によって建造物の一部が溶解・気化し、炭化状態となったことを燃焼作用と解して焼損に当たるとしました。

　学説では、火力によりコンクリート壁が剥落するなど目的物の重要な部分を失い、その本来の効用を喪失する状態に至ったときは、独立燃焼がなくとも焼損を認めるべきだとする**新効用喪失説**[28]が主張されました。この説に好意的な見解[29]も多いのですが、放火罪は目的物の燃焼作用を通じての公共危険の発生を本質とするのであり、火力による目的物の燃焼作用を前提としない公共危険を焼損概念に包摂するとしたら、それは、「焼損」と「公共の危険」とを書き分けている本罪の条文に抵触し、罪刑法定原則に反するとの批判が加えられました[30]。

　この問題は、目的物の燃焼による（一部・重要部分の）損壊を介しての公共危険の発生という本罪の規定と現実の建築・建材状況との間に乖離が生じていることに起因します。裁判所（裁判官）は、法文言を曲解して日本語を乱しているとの誹りを受けないように、この問題を立法府に委ねるべきです。

02 現住建造物等放火罪 (108条)

> 放火して、現に人が住居に使用し又は現に人がいる建造物、汽車、電車、艦船又は鉱坑を焼損した者は、死刑又は無期若しくは5年以上の懲役に処する。未遂・予備も罰せられます（112条・113条）。

(1) 要 件

> ① 現に人が住居に使用し又は現に人がいる建造物、汽車、電車、艦船又は鉱

---

28) 河上和雄「放火罪に関する若干の問題について」捜査研究26巻3号（1977年）36頁以下参照。
29) 大谷・379頁、井田・383頁。
30) 曽根・219頁、西田・304頁、中森・185頁、高橋・454頁、伊東・271頁、山口・386頁、松宮・347頁、松原・396頁。

坑であること〔客体〕
② 所定の目的物に放火して焼損すること〔行為・結果〕
③ 故意があること〔故意〕

① **客体** 客体は、㋐「現に人が住居に使用する」又は「現に人がいる」という属性を要します。**現に人が住居に使用する**とは、放火行為のときに、犯人以外の者が起臥寝食等日常生活をする場所として日常的に使用していること〔**現住性**〕をいい、この属性が認められる建造物等を**住居**といいます。住居とされると、居住者が一時不在であっても現住性は消失しません。この点が、現住性の重要な特徴です。シーズンオフの別荘は、一定の期間とはいえ現に住居として使用しており、人がいる可能性があるので現住性を認めるべきだとする見解[31]もありますが、放火の時点で継続的に起臥寝食の場所として使用されていないことは明瞭ですから、現住性は認められないでしょう[32]。居住者全員が殺害された住居は、殺害行為者が放火行為者であっても、非現住（109条の客体）となります[33]。

　現に人がいるとは、放火行為のときに、犯人以外の者が現にその建造物等にいること〔**現在性**〕をいいます。

　最決平成9・10・21（刑集51・9・755、判時1620・155、判タ955・152〔百選Ⅱ・83〕）は、競売手続の妨害目的で、約1か月半の間に10数回交替で従業員を宿泊させていた自己所有の家屋に、従業員を旅行に連れ出した後に放火した事案につき、本件家屋には日常生活上必要な設備・家財道具があり、「従業員らは、旅行から帰れば再び本件家屋への交替の宿泊が継続されるものと認識していた」ときは、現住性が認められるとしました[34]。

　㋑ **建造物**とは、家屋その他これに類似する工作物で、土地に定着し人の起居出入りに適する構造を有するものをいいます[35]。建具その他家屋の従

---

31) 大谷・381頁、高橋・458頁。
32) 西田・299頁、山口・379頁。
33) 大判大正6・04・13刑録23・312。
34) 西田・299頁、山口・379頁。
35) 行為者以外の同居人が家出をした場合の現住性については、**横浜地判昭和58・07・20**判時1108・138（妻が家出してから半日も経過していないうちに、行為者が焼身自殺をしようと自宅家屋に放火した事案につき、妻は着のみ着のままの状態で家出をしていること、同女は以前3度も家出しているが短期間で戻っていること、本件犯行時離婚が確定的となっていたものではないなどの事情の下では、同女は「本件家屋は自分の住居であるとの意思を有していたもの」と認め

物が建造物に包摂されるかについて、判例は、それを毀損しなければ取り外しができない状態にあるかを規準とし[36]、天井・敷居・鴨居・屋根瓦などを建造物の一部とし、畳・雨戸・障子・ふすま、建具などは建造物ではなく器物としていました[37]。しかし、**最決平成 19・03・20**（刑集 61・2・66、判時 1963・160、判タ 1237・176〔百選Ⅱ・78〕）は、「当該物と建造物との接合の程度のほか、当該物の建造物における機能上の重要性をも総合考慮して決すべき」とし、新たな規準を付加しました[38]。**汽車**とは、蒸気機関を動力として、軌道上を運行する交通機関をいい、**電車**とは電力によって軌道上を運行する交通機関をいいます。ガソリンカー、ディーゼルカーは汽車に含まれるとするのが判例[39]ですが、言語学上の語義を乱す類推解釈といわざるをえません[40]。**艦船**とは、軍艦・船舶をいい、航行能力を要します。**鉱坑**とは、地下の鉱物を採掘するために設けられた坑道その他の地下設備をいい、炭坑も含みます。

　② **行為・結果**　本罪は抽象的危険犯であり、放火行為、焼損及び抽象的な公共危険の発生について微妙な認定を強いられます。本書の立場からは、火の付いた媒介物を目的物に近づけることにより本罪の**着手**となり、目的物の独立燃焼の継続により未遂結果が認められて**未遂罪**となり、目的物の重要部分を物理的に焼失させる**焼損**により、抽象的な現実的公共危険が発生したときに**既遂**になります。

　③ **故　意**　㋐現に犯人以外の者が住居として使用し又は現に犯人以外の者がその内部に存在する建造物・汽車・電車・艦船・鉱坑であることについての故意（目的物の認識）、㋑放火して所定の目的物を火力により損壊することについての故意（焼損の認識）、及び、㋒一定範囲の地域にある不特定・多

　　られ、現住建造物に当たる）が参考になります。

36) 最判昭和 25・12・14 刑集 4・12・2548、判タ 10・54。

37) 大判大正 6・03・03 法律新聞 1240・31、大判大正 8・05・13 刑録 25・632。

38) この決定は、集合住宅居室の金属製ドアは「住居の玄関ドアとして外壁と接続し、外界とのしゃ断、防犯、防風、防音等の重要な役割を果たしている」のであるから、「適切な工具を使用すれば損壊せずに同ドアの取り外しが可能であるとしても」本罪の客体に当たるとしました。

39) 大判昭和 15・08・22 刑集 19・540。

40) モノレールは電車に含まれますが、ケーブルカーについては電車に含ませるのは疑問です。ロープウェイ、トロリーバス、航空機は、軌道上を走行しないので電車には含まれません。

378   第23講   放火・失火の罪

数の人の生命・身体・財産に対して現実の抽象的な危険を及ぼすことについての故意（公共危険の認識）が必要です。

> **【事例01】**　Xは、Aの住居（108条の客体）を住居ではないしAほか人も現在していない建物（109条の客体）と誤信して放火し、焼損した。

この場合、Xは、非現住建造物放火（109条1項）の意図で現住建造物放火（108条）を実現しており、抽象的事実の錯誤ですが、両罪に法律要件の重なりが認められるので、38条2項により、重なり合う軽い非現住建造物放火罪（109条1項）が成立し、その罪責を負うことになります。

⑵　着　手

本罪の実行の着手時期は、焼損が発生する現実的危険性のある行為を開始したときです。これには、目的物に直接点火する行為にとどまらず、点火した媒介物を目的物に近づけ、目的物が伝火しうる状態にあることが物理上明白なときは、未だ目的物の一部に伝火していなくとも、本罪の着手が認められます[41]。目的物に発火装置を設置することは、自然に発火して導火材料を経て放火の物体に火力を及ぼすべき状態にあるので、右装置の設置をもって本罪の着手とされます[42]。

03　非現住建造物等放火罪（109条）

> 　放火して、現に人が住居に使用せず、かつ、現に人がいない建造物、艦船又は鉱坑を焼損した者は、2年以上の有期懲役に処する。
> 　2　前項の物が自己の所有に係るときは、6月以上7年以下の懲役に処する。ただし、公共の危険を生じなかったときは、罰しない。
> 　1項の罪の未遂・予備も罰せられます（112条・113条）。

> ＜1項＞①　現に人が住居に使用せず、かつ、現に人がいない建造物、艦船又は鉱坑であること〔客体〕
> 　　　　②　所定の目的物に放火して焼損すること〔行為・結果〕
> 　　　　③　故意があること〔故意〕
> ＜2項＞①　自己所有に係る、現に人が住居に使用せず、かつ、現に人がいない建造物、艦船又は鉱坑であること〔客体〕

41）大判大正3・10・02刑録20・1789。
42）大判昭和3・02・17法律新聞2833・10。

③ 所定の目的物に放火して焼損し、公共危険を生じさせること〔行為・結果〕

③ 故意があること〔故意〕

① **客体** ⑦客体の属性として、**現に人が住居に使用せず**とは、放火行為のときに、犯人以外の者が起臥寝食等日常生活をする場所として日常的に使用している建造物等ではないこと〔**非現住性**〕をいいます。判例では、物置小屋[43]、掘立小屋[44]、納屋[45]、炭焼小屋[46] などが本罪の客体に当たるとされます。居住者全員が殺害された住居は、殺害行為者が放火行為者であっても、非現住となります[47]。**現に人がいない**とは、放火行為のときに、犯人以外の者が現にその建造物等にいないこと〔**非現在性**〕をいいます。④**建造物・艦船・鉱坑**の意義については、108 条を参照してください。

放火の目的物が非現住・非現在建造物等であるときは1項の客体であり、抽象的危険犯ですが、それが自己所有に係るときは2項の客体となり、具体的危険犯となります。なお、自己所有物件であっても、差押えを受けている物、物権を負担している物（例：質権・抵当権が設定された物、留置権によって留置されている物）、賃貸借の目的物となっている物、保険（火災保険・地震保険など）に付された物は、他人所有物件と扱われます（115条）。

② **行為・結果** 1項も2項も、行為は**所定の目的物に放火して焼損する**ことです。1項は抽象的危険犯です。形式説によると、目的物を焼損する結果が発生すれば既遂に達することになりますが、本書によれば、目的物を焼損することにより、抽象的な現実的公共危険を発生させることを要します〔実質説〕。自己所有に係る物件に放火して焼損する行為自体は自損行為として不可罰ですから、2項は、処罰の根拠として公共危険の発生を要求しており、具体的危険犯です。したがって、目的物の重要部分を物理的に焼失させる焼損により、具体的な現実的公共危険を発生させることを要します。

43）大判明治 41・12・15 刑録 14・1102。
44）大判大正元・08・06 録録 18・1138。
45）大判昭和 13・08・22 法律新聞 4317・15。
46）広島高裁岡山支部判昭和 30・11・15 高裁刑事裁判特報 2・22・1173、仙台高判昭和 43・05・23 下刑集 10・05・542。
47）大判大正 6・04・13 刑録 23・312。

【事例02】　Xは、人里離れたA所有の倉庫内に誰もいないことを確認したうえで、その倉庫に放火して全焼させたが、周りには人家もなく、引火の危険のある物も存在せず、公共の危険は生じなかった。

　この場合、目的物は他人所有の非現住建造物（109条1項）ですので、形式説によると、公共危険の発生は不要であり、焼損により直ちに非現住建造物等放火罪（109条1項）が成立することになります。しかし、本書によれば、公共危険が発生するような状況での放火行為・焼損ではありませんので、本罪としては不能犯であり、建造物損壊罪の成立を検討することになります。

【事例03】　Xは、自己所有の物置小屋を処分する意図で火を放ち、焼損した。

　この場合、目的物は自己所有の非現住建造物（109条2項）ですので、現実に具体的な公共危険の発生の有無が犯罪の成否を分けることになります。

　広島高裁岡山支部判昭和30・11・15（高裁刑事裁判特報2・22・1173）は、人家から300メートル以上離れた山腹にあり、周辺の雑木はすべて切り払われ、行為当時小雨が降り続けており、被告人も付近に延焼することのないように監視して、自己所有の炭焼小屋に火を放ったという事案につき、「公共の危険があったとは毫も認められない」としました。

　③　故　意　1項の罪には、⑦他人の所有に係る物件であり、現に犯人以外の者が起臥寝食等日常生活をする場所として日常的に使用している場所ではないこと、かつ、現に犯人以外の者がその内部にいないことについての故意（目的物の認識）、⑦放火して所定の目的物を火力により損壊することについての故意（焼損の認識）、及び、⑦一定範囲の地域にある不特定・多数の人の生命・身体・財産に対して現実の抽象的な危険を及ぼすことについての故意（公共危険の認識）が必要です。これに対し、2項の罪には、⑦自己の所有に係る物件であり、現に犯人以外の者が起臥寝食等日常生活をする場所として日常的に使用している場所ではないこと、かつ、現に犯人以外の者がその内部にいないことについての故意（目的物の認識）、⑦放火して所定の目的物を火力により損壊することについての故意（焼損の認識）、及び、⑦一定範囲の地域にある不特定・多数の人の生命・身体・財産に対して現実の抽象的な危険を及ぼすことについての故意（公共危険の認識）が必要です。

04 建造物等以外放火罪 (110条)

> 放火して、前2条に規定する物以外の物を焼損し、よって公共の危険を生じさせた者は、1年以上10年以下の懲役に処する。
> 2 前項の物が自己の所有に係るときは、1年以下の懲役又は10万円以下の罰金に処する。

① 108条・109条に規定する物（現住・非現住の建造物等）以外の物であること〔客体〕
② 所定の目的物に放火して焼損し、公共危険を生じさせること〔行為・結果〕
③ 故意があること〔故意〕

① **客 体** 客体は、**108条・109条に規定する物**（現住・現在の建造物・汽車・電車・鉱坑、非現住・非現在の建造物・艦船・鉱坑）**以外の物**であり、自動車[48]、航空機、非現在の汽車・電車、門、橋梁[49]、建具、畳[50]、建物に吊してあった懸垂幕、燃料の薪[51]などが、これに当たります。また、建造物等以外の物で共同正犯者・共犯者の所有に係る物、建造物等以外の物で所有者が焼損に承諾している物、建造物等以外の物で所有権が放棄された物[52]などは、本条2項の客体として自己所有物と同じように扱われます。なお、自己所有物件であっても、差押えを受けている物、物権を負担している物（例：質権・抵当権が設定された物、留置権によって留置されている物）、賃貸借の目的物となっている物、保険（火災保険・地震保険など）に付された物は、他人所有物件と扱われます（115条）。

② **行為・結果** 本罪の行為・結果は、**所定の目的物に放火して焼損し、公共の危険を生じさせること**です。本条は1項も2項も具体的危険犯ですから、目的物を焼損することにより、具体的な現実的公共危険が発生しない限り、既遂とはなりません。

③ **故 意** ㋐（他人所有・自己所有に係る）目的物が108条（現住建造物等）・109条（非現住建造物等）に記載されている物以外の物であることについての

---

48) 福岡高判昭和41・09・14判タ196・190。
49) **名古屋地判昭和35・07・19**下刑集2・7=8・1072（但し、公共危険の発生がないとして、本罪ではなく往来危険罪が成立）。
50) 東京高判昭和29・10・19判タ44・24。
51) 東京高判昭和36・12・20東高時報12・12・263。
52) 大阪地判昭和41・09・19判タ200・180、東京高判昭和61・11・06東高時報37・11=12・76。

故意（目的物の認識）、④放火して所定の目的物を火力により損壊することについての故意（焼損の認識）、及び、⑦一定範囲の地域にある不特定・多数の人の生命・身体・財産に対して現実の具体的な危険を及ぼすことについての故意（公共危険の認識）が必要です。

05 延焼罪（111条）

> 　第109条第2項又は前条第2項の罪〔自己所有に係る非現住・非現在建造物等放火罪、自己所有に係る建造物等以外放火罪〕を犯し、よって第108条又は第109条第1項に規定する物〔現住建造物等、非現住建造物等〕に延焼させたときは、3月以上10年以下の懲役に処する。
> 　2　前条〔110条〕第2項の罪〔自己所有に係る建造物等以外放火罪〕を犯し、よって同条第1項に規定する物〔建造物等以外放火罪〕に延焼させたときは、3年以下の懲役に処する。

<1項>① 109条2項の罪（自己所有に係る非現住・非現在建造物等放火罪）・110条2項の罪（自己所有に係る建造物等以外放火罪）を犯したこと〔行為〕
　　　② ①の放火行為によって108条・109条1項に規定する物件（現住・現在建造物等）に延焼させること〔結果〕
<2項>① 110条2項の罪（自己所有に係る建造物等以外放火罪）を犯したこと〔行為〕
　　　② ①の放火行為によって110条1項に規定する物件（建造物等以外）に延焼させること〔結果〕

　本罪は、自己所有物件に放火して焼損し公共危険を生じさせ〔基本犯〕、その結果、他人所有物件を焼損させる結果的加重犯です。つまり、本罪は、基本犯として故意で犯される**放火の客体**と、加重結果として必要な**延焼の客体**とが区別されます。

	放火の客体（故意行為の客体）	延焼の客体（加重結果の客体）
	109条2項・110条2項	108条・109条1項
1項	自己所有の非現住・非現在の建造物・艦船・鉱坑 自己所有の建造物・汽車・電車・艦船・鉱坑以外の物	現住・現在の建造物・汽車・電車・艦船・鉱坑 他人所有の非現住・非現在の建造物・艦船・鉱坑

2項	110条2項 自己所有の建造物・汽車・電車・艦船・鉱坑以外の物	110条1項 他人所有の建造物・汽車・電車・艦船・鉱坑以外の物

延焼は、行為者の予期していなかった客体に焼損の結果が生ずることを意味し、延焼結果について故意があるときは、その放火罪が成立します。基本となる放火罪には具体的公共危険の発生が必要ですから、それが発生しないで延焼の結果が生じたときは、失火の罪（116条・117条の2）となります。

【事例04】　Xは、路上に駐車しておいた自己所有の単車が古くなったので廃棄処分にするつもりで放火したところ、意外にも、近くのA宅に延焼してしまい半焼させた。

この場合、放火の客体（自己所有の単車）は110条2項の客体（自己所有の建造物等以外の物）で、延焼の客体（A宅）は108条の客体（現住建造物）ですから、延焼罪が成立します。

【事例05】　Xは、A所有の物置小屋を焼損する意図で放火したところ、思わぬ強風のため火はA宅にも燃え移り、半焼させた。

この場合、放火の客体（A所有の物置）は109条1項の客体（他人所有の非現住・非現在建造物）で、延焼の客体（A宅）は108条の客体（現住建造物）ですから、延焼罪の要件を充足しません。抽象的事実の錯誤として、38条2項により、重なり合う軽い109条1項の罪が成立し、A宅に対する失火罪はそれに吸収されます。

【事例06】　Xは、路上に駐車してあったA所有の単車を壊す意図で放火したところ、意外にも、B宅に延焼させてしまい半焼させた。

この場合、放火の客体（A所有の単車）は110条1項の客体（他人所有の建造物等以外の物）で、延焼の客体（B宅）は108条の客体（現住建造物）ですから、延焼罪の要件を充足しません。抽象的事実の錯誤として、38条2項により、重なり合う軽い110条1項の罪が成立し、A宅に対する失火罪はそれに吸収されます。

【事例07】　Xは、A宅を焼いてしまおうと意図して放火したところ、A宅を全焼させるとともに、そのとなりのB宅にも延焼させてしまい半焼させた。

384　第23講　放火・失火の罪

この場合、放火の客体（A宅）は108条の客体（現住建造物）で、延焼の客体（B宅）は108条の客体（現住建造物）ですから、延焼罪の要件を充足しません。包括して1個の108条の罪が成立します。

06　消火妨害罪（114条）

> 火災の際に、消火用の物を隠匿し、若しくは損壊し、又はその他の方法により、消火を妨害した者は、1年以上10年以下の懲役に処する。

(1)　要　件

① 火災の際であること〔状況〕
② 消火用の物を隠匿し、損壊し、又はその他の方法により、消火を妨害すること〔行為・結果〕
③ 故意があること〔故意〕

①　**状　況**　**火災の際**とは火災が発生している状況をいい〔**時期犯**（状況犯)〕、火災発生の原因を問いません。火災発生の直前の状況までも含めるのは、許されない類推解釈でしょう。火災の程度は、消火をしないと公共危険の発生がありうる程度の火災に至っていることで足ります[53]。

②　**行　為**　**消火を妨害する**とは、消火活動を妨害する行為をいい、消火用の物の隠匿、損壊は例示にすぎず、妨害の方法・手段に限定はありません。**消火用の物**とは消火活動に供せられる一切の機器・設備等をいい、例えば、消防車・消火用ホース・消火器・消火はしごなどです。**隠匿**とは消火活動に従事している者が消火用の物の発見を不可能・困難にする行為をいい、**損壊**とは消火用の物を物理的に破壊・損壊し、その使用を不可能・困難にする行為をいいます。**その他の方法**とはおよそ消火活動を妨害する一切の行為をいい、例えば、消防車の運行を困難にする、消火活動に従事している者に暴行・脅迫を加えるなどがあります。火災の際に消防士等の公務員から援助を求められたのにこれに応じなかったときは、本罪ではなく、軽犯罪法1条8号の罪（変事非協力の罪）となります。

③　**故　意**　㋐火災の際であることについての故意（状況の認識）、㋑消火

---

53) 高橋・465頁、松原・407頁。これに対し、既に公共危険の発生に至っている程度を要求するのは、中森・191頁、林・339頁。

を妨害することについての故意（行為の認識）が必要です。

(2) 罪 質

本罪は消火妨害行為があれば直ちに成立し、現実に消火行為が妨害される必要はない抽象的危険犯とされます[54]。というのは、消火妨害の対象が抽象的危険犯の現住・現在建造物等放火罪（108条）である場合を念頭におくと、その罪と同様に抽象的危険犯とすべきだというわけです。しかし、本条も、「消火を妨害した者」と規定し、「消火を妨害する行為をした者」・「消火を妨害する危険を生じさせた者」と規定していません。文言に忠実な解釈をするのであれば、本罪は消火行為を現実に妨害する**実害犯**とすべきです。ただ、個別の消火行為を妨害すれば足り、消火活動全体を妨害することを要しませんし、妨害行為によって、現実に火勢が強くなった、現に焼損が早まった、又は現に公共危険が高まったなどの具体的結果の発生を要しません。

07　失火の罪（116条・117条の2）

> ＜116条＞　失火により、第108条に規定する物〔現住・現在の建造物・汽車・電車・艦船・鉱坑〕又は他人の所有に係る第109条に規定する物〔非現住・非現在の建造物・艦船・鉱坑〕を焼損した者は、50万円以下の罰金に処する。
> 　2　失火により、第109条に規定する物〔非現住・非現在の建造物・艦船・鉱坑〕であって自己の所有に係るもの又は第110条に規定する物〔建造物等以外〕を焼損し、よって公共の危険を生じさせた者も、前項と同様とする。
> ＜117条の2＞　第116条の行為〔失火の行為〕が業務上必要な注意を怠ったことによるとき、又は重大な過失によるときは、3年以下の禁錮又は150万円以下の罰金に処する。

(1) 要 件

① 失火罪（116条）

> ＜1項＞①　108条に規定する物（現住・現在の建造物・汽車・電車・艦船・鉱坑）であること〔客体〕
> 　　　　②　失火により、所定の客体を焼損すること〔行為・結果〕
> ＜2項＞①　他人所有の109条に規定する物（非現住・非現在の建造物・艦船・鉱坑）であること〔客体〕

54）通説です。

386　第23講　放火・失火の罪

> ② 失火により、所定の客体を焼損し、公共危険を生じさせること〔行
> 為・結果〕

　失火によりとは、過失により火を放つという意味です。本罪は、火を出し
て客体を焼損することの予見可能性があるのに、不注意により、作為で発火
させ、あるいは不作為で既発の火力を放置してしまい、目的物を焼損する犯
罪です。

　本条1項は抽象的危険犯であり、2項は具体的危険犯です。

　② **業務上失火罪（117条の2前段）**　本条前段は、失火につき**業務上必要
な注意を怠った場合**に刑を加重しています。

　業務とは職務として火気の安全に配慮すべき社会生活上の地位をいい[55]、
日常生活上火気を用いる家事や喫煙などの行為は、反復・継続してなされて
いても本罪の業務には当たりません。業務には、㋐火災の原因となった火気
を直接取り扱うことを業務内容の全部又は一部とする類型[56]、㋑火災の発
見防止等を業務内容とする類型[57]、及び、㋒引火性が強いなど、火気の発
生しやすい危険物・機器・設備等の取扱いを業務内容とする類型[58]があり
ます[59]。

　116条（失火罪）の類型に応じて、1項の業務上失火罪は抽象的危険犯、2

---

55) 判例（最決昭和60・10・21刑集39・6・362、判時1176・151、判タ575・41〔百選Ⅰ・60〕）・
　通説です。
56) ボイラーマン（東京高判昭和27・09・03高裁刑事判決特報34・162）、溶接作業員（名古屋高
　判昭和61・09・30高刑集39・4・371、判時1224・137）、公衆浴場経営者（最決昭和34・12・25
　刑集13・13・3333）。
57) ガードマン（最決昭和33・07・25刑集12・12・2746、判時158・4）、重要文化財の薬師堂勤
　務で火災予防の業務に従事していた職員（東京高判昭和47・07・21高刑集25・3・316、判タ
　285・227）。
58) 映写技術者（名古屋高判昭和31・05・30高裁刑事裁判特報3・14・681）、火気取扱管理者で
　ある学校教員（福岡高判昭和37・02・26教職員人事関係裁判例集2・423）、石油・高圧ガス販
　売業者（東京高判昭和39・11・25高刑集17・8・729、最決昭和42・10・12刑集21・8・1083、
　判時499・77、判タ214・195）、ディーゼル車運転者（最決昭和46・12・20刑集25・9・1086、
　判時656・95、判タ272・296）、サウナ風炉製作者（最決昭和54・11・19刑集33・7・728、判
　時951・132、判タ406・108）、給油作業員（最決昭和57・11・08刑集36・11・879、判時1062・
　1152、判タ485・100）、易燃性ウレタンフォーム管理者（最決昭和60・10・21刑集39・6・362、
　判時1176・151、判タ575・41）。
59) 福岡高裁宮崎支部判昭和41・03・15下刑集8・3・372、判タ189・164。

項のそれは具体的危険犯となります。

③　**重失火罪（117条の2後段）**　本条後段は、失火につき重大な過失による場合に刑を加重しています。

重大な過失（重過失）とは、注意義務に違反する程度が著しい過失をいい、結果が重大であるという意味ではありません。例えば、夏の晴天の日に、ガソリン給油場内のガソリン缶の間近でライターを使用する行為[60]、2階建木造家屋の2階の木の床の上で、集めたわらくずに点火してたき火をする行為[61]、石油ストーブの燃料タンクに灯油と間違えてガソリン・オイルの混合油を注入して点火する行為[62] などが、これに当たります。

⑵　**罪　質**

116条1項所定の客体についての失火罪・業務上失火罪・重失火罪は抽象的危険犯、同条2項所定の客体についての失火罪・業務上失火罪・重失火罪は具体的危険犯です。いずれも公共危険の発生について過失があることを要します。

08　激発物破裂罪（117条）

> 　火薬、ボイラーその他の激発すべき物を破裂させて、第108条に規定する物〔現住・現在の建造物・汽車・電車・艦船・鉱坑〕又は他人の所有に係る第109条に規定する物〔非現住・非現在の建造物・艦船・鉱坑〕を損壊した者は、放火の例による。第109条に規定する物〔非現住・非現在の建造物・艦船・鉱坑〕であって自己の所有に係るもの又は第110条に規定する物を損壊し、よって公共の危険を生じさせた者も、同様とする。
> 　2　前項の行為が過失によるときは、失火の例による。

①　**激発物破裂罪**　**激発すべき物**とは、急激に破裂して一定範囲の地域にいる不特定・多数の人の生命・身体・財産に危害を加える程度の破壊力を有する物質をいい、火薬・ボイラーは例示で、ほかに高圧ガス・液化ガス[63] などがあります。

60）最判昭和23・06・08裁判集刑2・329。
61）大阪高判昭和50・11・19判時813・102、判タ335・353。
62）東京高判平成元・02・20判タ697・269。
63）横浜地判昭和54・01・16判時925・134、横浜地判昭和54・03・29判時940・126。

388 第23講 放火・失火の罪

本罪の行為は、**破裂させる**ことで、激発物の破壊力を解放する一切の行為をいいます。爆発物取締罰則にいう爆発物も本罪の激発物に当たりますが、爆発物取締罰則1条は刑法117条とは特別法・一般法の関係にあるので、前者のみが成立することになります[64]。また、本罪が成立するには、激発物を破裂させる行為により所定の建造物等を**損壊する**という結果が必要です。

放火の例に同じとは、本条1項1文の罪は抽象的危険犯として108条又は109条の法定刑で処断され、同条項2文の罪は具体的危険犯として109条2項、110条1項又は2項の法定刑で処断されることを意味します。

② **過失激発物破裂罪・業務上過失激発物破裂罪・重過失激発物破裂罪** 激発物破裂が過失によるときは、**失火の例**によることになりますが、具体的には、単純な過失にとどまるときは過失激発物破裂罪として116条1項又は2項の法定刑で、業務上必要な注意を怠ったことによるときは業務上過失激発物破裂罪として、また、重大な過失によるときは重過失激発物破裂罪として、それぞれ117条の2の法定刑で処断されることになるのです。

09 ガス漏出等罪・ガス漏出等致死傷罪 (118条)

> ガス、電気又は蒸気を漏出させ、流出させ、又は遮断し、よって人の生命、身体又は財産に危険を生じさせた者は、3年以下の懲役又は10万円以下の罰金に処する。
> 2 ガス、電気又は蒸気を漏出させ、流出させ、又は遮断し、よって人を死傷させた者は、傷害の罪と比較して、重い刑により処断する。

① **ガス漏出等罪** 客体は**ガス・電気・蒸気**であり、制限列挙です。本罪の行為である**漏出・流出**とは管理されているものを外部に放出して管理しない状態に置くことをいい、**遮断**とは、供給の流れを断つという意味です。

人は犯人以外の者を意味し、他人の生命・身体・財産に対する具体的な現実的危険を発生させれば、それが特定・少数の人のそれに対するものであっても本条に該当します。

危険の発生が要求されているので、人の生命・身体・財産に対する具体的

---

64) 大阪高判昭和52・06・28刑裁月報9・5=6・334、判時881・157、判タ357・337。なお、大判大正11・03・31刑集1・186は観念的競合としていました。

な現実的危険の発生があることの故意が必要です[65]。

② **ガス漏出等致死傷罪**　本罪は、ガス等漏出罪の結果的加重犯ですから、死傷結果について故意があってはいけません。死傷結果について故意があるときは、ガス漏出等罪と殺人罪・傷害罪等との観念的競合となります。

10　問題類型

⑴　建造物の一体性・独立性

①　**問題性**　㋐例えば、授業が終了して教職員・生徒らが帰宅した校舎に放火したところ、その建物内部に、警備員が常駐・宿泊している警備室があったというように、非現住・非現在の建造物の内部に現住・現在部分が存在する一棟の建造物の場合や、例えば、人が不在の研修棟の部分に放火したところ、その研修棟と別棟の宿泊棟とが渡り廊下で結ばれているセミナーハウスであったというように、非現住・非現在の建造物と現住・現在の建造物とが往来設備で連結されている建造物の場合、**建造物の一体性**が問題となります。

近時、難燃性・耐火性の建造物が一般化するに及んで、建造物の一体性の問題が裏から問われるようになっています。例えば、耐火設備が完備した一棟の建造物で、2階以上は居室部分になっている集合住宅につき、1階の店舗に、営業時間終了後、誰も現在していないときに放火した場合のように、耐火構造の集合建造物の内部に非現住・非現在部分と現住・現在部分とが存在する1棟の建造物の場合、**建造物の部分的独立性**が問題となるのです。

②　**判例の状況**

> 非現住・非現在建造物の内部に現住・現在部分が存在する場合ですが、**大判大正2・12・24**（刑録19・1517）は、現住建造物等放火罪（108条）につき、学校校舎の一室を宿直室に当て宿直員をして夜間宿泊させていた事案につき、「其校舎は現に宿直員の起臥寝食の場所として日常使用せらるるものにして現に人の住居に使用する建造物なり」とし、また、**大判昭和3・05・24**（法律新聞2873・16）は、一棟の長屋の空家部分につき、「1棟の家屋は縦令数戸に区画せらるるも1個の家屋に外ならざれば、其内1戸が現に人の住居に使用せらるるときは、他は空家なるも右家屋は現に人の住居に使用する建物なり」とし、全

---

65)　**東京高判昭和51・01・23**判時818・107は「危険の発生につき認識は不要」としますが、妥当ではありません。

体を1つの現住建造物と解し、非現住・非現在部分に放火したとしても現住建造物等放火罪が成立するとしました。

　判例が、非現住・非現在部分と現住・現在部分との構造的な一体性を重視し、1棟の建造物の中に現住・現在部分が包含されている場合には、原則として、現住性・現在性を肯定する傾向にあることに注目してください。

　次に、非現住・非現在の建造物と現住・現在の建造物とが往来設備で連結されている建造物の場合ですが、**大判大正3・06・09**（刑録20・1147）は、庁舎と別棟になっている宿直室につき、「宿直室が庁舎と独立したる建造物内に在りたる場合と雖も、庁舎を以て人の住居に使用せる建造物なりと謂うを妨げず」[66]とし、**大判昭和14・06・06**（刑集18・337）は、人の現在していた本館等と廊下で接続されていたが、人の現在していない学校校舎につき、人の現在する本館等と一体をなしているとし、**最判昭和24・02・22**（刑集3・2・198）は、人が寝泊まりしている劇場建物に接着する便所につき、「右便所は劇場の一部」とし、**平安神宮事件・最決平成元・07・14**（刑集43・7・641、判時1328・19、判タ710・123〔百選Ⅱ・82〕）は、「右社殿は、その一部に放火されることにより全体に危険が及ぶと考えられる一体の構造であり、また、全体が一体として日夜人の起居に利用されていたものと認められる。そうすると、右社殿は、物理的に見ても、機能的に見ても、その全体が一個の現住建造物であつた」とし、いずれも建造物の一体性を認め、現住建造物等放火罪の成立を認めました。

　しかし、**福岡地判平成14・01・17**（判タ1097・305）は、別棟の研修棟が宿泊棟と2本の渡り廊下で連結されているという構造のホテルにつき、現住・現在建造物と非現住・非現在建造物とが全体として1個の現住・現在建造物と認められるためには、「各建物が渡り廊下などの構造物によって相互に連結されていることを前提に、その構造上の接着性の程度、建物相互間の機能的連結性の有無・強弱、相互の連絡、管理方法などに加えて、非現住・非現在の建物の火災が現在の建物に延焼する蓋然性」の諸事情を「総合考慮して、1個の現住建造物と評価することが社会通念上も相当と認められることが必要」であるところ、「同渡り廊下を経由して研修棟から宿泊棟へ延焼する蓋然性を認めるには合理的疑いが残る」のであり、結局、「研修棟は、宿泊棟とは独立した、非現住・非現在建造物である」とし、非現住・非現在建造物放火罪にとどまるとしました。

　判例が、非現住・非現在建造物と現住・現在建造物との構造上の接続性・接着性を考慮して構造的一体性を判断し、それを補完する要素として、利用

---

66) この判決が、「宿直員は非常を警戒すべき責任を有するを以て執務時間後と雖も庁中の各部分を巡視するを通例と為す」ことを根拠とする点には疑問がありますが、これを機能的一体性に言及したものと解するならば、かろうじて納得できます。

上の一体性による機能的一体性を考慮していることに注目してください。

さらに、耐火設備が完備された一棟の建造物の部分的独立性ですが、**東京高判昭和 58・06・20**（刑裁月報 15・4＝6・299、判時 1105・153）は、鉄筋コンクリート造 3 階建の耐火構造マンションの空室に放火した事案につき、「耐火構造といつても、各室間の延焼が容易ではないというだけで、状況によつては、火勢が他の部屋へ及ぶおそれが絶対にないとはいえない構造のもの」であり、「放火罪が公共危険罪であること」に鑑みれば、「本件マンションのようないわゆる耐火構造の集合住宅であつても、刑法 108 条の適用にあたつては、各室とこれに接続する外廊下や外階段などの共用部分も含め全体として一個の建造物」とし、**最決平成元・07・07**（判時 1326・157、判タ 710・125〔百選Ⅱ・81〕）は、12 階建集合住宅である本件マンション内部に設置されたエレベーターのかご内で火を放ち、その側壁として使用されている化粧鋼板の表面の一部を焼失させたという事案につき、「本件エレベーターは，本件マンションの各居住空間の部分とともに，それぞれ一体として住宅として機能し，現住建造物である本件マンションを構成している」との原判決の認定を維持し、全体を 1 個の現住建造物としました。

しかし、**仙台地判昭和 58・03・28**（刑裁月報 15・3・279、判時 1086・160、判タ 500・232）は、鉄筋コンクリート 10 階建マンション 1 階部分の区画内にある病院に深夜誰も現在していないときに放火した事案につき、「本件医院は、すぐれた防火構造を備え、一区画から他の区画へ容易に延焼しにくい構造となつているマンションの一室であり、しかも、構造上及び効用上の独立性が強く認められる」ので、「本件建物が外観上一個の建築物であることのみを理由に、右医院の右マンション 2 階以上に住む 70 世帯の居住部分を一体として観察し、現住建造物と評価するのは相当でない」として、本件医院は非現住建造物であるとしました。

判例が、非現住・非現在建造物と現住・現在建造物との構造上の接続性・接着性を考慮して構造的一体性を判断しつつ、利用上の一体性による機能的一体性をも考慮していることに注目してください。

③ 学説の状況

建造物の一体性、逆に建造物内部の部分的独立性はどのように判断されるべきかについて、学説では、㋐構造的一体性を軸にし、建造物の構造・物理的接続性・接着性などの物理的一体性に関する客観的事情を考慮してこれを判断する見解が支配的です。この構造的一体性を判断する際に、建造物の一部に放火した場合にほかの部分に延焼するかどうかの延焼可能性の高低を考慮する見解が有力です。㋑利用の一体性という機能的一体性を考慮するかについては争い

があり、構造的一体性が薄弱であるときに補充的事情として考慮する見解[67]、構造的一体性の枠内で機能的一体性を考慮する見解[68]、消極的な見解[69]など、微妙な議論が交わされています[70]。

④　**本書の立場**　建造物の一体性の判断においては、建造物の物理的な連結性・接続性などの構造上の一体性に関する客観的事情を考慮して物理的・構造的一体性を判断すべきです。というのは、構造上の一体性が認められれば、その一部に放火する行為であっても当該建造物の現住・現在部分における不特定・多数の人の生命・身体・財産への危険も認められるからです。但し、耐火設備が完備した一棟の建造物内部の部分的独立性が認められる場合には、現住性・現在性が否定されるべきです。

(2)　公共危険の認識

①　**判例の状況**　判例は、抽象的危険犯はもちろんのこと、具体的危険犯においても公共危険の認識は不要であるとする**一律不要説**に立っています。

> 抽象的危険犯について、**大判昭和4・01・31**（刑集8・36）は、「放火の所為が一定の目的物上に行われ導火材料を離れ独立して燃焼作用を営み得べき状態に在るときは公共の静謐に対する危険は既に発生せる」とし、**大判昭和10・06・06**（刑集14・631）は、抽象的危険犯である109条1項の罪は火を放って非現住建造物等を焼損することによって成立するものであるから、「以上に対する認識あれば足り公共の危険を生ぜしむる認識あることを必要とせず」として、公共危険の認識を不要としています。
>
> また、具体的危険犯について、**大判昭和6・07・02**（刑集10・303）は、110条1項の犯罪は「公共危険を生ぜしめたることを以て該犯罪構成の要件となせども、火を放ち同条所定の物を焼燬する認識あれば足り、公共の危険を生ぜしむる認識あることを要するものに非ざること同条の解釈上明白なり」とし、**最判昭和60・03・28**（刑集39・2・75、判時1150・240、判タ554・165〔百選Ⅱ・85〕）は、「110条1項の放火罪が成立するためには、火を放って同条所定の物を焼燬する認識のあることが必要であるが、焼燬の結果公共の危険を発生させることまでを認識する必要はない」とし、公共危険の認識を不要としています。

---

67)　高橋・460頁、井田・379頁、松原・392頁。

68)　伊東・268頁、山口・382頁。

69)　中森・187頁、西田・300頁、松宮・351頁。

70)　建造物の構造的一体性、機能的一体性、延焼可能性などの諸事情を総合的に考慮し、社会通念上1個の建造物と認められるかで判断する見解（大谷・382頁、前田・323頁）もあります。

② 学説の状況

　一律不要説[71]は、抽象的危険犯においても具体的危険犯においても、公共危険の認識は不要であるとするもので、公共危険の発生は実質的な客観的処罰条件あるいは結果的加重犯における加重結果であるので、公共危険の発生についての認識（予見可能性）は不要であること、公共危険の認識と延焼の認識とは区別が困難であることを根拠にします。

　これに対し、**一律必要説**[72]は、抽象的危険犯においても具体的危険犯においても、公共危険の認識は必要であるとするもので、放火罪の実質的な違法内容をなしている公共危険の発生は本罪の法律要件であるから、故意の内容をなすべきは当然であること、公共危険と延焼危険は区別可能であるし、その主観的反映である公共危険の認識と延焼の認識とは区別できることを根拠とします。

　他方、**区別説**[73]は、具体的危険犯においてのみ公共危険の認識を必要とするもので、抽象的危険犯においては、法律要件該当事実（放火行為・焼損）それ自体の中に既に公共危険が内包されており、法律要件として公共危険の発生は不要であるから、当然にその発生の認識は不要であるが、具体的危険犯、特に自己所有物件への放火・焼損行為はそれ自体適法な自損行為であるから、当然に、公共危険の認識が無ければ故意があるといえないこと、また、公共危険の発生が法律要件該当事実として要求されているので、公共危険の発生の認識が当然に必要であることを根拠とします。

③　**本書の立場**　**一律必要説**が妥当です。確かに、**抽象的危険犯**（108条・109条1項）では、放火行為により焼損の状態に至ると、公共危険の発生が認められることが多いと考えられ、その限りで、焼損と公共危険の発生とが近接していますが、それは、わが国の家屋の状況を前提にすると、そのような場合が多いというにすぎません。例えば、周辺に建造物など延焼するものが何もない海岸の砂浜近くにある居住者不在の住宅に放火したとき、焼損の状態に至ったということで、何ら公共危険が発生していないのに、現住建造物等放火罪（108条）の成立を認めるのは妥当ではありません。公共危険の発生は抽象的危険犯を構成する法律要件該当結果ですから、その主観的反映である公共危険の認識が必要なのは、責任原則からいっても当然です。

71）香川・171頁、藤木・92頁、前田・326頁。西田・308頁は、予見可能性（過失）を要するとします。
72）吉川・234頁、内田・454頁、高橋・452頁、伊東・272頁、松原・406頁。
73）通説です。

また、**具体的危険犯**では、公共危険の発生は条文上要求された法律要件該当結果ですから、故意の内容として公共危険の認識を要するのは当然であること、自己所有物件の焼損（109条2項・110条2項）それ自体は違法でなく、公共危険の発生が本罪を根拠づけているので、責任原則・故意犯処罰の原則から公共危険の認識が要求されるべきこと、110条1項が器物損壊罪よりも重く処罰されている根拠は、具体的な現実的公共危険の発生にあるので、その危険の認識が必要であること、具体的にも、過失により109条2項所定の物件を焼損して公共危険を発生させた場合には失火罪（116条2項）により軽く処罰されるにすぎないのに、認識不要説に立つと、故意に109条2項所定の物件を焼損し、行為者の認識していなかった公共危険を発生させた場合には109条2項によって重く処罰されることになってしまい、自己所有建造物を焼損する認識は適法な事実の認識であるのに、そのような事実の認識の有無によって刑の重さに差が生じるのは不合理であること、確かに110条1項には「よって」という文言が使われているが、「それを原因として」の意味と解する余地もあり、必ずしも結果的加重犯を規定したと解する必然性はないこと、例えば、典型的な結果的加重犯である傷害致死罪（205条）の場合、基本行為（暴行・傷害）がなされれば、加重結果（致死）が生じないとき、同じ罪質の基本犯（暴行罪・傷害罪）の成立が認められるのに対し、110条1項の場合は、公共危険という加重結果が生じなければ、同じ罪質の基本犯である放火罪の成立は認められないので、これを結果的加重犯とみることはできないこと、他人所有物件に対する110条1項の行為の実質的な違法内容は器物損壊であり、110条1項は器物損壊罪を基本犯とする結果的加重犯であると解するのは不合理であることなどの根拠を指摘できます[74]。つまり、公

---

74) 名古屋高判昭和39・04・27高刑集17・3・262、判時399・22、判タ164・117は、109条1項本文・110条2項所定の自己の所有物を焼燬する各罪の故意があるといえるためには、「公共の危険発生の認識をも必要とすると解するのが相当である。それが未必的認識で足りることは、いうまでもない。けだし、自己の所有物を焼燬する行為自体は、同法第115条の場合にあたらない限り、本来適法行為であり、したがつて同法第109条第2項本文第110条第2項の各罪は、現実に公共の危険を発生せしめる行為（その行為は、違法行為である）を処罰するものであつて、公共の危険発生の事実をも構成要件としているとみるべく、そしてその各罪の犯意としては、構成要件たる事実全部の認識を必要とし、したがつて公共の危険発生の事実の認識をも必要とするといわなければならないからである」としており、具体的危険犯につき公共危険の認識を要すると

共危険の認識は、法律要件該当事実の認識として故意の内容をなし、同時に、違法性を基礎づける事実の認識として故意責任を根拠づけるものです。

公共危険の認識の**内容**ですが、故意の内容が犯罪の種類〔実害犯・（具体的・抽象的）危険犯・形式犯〕、既遂・未遂によって異なるのに対応して、公共危険の認識の内容も異なります。本書の受容説[75]によれば、現住建造物等のより重大な客体に延焼し、またそれらを焼損する可能性を認識したにもかかわらず、その認識を、当該放火行為を思いとどまる動機として投入することなく、むしろ当該行為を行う動機として積極的に投入する心理状態（より重大な放火罪の確定的故意）、あるいは消極的に投入する心理状態（同罪の未必の故意）にあるのか、それとも、そうした心理状態にないのか（公共危険の認識）により、故意と公共危険の認識とは区別されます[76]。

(3) 自己所有の延焼客体

故意に 109 条 2 項・110 条 2 項に規定する物（自己所有の非現住・非現在建造物等、自己所有の建造物等以外の物）に放火し、よって自己所有物件に延焼させてしまったが、それが 115 条の差押を受け、物権を負担し、賃貸し又は保険に付した物件であった場合、延焼罪（111 条）が成立するか議論されます。

延焼罪肯定説[77]は、115 条は自己所有物件を他人所有物件と同様に扱うことを注意的に規定したもので、延焼罪の成立が認められるとします。これに対し、延焼罪否定説[78]は、延焼の成立を肯定する明文規定がないこと、115 条は故意に焼損した場合にのみ適用される規定であり、結果的加重犯である延焼罪には適用されないことを根拠に、延焼罪の成立を否定します。**延焼罪肯定説**が妥当です。

する数少ない判例です。

75) 関・総論・283 頁参照。

76) 未必の故意と区別される認識ある過失に対応させるものとして、中・207 頁、曽根・222 頁、松原・406 頁。ほかに、例えば、延焼（可能性）の認識ではなく、一般公衆がより重大な放火罪の客体への延焼の危険を感じるであろうことの認識（中森・189 頁）、延焼の危険、建造物の周辺にいる不特定・多数の人に危険が及ぶことの認識（高橋・452 頁）、108 条・109 条 1 項の放火罪の故意と区別された延焼の危険の認識であり、延焼するかもしれないが、大丈夫であろうという心理状態（山口・390 頁）などと定義されています。

77) 内田・463 頁、中森・190 頁、西田・310 頁、山口・394 頁、松原・400 頁、前田・330 頁。

78) 大塚仁・381 頁、大谷・391 頁、平川・113 頁。

第24講　出水・水利に関する罪

01　総　説

(1)　保護法益

　出水に関する罪は、水力によって不特定又は多数の人の生命・身体・財産に対し危険を及ぼす**公共危険犯**で、その保護法益は、不特定・多数の人の生命・身体・財産です。これに対し、水利に関する罪は公共危険犯ではなく、財産権の一種である水利権の行使を妨害する罪であり、その保護法益は水利権です。ただ、水利妨害行為は出水の危険を伴うのが通常であり、行為態様もきわめて近似・類似しているので、同じ章に規定されました。

(2)　類　型

　本罪の類型は、以下のものがあります。

○現住建造物等浸害罪（119条）　　○非現住建造物等浸害罪（120条）
○水防妨害罪（121条）　　○過失建造物等浸害罪（122条）
○水利妨害罪（123条前段）　　○出水危険罪（123条後段）

　これらの類型を見て、放火・失火の罪を想起したショクンはブラボーです＼(^_^)／。出水（・水利）に関する罪と放火・失火の罪とは、水力と火力の違いはありますが、保護法益も同じ、公共危険犯としての罪質も共通、規定形式も類似したところがあります。

02　現住建造物等浸害罪（119条）

　出水させて、現に人が住居に使用し又は現に人がいる建造物、汽車、電車又は鉱坑を浸害した者は、死刑又は無期若しくは3年以上の懲役に処する（119条）。

①　出水させること〔行為〕
②　現に人が住居に使用し又は現に人がいる建造物、汽車、電車又は鉱坑であること〔客体〕
③　所定の客体を浸害すること〔結果〕
④　故意があること〔故意〕

03　現住建造物等以外浸害罪（120条）　　397

①　**行　為**　**出水させる**とは、管理・支配されていた水力を解放して氾濫させることをいい、いわば洪水状態にすることです。水は、流水であると貯水であるとを問いません。出水の方法・手段に制限はありません。

②　**客　体**　客体は、㋐現に人が住居に使用し、又は、㋑現に人がいる（住居以外の）、建造物・汽車・電車・鉱坑です。**現に人が住居に使用している**とは、浸害の当時、人が起臥寝食の場所として日常使用していることを意味し、昼夜間断なくその場所にいる必要はありません[1]。

本条の**人**は、犯人（共同正犯者・共犯者を含む）以外の者と解されています。**建造物**とは、家屋その他これに類似する工作物で、土地に定着し人の起居出入りに適する構造を有するものをいいます[2]。本罪の客体については、現住建造物等放火罪（108条）と異なり、艦船が含まれていませんが、ほかは共通しています[3]。

③　**結　果**　**浸害**とは、水力によって本罪の客体を流失・損壊し、あるいは効用を滅失・減損すること、具体的には、水浸しにして客体の効用を失わせることをいいます。効用の喪失は一時的なものであってもよいですが、一瞬で容易に修復できる場合や、きわめて軽微な場合は、本罪は成立せず、出水危険罪（123条後段）が成立するにとどまります。

④　**故　意**　本罪の故意には、出水させて客体を浸害するという事実の認識が必要であり、かつこれをもって足ります。これがないときは、本罪の故意がなく、出水危険罪が成立するにとどまります。

本罪は抽象的危険犯であり、浸害結果を生じさせ、かつ、抽象的な現実的危険を生じさせたときに既遂に達します。

03　現住建造物等以外浸害罪（120条）

> 出水させて、前条（119条）に規定する物以外の物を浸害し、よって公共の危険を生じさせた者は、1年以上10年以下の懲役に処する。
> 　2　浸害した物が自己の所有に係るときは、その物が差押えを受け、物権を負

1）　大判大正2・12・24刑録19・1517。
2）　大判大正3・06・20刑録20・1300。
3）　本書・376頁以下。

担し、賃貸し、又は保険に付したものである場合に限り、前項の例による。

① 出水させること〔行為〕
② 現住・現在の建造物・汽車・電車・鉱坑以外の物であること〔客体〕
③ 所定の客体を浸害し、公共危険を生じさせること〔結果〕
③ 故意があること〔故意〕

① **行　為**　本罪の行為は、**出水させる**ことです。

② **客　体**　客体は、**現住建造物等浸害罪の客体以外の物**です。本条が、非現住・非現在の建造物・汽車・電車・鉱坑とそれ以外の物を一括して客体としており、放火罪と異なります。建造物等以外の物としては、例えば、田んぼ・畑・庭園・牧場・森林などがあります。浸害客体が犯人所有である場合は、その物件が差押えを受け、物権を負担し、賃貸し、あるいは保険が掛けられているときに限り、本条１項の例で処断されます。また、他人所有であっても、所有者が浸害に同意しているときは、自己所有物の扱いになります。

③ **結　果**　なお、本条によると、㋐他人所有物件、又は、㋑自己所有物件ですが差押えを受け、物権を負担し、賃貸し、あるいは保険が掛けられている物件については、公共危険を生じさせたときにのみ本罪が成立します。したがって、２項の適用を受けない自己所有物件については、たとえ公共危険を発生させても本罪は成立しないことになります。これは、立法の不備なのか、それとも立法者の謙抑的な姿勢の表れなのか、判然としません。

本条は、**よって公共の危険を生じさせた**となっているので、出水させて現住建造物等以外の物件を浸害し、その結果、不特定・多数の人の生命・身体・財産を浸害する可能性を生じさせることが必要です〔**具体的危険犯**〕。公共危険の程度について、判例は、不特定・多数の人に危惧感を抱かせるもので足りる[4]としますが、疑問です。

④ **故　意**　本罪の**故意**には、出水させて客体を浸害することについての故意のほか、現実の具体的な公共危険の認識が必要です[5]。客体の認識を欠くとき、又はその受容がないときは、過失建造物等浸害罪（122条）が成立す

---

4) 大判明治44・06・26刑録17・1242。
5) 通説です。不要とするのは、西田・315頁。

るにとどまり、公共危険の認識を欠くときは、損壊罪・毀棄罪（260 条・261 条）
と過失建造物等浸害罪（122 条）の観念的競合となります。

04 水防妨害罪 (121 条)

> 水害の際に、水防用の物を隠匿し、若しくは損壊し、又はその他の方法により、
> 水防を妨害した者は、1 年以上 10 年以下の懲役に処する（121 条）。

> ① 水害の際であること〔状況〕
> ② 水防用の物を隠匿し、若しくは損壊し、又はその他の方法により、水防を
> 妨害すること〔行為〕
> ③ 所定の客体を浸害し、公共危険を生じさせること〔結果〕
> ④ 故意があること〔故意〕

① **状 況** **水害の際に**という行為の時期（状況）が必要であり、現に水
害が発生し継続している状況を意味し、その原因を問いません。水害が発生
しようとしている状況を含めることは、許されない類推解釈です[6]。

② **行 為** 本罪の行為は、水防用の物を隠匿・損壊する行為、及び水防
活動を妨害するその他の行為です。**水防用の物**とは、水防活動のために直接・
間接に使用する一切の物件をいい、例えば、土嚢（どのう）、土嚢に使う土砂・
袋や、石材、材木、舟・モーターボートなどがこれに当たります。その所有
関係は問いません。**その他の方法**には、例えば、土嚢を積む作業をしている
消防団の活動を妨害する行為、消防団の出動を妨害する行為などがあります。
水防活動をすべき法律上の義務ある者は、不作為による態様もありえます。

③ **結 果** 本罪は抽象的危険犯とされますが、「水防を妨害した者」と規
定されており、「水防を妨害する行為をした者」・「水防を妨害する危険を生
じさせた者」と規定されていません。**実害犯**とすべきです。

05 過失建造物等浸害罪 (122 条)

> 過失により出水させて、第 119 条に規定する物〔現住・現在の建造物・汽車・
> 電車・艦船・鉱坑〕を浸害した者又は第 120 条に規定する物〔現住・現在の建
> 造物・汽車・電車・艦船・鉱坑以外の物〕を浸害し、よって公共の危険を生じ

---

6) 林・342 頁。通説は、発生しようとしている状況も含めますが、妥当ではありません。

400　第24講　出水・水利に関する罪

させた者は、20万円以下の罰金に処する。

① 119条に規定する物（現住・現在の建造物・汽車・電車・艦船・鉱坑）又は120条に規定する物（現住・現在の建造物・汽車・電車・艦船・鉱坑以外の物）であること〔客体〕
② 過失により、所定の客体を浸害し、公共危険を生じさせること〔行為・結果〕

　① **客　体**　本条前段の客体は現に人が住居に使用し又は現に人がいる建造物・汽車・電車・鉱坑であり、この場合は抽象的危険犯です。後段の客体は現に人が住居に使用し又は現に人がいる建造物・汽車・電車・鉱坑以外の物件であり、この場合は具体的危険犯です。

　② **行為・結果**　本罪は、失火罪（116条）に対応しますが、その罪と異なり、119条関係・120条関係のいずれの客体の場合にも公共危険の発生が要求されており、失火罪における業務上過失・重過失に対応する規定（117条の2）はありません。

06　水利妨害罪・出水危険罪（123条）

　堤防を決壊させ、水門を破壊し、その他水利の妨害となるべき行為又は出水させるべき行為をした者は、2年以下の懲役若しくは禁錮又は20万円以下の罰金に処する。

(1)　水利妨害罪（123条前段）

　本罪は水利権を侵害する犯罪であり、その保護法益は、個人の財産権の一種ともいうべき水利権です。**水利権**とは、公水、とりわけ河川の流水を独占的・排他的に継続して引用し又は水面を利用することができる権利をいい、発電・工業用、水道用、灌漑用などの利用を含みます。なお、交通のための水の利用、水道による飲料水の利用は、往来を妨害する罪（124条以下）、飲料水に関する罪（142条以下）によって保護されているので、そちらの罪が成立する限り、本罪は成立しません。

　本罪の行為は水利の防害となるべき一切の行為をいい、堤防を決壊させる行為、水門を破壊する行為は、例示にすぎません。ほかに、例えば、水流を塞き止める行為、水流を変える行為、貯水を流出させる行為などがあります。

　本罪は、水利妨害行為によって現に水利権を妨害することを要しませんが、

水利を妨害する具体的な現実的危険の発生が必要な具体的危険犯です。

　出水させるべき行為（123条後段）が同時に水利妨害罪を構成するときは、出水危険罪と水利妨害罪の観念的競合を認めるべきです[7]。両罪は、同一条文に規定され、行為態様も類似していますが、保護法益も危険犯としての性格も異なるからです。1個の行為によって複数の人の水利権を侵害した場合は、複数の水利妨害罪の観念的競合を認めるべきです[8]。

(2) 出水危険罪 (123条後段)

　出水させるべき行為とは、出水の危険を生じさせる一切の行為をいい、堤防を決壊させる行為、水門を破壊する行為は、例示にすぎません。

　本罪は、出水行為によって現に出水の結果を生じさせたことを要しません。また、出水行為によって出水の結果が生じても、現に浸害の危険を生じさせなければ、本罪は成立しません。本罪は、浸害罪（119条・120条）の予備罪・未遂罪に当たる罪であり、それに相当する公共危険の発生が必要だからです。

今日の一言

いちばん大切な時間はいつなのか
それは　今　このときかもしれない
なぜなら　今このとき　私は自分自身を律することができるから
いちばん大切な人はだれなのか
それは　今　私と一緒にいるこの人かもしれない
なぜなら　今このときの私を知っている人だから

---

7) 通説は、包括一罪とします。
8) この場合を包括一罪とするのは、大谷・402頁。

第25講　往来を妨害する罪

01　総　説

　往来を妨害する罪は公共危険犯であり、その保護法益は、交通施設・交通機関を利用する者をはじめ交通に関与する不特定又は多数の人の生命・身体・財産です。

> ○往来妨害罪・往来妨害致死傷罪（124条）　○往来危険罪（125条）
> ○汽車転覆等罪・汽車転覆等致死罪（126条）　○往来危険汽車転覆等罪（127条）
> ○過失往来危険罪（129条）

02　往来妨害罪・往来妨害致死傷罪（124条）

> 　陸路、水路又は橋を損壊し、又は閉塞して往来の妨害を生じさせた者は、2年以下の懲役又は20万円以下の罰金に処する。
> 　2　前項の罪〔往来妨害罪〕を犯し、よって人を死傷させた者は、傷害の罪と比較して、重い刑により処断する。
> 　1項の未遂も罰せられます（128条）。

(1)　往来妨害罪（124条1項）

> ①　陸路・水路・橋であること〔客体〕
> ②　所定の客体を損壊又は閉塞し、往来の妨害を生じさせること〔行為・結果〕
> ③　故意があること〔故意〕

　①　**客　体**　**陸路**とは陸上の通路、すなわち道路をいいます。鉄道交通については、往来危険罪（125条）の客体とされますので、本罪の客体から除外されます。**水路**とは船舶・筏などの航行に利用される海・湖沼・河川における港口・運河・湖港・江口・河川などをいいます。また、**橋**とは海流・水流・渓谷や低地、その他の交通路の上に架設して通路としたものをいい、海・湖沼・河川の上に架けられた橋、陸橋、桟橋を含みますが、鉄道専用の橋は往来危険罪（125条）の客体とされますので、本罪の客体から除外されます。いずれも、不特定・多数の人の往来に利用されていることを要しますが、所有の如何を問いません[1]。

②　**行為・結果**　**損壊**とは、通路の全部又は一部を物理的に毀損すること
いいます。道路・運河の爆破、橋梁の破壊など、物理的な破壊に限定されま
すので、例えば、道路に異臭物を撒き散らすなどの心理的に通行不能にする
行為は含まれません。**閉塞**とは、障害物を置いて通路を塞ぐことをいいます。

本罪が既遂に達するには、**往来の妨害を生じさせる**結果が必要です。これ
は、通路における人・車両等の通行が不可能又は著しく困難になった状態を
意味します。現実に通行妨害という結果の発生は必要でなく、その意味で、
本罪を（具体的）危険犯とする見解が支配的ですが、「往来の妨害を生じさせ
た者」と規定されているのですから、現実の妨害結果を要すると解すべきで
す〔**実害犯**〕[2]。

> **名古屋高判昭和35・04・25**（高刑集13・4・279、判タ107・57）は、道路上に
> 立て看板等を放置する行為であっても、わずかな注意で回避が可能である場合
> 又は容易に除去できる場合は、本罪を構成しないとしました。他方、**最決昭和
> 59・04・12**（刑集38・6・2107、判時1119・153、判タ530・147）は、道路を部分
> 的に閉塞する態様であっても、車両を炎上させ燃料に引火・爆発する危険を生
> じさせた場合は、本罪を構成するとしました。

本罪の未遂は、支配的見解では、損壊行為・閉塞行為を行ったが往来妨害
の具体的危険が生じなった場合をいいます。しかし、本書によれば、往来妨
害の具体的危険は未遂結果であり、現実の往来妨害結果が生じない限り、未
遂にとどまります。

③　**故　意**　損壊・閉塞の犯罪事実についてだけでなく、現実の往来妨害
結果を発生させること（既遂結果）について、故意が必要です。

(2)　**往来妨害致死傷罪**（124条2項）

本罪は、往来防害罪（124条1項）の**結果的加重犯**です。しかも、人の死傷は、
往来妨害の結果として生じたものでなければなりませんので、損壊行為・閉
塞行為それ自体から死傷の結果を生じさせた場合は、本罪には当たらないと
解すべきです[3]。例えば、橋を爆破する行為によって、過って近くにいた人

1）最決昭和32・09・18裁判集刑120・457。
2）曽根・227頁、林・343頁、松原・414頁。
3）通説です。反対なのは、**最判昭和36・01・10**刑集15・1・1（橋を損壊していた際に橋が墜落し、
　通行人等に致傷の結果を生じさせた事案）、前田・340頁。

404　第25講　往来を妨害する罪

を負傷させた場合は本罪には含まれず、往来妨害罪と過失傷害罪の観念的競合となり、爆破行為によって交通が妨げられ、その結果、通行人が川に転落して負傷した場合は、本罪に当たることになります[4]。

致死の結果について故意があるときは、往来妨害罪と殺人罪の観念的競合です。1個の妨害行為によって複数の死傷者が出た場合の罪数関係について、本罪の公共危険犯としての性格から包括一罪とする見解[5]が有力ですが、生命・身体の安全という法益を包括評価するのは適当ではありませんので、観念的競合とすべきでしょう。

03　往来危険罪（125条）

　　鉄道若しくはその標識を損壊し、又はその他の方法により、汽車又は電車の往来の危険を生じさせた者は、2年以上の有期懲役に処する。
　2　灯台若しくは浮標を損壊し、又はその他の方法により、艦船の往来の危険を生じさせた者も、前項と同様とする。
　　未遂も罰せられます（128条）。

(1)　要　件

　①　鉄道関係では鉄道・標識・それ以外の物、船舶関係では灯台・浮標・それ以外の物であること〔客体〕
　②　損壊その他の方法により、汽車・電車又は艦船の往来の危険を生じさせること〔行為・結果〕
　③　故意があること〔故意〕

　①　**客　体**　客体は、鉄道関係については鉄道・標識・それ以外の物、船舶関係については灯台・浮標・それ以外の物です。それ以外の物が含まれるのは、往来危険を生じさせる方法に「その他の方法により」があり、客体の限定が解かれているからです。126条（汽車転覆等罪・汽車転覆等致死罪）の反対解釈として、汽車・電車・艦船には、人が現在している場合と現在していない場合の双方を含むと解されます。

　鉄道とは、線路そのものだけでなく、汽車・電車の運行に直接必要な一切の施設・設備をいい、トンネル、踏切、枕木、犬釘等も含まれます。**標識**と

4）最判昭和36・01・10刑集15・1・1参照。
5）大塚仁・398頁、大谷・405頁など。

は、汽車・電車の運行に必要な信号機、その他の標示物をいいます。**汽車**とは蒸気動力によって軌道（線路）上を走行する交通機関をいい、**電車**とは電動力によって軌道（線路）上を走行する交通機関をいいます。汽車・電車にディーゼルカー等が含まれるかにつき、罪刑法定原則の類推解釈の禁止と絡んで激しい議論があります。一時に多数の人・物を運送するべく軌道上を走行する点に汽車・電車との共通性・類似性があることを根拠に、ガソリンカー・ディーゼルカーは汽車に、モノレール、ケーブルカーは電車に含まれるとする説が支配的です[6]。しかし、これは、立法者の怠慢を追認する解釈であって、疑問です。ロープウェイ・バス・トロリーバスが電車に含まれないのは当然でしょう。**灯台**とは艦船の沿岸航行に用いられる搭状の陸上の構造物で、灯光によって必要な指示をする航路標識をいいます。**浮標**とは船舶の航行に用いられる水面に浮かべた標示物で、ブイともいい、航路・暗礁・錨地などを指示する航路浮標と、繋留のための繋船浮標とがあります。**艦船**とは、戦闘に従事する艦艇（軍艦）及びその他一般の船舶をいいます。船舶について、汽車・電車に準じた規模の大型船舶に限るべきであるとする見解[7]もありますが、本罪は不特定・多数の人の生命・身体・財産を保護するものですから、船舶の規模をあえて限定するのは妥当でなく[8]、むしろ、その点は往来危険という危険結果で検討されるべきです。

② **行為・結果**　**損壊**は物理的損壊をいい、心理的なものは含まれません。その**他の方法**には、例えば、線路上・航路上に障害物を置く行為、虚偽の標識・浮標を設置する行為などがあります。

> **人民電車事件・最判昭和 36・12・01**（刑集 15・11・1807、判時 281・5）は、正規の運航ダイヤによらないで電車を運行した事案につき、「その他の方法」による往来危険を肯定し、本罪の成立を認めています。

　その行為自体が往来危険の結果を生じさせなければならず、正規の運行ダイヤによらない電車走行行為が、他の汽車・電車の運行等に危険を生じさせなければなりません。

---

6) 判例（大判昭和 15・08・22 刑集 19・540）・通説です。
7) 小野・84 頁、瀧川・232 頁、中山・404 頁。
8) 判例（**大判昭和 10・02・02** 刑集 14・57〔長さ 8 メートル弱の木造船について本罪肯定〕）・通説です。

406　第25講　往来を妨害する罪

③　**故　意**　汽車・電車の衝突・脱線・転覆を発生させ、あるいは艦船の衝突・転覆・沈没を発生させる具体的危険について故意が必要です[9]。

⑵　既遂・未遂

　本罪が既遂に達するには、損壊・その他の行為によって、汽車・電車・艦船の往来の危険を生じさせたことが必要です〔**具体的危険犯**〕。これは、汽車・電車の衝突・脱線・転覆や、艦船の衝突・転覆・沈没が発生する可能性のある状態を生じさせることを意味します。現に転覆等の事態が発生した場合は、転覆・破壊・沈没に故意がありかつ人が現在している場合を除いて、往来危険汽車転覆等罪（127条）成立の可能性があります。本罪の未遂は、損壊・その他の行為を行ったが、汽車・電車・艦船の往来の具体的危険を生じさせなかった場合です。

04　汽車転覆等罪・汽車転覆等致死罪（126条）

> 　現に人がいる汽車又は電車を転覆させ、又は破壊した者は、無期又は3年以上の懲役に処する。
> 　2　現に人がいる艦船を転覆させ、沈没させ、又は破壊した者も、前項と同様とする。
> 　3　前2項の罪〔汽車転覆等罪〕を犯し、よって人を死亡させた者は、死刑又は無期懲役に処する。
> 　1項・2項の未遂も罰せられます（128条）。

⑴　汽車転覆等罪（126条1項・2項）

> ①　人が現在する汽車・電車・艦船であること〔客体〕
> ②　所定の客体を転覆、破壊、沈没させること〔行為〕
> ③　故意があること〔故意〕

　①　**客　体**　客体は、現に人がいる汽車・電車・艦船であり、現に運行中・運航中であるかどうかを問いませんので、停車中・停泊中でも構いません。但し、交通機関としての機能を停止・休止している物、例えば、修理中・点検中の物は除外されます。人は、犯人以外の者を指すことになります。

　現に人がいる時期について、本罪は抽象的危険犯であり、実行着手時から転覆等の発生時までのいずれかの時点に人が現在していれば足りるとする見

9）判例（大判大正13・10・23刑集3・711）・通説です。

解[10] が支配的です。しかし、人が乗車・乗船する予定の車船に予め爆発物を仕掛け、爆発時点で人がいる場合は、本罪の成立が認められますが、誰も現在していない時点で爆発させることを意図して、人が下車・下船するはずの車船に予め爆発物を仕掛け、現実に誰も現在していない時点で爆発させた場合は、本罪の成立を認めるべきではないでしょう。転覆等の発生時点で人が現在することが必要であり[11]、これをもって足ります。

② **行 為** 行為は、人の現在する汽車・電車については転覆・破壊、人の現在する艦船については、転覆・沈没・破壊です。

電車・汽車の転覆とは汽車・電車を転倒させることをいいます。転覆は必然的に脱線を伴いますが、脱線は転覆を伴っているとは限りません。したがって、単なる脱線は転覆には当たりません[12]。**破壊**とは汽車・電車の実質を害して、その交通機関としての機能の全部又は一部を喪失させる程度に損壊することをいいます[13]。したがって、投石により電車の窓ガラスを割る行為は、本罪でいう破壊には当たらず、器物損壊罪（261条）が成立します。

艦船の転覆とは艦船を横転・反転させることをいいます。**沈没**とは艦船が水面下に没することをいいますが、船体の重要部分が水面下に没することで足ります。単なる座礁は、転覆・沈没には当たりませんが、場合によっては破壊に当たる可能性があります。**破壊**とは艦船の実質を害して、その航行機関としての機能の全部又は一部を失わせる程度に損壊することをいいます。したがって、客船の客室のドアを損壊する行為は本罪でいう破壊には当たらず、艦船損壊罪（262条）が成立します。

> **最判昭和 46・04・22**（刑集 25・3・530、判時 630・101、判タ 264・337）は、漁船を座礁させたうえ、機関室に大量の海水を流入させて航行を不能にした事案につき、船体自体に破損が生じていなくても艦船の「破壊」に当たるとしました。

電車・汽車の転覆・破壊、艦船の転覆・沈没・破壊の方法には、125条のような限定がありませんので、鉄道・標識の損壊、灯台・浮標の損壊も本罪でいう転覆・沈没・破壊の方法となることがあります。

---

10) 判例（大判大正 12・03・15 刑集 2・210）・通説です。
11) 団藤・230 頁、内田・485 頁、平川・132 頁、林・345 頁。
12) 通説です。反対するのは、西田・320 頁。
13) 最判昭和 46・04・22 刑集 25・3・530、判時 630・101、判タ 264・337。

③ **故 意** 汽車・電車・艦船に人が現在すること、転覆・沈没・破壊することについて、故意が必要です。

(2) 汽車転覆等致死罪（126条3項）

本罪は、**前2項の罪を犯し、よって人を死亡させた**と規定していることからも明らかなように、結果的加重犯です。したがって、汽車転覆等罪が未遂に終ったときは、本条項の適用はありませんし、転覆・破壊の行為等それ自体から死の結果を生じさせた場合も、本罪には当たりません[14]。例えば、艦船を爆破する行為自体によって、過って近くにいた人を死亡させた場合は、本罪ではなく、汽車転覆等罪と過失致死罪の観念的競合となるのです。

> **三鷹事件・最大判昭和30・06・22**（刑集9・8・1189、判時52・1、判タ49・88）は、無人で走行させた電車が駅構内の車止めに衝突・脱線し、付近にいた6人を巻き込んで死亡させた事案につき、往来危険汽車転覆等罪（127条）・汽車転覆等致死罪（126条3項）を肯定しました。

また、㋐汽車転覆等罪を犯し、よって人を負傷させた場合は、本条項は人を死亡させる結果的加重犯を特に重く処罰する規定であり、傷害を対象としていませんので、汽車転覆等罪（126条1項）と傷害罪（204条）・過失傷害罪（209条）との観念的競合になります[15]。さらに、死亡した人は、車船内に現在していた人に限られるとの見解[16]もありますが、本条項は、「よって人を死亡させた」と規定しており、文理上は現に車船内にいる人に限定されると解する必然性はないこと、電車の転覆等によって鉄道沿線の住民や駅の乗客等の生命・身体・財産に対する危険を排除する理由もないので、車船内の人に限定されません[17]。例えば、駅のホームにいる乗客、鉄道沿線の住民、桟橋にいる乗客等も、本罪の客体に含まれることになります。

㋑殺意をもって汽車等を転覆・破壊し、よって人を死亡させた場合、法定刑の不均衡を来たさないようにするため本罪のみが成立し、ただ殺人が未遂

---

14) 通説です。これに対し、転覆・破壊の行為等それ自体から死の結果を生じさせた場合を含むとするのは、**東京高判昭和45・08・11**高刑集23・3・524、判タ259・305（電車内で時限爆破装置を爆発させ、電車を破壊すると同時に、その爆体の破片によって乗客を死亡させた事案）。

15) 判例（東京高判昭和45・08・11高刑集23・3・524、判タ259・305）・通説です。

16) 中山・406頁、曽根・230頁、中森・218頁、平川・132頁、松原・418頁。

17) 判例（三鷹事件・最大判昭和30・06・22刑集9・8・1189、判時52・1、判タ49・88）・通説です。

に終ったときは汽車転覆等罪と殺人未遂罪の観念的競合になるとする見解[18] が支配的です。しかし、本罪を結果的加重犯としながら、殺意のある場合を「故意の結果的加重犯」として含ませるのは一貫しないこと、殺人の未遂と既遂とによって本罪の適用を分けるのは文理に反することなどの疑問があり、これらの疑問は刑の均衡論を持ち出しても解消されません。汽車顛覆等罪と殺人罪・殺人未遂罪との観念的競合とすべきです[19]。

05 往来危険汽車転覆等罪 (127条)

第125条の罪〔往来危険罪〕を犯し、よって汽車若しくは電車を転覆させ、若しくは破壊し、又は艦船を転覆させ、沈没させ、若しくは破壊した者も、前条（126条）の例による。

(1) 結果的加重犯

本罪は、往来危険罪（125条）の結果的加重犯です。したがって、車船の転覆等を認識していない場合に限定されることになります。

本罪は、例えば、鉄道の標識を損壊し、その結果として電車を転覆させた場合（126条1項）や、灯台を損壊し、その結果として船舶を衝突させ沈没させた場合（126条2項）、そして、これらの結果として乗客を死亡させた場合（126条3項）に成立します。

(2) 要 件

① 往来危険罪を犯したこと〔行為〕
② よって、汽車・電車を転覆・破壊し、又は艦船を転覆・沈没・破壊すること〔客体・結果〕

① **行 為** 基本行為は、往来危険罪（125条）の行為です。往来危険罪は、鉄道関係については鉄道・標識・それ以外の物を、船舶関係については灯台・浮標・それ以外の物を損壊その他の行為によって、汽車・電車・艦船の往来危険の結果を生じさせるものです。

② **客体・結果** 本罪は、往来危険罪（125条）を基本犯とし、汽車・電車の転覆・破壊、艦船の転覆・沈没・破壊という結果を引き起こす結果的加重

---

18) 通説です。
19) 殺人について未遂・既遂を問わず、本罪と殺人罪・殺人未遂罪との観念的競合になるとする見解なのは、大判大正7・11・25刑録24・1425、団藤・231頁、植松・128頁、香川・184頁。

410　第25講　往来を妨害する罪

犯です。

　本条所定の車船に現に人がいることを要するかについて、議論があります。

> 三鷹事件・最大判昭和30・06・22（刑集9・8・1189、判時52・1、判タ49・88）は、無人で走行させた電車が駅構内の車止めに衝突・脱線し、付近にいた6人を巻き込んで死亡させた事案につき、往来危険汽車転覆等罪（127条）・汽車転覆等致死罪（126条3項）を肯定し、車船に現に人がいることを要しないとしました。

> 　車船に現に人がいることを要するとする**必要説**[20]は、本条が「前条の例による」としている126条の罪では人の現在性が要求されており、その点が法定刑に反映されていること、126条のそれとの均衡上、本罪の客体は人の現在する車船を要求していると解すべきであることを根拠とします。これに対し、車船に人が現在することを要しないとする**不要説**[21]は、法文にとりたてて人の現在性を要求する文言が使われていないこと、往来危険行為はそれ自体、車船の転覆・破壊・沈没の危険を有する行為であるので、人の現在性を必要とする論理必然性は認められないことを根拠とします。

　本条が、「前条の例による」と定め、126条の刑で処断すると規定しており、126条との均衡論を考えると、車船は人の現在することを前提にしていると解釈することになります。というのは、現に人がいる車船に対する往来危険を生じさせ、その結果としてこれを転覆・沈没させ、破壊した場合であってはじめて、126条の場合と等値できる実質（行為危険・危険結果）を惹き起こしたといえるからです。確かに、本条は、形式的な文理と実質的な趣旨とが乖離した立法上の不備を抱えた規定といわざるをえません。被告人に不利益にならない限りで、実質的な趣旨に合うように解釈すべきで、**必要説**が妥当です。ですから、人の現在する他の車船を転覆させるなどした場合にのみ126条の例によることになります。

(3) 死亡の結果

　例えば、鉄道の標識を損壊し、その結果として電車を転覆させ、さらにその結果として乗客や近くにいた人を死亡させた場合のように、往来危険罪（125条）を犯し、その結果的加重犯として汽車転覆等罪（127条）を実現し、

20）団藤・229頁、平野・244頁、曽根・231頁、中森・200頁、前田・344頁、西田・321頁、高橋・479頁、松原・419頁。

21）大塚仁・405頁、内田・488頁、大谷・412頁、前田・344頁。

さらにその結果として人を死亡させた場合に、126条3項の適用があるかについて見解の対立があります。

126条3項も適用されるとする**肯定説**[22]は、もし126条3項の適用を排除するのであれば、127条は「前条第1項及び第2項の例による」と規定されているはずで、そうした規定形式なっていないこと、125条の行為は、その性質上、車船の転覆等ばかりでなく人の死亡結果を発生させる危険を含んでいるので、125条の各項と同様に処断してもよいことを根拠とします。これに対し、126条3項の適用はないとする**否定説**[23]は、127条において「よって人を死亡させた」との文言がないのは、125条の結果的加重犯として車船の転覆等を惹き起こした場合だけであり、その結果として人が死亡した場合を排除する趣旨であることを根拠とします。

この場合、文理からはいずれとも解することができ、126条3項の適用だけを否定することは難しいかもしれません。しかし、肯定説に立つと、往来危険罪（125条）を犯し、車船を転覆等させることなく、過って人を死亡させた場合には、往来危険罪と過失致死罪の観念的競合で2年以上の有期懲役にすぎないのに、往来危険罪を犯し、その結果として現に人のいない汽車・電車を転覆させて人を死亡させた場合には死刑・無期懲役の刑に限られるのは刑の権衡を失する[24]こと、また、126条3項の適用を認めると、車船の転覆等についての結果的加重犯の上にさらに人の死亡結果についての結果的加重犯を重ねることになり、責任原則から問題があろうし、このような二重の結果的加重犯に死刑・無期懲役のみ定められているのは、罪刑均衡の原則からも疑問があります。**否定説**が妥当であり、先の事例の場合は、往来危険罪（125条）と（重）過失致死罪（210条・211条2文）の観念的競合となります。

06 過失往来危険罪 (129条)

過失により、汽車、電車若しくは艦船の往来の危険を生じさせ、又は汽車若しくは電車を転覆させ、若しくは破壊し、若しくは艦船を転覆させ、沈没させ、若しくは破壊した者は、30万円以下の罰金に処する。

---

22) 判例（三鷹事件・最大判昭和30・06・22刑集9・8・1189、判時52・1、判夕49・88）、大谷・412頁、西田・322頁、林・345頁。
23) 大塚仁・405頁、曽根・224頁。
24) 三鷹事件・最大判昭和30・06・22刑集9・8・1189、判時52・1、判夕49・88の少数意見。

412　第25講　往来を妨害する罪

> 　2　その業務に従事する者が前項の罪を犯したときは、3年以下の禁錮又は50万円以下の罰金に処する。

> ①　汽車・電車・艦船であること〔客体〕
> ②　過失により、所定の客体の往来危険を生じさせ、又は所定の客体を転覆・破壊・沈没させること〔行為・結果〕

　本条は、過失によって汽車・電車・艦船の往来の具体的な危険を発生させる**過失往来危険罪**（129条1項前段）、過失によって現に汽車・電車を転覆・破壊し、艦船を転覆・沈没・破壊する**過失汽車転覆等罪**（129条1項後段）、そして、業務に従事する者が過失往来危険・過失汽車転覆等の罪を犯す**業務上過失往来危険罪・業務上過失汽車転覆等罪**（129条2項）が規定されています。

　その業務に従事する者とは、直接又は間接に汽車・電車・艦船の運行・運航の業務に従事する者をいい[25]、例えば、機関士・運転手・保線助手・車掌・船長・操舵手などです。自動車運転を業務とする者については、自動車運転に係る死傷事故に関する特別刑法[26]が適用されますので、本条にいう業務者には含まれないことになります。他の点は、業務上過失致死傷罪（211条）における業務者と同じように考えることができます[27]。

　本罪の結果として人を死傷に致したときは、本罪と過失致死傷罪（209条・210条）・業務上過失致死傷罪（211条）の観念的競合となります。

今日の一言

未来をつくる
それは
今このときを
よりよく構築することでしかない

---

25) 大判昭和2・11・28刑集6・472。
26)「自動車の運転により人を死傷させる行為等の処罰に関する法律」。
27) 本書・59頁以下参照。

第26講　阿片煙に関する罪

01　総　説

(1)　保護法益・類型

　阿片煙に関する罪は、阿片の有害性・中毒性を考慮して、その吸食・輸入・製造・販売等の行為を処罰するもので、その保護法益は不特定・多数の人の身体の安全（健康）です。

　本罪の客体である**阿片煙**とは、芥子の液汁を凝固させ、煙管・パイプ等による吸飲ができるように加工したもの（阿片煙膏）をいい、これには、芥子の液汁を凝固させたにすぎない生阿片は含まず、生阿片の使用等についてはあへん法が対処しています[1]。

　本罪の類型には、以下のようなものがあります。

○阿片煙輸入等罪（136条）　○阿片煙吸食器具輸入等罪（137条）
○税関職員阿片煙等輸入罪・輸入許可罪（138条）　○阿片煙吸食罪（139条1項）
○阿片煙吸食場所提供罪（139条2項）　○阿片煙等所持罪（140条）

　現在、日本及び世界で大きな問題となっているのは、覚醒剤・麻薬・大麻であり、これらの薬物の濫用等については覚せい剤取締法、麻薬及び向精神薬取締法、大麻取締法、「国際的な協力の下に規制薬物に係る不正行為を助長する行為等の防止を図るための麻薬及び向精神薬取締法等の特例等に関する法律」が、シンナー等の有機溶剤については毒物及び劇物取締法が、未だ記憶も生々しい松本サリン事件（1994年）、地下鉄サリン事件（1995年）の後には、「サリン等による人身被害の防止に関する法律」が制定されました。

(2)　薬物犯処罰の意義

　通常の判断能力を有する成人が自由な意思決定によって薬物を摂取し、又は摂取するために所持することがなぜ犯罪として処罰されるのでしょうか。自己決定に基づく行為は犯罪として処罰すべきではないという見解[2]もあ

---

1) あへん法56条は、同法に違反する行為が同時に刑法に違反する場合は、刑法の罪と比較して重い刑に従って処断すると定めています。

りますが、それはなかなか受け入れてもらえないでしょう。

① **危険犯的説明**　危険犯的説明[3]とは、通常の判断能力を有する成人が自由な意思決定によって薬物を自己使用し又は自己使用目的で所持する行為そのものは、他人に直接的な危害を及ぼすものではない、しかし、薬物使用者の多くは慢性中毒に陥り、健康を害するばかりでなく、幻覚・妄想などの精神障害をきたすことすらある、そして、慢性中毒による依存症により、薬物や薬物購入資金を獲得するために強盗・恐喝等の犯罪に走り、また、薬物の覚醒作用・興奮作用・幻覚作用により事故・犯罪を惹き起こし、家族・近隣の人はじめ不特定・多数の人に有形・無形の危害を及ぼす危険がある、そうした危険を未然に防止するために、薬物の自己使用・自己使用目的の所持も犯罪として取り締まっているという説明です〔危険予防〕。

② **後見的説明**　後見的説明[4]とは、通常の判断能力を有する成人が自由な意思決定によって薬物を摂取し又は摂取するために所持する行為そのものは自己決定による自傷行為・自損行為として刑法で問題にすべき行為ではない、しかし、薬物使用者の多くは慢性中毒に陥り、健康を害するばかりでなく、幻覚・妄想などの精神障害をきたし、ひいては本人に重大な結果をもたらすこともある、そこで、国は、本人のために、本人が薬物使用により健康を害する自己危害行為から本人を守るため、後見的に、薬物の自己使用・自己使用目的の所持を犯罪として取り締まっているという説明です〔パターナリズム〕。

自己決定権を凌駕するような後見的説明をするのは困難でしょうから、危険犯的説明が妥当です。

---

2) 平野・246 頁。
3) 最判昭和 31・06・13 刑集 10・6・830、林・348 頁、中森・201 頁、大谷・418 頁。
4) 平川・137 頁。

02　各犯罪の要件　415

02　各犯罪の要件

(1)　阿片煙輸入等罪（136条）

　　あへん煙を輸入し、製造し、販売し、又は販売の目的で所持した者は、6月以上7年以下の懲役に処する。
　　未遂も罰せられます（141条）。

①　阿片煙であること〔客体〕
②　所定の客体を輸入し、製造し、販売し、又は販売目的で所持すること〔行為〕
③　故意があること〔故意〕

　輸入とは国外から国内に搬入することをい、その既遂時期については、日本国の領域（領土・領海・領空）内に入れば足りるとする**領海説**[5]もありますが、輸入罪は禁制薬物を不法に国内に持ち込む行為それ自体を処罰するというよりも、不特定・多数の人の健康を危険にさらすことを処罰する犯罪ですから、船による場合は陸揚げのとき、航空機による場合は荷おろしのときとする**陸揚げ説**[6]が妥当です。

(2)　阿片煙吸食器具輸入等罪（137条）

　　あへん煙を吸食する器具を輸入し、製造し、販売し、又は販売の目的で所持した者は、3月以上5年以下の懲役に処する。
　　未遂も罰せられます（141条）。

①　阿片煙を吸食する器具であること〔客体〕
②　所定の客体を輸入し、製造し、販売し、又は販売目的で所持すること〔行為〕
③　故意があること〔故意〕

(3)　税関職員阿片煙等輸入罪・輸入許可罪（138条）

　　税関職員が、あへん煙又はあへん煙を吸食するための器具を輸入し、又はこれらの輸入を許したときは、1年以上10年以下の懲役に処する（138条）。
　　未遂も罰せられます（141条）。

①　税関職員であること〔主体〕
②　所定の客体を輸入し、又は輸入許可すること〔行為〕
③　故意があること〔故意〕

---

5)　植松・196頁、藤木・123頁、大塚仁・510頁。

6)　判例（大判明治40・09・27刑録13・1007、大判昭和8・07・06刑集12・1125）・通説です。

(4) 阿片煙吸食罪・阿片煙吸食場所提供罪（139条）

> あへん煙を吸食した者は、3年以下の懲役に処する。
> 2 あへん煙の吸食のため建物又は室を提供して利益を図った者は、6月以上7年以下の懲役に処する。
> 未遂も罰せられます（141条）。

◇阿片煙吸食罪（139条1項）
① 阿片煙であること
② 所定の客体を吸食すること〔行為〕
③ 故意があること〔故意〕
◇阿片煙吸食場所提供罪（139条2項）
① 建物・室であること〔客体〕
② 阿片煙を吸食する者に使用させるために所定の客体を提供すること〔行為〕
③ 故意のほかに利益を図る目的があること〔故意・目的〕

(5) 阿片煙等所持罪（140条）

> あへん煙又はあへん煙を吸食するための器具を所持した者は、1年以下の懲役に処する（140条）。
> 未遂も罰せられます（141条）。

① 阿片煙又は阿片煙吸食器具であること〔客体〕
② 所定の客体を所持すること〔行為〕
③ 故意があること〔故意〕

今日の一言

虚偽が真理となり
真理が虚偽へと変わる
それが常であるならば
あらゆる物事を 疑いの対象とすべきであろう

第 27 講　飲料水に関する罪

01　総　説

(1)　保護法益・類型

　飲料水に関する罪は公共危険犯であり、その保護法益は、不特定・多数の人の生命・身体です。但し、特定の人の生命・身体を保護法益とするものも併含されていることに注意してください。

○浄水汚染罪（142 条）　○水道汚染罪（143 条）
○浄水毒物等混入罪（144 条）　○浄水汚染等致死傷罪（145 条）
○水道毒物等混入罪・水道毒物等混入致死罪（146 条）　○水道損壊等罪（147 条）

(2)　浄水・水道水

　浄水とは人の飲料しうる程度に衛生上害のない水をいいます。条文は、「人の飲料に供する浄水」（142 条・144 条）、「公衆に供給する飲料の浄水」（143 条・146 条）としていますので、まさに飲料水（飲料の浄水）が客体です。

　水道とは人が利用する水を供給し又は人が利用した水を処理するために人工的に造られた設備をいい、通常、上水道・下水道の別があります。条文は、「水道により公衆に供給する飲料の浄水」（143 条・146 条）、「公衆の飲料に供する浄水の水道」（147 条）としていますので、いわゆる上水道が客体です。

02　浄水汚染罪（142 条）

　人の飲料に供する浄水を汚染し、よって使用することができないようにした者は、6 月以下の懲役又は 10 万円以下の罰金に処する。

① 　人の飲料に供する浄水であること〔客体〕
② 　所定の客体を汚染し、使用できないようにすること〔行為・結果〕
③ 　故意があること〔故意〕

　① 　客　体　客体は、人の飲料に供する浄水です。本罪は公共危険犯ですから、人は不特定又は多数の人を意味し、特定の人の飲料に供するための浄水は含まれないとするのが支配的見解です[1]。刑法は、「人」（本条・144 条）

と「公衆」（143条・146条・147条）とを使い分けていること、浄水汚染等致死傷罪（145条）は傷害の罪を念頭において規定されていること、本罪は、同じく公共危険犯の放火罪・浸害罪と異なり、条文に「公共の危険」の文言がないことなどを考慮すると、「人」を「公衆」と同義に解する必然性はありません。むしろ、本罪は、文言上、特定・少数の人の飲料に供するための浄水と不特定・多数の人の飲料に供するための浄水の両方を含んでおり、それが水道汚染罪の規定（143条）によって、水道による後者が脱落することになったのです。ですから、本罪は、特定・少数の人の飲料に供するための浄水と（水道による場合を除く）不特定・多数の人の飲料に供するための浄水の両方を含み、個人法益及び社会法益に対する罪の両方を包含し、行為の客体・態様が近似・類似しているので同じ所に規定されたものと思われます。法定刑の幅はそれを示しています。

　他方、判例・通説は、「公衆に供給する飲料の浄水」を汚染する罪（143条）と本罪とを区別するために、本罪の人は、ある程度の多数で足り、一家族の飲料に供される水瓶内の浄水や井戸の浄水も本罪の客体になるとします。しかし、この解釈には疑問があります。例えば、一家族だけが使用している井戸水に放尿する行為は本罪に該当するが、独居老人だけが使用している井戸水に放尿する行為は本罪に当たらないとする理由はないでしょう。

　飲料に供する浄水とは、飲料水としての用途に供される衛生上害のない水をいい、要するに、飲料水のことです。

　②　**行為・結果**　**汚染すること**とは衛生上害のない状態を失わせることをいい、例えば、放尿する、泥・塵芥を投入する、動物の死骸を投げこむなどが、これに当たります。

　汚染行為によって、**使用することができないようにしたこと**（使用不能状態）が必要です。浄水を汚染させれば、使用不能状態となるのが通常ですが、汚染にも程度がありますので、本条は、可罰性の程度を明確にするために、「使用することができないようにした」結果を要求したのです。**使用することができない**とは、物理的・生理的・心理的に飲料水として飲むことができない状態を意味します。心理的な事案は判断が難しいですが、井戸水に食紅を投

---

1)　判例（大判昭和8・06・05刑集12・736）・通説です。

03　水道汚染罪（143条）　419

入した事案につき本罪を肯定した判例[2]があります。本罪の結果の使用不能状態は事後的に判断し、当該汚染の内容・程度を前提にして飲料水として使用できないかを客観的に判断すべきでしょう。

　③　**故　意**　人の飲料に供する浄水を汚すことについての故意があれば足ります。使用不能状態は、本条の「よって」という文言からもうかがえるように、結果的加重犯における加重結果と同じ扱いになるので、使用不能状態という結果の発生についての故意は不要ですが、責任原則との関係で、少なくとも過失を必要とすべきでしょう。

03　水道汚染罪（143条）

　水道により公衆に供給する飲料の浄水又はその水源を汚染し、よって使用することができないようにした者は、6月以上7年以下の懲役に処する。

① 水道により公衆に供給する飲料の浄水又はその水源であること〔客体〕
② 所定の客体を汚染し、使用できないようにすること〔行為・結果〕
③ 故意があること〔故意〕

　①　**客　体**　客体は、水道により公衆に供給する飲料の浄水・その水源です。**水道により公衆に供給する飲料の浄水**とは、不特定・多数の人に飲料として供給されるべき浄水であって、その浄水供給のために人工的に造られた設備にあるものをいいます。**水源**とは、水道に入る前の水をいい、例えば、貯水池・浄水池などの水です。

　②　**行為・結果**　汚染の意義、その結果については、浄水汚染罪（142条）を参照してください。

　水道は飲料用浄水を広範囲の不特定・多数の人に供給するものですから、そこにある水道水やその水源を汚染されると、その被害が広範囲に及ぶ危険があるので、本罪は、浄水汚染罪（142条）を加重する特別犯罪です。

---

2)　最判昭和36・09・08刑集15・8・1309。

420　第27講　飲料水に関する罪

04　浄水毒物等混入罪 (144条)

> 　人の飲料に供する浄水に毒物その他人の健康を害すべき物を混入した者は、3年以下の懲役に処する。

> ①　人の飲料に供する浄水であること〔客体〕
> ②　所定の客体に人の健康を害すべき物を混入すること〔行為〕
> ③　故意があること〔故意〕

　①　**客　体**　本罪についても、浄水汚染罪（142条）と水道汚染罪（143条）の関係と同じく、水道毒物等汚染罪の規定（146条）が存在するので、本罪の客体は、特定の人の飲料に供するための浄水と（水道による場合を除く）不特定の人の飲料に供するための浄水の両方を含みます。

　②　**行　為**　**人の健康を害すべき物**とは、人の健康に有害に作用する物質をいいます。毒物は例示であり、青酸カリはじめ、病原菌・寄生虫・下剤などがこれに当たります。**混入**とは、混ぜ入れることをいいます。

　行為は混入行為ですが、本罪が成立するには、さらに人の健康を害すべき程度の危険性の発生が結果〔危険結果〕として必要です。

05　浄水汚染等致死傷罪 (145条)

> 　前3条の罪〔浄水汚染罪・水道汚染罪・浄水毒物等混入罪〕を犯し、よって人を死傷させた者は、傷害の罪と比較して、重い刑により処断する。

　本罪は、浄水汚染罪（142条）・水道汚染罪（143条）・浄水毒物等混入罪（144条）の結果的加重犯ですから、死傷の結果について故意があってはなりません。死傷について故意がある場合は、浄水汚染罪・水道汚染罪・浄水毒物等混入罪と殺人罪・傷害罪の観念的競合となります。

06　水道毒物等混入罪・水道毒物等混入致死罪 (146条)

> 　水道により公衆に供給する飲料の浄水又はその水源に毒物その他人の健康を害すべき物を混入した者は、2年以上の有期懲役に処する。よって人を死亡させた者は、死刑又は無期若しくは5年以上の懲役に処する。

07　水道損壊等罪（147条）　421

(1)　水道毒物等混入罪（146条1文）

①	水道により公衆に供給する飲料の浄水又はその水源であること〔客体〕
②	所定の客体に毒物その他人の健康を害すべき物を混入すること〔行為〕
③	故意があること〔故意〕

　本罪の客体である**水道により公衆に供給する飲料の浄水又はその水源**については水道汚染罪（143条）を、本罪の行為である**毒物その他人の健康を害すべき物を混入**する行為については浄水毒物等混入罪（144条）を参照。

(2)　水道毒物等混入致死罪（146条2文）

　本罪は水道毒物等混入罪の**結果的加重犯**ですが、加重結果が死亡に限定されていることに注意してください。傷害結果を生じた場合、水道毒物等混入罪（146条前段）の法定刑が傷害罪（204条）よりはるかに重いことを理由に、傷害結果について故意があるか否かを問わず、水道毒物等混入罪となるにすぎないとするのが支配的見解[3]です。傷害結果について故意がないときは水道毒物等混入罪のみが、傷害の故意があるときは、水道毒物等混入罪と傷害罪の観念的競合とすべきでしょう[4]。

　死亡結果について故意があるとき、本罪の法定刑は殺人罪のそれよりも重いので、本条後段の罪だけを認めれば足りるとするのが支配的見解です[5]。しかし、支配的見解が、殺人の故意があり、死亡結果が生じなかったときは、水道毒物混入罪と殺人未遂罪の観念的競合とするのは奇妙です。本罪は結果的加重犯ですから、死亡結果について故意があるときは、水道毒物等混入罪と殺人（未遂）罪の観念的競合とすべきです。

07　水道損壊等罪（147条）

　公衆の飲料に供する浄水の水道を損壊し、又は閉塞した者は、1年以上10年以下の懲役に処する。

| ① | 公衆の飲料に供する浄水の水道であること〔客体〕 |
| ② | 所定の客体を損壊・閉塞すること〔行為〕 |

---

3)　通説です。
4)　内田・498頁。
5)　大谷・417頁、西田・317頁。

422　第27講　飲料水に関する罪

　①　**客　体**　客体は**公衆の飲料に供する浄水の水道**です。**浄水の水道**とは、人の飲料しうる程度に衛生上害のない水を供給するために人工的に造られた設備をいい、天然の流水は含まれません。

　②　**行　為**　**損壊**とは水道を物理的に破壊する行為をいい、**閉塞**とは有形の障害物によって水道を遮断する行為をいいます。いずれの行為も不特定・多数の人に対する飲料水の供給を妨害する行為ですから、浄水の供給を不可能又は著しく困難にすることを要します。この程度に至らない損壊は、本罪ではなく器物損壊罪（261条）になります[6]。

今日の一言

憤怒は　自己制御の放棄の証しかもしれない
憤怒は　自己欠陥の隠蔽の所業かもしれない
それならば
憤怒よりも　冷徹な抵抗　怜悧な不服従が
最良の方策かもしれない

---

6)　大阪高判昭和 41・06・18 下刑集 8・6・836、判時 472・66、判タ 199・186。

423

第 28 講　通貨偽造の罪

01　総　説

(1)　保護法益

ⓐ　通貨発行権説　本罪の保護法益は国の通貨発行権
　　＜根拠＞・本罪は、国の通貨発行権を侵害することにより、通貨に対する
　　　　　　社会の信用を害する
　　⇒通貨に対する社会の信用が害されなくとも、本罪の成立は肯定される

> **最判昭和 22・12・17**（刑集 1・94）は、1946 年（昭和 21 年）に実施された旧
> 円から新円への切り換えに際し、紙幣発行が間に合わないため臨機応急の措置
> として、政府が、国民一人につき金額百円に相当する証紙を交付し、国民が旧
> 券にこの証紙を貼付することによってこれが新券とみなされるものとして流通
> させたところ、被告人は正規の手続によらずに入手した証紙を限度額を超えて
> 旧券に貼り付けて新券とみなされるものを作成したという事案につき、「通貨偽
> 造罪は通貨発行権者の発行権を保障することによつて通貨に対する社会の信用
> を確保しようとするにあるのであるから作成者が通貨発行の権限を有たない者
> である限りその作成がたとえたまたま発行権限をもつ者の場合とまつたく同一
> の材料と方法とによつて為され従つて作成された物が外観の点においてのみな
> らずその実質の点においても発行権限をもつ者の作成する物といささかの逕庭
> なくこれとまつたく同一のものであつたとしてもその作成行為はもとより通貨
> 偽造たるを免れずその作成された物はおのずから偽造通貨たるを失ふものでな
> い」と判示し、通貨偽造罪の成立を認めました。

ⓑ　社会信用説[1]　本罪の保護法益は通貨に対する社会の信用
　　＜根拠＞・通貨発行権の保護の面を全く無視することはできないとしても、
　　　　　　それはあくまでも通貨に対する社会の信用を確保する限りにお
　　　　　　いて認められるべきもの
　　⇒通貨に対する社会的信用を害するとは、無効な偽貨を作ることに加えて、
　　　通貨制度に重大な疑念を生ぜしめることも含めて考えるべきで、そこに
　　　わざわざ通貨発行権を持ち出す必要はない
　　この説によれば、先の最高裁判決の事案については、有効な通貨として扱わ
　ざるをえず、通貨の信用性を害したとは認められないので、通貨偽造罪は成立

1）通説です。

424　第28講　通貨偽造の罪

しないことになります[2]。

　偽造通貨が流通すれば、個人に財産的損害を生じさせるだけでなく、通貨に対する社会の信用は失墜し、円滑な経済取引をも脅かす危険があります。しかも、世界的規模での為替や経済取引から考えても、国境を超えた広範な影響を与えかねず、一国の通貨発行権だけを考慮すれば足りる状況にはありません。本罪の保護法益は、通貨への社会の信用を保護することによって経済取引の安全という社会法益を維持・確保することにあると解すべきで、**社会信用説**が妥当です。

(2)　**類　型**

○通貨偽造罪・偽造通貨行使罪（148条）
○外国通貨偽造罪・偽造外国通貨行使罪（149条）　○偽造通貨等収受罪（150条）
○収得後知情行使等罪（152条）　○通貨偽造等準備罪（153条）

02　通貨偽造罪・偽造通貨行使罪 (148条)

　行使の目的で、通用する貨幣、紙幣又は銀行券を偽造し、又は変造した者は、無期又は3年以上の懲役に処する。
　2　偽造又は変造の貨幣、紙幣又は銀行券を行使し、又は行使の目的で人に交付し、若しくは輸入した者も、前項と同様とする。
　未遂も罰せられます（151条）。

(1)　**通貨偽造罪** (148条1項)

①　通用する貨幣・紙幣・銀行券であること〔客体〕
②　所定の客体を偽造し、又は変造すること〔行為〕
③　行使の目的があること〔目的〕
④　故意があること〔故意〕

　①　**客　体**　客体は、通用する貨幣・紙幣・銀行券です。**通用する**とは法律によって強制通用力を与えられていることを意味し、強制通用力を失っている古銭・廃貨は本罪の客体には当たりません。**貨幣**とは金属の貨幣のことで、現在は、政府の製造・発行する、いわゆる硬貨に限られています[3]。**紙**

---

2)　ほかに、通貨に対する社会の信用を軸にし、国の通貨発行権を副次的法益とする見解として、西田・328頁。
3)　「通貨の単位及び貨幣の発行等に関する法律」4条以下を参照。

幣とは政府の発行する貨幣に代用される、紙を原料とする証券のことで、かつての小額紙幣（1円未満）がこれに当たりましたが、通用する紙幣は現在存在しません。**銀行券**とは政府が発行権を認許した日本銀行が発行している、貨幣に代用される証券のことで、日本銀行券のことです[4]。一般に紙幣と呼ばれているものは、法律上は銀行券です。これら貨幣・紙幣・銀行券を総称して**通貨**といいます。

　② **行　為**　**偽造**とは、通貨の製造・発行権を有しない者が、真貨に類似した外観のものを作成することをいい、**変造**とは、通貨の製造・発行権を有しない者が、真貨に加工して真貨に類似した外観のものを作成することをいいます。いずれの行為も、㋐偽造行為の主体が通貨製造・発行権を有しない者であること、㋑偽造・変造された通貨が、一般人をして、真貨であると誤信させるに足りる程度の形式・外観を備えていることが要件となります。この程度には至らないが、真貨と紛らわしい外観のものを作成したときは**模造**となり、「通貨及証券模造取締法」[5]によって処罰されます。

　なお、真貨を加工した場合に偽造なのか変造なのかが問題となりますが、元の真正通貨の本質的部分に変更を加え、元の真正通貨の同一性を喪失させた場合は、元の真正通貨とは別の新しい偽貨を作出したので偽造となるのに対し、元の真正通貨の非本質的部分に変更を加えたにすぎず、元の真正通貨の同一性を喪失させていない場合は、元の真正通貨に新たな形式・外観を付け加えたにすぎないので、変造となります。

> □**偽造に当たる行為**　真正の日本銀行券のうち8分の1に当たる縦の部分を切除し、残りの左右部分を継ぎ合わせて新たに千円札類似のものを作出する行為[6]／パソコン・スキャナープリンターを使って日本銀行券の表裏を複写し、真貨と同じ大きさに裁断する行為[7]
> □**変造に当たる行為**　通用中の日本銀行券を青色にし、数字・文字に変更を加えて真正の日本銀行券に似たものを作成する行為[8]／真正の日本銀行

4）日本銀行法46条以下を参照。
5）**模造**とは、通貨の製造・発行権を有しない者が、真貨に類似してはいるが、一般人の注意力をもってすれば真貨と誤認する程度にまで至らない形式・外観を備えているにすぎないものを作成することで、行使目的は要件となっていません。通貨及証券模造取締法1条・2条参照。
6）広島高判昭和30・09・28高刑集8・8・1056、判時64・04。
7）名古屋地判平成9・10・16判夕974・260。

426 第28講 通貨偽造の罪

> 券を表裏に引きはがして各表・裏を2片に切断し、それぞれに厚紙を貼って、真正な日本銀行券を4つ折にしたかのようにする行為[9]

③ **目 的** 本罪には、行使目的が必要です（目的犯）。**行使目的**とは、偽造・変造した通貨を真正な通貨（真貨）として流通に置こうとする目的をいい、偽貨と知らない他人をして真貨として流通に置かせる目的もこれに含まれます[10]。行使目的は、主観的違法要素、したがって主観的法律要件要素とするのが支配的見解ですが、行使目的は、その有無によって、客観的な危険性は変化しません。その意味で、行使目的は本罪の成立に必要な主観法律要件ですが、違法要件ではなく責任要件です[11]。

④ **故 意** 偽造・変造するについて故意が必要です。具体的には、自分が通貨製造・発行権を有しない者であること、偽造・変造された通貨が真貨であると誤信させるに足りる程度の形式・外観を備えていることの認識が必要です。

(2) 偽造通貨行使罪 （148条2項）

> ① 偽造・変造の貨幣、紙幣・銀行券であること〔客体〕
> ② 所定の客体を行使すること、又は行使目的で人に交付し、若しくは輸入すること〔行為〕
> ③ 故意があること〔故意〕

① **客 体** 客体は、偽造又は変造された貨幣、紙幣又は銀行券で、これら偽造・変造の通貨を**偽貨**といいます。偽貨それ自体は、行使目的で偽造・変造されたものであることを要しませんし、偽造・変造した者が行使者なのか他人なのかも問いません。例えば、行使目的を有しない他人が自分の印刷技術を誇示するために作成した偽貨を入手した者が、それを真貨として流通に置けば、本罪が成立します。

② **行 為** 本罪の行為は、偽貨を行使すること、行使目的で偽貨を人に交付すること、及び、行使目的で偽貨を輸入することです。

行使とは、偽貨を真正な通貨として流通に置くこといい、2つの要件を充

---

8) 東京高判昭和30・12・06東高時報6・12・44。
9) 最判昭和50・06・13刑集29・6・375、判時785・112、判タ326・333。
10) 最判昭和34・06・30刑集13・6・985。
11) 関・総論・99頁参照。

足することが必要です。1つは**流通に置くこと**〔流通性〕で、売買代金・債務弁済に使用することは勿論、贈与も行使に当たり[12]、有償・無償を問いません。但し、偽貨を見せ金、装飾品・標本として使用することは、流通性に欠けるので、行使には当たりません。いま1つは、**相手方が偽貨であることの情を知らない者であること**〔相手方の不知性〕で、行使の相手方は偽造・変造の通貨であることの情を知っていれば、行使には当たりません。

◇**行使に当たる行為**　偽貨を両替する行為[13]／偽貨を自動販売機に投入する行為[14]／賭博の賭金として偽造通貨を使用する行為[15]
◆**行使に当たらない行為**　薬物騙取の目的で現金所持を装うために偽貨を見せる行為／偽貨でペンダントを作り恋人に贈る行為

行使目的で偽貨を人に交付するとは、偽貨を流通に置く意思をもって偽貨であることの情を告げ、又は既に情を知っている他人に、偽貨の占有を移転することをいいます[16]。交付罪は、実質的には、行使の教唆・幇助の行為を独立の犯罪としたものなので、交付を受けた他人がその偽貨を実際に行使した場合は、交付者に別に行使罪の教唆・幇助は成立しませんし、その他人が実際に行使しなくても、交付罪の成立に影響しません。なお、通貨偽造罪を犯した共同正犯・共犯者間での偽貨の授受は、通貨偽造罪の共同正犯・共犯の射程範囲内の行為であり、偽造・変造の行為を超える危険を発生させているとはいえませんので、交付罪には当たりません[17]。偽貨の行使を共謀した共同正犯者間における偽貨の授受も、共同正犯者間での行使のためのやり取りであり、行使罪の前段階の準備行為にすぎず、行使罪の射程範囲内の行為として評価されているので、不可罰的行為とすべきでしょう[18]。

また、**行使目的で偽貨を輸入する**とは、流通に置く意思をもって偽貨を国外から国内に搬入することをいいます。日本国の領海・領空内に入ることで

---

12) 大判明治35・04・07刑録8・4・48。
13) 最決昭和32・04・25刑集11・4・1480。
14) 東京高判昭和53・03・22刑裁月報10・3・217。
15) 大判明治41・09・04刑録14・755。
16) 大判明治43・03・10刑録16・402。
17) 通説です。
18) 東京高判昭和31・06・26高刑集9・7・659、大塚仁・416頁、中森・209頁、高橋・488頁。これに対し、交付罪の成立を肯定するのは、大谷・429頁、山口・425頁、井田・417頁。

足りるとする領海説[19]もありますが、偽貨が流通に置かれることによる社会的信用に対する危険を考慮すると、単に日本国の領海・領空内に入っただけでは足りず、海路搬入の場合は陸揚げが、空路搬入の場合は地上への荷下ろしを必要とする**陸揚げ説**[20]が妥当です。

　以上の３つの行為で問題となるのは、例えば、情を知らない相手方に買い物をさせるために偽貨を引き渡す行為のように、情を知らない者への引き渡しは行使なのか交付なのかです。

ⓐ　**行使説**[21]　交付罪は行使の教唆・幇助に当たる行為を独立に処罰するものであり、交付は情を知った者に引き渡すことを意味する
　⇒この場合、相手方は情を知らないので、あたかも自動販売機に偽貨を投入する行為と同じように、行使とすべき

ⓑ　**行使の間接正犯説**[22]　情を知らない者への引き渡しは交付ではなく行使である
　⇒この場合、相手方は偽貨であることに気づく可能性がある以上、自動販売機に偽貨を投入する行為と同じに解することはできない、相手方に引き渡しただけでは行使罪の着手にすぎず、相手方が買い物をするために使用しようとしたときが行使罪の既遂である

ⓒ　**交付説**[23]　行使と交付の違いは、引き渡す相手方が情を知っているか否かではなく、流通に置くこととの関係で直接性があるのが行使、間接性があるにすぎないのが交付である
　⇒この場合、流通に置くこととの関係で間接性があるにすぎないので交付である

　この場合、情を知らない相手方に偽貨を引き渡して流通に置かせようとしている以上、行使とみるべきですが、ただ他人を介在させている点で行使罪の間接正犯の形態であり、その限りで、流通に置くこととの関係で危険が間接的です。本罪のような危険犯の場合、本書の立場[24]によると、情を知らない相手方に偽貨を引き渡したときが交付罪の実行の着手であり、相手方が買い物をしようとしてその偽貨を使おうとしたときに未遂結果としての危険

19）大塚仁・416頁、佐久間・313頁。
20）判例（大判明治40・09・27刑録13・1007、大判昭和8・07・06刑集12・1125）・通説です。
21）通説です。
22）内田・551頁、福田・85頁、曽根・237頁、山中・584頁。
23）大判明治43・03・10刑録16・402、平野・258頁、中山・418頁。
24）関・総論・350頁以下、395頁参照。

03 外国通貨偽造罪・偽造外国通貨行使罪（149条）　　429

が生じて未遂処罰の段階に達し、実際に偽貨が使われたときが既遂結果としての現実的危険が発生して既遂段階に至ったとすることができます。したがって、ⓑ**行使の間接正犯説**が妥当です。

　③　**故　意**　偽造・変造の貨幣、紙幣・銀行券であること、及び、そうした偽貨を行使すること、又は行使目的で人に交付し、若しくは輸入することについて、故意が必要です。

　④　**罪数・他罪との関係**　通貨を偽造・変造した者がその偽貨を行使・交付した場合、通貨偽造罪と偽造通貨行使罪の牽連犯となります。

　偽貨を行使して財物・財産上の利益を騙取した場合、本罪（社会法益）と詐欺罪（個人法益）とは法益が異なること、152条（偽貨収得後の知情行使）においても、欺罔を伴う限り通常の詐欺より軽く処罰すべきではないことを根拠に、両罪の牽連犯に当たるとする見解[25]があります。しかし、偽貨の行使は、欺罔行為を不可避的に随伴することが通常ですから、偽造通貨行使罪は詐欺の行為を内含していること、本罪のほかに詐欺罪の成立を認めると、欺罔行為を含む152条（偽貨収得後の知情行使）の法定刑が軽くなっている趣旨を没却させてしまいます。偽造通貨行使罪のみが成立すると解すべきです[26]。

03　外国通貨偽造罪・偽造外国通貨行使罪（149条）

> 　行使の目的で、日本国内に流通している外国の貨幣、紙幣又は銀行券を偽造し、又は変造した者は、2年以上の有期懲役に処する。
> 　2　偽造又は変造の外国の貨幣、紙幣又は銀行券を行使し、又は行使の目的で人に交付し、若しくは輸入した者も、前項と同様とする。
> 　未遂も罰せられます（151条）。

(1)　外国通貨偽造罪（149条1項）

> ①　日本国内に流通している外国の貨幣・紙幣・銀行券であること〔客体〕
> ②　所定の客体を偽造し、又は変造すること〔行為〕
> ③　行使の目的があること〔目的〕
> ④　故意があること〔故意〕

25）西原・279頁。

26）判例（大判明治43・06・30刑録16・1314）・通説です。偽貨を自動販売機等に投入して商品
　等を取得した場合も、行使罪が成立する限りで別に窃盗罪は成立しないことになります。

430 第28講 通貨偽造の罪

① **客 体** 客体は、日本国内に流通している外国の貨幣・紙幣・銀行券です。**日本国内に流通している**とは、日本国内において強制通用力を有することではなく、事実上日本国内に流通していることをいい、広く日本国全体に流通している必要はありませんし、その流通が日本国民の間における流通である必要もありません。したがって、日本国内に駐留する米軍施設内における交換の媒介物として発行されたドル表示軍票も、流通範囲が限定されてますが、本罪の客体に当たります[27]。**外国の貨幣・紙幣・銀行券**とは、外国の通貨発行権に基づいて発行された通貨をいいます。

② **行為**・③ **目的**・④ **故意** 行為（偽造・変造）・目的（行使目的）・故意については、通貨偽造罪（148条1項）の解釈がそのまま妥当します。

(2) 偽造外国通貨行使罪（149条2項）

① 偽造・変造の外国の貨幣・紙幣・銀行券であること〔客体〕
② 行使すること、又は行使目的で人に交付し、若しくは輸入すること〔行為〕
③ 故意があること〔故意〕

① **客 体** 客体は、**偽造・変造の外国の貨幣、紙幣・銀行券**、すなわち、日本国内に流通している外国通貨の偽貨です。

② **行為**・③ **故意** 行為（行使、行使目的交付、行使目的輸入）・故意については、偽造通貨行使罪（148条2項）を参照してください。

04 偽造通貨等収得罪（150条）

　行使の目的で、偽造又は変造の貨幣、紙幣又は銀行券を収得した者は、3年以下の懲役に処する。

　未遂も罰せられます（151条）。

(1) 要 件

① 偽造・変造の貨幣・紙幣・銀行券であること〔客体〕
② 所定の客体を収得すること〔行為〕
③ 行使の目的があること〔目的〕
④ 故意があること〔故意〕

① **客 体** 客体は、148条・149条にいう偽貨を前提にしていますので、

---

27) 最決昭和28・05・25刑集7・5・1128、判タ31・70、最判昭和29・03・25刑集9・3・323、東京高判昭和29・03・25高刑集7・3・323。

日本の通貨については強制通用力を有する通貨、外国の通貨については事実上日本国内に流通している通貨の偽貨です。

② **行　為**　収得とは、偽貨を自己の占有・支配に移す一切の行為をいい、贈与される、別の物と交換する、購入する、窃取する（窃盗罪との観念的競合）、騙し取る（詐欺罪との観念的競合）、脅し取る（強盗罪・恐喝罪との観念的競合）、拾う（遺失物等横領罪との観念的競合）など、その原因・方法を問いませんし、有償・無償を問いません。他人から預かった偽貨を横領した場合も本罪の収得に当たるか議論がありますが、本罪は行使罪の前段階の行為が独立して処罰されていること、本罪と横領罪とは保護法益を異にすること、本罪につき所持の移転を要求すべきなのか疑問があることから、肯定すべきでしょう[28]。

なお、偽貨の行使を共謀した共同正犯者間における偽貨の授受は、共同正犯者間での行使のためのやり取りであり、行使罪の前段階の準備行為にすぎず、行使罪の射程範囲内の行為ですので、その偽貨を受け取る行為も本罪の収得には当たらないと解すべきです[29]。

③ **目　的**　本罪には、行使目的が必要です（目的犯）。**行使の目的**とは、偽造・変造した通貨を真正な通貨（真貨）として流通に置こうとする目的をいいます。

④ **故　意**　偽造・変造の貨幣、紙幣・銀行券であること、そうした偽貨を収得することについて、故意が必要です。本罪は、収得のときに偽貨であることの故意を要しますから、偽貨であることの情を知らずに占有の委託を受けた者が、その後に情を知って横領した場合は、本罪は成立しません。

(2)　他罪との関係

偽貨を窃取・騙取の方法によって収得した場合は、窃盗罪・詐欺罪と本罪との観念的競合となります。偽貨を収得後、それを行使した場合は、本罪と

---

28) 中森・210頁、西田・332頁、高橋・490頁、松宮・404頁。これに対し、横領は占有移転を伴わないことを根拠に否定説を採るのは大塚仁・419頁、大谷・432頁、山口・427頁、松原・482頁。確かに、横領の場合、占有は既に収得者にあるので、所持の移転を認定するのは難しいのですが、それを理由に否定説を支持するのは適当ではありません。そうした認定の困難さは、そもそも横領罪における横領（領得行為）の認定においても不可避だからです。

29) 東京高判昭和31・06・26高刑集9・7・659、大塚仁・416頁、中森・209頁、高橋・488頁。これに対し、本罪の収得に当たるとするのは、大谷・429頁、山口・425頁、井田・417頁。

432 第28講 通貨偽造の罪

偽造通貨行使罪の牽連犯です。但し、偽造・変造の通貨を行使して財物・財産上の利益を騙取しても、詐欺的行為は偽造通貨行使罪に吸収されます。

05 収得後知情行使等罪 (152条)

> 貨幣、紙幣又は銀行券を収得した後に、それが偽造又は変造のものであることを知って、これを行使し、又は行使の目的で人に交付した者は、その額面価格の3倍以下の罰金又は科料に処する。ただし、2千円以下にすることはできない。

(1) 罪 質

本罪は、偽貨であることを知らないで収得した者が、収得の後に偽貨であることを知った〔収得後知情〕にもかかわらず、これを行使し、又は行使目的で人に交付する行為であり、偽造通貨行使罪（148条2項）・偽造外国通貨行使罪（149条2項）の減軽類型です。本罪の法定刑が軽いのは、一般に**適法行為の期待可能性**が低いことを考慮したからです[30]。

(2) 要 件

> ① 偽造・変造した貨幣・紙幣・銀行券であること〔客体〕
> ② 偽貨を収得した後に、それが偽造・変造のものであることを知ること〔知情〕
> ③ 偽貨を行使すること、又は行使目的で偽貨を人に交付すること〔行為〕
> ④ 故意があること〔故意〕

① **客 体** 客体は、偽造・変造した貨幣・紙幣・銀行券です。

② **知情・**③ **行為** 本罪の行為は、**偽貨を収得後知情のうえ行使すること**、又は**偽貨を収得後知情のうえ人に行使させる目的で交付すること**です。本条では、**収得のとき偽貨であることを知らないこと**が必要であり、知っていれば、行使目的があることを要件に偽造通貨等収得罪（150条）となります。また、本罪の収得は適法に行われたものに限ります[31]。期待可能性の低いことを根拠とする本条を違法に収得した場合にまで適用するのは、本条の趣旨に反するからです。したがって、偽貨であることを知らずに窃取・騙取した者が知情のうえこれを行使した場合は、窃盗罪・詐欺罪と偽造通貨行使罪（148

---

30) 通説です。

31) 通説です。

条2項)・偽造外国通貨行使罪（149条2項）の併合罪となります。偽貨の行使によって財物・財産上の利益を騙取した場合は、本罪の法定刑が特に軽くされている趣旨を考慮し、詐欺罪の成立は排除されていると解すべきです[32]。

④ **故 意** 偽貨を収得した後に、それが偽貨であること、その偽貨を行使し又は（行使目的をもって）人に交付することについて、故意が必要です。本罪は、収得のときに偽貨であることについて故意があってはならず、収得の後に偽貨であることの情を知ることを要します。

(3) **額面価格**

本条にいう**額面価格**とは、偽貨の名義上の価格をいいます。例えば、1万円を入手して後に、それが偽札だと気づいたが、気づいていないかのように装ってその1万円札を買い物に使った場合、**その額面価格の3倍以下の罰金**となりますから、3万円以下の罰金ということになります。また、例えば、それが偽ドル紙幣、偽ユーロ紙幣のような外国通貨の場合は、行使・交付の行為当時の為替相場によって日本通貨に換算して決めます（°-°）。

06 　通貨偽造等準備罪 (153条)

貨幣、紙幣又は銀行券の偽造又は変造の用に供する目的で、器械又は原料を準備した者は、3月以上5年以下の懲役に処する。

本条は、通貨偽造罪（148条1項）・外国通貨偽造罪（149条1項）を準備する予備行為のうち、特定の予備行為を独立の犯罪として処罰しています。

(1) **要 件**

① 器械・原料であること〔客体〕
② 所定の客体を準備すること〔行為〕
③ 貨幣・紙幣・銀行券の偽造又は変造の用に供する目的であること〔目的〕
④ 故意があること（故意）

① **客 体** **器械**とは、貨幣・紙幣・銀行券の偽造・変造の用に供することができる一切の器械をいい、偽造・変造の行為に直接必要な物品に限りません。例えば、パソコン、スキャナー、プリンター、印刷機などもこれに当たります。**原料**とは、貨幣・紙幣・銀行券の偽造・変造のための偽貨の原材

---

32) 通説です。

434 第28講 通貨偽造の罪

料として使用しうる一切の物をいい、紙、インク・トナー、地金などです。

② **行 為** 器械・原料を**準備する**とは、貨幣・紙幣・銀行券の偽造・変造の用に供することができる器械・原料を利用して偽造・変造の行為ができるような状態に置く一切の行為をいい、通貨偽造罪の実行の着手及び未遂の危険結果に至っていない段階をいいます。

ⓐ **予備形態説**[33] 本条は、（外国）通貨偽造罪（148条1項・149条1項）の予備行為のうち、器械・原料の準備行為という特定の形態のみを独立犯罪類型として処罰するもの

⇒自分が偽造・変造する用に供するため（自己予備）か、他人の用に供するためか（他人予備）を問わない[34]

⇒通貨偽造罪の従犯としての器械・原料の（予備段階での）準備行為は、本罪には当たらない

ⓑ **予備・従犯説**[35] 本条は、（外国）通貨偽造罪（148条1項・149条1項）の予備行為だけでなく、従犯としての器械・原料の準備行為をも併せて独立犯罪として処罰するもの

⇒自己予備と他人予備を含めて広く予備を処罰する

⇒通貨偽造罪の従犯をも処罰する

本書によれば、（外国）通貨偽造罪の重大性に鑑み、他人の通貨偽造・変造罪に対する（予備段階での）従犯も重く処罰する必要があること、本条が「偽造又は変造の用に供する目的」と規定し、かつ、「予備」ではなく「準備」という文言を用いていることを考慮すると、ⓑ**予備・従犯説**が妥当です。したがって、器械・原料を準備した者がそれを用いて偽造・変造の行為を行った場合、準備の段階で幇助した者は、本罪（153条）の従犯ではなく、（外国）通貨偽造罪（148条1項・149条1項）の従犯となります。

③ **目 的** 貨幣・紙幣・銀行券の**偽造又は変造の用に供する目的**が必要です。本罪が自己予備行為と他人予備行為の双方を包含していますので、目

---

33) **大判大正5・12・21**刑録22・1925は、刑法153条は「特に器械又は原料を準備したる場合に限り其予備行為を独立罪として処罰する」規定であり、「苟も偽造変造の用に供する目的を以て之を準備したる以上は、犯人に於て偽造変造の実行方法に関する計画の一定せると否とを問わず通貨偽造変造準備罪は成立する」のであり、通貨の偽造・変造の「実行の意思を有する者が自ら準備すると、又は其実行の意思を有する者を幇助する為め他の者が之を準備するとを問わず」とし、他人予備も含まれるとします。

34) 大判昭和7・11・24刑集11・1720。

35) 通説です。

的も、自らが行使する偽貨を偽造・変造する用に供する目的（自己予備目的）か、他人が行使する偽貨を偽造・変造する用に供する目的（他人予備目的）のいずれかであればよいことになります。

④　**故　意**　貨幣・紙幣・銀行券の偽造又は変造の用に供する目的のほかに、器械・原料を準備することについて故意が必要です。

(2)　未遂・既遂

器械・原料を準備すれば、本罪は直ちに成立するのであって、偽造・変造の目的を実現できる程度に達していることを要しないとするのが支配的見解[36]です。しかし、予備罪も実行行為と異なる危険、本罪でいえば偽造・変造の目的を実現しうるに足りる程度に達していることが必要であり、この程度の危険さえも認められない行為は本罪の不能犯でしょう。

(3)　本罪の従犯

例えば、パソコン、スキャナー、プリンターなどの購入代金を提供する場合のように、本罪の準備行為そのものではないが、それを幇助する行為につき、予備罪にも実行行為を観念できるので、本罪の従犯も可罰的であるとするのが支配的見解[37]です。しかし、予備罪処罰は、例外である未遂犯処罰のさらに例外であるのに、予備罪の従犯を明文規定がないのに処罰するのは、罪刑法定原則に抵触します[38]。本条は、（外国）通貨偽造罪（148条1項・149条1項）の準備・予備行為のうち、器械・原料の準備という特定の予備行為だけを抽出して罰しているのですから、本罪の従犯を、（外国）通貨偽造・変造の罪の中核にある（外国）通貨偽造・変造罪及び偽造（外国）通貨行使罪からみて、「正犯を幇助した」(62条)に当たると解するのは無理です。この点は、本罪が重大な犯罪であり、法定刑も重く処罰されていることをもって克服されるものではありません。

---

36) 判例（大判大正2・01・23刑録19・28）・通説です。
37) 判例（大判昭和4・02・19刑集8・84）・通説です。
38) 関・総論・476頁参照。

436

第29講　文書偽造の罪

01　総　説

(1)　保護法益

　文書偽造の罪の保護法益は、文書に対する社会の信用です。文書は、社会生活・経済生活において法的な権利義務関係や重要な事実関係などを証明する意思・観念の表示手段として、円滑な社会生活・経済生活に必要です。一般の人達は、これらの文書が真正なもの、真正な内容のものであることを信頼して社会生活・経済生活を営んでいるからです。もっとも、文書に対する社会の信用を現実に侵害することは不要であり、本罪は危険犯です[1]。

(2)　立法主義

> ⓐ　**形式主義**――形式的な真正性・真実性を保護する方式
> 保護対象）作成名義の真正性を保護（文書の形式的な名義に焦点）
> 処罰対象）有形偽造の行為
> 要　点）文書の形式的な作成名義の真正性
> ⇒作成権限のない者が作成名義を偽って文書を作成する行為を処罰対象とし、内容の真正性に関心がない
>
> ⓑ　**実質主義**――実質的な真正性・真実性を保護する方式
> 保護対象）文書内容の真正性を保護（文書の内容的な真実に焦点）
> 処罰対象）無形偽造の行為
> 要　点）文書の実質的な内容の真正性
> ⇒文書内容の真正性を偽る行為を処罰し、作成名義を偽る行為に関心がない

　現行刑法は、公文書については形式主義（154条・155条）と実質主義（156条・157条）を併用し、私文書については形式主義（159条）を原則とし、実質主義（160条）を補充的に採用しています。

(3)　類　型

> ○詔書偽造等罪（154条）

---

[1]　**大判明治43・12・13**刑録16・2181（文書偽造罪は「実害の要件としては抽象的に文書の信用を害する危険あるのみを以て足り、之を外にして特定の人に対し具体的に損害を与え又は之を与うるの危険あることを必要とせず」）。

> ○公文書偽造等罪（155条）　　　　　○私文書偽造罪（159条）
> ○虚偽公文書作成等罪（156条）　　　○虚偽診断書等作成罪（160条）
> ○公正証書原本不実記載等罪（157条）
> ○偽造公文書行使等罪（158条）　　　○偽造私文書等行使罪（161条）
> ○電磁的記録不正作出・供用罪（161条の2）

02　基本概念

⑴　文　書

　文書とは、文字又はそれに代わるべき可視的・可読的方法を用い、ある程度永続すべき状態において特定の意思又は観念を物体上に表示したもので、その表示内容が法律上又は社会生活上重要な事項に関する証拠となりうるものをいいます[2]。

> ○**文書とされた物**　銀行の出金票[3]／郵便受付時刻証明書[4]／印鑑証明を受けるため紙片[5]／郵便局の郵便物に押印する日付印[6]／政党機関誌に掲載された広告文[7]
> ○**図画とされた物**　日本専売公社製造の煙草「光」の外箱[8]／法務局の土地台帳付属の地図[9]

　①　**可視性・可読性**　文書は、文字又はこれに代わる**可視的・可読的な方法**を用いたものであることを要し、文字その他の発音符号（点字・電信記号・速記符号など）によるときは文書、可視的な象形的符号によるときは図画です。特定人においてのみ了解可能な符号を用いたものは文書とはいえませんし、音声を録音したレコード・録音テープ・CD・DVDなどは可読性がないので文書といえません。但し、1987年（昭和62年）に、157条1項の客体に電磁的記録が加えられ、電磁的記録を客体とする161条の2が新設されました。これらは文書概念を変更するものではないですが、注意が必要です。

2）大判明治43・09・30刑録16・1572。
3）大判明治43・04・10刑録16・189（159条3項の私文書）。
4）大判明治43・05・13刑録16・860（155条1項の公文書）。
5）大判大正2・01・21刑録19・20（159条1項の私文書）。
6）大判昭和3・10・09刑集7・683（155条1項の公文書）。
7）最判昭和33・04・10刑集12・5・743（155条1項の公図画）。
8）大判明治43・05・13刑録16・860（155条1項の公文書）。
9）最決昭和45・06・30判時596・96、判タ251・269（155条1項の公図画）。

②　**意思・観念の表示性**　文書は、**意思・観念の表示性**、すなわち、特定人の意思・観念を表示したことが客観的に理解できることが必要です。例えば、番号札、名刺、門札、下足札のように、単に人格や事物の同一性を表示するものは文書ではありません。文書に記載された思想・観念は一般に理解できるれば足りるので、簡略文書・省略文書・短縮文書も文書に当たります。

③　**法的重要性・証拠性**　文書は、**社会生活上の重要性・証拠性**、すなわち、文書に表示された思想・観念が社会生活上・法律上の重要な事項に関して何らかの証拠となりうることが必要です。したがって、単に思想を表示したにすぎない小説・詩歌・書画などの芸術作品は文書ではありません。

④　**永続性**　文書は、ある程度の**永続性**、すなわち、特定人の思想・観念を保存し事実関係の証拠とするに足りる、ある程度の永続性を要します。したがって、砂上に書かれた文字、板上に水書きされた文字のように短時間で消え去るものは文書ではありませんが、黒板に書かれた白墨の文字[10]、ホワイトボードに書かれたサインペンの文字は文書といえます。

⑤　**名義人の存在性**　文書は、人の意思・観念を表示したものですから、その主体である**名義人の存在**が必要です。名義人とは、当該文書から判別できる、文書に表示された意思・観念の主体のことであり、これが判別できない書面は文書に当たらないとされます。

> 　**大判明治43・12・20**（刑録16・2265）は、「書面自体に依って其作成名義即ち其書面は何人の意思表示に係るやを判断し得ざるものなるときは該書面は刑法上文書と云うことを得ず」ということを前提に、H銀行名の印刷された封筒に署名のない偽造文書を封入した行為につき、「判示偽造の文書は其文意自体に依て判示H銀行本店責任者の名義を偽り作成せられたるものなることを認め得べく、而して該責任者の氏名を文書に依て表示することは文書偽造の必要条件にあらず」として、本件文書は159条3項の文書であるとしました。
> 　他方、**大判昭和3・07・14**（刑集7・490）は、単にK町町会議員代表と表示した書面につき、該文書自体で、その被代表者である他人が何人であるかが判別できない場合には、その文書性は否定されるとしました。

　本罪は文書に対する社会の信用を保護しているので、名義人は現に実在しなくとも、一般通常人が名義人は現に実在していると信じるに足りるもので

10）最判昭和38・12・24刑集17・12・2485（258条の公用文書）。

02　基本概念　439

あればよいとするが支配的見解です[11]。例えば、源義経、武野紹鷗、千利休など、虚無人であることが一見して明らかな名義人の書面は、本罪の文書には当たらないことになります。

> **最判昭和24・04・14**（刑集3・4・541）は、偽造された私文書の発行名義人は、「第一騎兵師団庶務課長A」となっているところ、「米軍第一騎兵師団が日本に実在せるものであることは顕著であり一般に知られている」し、「仮りに庶務課長Aは架空の人物であるとしても、本件文書の形式及び内容は、普通一般の人をして米軍第一騎兵師団発行の真正の文書と誤認せしめる可能性」があるとして、159条1項の文書であるとしました。また、**最判昭和26・05・11**（刑集5・6・1102、判タ13・67）は、Aから生前に預かった郵便貯金通帳とともに行使する目的で、同人名義の郵便貯金払戻証書を作成した事案につき、「一般人をして左様に〔Aの生存中の作成にかかるものの如く〕誤信させるおそれの十分にあるものであるからかかる場合には、たとえその作成当時Aが既に死亡していたとしても被告人の行為は文書偽造罪を構成する」としました。

⑥　**原本性**　本罪の客体である文書であるためには、原本に限定されるか、それとも一定範囲の写しも含まれるか。

> 学説では、写真コピーの社会的機能は保護されるべきであるが、それはあくまでも原本の存在、内容の証明手段として使用されているにすぎず、人の意思・観念の表示が欠如しており、現行刑法の文書偽造の罪の客体である文書には当たらないのであり、にもかかわらず、写真コピーを文書と解するのは、刑法の厳格解釈の範囲を逸脱し、罪刑法定原則に悖るとする**否定説**が支配的です。

> **最判昭和51・04・30**（刑集30・3・453、判時811・23、判タ335・151〔百選Ⅱ・87〕）は、「写真コピーは、そこに複写されている原本が右コピーどおりの内容、形状において存在していることにつき極めて強力な証明力をもちうるのであり、それゆえに、公文書の写真コピーが実生活上原本に代わるべき証明文書として一般に通用し、原本と同程度の社会的機能と信用性を有するものとされている」という「公文書の写真コピーの性質とその社会的機能に照らすときは、右コピーは、文書本来の性質上写真コピーが原本と同様の機能と信用性を有しえない場合を除き、公文書偽造罪の客体たりうる」とし[12]、また、**広島高裁岡山支部判平成8・05・22**（高刑集49・2・246、判時1572・150）は、「真正な公文書としての形式を備えた被写原本を複写機械で複写する方法により、あたかも真正な記

11）通説です。
12）最決昭和58・02・25刑集37・1・1、判時1070・3、判タ492・59、最決昭和61・06・27刑集40・4・340、判時1196・163、判タ606・51。

名押印のある公文書を原形どおり正確に複写したような形式、外観を備えるコ
ピーを作成した行為は、被写原本が架空の公文書である場合或いは偽造文書と
して実在しない場合でも、有印公文書偽造罪にあたるというのが最高裁判所の
判例とするところである」とし、写真コピー・ファクシミリコピーの文書性を
肯定しています。

(2) 名義人・作成者

① **名義人** 名義人とは、当該文書から判別できる、文書に表示された意
思・観念の主体のことです。文書が社会の信用を得るのは、それに特定人の
意思・観念が表示されているからで、その特定人は、自然人・法人・法人格
なき団体（例：○○クラブ、□□会）など、事実上・法律上の取引関係において
独立した社会的地位を有して活動していると解することができれば足りま
す。名義人は特定できれば、現に実在していることを要しませんが、少なく
とも名義人は実在していると信じるに足りるものでなければなりません。

名義人は、必ずしも文書それ自体に明確にその氏名が表示されている必要
はありませんが、文書に直接表示された内容・形式・筆跡、及び文書に密接
に付随する物件から、少なくともその名義人が判別できることを要します。

大判昭和 7・05・23（刑集 11・665）は、製造会社名のある焼酎びんに作成名
義人の記載のない酒精含有飲料証明の紙をほしいままに貼付した事案につき、
びんの表示と相俟って名義人を知りうべき文書であり、刑法 159 条 3 項の文書
偽造罪が成立するとしました。

② **作成者** 名義人と区別すべき**作成者**（作成人）は、現実に文書を作成し
た人をいいます。

【事例 01】甲弁護士事務所（法人）の弁護士 X は、同事務所職員 A に頼んで、X
名義の文書を作成させた〔弁護士文書事例〕。

行為説は、文書に意思・観念に関する記載を事実上行った者、つまり、当該
文書を物理的に作成した者が作成者であるとします。この説によると、**事例 01**
では、名義人は弁護士 X、作成者は職員 A ですから、名義人と作成者の人格の
同一性に齟齬が生じていますので、文書偽造罪の法律要件に該当しますが、名
義人 X の承諾があるので違法性が阻却されるという説明になります。行為説か
ら出発する**修正行為説**[13) は、自らの判断・裁量によって文書の内容・形式を決
定して当該文書の作成行為を行う者が作成者であるとします。この説によると、

---

13) 山中・603 頁。

職員 A には自らの判断・裁量によって文書の内容・形式を決定できませんので、作成者は弁護士 X です。したがって、名義人（弁護士 X）と作成者（弁護士 X）の人格の同一性に齟齬は生じていませんので、文書偽造罪の法律要件には該当しないという説明になります。

行為説の対極にある**事実的意思説**[14] は、文書に意思・観念を表示し又は表示させた者、つまり、事実上名義人の作成意思に基づいて文書を作成する者が作成者であるとします。この説によると、それは弁護士 X であり、名義人（弁護士 X）と作成者（弁護士 X）は一致しており、文書偽造罪の法律要件には該当しないという説明になります。事実的意思説を基調にした**規範的意思説**[15] は、作成者とは文書の内容から生じる法的効果が帰属される者とします。この説によると、それは弁護士 X ですから、名義人（弁護士 X）と作成者（弁護士 X）は一致しており、文書偽造罪の法律要件には該当しないという説明になります。

文書から判別できる意思・観念の内容を表示した主体である名義人と、意思・観念の内容を当該文書に記載した作成者とがずれていることにあります〔人格同一性説〕[16]。ですから、作成者は、名義人とは異なる次元で捕捉され、文書に意思・観念を表示した行為の形式的な主体として浮上することになります。**行為説**によるべきです。

事実的意思説は、作成者を判断する際に意思・観念の実質的な内容を規準とするため、作成者の規準として有効ではありませんし、作成権限が濫用されて文書が作成された場合も偽造罪を肯定してしまいます。また、法的効果の帰属は文書内容に依拠するはずで、作成者について法的効果を軸にする規範的意思説は、形式主義を基本とする現行刑法の主旨に相応しませんし、事実的知見を内容とする文書や事実証明を内容とする文書に法的効果を観念することはできませんので、規範的意思説は限界があります。

行為説を軸にするにしても、形式面だけで直ちに作成者を確定できるわけ

---

14) 通説（バリエーションがありますが）といっていいでしょう。また、林幹人『現在の経済犯罪』（1989 年）141 頁、伊東研祐「偽造罪」『刑法理論の現代的展開各論』（1996 年）317 頁参照。**修正事実的意思説**を主張するのは高橋・500 頁、意思・観念の帰属主体とする**帰属説**を主張するのは、山口・438 頁、さらに、文書の作成に関して責任を負う者が作成者であるとする**作成責任説**を主張するのは松原・447 頁。しかし、前 2 者はその出発点に疑問があります。後者もその出発点に疑問がありますし、「作成者とは文書の作成に責任を負う者」という同語反復、あるいは解釈手法が逆転しているのではないかという疑問があります。

15) 平野・254 頁以下、町野・312 頁、中森・217 頁、井田・433 頁。

16) 判例・通説です。

442　第29講　文書偽造の罪

ではありません。というのは、偽造・変造の要件として文書作成権限の不存在が必要ですが、作成行為者が名義人から作成を委任された代理人である場合もあれば、秘書のように、名義人の作成行為の単なる機械的補助者にすぎない場合もあるので、作成権限の有無を判断するために、名義人と作成行為者の関係を考慮する必要があるからです。また、偽造・変造の要件として文書の名義人と作成者の人格の同一性の齟齬が必要ですが、名義人と作成者のそれぞれの人格の幅（範囲）は当該文書の性質（権利・義務に関する文書、事実証明に関する文書など）によって変化するので、そうした事情も考慮しなければならないからです[17]。

(3)　偽造・変造と行使

　偽造・変造の概念については、一般に、最広義・広義・狭義・最狭義に分けて説明しますが、分かりにくい（>o<）ので、使いません。

行為の主体	行為の形態	名　称	該当条文
作成権限ない者	□他人名義を勝手に使って文書を作成 □他人名義の真正文書の**本質的部分**を勝手に変更	偽　造 〔有形偽造〕	154条1項・155条1項
			159条1項・3項
	□他人名義の真正文書の**非本質的部分**を勝手に変更	変　造 〔有形変造〕	154条2項・155条2項
			159条2項・3項
	□（公・私）電磁的記録の不正作出	**不正作出** 〔有形偽造・有形変造〕＊	161条の2第2項
			161条の2第1項
作成権限ある者	□新たに内容虚偽の文書を作成	**虚偽文書作成** 〔無形偽造〕	156条
			160条
	□既存の真正文書を虚偽内容の文書に変更	**文書虚偽変造** 〔無形変造〕	156条

＊電磁的記録の不正作出に公電磁的記録の無形偽造も含まれるか議論あり

　①　**偽　造**　文書の**偽造**とは、作成権限のない者が文書の名義人と作成者の人格の同一性を偽り新たな文書を作成することをいいます〔有形偽造〕。これには3つの要件が必要で、㋐行為の主体が文書の作成権限のない者であること、㋑他人名義を冒用して文書の名義人と作成者の人格の同一性を偽り

17）山中・602頁以下参照。

他人名義の新たな文書を作成すること、⑦偽造された文書が、一般人をして、正規の作成権限を有する者がその権限内で作成した真正文書であると誤認させるに足りる程度の形式・外観を備えていることが必要です。現行刑法は、偽造について**形式主義**を採っていますので、文書の内容が真実であるかどうかはどうでもよいのです。

偽造の本質について、従来は、文書の作成権限のない者が他人の名義を冒用して新たな文書を作成することとする**作成名義冒用説**[18]が支配的でしたが、現在は、文書の名義人と作成者の人格の同一性を偽り新たな文書を作り出すこととする**人格同一性説**[19]が支配的です。

② **変 造**　文書の**変造**とは、真正文書に変更を加える権限を有しない者が真正に成立した他人名義の文書の非本質的部分に変更を加えることをいいます〔有形変造〕。これには、まず、⑦変造行為の主体が真正文書に変更を加える権限を有しない者であることが必要です。作成権限のある者が真正文書を改ざんして虚偽の改訂を加えるのは、本行為〔有形変造〕ではなく、公文書であれば虚偽公文書作成等罪（156条）、私文書であれば虚偽診断書等作成罪（160条）となる行為〔無形偽造〕です。次に、④変造行為の客体が真正に成立した他人名義の文書であることが必要です。不真正に成立した文書（偽造文書）の非本質的部分に変更を加えても変造には当たりませんし、権限がないのに未完成文書を完成させる行為は変造ではなく偽造〔有形偽造〕に当たります。さらに、⑦行為が文書の非本質的部分に変更を加え、既存の文書に新たな証明力を作り出すことが必要です。真正に成立している他人名義の真正文書に変更を加えた場合、その本質的部分に変更を加えたときは、新たな証明力を有する新たな文書を作り出したといえるので偽造となるのに対し、その非本質的部分に変更を加えたときは、元の真正文書の同一性を喪失

---

18) 旧判例（**最判昭和**51・05・06刑集30・4・591、判時821・154、判タ340・289〔百選Ⅱ・90〕）。

19) 判例（**最決昭和**59・02・17刑集38・3・336、判時1120・138、判タ531・151〔百選Ⅱ・93〕〔「本件文書に表示されたKの氏名から認識される人格は、適法に本邦に在留することを許されているKであつて、密入国をし、なんらの在留資格をも有しない被告人とは別の人格であることが明らかであるから、そこに本件文書の名義人と作成者との人格の同一性に齟齬を生じている」〕、**最決平成**5・10・05刑集47・8・7、判時1484・138、判タ838・201〔百選Ⅱ・94〕〔「私文書偽造の本質は、文書の名義人と作成者との間の人格の同一性を偽る点にあると解される」〕）・通説です。

444　第29講　文書偽造の罪

させてはいませんが、新たな証明力が付着した文書を作り出したということで変造となります。

○偽造　村長の記名押印のある米穀配給通帳の世帯主氏名を改ざんする行為[20]／外国人登録証明書に貼付してある写真を剥がして別人の写真を貼る行為[21]／他人の自動車運転免許証の写真を自分の写真に貼りかえ、生年月日を改ざんする行為[22]

○変造　既存の借用証書の金額の側に別個の金額を記入する行為[23]／有効な債権証書として依然債権証明の効力を保有すべき文書中の1字を改ざんする行為[24]

　③　虚偽文書の作成　虚偽文書の作成とは、文書作成権限を有する者が真実に反する内容の文書を作成することをいいます〔無形偽造〕。これには、3つの要件が必要で、まず、㋐虚偽文書作成の主体が文書の作成権限を有する者であることが必要です（身分犯）。例えば、代理権を有する者がその権限の範囲内で本人名義の内容虚偽の文書を作成すると、これに当たります。次に、㋑真実に反する内容の文書（虚偽の内容の文書）を作成することが必要です。ここでは**実質主義**が採られており、真実に反する内容の文書を作成することが必要です。ある事実をことさらに脱漏させて記録することが、虚偽文書の作成に当たる場合もあります[25]。さらに、㋒作成された虚偽文書は、一般人をして、その権限内で作成された真実の内容の文書であると誤信させるに足りる程度の形式・外観を備えていることが必要です。

　刑法は、文書の作成権限の有・無により、虚偽文書の作成〔無形偽造・無形変造〕と偽造・変造〔有形偽造・有形変造〕とを区別し、前者については実質主義、後者については形式主義を採っています。そして、前者の虚偽文書の作成が処罰されるのは、公文書では156条（虚偽公文書作成等罪）・157条（公

20）最判昭和24・04・09刑集3・4・511。
21）最決昭和31・03・06刑集10・3・282。
22）最決昭和35・01・12刑集14・1・9。
23）大判明治44・11・09刑録17・1843。
24）大判明治45・02・29刑録18・231。
25）**最決昭和33・09・05**刑集12・13・2858（「無効の発言の除去は公文書の変造にならないというのであるが、右事項が本件の三菱工場跡の買収につきこれを宅地とするか耕地とするかを定める重要点であり、その除去により恰も現実にされた決議と異る事項が決議されたかのように記載することは公文書の無形偽造」）。

正証書原本不実記載等罪）で、私文書では 160 条（虚偽診断書等作成罪）のみです。

④　**行　使**　**行使**とは、偽造・変造の文書・図画、虚偽作成の文書・図画を、真正な文書もしくは内容真実な文書として相手方に認識させ又は認識しうる状態に置くことをいい、通貨偽造等罪における行使目的のように**流通におく**こと、有価証券偽造罪における行使目的のように**本来の用法に従って使用すること**という限定はありません。

行使の**客体**は、㋐偽造・変造に係る偽造文書・変造文書、及び、㋑虚偽内容の記載に係る虚偽文書です。行使者が自ら偽造・変造し、虚偽記載した文書、また、行使目的で偽造・変造した文書、虚偽記載した文書である必要もありません。

行使の**方法**に制限はなく、社会の信用を害するおそれのある行為として、文書を相手方に閲覧させてその内容を認識させ又は認識しうる状態におけば足り、提示、交付、備え付けなど閲覧可能な状態に置くことで足ります。

行使の**相手方**に制限はありませんが、人（自然人）であることを要します。偽造・変造、虚偽内容の文書であることを知っている者は除外されますし、文書の偽造・変造等の共同正犯・共犯者に提示しても行使には当たりません。事情を知らないと思って使用したところ、相手方が事情を知っていた場合は、行使罪の未遂です[26]。

03　詔書偽造等罪（154条）

> 行使の目的で、御璽、国璽若しくは御名を使用して詔書その他の文書を偽造し、又は偽造した御璽、国璽若しくは御名を使用して詔書その他の文書を偽造した者は、無期又は 3 年以上の懲役に処する。
> 2　御璽若しくは国璽を押し又は御名を署した詔書その他の文書を変造した者も、前項と同様とする。

(1)　意　義

詔書等は他の公文書・私文書に比べその要保護性が高いことに鑑み、本条は法定刑を重くしています。しかし、詔書等だからということで特別扱いする必要はなく、立法論として、公文書として保護すれば足ります。

---

26)　東京高判昭和 53・02・08 高刑集 31・1・1、判タ 363・326（偽造有価証券行使罪の未遂）。

446 第29講 文書偽造の罪

(2) 要 件

① 詔書その他の文書であること〔客体〕
② 御璽・国璽・御名を使用して所定の客体を偽造・変造すること〔行為〕
③ 行使目的があること〔目的〕
④ 故意があること〔故意〕

① **客 体** **詔書**とは天皇の一定の国事行為（憲法 6 条・7 条）に関する意思表示を公示するために用いられる公文書であって、国会召集詔書、衆議院解散詔書のように詔書の形式が取られるものをいいます。**その他の文書**とは、例えば、法律の公布文書、内閣総理大臣・最高裁長官の任命文書、条約批准書のように、詔書以外の天皇名義の公文書をいいます。天皇の私文書は本罪の客体ではなく、私文書偽造罪の客体となります。

② **行 為** 行為は、御璽・国璽・御名を使用して偽造・変造することです。**御璽**とは天皇の印章、**国璽**とは日本国の印章、**御名**とは天皇の署名です[27]。**使用して**とは、これらを文書の一部として用いることをいいます。

本罪にいう**偽造**とは、⑦詔書その他の文書の作成権限がないにもかかわらず、①御璽・国璽・御名を使用し、又は偽造した御璽、国璽もしくは御名を使用して、詔書等の名義人と作成者の人格の同一性を偽り、⑦一般人をして、正規の作成権限を有する者がその権限内で作成した真正の詔書等であると誤認させるに足りる程度の形式・外観を備えた新たな詔書等を作成することです。また、**変造**とは、⑦真正な詔書等に変更を加える権限がないにもかかわらず、①真正に成立した詔書等の非本質的部分に変更を加え、⑦既存の詔書等に新たな証明力を作り出すことです。

③ **目 的** 本罪における**行使目的**とは、偽造・変造の詔書等を、真正な文書もしくは内容真実な文書として相手方に認識させ又は認識しうる状態に置く意図をいいます。

④ **故 意** 詔書その他の文書であること、御璽・国璽・御名を使用して詔書その他の文書を偽造・変造することについて、故意が必要です。

---

27) 国立公文書館で見ることができます。

04　公文書偽造等罪（155条）　447

04　公文書偽造等罪（155条）

　行使の目的で、公務所若しくは公務員の印章若しくは署名を使用して公務所若しくは公務員の作成すべき文書若しくは図画を偽造し、又は偽造した公務所若しくは公務員の印章若しくは署名を使用して公務所若しくは公務員の作成すべき文書若しくは図画を偽造した者は、1年以上10年以下の懲役に処する。
　2　公務所又は公務員が押印し又は署名した文書又は図画を変造した者も、前項と同様とする。
　3　前2項に規定するもののほか、公務所若しくは公務員の作成すべき文書若しくは図画を偽造し、又は公務所若しくは公務員が作成した文書若しくは図画を変造した者は、3年以下の懲役又は20万円以下の罰金に処する。

(1)　要　件

□有印公文書・公図画偽造・変造罪（1項・2項）
　①　公務所・公務員の作成すべき文書・図画であること〔客体〕
　②　公務所・公務員の印章・署名を使用しもしくは偽造した公務所・公務員の印章・署名を使用して、所定の客体を偽造すること、又は、公務所・公務員が押印・署名した所定の客体を変造すること〔行為〕
　③　行使の目的があること〔目的〕
　④　故意があること〔故意〕
□無印公文書・公図画偽造・変造罪（3項）
　①　公務所・公務員の作成すべき文書・図画、又は公務所・公務員が作成した文書・図画であること〔客体〕
　②　所定の客体を偽造・変造すること〔行為〕
　③　行使の目的があること〔目的〕
　④　故意があること〔故意〕

　①　**客　体**　客体は、公務所・公務員が、法令上の根拠に基づいて、その名義をもって権限内において所定の形式に従って作成すべき文書（公文書）・図画（公図画）です[28]。但し、一般人をして公務所・公務員の職務権限内において作成せられたものと信ぜしめるに足る形式・外観を備えている文書・図画であれば、その公務所・公務員に作成権限がない場合であっても、本罪の客体に含まれるとされます[29]。

---

28)　大判明治45・04・15刑録18・464。
29)　最判昭和28・02・20刑集7・2・426。また、**最決昭和38・12・27**刑集17・12・2595、判時362・73（「公文書とは公務所又は公務員が其の名義を以て其の権限において所定の形式に従い作成すべき文書であつて、其の権限が法令に因ると内規又は慣例に因るとを問わず、あまねく其の職務執行の範囲内において作成せられたものを謂う」）。

448 第29講 文書偽造の罪

　本条1項・2項は印章・署名のある公文書・公図画であり〔有印公文書・公図画偽造・変造罪〕、3項は印章・署名のない公文書・公図画です〔無印公文書・公図画偽造・変造罪〕。本罪においては、私文書偽造罪（159条）と異なり、権利・義務に関する文書・図画、事実証明に関する文書・図画の限定はありません[30]。

> ○**公文書**の例　旅券[31]／村長作成の領収書[32]／刑務所医務課長名義の診断書[33]／物品税証紙[34]／外国人登録証明書[35]／実在しない司法局別館人権擁護委員会会計課名義の証明書[36]／公立高等学校校長名義の卒業証書[37]／運転免許証[38]／印鑑証明書[39]／営林署長の記名押印のある売買契約書売買代金欄[40]
> ○**公図画**の例　旧日本専売公社製造の煙草「光」の外箱[41]／地方法務局出張所の土地台帳付属の地図[42]

　②　行　為　本罪にいう**偽造**とは、㋐（有印・無印）公文書・公図画の作成権限がないにもかかわらず、㋑公務所・公務員の印章・署名を使用し、又は偽造した公務所・公務員の印章・署名を使用して、公文書・公図画の名義人と作成者の人格の同一性を偽り、㋒一般人をして、正規の作成権限を有する者がその権限内で作成した真正の公文書・公図画であると誤認させるに足りる程度の形式・外観を備えた新たな公文書・公図画を作成することです。また、**変造**とは、㋐真正な公文書・公図画に変更を加える権限がないにもかかわらず、㋑真正に成立した公文書・公図画の非本質的部分に変更を加え、㋒

---

30) 最決昭和29・04・15刑集8・4・508。これに対し、私文書偽造罪と同じく、権利・義務に関する文書・図画、事実証明に関する文書・図画に限定されるとするのは、山口・441頁。

31) 大判大正3・11・07刑録20・2054。

32) 大判昭和10・12・26刑集14・1446。

33) 最決昭和23・10・23刑集2・11・1386。

34) 最決昭和29・08・20刑集8・8・1363、最決昭和35・03・10刑集14・3・333。

35) 最決昭和31・03・06刑集10・3・282。

36) 最判昭和36・03・30刑集15・3・667。

37) 最決昭和42・03・30刑集21・2・447、判時479・65、判タ206・138。

38) 最決昭和52・04・25刑集31・3・169、判時853・102、判タ352・327。

39) 最判昭和51・05・06刑集30・4・591、判時821・154、判タ340・289〔百選Ⅱ・90〕。

40) 最決昭和61・06・27刑集40・4・340、判時1196・163、判タ606・51。

41) 最判昭和33・04・10刑集12・5・743。

42) 最決昭和45・06・30判時596・96、判タ251・269。

既存の公文書・公図画に新たな証明力を作り出すことです。

なお、有印公文書・公図画偽造・変造罪における**署名**については、自署だけでなく、自署によらない記名も含むとする見解[43]が支配的ですが、その語義からしても、刑法が印章とともに署名を規定している趣旨からしても、また、押印に代わって署名（サイン）のみを求められることが多くなっている現状からしても、自署に限られるとすべきです。ですから、公務所の署名は実際には存在しないことになります[44]。

③ **目 的** 本罪における**行使目的**とは、偽造・変造の（有印・無印）公文書・公図画を真正な公文書・公図画として相手方に認識させ、又は認識しうる状態に置く意図をいいます。

④ **故 意** 公文書・公図画であること、それを偽造・変造することについて、故意が必要です。

(2) 補助公務員の作成権限

① **問題点** 本罪の行為主体に特に制限はありませんので、当該公文書・公図画を作成する一般的・抽象的権限がない者、例えば、公務員でない者は勿論、当該文書・図画（以下「文書等」とします。）を作成する一般的・抽象的権限のない公務員も主体となりえます。逆に言うと、当該文書等の作成権限を有する公務員は本罪の主体から除外され、虚偽公文書作成等罪（156条）・公正証書原本不実記載等罪（157条）の問題となるのです[45]。

ところが、作成権限の有無が微妙な場合があり、法令上作成権限を有して名義人ともなっている公務員（名義人）は問題ありませんが、その名義人の決裁を待つことなく自らの判断と裁量で文書等を作成する権限を有している公務員（代決者）、文書等の起案は行えるが、名義人の決裁を仰がなければならない公務員（起案担当者）、文書等の作成及びその起案につき機械的な補助をしている公務員（補助公務員）が、勝手に公文書等を作成した場合です。

② **判例・学説の状況**

最判昭和 51・05・06（刑集 30・4・591、判時 821・154、判タ 340・289〔百選Ⅱ・

---

43) 判例（大判大正 4・10・20 法律新聞 1052・27）・通説です。
44) 大塚仁・469 頁、大谷・455 頁、曽根・249 頁、松原・459 頁。
45) 最判昭和 25・02・28 刑集 4・2・268。

450　第29講　文書偽造の罪

90〕）は、市長の代決者である課長を補助する市民課調査係長で、印鑑証明書の発行事務に携わっていた補助公務員が、印鑑証明書が必要になったことから、自らこれを作成して使用しようと考え、申請書の提出、係員による印影照合、手数料納付等の正規の手続を経ることなく、市長名義の印鑑証明書を作成した事案につき、公文書の作成権限は、代決者ばかりでなく、「一定の手続を経由するなどの特定の条件のもとにおいて公文書を作成することが許されている補助者も、その内容の正確性を確保することなど、その者への授権を基礎づける一定の基本的な条件に従う限度において、これを有している」とし、公文書偽造罪を構成しないとしました。

　学説では、この判決に好意的に、一定の条件に従う限りにおいて作成権限を有している補助者は本罪の主体とならないとする見解[46]が有力です。すなわち、代決者ばかりでなく、一定手続を経由するなどの特定の条件の下で公文書等を作成することが許されている補助者も、その内容の正確性を確保することなど、その者への授権を基礎づける一定の基本的な条件・ルールに従う限度において、公文書等の作成権限を有しているというわけです。

　③　**本書の立場**　先の最高裁判決が、作成権限の有無を判断するに当たって文書内容の正確性を条件にしたのは、慎重を期したとはいえ、妥当ではありません。ここで重要なのは、形式主義に基づく偽造罪の成否であり、当該公務員に作成権限がないのであれば本罪の成立は免れないはずだからです。

　公文書等を迅速・円滑に発行すべき事務において、その都度、名義人や代決者の決裁を仰ぐことは合理的でなく、現実的でないとすると、事務補助者にその発行事務が委ねられており、その範囲において作成権限が認授されていると解することができます。そうとはいえない場合でも、事務補助者が、経由すべき途中の手続を略したにすぎず、ルーティーン化している事務手続に則した作成として、決裁者による作成権限の範囲内の行為における機械的補助行為と認定できるのであれば[47]、本罪の成立を認めるのは相当ではありません。

46）大塚仁・472頁、曽根・249頁、伊東・321頁、井田・441頁。

47）本書は、ルーティーン化された事務手続に即した作成であるか、文書内容の正確性などの基本的ルールを逸脱していないかを考慮することを閉ざすものではありません。

05　虚偽公文書作成等罪（156条）　451

05　虚偽公文書作成等罪（156条）

　公務員が、その職務に関し、行使の目的で、虚偽の文書若しくは図画を作成し、又は文書若しくは図画を変造したときは、印章又は署名の有無により区別して、前2条〔154条・155条〕の例による。

(1)　要　件

① 　作成権限を有する公務員であること〔主体〕
② 　職務に関し、虚偽の文書・図画を作成すること、又は公文書・公図画を変造すること〔行為〕
③ 　行使目的があること〔目的〕
④ 　故意があること〔故意〕

　　①　主　体　主体は公文書・公図画の**作成権限を有する公務員**です〔構成身分犯〕。作成権限を有しない者については、本罪ではなく、公文書偽造等罪（155条）〔有形偽造・有形変造〕を検討することになります。作成権限は、法令・規則・内規のほか、作成権限者からの委任、代理、その他慣例に基づくものでもよく、作成権限者の委任により文書の作成権限を委任された**代決者**も本罪の主体となります[48]。

　　②　行　為　本罪の行為は、㋐作成権限のある公務員が、内容虚偽の公文書・公図画を作成することであり、有印・無印に応じて、**虚偽有印公文書・公図画作成罪**と**虚偽無印公文書・公図画作成罪**があります。**虚偽の文書・図画を作成**するとは、職務上文書を作成すべき公務員が、真実に合致しないことを知りながらその文書を作成することをいいます。また、本罪の行為には、㋑作成権限のある公務員が、真正の公文書・公図画を変造する場合もあり、有印・無印に応じて、**有印公文書・公図画変造罪**と**無印公文書・公図画変造罪**があります。本罪での変造は、通常の変造と異なり、作成権限のある公務員がその権限を濫用して、既に真正に成立している公文書・公図画に不正な

48）作成権限を肯定したのは、**大判明治44・07・06**刑録17・1347（村長代理として正当に文書を作成しうる助役）、**大判大正5・12・16**刑録22・1905（町村長の臨時代理人。但し、「単に町村長の命に依り戸籍事務を担任せる町村役場書記」は作成権限がないので、本罪ではなく公文書偽造等罪の主体）、**最判昭和51・05・06**刑集30・4・591、判時821・154、判タ340・289〔百選Ⅱ・90〕（市長の代決者である課長を補助する市民課調査係長で、印鑑証明書の発行事務に携わっていた補助公務員）、否定したのは、**最判昭和25・02・28**刑集4・2・268（戦災復興院特別建設出張所雇として機械的事務を担当していた公務員には建築資材需要者割当証明書作成権限はない）。

変更を加えてその内容を虚偽にすることをいいます。

③ **目 的** 本罪における**行使目的**とは、内容虚偽の（有印・無印）公文書・公図画を内容真実な公文書・公図画として相手方に認識させ又は認識しうる状態に置く意図をいいます。

④ **故 意** 虚偽の文書・図画を作成すること、又は公文書・公図画を変造することについて、故意が必要です。

(2) 処 断

前2条の例によるとは、具体的には、虚偽有印公文書・公図画作成罪のうち、虚偽の詔書等の作成については154条（無期・3年以上懲役）により、虚偽有印公文書・公図画の作成及び変造については155条1項・2項（1年以上10年以下懲役）により、虚偽無印公文書・公図画の作成及び変造については155条3項（3年以下懲役・20万円以下罰金）により、それぞれ処断するということです。

(3) 虚偽公文書作成等罪の間接正犯

① 非公務員が作成権限ある公務員を利用する場合

最判昭和27・12・25（刑集6・12・1387、判タ28・52）は、非公務員者が虚偽内容を記載した証明願を村役場係員に提出し、同係員をして村長名義の虚偽の証明書を作成させた事案につき、刑法は、「公文書の無形偽造についても同法156条の他に特に公務員に対し虚偽の申立を為し、権利義務に関する公正証書の原本又は免状、鑑札若しくは旅券に不実の記載を為さしめたときに限り同法157条の処罰規定を設け、しかも右156条の場合の刑よりも著しく軽く罰しているに過ぎない点から見ると公務員でない者が虚偽の公文書偽造の間接正犯であるときは同法157条の場合の外これを処罰しない趣旨と解する」とし、本件行為は刑法156条の間接正犯として処罰すべきでないとしました。

肯定説[49] は、一般に、非身分者であっても身分者を一方的に利用することによって身分犯を実現することは可能であり、虚偽公文書作成罪（156条）の間接正犯は認められるが、157条は、156条の間接正犯形態のうち、日常的に行われやすい誘惑的な行為は可罰性・当罰性が低いため、法定刑を軽くして規定したので、157条に該当する行為は157条の罪のみが成立すると説きます。

---

49) 川端・553頁。なお、157条の刑の減軽根拠となっている「虚偽の申立て」という手段によらずに、情を知らない作成権限ある公務員を利用して虚偽公文書を作成させた行為は156条の間接正犯として可罰的とするのは、西田・365頁、松原・463頁。

05 虚偽公文書作成等罪（156条）　453

　157条は、156条の間接正犯形態を独立の犯罪として処罰し、きわめて軽い法定刑を定めています。ということは、非公務員が公文書・公図画の偽造・変造に関与する行為で処罰されるのは、公文書偽造等罪（155条）と公正証書原本不実記載等罪（157条）だけであること、虚偽公文書・公図画作成の行為主体は、本来は作成権限ある公務員だけであり、非公務員は157条の行為以外は不可罰とされていることからすると、**否定説**[50] が妥当です。

② **補助公務員が作成権限のある公務員を利用する場合**

□**戦　前　大判昭和11・02・14**（刑集15・113）は、村助役が情を知らない選挙長をして、虚偽の事実を記載した選挙録に署名させた事案につき、また、**大判昭和15・04・02**（刑集19・181）は、村助役が情を知らない村長をして、虚偽の事実を記載した軍事扶助調書に署名・捺印させた事案につき、いずれも（有印）公文書偽造罪を構成せず、虚偽公文書作成罪（156条）の間接正犯が成立するとしました。
□**戦　後　最判昭和32・10・04**（刑集11・10・2464〔百選Ⅱ・91〕）は、県地方事務所総務課建築係が、住宅金融公庫より融資を受けるために、未だ着工していない住宅の現場審査申請書に建前完了と認めた旨の虚偽の報告記載をなし、情を知らない地方事務所所長に記名・押印させて、内容虚偽の現場審査合格書を作成させた事案につき、「刑法156条の虚偽公文書作成罪は、公文書の作成権限者たる公務員を主体とする身分犯ではあるが、作成権限者たる公務員の職務を補佐して公文書の起案を担当する職員が、その地位を利用し行使の目的をもつてその職務上起案を担当する文書につき内容虚偽のものを起案し、これを情を知らない右上司に提出し上司をして右起案文書の内容を真実なものと誤信して署名若しくは記名、捺印せしめ、もつて内容虚偽の公文書を作らせた場合の如きも、なお、虚偽公文書作成罪の間接正犯の成立ある」としました。

　非公務員については虚偽公文書作成罪（156条）の間接正犯は成立しませんが、補助公務員については虚偽公文書作成罪（156条）の間接正犯を肯定する**肯定説**[51] が妥当です。内容虚偽の文書を起案し、作成権限ある公務員にその内容の真正を確認させないままに署名・押印させて虚偽公文書を完成させる場合は、157条の場合よりもより可罰的ですし、157条はいずれも窓口業務において私人による届出・申告の形態を取ることを前提に軽く処罰する趣

---

50) 通説です。同じく否定説を主張しますが、虚偽公文書作成等罪（156条）は構成身分犯であるから、非身分者である非公務員は正犯としての実行行為を行えないので、正犯である間接正犯とはなりえないと説明するのは、団藤・296頁、大塚・474頁、高橋・512頁。
51) 通説です。

454　第29講　文書偽造の罪

旨と解され、それ以外の形態には妥当しないからです。

06　公正証書原本不実記載等罪（157条）

　　公務員に対し虚偽の申立てをして、登記簿、戸籍簿その他の権利若しくは義
務に関する公正証書の原本に不実の記載をさせ、又は権利若しくは義務に関す
る公正証書の原本として用いられる電磁的記録に不実の記録をさせた者は、5年
以下の懲役又は50万円以下の罰金に処する。
　2　公務員に対し虚偽の申立てをして、免状、鑑札又は旅券に不実の記載をさ
せた者は、1年以下の懲役又は20万円以下の罰金に処する。
　3　前2項の罪の未遂は、罰する。

(1)　意　義

　本条は、公文書の無形偽造に関する間接正犯形態を処罰する規定であり、
虚偽公文書作成罪（156条）・公電磁的記録不正作出罪（161条の2第1項）に比
べて本罪の法定刑が軽いのは、私人が公務員に対し虚偽の申立てを行うこと
により間接的に虚偽公文書を作成させる間接的な無形偽造である点で違法性
が低いだけでなく、虚偽の申立てという誘惑的な行為態様である点で有責性
も低いことを考慮したものと思われます。

　本罪には、私人の申告に基づいて作成される公正証書原本や公正証書原本
として用いられる電磁的記録の間接正犯形態を独立して処罰する㋐**公正証書
原本不実記載罪・電磁的公正証書原本不実記録罪**（1項）、及び、私人の申告
に基づいて作成される公文書のうち免状・鑑札・旅券の間接正犯形態を独立
して処罰する㋑**免状等不実記載罪**（2項）があります。

(2)　要　件

　①　権利・義務に関する公正証書原本、もしくは権利・義務に関する公正証書
　　　原本として用いられる電磁的記録であること、又は、免状・鑑札・旅券で
　　　あること〔客体〕
　②　公務員に対して虚偽の申立てをして、所定の客体に不実の記載・記録をさ
　　　せること〔行為〕
　③　故意があること〔故意〕

　①　**客　体**　**権利・義務に関する公正証書原本**とは、公務員がその職務上
作成する文書で、権利・義務の得喪・変更に関する事実を証明する効力を有

06　公正証書原本不実記載等罪（157条）　　455

する文書をいいます [52]。証明する対象の権利・義務は、公法上のものか私法上のものかを問いませんし、財産関係上のものか身分関係上のものかも問いません。**権利・義務に関する公正証書原本として用いられる電磁的記録**（電磁的公正証書原本）とは、公務員がその職務上作成し、公正証書の原本に相当する電磁的記録で、電子的方式、磁気的方式、その他人の知覚によっては認識できない方式によって作られ、電子計算機による情報処理の用に供されるもの（7条の2）をいいます。

> 　権利・義務に関する公正証書原本には、本条に例示されている登記簿 [53]・戸籍簿 [54] のほか、公証人作成の公正証書 [55]、税務署備付けの土地台帳 [56]、住民登録法・住民基本台帳法に基づく住民票 [57]、外国人登録原票 [58]、小型船舶の船籍及び総トン数の測度に関する政令旧8条の2の船籍簿 [59] があります [60]。
> 　また、電磁的公正証書原本に当たるのは、道路運送車両法による自動車登録ファイル [61]、登記簿ファイル [62]、住民基本台帳ファイル [63]、戸籍簿ファイル、印鑑登録ファイル、特許原簿ファイルなど、公正証書原本に代わって作成される電磁的記録のファイルなどです。

　免状とは、特定の人に対し一定の行為を行う権利を付与するために公務所・公務員によって作成・発行される証明書 [64] で、例えば、自動車運転免許証、

52）最判昭和36・03・30刑集15・3・605。

53）大判明治43・11・08刑録16・1895（土地登記簿・建物登記簿）、大判大正13・04・29刑集3・383（商業登記簿）。

54）大判明治43・02・03刑録16・136。

55）大判明治41・12・21刑録14・1136、最決昭和37・03・01刑集16・3・247。

56）最判昭和36・03・30刑集15・3・605。

57）最判昭和36・06・20刑集15・6・984、判時264・9、最決昭和48・03・15刑集27・2・115、判時698・111、判タ295・371。

58）名古屋高判平成10・12・14高刑集51・3・510、判時1669・152、判タ999・294。

59）最決平成16・07・13刑集58・5・476、判時1870・150、判タ162・135。

60）これに当たらないとされたものに、電話加入申込原簿（大判明治45・02・01刑録18・75）、転出証明書（福岡高判昭和30・05・19高刑集8・4・568）、自動車運転免許台帳（福岡高判昭和40・06・24下刑集7・6・1202、判時419・57、判タ184・157）、軽自動車課税台帳（名古屋高裁金沢支部判昭和49・07・30高刑集27・4・324、判時764・105、判タ316・266）があります。

61）最決昭和58・11・24刑集37・9・1538、判時1099・29、判タ513・129。

62）最決平成17・12・13刑集59・10・1938、判時1919・176、判タ1199・193（商業登記簿ファイル）、最決平成21・03・26刑集63・3・291、判時2041・144、判タ1296・138（不動産登記簿ファイル）。

63）大阪高判平成13・09・13D1-Law.com判例体系・判例ID:28075276。

64）大判明治41・09・24刑録14・797。

医師免許証等の各種免許証です。**鑑札**とは、公務所の許可・登録があったことを証明する文書で、その交付を受けた者がその備え付けや携帯を必要とするもので、例えば、自転車や飼犬の鑑札、質屋・古物商の鑑札などです。また、**旅券**とは、旅券法に定める外国への渡航を許可したことを証明する文書で、パスポートといわれるものです。

　② **行　為**　行為は、公務員に対して虚偽の申立てをして公正証書原本・電磁的公正証書原本、免状・鑑札・旅券に不実の記載・記録をさせることです。ここでいう**公務員**とは、例えば、登記官・公証人など、公正証書原本に記入し、又は電磁的公正証書原本に記録する権限を有する公務員をいいます。申立てを受ける公務員は、当該記載・記録される事項が虚偽であることを知らないことが前提です。**虚偽の申立て**とは、真実に反して一定の事実の存否について申し立てることをいい[65]、口頭でも書面でも構いませんし、申立人を欺罔して虚偽の申立てをさせる間接正犯の形態もありえます[66]。**不実の記載・記録をさせる**とは、客観的な真実に反する一定の事実の存否に係る事柄を記載・記録させることをいいます。

　③ **故　意**　公正証書原本、電磁的公正証書原本、免状・鑑札・旅券であること、公務員に対して虚偽の申立てをして、公正証書原本、電磁的公正証書原本、免状・鑑札・旅券に不実の記載・記録をさせることについて、故意が必要です。

⑶　未遂・既遂

　公務員に対して虚偽の申立てを始めたときが本罪の着手であり、公務員が公正証書原本等に不実の記載・記録をしたときが本罪の既遂時期です。

⑷　共同正犯・共犯関係

【事例02】私人（非公務員）Xは、公正証書原本・電磁的公正証書原本に虚偽の記載・記録をしてもらうために、作成権限ある公務員Yと共謀し、同人に虚偽の事実を申し立てて、公正証書原本・電磁的公正証書原本に不

---

65) 大判明治43・08・16刑録16・1457。
66) 大判明治44・05・04刑録17・753。なお、**最決平成元・02・17**刑集43・2・81、判時1307・156、判タ693・88は、官公署自身が不動産取引の当事者になっている場合、不動産登記法30条・31条に基づく官公署による登記の嘱託手続も本条にいう申立てに当たるとしました。

06　公正証書原本不実記載等罪（157条）　　457

　　　実の内容を記載・記録してもらった。

　事例 02 につき、公務員 Y に虚偽公文書作成罪（156 条）・公電磁的記録不
正作出罪（161 条の 2 第 2 項）が成立します。問題は、X の罪責です。

　大判明治 44・04・27（刑録 17・687）は、村長がその資格を冒用して虚偽の公
文書を作成するに当たり、村助役がこれに加功した事案につき、村長の補助機
関にすぎない村助役は、65 条 1 項により、虚偽公文書作成罪（156 条）の共同正
犯の罪責を負うとしました。

　この判例の見解によれば、私人 X も虚偽公文書作成罪・公電磁的記録不
正作出罪の共同正犯となります[67]。しかし、本罪は、間接的無形偽造であ
る点で違法性が低いと同時に、誘惑的な行為で有責性も低いことを考慮して、
刑が軽く法定されているのですから、X には公正証書原本不実記載等罪（157
条）が成立するにとどまるとすべきでしょう[68]。

(5)　他罪との関係

　本条 2 項の罪は、その性質上不実記載・記録された免状等の下付を受ける
事実をも当然に包含すると解されますので、別に詐欺罪は成立しません[69]。
また、公正証書原本不実記載等罪（157 条）、同行使罪（158 条 1 項）及び詐欺
罪（246 条）は牽連犯となります[70]。

　最決平成 21・03・26（刑集 63・3・291、判時 2041・144、判タ 1296・138）は、他
人所有の建物を同人のために預かり保管していた者が、金銭的利益を得ようと、
同建物の電磁的公正証書原本である登記簿ファイルに不実の抵当権設定仮登記
をした事案につき、電磁的公正証書原本不実記録罪・同供用罪とともに横領罪
が成立し、電磁的公正証書原本不実記録罪と横領罪は観念的競合としました。

(6)　問題類型

　まず、公務員が私人からの申立てに係る事実が虚偽であることを認識した
が、それでもなお不実の記載・記録をした場合、当該公務員及び私人の罪責
について議論があります。

　【事例 03】 私人（非公務員）X は、公正証書原本・電磁的公正証書原本に虚偽の

---

67)　通説です。
68)　藤木・149 頁、中山・442 頁、西田・367 頁。
69)　最判昭和 27・12・25 刑集 6・12・1387、判タ 28・52。
70)　最決昭和 42・08・28 刑集 21・7・863、判時 494・72、判タ 211・181。

458 第29講 文書偽造の罪

> 記載・記録をさせるために、窓口で申請をしたところ、公務員Ｙは、
> その申請内容が虚偽であることに気づいたが、そのまま申請内容に基づ
> き、公正証書原本・電磁的公正証書原本に不実の内容を記載・記録した。

　事例03につき、**審査権二分説**[71]は、ⓐ公務員Ｙが記載・記録内容について
実質的審査権を有する場合は、Ｙには記載・記録内容が真実に合致すべきこと
を強く求められているので、Ｙが虚偽であることを知りながら記載・記録した
ときは虚偽公文書作成罪（156条）が成立し、ⓑＹが申請をそのまま受けて記載・
記録する形式的審査権を有するにすぎない場合（例：戸籍簿）は、Ｙが虚偽であ
ることを認識して記載・記録しても同罪は成立せず、無罪であるとします。他方、
虚偽の申立てをした私人Ｘについては、ⓐの場合、公正証書原本不実記載等罪
を犯す意図で虚偽公文書作成罪の教唆を実現しており、（抽象的）事実の錯誤と
なっています。公正証書原本不実記載等罪は虚偽公文書作成罪・公電磁的記録
不正作出罪の間接正犯形態ですから、間接正犯の意図で教唆犯を実現したこと
になり、38条2項により、重なり合う軽い公正証書原本不実記載等罪が成立し、
この罪責を負い、ⓑの場合は、まさに虚偽公文書作成罪の間接正犯の形態であ
る公正証書原本不実記載等罪が成立することになります[72]。

　本書によれば、作成権限がある公務員であれば、実質的審査権の有無にか
かわらず、記載・記録内容が真実に合致すべきことを求められているはずで
すし、申立て内容が虚偽であることを認識している場合に、その申立て受理
すべき義務はないのですから、Ｙには虚偽公文書作成罪・公電磁的記録不正
作出罪が成立します。そして、私人Ｘにあっては、公正証書原本不実記載
等罪と虚偽公文書作成罪・公電磁的記録不正作出罪の教唆との抽象的事実の
錯誤ではなく、公正証書原本不実記載等罪を犯す意図で着手したけれども既
遂に至る前に挫折したので、公正証書原本不実記載等の未遂罪（157条3項・
同1項）にとどまります[73]。

07　偽造公文書行使等罪（158条）

> 第154条から前条〔第157条〕までの文書若しくは図画を行使し、又は前条

---

71) 通説です。
72) 通説です。これに対して、ⓐ・ⓑに場合分けせず、公務員Ｙには虚偽公文書作成罪（156条）が、
　　Ｘには公正証書原本不実記載罪（157条）が成立するとするのは、大谷・461頁、西田・368頁。
73) 山口・454頁。

07　偽造公文書行使等罪（158条）　　459

第1項の電磁的記録を公正証書の原本としての用に供した者は、その文書若しくは図画を偽造し、若しくは変造し、虚偽の文書若しくは図画を作成し、又は不実の記載若しくは記録をさせた者と同一の刑に処する。
　2　前項の罪の未遂は、罰する。

(1)　要　件

①　㋐第154条から第157条までの文書・図画、又は、㋑第157条第1項の電磁的記録であること〔客体〕
②　㋐については行使すること、㋑については公正証書の原本としての用に供すること〔行為〕
③　故意があること〔故意〕

　①　**客　体**　本罪の客体は、㋐具体的には、154条では偽造詔書等・変造詔書等〔偽造詔書等行使罪〕、155条では偽造・変造の有印公文書・公図画〔偽造有印公文書等行使罪〕、偽造・変造の無印公文書・公図画〔偽造無印公文書等行使罪〕、及び変造無印公文書・公図画〔変造無印公文書等行使罪〕、156条では虚偽の有印公文書・公図画〔虚偽有印公文書等行使罪〕と虚偽の無印公文書・公図画〔虚偽無印公文書等行使罪〕、157条では不実記載公正証書原本〔不実記載公正証書原本行使罪〕と不実記載免状・鑑札・旅券〔不実記載免状等行使罪〕、及び、㋑157条1項では不実記録電磁的公正証書原本〔不実記録電磁的公正証書原本供用罪〕です。

　②　**行　為**　まず、㋐の場合の**行使**とは、偽造・変造の文書・図画、虚偽作成の文書・図画を、真正な文書もしくは内容真実な文書として相手方に認識させ、又は認識しうる状態に置くことをいいます。認識可能性を要しますが、流通に置くとか、本来の用法に従って使用するなどの限定はありません。また、㋑の場合の**供用**とは、公正証書の原本たるべき電磁的記録を公務所に供えるなどして公証をなしうる状態に置くことをいいます。

　③　**故　意**　所定の客体及び行為について故意が必要です。

(2)　他罪との関係

　公文書を偽造し又は虚偽作成しこれを行使したときは、公文書偽造等罪・虚偽公文書作成罪と本罪との牽連犯、公正証書原本に不実の記載をさせこれを公務所に備え付けさせたときは、公正証書原本不実記載等罪と本罪との牽連犯となります。不動産の登記簿の原本に不実の記載をさせてこれを行使す

460 第29講 文書偽造の罪

るとともに、相手方にその登記済権利証を示して金員を騙取したときは、公正証書原本不実記載等罪と本罪と詐欺罪との牽連犯となります[74]。

08 私文書偽造等罪 (159条)

> 行使の目的で、他人の印章若しくは署名を使用して権利、義務若しくは事実証明に関する文書若しくは図画を偽造し、又は偽造した他人の印章若しくは署名を使用して権利、義務若しくは事実証明に関する文書若しくは図画を偽造した者は、3月以上5年以下の懲役に処する。
>
> 2 他人が押印し又は署名した権利、義務又は事実証明に関する文書又は図画を変造した者も、前項と同様とする。
>
> 3 前2項に規定するもののほか、権利、義務又は事実証明に関する文書又は図画を偽造し、又は変造した者は、1年以下の懲役又は10万円以下の罰金に処する。

□有印私文書・私図画偽造・変造罪（1項・2項）
　①　他人の権利・義務又は事実証明に関する文書・図画であること〔客体〕
　②　他人の印章・署名を使用しもしくは偽造した他人の印章・署名を使用して、所定の客体を偽造すること、又は、他人が押印・署名した所定の客体を変造すること〔行為〕
　③　行使の目的があること〔目的〕
　④　故意があること〔故意〕
□無印私文書・私図画偽造・変造罪（3項）
　①　他人の権利・義務又は事実証明に関する文書・図画であること〔客体〕
　②　所定の客体を偽造・変造すること〔行為〕
　③　行使の目的があること〔目的〕
　④　故意があること〔故意〕

①　**客体**　本罪の客体は、まず、他人の権利・義務に関する文書・図画であり、**他人の**とは自分（犯人）以外の者で、日本国の公務所・公務員でない者という意味であり、自然人・法人・法人格なき団体であるかを問いません。本罪の私文書・私図画か公文書・公図画かは、作成名義人が私人か日本国の公務所・公務員かによって決まります。したがって、外国の公務所・公務員の作成すべき文書は、私文書となります[75]。**権利・義務に関する文書・**

---

74) 最決昭和42・08・28刑集21・7・863、判時494・72、判タ211・181。

75) 最判昭和24・04・14刑集3・4・541。

図画とは、権利・義務の発生・存続・変更・消滅の法効果を生じさせることを目的とした意思表示を内容とする文書・図画、及び権利・義務の存在を証明する文書・図画をいいます。権利・義務は、公法上・私法上を問いません。

> 例えば、銀行の出金票[76]、借用証書[77]、送金依頼の電報頼信紙[78]、催告書[79]、無記名定期預金証書[80]、クレジットカード売上票[81]などが、権利・義務に関する文書に当たるとされます。

次に、**事実証明に関する文書・図画**の意義に関し、判例は、実社会生活に交渉を有する事項を証明するに足りるもの[82]として比較的広く捉えますが、私文書の範囲を限定し，それに対する社会の信用を保護している刑法の主旨を尊重するのなら、社会生活上重要な利害関係のある事実の証明に役立つ文書・図画に限定すべきです。

> 例えば、推薦状[83]、書画の箱書[84]、新聞掲載の広告文[85]、試験答案[86]、履歴書[87]、領収書・受領証[88]が事実証明に関する文書に当たり、日本音楽著作権協会のJASRACのシール[89]などが事実証明に関する図画に当たるとされます。

② **行　為**　本罪の行為は、他人の印章・署名を使用して又は偽造した他人の印章・署名を使用して、私文書・私図画を偽造すること〔有印私文書・私図画偽造罪〕、他人が押印・署名した私文書・私図画を変造すること〔有印私文書・私図画変造罪〕、及び、私文書・私図画を偽造・変造すること〔無印私文書・私図画偽造・変造罪〕です。

---

76)　大判明治43・02・10刑録16・189。

77)　大判大正4・09・02法律新聞1043・31。

78)　大判大正11・09・29刑集1・505。

79)　大判昭和8・05・23刑集12・608。

80)　最決昭和31・12・27刑集10・12・1798。

81)　高松高判平成25・09・03高等裁判所刑事裁判速報集平成25・267。

82)　大判大正9・12・24刑録26・938。

83)　大判大正6・10・23刑録23・1165。

84)　大判大正14・10・10刑集4・599、大判昭和14・08・21刑集18・457。

85)　最決昭和33・09・16刑集12・13・3031。

86)　釧路地裁網走支部判昭和41・10・28判時468・73、判タ199・204、最決平成6・11・29刑集48・7・453、判時1530・141、判タ878・137〔百選Ⅱ・88〕。

87)　東京高判平成9・10・20高刑集50・3・149，判時1628・142、判タ965・267。

88)　大判昭和2・06・20刑集6・216、仙台高判昭和27・10・29高裁刑事判決特報22・192、最決平成16・11・30刑集58・8・1005、判時1884・149、判タ1172・146〔百選Ⅱ・31〕。

89)　東京高判昭和50・03・11高刑集28・2・121。

462 第29講 文書偽造の罪

本罪にいう**偽造**とは、㋐（有印・無印）私文書・私図画の作成権限がないに
もかかわらず、㋑他人の印章・署名を使用し、又は偽造した他人の印章・署
名を使用して、私文書・私図画の名義人と作成者の人格の同一性を偽り、㋒
一般人をして、正規の作成権限を有する者がその権限内で作成した真正の私
文書・私図画であると誤認させるに足りる程度の形式・外観を備えた新たな
私文書・私図画を作成することです。また、**変造**とは、㋐真正な私文書・私
図画に変更を加える権限がないにもかかわらず、㋑真正に成立した私文書・
私図画の非本質的部分に変更を加え、㋒既存の私文書・私図画に新たな証明
力を作り出すことをいいます。

③ **目　的**　本罪における**行使目的**とは、偽造・変造した（有印・無印）私
文書・私図画を真正な私文書・私図画として相手方に認識させ、又は認識し
うる状態に置く意図のことをいいます。

④ **故　意**　有印・無印の私文書・私図画を偽造・変造することについて
故意が必要です。

09　虚偽診断書等作成罪（160条）

医師が公務所に提出すべき診断書、検案書又は死亡証書に虚偽の記載をした
ときは、3年以下の禁錮又は30万円以下の罰金に処する。

虚偽私文書の作成〔無形偽造〕は原則として不可罰ですが、本条は、医師
が公務所に提出すべき一定の文書について、例外的に処罰しています。

(1)　要　件

① 　医師であること〔主体〕
② 　公務所に提出すべき診断書・検案書・死亡証書であること〔客体〕
③ 　虚偽の記載をすること〔行為〕
④ 　行使目的があること〔目的〕
⑤ 　故意があること〔故意〕

① **主　体**　本罪は、主体が医師（歯科医師を含む）に限定されています（構
成身分犯）。（国家・地方）公務員である医師が本罪の行為を行った場合は、虚
偽公文書作成等罪（156条）が成立し、本罪は成立しません[90]。

---

90) 最判昭和23・10・23刑集2・11・1386。

② **客　体**　客体は、公務所に提出すべき診断書・検案書・死亡証書です。**公務所に提出すべき**とは、医師が自ら提出すべき場合のほか、他の者によって提出される場合も含みます[91]。**診断書**とは医師が自ら行った診察の結果に関する判断を表示して、人の健康上の状態を証明するために作成する文書[92]をいい、**検案書**とは医師が死体について死期・死因・死所などに関する事実を医学的に確認した結果を記載した文書をいい、**死亡証書**とは生前から診療していた医師がその患者について死亡の事実を医学的に確認した結果を記載した文書をいいます[93]。

③ **行　為**　**虚偽の記載をする**とは、実質上真実に違背する事実、あるいは自らの医学的判断に反する事項について記載することをいいます。したがって、虚偽の記載は、事実に関するものに限らず、判断に関するものも含みます。例えば、墜落死した事実を知りながら、脳溢血により病死した旨を記載する[94]、死亡の日時をことさらに偽って記載する[95]、自ら医学的に判断した死因と異なる死因をことさらに偽って記載するなどが、これに当たります。診断書等の記載が真実に適合しているにもかかわらず、医師がこれを不実（虚偽）と誤信した場合、本罪は医学上虚偽の証明を禁止して診断書等に対する社会の信用を保護するものですから、本罪を構成しないとすべきです[96]。

④ **目　的**　本条は、「公務所に提出すべき」と規定しており、客観的には、公務所に提出すべきもの、提出する予定のものである必要があるでしょうから、その主観的な反映として、**提出目的**という行使目的が必要でしょう[97]。

⑤ **故　意**　公務所に提出すべき診断書・検案書・死亡証書であること、虚偽の記載をすることについて、故意が必要です。

(2) 未遂・既遂

公務所に提出することを予定された診断書等を作成しようとしたときが着

---

91) 大判大正 5・06・26 刑録 22・1179。
92) 大判大正 6・03・14 刑録 23・179。
93)「死亡診断書」（医師法 20 条）ともいいます。
94) 大判大正 12・02・24 刑集 2・123。
95) 大判昭和 13・06・18 刑集 17・484。
96) 大判大正 5・06・26 刑録 22・1179。
97) 通説です。

464　第29講　文書偽造の罪

手であり、作成したときが既遂であり、その後、それが現実に公務所に提出されたかどうかは問わないとするのが支配的見解です。しかし、通常、本罪の罪責が問われるのは、虚偽の記載された診断書等が現実に公務所に提出された場合がほとんどであるところ、診断書等に虚偽の記載をする実行行為の危険性は公務所への提出が現実のものとなったときに顕在化すると考えられます。「公務所に提出すべき」という条件は、本罪の法益（診断書等への社会の信用）への危険結果が確定的に顕在化したことを確認するための**結果条件**ともいうべきものです[98]。したがって、診断書等への虚偽記載によって直ちに既遂とするのは適当でなく、作成の後、それを現実に公務所に提出しようとしたときをもって既遂に達したと解すべきです。

10　偽造私文書等行使罪（161条）

> 　前2条〔159条・160条〕の文書又は図画を行使した者は、その文書若しくは図画を偽造し、若しくは変造し、又は虚偽の記載をした者と同一の刑に処する。
> 　2　前項の罪の未遂は、罰する。

(1)　要　件

> ①　159条（私文書偽造等罪）・160条（虚偽診断書等作成罪）の文書・図画であること〔客体〕
> ②　所定の客体を行使すること〔行為〕
> ③　故意があること〔故意〕

　①　**客　体**　客体は、偽造・変造された有印・無印の権利・義務もしくは事実証明に関する私文書・私図画と、医師が虚偽記載をした公務所に提出すべき診断書・検案書・死亡証書ですが、行使の行為者が自ら偽造・変造等したものであるかどうかは問いません。

　②　**行　為**　行使とは、偽造・変造の私文書・私図画、虚偽記載診断書等を、真正な文書もしくは内容真実な文書として相手方に認識させ又は認識しうる状態に置くことです。なお、虚偽診断書等については、公務所に提出することが行使に当たります。

　③　**故　意**　偽造・変造の有印・無印の権利・義務・事実証明に関する私

98）関・総論・278頁参照。

文書・私図画、医師が虚偽記載をした公務所に提出すべき診断書・検案書・死亡証書を行使することについて、故意が必要です。

(2) 他罪との関係

同一名義人の文書を数通偽造してこれを一括行使した場合は行使罪の観念的競合であり、私文書の偽造とその行使は牽連犯となります[99]。また、時を異にして順次偽造した各私文書を一括して同時に単一の動作をもって提出・行使した場合も、本罪の観念的競合です[100]。

他方、偽造文書や虚偽記載文書等を行使して財物を騙取した場合、通常、その行使は欺罔手段であり、牽連犯となります[101]。

東京地判平成 4・04・21（判時 1424・141）、**東京地判平成 4・07・07**（判時 1435・142）は、銀行の渉外課長とその取引先の不動産会社社長が共謀して、ノンバンクの係員に対して、不動産会社が借り受ける金員は銀行の導入預金として預け入れ、同預金に質権を設定する旨を申し向けて同銀行の不動産会社名義の口座に金員を振り込ませて騙取した後、同預金に対する架空の質権設定承諾書を交付した事案につき、詐欺罪と偽造私文書行使罪の包括一罪としました。また、**東京高判平成 7・03・14**（高刑集 48・1・15、判時 1542・143、判タ 883・284）も、融資金を騙取し、これを原資とする銀行預金を融資金の担保とする旨の偽造質権設定承諾書を作成してこれを融資先に交付した事案につき、その交付が融資金騙取につき必要不可欠なものとして、これと同時的・一体的に行われることが予想され、両者の先後関係は必ずしも重要とは思われないときは、詐欺罪と偽造有印私文書行使罪とは包括一罪であるとしました。

学説でも、偽造有印私文書行使が騙取のために不可欠の行為としてなされるのが通常であり、偽造有印私文書行使と詐欺とは同時的に行われることが多いので、通常の形態を前提とする限り、包括一罪とする見解が支配的です。他方、偽造文書の交付（行使）と財物騙取との時間的先後関係が逆になった場合について、その点は両罪の罪数関係にとって重要ではないとして包括一罪の処理を維持する見解が支配的ですが、行使罪を手段とした詐欺罪と解するのは困難として併合罪とする見解、牽連犯とする見解もみられます。併合罪とするのが妥当でしょう。

---

99) 大判昭和 7・07・20 刑集 11・1113。

100) 大判大正 5・01・19 刑録 22・8。

101) 大判明治 44・11・10 刑録 17・1871。

466　第29講　文書偽造の罪

11　電磁的記録不正作出罪・不正作出電磁的記録供用罪（161条の2）

　人の事務処理を誤らせる目的で、その事務処理の用に供する権利、義務又は事実証明に関する電磁的記録を不正に作った者は、5年以下の懲役又は50万円以下の罰金に処する。
　2　前項の罪が公務所又は公務員により作られるべき電磁的記録に係るときは、10年以下の懲役又は100万円以下の罰金に処する。
　3　不正に作られた権利、義務又は事実証明に関する電磁的記録を、第1項の目的で、人の事務処理の用に供した者は、その電磁的記録を不正に作った者と同一の刑に処する。
　4　前項の罪の未遂は、罰する。

　本条は1987年（昭和62年）に新設されたもので、本罪の保護法益は電磁的記録の証明手段としての機能に対する社会の信用です。

(1)　電磁的記録不正作出罪（1項・2項）

① 人の事務処理の用に供する権利・義務、事実証明に関する電磁的記録（私電磁的記録）、又は、公務所・公務員により作られるべき電磁的記録（公電磁的記録）であること〔客体〕
② 所定の電磁的記録を不正に作ること〔行為〕
③ 人の事務処理を誤らせる目的があること〔目的〕
④ 故意があること〔故意〕

　①　客　体　客体は、まず、人の事務処理の用に供する、権利・義務に関する私電磁的記録と事実証明に関する私電磁的記録〔私電磁的記録不正作出罪（1項）〕です。**人の**とは自己以外の者であり、自然人・法人・法人格なき団体を含みます。**事務**とは、財産上、身分上、その他人の生活影響を及ぼしうると認められる一切の仕事をいい、業務・非業務、法律的・非法律的（事実的）、財産上・非財産上を問いませんし、収益を目的とするものに限定されません。**用に供する**とは当該の事務処理のために使用できる性質を有していることをいいます。**権利・義務に関する電磁的利記録**とは、権利・義務の発生・存続・変更・消滅に関する事実の証明に係る電磁的記録をいい、例えば、銀行の預金元帳ファイル、乗車券、馬券等がこれに当たります。**事実証明に関する電磁的記録**とは、社会生活上重要な利害関係のある事実の証明に役立つ電磁的記録をいいます。

　さらに、公務所・公務員により作られるべき公電磁的記録〔公電磁的記録

不正作出罪（2項）〕が客体です。これには、自動車登録ファイル、住民基本台帳ファイル、特許登録ファイルなど、公務所・公務員が職務として作出するものだけでなく、外部からの入力を受けて作出されるべき電磁的記録も含まれます。

② **行　為**　行為は、所定の電磁的記録を**不正に作る**ことで、電磁的記録作出権者（電子的情報処理組織を設置・管理し、それによって一定の事務処理を行う者）の本来的意図に反する電磁的記録を勝手に作出して、これを存在させることをいいます。例えば、自分のパソコンを利用してパソコン通信会社に虚偽情報を送信し、情を知らない同社係員をして同社ホストコンピュータ上に登録された他人の住所等を無断で変更させる行為[102]、電磁的記録作出権限のない者が、誤ったデータを電子計算機に勝手に入力する行為、既存のプログラムの一部又は全部を改変する行為、また、電磁的記録作出権限者の事務を補助している者が、その権限を濫用して内容虚偽のデータを入力する行為などが、これに当たります。

③ **目　的**　本罪は目的犯で、**人の事務処理を誤らせる目的**とは、電子計算機で当該電磁的記録を処理した場合の他人の事務処理が、電磁的記録作出権者の本来的意図したところと背反するようにする意図をいいます。

④ **故　意**　当該電磁的記録を不正に作る行為が電磁的記録作出権者の本来的意図したところと背反することについて故意が必要です。

(2) **不正作出電磁的記録供用罪**（3項）

① 不正に作られた権利・義務、事実証明に関する私電磁的記録、又は、不正に作られた公務所・公務員により作られるべき公電磁的記録であること〔客体〕
② 人の事務処理の用に供すること〔行為〕
③ 人の事務処理を誤らせる目的があること〔目的〕
④ 故意があること〔故意〕

① **客　体**　客体は、不正に作られた権利・義務、事実証明に関する私電磁的記録〔不正作出私電磁的記録供用罪〕、不正に作出された公務所・公務員によって作られるべき電磁的記録〔不正作出公電磁的記録供用罪〕です。

102）京都地判平成9・05・09判時1613・157。

468 第29講 文書偽造の罪

② **行 為** **人の事務処理の用に供する**とは、不正に作出された電磁的記録を電子計算機にかけ、事務処理のために使用できる状態に置くことをいいます。例えば、不正に作出したデータを蔵置した USB メモリーカードを会社の電子計算機の USB スロットに差し込む行為、不実なデータを入れた DVD を電子計算機に挿入して使用できる状態にする行為が、これに当たり、不正作出のデータを他人に交付するだけでは充分でありません。

③ **目 的** 本罪は、人の事務処理を誤らせる目的が必要です（目的犯）。

④ **故 意** 不正に作出された電磁的記録であること、人の事務処理の用に供することについて、故意が必要です。

(3) 処 断

本罪は、電磁的記録不正作出罪と同一の刑で処断されます。不正作出私電磁的記録供用罪では 5 年以下の懲役又は 50 万円以下の罰金、不正作出公電磁的記録供用罪では 10 年以下の懲役又は 100 万円以下の罰金となります。

(4) 他罪との関係

電磁的記録を不正に作出し、それを人の事務処理の用に供した場合は、電磁的記録不正作出罪と本罪の牽連犯となります。また、例えば、キャッシュカードを不正に作出し、これを利用して現金自動払出機から現金を窃取したときは、私電磁的記録不正作出罪、不正作出私電磁的記録供用罪と窃盗罪の牽連犯となります[103]。

不正アクセス行為を手段として私電磁的記録不正作出の行為が行われた場合、「不正アクセス行為の禁止等に関する法律」8 条 1 項の罪と私電磁的記録不正作出罪とは牽連犯ではなく、併合罪の関係となります[104]。

12 問題類型

(1) 写真コピー・ファックス書面の文書性

写真コピーについて、**最判昭和 51・04・30**（刑集 30・3・453、判時 811・23、判タ 335・151〔百選Ⅱ・87〕）は、「公文書偽造罪の客体となる文書は、これを原本たる公文書そのものに限る根拠はなく、たとえ原本の写であつても、原本と

103）東京地判平成元・02・17 判タ 700・279、東京地判平成元・02・22 判時 1308・161。

104）最決平成 19・08・08 刑集 61・5・576、判時 1987・159、判タ 1252・173。

同一の意識内容を保有し、証明文書としてこれと同様の社会的機能と信用性を有するものと認められる限り、これに含まれる」とし、「実生活上原本に代わるべき証明文書として一般に通用し、原本と同程度の社会的機能と信用性を有するものとされている」ような「公文書の写真コピーの性質とその社会的機能に照らすときは、右コピーは、文書本来の性質上写真コピーが原本と同様の機能と信用性を有しえない場合を除き、公文書偽造罪の客体たりうる」と判示して、写真コピーは（有印）公文書偽造罪の客体となりうるとしました[105]。

　また、**ファックス書面**について、**岡山地判平成7・11・20**（判時1552・156）は、「今日におけるファックスの利用状況及びその利便さを考慮してもなお、現状においてはファックスによる写を証明文書として原本と同一の社会的機能と信用性を有するものと認めることはできない」ので、「ファックスによる写は、その社会的機能や信用性の面において、刑法が文書偽造罪において保護しようとする文書には該当しないものと言うべく、したがつて、ファックスによつて文書を送信すること自体は、文書偽造行為にはならない」とし、公文書の内容に改ざんを加え、これをファクシミリで送信して写しを作成しても、有印公文書偽造・同行使罪には該当しないとしました。ところが、この第一審判決を破棄して、**広島高裁岡山支部判平成8・05・22**（高刑集49・2・246、判時1572・150）は、「真正な公文書としての形式を備えた被写原本を複写機械で複写する方法により、あたかも真正な記名押印のある公文書を原形どおり正確に複写したような形式、外観を備えるコピーを作成した行為は、被写原本が架空の公文書である場合或いは偽造文書として実在しない場合でも、有印公文書偽造罪にあたるというのが最高裁判所の判例とするところである」とし、有印公文書偽造・同行使罪の成立を認めました。

　最近では、偽造した文書を**ファクシミリ**や**スキャナー**で読み取らせ、その画像データを送信して相手方のディスプレイにこれを表示させる行為が問題となっていますが、**大阪地判平成8・07・08**（判タ960・293〔百選Ⅱ・89〕）は、この行為は（有印）私文書の偽造・行使に当たるとしました。類似の事案で、国民健康保険被保険者証の白黒コピーを改ざんしたものをファクシミリにセットし、その画像データを送信し、相手方の端末機のディスプレイに表示させて閲覧させる行為につき、**東京高判平成20・07・18**（高等裁判所刑事裁判速報集平成20・138、判タ1306・311）も、公文書偽造・同行使罪の成立を認めました。

　学説では、写真コピー・ファックス書面は文書偽造罪における文書性を肯定する**肯定説**[106]が有力であり、写真コピー・ファックス書面は証明文書として原

---

105) 最決昭和54・05・30刑集33・4・324、判時928・48、判タ388・69、最決昭和58・02・25刑集37・1・1、判時1070・3、判タ492・59、最決昭和61・06・27刑集40・4・340、判時1196・163、判タ606・51。

470 第29講 文書偽造の罪

本と同一の意思・観念を表示し、それと同様の社会的機能と信用性を有していること、写真コピー・ファックス書面には、原本作成者の意識内容が直接保有されていると解される以上、その名義人は原本の作成名義人であること、内容虚偽の写真コピーを作成することは、同意に基づく作成権限を逸脱する有形偽造の行為であり、文書偽造罪を構成すると解すべきことを根拠とします。

確かに、写真コピー・ファックス書面が社会において果たしている社会的機能は重要ですが、それが文書でないものを文書に変質させるとは思えません。写真コピー・ファックス書面はあくまでも原本の存在、内容の証明手段として用いられているにすぎず、写真コピー・ファックス書面の文書性を認めることはできません。**否定説** [107] が妥当です。公文書の写しの作成は私人にも自由に許容されていますので、当該写真コピー・ファックス書面の作成名義人は原本作成名義人ではなく当該写真コピーの作成者であり、公文書の写しは「公務所若しくは公務員の作成する」文書に当たらないことは明らかです。

(2) 通称名の使用

歌舞伎役者、俳優、作家などが、本名とは別に、役者名、芸名、筆名（ペンネーム）などを使って文書を作成することはよくありますし、許容されていると考えられます。但し、納税、婚姻・離婚等に関しては、当然、本名で申告・届出をしているでしょうが。

> **【事例04】** 日本に密入国して後25年間にわたってＡの名前で生活していたＸは、出入国許可申請書をＡ名義で作成し、入国管理事務所に提出した。

> **最決昭和 59・02・17**（刑集 38・3・336、判時 1120・138、判タ 531・151〔百選Ⅱ・93〕）は、類似の事案につき、「再入国許可申請書の性質にも照らすと、本件文書に表示されたＡの氏名から認識される人格は、適法に本邦に在留することを許されているＡであつて、密入国をし、なんらの在留資格をも有しない被告人とは別の人格であることが明らかであるから、そこに本件文書の名義人と作成者との人格の同一性に齟齬を生じている」として、私文書偽造・同行使罪に当たるとしました。

---

106) 西原・289 頁、大塚仁・444 頁、藤木・144 頁、岡野・272 頁、川端・544 頁、前田・374 頁以下、佐久間・338 頁など。この説を主張する見解の多くは、原本に印章・署名のあるときは**有印**文書と解していますが、無印とする見解として大塚仁・444 頁、藤木・144 頁。

107) 通説といえるでしょう。

学説でも、**偽造肯定説**[108] は、その通称名が社会一般に広く通用していたとしても、文書の性質・内容、それが用いられる状況によっては本名での作成が要求される文書があり、**事例04**における再入国許可申請書は、まさに申請者が本名で記載することが要求される文書であって、名義人は「適法な在留資格を有するA」であるため、名義人Aと作成者Xとの間に人格の同一性に齟齬が生じている以上、有形偽造として私文書偽造・同行使罪が成立するとします。

　通称名が本人を識別する名前として定着し、Xを特定し識別する唯一の名前である限り、他人名義の冒用とはいえませんし、文書の性質・内容を持ち出して人格の同一性の齟齬を根拠づけようとするのは、文書内容の虚偽性を持ち出して、実質的に処罰規定のない無形偽造を有形偽造に変質させるものです。**事例04**につき、Xに文書偽造罪を肯定するのは、文書偽造罪の射程範囲外にある（再）入国管理に係る行政府の手続的便益を本罪で保護しようとするもので、妥当ではありません。名義人と作成者の人格の同一性は文書の存在レベルで判断されるべきで**偽造否定説**[109] が妥当です。

(3)　偽名履歴書の作成

　例えば、ホテルに宿泊する客が、その地に滞在したことも、そのホテルに宿泊したことも秘密にしたいため、フロントで宿泊カードに偽の名前・住所・電話番号を記載しても、文書偽造罪になるわけではありません。名義人と作成者の人格の同一性が齟齬しているといえないからです。

> 【**事例05**】容疑者として指名手配を受けていたXは、生活費を稼ぐために、Aという氏名、虚偽の生年月日・住所・経歴等を記載し、自分の顔写真を貼付した履歴書を作成し、これを応募先の企業に提出するとともに、Aの氏名等で雇用契約書を作成して提出した。

> **最決平成11・12・20**（刑集53・9・1495〔百選Ⅱ・95〕）は、履歴書・雇用契約書という文書の「性質、機能等に照らすと、たとえ被告人の顔写真がはり付けられ、あるいは被告人が右各文書から生ずる責任を免れようとする意思を有していなかったとしても、これらの文書に表示された名義人は、被告人とは別人格の者であることが明らかであるから、名義人と作成者との人格の同一性にそごを生じさせた」として、有印私文書偽造・同行使罪の成立を肯定しました。

---

108)　通説です。
109)　曽根・244頁、平川・453頁、松宮・386頁、松原・455頁。

472　第29講　文書偽造の罪

　　学説でも、**偽造肯定説**[110] は、履歴書・雇用契約書という文書の性質・機能を重視し、氏名のほか、生年月日・住所・経歴等は雇用にあたって重視するのが一般的である以上、それらについて虚偽の記載をすることは人格の同一性に齟齬を生じさせているとして私文書偽造・同行使罪が成立するとします。

　履歴書に偽名が使われていましたが、Xの顔写真が貼付されており、X自身は勿論、企業側も、Aという人格はXという人格を表すと考えていました。そこには人格の齟齬は存在していません。**偽造否定説**[111] が妥当です。

(4)　同姓同名の使用

　　【事例06】 弁護士でないXが、実在の神奈川県弁護士会所属の弁護士Xと同姓同名・同漢字であることを利用し、同弁護士であるかのように装い、「神奈川県弁護士会所属、弁護士X」などと記載した「弁護士報酬金請求について」と題する書面・請求書・領収証等を作成し、交付した。

　　最決平成5・10・05（刑集47・8・7、判時1484・138、判タ838・201〔百選II・94〕）は、**事例06**と類似の事案につき、「本件各文書が弁護士としての業務に関連して弁護士資格を有する者が作成した形式、内容のものである以上、本件各文書に表示された名義人は、　○○弁護士会に所属する弁護士Xであって、弁護士資格を有しない被告人とは別人格の者であることが明らかであるから、本件各文書の名義人と作成者との人格の同一性にそごを生じさせた」として、私文書偽造・同行使罪が成立するとしました。

　　また、**最決平成15・10・06**（刑集57・9・987、判時1840・147、判タ1138・78〔百選II・96〕）は、Xらが、販売目的で、道路交通に関するジュネーブ条約に基づく正規の国際運転免許証にその形状、記載内容等が酷似し、その表紙には「INTERNATIONAL TOURING ALLIANCE（国際旅行連盟）」と刻された偽国際運転免許証を偽造したという有印私文書偽造の事案につき、「本件文書の名義人は、『ジュネーブ条約に基づく国際運転免許証の発給権限を有する団体である国際旅行連盟』であると解すべきである。そうすると、国際旅行連盟が同条約に基づきその締約国等から国際運転免許証の発給権限を与えられた事実はないのであるから、所論のように、国際旅行連盟が実在の団体であり、被告人に本件文書の作成を委託していたとの前提に立ったとしても、被告人が国際旅行連盟の名称を用いて本件文書を作成する行為は、文書の名義人と作成者との間の人格の同一性を偽るものである」として、本罪の成立を肯定しました。

　　事例06のように、弁護士でないXが「弁護士X」と記載して文書を作成

---

110)　通説です。
111)　松宮・383頁、松原・456頁。

した場合、相手方の範囲などの具体的事情によっては、単に肩書を偽っているのではなく、その名義から確認できる人格が「弁護士X」であり、作成者と名義人の人格の同一性が認められないときがあります。但し、注意してほしいのは、こうした事例で本罪の成立が肯定されるのは、弁護士業務と密接に関連した文書に関するからで、例えば、スポーツジムの申込書に「弁護士」と記入したり、ホテルの宿泊名簿の職業欄に「弁護士」と記入する場合のように、単に肩書を偽っているにすぎず、その名義から確認できる人格は現にそこにいるXであると推認できる場合には、作成者と人格の同一性が認められますので、本罪は成立しません。

(5) 代理名義の冒用

> 【事例07】A銀行の行員Xは、同銀行の支店長でもないのに、行使の目的をもって、「A銀行支店長X」と記載した文書を作成した。

> **最決昭和45・09・04**（刑集24・10・1319、判時609・96、判タ254・215〔百選Ⅱ・92〕）は、Xが、行使の目的をもつて、学校法人Aの理事会において、Xを理事長に選任し、かつXを議事録署名人とすることを可決したなどと記載し、その末尾に「理事録署名人X」と記載してXの印を押して、理事会議事録署名人作成名義の「学校法人A理事会決議録」なる文書を作成した事案につき、「他人の代表者または代理人として文書を作成する権限のない者が、他人を代表もしくは代理すべき資格、または、普通人をして他人を代表もしくは代理するものと誤信させるに足りるような資格を表示して作成した文書は、その文書によつて表示された意識内容にもとづく効果が、代表もしくは代理された本人に帰属する形式のものであるから、その名義人は、代表もしくは代理された本人である」として、私文書偽造罪の成立を肯定しました。

> **無形偽造説** [112] は、**事例07**の場合、文書の名義人は代理人・代表者Xで、「A銀行支店長」は肩書にすぎないのであるから、Xは自己名義の文書を作成したけれども、文書の内容の一部である代理資格・代表資格を偽った点に内容虚偽が存在するにすぎず、無形偽造であるとします。但し、無形偽造であっても、行使の目的で、生活取引において不正な証拠となるべき文書を作成する限り、有形偽造に準じて考えられ、例外的に159条3項（無印私文書偽造罪）で処罰でき、159条3項は私文書の無形偽造を含む趣旨であるとします。

事例07では、文書作成者がXであることは明らかですが、名義人は「A

---

112) 木村亀二・249頁以下。

銀行支店長 X」であり、有形偽造として私文書偽造罪が成立するとする見解[113] が支配的です。判例・通説は、文書の効果が被代理・被代表である本人に帰属する類いの文書であるからとか、文書の成立につき最終的責任を負うべき本人の意思に基づかない文書であるからという点を根拠としてあげますが、適当ではありません。この場合、当該文書にとって、「A 銀行支店長」（代理・代表者）という点が重要であり、だからこそ、一般人は、当該文書が本人の意思・観念を表示したものとして信頼を寄せるのですから、名義人は「A 銀行支店長 X」とすべきで、名義人（A 銀行支店長 X）と作成者（X）の人格の同一性に齟齬があり、有形偽造として本罪の成立が肯定されます[114]。

(6) 代理権の濫用・逸脱

① 代理権濫用形態

【事例08】A 株式会社代表取締役 X は、A 会社（本人）から個人として借り受けていた貸付金の抵当権設定登記を勝手に抹消するために、代表取締役 X の名義で、A 会社の債権放棄書を作成した。

大連判大正 11・10・20（刑集 1・558）は、個人経営の銀行の支配人 X が、自分の私的な費消に充てるために、支配人名義で小切手を振り出し、銀行名義で為替取引報告書を作成した事案につき、その目的が本人のためにすると自己・第三者の利益を図るためにするとは、本人と代表者・代理人との間における内部関係であるにとどまり、客観的に観察すれば、その権限内で作成された文書であり、文書によってなされた意思表示は私法上有効であるとして、有価証券偽造罪及び私文書偽造罪の成立を否定しました。

　事例 08 の場合、X は、代表取締役としての代理権・代表権の範囲内で文書を作成しており、作成者と名義人の人格の同一性に齟齬はありませんので、私文書偽造罪は成立せず、背任罪の余地があるにすぎません。

② 代理権逸脱形態

【事例09】X は、A から同人名義の白紙委任状をその使用範囲・方法を指定して預かったが、A の承諾を得ることなく、行使目的で、指定された使用範囲・方法以外に使用するために勝手に文字を記入した〔白紙偽造〕。

大判大正 6・11・05（刑録 23・1136）は、山林の分筆に関し他人に承諾をさせ

---

113) 通説です。
114) 植松・155 頁、福田・96 頁、西田・373 頁、高橋・527 頁。

たうえで、白紙に調印させて分筆承諾書を作成するに当たって、勝手に質権放棄の旨も併せて記載した事案につき、**大判大正12・03・13**（刑集2・181）は、炭鉱会社の支配人が会社の営業範囲に属しない木炭の取引につき支配人名義で売買契約書を作成した事案につき、**大判昭和7・10・27**（刑集11・1506）は、本人から預かった印章を使って、承諾範囲を超えた金額、承諾範囲以外の土地に勝手に抵当権を設定した旨の記載をした借用証書を作成した事案につき、**最決昭和42・11・28**（刑集21・9・1277）は、数人の代表取締役が共同して会社を代表する定がある場合に、代表取締役の1人が、行使の目的をもって、他の代表取締役の署名・印章を冒用して、共同代表の形で会社名義の文書を作成した事案につき、いずれも私文書偽造罪の成立を認めています[115]。

事例09の場合、Xは、Aから委ねられた代理権・代表権の範囲を超えて文書を作成しており、作成者と名義人の人格の同一性に齟齬が生じていますので、私文書偽造罪が成立します。

(7) 名義人の承諾

【事例10】刑法の得意なXは、K大学の「刑法総論」の年度末試験で、受講生Aと相談し、Aの替玉で受験し、答案用紙にA本人の名前・学籍番号を記入して答案を記入した。

最決昭和56・04・08（刑集35・3・57、判時1001・130、判タ442・124〔百選Ⅱ・97〕）は、被告人Xが、無免許運転をし、取締り警察官から運転免許証の提示を求められたおりに、事前に「俺に名前を使ったらいい」と承諾を得ていたAの氏名等を称し、交通事故原票中の供述書欄の末尾に「A」の署名をし、これを警察官に提出した事案につき、「交通事件原票中の供述書は、その文書の性質上、作成名義人以外の者がこれを作成することは法令上許されないものであつて、右供述書を他人の名義で作成した場合は、あらかじめその他人の承諾を得ていたとしても、私文書偽造罪が成立する」と判示しました[116]。また、**最決平成6・11・29**（刑集48・7・453、判時1530・141、判タ878・137〔百選Ⅱ・88〕）は、M大学の入学選抜試験に際し、現役の大学生が受験生本人になりすまして替え玉受

115）有価証券偽造の事案ですが、逸脱の事案として、**最決昭和43・06・25**刑集22・6・490、判時525・29、判タ224・184〔百選Ⅱ・98〕（水産業協同組合法により被告人が漁業協同組合の参事とされたとしても、同組合内部の定としては、同組合が振出す組合長振出名義の約束手形の作成権限はすべて専務理事に属するものとされ、被告人は単なる起案者、補佐員として右手形作成に関与していたにすぎない場合は、同人が組合長又は専務理事の決裁・承認を受けることなく組合長振出名義の約束手形を作成する行為には、有価証券偽造罪が成立。）。

116）交通切符・交通反則切符中の供述書について同旨の判決をした最決昭和56・04・16刑集35・3・107、判時1001・131、判タ442・123参照。

験し、答案を作成・提出した事案につき、「志願者の学力の証明に関するもので
あって、『社会生活に交渉を有する事項』を証明する文書」、つまり、刑法 159
条 1 項にいう事実証明に関する文書に当たることを前提に、たとえ志願者の承
諾があっても私文書偽造罪が成立するとしました[117]。

　学説でも、**私文書偽造罪**を肯定する見解[118] が支配的ですが、その根拠はいく
つか出されています。文書の性質[119] 上、その名義人による作成だけが予定され
ている文書については自署性が強く要求されるので、名義人と作成者の人格の
同一性について齟齬が生じている以上、名義人の承諾があっても本罪の成立に
影響しないとする**自署性説**、違法目的での承諾は無効であるので、行為説に立
てば勿論、意思説に立っても、名義人と作成者の人格の同一性に齟齬が生じて
おり、本罪の成立を肯定できるとする**違法目的説**、さらに、文書の性質上、名
義人の承諾があっても、その法的効果が承諾を与えた名義人に帰することはあ
りえないし、名義人と作成者の人格の同一性に齟齬が生じている以上、有形偽
造となるとする**責任転嫁説**などが主張されています。

　本書が基調とする**事実説**に立った場合、作成者とは事実上当該文書を物理
的に作成した者ですので、**事例 10** の場合、名義人と作成者がずれています
ので、文書偽造罪の法律要件該当性が肯定されるように思えます。しかし、
X は、A による明示の承諾意思に基づいてその文書（答案）を作成しており、
A はその責任を引き受けざるをえませんので、結局、その文書は真正なも
のと考えざるをえません[120]。確かに、交通反則切符・交通事故原票中の供
述書欄を他人名義で作成したり、替え玉受験で入学試験・学年末試験の解答
欄を他人名義で回答することは、交通違反事件の処理手続や試験の合否判定
手続を誤らせる許しがたい行為です (-_-#)。しかし、その場合に偽られてい
るのは、自署性、表示主体、あるいは能力主体の同一性にすぎません。そう

---

117) 承諾した名義人には、私文書偽造罪の共謀共同正犯が成立するとするのは、**東京地判平成
10・08・19** 判時 1653・154。

118) 通説です。

119) 交通反則切符・交通事故原票中の供述書欄、入学試験・学年末試験の解答欄などの文書につ
いて、その性質として指摘されているのは、㋐供述内容・記載内容は、交通反則切符の供述欄で
あれば交通違反者本人に、答案用紙であれば受験者本人に専属するものであること、㋑専ら本人
に対する公・私の手続に用いられるものであること、㋒当該事項の迅速、正確かつ簡便な処理に
資する文書であることなどです。

120) 文書偽造罪の法律要件該当性は肯定されるが、名義人 A の承諾があるので違法性が阻却され
るとしても同じです。

した手続を誤らせ、証明されるべき事実に過誤を生じさせる危険があることを根拠に、刑法上の文書偽造罪の成立を肯定してよいということにはなりません〔**偽造否定説**〕[121]。「けしからんから処罰すべきだ」と、「行為者の行為は○罪の法律要件に該当して違法であり、行為者は有責である」との間には、超えなければならない「断崖」が存在しているのです。

(8) 行使の概念

① **行使の意義** 文書偽造の罪における**行使**とは、偽造・変造の文書・図画、虚偽作成の文書・図画を、真正な文書もしくは内容真実な文書として相手方に認識させ又は認識しうる状態に置くことをいい、文書の認識可能性は必要ですが、**流通におくこと**（通貨偽造罪の行使）、**本来の用法に従って使用すること**（有価証券偽造罪の行使）などの限定はありません。

② **行使の相手方**

　大判昭和7・06・08（刑集11・773）は、相手の女性から将来のために貯金をしてくれと頼まれたので、偽造した郵便貯金通帳を真正のものとしてこれを同女に交付した行為につき、**最決昭和42・03・30**（刑集21・2・447、判時479・65、判タ206・138）は、高校の中途退学者が自分に期待を寄せている父親を満足させる目的で、偽造した同高校校長名義の卒業証書を真正に成立したものとして父親に提示した行為につき、さらに、**最決平成15・12・18**（刑集57・11・1167、判時1847・152、判タ1141・148）は、司法書士事務所において、司法書士に対し、偽造した金銭消費貸借契約証書を、同証書に基づく公正証書の作成の代理嘱託を依頼する際に、あたかも真正に成立したもののように装って交付した行為につき、「文書に対する公共の信用を害するおそれがある」として、偽造文書行使罪の成立を認めています。

　限定説[122]は、当該文書について何らかの利害関係のある者に限定しなければならないとし、その根拠として、行使の相手方に対して、権利・義務又は社会生活上重要な事項について何らかの行為を取らせるような形態で使用されない限り、文書に対する社会の信用を害するおそれは生じないし、法律上・社会生活上重要な取引の安全を危険にしたとはいえないこと、行使の直接的な相手方以外に文書内容が流布する可能性までも考慮すると、行使の概念を曖昧に拡散させてしまい、行使罪の成立範囲を無限定にしてしまうことを指摘します。

---

121) 曽根・253頁、平川・451頁、林・360頁、松原・450頁。
122) 福田・99頁、大塚仁・458頁、佐久間・353頁、井田・450頁。

478　第29講　文書偽造の罪

これに対して、**無限定説**[123)] は、当該文書について何らかの利害関係のある者に限定する必要はないとし、その根拠として、刑法は特別の限定を設けるような表現をしていないこと、不特定・多数の人がその文書を認識しうる状態にあるときは、社会の信用が害されるおそれがあるといえるので、利害関係のない者に提示する場合であっても行使罪は成立しうることを指摘します。

　行使罪は、文書偽造罪と同じく、(抽象的) 危険犯とされていますが、行使は、文書に対する社会の信用を害する、ある程度の現実的危険性を有するものでなければなりません。行使の概念につき、相手方が利害関係を有するかどうかの判断をする必要はないが、「文書内容の社会的重要性」を文書の要件として要求すれば足りるとする見解[124)] も、実行行為 (行使) ではなく客体 (文書) を問題としているのですが、法律要件該当性の認定に限定を付すことによって、文書に対する社会の信用を害する現実的危険を精確に認定したい趣旨は同じでしょう。本書によれば、文書に対する社会の信用を害する危険の程度に影響を及ぼす限りで、相手方が当該文書について何らかの利害関係のある者かどうかが考慮されます。

③　携　帯

【事例11】Xは、他人の免許証をスキャンし、それをパソコンで加工し、自分の顔写真に変えたりして偽造した運転免許証を、提示を求められるなど何かのときには使うつもりで携帯し、自動車を運転した (実際には、警察官等から提示を求められることはなかった)。

　携帯は行使には当たらないとする**否定説**が妥当です[125)]。

　事例11と類似の事案につき、**最大判昭和44・06・18** (刑集23・7・950、判時559・21、判タ236・220〔百選Ⅱ・99〕)は、それまでの肯定説の立場[126)] を変更し、「偽造公文書行使罪は公文書の真正に対する公共の信用が具体的に侵害されることを防止しようとするものであるから、同罪にいう行使にあたるためには、文書を真正に成立したものとして他人に交付、提示等して、その閲覧に供し、そ

---

123)　通説です。

124)　西田・370頁。

125)　行使罪の実行行為は行われたが、既遂に必要な危険結果 (文書に対する社会の信用性への現実的危険) が発生していないとして、行使罪の未遂にとどまるという考え方も可能ですが、行使の概念を拡張しすぎる難点を抱えてしまいます。

126)　最決昭和36・05・23刑集15・5・812、東京高判昭和38・05・08高刑集16・3・254、判時338・40。

の内容を認識させまたはこれを認識しうる状態におくことを要する」ところ、自動車を運転する際に偽造の運転免許証を携帯しているだけでは、「未だこれを他人の閲覧に供しその内容を認識しうる状態においたものというには足りず、偽造公文書行使罪にあたらない」としました。

　学説でも、判例と同様、携帯するだけでは未だ他人の閲覧に供してその内容を認識しうる状態に置いたとはいえないとする**否定説**が支配的です。しかし、携帯も行使に当たるとする**肯定説**も主張されており、その根拠として、自動車運転の際の免許証の携帯は、自動車運転の不可欠の要素となっており、自動車運転行為はそれ自体免許証携帯による運転行為を外部に表示している行為といえること、自動車運転の際の免許証の携帯はそれ自体、免許証という公文書をその本来の用法に従って行使していると考えられること、また、この場合、警察官がこれを閲覧することができる状態において運転しているともいえるので、通常の行使の態様である相手方への提示・交付、あるいは備付と同視すべき行為であることを指摘します。

(9)　偽造と虚偽文書作成の錯誤

【事例 12】 X が Y に虚偽公文書の作成（156 条）を教唆したところ、Y は公文書の偽造（155 条 1 項）を犯した。

　この場合、X は、主観的には虚偽公文書作成の教唆の意図であったが、客観的には公文書偽造の教唆を実現しており、抽象的事実の錯誤です。

　最判昭和 23・10・23（刑集 2・11・1386）は、**事例 12** と類似の事案につき、「本件故意の内容は刑法第 156 条の罪の教唆であり、結果は同法第 155 条の罪の教唆である。そしてこの両者は犯罪の構成要件を異にするも、その罪質を同じくするものであり、且法定刑も同じである。而して右両者の動機目的は全く同一である」として、本件公文書偽造教唆につき故意を阻却しないとしました。

　この判例は、罪質符合説のような表現ですが、法定的符合説への移行期の判例です。学説では、虚偽公文書作成罪と公文書偽造罪との法律要件の実質的な重なり合いを否定して、X に公文書偽造罪の教唆犯を認めない見解 [127]もありますが、法律要件の実質的な重なり合いを肯定し、判例と同じく、X に公文書偽造罪の教唆犯を認める見解 [128]が支配的で、本書もこれを妥当と考えます。

---

127) 団藤・総論・401 頁。

128) 通説です。

第30講　有価証券偽造の罪

01　総　説

(1)　保護法益

　有価証券偽造の罪は、通貨偽造の罪と文書偽造の罪の性質を併せもった犯罪です。まず、本罪と通貨偽造の罪の関係ですが、有価証券は、財産権を化体し、その流通性において通貨と同じ機能を果たしていますので、両罪はきわめて近似した犯罪といえます。他方、本罪と文書偽造の罪の関係ですが、有価証券は権利・義務に関する文書の一種として名義人の存在を前提としており、本罪は文書偽造の罪の特別犯罪としての性格を有しています。

　本罪の保護法益は有価証券に対する社会の信用であり、これを保護することによって、経済的・社会的取引の安全を確保することにあります。

(2)　類　型

○有価証券偽造罪・変造罪（162条1項）　○有価証券虚偽記入罪（162条2項）
○偽造・虚偽記入有価証券行使等罪（163条）

02　有価証券偽造・変造罪 (162条1項)

　行使の目的で、公債証書、官庁の証券、会社の株券その他の有価証券を偽造し、又は変造した者は、3月以上10年以下の懲役に処する。

(1)　要　件

① 公債証書、官庁の証券、会社の株券その他の有価証券であること〔客体〕
② 有価証券を偽造又は変造すること〔行為〕
③ 行使の目的があること〔目的〕
④ 故意があること〔故意〕

　① **客　体**　有価証券とは、財産上の権利が証券に表示され、その表示された財産上の権利の行使につきその証券の占有を必要とするものをいいますが、その証券が取引上流通性を有するかどうかは問いません[1]。有価証券で

---

1) 最判昭和32・07・25刑集11・7・2037。

あるためには、㋐財産権を表示した証券であること、㋑その表示された権利の行使又は処分のために、その占有を必要とするものであることという2つの要件が必要です。

公債証書、官庁の証券、会社の株券は例示です。**公債証書**とは、国・地方公共団体が負担する債務を証明するため国・地方公共団体が発行した証券で、国債・地方債がこれに当たります。**官庁の証券**とは官庁の名義で発行される有価証券で、政府短期証券、郵便為替証券がこれに当たります。**会社の株券**とは株式会社が発行した株主たる地位を表示する証券で、正に株券がこれに当たります。

□**有価証券**　公債証書：国債・地方債／官庁の証券：政府短期証券・郵便為替証券／会社の株券：株券／その他：手形、小切手、貨物引換券、預証券、質入証券、船荷証券、鉄道乗車券、宝くじ、勝馬投票券、競輪車券、クーポン券、商品券・図書券・文具券・ビール券、ギフト券、入場券、急行券、定期乗車券、新幹線回数券、観覧券、タクシーチケット、タレントとの握手券

■**有価証券でないもの**　契約証書、郵便貯金通帳（証拠証券）、無記名預金証書、荷物預かり証、下足札、手荷物引換券、ゴルフクラブ入会保証金預託証、収入印紙（印紙犯罪処罰法）、郵便切手（郵便法）

②　**行　為**　偽造とは、有価証券を作成する権限を有しない者が他人の名義を冒用」して有価証券を作成することをいいます〔有形偽造〕。これには、まず、㋐偽造行為の主体が有価証券の作成権限のない者であることが必要です。代理権・代表権を有する者が、その権限を濫用して権限内で有価証券を作成した場合は、自己・第三者図利の目的があっても、偽造とはならず、背任罪の余地があるにすぎません。次に、㋑他人の作成名義を冒用することが必要です。真正な有価証券であると誤信させるに足りる程度の形式・外観を備えていれば足りるので、名義人が明示的に記載されていなくとも、また、架空名義人が記載されていても、偽造となりえます[2]。さらに、㋒偽造された有価証券が、一般人をして、真正な有価証券であると誤信させるに足りる程度の形式・外観を備えていることが必要です。但し、例えば、手形で裏書の連続を欠いているように、法律上有効な形式・要件を具備していることは

---

2) 最大判昭和30・05・25刑集9・6・1080、判時54・26（手形偽造）。

必ずしも必要ではありません。

　本罪には、有印・無印の区別はありませんので、他人の印章・署名を冒用しない形態でもありえます。他人の印章・署名を冒用して有価証券を偽造した場合は、有価証券偽造罪が印章偽造罪（165条1項、167条1項）・印章不正使用罪（165条2項、167条2項）を吸収します[3]。

　変造とは、有価証券を作成する権限を有しない者が真正に成立した他人名義の有価証券に変更を加えることをいいます〔有形変造〕。これには、㋐変造行為の主体が真正有価証券に変更を加える権限を有しない者であること、㋑変造行為の客体が真正に成立した他人名義の有価証券であること、㋒行為が、有価証券の非本質的な部分に変更を加え、一般人をして、真正な有価証券」であると誤信させるに足りる程度の形式・外観を備えていることが必要です。

□**偽造の行為**　他人名義を冒用して振出地の記載のない約束手形を作成する行為[4]／銀行の支配人が銀行の業務と関係のない事項に関して手形の裏書をし銀行印を押す行為[5]／通用期間を経過して既に効力を失った鉄道乗車券に増減変更を加え、新たに効力を有するもののように装う行為[6]／宝くじの番号を当選番号に改ざんする行為[7]／作成権限の範囲を逸脱して他人名義の有価証券を作成する行為[8]

□**変造の行為**　他人の振り出した手形の振出日付・受取日付を改ざんする行為[9]／他人の振り出し名義の小切手の金額欄の数字を改ざんする行為[10]

---

　③　**目　的**　本罪に必要な**行使目的**とは、真正の有価証券として使用する意図をいいますが、通貨偽造罪における目的よりも広い概念であり、必ずしも他人に対して有価証券を流通転々させる目的であることを要しません[11]。例えば、取引相手の信用を得るために、見せ手形の意図で他人名義の約束手

3）大判明治42・02・05刑録15・61。

4）大判明治35・06・05刑録8・6・42。

5）大判明治43・04・19刑録16・633。

6）大判大正12・02・15刑集2・78。

7）福岡高判昭和26・08・09高刑集4・8・975。

8）最決昭和43・06・25刑集22・6・490、判時525・29、判タ224・184〔百選Ⅱ・98〕。

9）大判大正3・05・07刑録20・782。

10）最判昭和36・09・26刑集15・8・1525。

11）大判大正14・12・25刑集4・792。

形を偽造し、それを見せる意図も含みます。行為者自身が使用する目的だけでなく、他人をして使用させる目的をも含みます。

④　**故　意**　有価証券であること、それを偽造・変造することについて、故意が必要です。

(2)　問題類型

①　**有価証券性**　テレホンカードの有価証券性について、2001年（平成13年）以前は、盛んに議論されました。判例は、NTT発行のテレホンカードの磁気部分の通話可能度数を改ざんする行為につき、「テレホンカードの右の磁気情報部分並びにその券面上の記載及び外観を一体としてみれば、電話の役務の提供を受ける財産上の権利がその証券上に表示されていると認められ、かつ、これをカード式公衆電話機に挿入することにより使用するものであるから、テレホンカードは、有価証券に当たる」[12]とし、一体説を採っていました。しかし、2001年（平成13年）に、支払用カード電磁的記録不正作出罪等の規定（163条の2以下）が新設されたことで、立法的に解決されました。

現在は、電車・バスなどの交通機関の**定期券**の改ざんが問題となります。定期券は有価証券ですが、支払用カードには当たりませんので、定期券の磁気部分の情報を改ざんした場合に、有価証券偽造・変造罪（162条1項）と電磁的記録不正作出罪（161条の2第1項）のいずれが成立するのかが問題となるのです。定期券の券面上にその権利内容が記載されている場合には、その部分こそが重要であり、磁気部分は事務処理の便益のために存在するので、磁気部分の改ざんは電磁的記録不正作出罪を構成するにとどまります[13]。

②　**権限の濫用・逸脱**　例えば、会社の代表取締役社長のように、代理権・代表権を有し、有価証券を作成する一般的・包括的な権限を有する者が不正に有価証券を作成した場合には、文書偽造罪における代理権の濫用・逸脱[14]と同じように考えることができ、作成権限の範囲内でその権限を濫用

---

12)　最決平成3・04・05刑集45・4・171。

13)　『大コンメンタール刑法第8巻』（第3版・2014年）258頁〔岡田雄一〕。これに対して、定期券の磁気部分は券面上の可視・可読部分等と一体となって全体が有価証券であるとする一体説（大谷・489頁、前田・361頁、高橋・538頁）に立てば、有価証券偽造・変造罪が成立することになります。しかし、本文で述べたような定期券を前提とする限り、当該定期券の磁気部分を有価証券偽造・変造罪の客体とするのは無理です。

484　第30講　有価証券偽造の罪

した場合は有価証券偽造・変造罪は成立しませんが、作成権限を逸脱した場合は有価証券偽造・変造罪が成立することになります。

> **大連判大正 11・10・20**（刑集 1・558）は、個人経営の銀行の支配人 X が、自分の私的な費消に充てるために、支配人名義で小切手を振り出した事案につき、X が自己の代理名義をもって作成するか、直接に主人（銀行）の商号を使用して作成するかを問わず、いずれもその権限内に属する行為として法律上有効な行為であり、その行為が主人のためにするのではなく自己・第三者の利益を図るためであっても、有価証券偽造罪を構成しないとしました。
>
> 　これに対して、**最決昭和 43・06・25**（刑集 22・6・490、判時 525・29、判タ 224・184〔百選Ⅱ・98〕）は、被告人が水産業協同組合法により支配人に関する商法の規定が準用される漁業協同組合の参事であっても、同組合内部の定としては、同組合が融通手形として振り出す組合長振出名義の約束手形の作成権限はすべて専務理事に属するものとされ、「被告人は単なる起案者、補佐役として右手形作成に関与していたにすぎない」場合に、同人が「組合長または専務理事の決裁・承認を受けることなく准組合員のため融通手形として組合長振出名義の約束手形を作成した本件行為」は有価証券偽造罪に当たるとしました。

03　有価証券虚偽記入罪（162 条 2 項）

> 行使の目的で、有価証券に虚偽の記入をした者も、前項と同様とする〔3 月以上 10 年以下の懲役に処する〕。

> ①　有価証券であること〔客体〕
> ②　有価証券に虚偽の記入をすること〔行為〕
> ③　行使の目的があること〔目的〕
> ④　故意があること〔故意〕

　①　**客　体**　**有価証券**とは、財産上の権利が証券に表示され、その表示された財産上の権利の行使につきその証券の占有を要するものをいいます。

　②　**行　為**　**虚偽記入**とは、一般に、既存の有価証券に対すると否とを問わず、客観的な真実に反する記載をする行為をいいます。

> **最決昭和 32・01・17**（刑集 11・1・23）は、有価証券の発行・振出などの基本的証券行為については偽造に当たるが、裏書・引受・保証などの附随的証券行為については、自己名義を用いて記載する場合であると、他人名義を冒用して

14）本書・474 頁を参照。

記載する場合であるとを問わず、虚偽記入に当たるとしています。

　学説では、虚偽記入罪においても作成権限の有無によって有形偽造と無形偽造を区別する考え方を一貫し、虚偽記入とは、作成権限を有する者が有価証券に内容虚偽の記載をすること〔無形偽造〕をいい、附随的証券行為に限定されず基本的証券行為についても本罪が成立しうるとする見解[15]があります。

　作成権限のない者が虚偽の記載をした場合、学説では有価証券偽造罪となるのに対し、判例では、それが附随的証券行為に関するものだと、虚偽記入罪となります。両罪は同一法定刑ですので、実質上の差異はないともいえますが、刑法では厳格解釈の要請がありますので、そのようなルーズな認定は許されません。

　（通貨・文書）偽造の罪全体を視野に入れて本罪を捉えるならば、作成権限の有・無による無形偽造・有形偽造の区別を貫徹すべきですし、本罪は文書偽造の罪の特別犯罪の位置にあることを考慮するならば、支配的見解が妥当です。したがって、虚偽の記入とは、作成権限のある者が自らの名義をもって、有価証券として効力を生ずる事項について客観的な真実に反する記載をする行為をいい、既存の有価証券に記載する権限のある者が虚偽の記入をする場合であると、作成権限のある者が新たに虚偽の有価証券を作成する場合であるとを問いません。

　③　**目　的**　本罪における**行使目的**とは、真正の有価証券として使用する意図をいいます。

　④　**故　意**　有価証券であること、それに虚偽の記入をすることについて、故意が必要です。

04　偽造・虚偽記入有価証券行使等罪（163条）

　偽造若しくは変造の有価証券又は虚偽の記入がある有価証券を行使し、又は行使の目的で人に交付し、若しくは輸入した者は、3月以上10年以下の懲役に処する。
　2　前項の罪の未遂は、罰する。

15）通説です。

486　第30講　有価証券偽造の罪

(1)　要　件

① 　偽造・変造の有価証券又は虚偽の記入がある有価証券であること〔客体〕
② 　所定の有価証券を行使し、又は行使の目的で人に交付し、若しくは輸入すること〔行為〕
③ 　故意があること〔故意〕

　① **客　体**　客体は、偽造された有価証券、変造された有価証券、又は虚偽記入がなされた有価証券です。

　② **行　為**　**行使**とは、偽造・変造の有価証券を真正な有価証券として、虚偽記入された有価証券を真実の記入がなされた有価証券として、相手方に認識させ又は認識しうる状態に置くことをいい、通貨偽造の罪のように流通に置くこと[16]、実際に引き渡すことを要しません[17]。偽造手形の善意取得者が、その後に偽造であることを知ったうえで、その弁済の請求をするため真実の裏書をした裏書人・引受人などにこれを呈示する行為は、手形行為独立の原則により、裏書人等は有効に手形債務を負担しますし、債務の履行を求めるのは正当な権利行使ですから、本罪には当たりません[18]。

　交付とは、情を知らない者に偽造・変造・虚偽記入の有価証券であることを告げ、又は情を知っている者にこれを引き渡すことをいい[19]、有償・無償を問いません。**輸入**とは、偽造・変造・虚偽記入の有価証券を国外から国内に搬入することをいいます。交付・輸入における**行使目的**とは、偽造・変造・虚偽記入の有価証券を真正な有価証券として、又は内容の真実な有価証券として使用する意図をいい、交付の場合、被交付者又は第三者が真正なものとして使用することを交付者が認識していることを要しますが、被交付者が実際にこれを行使しなかったとしても、本罪の成立を妨げません[20]。

16）大判明治 44・03・31 刑録 17・482。
17）大判昭和 13・12・06 刑集 17・907。
18）大判大正 3・11・28 刑録 20・2277。この場合、本罪の法律要件には該当するが違法性が阻却されるとする（大谷・491 頁）のか、それとも、そもそも本罪の「行使」に該当しないとする（高橋・540 頁）のか悩むところです。この点、判例ははっきりしません。行使の概念に権利行使という違法性阻却の事情を包含させるのは概念の混乱を招きかねませんので、前者の処理が妥当でしょう。
19）大判昭和 2・06・28 刑集 6・235。
20）大判明治 44・05・29 刑録 17・987。

③　**故　意**　偽造・変造・虚偽記入の有価証券であること、及び、そうした有価証券を行使すること、又は行使目的で人に交付し若しくは輸入することについて、故意が必要です。

(2)　未　遂

　偽造・変造・虚偽記入の有価証券であることの情を知っている相手方に対し、行為者がその相手方はそのことに気付いていないと思って真正のものと装って呈示するなどした場合は、行使の実行行為は完了しているが、法益侵害の結果を生じていませんので、本罪の未遂にとどまります[21]。

(3)　罪　数

　有価証券に対する社会の信用はその通数ごとに判断されるのが原則ですから、本罪の罪数は、有価証券の通数を規準に判断されます。したがって、数通の有価証券を一括して行使・交付などした場合は、観念的競合となります。有価証券偽造・変造・虚偽記入を犯した者が本罪を犯した場合は、有価証券偽造・変造・虚偽記入と本罪は牽連犯となります。本罪と詐欺罪とは牽連犯ですし、輸入して行使した場合も牽連犯となります。

今日の一言

歴史は　常に勝者による創作の物語である
だから　そこに隠されたものを暴きだすのは難しい
しかし　敗者の視点に立てば
見えてくるものがある
勝者の犯罪　勝者の偽善

---

21)　東京高判昭和 53・02・08 高刑集 31・1・1、判タ 363・326。

第31講　支払用カード電磁的記録に関する罪

01　総　説

(1)　沿　革

　支払用カード電磁的記録に関する罪の規定（163条の2以下）は、2001年（平成13年）に新設されました。その背景には、プリペイドカード・クレジットカード・デビットカードなど、コンピュータでの処理を前提とした電磁的記録を構成部分とする支払用カードが急速に普及し、それらが、通貨・有価証券に代わる支払手段として重要な機能を果たすようになった事情があります。それに伴って、これらの支払用カードの電磁的記録の情報を不正に取得してカードを偽造し、そのカードを使って商品・サービスを取得する事件が多発するようになり、しかも、組織的かつ国境を超えて行われることもしばしばでした。

　しかし、従前の規定では、そうした電磁的記録の情報の不正取得などの準備行為、偽造・変造の支払用カードの所持などに対応することができませんでした。そこで、支払用カードに対する不正行為に対応できる法整備を急ぐ必要があるということで、支払用カード電磁的記録に関する罪の規定が導入されたのです。

(2)　保護法益・類型

　本罪の保護法益は、支払用カードを構成する電磁的記録の真正性に対する社会の信用であり、これを保護することを介して、支払用カードを用いた支払システム、さらに円滑な経済取引を保護しようとするものです。

○支払用カード電磁的記録不正作出等罪（163条の2）
　・支払用カード電磁的記録不正作出罪（1項）
　・不正作出電磁的記録供用罪（2項）
　・不正電磁的記録カード譲渡等罪（3項）
○不正電磁的記録カード所持罪（163条の3）
○支払用カード電磁的記録不正作出準備罪（163条の4）
　・電磁的記録情報取得等罪（1項）

・電磁的記録情報保管罪（2項）
・電磁的記録情報機器等準備罪（3項）

02　支払用カード電磁的記録不正作出等罪（163条の2）

　人の財産上の事務処理を誤らせる目的で、その事務処理の用に供する電磁的記録であって、クレジットカードその他の代金又は料金の支払用のカードを構成するものを不正に作った者は、10年以下の懲役又は100万円以下の罰金に処する。預貯金の引出用のカードを構成する電磁的記録を不正に作った者も、同様とする。

　2　不正に作られた前項の電磁的記録を、同項の目的で、人の財産上の事務処理の用に供した者も、同項と同様とする。

　3　不正に作られた第1項の電磁的記録をその構成部分とするカードを、同項の目的で、譲り渡し、貸し渡し、又は輸入した者も、同項と同様とする。

　未遂も罰せられます（163条の5）。

(1)　支払用カード電磁的記録不正作出罪（1項）

① 　人の財産上の事務処理の用に供する、支払用カードを構成する電磁的記録、又は、預貯金の引出用カードを構成する電磁的記録であること〔客体〕
② 　所定の電磁的記録を不正に作出すること〔行為〕
③ 　人の財産上の事務処理を誤らせる目的があること〔目的〕
④ 　故意があること〔故意〕

　① **客 体**　客体は2つあり、支払用カードを構成する電磁的記録と、預貯金の引出用カードを構成する電磁的記録です。

　代金・料金の支払用カードとは、商品の購入、サービスの提供を受けること等への対価を現金に代えて支払うために用いるカードをいい、クレジットカード（現金後払いカード）はその例示であり、ほかにプリペイドカード（現金先払いカード）、電子マネーカード（現金先払いカード）などがあります。対価の支払い機能を有しないポイントカード、マイレージカード、ローンカードはこれに当たりません。**預貯金の引出用カード**とは、銀行等の金融機関が発行する預貯金の引き出し・預け入れに係るキャッシュカードをいいます。預貯金者が商品・サービスの対価をキャッシュカードを用いて即時に支払い、決済する機能をデビット機能といいます。一般に、専用のデビットカードは見られませんが、キャッシュカードにデビット機能を付けたものがほとんどで

すので、預預金の引出用カードに当たると解すればいいことになります。

本条が保護しているのは、代金・料金の支払用カード及び預貯金の引出用カードそのものではなく、これらのカードを構成する電磁的記録です。**支払用カードを構成する電磁的記録**とは、支払システムにおける機械的な事務処理により支払うために用いる所定のカードと一体となって、当該カードに一定の情報が電磁的方式で記録されているものをいい、**預貯金引出用カードを構成する電磁的記録**とは、銀行等の金融機関が発行する預貯金に係るキャッシュカードと一体となって、機械的な事務処理により行うために用いる一定の情報が当該カードに電磁的方式で記録されているものをいいます。

161条の2（電磁的記録不正作出等罪）が、広く「人の事務処理の用に供する権利・義務又は事実証明に関する電磁的記録」を捕捉する一般法であるのに対して、本条は、狭く「人の財産上の事務処理の用に供する、支払用カード・引出用カードを構成する電磁的記録」を捕捉し、法定刑も一部重いこともあって、特別法に当たります。

②　**行　為**　所定の電磁的記録を**不正に作出する**とは、例えば、窃取したカードの印磁板に不正に別の情報を印磁するなど、作出権限がないのに正規の支払用カード・引出用カードと一体化し、当該取引システムにおける機械的処理が可能な電磁的記録を作出することをいいます。

電磁的記録の情報をカードに印字し始めたときが実行の着手であり、カードとして取引システムにおける機械的処理が可能な状態に達したときが既遂です。

③　**目　的**　不正に作出した電磁的記録を用いて他人の財産上の処理を誤らせるという目的が必要です〔目的犯〕。カードを友人に見せて自慢する目的、身分を証明する目的は除外されます。財産上の事務処理は、必ずしも支払決済に関するものに限定されませんので、例えば、ATM機から現金を払い出す意図で引出用カードを不正に作成する場合も、これに当たります。

④　**故　意**　支払用カード、又は、預貯金の引出用カードを構成する電磁的記録を不正に作出することについて故意が必要です。

(2)　不正作出電磁的記録供用罪（2項）

① 不正に作出された支払用カード・引出用カードを構成する電磁的記録であること〔客体〕
② 所定の電磁的記録を人の財産上の事務処理の用に供すること〔行為〕
③ 人の財産上の事務処理を誤らせる目的があること〔目的〕
④ 故意があること〔故意〕

　① **客　体**　客体は、不正に作出された支払用カード・引出用カードを構成する電磁的記録です。行為者が自ら作出したものであるかは問いませんし、人の財産上の事務処理を誤らせる目的で作出されたもの以外でも、本罪の客体となります。

　② **行　為**　本罪の行為は、不正に作出された支払用カード・引出用カードを構成する電磁的記録を人の財産上の事務処理の**用に供する**（供用）、すなわち、電子計算機にかけて人の財産上の事務処理のために使用できる状態に置くことです。例えば、不正に作出したクレジットカードを加盟店のCAT（信用照会端末機）に挿して使用すること、不正に作出したキャッシュカードをATM機やCD機に挿入して使用することが、これに当たります。器械に挿入しようとしたときが着手、挿入し終わったときが既遂となります。

　③ **目　的**　人の財産上の事務処理を誤らせる目的が必要です（目的犯）。

　④ **故　意**　支払用カード・引出用カードを構成する電磁的記録であること、人の財産上の事務処理の用に供することについて、故意が必要です。

(3)　不正電磁的記録カード譲渡等罪（3項）

① 不正に作出された電磁的記録をその構成部分とする支払用カード・引出用カードであること〔客体〕
② 所定の支払用カード・引出用カードを譲り渡し、貸し渡し、又は輸入すること〔行為〕
③ 人の財産上の事務処理を誤らせる目的があること〔目的〕
④ 故意があること〔故意〕

　① **客　体**　本罪の客体は、不正に作出された電磁的記録をその構成部分とする支払用カード・引出用カードです。このカードは、完成したものであることを要しますが、外観上、真正なカードと同じである必要はありません。行為者が自ら作出したものであるかを問いません。

② **行　為**　行為は、不正に作出された電磁的記録をその構成部分とする支払用カード・引出用カードを譲り渡し、貸し渡し、又は輸入することです。

譲り渡しとはカードの所有権を与える趣旨でなされる相手方への引き渡し行為をいい、**貸し渡し**とはカードの使用を許す趣旨でなされる相手方への引き渡し行為をいい、いずれも有償・無償を問いませんし、相手方が事情を知っている場合だけでなく、知らずにいる場合も含まれます。譲り渡し・貸し渡し罪は、相手方に対してカードの引き渡し行為が開始されたときが実行の着手、カードの占有が相手方に移転したときが既遂です。譲り渡し・貸し渡しと情を知っての譲り受け・借り受けとは対向犯の関係にありますが、薬物犯罪等と異なり、譲り受け・借り受けの行為を処罰する規定はありませんので、立法者はこれを処罰の対象から除外し、譲り渡し・貸し渡し行為への共同正犯・共犯の成立も排除したと解されます。但し、不正電磁的記録カードを所持する段階に至った時点で所持罪を構成することはあります。譲り渡し罪の新設によって、変造テレホンカードをその旨を告げて売却する行為には本罪が成立することになりました。**輸入**とは、カードを国外から国内に持ち込む行為をいい、陸揚げ又は荷下ろしが必要です。

なお、偽造通貨交付罪（148条2項）・偽造有価証券交付罪（163条1項）における交付は相手方が事情を知っている場合に限られ、相手方が事情を知らない場合は行使に当たるとされるのに対し、不正電磁的記録カードの譲り渡し・貸し渡しは、相手方が不正に作出されたものであることについて事情を知らない場合をも含みますので、注意してください。ただ、事情を知らない相手方への不正電磁的記録カードの譲り渡し・貸し渡しは、その実質において、不正電磁的記録供用罪の間接正犯であることが多いと考えられます。

③ **目　的**　人の財産上の事務処理を誤らせる目的が必要です（目的犯）。

④ **故　意**　不正作出電磁的記録の支払用カード・引出用カードであること、そのカードを譲り渡し、貸し渡し、又は輸入することについて、故意が必要です。

⑷　**未遂・不能犯**

本条の罪が成立するには、客体である不正作出の電磁的記録やそれを構成部分とする支払用カード・引出用カード、及び、本罪の行為であるカードの

作出、供用、譲り渡し・貸し渡し・輸入の行為に、客観的にみて、人の財産上の事務処理を誤らせる危険が必要です[1]。そうした危険がそもそも存在しない電磁的記録やそれを構成部分とするカードを作る行為、また、およそ財産上の事務処理を誤らせる危険のない行為は、本罪の不能犯です[2]。

03　不正電磁的記録カード所持罪（163条の3）

> 前条〔163条の2〕第1項の目的〔人の財産上の事務処理を誤らせる目的〕で、同条第3項のカード〔不正に作られた第1項の電磁的記録をその構成部分とするカード〕を所持した者は、5年以下の懲役又は50万円以下の罰金に処する。

⑴　沿　革

　本条は、不正作出電磁的記録供用罪（2項）・不正電磁的記録カード譲渡等罪（3項）の前段階である不正電磁的記録カードの所持を処罰するもので、電磁的記録をその構成部分とする支払用カード・引出用カードは反復継続の利用が可能であるため、その所持に伴う法益侵害の危険がきわめて高く、大きな財産的損害を生じさせる危険があること、電磁的記録を構成部分とするカードは比較的簡単な電子処理的方法で迅速・大量に作出することができるうえ、一旦作出に成功して使用されると発見・摘発が難しいため、事前の所持の段階で取り締まる必要があることなどが、その立法理由です。

⑵　要　件

> ①　不正に作出された電磁的記録をその構成部分とする支払用カード・引出用カードであること〔客体〕
> ②　所定の支払用カード・引出用カードを所持すること〔行為〕
> ③　人の財産上の事務処理を誤らせる目的があること〔目的〕
> ④　故意があること〔故意〕

　①　**客　体**　客体は、不正に作出された電磁的記録をその構成部分とする支払用カード・引出用カードです。このカードは、完成したものであることを要し、未完成のカードの所持は電磁的記録情報機器等準備罪（163条の4第3項）となるにすぎません。

1）関・総論・356頁以下参照。
2）西田・347頁、曽根・262頁参照。

494 第31講 支払用カード電磁的記録に関する罪

> **広島高判平成 18・10・31**（高等裁判所刑事裁判速報集平成 18・279）は、カード発行会社において既に使用停止措置が採られていたために使用できなかった不正電磁的記録カードを所持した事案につき、「カードの照合をする機器で正規のカードとして直ちに使用できるなど、特別の手間を要することなく使用可能なものでなければならないと限定して解釈すべき必然性はない」として、本罪の成立を認めました。

② **行　為**　行為は、不正に作出された支払用カード・引出用カードを所持することです。**所持**とは、不正電磁的記録カードを事実上支配・管理している状態をいい、携帯している場合をはじめ、自宅に保管している場合などが含まれます。所持に至った原因は、電磁的記録の自作であろうと、カードの譲り受け・貸し受け等であろうと、盗取・騙取であろうと問いません。

③ **目　的**　人の財産上の事務処理を誤らせる目的が必要です（目的犯）。

④ **故　意**　不正作出電磁的記録の支払用カード・引出用カードであること、そのカードを所持することについて、故意が必要です。

04　支払用カード電磁的記録不正作出準備罪（163条の4）

> 　第163条の2第1項の犯罪行為の用に供する目的で、同項の電磁的記録の情報を取得した者は、3年以下の懲役又は50万円以下の罰金に処する。情を知って、その情報を提供した者も、同様とする。
> 　2　不正に取得された第163条の2第1項の電磁的記録の情報を、前項の目的で保管した者も、同項と同様とする。
> 　3　第1項の目的で、器械又は原料を準備した者も、同項と同様とする。
> 　第1項については、未遂も罰せられます（163条の5）。

① 支払用カード・引出用カードを構成する電磁的記録の情報、又は機器・原料であること〔客体〕
② 所定の情報を取得し、提供し、保管し、又は機器・原料を準備すること〔行為〕
③ 支払用カード・引出用カードを構成する電磁的記録の不正作出の犯罪行為の用に供する目的があること〔目的〕
④ 故意があること〔故意〕

① **客　体**　電磁的記録の情報とは、支払用カード・引出用カードの磁気ストライプ部分に記録されている情報のように、真正なカードの情報と同じ

内容であって、支払決済システムにおける情報処理の対象となる包括的な情報を意味し、会員の氏名・番号などの断片的な情報ではありません。また、**機器・原料**とは、支払用カードの不正作出の用に供することのできる器械（スキマー、カードライター、ロゴマーク印刷機など）や原料（生カード、印磁用材料など）の一切を含みます。

　② **行　為**　**情報の取得**とは、電磁的記録の情報を自己の事実的支配・管理下に移すことをいい、例えば、スキマーを用いて正規のカードの電磁的記録を機械的に読み取ってカード情報を記録・蔵置させた USB メモリーを受け取るなどが、これに当たります。一種の情報窃盗です（>o<）。**情を知っての提供**とは、不正作出罪の用に供されることを知りながら、相手方が事実上支配・利用できる状態にカード情報を置くことをいい、例えば、カード情報をメールで送信する、カード情報の記録・蔵置された USB メモリーを相手方に渡すなどが、これに当たります。以上の情報の取得・提供については、未遂も罰せられます。また、**情報の保管**とは、カード情報を自己の実力支配・管理のもとに置くことをいい、例えば、カード情報を自分のパソコンのハードディスクに記録・蔵置しておく、カード情報の入った USB メモリー・DVD 等の記録媒体を保有するなどが、これに当たります。

　一方、**器械・原料の準備**とは、支払用カードの不正作出の用に供することのできる器械や原料を購入し、製作するなどして、器械・原料を利用し、目的とする行為を行うことができる状態に置くことをいいます。未完成の支払用カード・引出用カードを国内に搬入する行為は、不正作出電磁的記録カード輸入罪（163条の2第3項）には当たりません。この罪は完成した支払用カード・引出用カードが客体だからです。ですが、本罪（不正作出器械・原料準備罪）には当たります。

　③ **目　的**　支払用カード電磁的記録不正作出の犯罪行為の用に供する目的が必要です（目的犯）。

　④ **故　意**　不正作出電磁的記録の支払用カード・引出用カードの電磁的記録の情報を取得し、提供し、保管する行為、及び、器械・原料を準備する行為について、故意が必要です。

496　第31講　支払用カード電磁的記録に関する罪

05　罪　数

　支払用カード電磁的記録に関する罪は、「支払用カード電磁的記録不正作出準備罪（163条の4）→支払用カード電磁的記録不正作出罪（163条の2第1項）→不正電磁的記録カード所持罪（163条の3）→不正作出電磁的記録供用罪（163条の2第2項）」という順序で遂行されていくのが通常です。

　㋐　支払用カード電磁的記録不正作出準備罪（163条の4）に含まれている情報の不正取得・保管・提供の各犯罪は、支払用カード電磁的記録不正作出罪（163条の2第1項）を実現する準備行為として、両罪は牽連犯となります。

　㋑　支払用カード電磁的記録不正作出準備罪（163条の4）から支払用カード電磁的記録不正作出罪（163条の2第1項）へと至った場合は、予備罪は未遂罪・既遂罪に吸収されますので、前者の罪は後者の罪に吸収されます。

　㋒　支払用カード電磁的記録不正作出罪（163条の2第1項）、不正電磁的記録カード所持罪（163条の3）及び不正作出電磁的記録供用罪（163条の2第2項）は、それぞれ牽連犯と解されています[3]。しかし、文書偽造の罪、通貨偽造の罪等では、偽造された物件の所持そのものは処罰の対象となっていませんし、支払用カード電磁的記録不正作出罪の必然的な結果として不正電磁的記録カード所持罪が存在し、不正電磁的記録カード所持罪を必然的な前提として不正作出電磁的記録供用罪が存在しているのですから、不正電磁的記録カード所持罪は、支払用カード電磁的記録不正作出罪の不可罰的事後行為とし、不正作出電磁的記録供用罪の不可罰的事前行為とすべきでしょう[4]。

　㋓　不正作出電磁的記録供用罪（163条の2第2項）と詐欺罪（246条）は、手段と結果の関係にありますので、牽連犯となります。

3）大谷・501頁、西田・352頁、高橋・548頁。
4）曽根・264頁。

第 32 講　印章偽造の罪

01　総　説

(1)　保護法益

　　印章偽造の罪は、印章・署名・記号の偽造、印章・署名・記号の不正使用、及び偽造された印章・署名・記号の使用を処罰し、さらに、御璽・国璽・御名に関する同様の行為を加重類型として処罰するもので、本罪の保護法益は、印章等の真正に対する社会の信用であり、これを保護することによって取引の安全を確保しています。印章・署名の偽造行為等は、文書偽造・有価証券偽造においてその一部をとして行われることが多いので、文書偽造・有価証券偽造が既遂に達すれば、印章・署名の偽造行為等は文書偽造・有価証券偽造の罪に吸収され、本罪を構成しません。したがって、文書偽造・有価証券偽造の罪が未遂に終ったときにのみ、印章・署名の偽造行為等が印章偽造の罪に問われることになります。

(2)　類　型

○御璽偽造・不正使用等罪（164条）　○公印偽造・不正使用等罪（165条）
○公記号偽造・不正使用等罪（166条）　○私印偽造・不正使用等罪（167条）

02　基本概念

(1)　印章・署名・記号

　　①　印　章　印章とは、特定人の人格を表示して、その同一性を証明するための一定の象形（文字・符号）をいいます。その象形は、必ずしも氏名に限らず、拇印、花押、雅号印などでも構いません。名所旧跡などの観光地や駅などの記念スタンプやラリースタンプは、人格の同一性ではなく場所の同一性を示すものなので、本罪でいう印章には当たりません。

　　ⓐ　**印鑑・印影説**[1]　印章とは、印鑑（印形）そのものと印影の双方を含む

---

1)　判例（大判明治43・11・21刑録16・2093、大判大正3・10・30刑録20・1980、大判昭和8・08・23刑集12・1434、最決昭和32・02・07刑集11・2・530）です。

498　第32講　印章偽造の罪

> ＜根拠＞・165条以下の不正使用等罪等の文理解釈として合理的
> 　　　　　・印鑑は、日本の社会では重要な機能を果たしており、印鑑の
> 　　　　　　偽造が既に印章に対する社会の信用を害していると解しても
> 　　　　　　不合理でない
> ⓑ　**印影限定説**[2]　印章とは、あくまでも印影のみを指す
> 　　＜根拠＞・人の人格の同一性を証明するために取引上重要であるのは、
> 　　　　　　印鑑そのものではなく印影であり、署名偽造罪との均衡を図
> 　　　　　　るには、印鑑ではなく印影に限るのが合理的
> 　　　　　・印鑑・印影説に立つと、行使の目的で、公務員・他人の印鑑
> 　　　　　　を偽造した段階、三文判を購入した段階で直ちに印章偽造罪
> 　　　　　　が成立してしまうが、印鑑の偽造は印影を偽造するための準
> 　　　　　　備行為にすぎない

　人の人格の同一性を証明するのは、印鑑それ自体ではなく、押印という行為に伴って生じる印影であること、ⓐ説に立つと、行使の目的で、印鑑を偽造した段階、三文判を購入した段階で直ちに印章偽造罪が成立してしまうのは不合理であること、使用罪における「使用」の意味は印影の使用であると解する以上、これとの均衡からも印影に限るべきであることなどから、本書は、ⓑ**印影限定説**が妥当と考えます。

　なお、日本では、名義人の人格の同一性を証明する手段として、著名（サイン）で足りる場面も増えていますが、なお印鑑が広く用いられており、書類を提出するときに必ず印鑑を捺す羽目になります。しかし、印鑑照合のために貯預金通帳に印影を捺しておくのは、盗難に遭ったときのことを考えるときわめて危険です。銀行等が印鑑照合の簡便さのためだけにそうした慣行を放置してきたのは、想像力の欠如した殿様商売と批判されても仕方ありません。そのことに思い至ったのか、銀行等がそうした慣行を改めるようになったのは、遅きに失するとはいえ、歓迎すべきことです[3]。

　印鑑とは、印影を作成する手段として木・牙・角・水晶・石・金などに文

---

2) 通説です。

3) 通帳に印影を捺しておくのが通常であった20数年前、ある金融機関の窓口で、「盗難にあったときのために、この通帳に捺されている印影を消去して欲しい」と頼んだところ、係員は、「いえ、それはできません。規則ですから」、「印鑑の照合のために必要ですから」の一点張りでした。「盗難にあって、偽造された印鑑で口座から引き出されたとき、あなたの所が責任を取ってくれますか」と言い張って、消去してもらったことを思い出します。

字・図形などの符号を彫ったものをいい、印顆・印形ともいいます[4]。**印影**とは、印鑑を紙などに捺したときにできる印の蹟（あと）をいいます。これと紛らわしい語に「押印」・「捺印」がありますが、これは印鑑を捺す（押す）行為、及び捺してできた印影を指します。

　印章は、公務所・公務員の印章である公印（165条）と、私人の印章である私印（167条）に分けられます。別に、御璽（ぎょじ）・国璽（こくじ）（164条）が篤く保護されています。

　② **署　名**　署名とは、自分を表彰する文字によって氏名その他の呼称を表記したものをいい[5]、通常はサインといわれます。氏だけ・名だけの表記や、片仮名・平仮名、商号、屋号、雅号などの表記も署名に当たります。署名は、主体が自ら署名した自署と、代筆・印刷等による記名とがあります。

ⓐ　**自署・記名説**[6]　署名は自署である必要はなく、代筆・印刷等による記名
　　でもよい
　　＜根拠＞・要は主体の同一性が表示されればよいので、自署にこだわる必
　　　　　　　要はない
　　　　　　・公務所の署名は記名となっているのが現状である
　　　　　　・株券等の署名も実際は印刷による記名になっており、自署に限
　　　　　　　定する必然性はなくなっている
ⓑ　**自署限定説**[7]　署名は自署に限定される
　　　　　　・記名は、捺印を伴うときに初めて取引上自署と同視されること
　　　　　　　に鑑み、自署に限るべきである
　　　　　　・例えば、手形の振出等における署名、令状・判決録における署
　　　　　　　名は自署をいうので、これとのバランスからも記名は署名に含ま
　　　　　　　れない

　文理上はいずれの説も採りえますが、記名は捺印を伴うときに取引上自署と同視されている現状があること、印章（印影）に相応する要保護性を要求すべきであること、手形振出等や令状・判決録における署名は自署をいうとされていることとのバランスなどから、ⓑ**自署限定説**が妥当です。

---

4) 印鑑を作るために、木・石・金などに文字・図形などの符号を彫ることを篆刻（てんこく）と
　いいます。篆書（てんしょ）の文字が多く用いられることに由来します。
5) 大判大正5・12・11刑録22・1856。
6) 判例（大判明治45・05・30刑録18・790）・通説です。
7) 団藤・302頁、中山・455頁、大塚仁・496頁、大谷・505頁、岡野・295頁、曽根・267頁。

500　第32講　印章偽造の罪

　署名は、公務員の行う公署名（165条）と、私人の行う私署名（167条）とに分けられます。別に、御名（ぎょめい）（164条）が篤く保護されています。

　③　記　号　記号とは、一定の事実・事柄を指し示すために用いられる知覚の対象物をいいます。記号は、公務所・公務員の公記号（166条）と、私人の私記号とに分けられますが、私記号を保護する規定はありません。

　公印（165条）と公記号（166条）との区別が問題となることがあります。

ⓐ　**目的物基準説**[8]　区別の規準を、押捺される目的物に求める
　　○印章──文書である場合
　　○記号──それ以外の場合（例：産物・商品・書籍・什物など）
　＜根拠＞・公印偽造罪（165条）が公記号偽造罪（166条）よりも重く処罰されているのは、使用される目的物が文書かそうでないかにあり、それは文書の公共信用性の高さを反映している

ⓑ　**内容基準説**[9]　区別の規準を表示内容に求める
　　○印章──主体の同一性を表示するもの
　　○記号──それ以外の事項を表示するにすぎないもの
　＜根拠＞・印章は人の人格の同一性を示す点に本質があるので、使用の目的物によって区別するのは妥当でない
　　　　・記号の偽造については法定刑が軽くなっており、両者の間に公共信用性の強弱に差があり、それは表示内容による

　例えば、文書の訂正印、選挙用ポスターの選挙管理委員会検印は、目的物基準説によると印章、内容基準説によると記号ということになります。文書に捺された印章が商品などに捺されると印章でなくなり、処罰が軽くなることの合理的理由は見出せませんので、ⓑ**内容基準説**が妥当です。

(2)　文書と印章・署名

　例えば、宅配業者が宅配物に押した日付印は、その印影形態からすれば印章と思われますが、宅配業者が一定の期日に当該宅配物を受け付けたという事実を証明するものだとすると、人格の同一性を超えた内容を表示するものとして文書となります。この宅配物日付印について、印章とする見解[10]と、

---

8) 判例（大判大正3・11・04刑録20・2008、最判昭和30・01・11刑集9・1・25、判時44・17、判タ47・50）です。

9) 通説です。

10) 大判明治42・06・24刑録15・848、大判大正11・03・15刑集1・147、団藤・303頁、福田・118頁、大塚仁・495頁、髙橋・551頁、松宮・414頁、佐久間・365頁。

03　御璽偽造・不正使用等罪（164条）　　501

文書とする見解[11]とが対立しています。名義人の一定の意思・観念を表示するときは文書、人格の同一性を表示するにとどまっているときは印章と解すべきで、日付印が当該宅配物を受け付け、代金を領収したことの趣旨を示すものであるときは、文書とすべきです。署名についても、同じように解することができます。

03　御璽偽造・不正使用等罪（164条）

> 　行使の目的で、御璽、国璽又は御名を偽造した者は、2年以上の有期懲役に処する。
> 　2　御璽、国璽若しくは御名を不正に使用し、又は偽造した御璽、国璽若しくは御名を使用した者も、前項と同様とする。
> 　2項の罪の未遂は、罰する（168条）。

(1)　意　義

　本罪は、公印偽造罪（165条1項）・公印不正使用等罪（同条2項）の加重類型で、御璽等への社会の信用は、他の公印に比べその要保護性が高いことに鑑み、法定刑が重くなっています。しかし、天皇は憲法上定められた一定の国事行為を行う権限を有するにすぎませんので、御璽等をとりたてて篤く保護する必要はなく、立法論ですが、御璽等の偽造は公印のそれとして保護すれば足ります。

(2)　要　件

> ①　御璽、国璽又は御名であること〔客体〕
> ②　行使目的をもって御璽・国璽・御名を偽造すること、御璽・国璽・御名を不正に使用すること、又は、偽造御璽・偽造国璽・偽造御名を使用すること〔行為〕
> ③　故意があること〔故意〕

　①　**客　体**　御璽とは天皇の印章で、「天皇御璽」の文字が刻印されています。国璽とは日本国を表示するものとしての公印で、「大日本国璽」の文字が刻印されています。御名とは天皇の名、特に天皇の署名をいいます。

　②　**行　為**　**行使目的**を要します（目的犯）が、行為者自身が行使する目的

---

11)　大判明治43・05・13刑録16・860、大判昭和3・10・09刑集7・683、藤木・136頁、前田・401頁。

502　第32講　印章偽造の罪

に限らず、他人に行使させる目的でも構いません。**御璽・国璽・御名の偽造**とは、権限もないのに、書類等の物の上に不真正な御璽・国璽の印影、御名（天皇の署名）を表示することをいいます。

　不正に使用するとは、真正な御璽・国璽・御名を権限もないのに他人に対し使用することをいい、御璽・国璽・御名を書類等の物の上に顕出するだけでなく、他人が閲覧できる状態に置くことを要します。但し、他人が実際に閲覧したことは要しません。

　偽造御璽・偽造国璽・偽造御名を使用するとは、偽造された御璽・国璽・御名を真正なものとして他人に使用することをいいます。

　③　**故　意**　行使目的をもって御璽・国璽・御名を偽造すること、御璽・国璽・御名を不正に使用すること、又は、偽造された御璽・国璽・御名を使用することについて、故意が必要です。

04　公印偽造・不正使用等罪（165 条）

> 　行使の目的で、公務所又は公務員の印章又は署名を偽造した者は、3 月以上 5 年以下の懲役に処する。
> 　2　公務所若しくは公務員の印章若しくは署名を不正に使用し、又は偽造した公務所若しくは公務員の印章若しくは署名を使用した者も、前項と同様とする。
> 　2 項の罪の未遂は、罰する（168 条）。

① 公務所・公務員の印章・署名であること〔客体〕
② 行使目的をもって公務所・公務員の印章・署名を偽造すること、公務所・公務員の印章・署名を不正に使用すること、又は、偽造の公務所・公務員の印章・署名を使用すること〔行為〕
③ 故意があること〔故意〕

　①　**客　体**　**公務所・公務員の印章**とは公務の執行において使用される印章をいい、職印・私印・認印を問いません。**公務員の署名**とは、公務員がその身分を明示して行った署名をいいます。自署限定説を採ると、公務所の署名はできなくなります[12]。偽造された公務所・公務員の印章・署名は、犯人自身が偽造したものか、行使目的で偽造されたものかを問いません。

---

12) 自署・記名説を採ると、公務所の署名も存在することになります。大判昭和 9・12・24 刑集 13・1817（公務所の署名）。

② **行　為**　本罪の行為は、行使目的をもって公務所・公務員の印章・署名を偽造すること、公務所・公務員の印章・署名を不正に使用すること、及び、偽造の公務所・公務員の印章・署名を使用することです。

行使目的を要します（目的犯）が、行為者自身が行使する目的に限らず、他人に行使させる目的でも構いません。**公務所・公務員の印章・署名を偽造する**とは、権限もないのに、書類等の物の上に不真正な公務所・公務員の印章・署名を表示することをいいます。

不正に使用するとは、真正な公務所・公務員の印章・署名を権限もないのに他人に対し使用することをいいます。ここでいう**使用**は、公務所・公務員の印章・署名を書類等の物の上に顕出するだけでなく、他人が閲覧できる状態に置くことを要します。

偽造の公務所・公務員の印章・署名を使用するとは、偽造された公務所・公務員の印章・署名を真正なものとして他人に使用することをいいます。

③ **故　意**　行使目的をもって公務所・公務員の印章・署名を偽造すること、公務所・公務員の印章・署名を不正に使用すること、又は、偽造された公務所・公務員の印章・署名を使用することについて、故意が必要です。

05　公記号偽造・不正使用等罪（166条）

> 行使の目的で、公務所の記号を偽造した者は、3年以下の懲役に処する。
> 　2　公務所の記号を不正に使用し、又は偽造した公務所の記号を使用した者も、前項と同様とする。
> 　2項の罪の未遂は、罰する（168条）。

① 　公務所の記号であること〔客体〕
② 　行使目的をもって公務所の記号を偽造すること、公務所の記号を不正に使用すること、又は、偽造の公務所の記号を使用すること〔行為〕
③ 　故意があること〔故意〕

① **客　体**　**公務所の記号**です。記号も、印章と同じように、人の人格の同一性を証明する機能を果たしていますが、印章に比べ、その社会の信用力は弱いので、公務所の記号だけを取り上げ、軽い法定刑で対応することにしたのです。私記号の偽造・不正使用は処罰されていません。

504 第32講 印章偽造の罪

② **行 為** 本罪の行為は、行使目的をもって公務所の記号を偽造すること、公務所の記号を不正に使用すること、及び、偽造の公務所の記号を使用することです。

③ **故 意** 行使目的をもって公務所の記号を偽造すること、公務所の記号を不正に使用すること、又は、偽造された公務所の記号を使用することについて、故意が必要です。

06 私印偽造・不正使用等罪 (167条)

> 行使の目的で、他人の印章又は署名を偽造した者は、3年以下の懲役に処する。
> 2 他人の印章若しくは署名を不正に使用し、又は偽造した印章若しくは署名を使用した者も、前項と同様とする。
> 2項の罪の未遂は、罰する (168条)。

① 他人の印章・署名であること〔客体〕
② 行使目的をもって他人の印章・署名を偽造すること、他人の印章・署名を不正に使用すること、又は、偽造の他人の印章・署名を使用すること〔行為〕
③ 故意があること〔故意〕

① **客 体 他人**とは、公務所・公務員以外の私人、すなわち、自然人、法人、法人格のない団体です。本罪でいう**印章**には、記号も含まれるとする見解[13] もありますが、私記号はその社会的信用力は弱いので刑法で保護する必要がないとされたので、記号は印章には含まれないと解すべきです[14]。

② **行 為** 本罪の行為は、行使目的をもって私人の印章・署名を偽造すること、私人の印章・署名を不正に使用すること、及び、偽造の私人の印章・署名を使用することです。

③ **故 意** 行使目的をもって私人の印章・署名を偽造すること、私人の印章・署名を不正に使用すること、又は、偽造の私人の印章・署名を使用することについて、故意が必要です。

---

13) 大判大正3・11・04刑録20・2008（樹木に対する極印）。
14) 通説です。

第33講　不正指令電磁的記録に関する罪

01　総　説

(1)　沿　革

　不正指令電磁的記録に関する罪は、2001年（平成13年）の「サイバー犯罪に関する条約」（欧州評議会）を担保・実現する国内法として、2011年（平成23年）に新設されたもので、主にコンピュータ・ウイルスの作成・供用等の不正プログラム対策のために導入されました。

(2)　保護法益・類型

　本罪の保護法益は、コンピュータ・プログラムに対する社会の信用であり、社会法益に対する（抽象的）危険犯とされています。

○不正指令電磁的記録作成等罪（168条の2第1項）
○不正指令電磁的記録供用罪（168条の2第2項）
○不正指令電磁的記録取得等罪（168条の3）

02　不正指令電磁的記録作成等罪（168条の2第1項）

　　正当な理由がないのに、人の電子計算機における実行の用に供する目的で、次に掲げる電磁的記録その他の記録を作成し、又は提供した者は、3年以下の懲役又は50万円以下の罰金に処する。
　　　一　人が電子計算機を使用するに際してその意図に沿うべき動作をさせず、又はその意図に反する動作をさせるべき不正な指令を与える電磁的記録
　　　二　前号に掲げるもののほか、同号の不正な指令を記述した電磁的記録その他の記録

①　電子計算機に不正な指令を与える電磁的記録、及び不正な指令を記述した電磁的記録その他の記録であること〔客体〕
②　所定の客体を作成し、又は提供すること〔行為〕
③　人の電子計算機における実行の用に供する目的があること〔目的〕
④　故意があること〔故意〕

　①　**客　体**　本罪の客体は、人の電子計算機に不正な指令を与える電磁的

記録、及び不正な指令を記述した電磁的記録その他の記録です。

人とは犯人以外の者をいい、**電子計算機**とは自動的に計算処理・データ処理を行う電子装置のことをいい、例えば、パソコン、iPhone、携帯電話などがこれに当たります。**その意図**とは、当該プログラムの機能の内容やその説明内容（マニュアルの内容）、使用方法・範囲等を考慮して一般に認定されるものをいい、使用者の主観的な意図のことではありません。その意図に沿うか反するかは、当該プログラムの本来の機能を規準に判断されます。プログラムによる指令が**不正**か否かは、当該プログラムの機能からみて、社会的に認許しうる内容・範囲のものかの観点から判断されます。

不正な指令を記述した電磁的記録その他の記録とは、不正な指令を与えるものとしては完成しているけれども、そのままでは電子計算機において不正な動作をさせることができる状態にないものをいい、例えば、当該プログラムのソースコードを記述した電磁的記録や、これを紙にプリントアウトしたものなどが、これに当たります。

② **行　為**　**作成**とは、不正指令電磁的記録等を新たに記録媒体上に作成・存在させることいい、例えば、プログラム言語を使ってウイルスのソースコードを完成させる行為がこれです。**提供**とは、不正指令電磁的記録等であることを知りながら受け取ろうとする者に対し、これをその支配・管理下に移して事実上利用できる状態に置くことをいい、例えば、当該プログラムのソースコードを記述した電磁的記録を相手に渡す行為です。

③ **目　的**　人の電子計算機における**実行の用に供する目的**とは、電子計算機の使用者には不正指令電磁的記録等を実行しようとの意思がないのに、実行できる状態に置くことの意図をいいます。例えば、コンピュータ・ウイルスの実行ファイルを秘かに電子メールに添付して相手方に送信し、事情を知らない相手方のパソコンにおいていつでも実行されうる状態に置こうという意図がこれに当たります。

④ **故　意**　人の電子計算機に不正な指令を与える電磁的記録、不正な指令を記述した電磁的記録その他の記録を、不正に作成すること、又は、不正に提供することについて、故意が必要です。

03　不正指令電磁的記録供用罪（168条の2第2項）

> 　2　正当な理由がないのに、前項〔168条の2第1項〕第1号に掲げる電磁的記録を人の電子計算機における実行の用に供した者も、同項と同様とする。
> 　3　前項の罪の未遂は、罰する。

> ①　168条の2第1項第1号に掲げる電磁的記録であること〔客体〕
> ②　所定の客体を人の電子計算機における実行の用に供すること（行為）
> ③　故意があること〔故意〕

　①　**客　体**　客体は、168条の2第1項第1号に掲げる電磁的記録、つまり、不正指令電磁的記録です。人の電子計算機における実行の用に供する目的により作成された電磁的記録であるかは問いません。同条項2号の、不正な指令を記述した電磁的記録その他の記録を除外したのは、これは、そのままでは電子計算機において不正な動作をさせることができる状態にはないので、本罪の客体として処罰する必要はないと考えたからです。

　②　**行　為**　**人の電子計算機における実行の用に供する**とは、電子計算機の使用者には不正指令電磁的記録等を実行する意思がないのに、実行できる状態に置くことをいい、例えば、コンピュータ・ウイルスの実行ファイルを秘かに偽装してウェッブサイト上に貼り付け、事情を知らない閲覧者がいつでもダウンロードして実行できる状態に置くのがこれに当たります。

　本罪の未遂も罰せられます。例えば、コンピュータ・ウイルスの実行ファイルを秘かに偽装してウェッブサイト上に貼り付けたときが実行の着手、事情を知らない閲覧者がダウンロードして実行できる状態に置いたときに既遂となります。

　③　**故　意**　人の電子計算機に不正な指令を与える電磁的記録であること、つまり、コンピュータ・ウイルスであること、人の電子計算機における実行の用に供することについて、故意が必要です。

04　不正指令電磁的記録取得等罪（168条の3）

> 　正当な理由がないのに、前条第1項の目的で、同項各号に掲げる電磁的記録その他の記録を取得し、又は保管した者は、2年以下の懲役又は30万円以下の罰金に処する。

①　人の電子計算機に不正な指令を与える電磁的記録、及び不正な指令を記述した電磁的記録その他の記録であること〔客体〕
②　所定の客体を取得し、又は保管すること（行為）
③　人の電子計算機における実行の用に供する目的があること〔目的〕
④　故意があること〔故意〕

　①　**客　体**　客体は、168条の2第1項に掲げる不正指令電磁的記録、及び不正な指令を記述した電磁的記録その他の記録です。

　②　**行　為**　記録の**取得**とは、不正指令電磁的記録等であることを知りながら、これを自己の支配・管理下に移す一切の行為をいい、例えば、不正指令電磁的記録が蔵置された DVD 等の記録媒体の交付を受ける行為がこれに当たります。記録の**保管**とは、不正指令電磁的記録等を自己の実力支配・管理下に置くことをいい、例えば、不正指令電磁的記録を自分のパソコンのハードディスクに記録・蔵置しておく、不正な指令を記述した電磁的記録の入った USB メモリー・DVD 等の記録媒体を保有するなどがこれに当たります。

05　罪　数

　不正指令電磁的記録作成罪（168条の2第1項前段）と不正指令電磁的記録供用罪（168条の2第2項）、不正指令電磁的記録作成罪と不正指令電磁的記録提供罪（168条の2第1項後段）、不正指令電磁的記録取得罪（168条の3前段）・不正指令電磁的記録保管罪（168条の3後段）と不正指令電磁的記録供用罪、不正指令電磁的記録取得罪・不正指令電磁的記録保管罪と不正指令電磁的記録提供罪は、いずれも牽連犯となります。不正指令電磁的記録提供罪と不正指令電磁的記録取得罪は、対向犯の関係にあります。

　不正指令電磁的記録を人の業務に使用する電子計算機における実行の用に供し、当該電子計算機をしてその意図に反する動作をさせてその業務を妨害した場合は、前者は社会法益、後者は個人法益に対する罪であり罪質が異なりますから、不正指令電磁的記録供用罪（168条の2第2項）と電子計算機損壊等業務妨害罪（234条の2）の観念的競合となります。

第 34 講　猥褻及び重婚の罪

01　総　説

(1)　保護法益

①　**2つの種類**　同じく、刑法「第22章　わいせつ、強制性交等及び重婚の罪」(174 〜 184条) に規定されていますが、2種類の犯罪群に大別されます[1]。

　1つは、㋐個人の性的自由・性的自己決定を侵害する**個人法益に対する犯罪群**で、強制猥褻罪 (176条)、強制性交等罪 (177条)、準強制猥褻罪・準強制性交等罪 (178条)、監護者猥褻・監護者性交等罪 (179条)、これらの未遂罪 (180条)、強制猥褻・強制性交等致死傷罪 (181条)、淫行勧誘罪 (182条) がこれに属します。ここでは、被害者の意思に反するという点に重点が置かれ、被害者本人の観点が優先されます。

　いま1つは、㋑性風俗・性的環境あるいは公衆一般市民の性的感情を侵害する**社会法益に対する犯罪群**で、公然猥褻罪 (174条)、猥褻物頒布等罪 (175条) がこれに属します。ここでは、被害者よりも、一般市民の間に共有されている性風俗に反し、平穏な性的環境を害し、あるいは一般市民の性的感情を侵害するという点に重点が置かれ、一般市民の観点が優先されています。重婚罪 (184条) は一夫一婦制を保全するもので、㋑犯罪群に近いですが、多少性質が異なります。

②　㋑犯罪群の保護法益

　支配的見解[2]は、㋑犯罪群は公衆の善良な性的道義観念に根ざした**性風俗・性秩序**を保護法益と解します。これに対して、どのような性的道義観念を有するかは個人の私的問題であって、刑法が一定の性的道義観念を刑罰でもって強制するのは法による倫理・道徳の強制する権威主義であり妥当でないとの批判が加えられます。

　㋑犯罪群は**公衆の健全な性的感情**を保護法益とする見解は、成年者の自由な意思決定に基づく行為である限り犯罪とすべきではなく〔被害者なき犯罪の非犯罪化〕、見たくない者の性的な自由及び性的に未成熟な未成年者を保護する限りでのみ、㋑犯罪群は正当化できる[3]と主張します。

---

1) 本書・112頁を参照。
2) 判例 (最大判昭和 32・03・13 刑集 11・3・997)・通説です。
3) 平野・217頁、松原・496頁、林美月子「性的自由・性表現に関する罪」『刑法理論の現代的展開各論』(1996年) 59頁以下、萩原滋『実体的デュー・プロセス理論の研究』(1991年) 265頁。

510 第34講 猥褻及び重婚の罪

> さらに、両見解を架橋する意図で、**多数人の法的感情を法的倫理・法的風俗と呼ぶことも可能である**[4] とか、一定の性的感情に支えられた**精神的社会環境**を保護するものである[5] との見解も主張されています。

　本書は、①犯罪群の保護法益について次のように考えています。この犯罪群における猥褻概念自体も、その判断方法も曖昧・不明確です。処罰範囲が曖昧・不明確なままに刑罰を科すのは、憲法31条の法定手続の保障の趣旨に反するとともに、曖昧・不明確な法文言によって表現の自由に萎縮効果をもたらしており、憲法21条の表現の自由を侵害しているといわざるをえません[6]。その意味で、二重に憲法に違反しています。にもかかわらず、これらの規定を合憲限定的に解釈するのは、違憲・無効な規定を「延命させる」潜脱的な解釈方法といわざるをえません。それでも、その解釈手法を執ることは、現に存在する処罰規定の違憲範囲を削ぎ落とす作業として意味があるかもしれません。他方、個人が自分の意思で猥褻物を視聴し、自分の性欲を興奮又は刺激させ、自分の正常な性的羞恥心を害するのは、個人の趣味・生活スタイルの問題であり、プライバシー（私事性）の領域に属します。

　そこで、①犯罪群は、猥褻物を、今、ここで、この状況において視聴したくない人の選択の自由を保障し、その人の性的自己決定・性的自由を保護し、また、性的に未成熟な未成年者を保護するという限りで、正当化されると考えます[7]。猥褻物が未成年者の健全な精神の発達に有害で、性犯罪を助長することを証明するデータも証拠もありませんが、精神的に発展途上にあり、性的にも未成熟な未成年者に対し、猥褻なものを過剰に与えると、人には性的欲望が本能的に具わっているだけに、精神的に調和のとれた発達が阻害されるのではないかという懸念が一般に共有されていると考えます[8]。

---

4) 前田・93頁。

5) 林・397頁、高橋・561頁。

6) 曽根・272頁以下、曽根威彦『表現の自由と刑事規制』（1985年）188頁、武田誠『わいせつ規制の限界』（1995年）125頁以下。

7) 曽根・273頁。

8) このような曖昧なものを処罰根拠にするのはけしからんという批判は、甘んじて受けます。それほどに、本罪の処罰規定を正当化するのは、困難な課題だということです（>_<）。

(2) 猥褻の意義・判断方法

① 猥褻の意義

判例は、上記㋐犯罪群と㋑犯罪群を区別せずにともに、公衆の善良な性的道義観念に根ざした性風俗・性秩序を保護法益とする立場から、「徒に性欲を興奮又は刺激せしめ、且つ普通人の正常な性的羞恥心を害し、善良な性的道義観念に反するもの」とし、その時代の健全な社会通念、善良な性的道義観念、あるいは健全な道徳感情をもった普通人を規準に判断されるべきであるとします[9]。

学説においては、まず、ⓐ上記㋐犯罪群は性的自由、㋑犯罪群は性秩序であるとし、保護法益を区別する立場に立ちながらも、猥褻の意義については区別せず、判例と同様の定義を用いる**同一説(1)**[10]があります。ⓑ保護法益について同様に区別する立場に立ち、かつ、猥褻の意義を区別し、㋐犯罪群では、「被害者の性的自己決定・性的羞恥心を害するもの」とし、㋑犯罪群では、判例と同様の定義を用いる**区別説**[11]があります。さらに、ⓒ㋐犯罪群は個人の性的自由・性的自己決定権、㋑犯罪群は公衆の性的感情であるとし、保護法益を区別する立場に立ちながらも、猥褻の意義については区別せず、徒に性欲を興奮又は刺激するもの、あるいは、普通人の正常な性的羞恥心を害するもののいずれかであればよいとする**同一説(2)**[12]があります。

本書は、㋐㋑犯罪群はともに、人の性的自己決定・性的自由を保護法益としており、その限りで、性的に未成熟な未成年者をも保護していると解します。㋐犯罪群と㋑犯罪群の違いは、前者が、被害者個人の性的自己決定・性的自由に着目する個人法益に対する罪であるため、被害者本人の意思の観点が優先されるのに対し、後者は、不特定・多数の人の性的自己決定・性的自由に着目する社会法益に対する罪であるため、被害者個人の意思の観点が後退しているという点にあります。この違いは、当然に、両犯罪群における猥褻の概念に影響を与えることになります。

㋐犯罪群における猥褻の意義は既に説明しました[13]ので、㋑犯罪群にお

---

9) サンデー娯楽事件・最判昭和 26・05・10 刑集 5・6・1026、大阪高判昭和 29・11・30 高裁刑事裁判特報 1・12・584、チャタレイ事件・最大判昭和 32・03・13 刑集 11・3・997、判時 105・76、判タ 68・114〔百選 I・47〕、大阪高判昭和 41・09・07 判タ 199・187、東京高判平成 13・09・18 東高時報 52・1=12・54。

10) 団藤・310 頁・489 頁、大谷・111 頁・515 頁、中森・64 頁・245 頁。

11) 通説と思われます。

12) 林・89 頁・399 頁。

13) 本書・114 頁以下。

512 第34講 猥褻及び重婚の罪

ける猥褻の意義についての本書の立場を説明します。判例が提示する、「徒に性欲を興奮又は刺激せしめ、且つ普通人の正常な性的羞恥心を害し、善良な性的道義観念に反するもの」という3要件のうち、**善良な性的道義観念に反する**という要件は、性的道義観念を保護法益とする立場に行き着くため容認できません。また、**性的羞恥心の侵害**という要素を容認することは、本罪を性的感情に対する罪とする立場を支持することになり、被害者等の感情に刑法を委ね、処罰範囲を拡張するばかりでなく、ほかの犯罪との区別を曖昧にしてしまう危険もあります。むしろ、人の性的自己決定・性的自由を基軸にすべきであると考える本書の立場からは、**性欲の興奮・刺激**という要素を考慮し、猥褻とは、不特定・多数の人の性的興味を喚起し、その性欲を興奮又は刺激させる性質をいい [14)]、こうした性質を有する物が猥褻物ということになります。

② 猥褻の判定方法

⑦	頒布方法と猥褻性との関係——相対的猥褻概念／絶対的猥褻概念
④	全体・部分と猥褻性との関係————部分的考察方法／全体的考察方法
⑦	芸術性・科学性と猥褻性との関係——個別的猥褻概念／衡量的猥褻概念

第1は、⑦頒布方法と猥褻性の関係です。猥褻性の有無は、表現物の頒布・陳列・広告等の方法、対象とする読者層の範囲、発行部数等の付随事情を考慮して決めるべきであるとするのが**相対的猥褻概念** [15)] であるのに対して、それは表現物自体で判断すべきであり、頒布・販売・広告等の方法、対象とする読者層等の付随事情によって判断が変わるのは不合理であるとするのが**絶対的猥褻概念** [16)] です。第2は、④表現物の部分・全体と猥褻性との関係

---

14) 「徒に」によって、行為は人の意思に反してその性的自己決定・性的自由を侵害する危険結果を現に発生させたことを要する趣旨を明確にできるのであれば、その文言を用いることに意味があります。

15) **チャタレイ事件・東京地判昭和27・01・18**高刑集5・13・2524、判時105・7（「『チヤタレイ夫人の恋人』は所謂春本とは異なり本質的には刑法第175条の猥褻文書とは認め得ないものであるが、叙上のような環境下に本訳書が販売されたことによつて、猥褻文書とせられたるものと認むる」）。

16) **国貞事件・最判昭和48・04・12**刑集27・3・351、判時706・3、判タ297・187（「『文書の猥褻性の有無はその文書自体について客観的に判断すべきものであり、現実の購読層の状況あるいは著者や出版者としての著述、出版意図など当該文書外に存する事実関係は、文書の猥褻性の判断の基準外に置かれるべきものである。』旨の見解は、正当であり、また、このように解しても

です。表現物に部分的であっても猥褻な表現があれば、たとえそれを埋め合わせる内容が表現されていても、猥褻物とすべきであるとするのが**部分的考察方法**[17]であるのに対して、部分的に猥褻な表現があっても、表現物を全体としてみたとき猥褻性が否定されるときがあるとするのが**全体的考察方法**[18]です。第3は、⑦芸術性・科学性と猥褻性との関係です。表現物の猥褻性は芸術性・科学性とは次元の異なる概念であり、芸術的・科学的価値があっても猥褻性を減少・緩和させることはありえないとするのが**個別的猥褻概念**[19]であるのに対して、猥褻表現物に芸術的・科学的価値がある場合には、その猥褻性が緩和・解消されることがあるとするのが**衡量的猥褻概念**[20]です。

憲法21条に違反するものではない」)、**四畳半襖の下張事件・東京地判昭和51・04・27刑裁月報**8・4=5・289、判時812・22、判タ335・162（「文書の猥褻性の有無は、その文書自体について客観的に判断されるべきであり、現実の購読層の状況あるいは著者や出版者の主観的意図等当該文書外に存する事実関係は、文書の猥褻性の判断の基準外に置かれるべきもの」)。

17) **チャタレイ事件・最大判昭和32・03・13**刑集11・3・997、判時105・76、判タ68・114〔百選Ⅰ・47〕（「問題は本書の中に刑法第175条の『猥褻の文書』に該当する要素が含まれているかどうかにかかっている。もしそれが肯定されるならば、本書の頒布、販売行為は刑法175条が定めている犯罪に該当することになる」)。

18) **悪徳の栄え事件・最大判昭和44・10・15**刑集23・10・1239、判時569・3、判タ240・96、**四畳半襖の下張り事件・最判昭和55・11・28**刑集34・6・433、判時982・64、判タ426・49〔百選Ⅱ・100〕（「文書の猥褻性の判断にあたっては、当該文書の性に関する露骨で詳細な描写叙述とその手法、右描写叙述の文書全体に占める比重、文書に表現された思想等と右描写叙述との関連性、文書の構成や展開、さらには芸術性・思想性などによる性的刺激の緩和の程度、これらの観点から該文書を全体としてみたときに、主として、読者の好色的趣味にうったえるものと認められるか否かなどの諸点を検討することが必要」)。

19) **チャタレイ事件・最大判昭和32・03・13**刑集11・3・997、判時105・76、判タ68・114〔百選Ⅰ・47〕（「それが春本ではなく芸術的作品であるという理由からその猥褻性を否定することはできない。何となれば芸術的面においてすぐれた作品であっても、これと次元を異にする道徳的、法的面において猥褻性をもつているものと評価されることは不可能ではないからである。我々は作品の芸術性のみを強調して、これに関する道徳的、法的観点からの批判を拒否するような芸術至上主義に賛成することができない。高度の芸術性といえども作品の猥褻性を解消するものとは限らない。芸術といえども、公衆に猥褻なものは提供する何等の特権をもつものではない。」)。

20) **四畳半襖の下張り事件・最判昭和55・11・28**刑集34・6・433、判時982・64、判タ426・49（「本件『四畳半襖の下張』は、男女の性的交渉の情景を扇情的な筆致で露骨、詳細かつ具体的に描写した部分が量的質的に文書の中枢を占めており、その構成や展開、さらには文芸的、思想的価値などを考慮に容れても、主として読者の好色的興味にうったえるものと認められる」)。**最判昭和58・03・08**刑集37・2・15、判時1074・38、判タ494・57（「物語性や芸術性・思想性など性的刺激を緩和させる要素は全く見当らず、全体として、もつぱら見る者の好色的興味にうつたえるものであると認められる」)。

514 第34講 猥褻及び重婚の罪

> 判例は、猥褻性の有無は表現物自体で判断すべきとする**絶対的猥褻概念**を採り、また、表現物を全体として検討する**全体的考察方法**を採り、したがって、芸術的・科学的価値が猥褻性が緩和・解消されることがあるとする**衡量的猥褻概念**を採っており、猥褻処罰の範囲を限定しようとする傾向がうかがえます。

> 学説の中には、娯楽作品としての性的表現物の処罰限定原理として、**端的な春本・春画論** [21] も有力に主張されています。しかし、これも、表現物の猥褻性の判断を端的な春本・春画の概念に置きかえたにすぎません。

　本書は、猥褻性の有無は、まず、表現物自体で判断すべきであり、**絶対的猥褻概念**を妥当と考えます。同じ表現物であっても、表現の相手、場所や時間によって、その意味が変化することは否定できませんが、それは、表現物それ自体の猥褻性の有無を変容させるというよりも、むしろ、その表現物によって侵害される法益の有無・程度を変化させると考えられます。したがって、それは、本罪の成立に必要な犯罪結果（危険結果・侵害結果）の問題として処理するのが合理的です。次に、**全体的考察方法**が妥当です。それは、表現物の猥褻性の有無を作品全体として判断するためであって、表現物の表現技巧・方法の巧拙や表現内容の優劣を判断するためでも、主として読者の好色的興味にうったえるものかを検討するためでもありません。表現物の表現技巧・方法の巧拙や表現内容の優劣の判断を公権的な機関に委ねてしまうのは適当ではありませんし、読者の好色的興味に訴えることがなぜ刑罰をもって非難されなければならないのか、その合理的な理由は必ずしも明らかでないからです。さらに、**個別的猥褻概念**が妥当です。ここでも、芸術的・科学的価値の判断を公権的な機関に委ね、芸術的・科学的価値の有無・程度によって処罰の要否を決めてしまうことの危険性に思いを致すべきです。

02　公然猥褻罪 (174条)

> 公然とわいせつな行為をした者は、6月以下の懲役若しくは30万円以下の罰金又は拘留若しくは科料に処する。

---

21) 藤木・117頁、中森・246頁、大谷・519頁、前田・412頁、山口・506頁。この見解は、「ハード・コア・ポルノ」だけを処罰すべきであるとする見解でもあります。なお、西田・396頁、萩原滋『実体的デュー・プロセス理論の研究』（1991年）264頁参照。

02 公然猥褻罪（174条）　515

(1)　要　件

① 　公然であること〔行為の状態〕
② 　猥褻な行為をすること〔行為〕
③ 　故意があること〔故意〕

①　**行為の状態**　**公然**とは、不特定又は多数の人が認識できる状態をいい[22]、これらの人が現に認識したことを要しません。例えば、公園・公道などの開放された場所、観客のいる劇場などで猥褻な行為をする場合がこれに当たります。

密室で少数の人に猥褻行為を見せた場合であっても、それが不特定・多数の人を勧誘した結果であるときは、不特定性が肯定され、公然性が認められます[23]。また、密室内で少数の者に見せる場合であっても、同様の行為を繰り返す意思をもって反復すれば公然性を満たします[24]。

猥褻行為を見せられることについて相手の同意がある場合、公然性が欠けるとする見解[25]がありますが、公然性の概念と承諾の概念を混乱させるものです。むしろ、犯罪結果（危険結果・侵害結果）の問題とすべきでしょう。

②　**行　為**　**猥褻な行為**とは、不特定・多数の人の性的興味を喚起し、その性欲を興奮又は刺激させる性質を有する動作をいい、営利目的の有無を問いませんし、動作による場合だけでなく言語による場合もありえます。例えば、公園・公道などの開放された場所で突然全裸になってパフォーマンスを始めるとか、電車の中で猥褻なことを口走るなどが、これに当たります。

③　**故　意**　公然と猥褻行為をすることについて故意が必要です。但し、行為者には、自己又は関与者の行為が公然性を有することの認識は必要ありませんが、客観的にその行為の行われる環境・状況が公然性を有すれば足り

---

22) 判例（最決昭和 32・05・22 刑集 11・5・1526）・通説です。

23) **最決昭和 31・03・06** 裁判集刑 112・601（夜間、料亭の密閉された部屋で数十名の客の前で猥褻行為をした事案）、**最決昭和 33・09・05** 刑集 12・13・2844（外部との交通を遮断した自宅部屋で観客 5 名に対して猥褻映画を上映した事案）。逆に、公然性が否定されたのは、**静岡地裁沼津支部判昭和 42・06・24** 下刑集 9・6・851（4 名の知人の面前で、女性に全裸体とならしめ陰部を示すなどの猥褻行為をさせた事案）。

24) 中森・246 頁、大谷・519 頁。

25) 平野・269 頁、林・403 頁。これは、公然性の概念を混乱させるものです。林美月子「性的自由・性表現に関する罪」『刑法理論の現代的展開各論』（1996 年）58 頁参照。

516　第34講　猥褻及び重婚の罪

る [26] ものではなく、公然性を基礎づける事情について故意が必要です。

(2)　共同正犯・共犯関係

　営利目的をもって性行為の実演などを観覧させるストリップ・ショーについて、一般的には、演者には公然猥褻罪が成立し、興行主（劇場責任者）にはその教唆犯又は従犯の成立が考えられますが、関与形態によっては、興行主（劇場責任者）に（共謀）共同正犯の成立がありえます。

> 　判例では、ストリップ・ショーの興行主がストリッパーの公然猥褻の演技を目撃しながら、単に微温的な警告を発するにとどめて公演を継続させ、また、劇場責任者がその劇場で公演されているストリップ・ショーの演技の内容が猥褻行為に該当することを知りながら劇場を提供した事案につき、**公然猥褻罪の従犯**の成立が肯定されています [27]。他方、ストリップ・ショーの事案ではありませんが、自らは猥褻行為をしないが、公然猥褻行為をなす者と互いに意思を連絡し、その者らをして公然猥褻行為をさせた事案につき、公然猥褻罪の主体は行為自体をなす者に限るとの見解は独自の見解であり採用できないとして、**公然猥褻罪の共同正犯**が肯定されています [28]。さらに、いわゆるカップル喫茶の経営者が、同店客室において同伴客同士が他の客が容易に知覚できるような状態で猥褻行為を行うことを知りながら客室を提供した事案につき、同経営者は自らも客と共同して公然猥褻の犯罪行為を実現しようとするものではなく、客室を提供することにより、同伴客の公然猥褻の犯罪行為を容易ならしめたというべきで、公然猥褻罪の従犯が成立するとしました [29]。

(3)　罪　数

　同じ猥褻行為を異なる時間の別の観客に観覧させた場合は、不特定・多数の人の集合体が異なりますので、観覧させた回数の公然猥褻罪の併合罪となります。強制猥褻の行為を公然と行った場合は、公然猥褻罪（174条）と強制猥褻罪（176条）の観念的競合となります [30]。

> 　**最判昭和25・12・19**（刑集4・12・2577、判タ9・54）は、同一場所において同一内容の猥褻行為を前後7回にわたって近接して行った事案につき、それぞれ異なる多数の観客の前で別個独立の演劇行為をしたのであるから7個の独立の公然猥褻罪が成立するとしました。

26）東京高判昭和32・10・01東高時報88・10・352。
27）最判昭和29・03・02裁判集刑93・59。
28）東京高判昭和32・04・12東高時報8・4・87。
29）東京地判平成8・03・28判時1598・158。
30）大判明治43・11・17刑録16・2010。

03 猥褻物頒布等罪 (175条)

> 　わいせつな文書、図画、電磁的記録に係る記録媒体その他の物を頒布し、又は公然と陳列した者は、2年以下の懲役又は250万円以下の罰金若しくは科料に処し、又は懲役及び罰金を併科する。電気通信の送信によりわいせつな電磁的記録その他の記録を頒布した者も、同様とする。
> 　2　有償で頒布する目的で、前項の物を所持し、又は同項の電磁的記録を保管した者も、同項と同様とする。

　本条は、インターネット上の猥褻な画像データ、いわゆるサイバーポルノに対処するため、2011年（平成23年）に改正されました。

(1) 要　件

> ① 　猥褻な文書・図画、電磁的記録に係る記録媒体その他の物、又は猥褻な電磁的記録その他の記録であること〔客体〕
> ② 　所定の客体を頒布、公然陳列、所持、又は保管すること〔行為〕
> ③ 　故意があること〔故意〕

　① **客　体**　客体は、猥褻な文書・図画、電磁的記録に係る記録媒体その他の物（1項）、猥褻な電磁的記録その他の記録（2項）です。

　猥褻とは、不特定・多数の人の性的興味を喚起し、その性欲を興奮又は刺激させる性質を有することをいいます。

　文書とは、文字又はそれに代わるべき可視的・可読的方法、つまり、文字その他の発音符号（点字・電信記号・速記符号など）を用い、ある程度永続すべき状態において、特定の意思又は観念を物体上に表示したものをいいます。文字は、外国文字でも構いません。**図画**（とが）とは、図・絵・画その他の可視的な象形的方法によって人の意思・観念を物体上に表示したもの、又は表示のためのその原物をいい、絵画・写真（陽画・陰画）・現像済映画フィルムがその典型例です。**電磁的記録に係る記録媒体**とは、電磁的データを記録し再生する媒介手段となるものをいい、パソコンのハードディスク、USBメモリー、DVD、CDなどがこれに当たります。但し、記録媒体と、それに記録された情報である画像データとは、概念的に区別する必要があります。本条の改正前、判例によって、「わいせつな図画」・「わいせつなその他の物」に当たるとされたビデオテープ、録音テープや、ダイヤルQ2に接続されたデジタル信号による録音再生機、猥褻な画像データを記憶・蔵置させたホス

518 第34講 猥褻及び重婚の罪

トコンピュータのハードディスクは、法改正により、この電磁的記録に係る記録媒体になりました。**その他の物**とは、文書・図画、電磁的記録に係る記録媒体を除いたものをいい、彫刻・置物、アナログ・レコードなどです。

　電気通信とは、有線・無線その他の電磁的方式により、符号、音響又は影像を送り、伝え、又は受けることをいいます[31]。ここでは、送信の行為、送る行為が頒布に当たることになります。**電磁的記録**とは、電子的方式・磁気的方式その他人の知覚によっては認識することができない方式で作られる記録であって、電子計算機による情報処理の用に供されるものをいいます[32]。**その他の記録**とは、電磁的記録以外の記録で、例えば、猥褻画像をファクシミリで送信した場合のように、電磁的記録以外の形態による記録として存在することもありえますので、本罪の客体に含めることにしたのです。

　② 行　為　頒布とは、有償・無償を問わず、猥褻物・猥褻記録を不特定・多数の人に交付することをいい、現実の交付が必要です[33]が、所有権の移転を要しません。一般に販売といわれる行為も、（有償）頒布に含まれます。なお、175条1項2文にいう頒布とは、不特定・多数の人の記録媒体上に電磁的記録その他の記録を取得させることをいいます[34]。したがって、いわゆるサイバーポルノにおいて、顧客によるダウンロードという行為を要するとしても、その行為は、「被告人らサイト運営側に当初から計画されてインターネット上に組み込まれた、被告人らがわいせつな電磁的記録の送信を行うための手段にほかならない」ので、「『頒布』の一部を構成する」と評価できるとされます[35]。なお、頒布をする行為と頒布を受ける行為とは対向犯の関係にありますが、頒布を受ける行為を処罰する規定はありませんので、立法者はこれを処罰の対象から除外し、また、頒布する行為への共同正犯・共犯の成立も排除したと解されます。なお、特定かつ少数の人に交付した場合は頒布には当たりませんが、判例は、この場合でも、反復継続の意思で行われた場合は相手方が1人で1回の交付行為であっても頒布に当たるとしま

31）電気通信事業法2条1号。
32）刑法7条の2。
33）最判昭和34・03・05刑集13・3・275。
34）東京高判平成25・02・22刑集68・9・1062、判時2194・144、判タ1394・376。
35）最決平成26・11・25刑集68・9・1053、判時2251・112、判タ1410・79。

す[36]。しかし、これは、反復継続の意思あるいは不特定・多数の人に頒布する可能性に着目して処罰しようとするもので、疑問です[37]。

公然陳列とは、不特定・多数の人が視聴できる状態に置くことをいいます。映画フィルムを上映する行為[38]、録音テープを再生する行為[39]、いわゆるダイヤル Q2 の電話回線を通じて不特定又は多数の人にアダルト番組を聞かせる行為[40] のほか、いわゆるパソコンネットのホストコンピュータのハードディスクに猥褻画像データを記憶・蔵置させ、不特定・多数の会員がこの画像データをダウンロードして画像表示ソフトを用いて画像を再生閲覧することができる状態に置く行為[41] などが、これに当たります。公然性が必要ですので、特定かつ少数の者が認識できる状態に置くのでは足りませんが、密室で少数の人に視聴させた場合であっても、それが不特定・多数の人を勧誘した結果であるときは、不特定性が肯定され、公然性が認められます[42]。

有償頒布目的の**所持**とは、有償頒布の目的をもって猥褻物・猥褻記録を自己の事実上の支配・管理下に置くことを、**保管**とは、猥褻な電磁的記録を自己の実力支配・管理のもとに置くことをいい、いずれも実際に握持・携帯している必要はありません。客体に応じて所持・保管の語句を使い分けているにすぎず、所持は保管を含む広い概念です[43]。**有償頒布目的**とは、対価の

---

36) 大判大正 6・05・19 刑録 23・487（「販売」）。

37) 名誉棄損罪における公然性に関する伝播性の理論を想起させます。本書・156 頁参照。

38) 大判大正 15・06・19 刑集 5・267。

39) 東京地判昭和 30・01・31 判時 69・27。

40) 大阪地判平成 3・12・05 判時 1411・128。

41) 最決平成 13・07・16 刑集 55・5・317、判時 1762・150、判タ 1071・157〔百選 II・101〕。なお、**最決平成 24・07・09** 裁判刑集 308・53、判時 2166・140、判タ 1383・154 では、児童ポルノの URL をホームページ上に掲示した行為が「児童買春，児童ポルノに係る行為等の処罰及び児童の保護等に関する法律」7 条 4 項の「公然と陳列した」に当たるかが問題となった事案につき、これを肯定した法廷意見（3 名の裁判官）と、これを否定した反対意見（2 人の裁判官）とを対比してみると、最高裁判事の罪刑法定原則への感覚をうかがい知ることができます。

42) **最決昭和 31・03・06** 裁判集刑 112・601（夜間、料亭の密閉された部屋で数十名の客の前で猥褻行為をした事案）、**最決昭和 33・09・05** 刑集 12・13・2844（外部との交通を遮断した自宅部屋で観客 5 名に対して猥褻映画を上映した事案）。逆に、公然性が否定されたのは、**広島高判昭和 25・07・24** 高裁刑事判決特報 12・97（入口・窓を密閉した部屋において、特定の知人・友人などの特定少数の者に対して猥褻な映画を観覧させた事案）。

43) 不正電磁的記録カード所持罪（163 条の 3）にいう所持と、支払用カード電磁的記録情報保管罪（163 条の 4 第 2 項）にいう保管に対応します。

520　第34講　猥褻及び重婚の罪

支払を伴う形でなされる相手方への引き渡しの意図をいい、所有権の移転を問わない広い概念です。例えば、猥褻物を販売する目的はもちろん、レンタル料を賦課してレンタルする目的、猥褻な画像データを有料で配信する目的などが、これに当たります。また、猥褻の図画等を日本国内で所持していても、日本国外で販売する目的であった場合には、本罪に当たりません[44]。

③　**故　意**　猥褻な文書・図画、電磁的記録に係る記録媒体その他の物、又は猥褻な電磁的記録その他の記録であること、及び、所定の客体を頒布、公然陳列、所持、又は保管することについて、故意が必要です。所持・保管については、故意のほかに、有償頒布の目的が必要です。

(2)　問題類型

①　**頒布**について　猥褻物・猥褻記録を有償で貸与する場合は頒布に当たりますし、有償貸与の目的で所持している場合は、有償頒布目的の所持に当たります。また、相手方の持ち込んだ録音テープ・ビデオテープ・CD・DVD（以下、「テープ等」という。）に自己所有の猥褻なデータ内容を無償・有償でダビングして交付する行為も頒布に当たります。しかし、相手方の持ち込んだ猥褻画像データの蔵置されたテープ等を相手方所有のテープ等に無償・有償でダビングして交付する行為は、猥褻物を不特定又は多数の人に交付したといえないので、頒布には当たりません[45]。また、コンピュータのハードディスクに記憶・蔵置させた猥褻な画像データを不特定又は多数の人がパソコンネットによって再生・閲覧可能な状態を設定する行為は、通常必要とされる簡単な操作によって比較的容易にわいせつな画像を再生・閲覧することが可能であると認められるので、公然陳列に当たるとされます[46]。通常のパソコンネットの形態を前提とするならば、この結論で妥当ですが、きわめて限定された少数の人に対して、厳重に管理されたアクセス方法でのみ再生・閲覧可能な状態を設定した場合には、公然陳列は認められないでしょう。

②　**国内犯**について　*日本国内から海外プロバイダーのサーバコンピュー*

---

44)　最判昭和 52・12・22 刑集 31・7・1176、判時 873・24、判タ 357・156。

45)　西田・399 頁、中森・248 頁、『大コンメンタール刑法第 9 巻』（第 3 版・2013 年）49 頁（新庄一郎＝河原俊也）。（販売を含む）頒布に当たるとするのは、大阪地裁堺支部判昭和 54・06・22 刑裁月報 11・6・584、判時 970・173、大塚仁・523 頁。

46)　判例（最決平成 13・07・16 刑集 55・5・317、判時 1762・150、判タ 1071・157）・通説です。

タに猥褻画像データを送信して、同コンピュータのハードディスクに記憶・蔵置させ、日本国内から不特定・多数の人がアクセスして再生・閲覧可能な状態を設定する行為は、日本国内にあるパソコンに動画データファイル等を送信して猥褻な電磁的記録を頒布したものであり、犯罪を構成する事実の一部が日本国内にあるから頒布罪が成立する[47]し、また、海外プロバイダーのサーバコンピュータに猥褻画像データを送信して記憶・蔵置させる行為は実行行為の重要部分であり、それを日本国内で行った以上、公然陳列罪が成立するとし[48]、いずれも日本の刑法が適用されるとしています。

③　**マザーディスクの所持について**　ダビングして複製ディスクを販売する目的をもって猥褻な電磁的記録が記録・蔵置されたDVD等のマザーディスクを所持した場合、有償頒布目的所持罪を肯定するのが判例[49]です。しかし、原本のマザーディスクそのものは販売せずに手元に置いておく意図であり、それを使って複製物を作製する意図で所持しているにすぎません。肯定説を採ると、有償頒布の予備罪である有償頒布目的の所持のさらにその予備行為を処罰することになり、妥当ではありません[50]。むしろ、有償頒布目的でダビングするに至ったときに、有償頒布目的の所持で処罰すれば足ります。

(3)　対向犯

①　**対向犯の類型**　刑法各則の規定、その他の刑罰法規上、当然に2人以上の者の共同の関与行為を予定して定められている必要的共犯[51]には、2人以上の行為者の互いに向き合った行為の存在することが要件とされる対向犯があり、これには、さらに、⑦重婚罪（184条）のように、双面的同一刑対向犯、④収賄罪・贈賄罪（197条以下）のように、双面的相異刑対向犯、そして⑦本罪（175条）のように、**片面的対向犯**があります。

②　**片面的対向犯の一方関与者不処罰の根拠**　当然に予想される関与行為に

---

47)　東京高判平成25・03・15東高時報64・75、判タ1407・218。
48)　大阪地判平成11・03・19判タ1034・283、最決平成26・11・25刑集68・9・1053、判時2251・112、判タ1410・79。
49)　最決平成18・05・16刑集60・5・413、判時1953・175、判タ1227・187〔百選Ⅱ・102〕。これを支持するのは、前田・418頁、大谷・525頁。
50)　曽根・274頁、西田・400頁、林・405頁。
51)　関・総論・398頁以下を参照。

ついて処罰規定が設けられていないのは、必要的関与行為を不可罰とした立法者意思の表れであると解されています[52]。但し、通常予想される程度を超える積極的で執拗な働きかけをした場合には、共同正犯・共犯規定（特に教唆犯の規定）の適用を受けるとするのが支配的見解[53]です。

片面的対向犯の一方関与者不処罰について、例えば、「頒布してくれ」と頼んだ受領者の関与行為を処罰する明文の規定が存在しないからといって、総則の共同正犯・共犯の規定の適用が排除されると解すべき必然性はありません。本罪の保護法益は性風俗・性秩序と解する見解に立つときは、一方関与者も本罪の保護法益である性風俗・性秩序をともに侵害・危殆化すると解することが可能だからです。

そこで、個々の刑罰法規の趣旨・目的、個々の犯罪の特質を考慮し、一方関与行為者の不処罰の実質根拠を探求し、これを違法性・有責性を軸に類型化する必要があります[54]。その場合、㋐不可罰の対向犯的関与者がその犯罪の被害者、保護の対象とされる類型[55]、㋑不可罰の対向犯的関与行為は他人の法益、国家・社会法益を侵害するが、その違法性は軽微であり、自己決定の延長の行為として可罰的違法性に達していないため不可罰とされている類型[56]、㋒対向犯的関与者について期待可能性が無いか低いために処罰されない類型[57]があり、猥褻物頒布等罪（175条）は㋐類型に当たります。

04 重婚罪（184条）

　配偶者のある者が重ねて婚姻をしたときは、2年以下の懲役に処する。その相手方となって婚姻した者も、同様とする。

---

52) 立法者意思説で、判例（最判昭和43・12・24刑集22・13・1625、判時547・93、判タ230・256〔百選Ⅰ・98〕（弁護士法違反）・通説です。

53) 判例（最判昭和51・03・18刑集30・2・212、判時810・102、判タ335・335）・通説です。

54) 鈴木義男『刑法判例研究Ⅱ』（1968年）148頁、佐伯千仭『共犯理論の源流』（1987年）231頁、西村克彦『刑法運用論』（1991年）80頁。

55) 例えば、酒類・煙草を買い受けた未成年者など。

56) 例えば、淫行勧誘を教唆して淫行の相手となった者、守秘義務者を教唆して自己の秘密を自分に漏示させた者など。

57) 例えば、自分を蔵匿・隠避するように教唆した犯人、自分の犯罪の証拠を隠滅するように教唆した犯人など。

(1) 保護法益

本罪は、民法 732 条の一夫一婦制を保護法益とするもので、女性の性的自己決定・性的自由という法益との結びつきは薄いといわざるをえません。しかし、事実上の一夫多妻を黙認してきたのが、日本の歴史・文化であってみれば、一夫一婦制を保護することは女性の性的自己決定・性的自由にとって意味があることかもしれません。それでも、憲法 24 条は一夫一婦制を唯一の婚姻形態として規定しているとの解釈が必然的に出てくるとは思えませんし、現代の多様な婚姻形態、パートナー形態を考慮すると、男性と女性の組合せだけが婚姻と認められるべき必要性も薄れているように思います (^_^)。

(2) 要 件

① 配偶者のある者、及び、その相手方となって婚姻する者であること〔主体〕
② 重ねて婚姻すること〔行為〕
③ 故意があること〔故意〕

① **主 体** 主体は、配偶者のある者及びその相手方となって婚姻する者です。**配偶者のある者**とは、前婚が法律上の婚姻関係ある者に限られ、内縁関係や事実上の婚姻関係は含みません。**相手方となって婚姻する者**とは、相手が配偶者のある者であることを知りながら、これと婚姻をする者をいい、この者の配偶者の有無は問いません。

② **行 為** **重ねて婚姻する**ことであり、配偶者のある者と婚姻する婚姻届を出すことです。

③ **故 意** 配偶者のある者の相手方となって婚姻した者に本罪が成立するには、当然、その者は、相手方が配偶者のある者であることについて故意がなければなりません。

(3) 婚姻の意味

本条にいう婚姻について、事実上の婚姻はその成立範囲が曖昧・不明確であり、犯罪の成否を決するための概念としては適当でないことを根拠に、婚姻とは法律上の婚姻を意味し、したがって、前婚・後婚ともに法律上の婚姻に限定されるとするのが支配的見解[58]です。この見解によれば、実際に本罪が成立するのは、偽造した協議離婚届を提出してから後婚の婚姻届を提出

---

58) 判例・通説です。

して受理された場合[59]や、戸籍係が過って後婚の婚姻届を受理してしまった場合、あるいは、戸籍係と通謀した場合などに限定されることになります。これでは、本罪の保護法益は一夫一婦制であるとはいえず、婚姻に関する戸籍簿への社会の信用を保護しているにすぎないことになってしまいます。

事実上の婚姻に関する民事判例の集積及び学説の成果を踏まえるならば、事実上の婚姻はその成立範囲が曖昧・不明確であるという根拠には説得力がないように思います。むしろ、一夫一婦制を保護しようとするのであれば、本条にいう婚姻は事実上の婚姻をも含むと解すべきです。但し、前婚が事実上の婚姻である場合、処罰に値する実質的な違法性に欠けることが多いので、前婚は法律上の婚姻とすべきです。結局、本罪は、前婚は法律上の婚姻、後婚は法律上の婚姻と事実上の婚姻の双方を含むと解することになり、その限りで、本罪は、先行の法律上の婚姻を保護するものといえます。

これに対し、有力な見解のように、婚姻は法律上の婚姻に限定されると解したいのであれば、本罪の保護法益は婚姻に関する戸籍簿の社会の信用であると解すほかありません。あるいは、どのような婚姻形態を選択するかは個人の趣味・生活スタイルの問題であり、プライバシーの領域に属し、憲法13条もそれを保障しているのであるから、今日の多様な婚姻形態、パートナー形態を考慮するならば、民法732条のように法律によって重婚を禁じたり、刑法184条のように重婚を処罰したりすることは適当でないとする選択肢も考える必要があります。

---

59) 水戸地判昭和33・03・29第一審刑事裁判例集1・3・461、名古屋高判昭和36・11・08高刑集14・8・563、判タ127・58。

第 35 講　賭博及び富籤に関する罪

01　総　説

(1)　保護法益

ⓐ　**勤労美風説** [1]——本罪の行為は射倖心をあおり、勤労意欲を損ない、国民の健全な勤労生活の美風・風習を害するとともに、副次的に、賭博・富籤に関連して強盗・窃盗などの犯罪を誘発するから処罰する

　　＜根拠＞・賭博・富籤の流行は射倖心をあおり、多くの人たちの勤労意欲を喪失させることは否定できない事実である

ⓑ　**個人財産説** [2]——賭博（・富籤）罪は、自己が射倖を望んで金を賭け、財産上の損害を受け、あるいは他人の射倖心につけ込んで人の財産に損害を与えるから処罰する

　　＜根拠＞・賭博・富籤は、偶然の事情によって多額の金を一方から他方へと移動させるにすぎず、結局、それは射倖により他人の財産に対して危険を与える

　　　　　・賭博場開帳、賭博開帳への参加、職業賭博は罰せられるべきであるが、いわゆる単純賭博は判断能力のある個人の自己決定の領域であり、非犯罪化すべきである

ⓒ　**公正社会秩序説** [3]——賭博・富籤罪は、私的な賭博・富籤において、詐欺賭博が行われたり、収益が暴力団の資金源とされたり、脱税が行われたり、関連して不正なことが行われる危険性が大きいから処罰する

　　＜根拠＞・財政政策・経済政策その他の理由によって種々の賭博行為・富籤行為が公認されている事実を合理的に説明できる

　　　　　・地方公共団体の行う賭博は合法であり、私的な賭博は違法であることを認めるなら、それを合理的に説明する保護法益論が必要

　競馬・競輪・競艇・宝籤などの各種公営ギャンブルの存在は、本罪の罪質及び保護法益を変容させており、その処罰根拠として、勤労の美風・風習、個人財産の保護を援用することが無意味になっています。公的機関は、ギャ

1）判例（最大判昭和 25・11・22 刑集 4・11・2380、判タ 9・54）・通説です。

2）平野・251 頁、曽根・276 頁、松原・510 頁。

3）林・413 頁。

ンブルを主宰・管理することによって、「怠惰浪費の弊風を生ぜしめ、健康で文化的な社会の基礎を成す勤労の美風を害するばかりでなく、甚だしきは暴行、脅迫、殺傷、強窃盗その他の副次的犯罪を誘発し又は国民経済の機能に重大な障害を与える恐れすらある」[4] 違法な行為に人々を唆し、幇助しており、公営ギャンブル合法化法規は適正手続を保障した憲法 31 条に違反し、無効であると主張することが可能でしょう（>o<）。逆に、私人がギャンブルを主宰し、またこれに参加する行為を処罰するのは、職業選択の自由（憲法 22 条 1 項）・幸福追求権（同法 13 条）を侵害し、違憲・無効であると主張することも可能かもしれません。さらには、刑法の賭博処罰規定と公営ギャンブル合法化法規とは一般法である刑法が優先するので公営ギャンブル合法化法規は無効であると主張し、逆に、原則を定めた刑法に対する特別な例外規定として、公営ギャンブル合法化法規は有効であると主張することも可能かもしれません。

いずれにしても、かりに財政的根拠・経済的理由等で公営ギャンブル合法化法規を合理化できたとしても [5]、「公的機関が主宰・管理しているから合法であるが、私人が主宰するときは違法となる」という実態は変わらないので、その実態を糊塗し、刑法の賭博処罰規定と公営ギャンブル合法化法規とを調和させる論理を用意しなければなりません（T_T）。その論理は、各種のギャンブルが公的機関の主宰・管理に置かれていることによって、法外な高額配当によって異常に射倖心を煽ったり、詐欺的な行為が介在したりする危険が排除され、同時に、賭事が人為的に操作されたり、収益が犯罪組織の資金源となったり、また収益を秘匿して脱税が行われたりする危険性が排除される点にあることになります。そうだとすると、本罪の保護法益は、賭博・

---

4) 最大判昭和 25・11・22 刑集 4・11・2380、判タ 9・54 の判決文です。

5) 2016 年（平成 28 年）12 月に成立・施行された「特定複合観光施設区域の整備の推進に関する法律」では、「特定複合観光施設区域の整備の推進が、観光及び地域経済の振興に寄与するとともに、財政の改善に資するものであることに鑑み」（1 条）という文言が見られます。しかし、勤労美風説が懸念する様々な弊害を現実に除去する方策が取られていない以上、およそ財政的理由・経済的理由等が優先することを認めることはできないでしょう。この法律には、「ギャンブル等依存症患者への対策を抜本的に強化すること」などの附帯決議が付いていますが、リップサービスに終わらないことを期待しましょう。

富籤等のギャンブルに対する公的機関の主宰・管理及びそれへの社会の信頼ということ[6]になり、本条は、公的機関主宰・管理の合法的なギャンブルを除外した私的なギャンブルを禁止する規定ということになります。

(2) 類型・正当化

○単純賭博罪（185 条）　○常習賭博罪（186 条 1 項）
○賭博場開帳図利罪・博徒結合図利罪（186 条 2 項）　○富籤発売等罪（187 条）

いわゆる公営ギャンブルについては競馬法、自転車競技法（競輪）、小型自動車競走法（オートレース）、モーターボート競走法（競艇）があるほか、当せん金付証票法（宝籤）、「スポーツ振興投票の実施等に関する法律」、そして、2016 年（平成 28 年）成立・施行の「特定複合観光施設区域の整備の推進に関する法律」があります。

02　単純賭博罪（185 条）

賭博をした者は、50 万円以下の罰金又は科料に処する。ただし、一時の娯楽に供する物を賭けたにとどまるときは、この限りでない。

(1) 要　件

① 　賭博をすること〔行為〕
② 　故意があること〔故意〕

① 　行　為　賭博とは、偶然の勝敗によって財物・利益の得喪を賭けて争う遊戯一般を意味します[7]。勝敗は、当事者において確実に予想できない要因に依存している事情が存在すれば足り、客観的に不確定であることを要しません[8]。例えば、囲碁・将棋・麻雀などの遊技、野球・サッカーなどの競技のように、参加者の技量が勝敗に大きく影響するものであっても、不確実な要素が存在するために勝敗が確実に予見・予想できないもので足ります。しかし、詐欺賭博は、当事者の一方が予想できない事情を排除して勝敗を支

---

6) 賭博・富籤に係る不正によって最終的に被害を被るのは不特定・多数の人であり、本罪は（抽象的）公共危険犯と解することになります。

7) 最も広くは、賭けの対象は勝敗でなくとも、当事者において確実に予見・予想できない結果であれば何でもよく、例えば、映画評論家・故淀川長治は「さよなら」を何回言うか、前の座席に座る学生は男性か・女性かなどを賭けの対象とすれば、それも賭博です。

8) 大判大正 3・10・07 刑録 20・1816。

528 第35講 賭博及び富籤に関する罪

配しているので、賭博とはいえません。被害者は勝敗が予想できないかのように欺罔され、錯誤に陥っているので、行為者には詐欺罪が成立し、本罪は成立しません[9]。

　本罪は、勝敗に関して財物・利益の得喪を賭けて着手すれば既遂に達し、現実に勝敗が決定、財物・利益のやり取りがなされることは要しません[10]。

　②　故　意　賭博をすることについて故意が必要です。

(2)　一時の娯楽に供する物（但し書）

　一時の娯楽に供する物を賭けた場合には、本罪は成立しません。例えば、その場での飲食物、雑誌類を賭けるように、直ちに消費してしまうような僅少な価値の物を賭けるのは、即時的・日常的娯楽の範囲内であり、可罰的違法性がないとしたのです。金銭を賭けた場合は、その額の多寡にかかわらず、原則として本罪が成立するという判例[11]もありますが、例えば、食事代を賭ける、場所代を賭けるなど、敗者に一時の娯楽に供する物の代金を負担させるものであれば、本条但し書に当たると解することができるでしょう[12]。

(3)　国外犯

　本罪は、国民の国外犯（3条）を処罰する規定がありません。本書によれば、本罪の保護法益は、賭博・富籤に対する日本国の公的機関の支配・管理及びそれへの社会の信頼ですので、賭博が許されている外国へ行って賭博をすることを国内で共謀し、また、それを教唆・幇助したとしても、日本の刑法の適用はありません。ですから、外国での賭博ツアーは不可罰です。しかし、外国で公認されている、外国のプロバイダーが主宰するいわゆるネット賭博に、国内のパソコンからアクセスして参加し、あるいは、外国の公認賭博に国内から電話・ファクシミリ等で参加する行為は、賭博行為そのもの（の一部）が国内で行われているので、日本の刑法の適用があります。

---

9)　判例（最判昭和 26・05・08 刑集 5・6・1004）・通説です。

10)　最判昭和 23・07・08 刑集 2・8・822。

11)　大判大正 13・02・09 刑集 3・95。

12)　通説です。

03 常習賭博罪（186条1項）

> 常習として賭博をした者は、3年以下の懲役に処する。

① 賭博の常習者であること〔主体〕
② 賭博をすること〔行為〕
③ 故意があること〔故意〕

(1) 要 件

① **主 体** 主体は、賭博の常習者です。**常習性**は、賭博行為を反復累行して行う行為者の習癖[13] をいいます。

> 常習性については、行為者に賭博行為の反復累行の習癖が肯定できる限り、1回の行為でも常習性が認められるとする見解[14] が支配的です。**最決昭和54・10・26**（刑集33・6・665、判時946・127、判タ402・71）は、長期間営業を継続する意思で多額の資本を投下して多数の賭博遊技機（スロットマシン）を設置した遊技場の営業を開始し、警察による摘発を受けて廃業するまでの3日間営業した事案につき常習性を肯定しています[15]。

刑法総則（56条以下）にその要件・効果が規定されている普通累犯（広義の累犯）のうち、一定の犯罪を反復累行する習癖を有する常習性が要件となっているものを常習犯（常習累犯）といい、その犯罪者を常習犯人（常習累犯者）といいますが、本罪はその典型例です。

② **行 為** 本罪の賭博の行為は、**常習性の発現**としてなされる必要があります。そうである限り、1回の賭博行為についても本罪を肯定してよいとするのが支配的見解ですが、妥当ではありません。常習性の発現と認められる複数の賭博行為は、包括して1個の本罪となります[16]。

③ **故 意** 賭博をすることについて故意が必要です。常習性は行為者の属性（意思属性）ですから、行為者はこれを認識している必要はありません。

---

13) 判例（大判大正3・04・06刑録20・465）・通説です。この常習性は、賭博罪の前科の存在、賭博の性質・方法、反復累行の事実、賭金の額、勝負の回数・結果等を総合し、賭博の習癖の有無を軸に客観的に判断されます。最判昭和25・10・06刑集4・10・1951、最大判昭和26・08・01刑集5・9・1709。
14) 通説です。
15) この判決には、常習性は認められないとする反対意見が付せられています。
16) 大判大正12・04・06刑集2・309。

530 第35講 賭博及び富籤に関する罪

(2) 常習性

① 法的性格

> ⓐ **違法要素説**[17] ——常習性は行為の属性〔⇒違法身分〕
> ・常習性の発現としての賭博行為は、本罪の法益に対する危険の程度が大きいので違法要素である
> ・同じ態様の賭博罪の行為が反復して行われたとき、集合犯として一括して1個の常習賭博行為となるのであり、違法要素である
> ⓑ **責任要素説**[18] ——常習性は行為者の属性〔⇒責任身分〕
> ・常習性は、法益を尊重する意識の低さを発現するものであり、それにより非難可能性が高まるので、責任要素である
> ⓒ **違法・責任要素説**[19] ——常習性は行為の属性であると同時に行為者の属性〔⇒違法身分・責任身分〕
> ・常習性は、本来、賭博を反復累行する習癖というから責任要素であるが、刑法上は行為を離れた行為者の概念は認めるべきではないので行為の属性でもあり違法要素でもある

　本罪の常習性は行為者の習癖であり、賭博行為が常習性の発現であることによって、個々の賭博行為が惹起する本罪の保護法益（ギャンブルに対する公的機関の主宰・管理及びそれへの社会の信頼）に対する危険が高まることはありません。ましてや、刑法における行為責任の原則を前提にしたとき、常習性は行為の属性とすることはできません。むしろ、行為者は、賭博行為を反復累行する悪しき習癖により、法益尊重意識の減弱とともに賭博行為に走る意思の弱さを露わにしたため、法的な非難可能性が高まったのです。つまり、「君はまた違法な賭博をやったのか。懲りない奴だから、刑を重くする」というわけです。

　注意してほしいのは、常習性は**反復累行の事実**（客観事実）と**反復累行の習癖**（主観事実）を要件とするもの[20]、刑法は、「常習として賭博をした」と規定することでこの点を明らかにしているのです[21]。例えば、「貴方は賭博

---

17) 平野・252頁、内田・524、曽根・総論・142頁、林・413頁、高橋・575頁、前田・422頁。違法要素説からは、1回の行為だけで常習性は認定できないことになります。

18) 判例（最大判昭和26・08・01刑集5・9・1709）・多数説です。

19) 大塚仁・533頁、大谷・530頁など少数説です。

20) 反復累行の習癖があっても、必ずしも反復累行の事実が存在するとは限らないし、またその逆もいえること、その意味で、両者は次元が異なる要件です。

を繰り返す癖がある」というとき、それは、これまで何回か賭博を行った事実があると同時に、そうした事実に相応する習癖が行為者に存在することを指摘しています。1回の行為だけで常習性を認めるのは、認定のやり方が逆転しており、行為者の心理的な癖だけを根拠にして加重処罰することを意味しますので、人格への国家の不当な干渉という疑問を招来しかねません。

　②　**非身分犯**　本罪の常習性は、身分のうちの加減身分（不真正身分）又は責任身分に当たるとし、共同正犯・共犯について65条2項の適用を問題にすればよいとするのが支配的見解[22]です。しかし、この見解は弛緩した身分概念を採用しており[23]、妥当ではありません。本罪の常習性は、「賭博行為を反復する習癖、即ち犯罪者の属性」[24]であり、行為者の癖ですから、身分概念に含めることはできません。

　③　**常習性と共同正犯・共犯**

㋐	常習者Xと非常習者Yが、一緒になって賭博をした。
㋑	非常習者Yが、常習者Xの賭博行為を教唆・幇助した。
㋒	常習者Xが、非常習者Yの賭博行為を教唆・幇助した。

ⓐ　**支配的見解**——常習性＝加減身分（不真正身分）
　　　・常習性は、刑が加重される加減身分であり、65条2項が適用される
　　　・常習性は、正犯行為・共犯行為の区別なく、その習癖が発現していると認められる行為者に認められる
　　㋐　常習者X・非常習者Y：　単純賭博罪の限度で共同正犯
　　　　　　　　　　　　⇒常習者X：　単独で常習賭博罪[25]
　　㋑　65条2項により　　常習者X：　常習賭博罪の正犯

21）本条項は、「常習者として賭博をした」又は「前条（185条）の罪を犯した者が、常習者であるときは」という規定形式を採っていないことに注目すべきです。

22）判例（大判昭和9・07・04刑集13・941、最大判昭和26・08・01刑集5・9・1709）・通説です。

23）**最大判昭和26・08・01刑集5・9・1709**は、「賭博常習者というのは、賭博を反覆する習癖、即ち犯罪者の属性による刑法上の身分であるが、憲法14条にいわゆる社会的身分と解することはできない」と判示していますが、「刑法上の身分」の意義は明らかではありません。支配的見解は、身分概念を前提にして65条の法効果を考究するのではなく、㋐犯罪を構成すべき地位・状態・条件であれば65条1項の構成身分、㋑特に刑の加重がある地位・状態・条件であれば同条2項の加減身分というように、法効果から身分概念を確定したいがために、拡散した身分概念を採用しているのではないかと思います。

24）最大判昭和26・08・01刑集5・9・1709参照。

25）最決昭和54・04・13刑集33・3・179、判時923・21、判タ386・97〔百選Ⅰ・90〕。

　　　　　　　　　非常習者 Y：　　単純賭博罪の教唆犯・従犯[26)]
　　　⑰　65条2項（反対解釈）により　　非常習者 Y：単純賭博罪の正犯
　　　　　　　　　　　　　　　　　　　常習者 X：常習賭博罪の教唆犯・従犯[27)]
　ⓑ　**別の見解**——常習性＝構成身分（真正身分）・違法身分
　　　・本罪の常習性は、行為者の属性ではなく行為の属性である
　　　・非常習者の賭博行為への加功につき、常に常習性があるとは限らない
　　　㋐〔行為共同説〕　非常習者 Y：　　単純賭博罪の共同正犯
　　　　　　　　　　　　常習者 X：　　常習賭博罪の共同正犯
　　　㋑　65条1項により　常習者 X：　　常習賭博罪の正犯
　　　　　　　　　　　　　非常習者 Y：　常習賭博罪の教唆犯・従犯[28)]
　　　㋒　65条1項により　非常習者 Y：　単純賭博罪の正犯
　　　　　　　　　　　　　常習者 X：　　単純賭博罪の教唆犯・従犯

　支配的見解と異なり、本罪の常習性は身分ではなく、行為者の習癖であり、責任要素です。したがって、65条の適用はありません。

　㋐の場合、常習者 X と非常習者 Y とは、常習賭博罪の共同正犯と単純賭博罪の共同正犯との重なり合う単純賭博罪の共同正犯が成立し、常習者 X には個別的に常習性が存在するので、単独で常習賭博罪の罪責を負うことになります。㋑の場合、常習者 X には常習賭博罪の正犯が成立し、非常習者 Y には常習性がありませんので、単純賭博罪の教唆犯・従犯の成立にとどまります[29)]。㋒の場合、非常習者 Y には単純賭博罪の正犯が成立し、常習者 X には単純賭博罪の教唆犯・従犯が成立します。賭博行為そのものの常習性と教唆・幇助の常習性とは同じではなく、常習性につき賭博の実行行為と共犯行為を同じように認定することはできないからです。

---

26) 大判大正7・06・17刑録24・844。なお、非常習者には65条1項により常習賭博罪の教唆犯・従犯が成立し、65条2項により単純賭博罪の教唆犯・従犯の刑とする見解として、大塚仁・533頁。

27) 大連判大正3・05・18刑録20・932。なお、㋒の場合、常習性の発現と認められないときは単純賭博罪の共同正犯・共犯とする見解（大谷・532頁）、及び、共犯従属性説に充実に、常習者は、正犯である非常習者に成立する単純賭博罪の教唆犯・従犯とする見解（団藤・355頁、大塚仁・533頁）もあります。

28) この場合、1回の賭博行為への加功しか認められない場合は、非常習者 Y は単純賭博罪の教唆犯・従犯とします。

29) ここでは、罪名・科刑の一致が図られていることにも注目して下さい。関・総論・489頁参照。

04　賭博場開張図利罪・博徒結合図利罪（186条2項）

　賭博場を開張し、又は博徒を結合して利益を図った者は、3月以上5年以下の懲役に処する。

(1)　賭博場開張図利罪（186条2項前段）

① 　賭博場を開張すること〔行為〕
② 　利益を図る目的があること〔目的〕
③ 　故意があること〔故意〕

　① 　**行　為**　自ら主宰者となってその支配・管理下において賭博をする場所を開設する行為[30]で、いわゆる博打場・賭場・鉄火場・カジノを開設する行為が典型例です。賭博者を一定の場所に物理的に集合させる必要はなく[31]、例えば、携帯電話・ファクシミリ・パソコンネットにより賭博の申込を受けるような場合も本罪を構成します。

　本罪は、図利目的をもって賭博場を開設すれば既遂に達し、実際に賭博者を誘引すること、現に賭博が行われること、寺銭・手数料等の名目で現実の利益を得ることを要しませんし、賭博者又は利得の多寡は本罪の成否に影響しません[32]。本罪を犯した者が自らそこで賭博をした場合は、本罪と（単純・常習）賭博罪の併合罪となります[33]。

　② 　**目　的**　利益を図る目的（図利目的）が必要です（目的犯）。**図利目的**とは、賭博の開張に関連して、賭博者から入場料・手数料・寺銭等の名目で賭場開設の対価として不法な財産的利益を得ようとする意図をいいます[34]。

　③ 　**故　意**　自ら主宰者となってその支配・管理下において賭博をする場所を開設する行為について故意が必要です。

　罪数・他罪との関係ですが、賭博場開張行為は、賭博の教唆行為・幇助行為を当然に含んでいるので、別に単純賭博罪・常習賭博罪の教唆犯・従犯は成立しません。本罪は集合犯・慣行犯ではないので、各別個の意思をもって日時を異にし、別の場所で賭博場開張図利の行為がなされたときは、それぞ

---

30) 最判昭和25・09・14刑集4・9・1652。
31) 最決昭和48・02・28刑集27・1・68、判時695・118、判タ289・290。
32) 大判明治43・11・08録録16・1875、東京高判昭和57・06・30判時1076・153。
33) 大判明治42・05・27刑録15・665、東京高判昭和38・09・05東高時報14・9・157。
34) 最判昭和24・06・18刑集3・7・1094。

534 第35講 賭博及び富籤に関する罪

れ本罪が成立し、併合罪となります[35]。また、賭博開張の情を知りながら、賭博者を誘引し、それに必要な房室を給与する行為は、結果として賭博を容易にしていますが、本罪はその性質上、賭博罪の幇助を包含しているので、本罪の従犯をもって論ずべきで、賭博罪の従犯に問擬すべきではありません[36]。

(2) 博徒結合図利罪（186条2項後段）

> ① 博徒を結合すること〔行為〕
> ② 利益を図る目的があること〔目的〕
> ③ 故意があること〔故意〕

① **行 為** 行為は、博徒を結合することです。**博徒**とは、いゆる博打打ちで、常習的又は職業的に賭博を行う者をいいます。**結合する**は、行為者自ら博徒を集合させることによって既遂に達しますが、現に賭博が行われたこと、現実に財産上の利益を得たことまでは必要ありませんし、博徒を結合して利得を図った者がその統括者たる地位を失わない限り、財物の徴収が数回にわたっても包括して本罪の一罪を構成するにすぎません[37]。

② **目 的** 本罪には、利益を図る目的（図利目的）が必要です（目的犯）。**図利目的**とは、博徒の結合に関連して、賭博者から博徒結合の対価として不法な財産的利益を得ようとする意図をいいます。

③ **故 意** 行為者自ら博徒を集合させる行為をすることについて故意が必要です。

他罪との関係ですが、本罪の行為者が自ら賭博場を開張した場合は、本罪と賭博場開張図利罪の併合罪となります。

05 富籤罪 （187条）

> 富くじを発売した者は、2年以下の懲役又は150万円以下の罰金に処する。
> 2 富くじ発売の取次ぎをした者は、1年以下の懲役又は100万円以下の罰金に処する。

---

35) 最判昭和25・09・14刑集4・9・1652。
36) 大判大正9・11・04刑録26・793。
37) 大判明治43・10・11刑録16・1689。

05　富籤罪（187条）　　535

> 3　前2項に規定するもののほか、富くじを授受した者は、20万円以下の罰金又は科料に処する。

① 富籤であること〔客体〕
② 富籤を発売し、発売の取り次ぎをし、又は授受すること〔行為〕
③ 故意があること〔故意〕

　① **富　籤**　**富籤**とは、あらかじめ番号札（富札）を発売しておき、その後、抽籤その他の偶然的な方法によって、その購買者の間に不平等な一定の利益の分配をするその籤札のことをいい[38]、宝籤が典型例です。当せん金付証票法では、当せん金付証票（宝籤）とはその売得金の中から、くじびきにより購買者に当せん金品を支払い又は交付する証票をいうと定義しています（同法2条1項）。富籤は、発売者が財物を喪失する危険を負担せず購買者だけが負担する点に賭博との違いがあります[39]。当籤しなかった者が財物をまったく喪失しない福引は、富籤ではありません。

　② **行　為**　富籤を**発売する**とは、有償で譲渡することをいい〔富籤発売罪〕、富籤を**取り次ぐ**とは、富籤の発売者と購買者の仲に入って富籤の売買をとりもつことをいい〔富籤取次罪〕、また、富籤を**授受する**とは、富籤を買った者がそれを第三者にさらに売却したり、贈与したりして、所有権を移転する行為であって、発売を除いた行為〔富籤授受罪〕をいいます。

　③ **故　意**　富籤であること、それを発売し、発売の取り次ぎをし、又はこれを授受することについて、故意が必要です。

---

38) 大判大正3・11・17刑録20・2139は、富籤の発売とは、購買者をしてある抽籤の方法により利益を僥倖させる目的で、ある籤札、すなわち右射倖の権利を証明するための道具として売買授受せられるべき有形の物件を発売することとしています。

39) 大判大正3・07・28刑録20・1548。

第 36 講　礼拝所及び墳墓に関する罪

01　総　説

(1)　意　義

　憲法 20 条は、信教の自由を保障し、宗教団体が国から特権を受け、政治上の権力を行使することを禁止し（1 項）、宗教上の儀式・行事等への参加を強制されないことを保障するとともに（2 項）、国は宗教的活動をしてはならないことを規定しています（3 項）。したがって、礼拝所及び墳墓に関する罪の規定は、国が宗教、宗教団体及びその宗教的活動に対して積極的な保護を与え、特権を付与し、逆に、干渉することを許容する規定ではありません。

　学説は、本罪は宗教そのものあるいは宗教上の信仰を保護するものではなく、現に存在している健全な宗教的な風俗・感情を保護するものであって、信教の自由に反しないばかりか、むしろ信教の自由そのものを保護するものと説明します[1]。より精確には、本条は、宗教・信教の自由を確保・実現するための社会生活上の基盤を保護していると解すべきでしょう。

(2)　類　型

○礼拝所不敬罪（188 条 1 項）　　　○説教等妨害罪（188 条 2 項）
○墳墓発掘罪（189 条）　　　　　　○死体損壊等罪（190 条）
○墳墓発掘死体損壊等罪（191 条）　○変死者密葬罪（192 条）

　変死者密葬罪の規定は、犯罪捜査目的を優先させた行政刑罰法規であり、他の犯罪と異質です。

02　礼拝所不敬罪 （188 条 1 項）

　神祠、仏堂、墓所その他の礼拝所に対し、公然と不敬な行為をした者は、6 月以下の懲役若しくは禁錮又は 10 万円以下の罰金に処する。

---

1) 通説です。

(1) 保護法益

　本条項は、宗教・信教の自由を確保・実現するための社会生活上の基盤のうち、礼拝対象の施設・建物・場所の神聖さ・清浄さを保護するものです[2]。

(2) 要　件

①　神祠・仏堂・墓所・その他の礼拝所である〔客体〕
②　公然と不敬な行為をすること〔行為〕
③　故意があること〔故意〕

　①　客　体　神祠とは神道により神を祭った施設・建物・場所（祠堂）をいい、仏堂とは仏教により仏を祭った施設・建物・場所をいい、典型例は仏像を安置する殿堂（仏殿・寺院）です。また、墓所とは死者の遺体・遺骨等を安置して死者を祭祀し又は記念する施設・建物・場所をいい、典型例は墓地です。その他の礼拝所とは、神祠・仏堂・墓所以外、又は神道・仏教以外で、礼拝の対象となっている施設・建物・場所を意味します。宗教の種類を問いませんし、特定の宗教によるものかどうかも問いません。例えば、原爆慰霊碑・ひめゆりの塔のように、敬虔感情の対象となっている一般的な建物・場所も含まれます。いずれも礼拝対象となっていることが必要なので、礼拝所に付属し別棟になっている社務所・寺務所・庫裡や、礼拝の施設・建物・場所でなくなった廃寺・廃殿は含まれません。

　②　行　為　行為は、公然と不敬な行為をすることです。公然とは、不特定又は多数の人が認識しうる状態をいい、人が現実にその行為を認識することを要しません。

> 最決昭和43・06・05（刑集22・6・427、判時522・87、判タ224・181）は、午前2時の真夜中に、通行人もいない共同墓地の墓碑を押し倒した行為に公然性を認めました[3]。

　この判例については、夜が明ければ公衆の目に触れるので、結果としての公然性を認めたものとの理解が支配的です[4]。しかし、本件共同墓地は県道

2）本罪の具体的な保護法益について、東京高判昭和27・08・05高刑集5・8・1364、判タ24・64は「国民の宗教的崇敬ないしは死者に対する尊敬の感情」と判示し、福岡高判昭和61・03・13判タ601・76は「社会一般・一般人の宗教感情」と判示しています。

3）最決昭和43・06・05刑集22・6・427。

4）大谷・537頁、中森・254頁、西田・407頁、林・410頁、松原・514頁。

538　第36講　礼拝所及び墳墓に関する罪

につながる村道に接近した場所にあり、他人の住家も遠からぬ位置に散在していることによる間接的な認識可能性を考慮したもので、名誉毀損罪でいう伝播性の理論と同旨の観点を用いたものと考えられます。

　不敬な行為とは、礼拝所の神聖さ・清浄さを汚し、宗教的感情を害する行為をいいます。例えば、汚物を投げる、神体・仏像に唾を吐く、落書をする、侮辱的な言葉を浴びせる、放尿する等の行為があげられます[5]。不敬は、一般に、敬意・礼意を失する態度をいい、例えば、礼拝所の前を通過するときに礼意を示す行動を取らなかったような消極的な不作為形態も含むとすることも可能ですが、本罪でいう不敬は積極的な作為形態をいうと解すべきです。そうした軽微な態度をも処罰すると、国が一定の宗教への敬意・礼意を強制し、宗教の自由への過度の干渉につながるからです。

　本罪は、公然と不敬の行為がなされたときに既遂に達し、現に礼拝所の神聖さ・清浄さが汚されることを要しません。

　③　**故　意**　礼拝所に対して公然と不敬な行為をすることについて故意が必要です。

03　説教等妨害罪 (188条2項)

> 　説教、礼拝又は葬式を妨害した者は、1年以下の懲役若しくは禁錮又は10万円以下の罰金に処する。

(1)　保護法益

　本条項は、宗教・信教の自由を確保・実現するための社会生活上の基盤のうち、重要な宗教的な事務・儀式の平穏な遂行を保護するものです。

(2)　要　件

> ①　説教・礼拝・葬式であること〔客体〕
> ②　所定の客体を妨害すること〔行為〕
> ③　故意があること〔故意〕

　①　**客　体**　説教とは、悪いことをした人を戒める行為（「先生に説教された

---

5)　侮辱的な態度を取ることも不敬な行為に当たりますので、墓石に放尿をするような格好をするのも、実際に放尿しなくても本罪に当たります。東京高判昭和27・08・05高刑集5・8・1364、判タ24・64。

（>o<）」）ではなく、宗教の教義・宗旨を説いて聞かせる行為をいい、**礼拝**とは、神仏に低頭・合掌などして宗教的敬虔の念を表明する行為をいい、**葬式**とは、死者を葬る宗教的儀式をいいます。「その他の宗教的儀式」という文言が使われていないので、本条項は限定列挙です。したがって、宗教に関する講演、結婚式・披露宴、托鉢、宗教的慈善事業等は含まれません。

死胎・ペット・家畜を葬る儀式は獣畜のためのものであり、慣習上葬式ではないので本罪の客体には含まれないとする見解[6]が支配的です。しかし、死胎については、水子供養・水子地蔵の習俗がありますし、家畜については、例えば馬頭観音の習俗があります。また最近では、ペットについても人間の家族と同じように葬式をし、墓を建て、供養している例も多くみられるようになっており、死胎・ペット・家畜を葬る儀式も慣習化・習俗化していないと断定できないので、本罪の法定刑が低いことも考慮して、本罪の客体に含まれると解するのが相当かもしれません[7]。

② **行　為**　説教・礼拝・葬式の**妨害**とは、これらの宗教的儀式の行為が平穏に執り行われることを不能又は困難にする一切の行為をいいます。動作・言語のほか、暴行・脅迫の行為、欺罔等の詐欺的方法、甘言的方法によるものでも構いません。

> **大判昭和14・11・11**（法律新聞4493・5）は、通夜のとき、仏壇に祀ってある法名を持ち去ってこれを損壊し、通夜に使用できなくした事案につき本罪と器物損壊罪の観念的競合としました。また、**東京高判昭和29・01・18**（東高時報5・1・3）は、葬式を執行するため共同墓地内に掘った墓穴を勝手に埋め、別に墓穴を掘って埋葬せざるをえなくさせ、埋葬の時刻を遅延させた事案につき、本罪の成立を認めました。

妨害行為の結果として現実に妨害されたことを要しないとするのが支配的見解ですが、疑問です。これは、業務妨害罪（233条以下）とパラレルですが、業務妨害罪について**侵害犯説**を採る論者が、同じ「妨害した」の文言が使われている本罪について**危険犯説**を主張するのは理解できません。確かに、名誉毀損罪（230条）・信用毀損罪（233条前段）では「毀損した」の文言が使わ

6）通説です。
7）死胎・ペット・家畜を葬る儀式は、本条項の客体に含まれると考えなくとも、業務妨害罪（233条・234条）・儀式妨害罪（軽犯罪法1条24号）の客体には含まれます。

540　第36講　礼拝所及び墳墓に関する罪

れているのに危険犯とされることからも明らかなように、文理は根拠とならないし、本罪は社会法益に対する罪、業務妨害罪は個人法益に対する罪であり、同じに解する必然性はないという反論が予想されます。しかし、名誉毀損罪・信用毀損罪の場合も、本来であれば名誉・信用を毀損することが必要ですが、保護法益が抽象的であり、その侵害の立証が困難であるため危険で足りるとされているのです。他方、本罪及び業務妨害罪では、それと状況が異なりますので、現に説教等が不能又は困難になることが必要です。

　③　**故　意**　説教・礼拝・葬式を妨害することについて故意が必要です。

04　墳墓発掘罪（189条）

墳墓を発掘した者は、2年以下の懲役に処する。

(1)　保護法益

　本条は、宗教・信教の自由を確保・実現するための社会生活上の基盤のうち、礼拝の対象としての墳墓の平穏を保護するものです。

(2)　要　件

① 　墳墓であること〔客体〕
② 　墳墓を発掘すること〔行為〕
③ 　故意があること〔故意〕

　①　**客　体**　墳墓とは、人が葬られている墓、すなわち、人の死体・遺骨・遺品等を埋葬して祭祀、礼拝又は記念の対象となっている施設・建物・場所をいうと解されています[8]。現に死体・遺骨・遺品等が納められているかは問いません[9]。人の死体・遺骨・遺品等の埋葬が前提となっており、死胎・ペット・家畜の埋葬は客体となりませんが、ただ、死胎については、人体の形を具えており、かつ、その埋葬場所が礼拝の対象となっている限り、墳墓に当たると解されています。しかし、死胎を「人の死体」として扱うのは、胎児と人との区別を曖昧にしてしまいます。むしろ、墳墓の概念についての支配的見解が合理的でないのです。人の死体に限らず、死胎、ペット・家畜等の

---

8)　名古屋高裁金沢支部判昭和26・10・24高刑集4追録1。
9)　戦死者・遭難者の場合、遺体・遺骨・遺品等が発見されなくても、遺族等が墓を建てている例は多いようです。

遺骸を埋葬するについての一般市民の習慣・習俗、そこに存在する宗教的な尊崇感情を考慮するならば、正面から、本罪にいう**墳墓**とは、人及び人に類する精霊が宿っているとされる死体・遺骨・遺品等を埋葬して祭祀、礼拝又は記念の対象となっている施設・建物・場所をいうと解すべきです。

　かつて墓所であったが既に祭祀・礼拝の対象となっていない古墳は、本罪の客体ではありません[10]。

　②　**行　為**　発掘とは、墳墓の覆土の全部・一部を除去し、又は墓石等を破壊・解体して墳墓を損壊することをいいます〔覆土除去説〕。

> 　**最決昭和 39・03・11**（刑集 18・3・99、判時 372・43）は、必ずしも墳墓内の棺桶・遺骨・死体等を外部に露出させることを要しないとしています[11]し、また、**福岡高判昭和 59・06・19**（判時 1127・57）は、コンクリート製納骨室の壁、天井、扉等の重要な部分の破壊・解体することを要するとしています。

　墳墓の発掘については、損壊の概念を中核に置き、墳墓としての本質的効用を害することを軸にして考えるならば、その重要部分を破壊・解体・除去等することを要すべきで、覆土の一部の除去では足りません。

　例えば、検証における墳墓発掘処分[12]や市町村長の許可による改葬[13]のように、法令によって正当化される場合があります。

　③　**故　意**　墳墓を発掘することについて故意が必要です。

05　死体損壊等罪（190条）

> 　死体、遺骨、遺髪又は棺に納めてある物を損壊し、遺棄し、又は領得した者は、3 年以下の懲役に処する。

(1)　保護法益

　本罪は、宗教・信教の自由を確保・実現するための社会生活上の基盤のうち、尊崇感情の対象としての死体等を保護するものです。

---

10)　大判昭和 9・06・13 刑集 13・747。古墳は文化財保護法による保護対象となっています。
11)　既に、**名古屋高裁金沢支部判昭和 26・10・24 高刑集 4 追録 1** は、本罪は墳墓内に蔵置されている遺骨・遺骸を取り出して公衆の目に触れる状態に置くこと、又はその遺骨遺骸を隠匿若しくは領得することは必ずしもその成立要件ではないとしていました。
12)　刑事訴訟法 129 条・222 条。
13)　「墓地、埋葬等に関する法律」5 条 2 項。

542　第36講　礼拝所及び墳墓に関する罪

(2)　要　件

> ①　死体・遺骨・遺髪・棺内収納物であること〔客体〕
> ②　所定の客体を損壊し、遺棄し、又は領得すること〔行為〕
> ③　故意があること〔故意〕

　　①　**客　体**　**死体**とは、死亡した人の身体、つまり死骸をいいます。死胎も人体の形状を具えているものは、死体に含めることができるとするのが支配的見解[14]です。死体は、その全体だけでなく、その一部又はその内容をなしている臓器も含みます[15]。**遺骨**とは死亡した人が死後に残した骨、**遺髪**とは死亡した人が死後に残した頭髪です。古来、頭髪はその人の人格と結びつけて特別な意味を持たせていたこともあって、死後、形見にすることが多かったことに由来します。**棺に納めてある物**（棺内収納物）とは、副葬品、すなわち葬る際に死体・遺骨等とともに棺内に納めた一切の物をいい、棺桶自体は含みません。いずれも、礼拝の対象として死者の祭祀・記念のために保存されている又は保存されるべきものである必要があり、例えば、骨あげの後に火葬場に遺留された骨片は遺骨には当たりません[16]。

　　本罪の客体については、人を軸に構成されています。しかし、それを死胎・ペット・家畜にも及ぼすことを検討すべき時期でしょう。

　　②　**行　為**　**損壊**（死体損壊）とは物理的な損壊のみをいい、例えば、死体の手足を切断するのが例です[17]。したがって、死体等を汚す行為は損壊には含まれず、礼拝所不敬罪（188条1項）が成立しうるにすぎません。屍姦も、本罪にいう損壊には当たりません[18]。**遺棄**（死体遺棄）は、法律上の葬祭義務者（作為義務者）であるか否かによってその内容が変わります。葬祭義務者でない場合は、死体等を場所的に移動させて放棄（移棄）又は隠匿する作為が必要です。例えば、殺人の犯人は直ちに法律上の埋葬義務者となるわけではないので、死体を放置して立ち去っても本罪を構成しません[19]。これに

---

14)　判例（大判昭和6・11・13刑集10・597）・通説です。

15)　大判大正14・10・16刑集4・613。

16)　大判明治43・10・04刑録16・1608。

17)　死体解剖も損壊に当たりますが、法令によって正当化される場合があります。死体解剖保存法2条・7条以下。

18)　最判昭和23・11・16刑集2・12・1535。

19)　大判昭和8・07・08刑集12・1195。但し、軽犯罪法1条18号違反の可能性があります。

05　死体損壊等罪（190条）　543

対し、葬祭義務者の場合は、死体等を場所的に移動させて放棄したり、隠匿するほかに、単なる不作為も本罪を構成します。例えば、親がその嬰児を殺害し、そのまま現場に死体を放置して立ち去った場合です。**領得**（死体領得）とは、死体・遺骨・遺髪・棺内収納物の占有を取得することをいいます。取得の方法は問わず、例えば、死体の領得犯人から有償・無償で取得するような間接取得も領得に当たります。財産犯か否かで領得意思の要否を分けることに積極的理由は見出しがたいことを根拠に、領得意思を要するとするのが判例[20]ですが、領得罪につき領得意思必要説に立つ見解も、本罪は財産犯でないこと、領得意思を要求する実益がないことを根拠に、領得意思は不要とする見解[21]が有力です。本書は、そもそも領得罪につき領得意思不要説[22]を採るので、この議論の実益はありません。

　例えば、検証における解剖や鑑定のための解剖[23]、研究・教育のための解剖[24]、脳死体からの移植用臓器の摘出[25]などのように、法令によって正当化される場合があります。

　③　**故　意**　死体・遺骨・遺髪・棺内収納物を損壊し、遺棄し、又は領得することについて故意が必要です。

(3)　他罪との関係

　例えば、棺内収納物を領得した場合に、本罪と窃盗罪との競合成立があるかが議論されます[26]。

ⓐ　**肯定説**[27]──葬祭対象物は 190 条の客体であると同時に財物でもある
　　　　　　　　⇒財産犯と棺内収納物領得罪（190 条）の観念的競合
　　＜根拠＞・その物が棺内収納物であるかは客体側の事情であって、行為者
　　　　　　　からすれば、その物が財産的価値ある財物である
　　　　　　・財産犯と棺内収納物領得罪は保護法益が異なるので、相互に排

20）大判大正 13・10・07 法律新聞 2331・6。
21）大谷・540 頁、松原・518 頁。
22）本書・208 頁以下参照。
23）刑事訴訟法 129 条・222 条・168 条。
24）死体解剖保存法 2 条 1 項。
25）臓器の移植に関する法律 6 条。
26）本書・196 頁以下参照。
27）団藤・363 頁、福田・217 頁、内田・519 頁。棺内収納物についてのみ占有離脱物横領罪の成立を認め、本罪との観念的競合を認めるのは、前田・428 頁。

544　第36講　礼拝所及び墳墓に関する罪

　　　　　他的と考える必然性はないし、特に高価な棺内収納物に対する
　　　　　罪を190条のみで処理するのは刑の権衡を失する
　ⓑ　**否定説** [28]――葬祭対象物は190条の客体にすぎず、財物ではない
　　　　　⇒財産犯は成立せず、棺内収納物領得罪（190条）のみが成立
　＜根拠＞・刑法が死体・遺骨等を領得する行為を独立の犯罪類型とし、財
　　　　　　産犯よりも法定刑を軽くしているのは、これらの物を財産犯の
　　　　　　客体から除外した趣旨
　　　　　・棺内収納物は、蔵置された瞬間から、所有者・占有者にとって
　　　　　　財産的価値を喪失して専ら信仰的感情の対象となる

　所有者・占有者は、棺内収納物の財産的価値の面を後退させ、死者等への
尊崇感情の対象物としてそれを棺内に収納しました。この点を考慮して、刑
法は、一般の財物とは異質の物として財物性を否定したのであり、財産犯に
比べて法定刑が軽いのはそのためです〔**否定説**〕。

　傷害致死罪・殺人罪と死体損壊罪・死体遺棄罪は併合罪です [29]。

06　墳墓発掘死体損壊等罪（191条）

　　第189条の罪〔墳墓発掘罪〕を犯して、死体、遺骨、遺髪又は棺に納めてあ
る物を損壊し、遺棄し、又は領得した者は、3月以上5年以下の懲役に処する。

(1)　保護法益

　本罪は、墳墓発掘罪（189条）と死体損壊等罪（190条）の**結合犯**で、墳墓発
掘者は、死体等を領得する場合が多いことを考慮しました。宗教・信教の自
由を確保・実現するための社会生活上の基盤のうち、礼拝の対象としての墳
墓の平穏、及びその中に安置されている死体等を保護するものです。

(2)　要　件

　①　死体・遺骨・遺髪・棺内収納物であること〔客体〕
　②　墳墓を発掘し、所定の客体を損壊し、遺棄し、又は領得すること〔行為〕
　③　故意があること〔故意〕

　①　**客　体**　本罪の客体は、死体・遺骨・遺髪・棺内収納物です。

　②　**行　為**　墳墓を発掘し、死体・遺骨・遺髪・棺内収納物を損壊し、遺

28）判例（大判大正4・06・24刑録21・886）・通説です。
29）最判昭和34・02・19刑集13・2・161。

棄し、又は領得することです。自ら墳墓発掘行為をした者が死体損壊等の行為をする必要があるので、墳墓発掘行為をして死体等を領得した犯人から有償・無償で取得する行為は、本罪ではなく、死体領得罪（190条）になります[30]。また、適法に墳墓を発掘した者や適法な目的で墓地域内を掘削した者が、その発見した死体・遺骨等を引き続き不法に損壊・遺棄・領得した場合は、本罪ではなく、死体損壊等罪（190条）になります[31]。

③　**故　意**　墳墓を発掘し、死体・遺骨・遺髪・棺内収納物を損壊し、遺棄し、又は領得することについて故意が必要です。

07　変死者密葬罪（192条）

> 検視を経ないで変死者を葬った者は、10万円以下の罰金又は科料に処する。

(1)　保護法益

本条は、行政取締法規の性格を有しており、その限りで、宗教・信教の自由の基盤確保の目的よりも、犯罪捜査の目的を優先させた例外的な規定です。

(2)　要　件

①　変死者であること〔客体〕
②　検視を経ないで変死者を葬ること〔行為〕
③　故意があること〔故意〕

①　**客　体**　**変死者**とは、不自然な死亡を遂げ、その死因の不明な者のみを指し、死因の明瞭な者は含まないとするのが判例[32]です。しかし、この定義では、変死者の範囲が狭すぎるので、犯罪を死因とする死体、死因不明の不自然死による死体、及びこれらの疑いのある死体と解すべきです[33]。

②　**行　為**　**検視**とは、死体に対する検証を意味します。例えば、犯罪による死亡の疑いがあるとき[34]、伝染病死の疑いがあるとき[35]、刑事施設被

30）大判大正 4・06・24 刑録 21・886。
31）大判大正 3・11・13 刑録 20・2095。
32）大判大正 9・12・24 刑録 26・1437。
33）通説です。判例の定義では狭すぎて、犯罪を死因とする死体、及びこの疑いのある死体が除外されてしまいます。
34）刑事訴訟法 229 条 1 項。
35）検視規則（1958 年・昭和 33 年国家公安委員会規則 3 号）。

収容者が死亡したとき[36]、あるいは、少年院の在院者が死亡したときに[37]行われるものなどがあります。ただ、本条は、死因に犯罪の疑いのある死者について死因を検証して犯罪捜査の端緒を失わないようにするためなので、刑事訴訟法 229 条の定める司法検視に限定し、犯罪による死亡でないことが明らかな自殺、行路病死についての行政検視は本条の検視に含まれないと解することもできます[38]。

検視を経ないで**葬る**とは埋葬する行為[39]をいい、その方法を問いません。

③ **故 意** 検視を経ないで変死者を葬ることについて故意が必要です。

今日の一言

父母も　その父母も　我が身なり
子も孫も　その子も孫も　我が志なり

---

36)「刑事施設及び被収容者の処遇に関する規則」93 条。

37) 少年院法施行規則 91 条。

38) 西田・409 頁。

39)「墓地、埋葬等に関する法律」2 条 1 項は、埋葬とは「死体（妊娠 4 箇月以上の死胎を含む．以下同じ。）を土中に葬ること」と定義しています。

第37講　内乱・外患・国交に関する罪

01　内乱に関する罪

(1)　総　説

　国家は、ある種の生きもののように防衛機制を働かせ、その存立を脅かす行為を防遏しようとする性癖をもっていますが、そうした防遏の対象となる典型的な行為が、国家の基本的な統治機構・政治制度そのものに攻撃を加えて現在の国家体制を転覆させる内乱です。

　本罪は、同一の目標に向けられた多数の人の共同行為を要する**集合犯**の代表的な犯罪ですが、政治闘争の一環として行われることが多く、行為者は、成功すれば「英雄」となり＼ (^_^) ／、失敗すれば「政治犯・確信犯」の扱いを受けることになります（× ＿ ×）。したがって、法益侵害の結果を必要とする実害犯とはなりえません。また、国家は、自由刑としては禁錮刑を法定刑とすることで、本罪の非破廉恥罪としての性格を考慮しています。

○内乱罪（77条）　　○内乱予備・陰謀罪（78条）　　○内乱等幇助罪（79条）

　刑法は、国益保護主義の見地から、日本国外において本罪を犯すすべての者にも本条を適用しています（2条2号）。

(2)　内乱罪（77条）

> 　国の統治機構を破壊し、又はその領土において国権を排除して権力を行使し、その他憲法の定める統治の基本秩序を壊乱することを目的として暴動をした者は、内乱の罪とし、次の区別に従って処断する。
> 　　一　首謀者は、死刑又は無期禁錮に処する。
> 　　二　謀議に参与し、又は群衆を指揮した者は無期又は3年以上の禁錮に処し、その他諸般の職務に従事した者は1年以上10年以下の禁錮に処する。
> 　　三　付和随行し、その他単に暴動に参加した者は、3年以下の禁錮に処する。
> 　2　前項の罪の未遂は罰する。ただし、同項第3号に規定する者については、この限りでない。

① 　多数の者が関与すること〔主体〕
② 　暴動をすること〔行為〕

548　第37講　内乱・外患・国交に関する罪

③　国の統治機構を破壊すること、国の領土において国権を排除して権力を行
　　使すること、その他憲法の定める統治の基本秩序を壊乱することを目的と
　　すること〔目的〕
④　故意があること〔故意〕

　①　**主　体**　本罪は集合犯ですが、関与者の地位・役割に応じて刑が科さ
れます。
　②　**行　為**　暴動とは、多数の者による暴行・脅迫をいい、ここでの暴行
はすべての有形力の行使を含み、人に対するものであると物に対するもので
あるとを問いません（最広義）し、脅迫は広く害悪を告知する行為のすべて
を含みます（広義）。統治の基本秩序の壊乱を目的とし、ある程度組織化され
た集団による暴動であることを要しますので、集団的な暴動行為があっても、
直接に国家の政治的基本組織を不法に破壊することを目的とするものでない
場合、あるいは、そうした目的がなく単なる多数の人の集合にすぎない場合
（烏合の衆）は、本罪を構成しません。
　また、本罪の暴行・脅迫は国の統治の基本秩序を壊乱する目的でなされる
ので、一地方における平穏を害する程度のもので足り、規模・態様において
国家の基本組織に動揺を与える程度に達したときに、危険結果が発生して既
遂となります。
　なお、放火罪、殺人罪、傷害罪等に該当する行為を手段として暴動の行為
が行われ、それらの行為が国の統治の基本秩序を壊乱する目的を達成するた
めの相当な手段と認められるときは、それらの犯罪は本罪に包括吸収され、
別罪を構成しません[1]。
　③　**目　的**　国の統治機構を破壊すること、国の領土において国権を排除
して権力を行使すること、その他憲法の定める統治の基本秩序を壊乱するこ
とを目的としていなければなりません（目的犯）。**統治の基本秩序を壊乱する
こと**とは、日本国憲法が定める統治の基本的な体制・制度を根本から破壊・
変革することをいい、国の統治機構を破壊すること、国の領土において国権
を排除して権力を行使することは、例示にすぎません。**国の統治機構を破壊
する目的**とは、日本国の行政体制・行政組織の基盤である内閣制度を破壊・

---

1)　大判昭和 10・10・24 刑集 14・1267.

変革する意図をいい、例えば、内閣総理大臣を暗殺して現内閣の打倒を意図することで、主要閣僚を殺害して新たな組閣を促す目的は含みません[2]。また、**国権を排除して権力を行使する目的**とは、例えば、沖縄や北海道を軍事力で占拠・支配し、独立国を宣言する意図のように、日本国の一部・全部に対して、その主権を事実上排除して統治権を行使する目的をいいます。

④　**故　意**　憲法の定める統治の基本秩序を壊乱する目的のほかに、暴動をするについて故意が必要です。

⑤　**法効果**　⑦**首謀者**とは、集団の中心となって暴動を統率する者をいい、一人とは限りませんし、必ずしも暴動の現場にいて指揮統率することを要しません。⑦**謀議参与者**とは、内乱の謀議・計画に関与して首謀者を補佐する者をいい、**群衆指揮者**とは、暴動の現場に望むにあたって又は現場において、群衆を指揮する者をいいます。いずれも、暴動の全体について謀議に参与するとか、暴動の多衆の全体を指揮するとかは、必要ありません。⑦**その他諸般の職務従事者**とは、暴動を行うについて謀議参与者・群衆指揮者には至らない役割、例えば、弾薬・食糧の調達や運搬を首謀する者のように、暴動を行うについて重要な役割を担う者をいいます。そして、⑦**付和随行し、その他単に暴動に参加した者**とは、暴動が行われるのを知って集団の一部に加わり、指揮者の命令に従って行動し、暴動の勢力を増大させた者いい、群集心理に駆られての随行、参加である点を考慮して、刑が軽くなっています。しかも、これらの者は、内乱罪が未遂に終わったときは罰せられません（77条2項但し書）。また、暴動の一環として放火罪・殺人罪等が犯されても、これらの罪は内乱罪に包括吸収されますので、その実行者は、付和随行者・暴動参加者と認定される限り、3年以下の禁錮に処せられるだけです。

⑥　**共同正犯・共犯**　本罪は刑法各則に規定された必要的共犯の集合犯であり、明文の規定をもって総則の共同正犯・共犯規定の適用を排除しています。したがって、暴動の集団内部に共同正犯・共犯の規定の適用はありません。では、集団外部にあって本罪に関与する行為はどうか。

否定説[3]は、集合犯は集団的犯罪への一定の関与の態様・範囲を取り上げて

---

2) 神兵隊事件・大判昭和16・03・15刑集20・263。

550　第37講　内乱・外患・国交に関する罪

規定されたのであるから、それ以外の関与行為に総則の共同正犯・共犯規定を
適用するのは刑法の厳格解釈の趣旨からいって問題であること、刑法各則の規
定する集合犯に対して、性格の異なる任意的共犯の規定を適用するのは適当で
ないことを根拠に、共同正犯・共犯規定の適用を否定します。

　本条は、暴動の集団犯の内部における関与行為を規定したにすぎず、集団
の外部にあって本罪に関与する行為について共同正犯・共犯規定の適用が排
除されていると解する根拠は見出しがたいので、**肯定説** [4] が妥当です [5]。

(3)　内乱予備・陰謀罪（78条）

> 　内乱の予備又は陰謀をした者は、1年以上10年以下の禁錮に処する。

> ①　内乱の予備又は陰謀すること〔行為〕
> ②　内乱の行為を実行する目的があること〔目的〕
> ③　故意があること〔故意〕

　①　**行　為**　**予備**とは、内乱罪の行為を実行する目的でその準備をするこ
とで、例えば、武器・弾薬、食糧の調達、同志を募る行為です。**陰謀**とは、
2人以上の者が内乱罪の実行を計画し、合意に達することをいいます。

　内乱罪の行為が実行されれば、本罪の予備・陰謀罪は内乱の未遂・既遂に
吸収されます。

　②　**目　的**　内乱罪の行為を実行する目的が必要です。この目的は、行為
者自らが内乱罪の行為を実行する目的である自己予備・陰謀の目的が典型で
すが、他人予備・陰謀の目的も含みます。

　③　**故　意**　内乱の予備・陰謀をするについて故意が必要です。

(4)　内乱等幇助罪（79条）

> 　兵器、資金若しくは食糧を供給し、又はその他の行為により、前2条の罪〔内
> 乱罪・内乱未遂罪、内乱予備・陰謀罪〕を幇助した者は、7年以下の禁錮に処す
> る。

---

3)　団藤・18頁、福田・7頁、大塚仁・552頁、平川・485頁、松宮・444頁。
4)　通説です。
5)　集団の外部にあって本罪の行為に関与する教唆者・幇助者については、破壊活動防止法38条2
　項（内乱教唆等罪）・41条（刑法総則の教唆規定の適用）や、内乱予備・陰謀罪（78条）、内乱
　幇助等罪（79条）により処断されるでしょうから、実際には、刑法総則の共犯規定は適用がな
　いと考えられますが、共同正犯規定は活用される余地があります。

① 内乱罪・内乱未遂罪、内乱予備・陰謀罪を幇助すること〔行為〕
② 故意があること〔故意〕

　　① **行　為**　本条は、内乱（未遂）罪、内乱予備・陰謀罪の幇助行為を独立犯罪として規定したもので、兵器・資金・食糧の提供のほか、例えば、陰謀場所の提供をすることがこれに当たります。**幇助**とは、内乱罪の暴動をすることを目的とする集団の外部にあって、内乱の行為又はその予備・陰謀を援助し、それらを容易にする行為をいいます。

　　② **故　意**　内乱（未遂）罪、内乱予備・陰謀罪を幇助することについて故意が必要です。

　　③　**正犯の要否**

　　本罪の重大性を考慮し、関与行為を厳しく取り締まる趣旨で独立幇助罪として規定されていること、内乱予備・陰謀罪についてもその幇助を処罰していること、本条は幇助の方法をある程度限定して規定していることを根拠に、正犯としての内乱罪及びその予備・陰謀罪が成立しないときにも本罪の成立を認めるべきとする**独立幇助犯説**[6]が主張されています。

　　本条は本罪の特殊性を考慮し、総則の共犯規定に対する刑だけを規定した特別規定にすぎないこと、本条は本犯の前段階のさらに前段階の内乱予備・陰謀罪の幇助をも処罰していること、本条は幇助の方法を限定して規定していないこと、正犯の行為が内乱予備・陰謀罪の法律要件を充たさない場合に、これに対する幇助を処罰すべき必要性も認められないことを根拠に、正犯としての内乱罪及びその予備・陰謀罪が成立しないときには本罪の成立を認めるべきでないとする**非独立幇助犯説**[7]が妥当です。

(5)　**自首による刑免除**（80条）

　　前2条〔78条・79条〕の罪〔内乱予備・陰謀罪、内乱等予備罪〕を犯した者であっても、暴動に至る前に自首したときは、その刑を免除する。

① 78条（内乱予備・陰謀罪）、79条（内乱等予備罪）を犯した者であること〔主体〕
② 暴動に至る前に自首すること〔行為〕

　　本条は、内乱予備・陰謀罪（78条）又は内乱等予備罪（79条）を犯した者が、

---

6) 香川・17頁、岡野・320頁、大谷・550頁、中森・262頁、前田・432頁、山口・532頁。
7) 多数説です。

暴動に至る前に自首した場合、刑を必ず免除すること〔刑の必要的免除〕を規定しており、総則 42 条の自首等規定の特別規定であり、法効果の点でも、同条（刑の任意的減軽）よりも大きな特典を定めています。

暴動に至る前とは、内乱罪の暴動の実行行為が着手される前という意味です。暴動に至った後は、本条ではなく 42 条の問題となります。

02　外患に関する罪

(1)　総　説

　外患に関する罪は、国外から日本国の存立を脅かす行為であり、通常、敵国を利し、母国に対する裏切り行為であると考えられるため、懲役刑が規定されています。

　本条はもともと、日本国と外国との戦争を想定して設けられたのですが、1947 年（昭和 22 年）に、「外国に通謀して帝国に対し戦端を開かしめ又は敵国に与して帝国に抗敵」するなどと改正されました。しかし、憲法 9 条の下にあっても、外国が不当な武力行使してくることがあり、その場合に、外国の武力行使を誘致する行為やこれを援助する行為を処罰する必要があるとして、現行法の規定になりました。

○外患誘致罪（81 条）　　○外患援助罪（82 条）　　○外患予備・陰謀罪（88 条）

　なお、刑法は、国益保護主義の見地から、日本国外において本罪を犯すすべての者にも本条を適用しています（2 条 2 号）。

(2)　**外患誘致罪**（81 条）

外国と通謀して、日本国に対し武力を行使させた者は、死刑に処する。 未遂も罰せられます（87 条）。

①　外国と通謀すること〔行為〕 ②　日本国に対し武力を行使させること〔結果〕 ③　故意があること〔故意〕

　①　**行　為**　外国と通謀することで、**外国**とは、日本国以外の外国の政府・軍隊・外交使節など外国を代表すべき国家機関をいい、私人としての外国人や私的団体は含まれません。**通謀**とは、意思連絡を取る行為をいい、その方法を問いません。

02　外患に関する罪　553

②　結　果　**武力を行使させた**とは、軍事力を用いて日本国の安全を害することをいい、外国が国家意思として日本国に対し武力を行使すれば足り、国際法上の戦争である必要はありません。外国に通謀する行為によって武力行使の結果が生じることが必要で、通謀行為と武力行使との間に因果関係を要します。通謀があったが武力行使には至らない場合や、武力行使はあったが通謀との間に因果関係が認められない場合は、未遂罪にとどまります。

通謀はあったが、外国との意思連絡に成功しなかった場合は未遂ですが、そもそも武力行使に至る危険性がない行為として不能犯の余地もあります。

③　故　意　外国と通謀すること、日本国に対し武力行使がなされることについて、故意が必要です。

(3)　外患援助罪（82条）

> 日本国に対して外国から武力の行使があったときに、これに加担して、その軍務に服し、その他これに軍事上の利益を与えた者は、死刑又は無期若しくは2年以上の懲役に処する。
> 　未遂も罰せられます（87条）。

> ①　日本国に対して外国から武力の行使があったときであること〔状況〕
> ②　外国からの武力行使に加担して、その軍務に服し、その他これに軍事上の利益を与えること〔行為〕
> ③　故意があること〔故意〕

①　状　況　本罪は、一定の状況にあることが必要な**時期犯**（**状況犯**）です。**外国から武力の行使があったとき**とは、外国からの武力行使の開始があるという意味です。したがって、武力行使の開始前に、例えば、外国に有利になるような軍事情報を提供したとしても、この要件を充足していませんので、外患予備罪（88条）は成立しても、本罪を構成しません。

②　行　為　**加担して**とは外国政府に加担してという意味であり、**軍務に服し**とは外国政府の軍隊に加わり、その軍事上の行動を取るということです。その他の**軍事上の利益を与える**とは、外国の武力行使に役立ち、それが有利になるような有形・無形の手段を提供することをいい、例えば、武器・弾薬、食糧・医薬品などの提供・運搬や、軍事情報の提供などがこれに当たります。

外国又は占領された地域内でやむをえず軍事上の利益に加担する行為は、

554 第37講 内乱・外患・国交に関する罪

期待可能性を欠いて、有責性阻却の場合が多いと考えられます。

③ 故 意 外国から武力の行使があったときに、外国からの武力行使に加担して、その軍務に服し、その他これに軍事上の利益を与えることについて故意が必要です。本罪は、未遂犯処罰規定がありますので、未遂結果の故意が問題となるときがあります。

(4) 外患予備・陰謀罪（88条）

第81条〔外患誘致罪〕又は第82条〔外患援助罪〕の罪の予備又は陰謀をした者は、1年以上10年以下の懲役に処する。

① 外患誘致罪・外患援助罪の予備又は陰謀をすること〔行為〕
② 外患の行為を実行する目的があること〔目的〕
③ 故意があること〔故意〕

03 国交に関する罪

(1) 保護法益

　国際強調主義の立場から、外国政府の請求が訴訟条件となっている罪（92条2項）があること、本罪は日本国の存立を危うくするようなものでないことを根拠に、本条は国際法上の義務に基づいて**外国の名誉・威信**といった国家的利益を保護するものとする見解[8]がありますが、日本国の刑法が外国の法益を直接に保護しているとは考えにくいと批判されます。そこで、**国家主義**の立場から、刑法は本罪を外患罪の後に規定しており、国家に対する罪と解していること、本条は相互主義ではなく単独主義[9]を採用していること、現代の国際社会において、国際信義に反する行為は日本国の国際的地位を危うくするので、これを処罰する必要があることを根拠に、本条は**日本国の国際的な地位及び円滑な外交作用**を保護するものであるとする見解[10]が主張されています。

　本条は、基本的には、日本国の国際的地位を保護するのですが、精確には、国際社会における日本国の平穏・円滑な外交作用を保護するものです[11]。

---

8) 団藤・164頁、福田・58頁、大塚仁・648頁など少数説です。
9) 単独主義が、外国の法律の規定にかかわりなく自国の法律を適用する原則を意味するのに対し、相互主義は、外国の法律が同一の犯罪を規定する場合にのみ自国法を適用する原則を意味します。日本の刑法は、**単独主義**を採っています。
10) 通説です。ほかに、日本国と外国とを包摂した国際社会の円満な国際関係を保護法益とする見解を採るのは、平川・556頁、松原・637頁。
11) 通説です。

03　国交に関する罪　555

　90条・91条はもともと外国の君主・大統領・使節に対する暴行・脅迫・侮辱の行為を処罰するものでしたが、1947年（昭和22年）に、「皇室に対する罪」（73条〜76条）とともに削除され、外国の君主等に対する暴行・脅迫等の行為も通常の暴行・脅迫等の行為と同様に扱われることになりました。

○外国国章損壊罪（92条）　○私戦予備・陰謀罪（93条）　○中立命令違反罪（94条）

(2)　外国国章損壊罪（92条）

　外国に対して侮辱を加える目的で、その国の国旗その他の国章を損壊し、除去し、又は汚損した者は、2年以下の懲役又は20万円以下の罰金に処する。
　2　前項の罪は、外国政府の請求がなければ公訴を提起することができない。

①　外国の国旗その他の国章であること〔客体〕
②　外国の国旗その他の国章を損壊し、除去し、又は汚損すること〔行為〕
③　外国に対して侮辱を加える目的があること〔目的〕
④　故意があること〔故意〕

　①　**客　体**　外国の国旗その他の国章です。**外国**とは、国際法上承認されている日本国以外の独立主権国をいい、日本国が承認しているかどうかを問いません。**国旗**とは国家を象徴するために定められた旗であり、**国章**とは国家を象徴する徽章をいい、国旗はその代表例です。ほかに、元首旗、大使館・公使館の徽章、軍旗などがこれに当たります。

　外国の国章については、ⓐ外国の国家機関が公的に掲揚した国章に限られるとする見解[12]、ⓑ外国・日本国の私人の掲揚した外国の国章も含まれるとする見解[13]、及び、ⓒ私人の掲揚した外国の国章も、例えば、国債競技場などの公共の場所に掲揚されているものは含まれるとする見解[14]が主張されています。

　この議論は、結局、どの範囲にある外国国章を損壊等すると、本罪の保護法益を侵害する現実的危険が生じたと認められるかをめぐる争いといえます。本罪の保護法益は国際社会における日本国の平穏・円滑な外交作用に求められるとする本書によれば、外国及び日本国の国家機関が公的に掲揚した国章に限られると解すべきでしょう〔**ⓐ説**〕。

　②　**行　為**　外国の国章の**損壊**とは国章自体を物理的に破壊・毀損する方

---

12)　福田・58頁、中山・496頁、大谷・554頁、岡野・323頁、曽根・283頁、中森・290頁。
13)　西原・377頁、内田・694頁、大塚仁・649頁。
14)　西田・416頁、林・476頁、高橋・594頁、山口・536頁。

法によって、**除去**とは国章自体を損壊せずに場所的移転する方法によって、また、**汚損**とは、例えば、汚物やペンキを付着させるなど、人に嫌悪の感を抱かせる物を国章に付着・付置させる方法によって、国章の威信・尊厳の徴表機能を害する行為をいいます。

> **最決昭和 40・04・16**（刑集 19・3・143、判時 410・56、判タ 176・153）は、外国国章を刻んだ額を場所的に移動させたわけではなく、その額の上にベニヤ板で覆って遮蔽した事案につき、「右国章の効用を減却させるものであり、刑法 92 条にいう除去に当たるとした原判決は正当である」としました。

　この判例は、効用侵害説の観点を持ち込んで、国章としての効用を減失・減少させる行為である [15] とし、遮蔽も除去に含まれると解したわけです。このような解釈は、本罪の損壊・除去・汚損の行為を並べて規定した本条の趣旨を没却させて、これらの行為の意義と区別を曖昧にするだけでなく、それらの行為の射程範囲を不当に拡張する効用侵害説の行くつくところを示しており、罪刑法定原則の類推解釈の禁止からも疑問があります。

　③　**目　的**　外国に対して侮辱を加える目的で行われることが必要です（目的犯）。**侮辱を加える**とは、その外国に対する否定的評価を表示することをいいます。この目的は、本罪の成立を根拠づける主観的な法律要件ですが、責任要件です。

　④　**故　意**　外国の国旗その他の国章を損壊し、除去し、又は汚損することについて故意が必要です。

　⑤　**請　求**　本罪は、外国政府の請求がなければ公訴を提起することができません。この請求は**訴訟条件** [16] で、告訴と同じ性質・効果を有していますが、厳格な方式を要する告訴と区別するためこの語が用いられています。

　他罪との関係で、本罪と器物損壊罪との関係について、観念的競合とする見解 [17] が支配的です。しかし、本条は国章の財産的価値を考慮したものではなく、本罪の侮辱犯的な性格に着目したものであること、その意味で、器物損壊罪に該当しないような軽い行為も含まれていること、本罪の法定刑が

---

15) **大阪高判昭和 38・11・27** 高刑集 16・8・708、判タ 159・115 は、この点を明確に判示しています。

16) 刑事訴訟法 260 条・261 条・338 条 4 号。

17) 通説です。

器物損壊罪よりも軽いのは、そうした主旨の反映であることなどから、本罪が成立するときは器物損壊罪は成立しないと解すべきです[18]。

(3) 私戦予備・陰謀罪（93条）

> 外国に対して私的に戦闘行為をする目的で、その予備又は陰謀をした者は、3月以上5年以下の禁錮に処する。ただし、自首した者は、その刑を免除する。

> ① 外国に対して私的に戦闘行為をするための予備又は陰謀をすること〔行為〕
> ② 外国に対して私的に戦闘行為をする目的があること〔目的〕
> ③ 故意があること〔故意〕

① **行　為**　外国に対して私的に戦闘行為をするための予備・陰謀を行うことを内容とする犯罪です。刑法は、その予備・陰謀だけを罰しており、私的な戦闘行為それ自体を罰する規定を置いていません。しかし、私的な戦闘行為が開始されて、放火、殺人などの罪が犯された場合は、それらの罪が成立します。**予備**は私的に戦闘行為をするための準備行為をいい、例えば、兵器・弾薬・武器の準備などその方法を問いません。**陰謀**とは、私的に戦闘行為を実行する謀議をすることをいいます。

② **目　的**　本罪の行為は、外国に対し私的に戦闘行為をする目的で行われることを要します（目的犯）。**私的に戦闘行為をする目的**とは、日本国の国家意思によらないで、ある程度組織的な武力行使を行うことを意図することをいいます。したがって、単なる暴行行為をする意図では足りません。

本罪の目的は、自己予備・陰謀の目的が典型ですが、他人予備・陰謀の目的も含みます。

③ **故　意**　外国に対して私的に戦闘行為をするための予備・陰謀をするについて故意が必要です。

なお、自首した者は、刑の必要的免除の特典を得られます。

(4) 中立命令違反罪（94条）

> 外国が交戦している際に、局外中立に関する命令に違反した者は、3年以下の禁錮又は50万円以下の罰金に処する。

本条は、犯罪成立要件の具体的内容が個々の命令に委譲されている**白地刑罰法規**の代表例です。

---

18) 大谷・557頁、中森・240頁、曽根・283頁、西田・417頁、高橋・594頁、山口・537頁。

| ① 外国が交戦している際であること〔状況〕 |
| ② 局外中立命令に違反すること〔行為〕 |
| ③ 故意があること〔故意〕 |

① **状　況**　**外国が交戦している際に**という行為の状況、すなわち、2国以上の外国の間で現実に戦争が行われている状況が必要です。

② **行　為**　局外中立命令に違反することで、**局外中立に関する命令**とは、外国が戦争状態に陥っている際に、日本国がそのいずれにも加担しないことを宣言するとともに、国民に対して、そのいずれの国にも便益を与えてはならない旨を発する命令をいいます。法律に限らず、特定委任のある限り、政令・命令による場合も含むと解されていますが、その具体的内容は、外国交戦の際に発する命令によって決まるので、本条は白地刑罰法規です。

③ **故　意**　外国が交戦している際に、局外中立命令に違反することについて故意が必要です。

今日の一言

茶の湯とは
ただ湯を沸かし　茶を点てて
飲むばかりなることとしるべし

――利休百首より

559

第38講　公務の執行を妨害する罪

01　総　説

(1)　保護法益

　公務の執行を妨害する罪[1] の保護法益は公務の適正・円滑な執行であり、公務員自体を特別に保護するものではありません[2]。

　公務が私人の業務よりも厚く保護されているのは、官尊民卑の思想により公務が国家権力の行使であるからではなく、公務の適正・円滑な執行が、社会で生活する人々にとって不可欠であることが承認されているからにほかなりません。また、本罪は政治運動・労働運動などの市民運動との関連でその成否が問題となることも多いため、公務の適正・円滑な執行という国家法益と、国民の権利保護という個人法益との調整が求められます。

(2)　類　型

┌───┐
○公務執行妨害罪(95条1項)　　○職務強要罪(95条2項)　　○封印等破棄罪(96条)
○強制執行妨害目的財産損壊等罪（96条の2）
○強制執行行為妨害等罪（96条の3）　　○強制執行関係売却妨害罪（96条の4）
○加重封印等破棄等罪（96条の5）　　○公契約関係競売等妨害・談合罪（96条の6）
└───┘

02　公務執行妨害罪 (95条1項)

> 　公務員が職務を執行するに当たり、これに対して暴行又は脅迫を加えた者は、3年以下の懲役若しくは禁錮又は50万円以下の罰金に処する。

(1)　要　件

┌───┐
① 　公務員が職務を執行するに当たりという状況にあること〔状況〕
└───┘

---

1)　公務執行妨害罪については、伊達秋雄「公務執行妨害罪」『刑事法講座第4巻』（1952年）671頁以下、江藤孝「公務執行妨害罪の問題点」『現代刑法講座第4巻』（1982年）19頁以下、村井敏邦『公務執行妨害罪の研究』（1984年）、船山泰範「公務執行妨害罪の問題点」『刑法基本講座第6巻』（1993年）317頁以下、日髙義博「公務執行妨害罪」『刑法理論の現代的展開各論』（1996年）280頁以下参照。

2)　最判昭和28・10・02刑集7・10・1883、判タ35・45。

560 第38講 公務の執行を妨害する罪

② その公務員に対して暴行又は脅迫を加えること〔行為・結果〕
③ 故意があること〔故意〕

　① **状　況**　**公務員が職務を執行するに当たり**という状況にあることが必要です。

　公務員とは、法令により公務に従事する職員をいい、国・地方公共団体の職員、公務に従事する議員・委員はその例示です（7条1項）。**法令により**とは、任用・職務・内容等について法律・命令・条例等に根拠があることを意味します[3]。**公務**は、国・地方公共団体の事務をいいます。**議員**とは国・地方公共団体の意思決定機関である合議体の構成員をいい、具体的には、衆議院・参議院の議員、地方公共団体の議会の議員です。**委員**とは法令に基づいて国・地方公共団体が任命・選挙・嘱託によって一定の公務を委任された非常勤の者をいい、例えば、各種審議会委員、教育委員、調停委員、司法試験委員、農業委員等です。国・地方公共団体の**職員**とは、法令に基づいて国・地方公共団体の機関として公務に従事する者をいい、国家公務員法・地方公務員法上の職員をいい、外国の公務員は含みません。なお、特別法の規定による**みなし公務員者**もいるので、注意を要します。例えば、日本銀行の役員・職員[4]、国立大学の役員・職員[5]、準起訴手続における検察官の職務を行う指定弁護士[6]、住宅営団・農地開発営団・地方食糧営団・交易営団・復興金融公庫の職員[7] などです。

　職務の範囲については、公務と業務の関係[8] に関する公務振り分け説に立ち、本罪の職務は強制力を行使する権力的公務に限られるとする見解[9] もありますが、積極説に立ち、本罪の職務は広く公務員が行う各種の事務を含むとする見解[10] が支配的で、権力的・強制的な公務に限定しません[11]。

---

3)　大判昭和 12・05・11 刑集 16・725。
4)　日本銀行法 30 条。
5)　国立大学法人法 19 条。
6)　刑事訴訟法 268 条 3 項。
7)　「経済関係罰則ノ整備ニ関スル法律」1 条。
8)　本書・185 頁以下を参照。
9)　団藤・48 頁、中山・503 頁、岡野・92 頁、327 頁、曽根・286 頁、中森・271 頁、松原・523 頁。
10)　判例（摩周丸事件・最大判昭和 41・11・30 刑集 20・9・1076、判時 466・58、判タ 200・136、長田電報局事件・最判昭和 53・06・29 刑集 32・4・816、判時 889・15、判タ 366・185、最決昭

職務を執行するに当たりとは職務の執行に際しての意味であり、現に職務を執行中だけでなく、執行直前の状況も含まれると解されています。

◇**肯定判例**　公務員が職務を終了し立ち上がろうとしたとき[12]、財務官吏が滞納者宅に至り、差押物件引き揚げ行為を開始する準備をしていたとき[13]、警察官がパトロール中にたまたま知人と会ったので雑談をしていたとき[14]、派出所内に待機し在所勤務していた警察官が湯茶を飲むためあるいは用便のため、一時休憩室前あるいは小便所に赴いたとき[15]、被告人が入口で怒号を上げるなどしたため、電報局局長・次長が職務執行を一時中断・断念して資料を机の引き出しに入れて立ち上がりかけたとき[16]、県議会の特別委員会委員長が、審議打ち切りを告げて委員会の休憩を宣言した後委員会室から退去しようとしたとき[17]

◆**否定判例**　駅助役が点呼終了後に事務引継ぎのために数十メートル離れた助役室へ赴いていたとき[18]、漁場測量に赴くため漁港内に係留中の船に乗り立会人の乗船を待っていたとき[19]、警察官が電話勤務を離れて休憩をとるべく休憩室に行く途中であったとき[20]、交替制当直勤務の警察官が当直室で休憩していたとき[21]

　本罪が成立するには、公務員の**職務行為**の**適法性**が必要です。憲法（12条、13条2文、15条2項、31条）は、「全体の奉仕者」（15条2項）である公務員が違法な職務執行によって不当に国民の権利を侵害することあってはならず、他方、違法な公務執行は職務行為とはいえず、それを忍受すべき義務は国民にはないことを明らかにしています。そもそも違法な職務執行は犯罪となりうる（193条～196条）のであり、公務の適正・円滑な執行という国家法益と基本的人権の保障という個人法益との調和を図るために、保護される職務行為

　和59・05・08刑集38・7・2621、判タ531・146）・通説です。

11）最判昭和35・03・01刑集14・3・209、判時216・12、長田電報局事件・最判昭和53・06・29刑集32・4・816、判時889・15、判タ366・185、最決昭和59・05・08刑集38・7・2621、判タ531・146。

12）大阪高判昭和26・03・23高裁刑事判決特報23・56。

13）福岡高判昭和30・03・09高裁刑事裁判特報2・6・148。

14）東京高判昭和30・08・18高刑集8・8・979。

15）大阪高判昭和51・07・14刑裁月報8・6=8・332、判時826・110。

16）長田電報局事件・最判昭和53・06・29刑集32・4・816、判時889.15、判タ366・185。

17）熊本県議会事件・最決平成元・03・10刑集43・3・188、判時1310・155、判タ697・202〔百選Ⅱ・114〕。

18）国鉄東灘駅事件・最判昭和45・12・22刑集24・13・1812、判時618.90、判タ257・215。

19）大阪高判昭和50・06・04高刑集28・3・257、判時790・119、判タ326・346。

20）大阪地判昭和52・06・13刑裁月報9・5=6・369、判時878・127、判タ354・332。

21）大阪高判昭和53・12・15高刑集31・3・333、判時937・127、判タ382・139。

562 第38講 公務の執行を妨害する罪

は適法であるべきなのは当然ということになり[22]、この要件は、**書かれざる客観法律要件**ということになります。

　職務行為の**適法性の要件**として3要件が必要で、第1は、当該公務員が当該職務について**一般的職務権限**を有することです。公務員は、法令上、自己の行いうる・行うべき職務の範囲、事物的・場所的に権限・義務の範囲が規定されています。一般的職務権限を超える行為は、そもそも公務員の職務行為とはいえず、適法性の問題以前です。第2は、当該公務員が当該職務の執行に関して**具体的職務権限**を有することです。すなわち、職務の割当・指定・委任などによって具体的に担当する職務行為が確定される場合は、そうした職務の割当・指定・委任などがない限り、具体的権限は認められません。例えば、司法警察員が逮捕すべき事由・必要性もなく行う逮捕行為や、執行官が対象事件外に対して行う強制執行は、一般的職務権限はあっても具体的職務権限を欠く行為ですから、違法です。第3は、当該公務員が法律上の**重要な条件・方式**を履践していることです。公務員が、法律上の重要な条件・方式を履践していない限り、当該職務執行は適法、有効とはならないのです。

　最判昭和27・03・28（刑集6・3・546）は、収税官吏が帳簿書類等の検査に際しては検査章を携帯すべきとする所得税法施行規則63条の規定に違反して検査行為を行った事案につき、この規定は「単なる訓示規定と解すべきでなく」、殊に相手方は「その検査を拒む正当の理由があるものと認むべきである」けれども、「さればといって、収税官吏の前記検査権は右検査章の携帯によって始めて賦与されるものでないこと」は明らかであるから、「相手方が何等検査章の呈示を求めていないのに収税官吏において偶々これを携帯していなかったからといって直ちに収税官吏の検査行為をその権限外の行為であると解すべきではない」とし、**最大判昭和42・05・24**（刑集21・4・505、判時482・14、判タ208・94〔百選Ⅱ・112〕）は、県議会議長の会議規則に違反する議事運営を暴行・脅迫をもって妨害した事案につき、議長の執った本件措置が、「会議規則に違反するものである等法令上の適法要件を完全には満していなかつた」としても、「刑法上には少なくとも、本件暴行等による妨害から保護されるに値いする職務行為にほかならず、刑法95条1項にいう公務員の職務の執行に当る」として、職務行為の適法性を肯定しました[23]。

---

22) 判例（大判大正7・05・14刑録24・605）・通説です。

23) **最決昭和53・09・22**刑集32・6・1774、判時903・104、判タ370・70は、警察官が、被告人に対し信号無視の容疑で停止を求め職務質問を継続中に、飲酒検知を告げたところ、同人がこれ

02　公務執行妨害罪（95条1項）　　563

　他方、逮捕行為についてその適法性を否定した裁判例がみられます。**多奈川事件・大阪高判昭和 32・07・22**（高刑集 10・6・521、判時 133・4、判タ 75・51）は、逮捕状を所持していたが、これを被疑者に示さず、被疑事実の要旨も告げなかった事案につき、憲法 33 条、刑事訴訟法 201 条は「人権と重大な関係を有する厳格規定であるから、その方式を履践しない逮捕行為は違法であり、本条による保護に値しない」としました[24]。

　学説では、ⓐ法律上定められた一定の条件・方式に違反した場合は、その職務執行はすべて違法であるとする見解[25]、ⓑ単なる任意規定・訓示規定に違反した場合にだけ、なお職務執行は適法であるとする見解[26]、ⓒ職務執行それ自体が無効とならない限り、なお職務行為は適法であるとする見解[27]、ⓓ条件・方式の違背が対象者の権利・利益の保護に重要な影響を与えない限り、なお職務行為は適法であるとする見解[28]があります。

　このような議論が生じるのは、公務員の職務執行の条件・方式に関して規定した条文が、強行規定・義務規定（違反するときは職務行為を無効とする規定）であるのか、任意規定・訓示規定（違反しても直ちに職務行為を無効とはしない規定）であるのかが明確でないことに起因します。ⓑ説は、この点の区別が明確になっていることを前提とする見解であり、区別が曖昧な現行の状況では採用できません。また、ⓒ説は、職務行為の有効・無効を本罪の成否に直結させる考え方であり、同語反復的であることに目をつむっても、公務の保護に厚すぎます。さらに、ⓓ説は職務行為の適法性を要保護性に転換する考え方であり、適法性の3要件を無用にしてしまうだけでなく、職務行為の根拠とな

　を拒否して自車に乗込み発進しようとした事案につき、酒気帯び運転による危険を防止するため発進を制止し、エンジン・スイッチを切り運転を制止した行為は、警察官職務執行法 2 条 1 項及び道路交通法 67 条 3 項の規定に基づく職務執行として適法であるとしました。

24）同旨なのは、**東京高判昭和 34・04・30** 高刑集 12・5・486、判時 198・22、判タ 92・55（逮捕状の緊急執行の場合に、被疑事実の要旨を告げる余裕があるのにかかわらず、罪名と逮捕状が出ていることを告げただけで被疑事実の要旨を告げずに逮捕手続を行った事案）、**大阪地判平成 3・03・07** 判タ 771・278（警察官が、緊急逮捕に際して被疑者に緊急逮捕の要件である被疑事実などの理由を告げず、逮捕する旨さえ告知しなかった事案）。

25）瀧川・267 頁、村井敏邦『公務執行妨害罪の研究』（1984 年）228 頁、松宮・454 頁。

26）大塚仁・565 頁、曽根・288 頁、松原・530 頁。

27）団藤・51 頁、大谷・567 頁。

28）藤木・23 頁、中森・271 頁、平川・519 頁、西田・425 頁、高橋・602 頁、山口・545 頁、井田・536 頁。

る権限と有効性の根拠となる条件・方式とを混乱させるものです。しかも、例えば、会議における開会・閉会、議事進行、議決といった職務行為の対象者を観念できない単ある手続に関する違反については、重大な違反があっても、適法性が認められてしまう問題点を抱えています。

　公務員の職務執行に関する条件・方式は、それが適法、有効であるために必須だからこそ条文に規定されているのであり、重要性に差などないと考えるべきです。それだと、軽微な条件・方式への違反があると職務執行がすべて無効となり、行政作用の停滞を招いてしまうと懸念するのであれば、立法者に対し、強行・義務規定と任意・訓示規定とを分けて規定するように迫ればよいのです[29]。条件・方式への違反はすべて職務執行を違法、無効とする判決が立て続けに出されれば、怠慢な立法者であっても、そうした規定を設けようという気になるでしょう。現在の支配的見解は、こうした立法者の怠慢を放置するものといわざるをえません。

　職務行為の適法性の**判断基準・判断時点**について議論があります。

> **最決昭和 41・04・14**（判時 449・64、判タ 191・146〔百選Ⅱ・113〕）は、原審が、「職務行為の適否は事後的に純客観的な立場から判断されるべきでなく、行為当時の状況にもとづいて客観的、合理的に判断さるべきであつて、前段認定のごとき状況の下においては、たとえＹの前示所持が同法違反罪の構成要件に該当せずとして事後的に裁判所により無罪の判断をうけたとしても、その当時の状況としてはＹの右挙動は客観的にみて同法違反罪の現行犯人と認められる十分な理由があるものと認められるから、右両巡査がＹを逮捕しようとした職務行為は適法である」とした原判決を維持しています。

ⓐ　**一般人基準説**[30]——職務執行時の具体的な状況を前提にし、一般人の立場からみて適法な職務執行といえるかどうかで判断

　　＜根拠＞・刑法規範は社会通念を基盤に存在し、職務執行の適法性も法律要件として社会通念を基礎に判断すべき

　　　　　・職務執行の適法性は、法令上肯認できるかどうかの判断であるから、行為当時の状況を前提にして判断すべき

---

29) 例えば、道路交通法 71 条以下の自動車運転者の遵守事項への違反の法効果や、更生保護法 50 条以下の遵守事項・生活行動指針への違反の法効果に区別が設けられているのと同様、必要的・絶対的な遵守を迫る条件・方式と任意的・相対的な遵守を迫るそれとを区別する立法方式は、多くの法律に見られます。

30) 大谷・569 頁、川端・658 頁。

02　公務執行妨害罪（95条1項）　565

ⓑ　**裁判所基準説**[31]——裁判所の法令解釈を規準に、法令の定める要件に即して判断

　　　＜根拠＞・職務執行の適法性は、執行そのものに内在する法的性質であるから、その判断は裁判所が客観的に法令を解釈して判断すべき

○**行為時標準説**[32]——職務執行時の具体的な状況を前提にし、裁判所の法令解釈を規準に、法令の定める要件に即して判断

　　　＜根拠＞・職務行為が適正手続を履践しており、行為時には適法と考えられる以上、それを保護しなければ、国民の利益を担った公務が適正・円滑に執行されなくなってしまう

○**裁判時標準説**[33]——裁判時点までに判明した状況を前提に、裁判所の法令解釈を基準にし、法令の定める要件に即して判断

　　　＜根拠＞・国民の基本的人権の保障の観点からは、純客観的な判断によって、公務の保護と人権保障との適正な調和を図るべき

　例えば、誤認逮捕の事例につき、ⓐ説及びⓑ説のうちの行為時標準説を採れば本罪成立、ⓑ説のうちの裁判時標準説を採れば本罪不成立となるとされており、いずれも、職務行為の適法性の認否と本罪の成否とを表裏の関係で捉えています。しかし、この関係は疑ってみる必要があります。実質的違法性には質・量があり、例えば、姦通のように、民法で違法とされても、刑法では違法でないとされることからも明らかなように[34]、法領域が異なれば違法性の判断も異なることがあるのです。しかも、逮捕という職務行為は、「被疑者が罪を犯したことを疑うに足りる相当な理由」[35]の存在を要する強制

31）通説です。

32）団藤・53頁、平野・278頁、西原・384頁、平川・520頁、中森・272頁、西田・426頁、伊東・378頁、山口・546頁、佐久間・406頁、井田・537頁。

33）福田・14頁、大塚仁・567頁、岡野・330頁、曽根・289頁、高橋・605頁、松宮・455頁、萩原・220頁。

34）それは、議会における提出議案が不適法でも、議会の開催や議会議員の職務行為が違法となるわけではないこと（大判明治43・01・31刑録16・88）、公務員の職務行為が違法とされても、必ずしも国家賠償法上も違法とされるわけではない（故意・過失があるとは限らない）こと（最判昭和46・06・24民集25・4・574、最判昭和49・12・12民集28・10・2028）、道路交通法上の運転免許取消処分の理由となった交通事故に係る業務上過失傷害罪・自動車運転過失傷害罪につき無罪となっても、直ちにその処分が無効となるものではないこと（最決昭和63・10・28刑集42・8・1239、判時1295・150、判タ682・86、名古屋高判平成26・08・21高等裁判所刑事裁判速報集平成26・146）にもうかがえます。

35）刑事訴訟法199条1項。この点は、現行犯逮捕においては、現行犯人であることによって担保されています。

566 第38講 公務の執行を妨害する罪

処分で、その趣旨は被疑者の逃亡、証拠隠滅等を防止し、将来の公判に備えることにあるのですから、その適否は事後的に純客観的な立場からでなく、行為当時の状況に基づいて客観的・合理的に判断さるべきです。これに対し、公務執行妨害罪を根拠づける職務行為の適法性は、そうした手続法上の要件ではなく、犯罪の成立を根拠づける実体法上の要件であり、その適否は行為当時の状況に基づいて判断さるのは合理的でなく、事後的に純客観的な立場から判断されるべきです。そうすると、職務行為は、それが刑事訴訟上適法であったとしても、公務執行妨害罪を根拠づける実体を有していなければならず、誤認逮捕は刑事訴訟手続において適法とされたとしても、その職務行為は本罪を根拠づける実体を有していないと解するのが相当です[36]。

　② 　行為・結果　本罪の**暴行**は、公務員に向けられた有形力の不法な行使（広義）をいい、職務執行の妨害となる程度の有形力の行使であること[37]を要しますが、直接に公務員の身体に向けられる必要はありません。物などに対する有形力の行使であっても、それが公務員の身体に物理的に影響を与えるものであれば、本罪の暴行に当たるとされます（**間接暴行**）[38]。また、暴行には、積極性がなければなりません。例えば、行為者等が単にスクラムを組んで歌を高唱する行為[39]、交通違反で取り調べを受けている際に、警察官から点数切符をつかみ取って引き裂く行為[40]、捕まえられた腕を振りほどく

---

36)「刑事訴訟法上は適法であるが、刑法における職務執行の適法性においてはなお違法である」（江藤孝「公務執行妨害罪の問題点」『現代刑法講座第4巻』（1982年）31頁、村井敏邦『公務執行妨害罪の研究』（1984年）234頁、三上正隆「公務執行妨害罪」『重要課題刑法各論』〔2008年〕231頁）と主張することも可能です。しかし、それはラディカルすぎるので、本書のように説明するのが穏当と考えます。

37) **最判昭和33・09・30**刑集12・13・3151、判時163・7〔百選Ⅱ・115〕（相手を目がけての投石行為が相手に命中しなかった事案）。

38) 福島県教組事件・最判昭和37・01・23刑集16・1・11、判タ127・50。間接暴行として本罪の暴行に当たるとされたのは、公務員が押収してトラックに積み込んだ押収品を路上に投げ捨てる行為（最判昭和26・03・20刑集5・05・794）、収税官吏が差押えた密造酒入り瓶を鉈で破砕し流失させる行為（最判昭和33・10・14刑集12・14・3264、判時164・08）、司法巡査が覚せい剤取締法違反の現行犯人を逮捕する現場で証拠物として差し押えた覚せい剤注射液入りアンプルを足で踏付けて損壊する行為（最決昭和34・08・27刑集13・10・2769）です。

39) 理研小千谷工場事件・最大判昭和26・07・18刑集5・8・1491、判タ13・75。

40) 秋田地判平成9・09・02判時1635・158。

行為などは、積極性に欠けるため本罪の暴行には当たりません。なお、公務員の指示を受けて、その手足となり、その職務執行に密接不可分の関係において関与する補助者は、たとえ私人であっても、その者に対して暴行・脅迫を加えれば、本罪が成立します[41]。**脅迫**とは、公務員に恐怖心を起こさせるような害悪を告知することをいい、職務執行の妨害となるべき程度であることが必要ですが、広く害悪を告知する行為のすべてを含み、その内容・性質、告知の方法を問いません。

　本罪は抽象的危険犯と解されています[42]。しかし、職務執行妨害の結果が発生する**現実的危険**は必要でしょう。

　③　**故　意**　公務員が職務を執行している状況にあること、その公務員に対して暴行又は脅迫を加えること、そして、自分の行う暴行・脅迫が公務員の職務執行の妨害となるべきものであること（危険結果）について、故意が必要です。

(2)　適法性の錯誤

> 　**大判昭和7・03・24**（刑集11・296）は、市議会議長が、議員の提案した適法な議事日程変更の動議を不適法であると誤解してこれを採用せず、議事を進行させたため、動議提出者が議長の措置を不法であると考え、これを妨害するために議長に暴行を加えた事案につき、同議長の行為がその抽象的職務権限に属する事項に当たり、かつ職務執行と信じてこれをなしたときは、たまたま職務執行の原因である具体的事実を誤認し、又は当該事実に対する法規の解釈適用を誤っても、適法な職務執行行為と認めることができるとして、公務執行妨害罪を肯定しました。これは、職務行為の適法性について主観説を採るもので、今日では採用できません。また、**大阪地判昭和47・09・06**（判タ306・298）は、傷害の準現行犯人として逮捕されるに際して、警察官に暴行を加えて傷害を負わせた事案につき、「被告人の認識事情のもとにおいては両巡査の逮捕行為は違法なものとなるから、本件におけるその職務行為の適法性についての錯誤は事実の錯誤があつた場合にあたるというべきである（仮りに法律の錯誤としても、被告人に両巡査の準現行犯人逮捕行為が一応適法であることを認識することを期待できな

41）　最判昭和41・03・24刑集20・3・129、判時443・55、判タ190・169〔百選Ⅱ・118〕。

42）　判例（最判昭和33・09・30刑集12・13・3151、判時163・7〔百選Ⅱ・115〕）・通説です。なお、**県民サロン事件・最判平成元・03・09**刑集43・3・95、判タ694・96（丸めたパンフレットで相手の座っていた椅子のメモ台部分を数回叩き、同人の顔付近に突きつけてその顎に触れさせ、椅子ごと相手の身体を揺さぶり、またその手首を摑んだ行為に公務執行妨害罪の成立を肯定）。

い情況である)」として故意の阻却を認め、本罪の成立を否定しました。

職務行為の適法性は書かれざる法律要件で、行為の法律要件該当性を根拠づける要件として故意の認識対象であり、その錯誤は事実の錯誤として故意を阻却するとする**事実の錯誤説**[43]、逆に、職務行為の適法性は特殊な違法要素で、その錯誤は違法性の錯誤であるとする**違法性の錯誤説**[44]も主張されています。

本書によれば、職務行為の適法性を基礎づける前提事実に関する錯誤は事実の錯誤として故意を阻却するのに対し、職務行為の適法性の評価そのものに関する錯誤は故意を阻却せず、行為者にとってその錯誤を避けることができない状態にあったのであれば有責性阻却がありえます。**二分説**[45]が妥当です。

(3) 罪　数

本罪の保護法益は公務員ではなくその職務ですから、罪数は、妨害された公務の数を規準に決められます。本罪は暴行・脅迫を手段としますので、暴行・脅迫は本罪に吸収されます。但し、公務執行妨害の行為が、同時に傷害罪、逮捕・監禁罪、恐喝罪、強盗罪、殺人罪などを構成するときは、本罪との観念的競合となります。

03　職務強要罪 (95条2項)

公務員に、ある処分をさせ、若しくはさせないため、又はその職を辞させるために、暴行又は脅迫を加えた者も、前項〔95条1項〕と同様とする〔3年以下の禁錮又は50万円以下の罰金〕。

(1) 要　件

① 公務員に対して暴行又は脅迫を加えること〔行為・結果〕

---

43) 植松・25頁、平川・521頁、岡野・334頁。

44) 団藤・51頁、藤木・26頁。この後の処理は、故意と違法性の意識（可能性）の関係の捉え方で変わります。厳格故意説を採れば、（構成要件的・違法）故意は阻却されないが責任故意が阻却されますし、制限故意説を採れば、違法性の意識の可能性がなければ（責任）故意が阻却され、あれば（責任）故意が阻却されますし、責任説を採れば、違法性の意識の可能性がなければ責任が阻却され、あれば責任は阻却されないという結論になります。

45) 通説です。

03　職務強要罪（95条2項）　569

② 公務員に、ある処分をさせるため、若しくはさせないため、又はその職を辞させるためであること〔目的〕
③ 故意があること〔故意〕

　① **行為・結果**　公務員に対して暴行・脅迫を加えることです。その内容・程度、危険結果については、公務執行妨害罪のそれと同じです。

　② **目　的**　公務員に、ある処分をさせる目的、ある処分をさせない目的〔職務強要罪〕、又は、その職を辞させる目的〔辞職強要罪〕が必要です（目的犯）。

> **最判昭和 28・01・22**（刑集 7・1・8）は、本条項前段と後段及び本条1項を比較対照すれば、本条項が公務員の正当な職務の執行ばかりでなく、広くその職務上の地位の安全をも保護していることは明らかなので、公務員の処分とは、「当該公務員の職務に関係ある処分であれば足り、その職務権限内の処分であるとその職務権限外の処分であるとを問わない」とします。

　公務執行妨害罪との均衡からいって、本罪も公務員の職務の適正かつ円滑な執行を保護するものと解すべきで、当該公務員の職務と関係のない処分を強要しても、職務の適正・円滑な執行を妨害したとはいえません。「全体の奉仕者」である公務員だけがその地位の安全を刑法によって特別に保護されるべき理由はありませんので、ここにいう処分は、公務員の職務権限内のそれに限定されると解すべきです [46]。

　一定の作為の処分を強要する目的の場合には、その作為の処分が違法な処分か適法な処分かは問いません。適法な処分であっても、公務員が処分をなすか否かについて裁量権を有する限り、その時点で職務の執行を強要される理由はないからです。

> **最判昭和 25・03・28**（刑集 4・3・425）は、不当な課税方法を是正させる目的で税務署長を脅迫した事案につき、これを是正する方策は税法所定の審査訴願・訴訟の手段によるべきであって、税務署長に対し直接脅迫により変更を求めるのは「法治国の理念に徴し素より違法にして許されない」と判示しました [47]。

　この判例には疑問があります。適法な作為の処分を強要する行為は、公務員がその時点で当然になすべき処分を懈怠していると認められる限り、裁量

46）通説です。
47）この判決を支持するのが、通説です。

570　第38講　公務の執行を妨害する罪

権を侵害しているとは認められず、職務の適正・円滑な執行に資する行為です。脅迫罪等の他罪を構成する余地は認めるにしても、本罪を構成しないと解すべきです[48]。他方、一定の不作為の処分を強要する目的の場合は、その不作為の処分は適法なものでなければなりません。というのは、違法な処分を事前にやめさせる目的で強要するのは、むしろ公務員の職務の適正・円滑な執行に資する行為だからです[49]。

職を辞させる目的とは、当該公務員をして自ら退職させる意図をいいます。

③　**故　意**　所定の目的のほかに、公務員に対して暴行・脅迫を加えること、自分の行う暴行・脅迫が公務員に一定の処分をさせ、若しくはさせない、又はその職を辞させるべきものであること（危険結果）について、故意が必要です。

(2)　他罪との関係

本罪と強要罪（223条）は、保護法益、具体的な保護客体、目的の要否など、異なる点も多いですから、本罪をあえて強要罪の特別犯罪とする支配的見解は、解釈を誤誘導しかねません。むしろ、両罪の関係は、業務妨害罪と公務執行妨害罪の関係と似ていると考えておけば充分です。

本罪の手段となっている暴行・脅迫は、本罪に吸収されます。なお、本罪には、未遂処罰規定がありません。

04　封印等破棄罪 (96条)

> 公務員が施した封印若しくは差押えの表示を損壊し、又はその他の方法によりその封印若しくは差押えの表示に係る命令若しくは処分を無効にした者は、3年以下の懲役若しくは250万円以下の罰金に処し、又はこれを併科する。

(1)　要　件

> ①　公務員が施した封印若しくは差押えの表示、又はその他の方法によりその封印若しくは差押えの表示に係る命令若しくは処分であること〔客体〕
> ②　所定の客体を損壊し、又は無効にすること〔行為・結果〕
> ③　故意があること〔故意〕

---

48) 平野・280頁、曽根・290頁。
49) 通説です。

① **客 体** 損壊の場合は、公務員が施した封印・差押えの表示であり、無効化の場合は、封印・差押えの表示に係る命令・処分です。**封印**とは、主として動産につき、その開披、使用その他現状の変更を禁止する処分として、その権限ある公務員により、その外部に施された封緘その他これに準ずる物的設備のことをいいます。封印の方法は、その物の開閉部分の封鎖に限りませんし、必ずしも印章の方法によるものに限定されません。

> 必要事項を記入した紙片を巻き付けた縄張り・掛縄[50]や、執行官により立てられた表示札ではあったが、何者かによって包装紙で覆われてビニール紐が掛けられていたため、そのままでは記載内容を知ることができない場合でも、その覆いを容易に除去してその記載内容を明らかにできる状態にある公示札[51]がこれに当たります。

差押えとは、公務員がその職務上の保全処分としてその物の占有を強制的に自己の占有・管理下に移す強制処分[52]をいい、**差押えの表示**とは、差押えのために、その物に表示した封印以外の物件をいいます。

本罪も、封印・差押えの表示によって実現される強制執行という職務の適正・円滑な執行を保護するもので、封印・差押えの表示は**適法性**を要します[53]。職権濫用による違法な封印・差押えや法律上の有効要件を欠く封印・差押えの表示は違法・無効ですから、本罪の保護が及びません。

> **最決昭和 42・12・19**（刑集 21・10・1407、判時 508・71、判タ 216・186）は、執行吏代理が占有者を誤認して無関係の第三者の家屋を執行吏の保管に移す仮処分執行をし、その旨の公示をした事案につき、執行に際し、執行吏代理に「故意に第三者の権利を侵害する目的があつたとは認められず、また、その執行の瑕疵が重大かつ明白であつて、執行行為そのものが無効あるいは不存在と認められるような場合でもなかつた」として、本罪の保護が及ぶとしました。

この判例は、公務員に悪意があり、かつ重大かつ明白な瑕疵がない限り、本罪の保護が及ぶとするもので、職務の保護に厚すぎます。

従来、本条は、「封印若しくは差押えの表示」と規定し、封印・差押えの

---

50) 大判大正 6・02・06 刑録 23・35。
51) 最決昭和 62・09・30 刑集 41・6・297、判時 1255・36、判タ 652・130〔百選Ⅱ・116〕。
52) 例えば、刑事訴訟法 99 条の 2 以下、106 条以下、会社更生法 39 条の 2、民事執行法 122 条以下、民事再生法 30 条 1 項、国税徴収法 47 条以下などが、これに当たります。
53) 通説です。この適法性の判断基準・判断時点に関しては、公務執行妨害罪における職務行為の適法性とパラレルの議論が可能です。本書・561 頁以下参照。

572　第38講　公務の執行を妨害する罪

表示機能に着目しての規定であった[54]ため、封印・差押えの処分が適法・有効であってもその表示が剥離・損壊されているときは、本罪の客体とならないと解されていました[55]。しかし、2011年（平成23年）の改正によって、**封印・差押えの表示に係る命令・処分**の文言が加えられたことで、このような場合も本罪の客体に含まれることになりました。

　② **行為・結果**　封印・差押えの表示を損壊し、又は、封印・差押えの表示に係る命令・処分を無効にすることです。**損壊**とは、封印・差押えの表示を物理的に毀損することによってその事実上の効力を消失させることをいい、封印・差押えの表示の剥離・除去・移動もこれに含まれます[56]。**その他の方法**とは、物理的な毀損によることなく事実上の効力を消失させる方法をいい、差押え物件を搬出して売却するなどの行為がこれに当たります[57]。**無効にする**とは、その事実上の効力を消失させることをいい、法律上の効力を消失させる意味ではありません。

　③ **故　意**　行為のときに、有効な封印・差押えの表示の存在し、それを損壊すること、又は有効な封印・差押えの表示に係る命令・処分の存在し、それを無効にすることについて、故意が必要です。

　適法・有効な封印・差押えの表示を違法なものと誤信して行為した場合は、**適法性の錯誤**の問題となります。

> 　適法性の錯誤について、**大決大正15・02・22**（刑集5・97）は、犯罪行為自体の構成要素である事実の錯誤であり、故意を阻却するとしました[58]が、**最判昭和32・10・03**（刑集11・10・2413）は、本罪の故意としては、差押の表示が公務員の施したものであること、及びにその表示を損壊することの認識があれば足り、違法性の錯誤として故意を阻却しないとしました。

　この問題については、公務執行妨害罪における適法性の錯誤[59]と同じく、封印・差押えの適法性を基礎づける前提事実に関する錯誤については事実の錯誤として故意を阻却するのに対し、適法性の評価そのものに関する錯誤に

54）最決昭和62・09・30刑集41・6・297、判時1255・36、判タ652・130〔百選Ⅱ・116〕。

55）最判昭和29・11・09刑集8・11・1742、最判昭和33・03・28刑集12・4・708。

56）大判大正3・11・17刑録20・2142。

57）大判昭和12・05・28刑集16・811。

58）ほかに、札幌高裁函館支部判昭和31・08・21刑集11・10・2431。

59）本書・567頁以下参照。

ついては故意を阻却せず、その錯誤が行為者にとって回避できたか否かによって有責性阻却を検討することになります〔二分説〕。例えば、封印・差押えの要件が存在しておらず、その表示も効力がないと誤信したときは事実の錯誤ですが、封印・差押えの要件は存在していることは認識していたが、何らかの事情でこれを無効にしても構わないと誤信したときは違法性の錯誤にすぎず、故意を阻却しないことになります。

(2) 他罪との関係

収税官吏が差押えのため封印を施した酒類在中の徳利を窃取し、又は横領したときは、本罪と窃盗罪・横領罪の観念的競合となります[60]。

05　強制執行妨害目的財産損壊等罪 (96条の2)

> 強制執行を妨害する目的で、次の各号のいずれかに該当する行為をした者は、3年以下の懲役若しくは250万円以下の罰金に処し、又はこれを併科する。情を知って、第3号に規定する譲渡又は権利の設定の相手方となった者も、同様とする。
> 　一　強制執行を受け、若しくは受けるべき財産を隠匿し、損壊し、若しくはその譲渡を仮装し、又は債務の負担を仮装する行為
> 　二　強制執行を受け、又は受けるべき財産について、その現状を改変して、価格を減損し、又は強制執行の費用を増大させる行為
> 　三　金銭執行を受けるべき財産について、無償その他の不利益な条件で、譲渡をし、又は権利の設定をする行為

(1) 沿　革

従来は、「強制執行を免れる目的」と規定されていたため、債権者の債権保護をその主眼とするものであるとの理解が支配的でした[61]が、2011年（平成23年）の改正により、「強制執行を妨害する目的」と改められたことで、公務執行妨害罪の一種としての性格が鮮明になり、保護法益として強制執行の適正・円滑な運用が前面に出てきました。

(2) 要　件

<1号>①　客観的に、現実に強制執行を受けるおそれのある状況にあること〔状

---

60) 大判明治44・12・19刑録17・2223、最決昭和36・12・26刑集15・12・2046。
61) 従来の判例・通説でした。

574　第38講　公務の執行を妨害する罪

　　　　　　　　況〕
　　　　②　強制執行を受け、又は受けるべき財産であること〔客体〕
　　　　③　所定の客体を隠匿・損壊し、その譲渡を仮装し、又は債務負担を
　　　　　　仮装すること〔行為・結果〕
　　　　④　強制執行を妨害する目的があること〔目的〕
　　　　⑤　故意があること〔故意〕
＜２号＞①　客観的に、現実に強制執行を受けるおそれのある状況にあること〔状
　　　　　　況〕
　　　　②　強制執行を受け、又は受けるべき財産であること〔客体〕
　　　　③　所定の客体の現状を改変して、価格を減損し、又は強制執行の費
　　　　　　用を増大させる〔行為・結果〕
　　　　④　強制執行を妨害する目的があること〔目的〕
　　　　⑤　故意があること〔故意〕
＜３号＞①　客観的に、現実に金銭執行を受けるおそれのある状況にあること〔状
　　　　　　況〕
　　　　②　金銭執行を受けるべき財産であること〔客体〕
　　　　③　所定の客体を無償その他の不利益な条件で譲渡し、又は権利の設
　　　　　　定をすること〔行為・結果〕
　　　　④　強制執行を妨害する目的があること〔目的〕
　　　　⑤　故意があること〔故意〕

　①　**状　況**　強制執行・金銭執行を受けるべき目的物が、現実に強制執行・
金銭執行を受けるおそれのある客観状況にあることが必要で[62]、「強制執行・
金銭執行を**受けるべき財産**」という法文言にこの趣旨が込められています。
したがって、遠い将来に強制執行・金銭執行を受けるかもしれないと予想し
てあらかじめ財産の隠匿等を行っても、現実に強制執行・金銭執行を受ける
おそれのある客観的な状況にないのであれば、本罪は成立しません。これは、
本罪の客体が置かれるべき状況の要件[63]であり、本罪の実行行為性を根拠
づける要件です。というのは、およそ強制執行・金銭執行を受ける虞がない
状況にあって、自己の財産を自由に利用・処分できるのは基本的人権の１つ
（憲法29条）であり、そういう状況下での財産の自由な利用・処分を刑罰でもっ
て禁じるのは憲法に抵触するからです。

62）判例（最決昭和35・06・24刑集14・8・1103〔百選Ⅱ・117〕）・通説です。
63）関・総論・94頁参照。

05 強制執行妨害目的財産損壊等罪（96条の2） 575

> 判例[64] は、何らの執行名義も存在せず、単に債権者がその債権の履行請求の訴訟を提起したというだけの事実が存在する場合に、「本条の罪の成立を肯定するがためには、かならず、刑事訴訟の審理過程において、その基本たる債権の存在が肯定されなければならない」と判示しました。裁判時に債権の存在が否定されたときは、本罪の成立を認めるべきではないでしょう[65]。

② **客　体**　1号・2号にいう**強制執行**は、民事執行法における強制執行及びこれに準ずるものに限られると解されますが、国税徴収法における滞納処分もこれに含まれます。強制執行を受け又は受けるべき**財産**とは、強制執行の対象となりうべき不動産・動産・債権をいいます。

3号にいう**金銭執行を受けるべき財産**とは、金銭債権に係る強制執行[66]を受けるべき財産をいい、強制執行を受ける可能性のある客観状況が生じたときから実際に強制執行が開始されるときまでの目的物をいいます。

③　**行為・結果**　1号にいう強制執行の目的物の**隠匿**とは、強制執行の対象となるべき財産の発見を不能又は著しく困難にすることをいいます。その方法には、どこかに隠す、持ち去るなどの物理的・有形的な方法もあれば、無形的方法によってその所有関係を不明にする方法もあります。

> 執行吏が強制執行しようとした物件を搬出して所在不明にする行為[67]、架空の金銭債権を記載した公正証書に基づく競売手続により債務者所有物件が競落人の所有に帰したかのごとく装う行為[68]、預金を払い戻し、裏口座として開設していた借名口座に入金する行為[69]、マンション賃料債権を差し押さえられた債務者が第三債務者たるマンション賃借人らに対し維持管理費の割合が増加した旨を偽って賃貸契約の内容を更改したうえで、差押債権者に送金するかのように装って賃料等を預り金名下に受領する行為[70]、行為者名義の普通預金口座から払戻しを受ける行為[71]が、隠匿に当たるとされます。

64）最決昭和 35・06・24 刑集 14・8・1103〔百選Ⅱ・117〕。
65）平野・281 頁、曽根・292 頁、林・480 頁、高橋・615 頁、松宮・459 頁、松原・540 頁。
66）金銭執行には、民事執行法 43 条以下の「金銭の支払いを目的とする債権についての強制執行」、同法 180 条以下の「担保権の実行としての競売等」、民事保全法 47 条以下の「仮差し押さえの執行」などがあります。
67）高松高判昭和 31・01・19 高裁刑事裁判特報 3・3・51。
68）最決昭和 39・03・31 刑集 18・3・115、判時 370・45、判タ 161・84。
69）東京地判平成 10・03・05 判タ 988・291。
70）福岡高裁那覇支部判平成 11・07・29 高等裁判所刑事裁判速報集平成 11・168。
71）東京高判平成 17・12・28 東高時報 56・1=12・110、判タ 1227・132。

576　第38講　公務の執行を妨害する罪

　損壊とは、財産を物質的に破壊することによってその価値を減少・滅失させることをいいます。**譲渡の仮装**とは、真実は財産が譲渡されていないにもかかわらず、相手方と通謀して、表面上だけ譲渡が行われて、財産が第三者の所有になっているように装うことをいい、**債務負担の仮装**とは、真実は債務の負担がないのに債務の負担があるかのように装うことをいいます。

　2号の行為は、強制執行の対象となる財産について、**その現状を改変して価格を減損し、又は強制執行の費用を増大させる行為**で、具体的には、強制執行の対象物である財産の物的現状を変化させて財産の価値を著しく減少させ、又は原状回復に過大な経費を要するようにして強制執行を費用倒れにするような行為をいいます。

　3号の行為は、金銭執行を受けるべき財産を**無償その他の不利益な条件で譲渡し、又は権利の設定をする**ことで、従前は、真実は譲渡意思が存在する場合は、たとえ強制執行を免れる目的があっても仮装譲渡・隠匿には当たらないと解されていたのですが、本号の新設によって、真実譲渡して引き当て財産に不足を生じさせる行為もまた強制執行の適正・円滑な運用を損ね、債権者の債権を侵害する虞があるので、処罰されることになりました。なお、真実譲渡し権利設定をする場合には、必ず相手方が存在しますので、情を知って相手方となった者も処罰されます〔双面的同一刑対向犯〕。情を知ってとは、譲渡・権利設定が強制執行を妨害する目的で行われていることを認識しているという意味です。

　本罪は、仮差押、仮処分、その他の強制執行を妨害する目的をもって所定の行為をすれば直ちに成立し、強制執行の全部・一部が行われたことや、強制執行を実際に妨害したことは必要でないというのが支配的見解です[72]。確かに、強制執行の妨害という現実の実害結果の発生は必要ありませんが、現実に強制執行・金銭執行を受けるおそれのある客観的状態にあることの要件とも関連して、強制執行を妨害する現実的危険の発生は必要です。

　④　**目　的**　従前は、「強制執行を免れる目的」という条文だったため、債務者のみが主体となりえるとの解釈がなされていましたが、**強制執行を妨**

---

72)　判例（最決昭和35・04・28刑集14・6・836）・通説です。この見解によれば、本罪は抽象的危険犯ということになります。

害する目的と改正されたため、誰でも主体となりうることが明らかになり、また、強制執行の進行を遅らせる目的も含まれることになりました。

　⑤　**故　意**　目的のほかに、所定に客体に対して所定の行為をするについて故意が必要です。

06　強制執行行為妨害等罪 (96条の3)

> 　偽計又は威力を用いて、立入り、占有者の確認その他の強制執行の行為を妨害した者は、3年以下の懲役若しくは250万円以下の罰金に処し、又はこれを併科する。
> 　2　強制執行の申立てをさせず又はその申立てを取り下げさせる目的で、申立権者又はその代理人に対して暴行又は脅迫を加えた者も、前項と同様とする。

　本条は、2011年（平成23年）の改正で新設されました。

(1)　1項犯罪

> ①　立入り、占有者の確認その他の強制執行の行為であること〔客体〕
> ②　偽計又は威力を用いて所定の客体を妨害すること〔行為・結果〕
> ③　故意があること〔故意〕

　①　**客　体**　1項の客体は、立入り、占有者の確認その他の強制執行の行為です。**占有者の確認**とは、強制執行の対象者となる占有者を特定・確認する行為のことです。**強制執行の行為**とは、強制執行の現場で公務員が強制執行の目的を実現するために行う事実上の行為をいいます。

　②　**行為・結果**　偽計・威力を用いて所定の客体を妨害することです。**偽計を用いる**とは、行為者が自ら人を欺罔・誘惑する手段を使うこと、又は行為者が人の錯誤・不知の状態を利用することをいい、**威力を用いる**とは、人の自由意思を制圧するに足りる勢力を示すことをいい、その意義は業務妨害罪（233条・234条）におけるそれと同じです[73]。

　妨害するとは、強制執行の行為が適正・円滑に執行されるのを不可能又は著しく困難にすることをいいます。**実害犯**と解すべきです[74]。

　本罪は、暴行・脅迫を手段とするとき、公務執行妨害罪と重なり合うことになりますが、本罪は強制執行という職務を抽出して保護し、法定刑が若干

---

73)　本書・178頁。
74)　高橋・619頁、松原・543頁。

重いことを考慮すると、公務執行妨害罪を吸収すると解するのが妥当です。

③ **故 意** 強制執行の行為を偽計・威力を用いて妨害することについて、故意が必要です。

(2) 2項犯罪

① 申立権者又はその代理人に対するものであること〔客体〕
② 暴行又は脅迫を加えること〔行為・結果〕
③ 強制執行の申立てをさせず又はその申立てを取り下げさせる目的があること〔目的〕
④ 故意があること〔故意〕

① **客 体** 2項の客体は、申立権者又はその代理人です。**申立権者**とは、自己の名義において強制執行の申立をする権利を有する者をいい、法人も含みます。**その代理人**とは、申立権者に代わって、独自に申立ができる者、具体的には、法定代理人・任意代理人のことです。

② **行為・結果** 本罪の**暴行**は申立権者等に向けられた（直接・間接）有形力の行使であり、また、**脅迫**は、告知される害悪内容に限定はありませんが、いずれも申立権者等をして申立等をさせない、又はそれを取り下げるに足りる程度のものであることを要します。

強要罪では、脅迫の害悪告知が被害者自身・その親族の生命・身体・自由等に対するものに限定されているのに対し、本罪では、脅迫にそうした限定はないこと、強要罪は実質犯のうちの実害犯であるのに対し、本罪は実質犯のうち**危険犯**であること、本罪は目的犯であることなどの相違があり、重なる部分はありますが、射程範囲が異なります。また、業務妨害罪は、反復・継続してなされる業務が客体であるのに対し、本罪はそうした業務性は要求されていないこと、業務妨害罪は実質犯のうちの実害犯であるのに対し、本罪は実質犯のうち危険犯であること、本罪は目的犯であることなどの相違があり、重なる部分はあるにしても、やはり射程範囲が異なります。

③ **目 的** 強制執行の申立てをさせない目的、又はその申立てを取り下げさせる目的であることを要します（目的犯）。この目的は、行為者の主観的な意図として要求されている要件ですから、実際に、申立等が妨害されたことを要求するものではありません。

07　強制執行関係売却妨害罪（96条の4）　579

④　**故　意**　申立権者等に対するものであること、申立権者等をして申立等をさせない、又はそれを取り下げるに足りる程度の暴行・脅迫を加えること（危険結果）について、故意が必要です。

07　強制執行関係売却妨害罪（96条の4）

> 偽計又は威力を用いて、強制執行において行われ、又は行われるべき売却の公正を害すべき行為をした者は、3年以下の懲役若しくは250万円以下の罰金に処し、又はこれを併科する。

(1)　沿　革

本条は、主に強制執行における売却の公正を害する行為を処罰するもので、2011年（平成23年）に新設されました。本条が「強制執行において行われるべき売却の公正」と規定されたことにより、競売開始決定後は勿論ですが、競売開始決定前における行為も処罰の対象とされました。

(2)　要　件

> ①　強制執行において行われる売却、又は行われるべき売却であること〔客体〕
> ②　偽計又は威力を用いて、強制執行における売却の公正を害すべき行為をすること〔行為・結果〕
> ③　故意があること〔故意〕

①　**客　体**　強制執行において行われる売却、強制執行において行われるべき売却です。強制執行における**売却**は、権限のある機関によってその旨の決定がなされたこと、かつ適法なものであることを要します[75]。

②　**行為・結果**　偽計又は威力を用いて、強制執行における売却の公正を害すべき行為をすることです。**偽計を用いる**とは、行為者が自ら人を欺罔、誘惑する手段を使うこと、又は行為者が人の錯誤・不知の状態を利用することをいい、**威力を用いる**とは、人の自由意思を制圧するに足りる勢力を示すことをいいます。

> 判例において、本罪の**偽計**に当たるとされた行為には、公共工事にかかる敷札による競争入札に際してその敷札額を特定の入札予定者にのみ内報する行為[76]、裁判所が不動産競売の開始決定をした土地建物について、その売却の公

---

75)　最判昭和41・09・16刑集20・7・790、判時458・14、判タ198・148。

76)　最決昭和37・02・09刑集16・2・54。

580　第38講　公務の執行を妨害する罪

正な実施を阻止しようと企て、あたかも賃貸借契約が存在するかのように装い、競売開始決定より前に短期賃貸借契約が締結されていた旨の内容虚偽の賃貸借契約書写しを裁判所に提出する行為[77]があり、**威力**に当たるとされた行為には、不動産競売開始決定を受けた者が、一般人の閲覧に供するため裁判所執行官室に備えてある現況調査報告書写しの所有者欄に「岡山4代目木下会○○組」のゴム印を押し、競売物件の所有者兼占有者が暴力団員であることを殊更に示す行為[78]があります。

　公正を害すべき行為とは、参加者の公正かつ自由な競争によって行われるべき強制執行における売却に不当な影響を与えてそれを阻害する虞のある行為をいいます。公正を害すべき行為が行われれば直ちに既遂に達し、実際に売却の公正が害されたことを要しないとし、本罪を抽象的危険犯とするのが支配的見解です。しかし、売却の公正を害するに足りる程度の偽計・威力により、売却の公正が害される**現実的危険**は必要と解すべきです。

　なお、強制執行関係における談合は、偽計を用いて売却の公正を害すべき行為をしたものとして、本罪を構成します。

> 　本罪の**終了時点**が公訴時効の起算点との関係で問題となりますが、**最決平成18・12・13**（刑集60・10・857、判時1957・164、判タ1230・96）は、現況調査に訪れた執行官に対して虚偽の事実を申し向け、内容虚偽の契約書類を提出した行為の時点をもって「犯罪行為が終つた時」（刑事訴訟法253条1項）と解すべきではなく、虚偽事実の陳述等に基づく競売手続が進行する限り、「犯罪行為が終つた時」には至らないものと解するとしました。この判例は、本罪が継続犯か状態犯かを確定するものではありませんが、その判断に影響を与えるものであることは否定できません。

　③　故　意　強制執行において行われる売却、又は行われるべき売却であること、偽計又は威力を用いて、強制執行における売却の公正を害すべき行為をすること（危険結果）について、故意が必要です。

08　加重封印等破棄等罪 (96条の5)

> 　報酬を得、又は得させる目的で、人の債務に関して、第96条から前条〔96条の4〕までの罪を犯した者は、5年以下の懲役若しくは500万円以下の罰金に処し、

---

77)　最決平成10・07・14刑集52・5・343、判時1648・157、判タ980・114〔百選Ⅱ・119〕。

78)　岡山地判平成2・04・25判時1399・146、鳥取地裁米子支部判平成4・07・03判タ792・232。

又はこれを併科する。

　本条は、報酬を得る目的又は得させる目的をもって（目的犯）、人の債務に関して、封印等破棄罪（96条）・強制執行妨害目的財産損壊等罪（96条の2）・強制執行行為妨害等罪（96条の3）・強制執行関係売却妨害罪（96条の4）を犯した場合を重く罰するもので、いわゆる占有屋と呼ばれ、営利を目的に営業的・職業的に人の強制執行に介入してくる行為を防遏しようとするものです。

　人の債務に関してとは、他人に対する強制執行が行われるに際して、これに介入することを意味し、債務者自身は本罪の行為主体とはなりえません。**報酬を得る目的又は得させる目的**（報酬目的）とは、所定の犯罪を犯すことの対価として供与される財産上の利益を自ら取得しようという目的、又は第三者に取得させようという目的をいいます。

　本罪は加減身分犯（不真正身分犯）であり、65条2項により処理するとするのが支配的見解ですが、疑問です。報酬目的は本罪の成立に必要な主観要件ですが、行為の危険性に影響を与える違法性に係る要件ではなく、ましてや身分ではなく、責任非難を重くする**責任要件**です。支配的見解のように、報酬を得ようという意図・動機が身分であるなどという解釈を主張することは、いくら「刑法上の身分」概念を問題としているのだと説明されても、納得できるものではありません。

09　公契約関係競売等妨害・談合罪（96条の6）

　偽計又は威力を用いて、公の競売又は入札で契約を締結するためのものの公正を害すべき行為をした者は、3年以下の懲役若しくは250万円以下の罰金に処し、又はこれを併科する。
　2　公正な価格を害し又は不正な利益を得る目的で、談合した者も、前項と同様とする

(1)　沿　革

　本条は、強制執行関係売却妨害罪（96条の4）を除外して、主に国・地方公共団体の権限ある機関が実施する公の競売・入札における契約の公正を害する行為を処罰するもので、1項は2011年（平成23年）に、2項は古く1941年（昭和16年）に新設されました。

582　第38講　公務の執行を妨害する罪

⑵　公契約関係競売等妨害罪（1項）

> ①　公の競売又は入札で契約を締結するためのものであること〔客体〕
> ②　偽計又は威力を用いて公正を害すべき行為をすること〔行為・結果〕
> ③　故意があること〔故意〕

　　①　**客　体**　公の競売・入札とは、国・地方公共団体だけでなく、これに準ずる権限ある機関・団体のもの[79]をいいますが、法令に根拠を有する公の機関によるものに限られるでしょう。健康保険法による健康保険組合が行う事務は公務ではないので、そこが実施する入札は本罪の客体には含まれません[80]。**競売**とは、売主が、2人以上の者に口頭で買受けの申出をするように促し、最高価格の申出をした者（競落者）に承諾を与えて売買契約を締結する競争契約の方式をいい、**入札**とは、多数の申出人の申出内容を互いに知ることができないようにして競争させ、最も有利な申出をした者（落札者）を相手方として契約を締結するもので、文書によってその申出をする競争契約の方式をいい、一般競争入札か指名競争入札かを問いません[81]。

　　本条項は、公の競売・入札における契約の公正を害する行為を罰するものですから、その根拠となる公の競売・入札は適法性の要件を具えていることを要します。その要件は、公務執行妨害罪における職務行為の適法性のそれと同様で、㋐法令に根拠を有する公の機関によるものであるという意味で**一般的権限**のある公の機関によるものであること、㋑権限のある機関によって適法に競売・入札すべき旨の決定がなされているという意味で**具体的権限**によるものであること[82]、そして、㋒当該競売・入札が**適正な条件・方式**を履践して有効であることが必要です[83]。

---

79)　民事執行法 64 条、134 条、161 条、180 条以下、192 条以下、地方自治法 234 条、国税徴収法 94 条以下、会計法 29 条の 5、「競争の導入による公共サービスの改革に関する法律」9 条以下、新都市基盤整備法 20 条 7 項などが、これに当たります。

80)　東京高判昭和 36・03・31 高刑集 14・2・77、判時 265・9、判タ 118・57。

81)　東京高判昭和 40・05・28 高刑集 18・4・273、判タ 179・137。

82)　最判昭和 41・09・16 刑集 20・7・790、判時 458・14、判タ 198・148。なお、**東京高判昭和 36・05・04** 東高時報 12・5・4（国・公共団体が実際に特定業者と随意契約するものであるのに、入札手続を偽装する目的で入札に付する決定をした場合、その入札は「公の入札」に当たらない）。

83)　**東京高判昭和 46・11・15** 高刑集 24・4・685、判タ 276・265 は、「競売手続には幾多の瑕疵があり、また杜撰なものであったけれども、競売手続を理解している A らから現場において異議申立はなく、その後もこの点が争われたことはないのであつて、未だ所論のように本件競売手続

②　**行為・結果**　**偽計を用いる**とは、行為者が自ら人を欺罔・誘惑する手段を使うこと、又は行為者が人の錯誤・不知の状態を利用すること、**威力を用いる**とは、人の自由意思を制圧するに足りる勢力を示すことをいいます。

公正を害すべき行為とは、参加者の公正かつ自由な競争によって行われるべき競売・入札における契約の締結に不当な影響を与えてその公正を害する虞のある行為をいいます。公正を害すべき行為が行われれば直ちに既遂に達し、実際に契約締結に係る公正が害されたことを要しないとし、本罪を抽象的危険犯とするのが支配的見解ですが、公正を害するに足りる程度の偽計・威力により、契約締結の公正が害される**現実的危険性**が必要です。

なお、談合行為については、一定の要件を充足するものだけが、本条2項で処罰されることになります。

③　**故　意**　偽計又は威力を用いて、契約を締結するための公の競売・入札の公正を害すべき行為をすること（危険結果）について、故意が必要です。

(3)　談合罪（2項）

> ①　公の競売又は入札におけるものであること〔客体〕
> ②　談合すること〔行為・結果〕
> ③　公正な価格を害する目的又は不正な利益を得る目的があること〔目的〕
> ④　故意があること〔故意〕

①　**客　体**　公の競売・入札におけるものであること、すなわち、国・地方公共団体の権限ある機関が実施する公の競売・入札に係るものであることが前提です。

②　**行為・結果**　**談合する**とは、競売人・入札者が、特定の者を競落者・落札者とするため、互いに通謀し、競売の場合では、他の者は一定の価格以上に付け値しないこと、また、入札の場合では、他の者は一定の価格以下に入札しないことを協定することをいいます。本罪は、条文上、当然に複数の関与者の行為を予定するものですから、必要的共犯のうちの集合犯ですが、競売人・入札者の全員によって又は一部の者によって行われるものも、本罪を構成します[84]。

が不存在ないし当然無効であるとは解し難」いと判示しますが、疑問です。
84）　最決昭和28・12・10刑集7・12・2418、判タ38・59。

584   第38講　公務の執行を妨害する罪

　本罪は抽象的危険犯であり、所定の目的をもって談合すれば直ちに既遂に達し、その談合に従った行動を競売人・入札者が現実に執る必要はないとするのが支配的見解[85]です。しかし、公正を害するに足りる内容・程度の談合行為により、公の競売・入札の公正を害する**現実的危険**が必要です。例えば、協定には参加するが、自らは競売・入札を希望せず、それに参加しない者であっても構いませんが、いやしくも自己と特別の関係のある者によって入札が行われることを前提として、公正な価格を害し又は不正の利益を得る目的をもってその談合に加わり、かつこれによってその公正を害する現実的危険を発生させることを要します[86]。

　③　**目　的**　公正な価格を害する目的又は不正な利益を得る目的で行われたことが必要です（目的犯）。

　公正な価格の意義については議論がありますが、競売・入札の観念を離れて客観的に測定すべき公正価格をいうのではなく、当該競売・入札において公正な自由競争が行われたならば成立したであろう落札価格であるとする**競争価格説**[87]が支配的見解です。例えば、被告人が自由競争ならば165万円位で入札する予定であったものを、他の入札者等と談合し、被告人の会社の入札金額を192万8000円と記載し、他の入札者の入札金額をこれよりも高く記載させて入札したときは、公正な価格を害する目的で談合したことになるのです[88]。他方、**不正な利益**とは、談合によって公正な価格を害することにより取得される金銭その他の経済的利益をいい、その利益が社会通念上いわゆる「祝儀」の程度を超え、不当に高額の場合に限られます[89]。

---

85) 判例（最決昭和28・12・10刑集7・12・2418、判タ38・59）・通説です。

86) 最決昭和39・10・13刑集18・8・507、判時391・47、判タ169・151参照。

87) 判例（大判昭和19・04・28刑集23・97、最決昭和28・12・10刑集7・12・2418、判タ38・59、最判昭和32・01・22刑集11・1・50、最判昭和32・07・19刑集11・7・1966）・通説です。これに対し、当該競売・入札において公正な自由競争により最も有利な条件を有する者が実費に社会的に相当な利潤額を加えた価格であるとする**適正利潤価格説**を採るのは、東京高判昭和28・07・20高裁刑事判決特報39・37、東京高判昭和32・05・24高刑集10・4・361、判タ1・61。

88) 最判昭和31・04・24刑集10・4・617。

89) 最判昭和32・01・22刑集11・1・50。なお、この判例が、公正なる価格を害する目的をもって談合する罪が成立するには、公正な価格を害する具体的危険のあることが必要であるが、不正の利益を得る目的をもって談合する罪は、入札の公正を害する抽象的危険があれば成立するとしたのは注目されます。

④ **故　意**　公の競売・入札におけるものであること、談合すること、及び、それによって公正な価格を害すべき行為をすること（危険結果）について、故意が必要です。

⑤ **独占禁止法との関係**　本罪と独占禁止法の不当取引制限罪（89条1項1号・3条・95条）との関係が問題となりますが、後者の罪は、談合罪に比べ、広範な行為を捕捉し、しかも、自由競争経済に比較的大きな影響を与えた事案を念頭に置いています。

相違点	談合罪	不当取引制限罪
保護法益	公の競売・入札の公正	自由競争経済
捕捉行為	公の競売・入札における談合行為	とりたてて限定はない（民間発注のものにも）
主観要件	一定の目的が必要	目的不要
客観要件	公の競売・入札の公正への（抽象的・具体的）危険性	競争の実質的制限
処罰対象	自然人（個人）のみ	人（自然人・法人）
公訴提起	検察官	公正取引委員会

今日の一言

キミこそが
キミの最後のよるべなのだよ
でも
キミを支えてくれる良き人がそばにいることも
忘れないでほしい

586

第39講　逃走の罪

01　総　説

(1)　保護法益・類型

　逃走の罪は国家の拘禁作用を侵害する犯罪であり、保護法益は国権の作用としての国家の拘禁作用です。

○単純逃走罪（97条）　○加重逃走罪（98条）　○被拘禁者奪取罪（99条）
○逃走援助罪（100条）　○看守者等による逃走援助罪（101条）

　自己逃走型の逃走罪は、自己の刑事事件についての証拠を隠滅する行為と同じく、期待可能性が減弱しているのが通常ですから、特に悪質でない単純逃走罪について処罰規定を設けない国[1]もあるのですが、日本国の刑法は、刑は軽いですが、単純逃走罪も未遂を含めて処罰しています。

(2)　被拘禁者の類型

　被拘禁者は、国の拘禁権に基づいてその身柄を拘束されている者をいいますが、本罪との関係で、3つの用語を区別する必要があります。

　①　裁判の執行により拘禁された既決・未決の者　最も狭い範囲のものが、裁判の執行により拘禁された既決・未決の者です。要は、既決・未決で、刑事施設等に現に拘禁されている者に限られ、少年院に収容されている者[2]、仮釈放中の者[3]、刑事施設に引き渡される途中の者、令状逮捕・現行犯逮捕されたにとどまる者は、これには含まれません。

　これには、まず、㋐裁判の執行により拘禁された既決の者、すなわち、裁判による刑の言渡が確定したことによって刑事施設に拘禁されている者がおり、自由刑（懲役・禁錮・拘留）の執行により拘置されている懲役・禁錮・拘留受刑者、死刑の言渡を受けて死刑の執行に至るまで拘置されている死刑確定者（いわゆる死刑囚）[4]、及び、罰金・科料を完納できないため換刑処分と

---

1) 例えば、ドイツ、フランスです。
2) 少年法24条1項3号。
3) 28条。

して労役場に留置されている労役場留置者[5] です。次に、④裁判の執行により拘禁された未決の者、すなわち、被逮捕者・被勾留者その他未決の者として拘禁されている者がおり、被疑者・被告人として勾留状[6] によって刑事施設に拘禁されている者、及び鑑定留置[7] に付されている者です。

② **勾引状の執行を受けた者**　やや狭い範囲が、**勾引状の執行を受けた者**です。**勾引状** (広義) とは、一定の場所に拘禁することを許す令状で、勾留状・収容状・逮捕状・勾引状・引致状を含むと解されていますが、これらを厳密に区別している刑事訴訟法の規定を考慮して、解釈において厳格な区別をすべきで、処罰の間隙が生じるのが不合理であるなら、立法手当をすべきです。これに当たるのは、勾引された証人[8]、逮捕状によって逮捕された被疑者[9]、収容状・勾留状の執行を受けた者 (収監前の者も含む)、被疑者・被告人として拘禁されている者です。要は、勾引状の執行を受けた点にあるので、現行犯逮捕・緊急逮捕されたが未だ逮捕状が発布されていない者は含まれません。

③ **法令により拘禁された者**　最も広い範囲が、**法令により拘禁された者**です。これに当たるのは、裁判の執行により拘禁された既決・未決の者、勾引状の執行を受けた者だけでなく、現行犯逮捕・緊急逮捕されたが未だ逮捕状が発布されていない者、拘禁された逃亡犯罪人[10]、入国収容所等に収容された者[11]、少年院・少年鑑別所の被収容者も含むとするのが支配的見解です。

しかし、本罪は、刑事司法における国家の拘禁作用を保護しているのですから、拘禁の主たる目的が刑事司法作用及びそれに準ずるものに限定され、主として保護・治療・教育・福祉の目的にある収容は本章の罪の客体には含まれないと解すべきです[12]。この見解によると、少年院・少年鑑別所の被収容者、児童自立支援施設・養護施設に収容されている者、強制入院措置を

---

4) 11条2項。

5) 18条。

6) 刑事訴訟法60条。

7) 刑事訴訟法167条・224条、犯罪捜査規範189条。

8) 刑事訴訟法152条、民事訴訟法194条。

9) 刑事訴訟法199条。

10) 逃亡犯罪人引渡法5条以下。

11)「出入国管理及び難民認定法」39条以下。

12) 西田・453頁、曽根・299頁、高橋・634頁、山口・571頁。

588　第39講　逃走の罪

受けた精神病者[13] は含まれません。

　以上の３類型と、自己逃走型・他人逃走型との類別を組み合わせて本罪を分類すると、以下のようになります。

被拘禁者	自己逃走型	他人逃走型
①裁判の執行により拘禁された既決・未決の者	単純逃走罪（97条）	——
①裁判の執行により拘禁された既決・未決の者＋②勾引状の執行を受けた者	加重逃走罪（98条）	——
③法令により拘禁された者	——	被拘禁者奪取罪（99条） 逃走援助罪（100条） 看守者逃走援助罪（101条）

02　単純逃走罪（97条）

　裁判の執行により拘禁された既決又は未決の者が逃走したときは、１年以下の懲役に処する。

(1)　要　件

① 　裁判の執行により拘禁された既決・未決の者であること〔主体〕
② 　逃走すること〔行為〕
③ 　故意があること〔故意〕

　① 　主　体　裁判の執行により拘禁された既決・未決の者に限定されています。**裁判の執行により拘禁された既決の者**とは、裁判による刑の言渡が確定したことによって刑事施設に拘禁されている者をいい、具体的には、自由刑の執行により拘置されている者、死刑確定及び労役場留置者です。要は、刑事施設等に現に拘禁されている者に限られるということです。

　② 　行　為　**逃走する**とは、被拘禁者が拘禁状態から離脱すること、具体的にいえば、看守による実力的支配を脱することをいい、手段・方法を問いませんし、一時的な離脱でも構いません。

　③ 　故　意　拘禁状態から離脱することについて故意が必要です。

---

13)「精神保健及び精神障害者福祉に関する法律」29条以下。強制入院措置を受けた精神病者は本罪の客体に含まれるとするのは、高橋・634頁。

⑵ 着手・既遂

本罪の**着手**時期は拘禁状態から離脱する行為を開始したときであり、看守による実力的支配から完全に脱したときに**既遂**となります。通常、刑事施設の囲壁を乗り越えたとき既遂に達しますが、追跡を受けている場合は、追跡者が被拘禁者を見失い、被拘禁者が追跡状態から離脱したときをもって既遂となります。本罪は**状態犯**であり、継続犯ではありません。

単純逃走罪について、判例では、逃走意思をもって収容されている監房（収容室）の扉を開けて房外に脱出したときに着手があるとするもの[14]、未決の者が裁判所構内から逃走したが、直ちに看守巡査が発見・追跡し、途中1、2度見失ったが、通行人の指示により逃走径路をたどって追跡し、逮捕した場合、未だ看守者の実力的支配を完全に脱出したといえず、未遂であるとするもの[15]があります。

地震・火災その他災害の際に、一定期限までに出頭するように命じたうえで、被拘禁者を解放したところ、被拘禁者全員が逃亡せずに期限内に出頭してきた＼(^O^)／というドラマは、『大岡越前』などの時代劇でよく扱われる題材ですが、法律上は、避難を必要とする状況がなくなった後速やかに出頭しないと罰せられます[16]。

03 加重逃走罪（98条）

前条〔97条〕に規定する者〔裁判の執行により拘禁された既決・未決の者〕又は勾引状の執行を受けた者が拘禁場若しくは拘束のための器具を損壊し、暴行若しくは脅迫をし、又は2人以上通謀して、逃走したときは、3月以上5年以下の懲役に処する。

⑴ 要 件

① 裁判の執行により拘禁された既決・未決の者、又は勾引状の執行を受けた者であること〔主体〕
② 拘禁場・拘束器具を損壊し、暴行・脅迫をし、又は2人以上通謀して、逃走すること〔行為〕
③ 故意があること〔故意〕

---

14) 仙台高判昭和24・09・24高裁刑事判決特報5・31。
15) 福岡高判昭和29・01・12高刑集7・1・1。
16)「刑事収容施設及び被収容者等の処遇に関する法律」293条1項・83条3項。

590 第39講 逃走の罪

① **主 体** 裁判の執行により拘禁された既決・未決の者、及び、勾引状の執行を受けた者です。具体的には、勾引された証人、逮捕状によって逮捕された被疑者、収容状・勾留状の執行を受けた者（収監前の者も含む）、被疑者・被告人として拘禁されている者が、これに当たります。

② **行 為** 拘禁場・拘束器具を損壊して逃走すること、暴行・脅迫をして逃走すること、又は2人以上通謀して逃走することです。

拘禁場とは刑事施設・留置場その他拘禁のために使用する場所、**拘束のための器具**とは手錠・捕縄など身体の自由を拘束するために用いられる器具をいいます。**損壊**とは、物理的に損壊することです（物理的損壊説）[17]。

> **広島高判昭和31・12・25**（高刑集9・12・1336、判時101・28、判タ68・104）は、列車で護送中の受刑者が逃走に際して、手錠・捕縄を外して、手錠を車外に投棄した行為は、本条にいう損壊に当らないとしました。

本罪の**暴行**（広義）は人に向けられた不法な有形力の行使、**脅迫**（広義）は広く相手方に対する害悪の告知をいい、逃走手段として看守者又は看守者に協力する者（受刑者）に対してなされることを要します。看守の目を逸らすために同房者を殴打する行為は、本罪の暴行には当たりません。

2人以上通謀して逃走するとは、2人以上の者が逃走のために意思連絡を取り合い、合意して逃走することいい、通謀に参加した者が、通謀に基づき全員が逃走行為を開始することが必要です（必要的共犯）。通謀者の一人だけが逃走行為を開始して逃走したが、他の通謀者は逃走行為を開始しなかったときは、逃走者には単純逃走罪（97条）、単なる通謀者には逃走援助罪（100条）が成立するにとどまります[18]。

③ **故 意** 拘禁場・拘束器具を損壊し、暴行・脅迫をし、又は2人以上通謀して、拘禁状態から離脱することについて、故意が必要です。

(2) **着手・既遂**

本罪の**着手**は、拘禁場・拘束器具を損壊する行為[19]、暴行・脅迫の行為、又は通謀者の全員が逃走行為を開始したときです。通謀形態の場合は、意思

---

17) 判例・通説も、本罪での損壊について、器物損壊罪等における効用喪失説を採っていません。
18) 佐賀地判昭和35・06・27下刑集2・5=6・938、判時230・34。
19) 最判昭和54・12・25刑集33・7・1105、判時952・135、判タ406・92。

連絡を取り合っただけでは逃走の現実的危険は発生していませんので、着手ではありません。本書によれば、**実行の着手**が認められても、拘禁場所から逃走して拘禁状態から完全に離脱する現実的危険（具体的**危険結果**）が生じない限り、未遂犯として処罰可能な段階に至ったとは認められません。その後に、現実に拘禁状態から完全に離脱したとき、具体的には、看守による実力的支配から完全に脱したときをもって**既遂**となります。

> 判例では、居房から脱出しても、刑務所構内から脱出せず、又は刑務所構内から脱出しても直ちに追跡逮捕せられた場合は本罪の既遂とはならないとするもの[20]、警察署留置場に勾留されていた者が留置場を脱出し、街頭に逃走して一旦その姿をくらましたときに本罪の既遂となり、その約15分後に緊急手配、30分後に逮捕されても、本罪の既遂に影響しないとしたもの[21]があります。

逃走しようとした者の各自について、逃走の罪の既遂・未遂を認定していくことになりますので、注意してください。

> 【事例01】　拘留中のXは、隣房のYに対し、逃走したいので手伝って欲しいと依頼し、Yが刑事施設内にいる勾留中のZに暴行を加えて騒ぎを起こし、看守者の目を逸らしている間に、Xは同刑事施設から逃走した。

この場合、通謀したX・Yの双方が逃走行為を開始したという形態ではありませんので、本罪の成立を検討する余地はありません。逃走に成功したXには単純逃走罪（97条）、単なる通謀者であるYには加重逃走罪ではなく逃走援助罪（100条2項）が成立するにとどまります。

> 【事例02】　X・Y・Zの3人は相謀って逃走を図ったが、Xは塀を乗り越えて逃走に成功した。しかし、Yは塀を乗り越えようとしたところで捕まってしまい、Zは通謀に参加しただけで逃走行為をしなかった。

この場合、逃走行為を開始したX・Yには、通謀による加重逃走罪（98条）の成立を検討し、Xには本罪の既遂、Yには本罪の未遂が成立します。Zは逃走行為を開始していませんので、逃走援助罪（100条1項）にとどまります。

(3)　他罪との関係

拘禁場・拘束器具の損壊、暴行・脅迫について、本罪のほかに別罪を構成することはありません[22]し、これらの行為と通謀等の行為を併用して逃走

---

20)　広島高判昭和25・10・27高裁刑事判決特報14・133。
21)　東京高判昭和29・07・26東高時報5・7・295。

592 第39講 逃走の罪

しても、本罪の包括一罪となります。公務員である看守者に暴行・脅迫を加えて逃走した場合、公務執行妨害罪は本罪に吸収されます[23]。

04 被拘禁者奪取罪 (99条)

法令により拘禁された者を奪取した者は、3月以上5年以下の懲役に処する。

(1) 要 件

① 法令により拘禁された者であること〔客体〕
② 所定の客体を奪取すること〔行為〕
③ 故意があること〔故意〕

① **客 体** 法令により拘禁された者であり、被拘禁者の範囲が最も広い概念です。裁判の執行により拘禁された既決・未決の者、勾引状の執行を受けた者、現行犯逮捕・緊急逮捕されたが逮捕状が未だ発布されていない者、少年院・少年鑑別所の収容者も含むとするが支配的見解です。本書の立場については、先の「被拘禁者の類型」を参照してください。

② **行 為** 法令により拘禁された者を奪取することです。主体に限定がありませんので、被拘禁者以外の者で、刑事施設の外にいる者であれば、誰でも主体となりえます。**奪取する**とは、被拘禁者を自己又は第三者の実力的支配の下に移すことをいい、その手段・方法を問わず、暴行・脅迫・欺罔・偽計などの方法でも構いません。被拘禁者の同意の有無を問いません。

奪取は被拘禁者を自己・第三者の実力的支配の下に移すことが肝要であり、単に解放するにすぎない場合は奪取には当たらず、逃走援助罪が成立するにすぎないとするのが支配的見解[24]です。これに対し、逃走と奪取との違いは拘禁を離脱させる主体の相違にあり、その離脱方法を支配しているのが被拘禁者である場合が逃走、他の者である場合が奪取であると解し、奪取は被拘禁者の拘禁状態を離脱させる一切の行為をいい、実力支配下に移す必要はないとする見解[25]も有力です。しかし、この見解は、結局のところ、逃走と奪取の区別について、拘禁状態の離脱方法を支配してその離脱を実現した主体は誰かという点にその規準を求めるもので、これでは奪取の概念を拡散させて、奪取と逃走援

---

22) 金沢地判昭和57・01・13刑裁月報14・1=2・185、判時1055・169。
23) 宮崎地判昭和52・10・18刑裁月報9・9=10・746、判時898・125（加重逃走未遂罪）。
24) 通説です。
25) 平野・284頁、中森・287頁、西田・454頁、高橋・634頁、山口・572頁。

助の区別を曖昧にしてしまいます。

　　実力支配下に移すというメルクマールは区別の規準として明確であり、これを放棄しなければならないほど不合理とは思われません。

　　③　**故　意**　法令により拘禁された者を自己・第三者の実力的支配の下に移すことについて故意が必要です。

(2)　着手・既遂

　　本罪の**着手**は、被拘禁者を自己・第三者の実力的支配下に移す行為を開始したときであり、拘禁状態を完全に脱する現実的危険性（具体的危険結果）が生じたときに未遂処罰段階に達し、現実に拘禁状態を完全に離脱したとき、つまり、看守による実力的支配から完全に脱したとき**既遂**となります。

(3)　他罪との関係

　　1 個の奪取行為により複数の被拘禁者を奪取した場合は、観念的競合です。公務員である看守者に対して暴行・脅迫を加えて本罪を実現した場合は、本罪と公務執行妨害罪（95 条 1 項）の観念的競合となります[26]。

05　逃走援助罪（100条）

> 　法令により拘禁された者を逃走させる目的で、器具を提供し、その他逃走を容易にすべき行為をした者は、3 年以下の懲役に処する。
> 　2　前項の目的で、暴行又は脅迫をした者は、3 月以上 5 年以下の懲役に処する。

(1)　意　義

　　本条は、逃走罪の共同正犯・共犯となる行為を独立犯罪として処罰するもので、被拘禁者が自ら逃走する行為は期待可能性が減弱しているので法定刑を軽くするが、逃走を援助する者についてはこのような考慮は無用としたわけです。したがって、被拘禁者に逃走に関する罪が成立しなくても、逃走援助行為は独立に処罰できます。

(2)　要　件

　　①　法令により拘禁された者であること〔客体〕
　　②　逃走を容易にする行為をすること〔行為〕

26）本罪のみが成立するとするのは、大谷・595 頁。

594 第39講 逃走の罪

③ 逃走させる目的があること〔目的〕
④ 故意があること〔故意〕

① **客　体**　法令により拘禁された者です。

② **行　為**　逃走の器具の提供、その他逃走を容易にすべき行為、又は暴行・脅迫（広義）の行為です。**逃走を容易にすべき行為**とは、被拘禁者の逃走を容易ならしめるべき一切の行為をいい、**器具を提供する**はその例示です。その方法・態様を問いません。例えば、逃走の機会・方法をアドバイスする、手錠を解除するなど、言語によると動作によるとを問いません。

本罪の主体は特に限定されていませんので、被拘禁者以外の者で、刑事施設の内外にいる者を問わず、誰でも主体となりえます。

③ **目　的**　被拘禁者を逃走させる目的であることを要します（目的犯）。

④ **故　意**　法令により拘禁された者が逃走しようとするのを容易にする行為をするについて故意が必要です。

(3)　着手・既遂

本罪の**着手**は、1項においては、器具の提供、その他逃走を容易にすべき行為を開始したとき、2項においては、暴行・脅迫の行為を開始したときに認められ、拘禁状態を脱する逃走行為を容易ならしめるべき状態が惹起されたときに**既遂**となります。本罪は独立犯罪として規定されていますので、被拘禁者が逃走行為を開始し、逃走を完了したかどうかを問いません。

(4)　他罪との関係

逃走させる目的で暴行・脅迫を用いて被拘禁者を奪取した場合、被拘禁者奪取罪（99条）と本罪（100条）の観念的競合も考えられますが、保護法益も法定刑も同じであり、被拘禁者奪取罪の奪取には暴行・脅迫を手段とするものも含まれるので、被拘禁者奪取罪のみが成立すると解すべきです。

被拘禁者を奪取する目的で暴行・脅迫を加えたが奪取するに至らなかった場合は、奪取目的と援助目的とは性質が異なるので相互に置き換えることはできませんし、未遂の裁量的減軽あるいは量刑で考慮する方が妥当な刑を出すことができるので、被拘禁者奪取罪の未遂とするのが適当です[27]。

---

27) 通説です。

06　看守者等による逃走援助罪（101条）

　法令により拘禁された者を看守し又は護送する者がその拘禁された者を逃走させたときは、1 年以上 10 年以下の懲役に処する。

(1)　要　件

①　看守し又は護送する者であること〔主体〕
②　法令により拘禁された者であること〔客体〕
③　被拘禁者を逃走させること〔行為〕
④　故意があること〔故意〕

　①　**主　体**　看守者又は護送者です（構成身分犯）。この身分は行為当時に存在することで足り、逃走が完了したときに、看守者・護送者の任務が解かれていても、本罪の成立に影響しません。必ずしも公務員であることを要しませんが、法令に基づき適法に看守・護送する任務に就いている者に限られます。適法性の要件を要するからです。

　②　**客　体**　法令により拘禁された者です。

　③　**行　為**　看守者・護送者が被拘禁者を逃走させることです。

　本罪は逃走の援助行為を独立犯罪としたもので、逃走の原因となる行為があり、それによって被拘禁者が逃走すれば足り、取り立てて本罪の行為を限定する趣旨はうかがえないことを根拠に、逃走させるとは、逃走を惹起し又はこれを容易にする一切の行為をいうとするのが支配的見解[28]です。

　本罪は国家の拘禁作用を担う者による、いわば内部犯行であり、前条の逃走援助罪とは、逃走させる行為の内容も程度も、また被拘禁者の逃走行為の要否の点も異なります。したがって、**逃走させる**とは、被拘禁者を積極的に解放する（作為）か、その逃走を黙認する行為（不作為）に限られると解すべきです[29]。ですから、本罪は、看守者・護送者を加減身分とする逃走援助罪の加重類型ではありません。

　④　**故　意**　法令により拘禁された者を逃走させるについて、被拘禁者を積極的に解放する、又はその逃走を黙認するについて、故意が必要です。

---

28)　通説といえるでしょう。
29)　平野・284 頁、中森・288 頁、西田・456 頁、山口・575 頁、松原・554 頁。

(2)　着手・既遂

　本罪の**着手**は、被拘禁者を積極的に解放する行為（作為）、又はその逃走を黙認する行為（不作為）を開始したときであり、被拘禁者が拘禁状態から完全に離脱する現実的危険（具体的**危険結果**）を惹起したとき未遂段階に達し、被拘禁者が逃走行為を完了したとき**既遂**となります。

今日の一言

智恵において　沈黙は金にあらず
沈黙に終始する智恵　発信されない智恵は
無きに等しい

第40講　犯人蔵匿及び証拠隠滅の罪

01　総　説

(1)　保護法益

　犯人蔵匿及び証拠隠滅の罪は、犯罪捜査、刑事裁判、刑執行など国の刑事司法作用を侵害する犯罪[1]ですが、犯人を庇護する面（事後従犯）もあります。

(2)　類　型

○犯人蔵匿等罪（103条）　○証拠隠滅等罪（104条）　○証人等威迫罪（105条の2）

　前2罪には、親族による犯罪に関する特例規定（105条）の適用があります。証人威迫罪は、いわゆるお礼参りから証人等を保護するために、1958年（昭和33年）に新設されました。

02　犯人蔵匿等罪（103条）

> 罰金以上の刑に当たる罪を犯した者又は拘禁中に逃走した者を蔵匿し、又は隠避させた者は、3年以下の懲役又は30万円以下の罰金に処する。

(1)　要　件

① 罰金以上の刑に当たる罪を犯した者又は拘禁中に逃走した者であること〔客体〕
② 所定の客体を蔵匿し、又は隠避させること〔行為〕
③ 故意があること〔故意〕

　① **客　体**　客体は、罰金以上の刑に当たる罪を犯した者又は拘禁中に逃走した者です。**罰金以上の刑に当たる罪**とは、法定刑に罰金以上の刑が規定されている罪をいいますが、注意すべき点があります。まず、㋐拘留・科料にのみ処すべき罪（例：侮辱罪〔231条〕、軽犯罪法違反の罪）は、これに当たりません。また、㋑単独犯、共同正犯・共犯（教唆犯・従犯）、予備・陰謀、未

---

1) 最判昭和24・08・09刑集3・9・1440〔百選Ⅱ・120〕（「司法に関する国権の作用」）、最決平成元・05・01刑集43・5・404、判時1313・164、判タ699・185（「捜査、審判及び刑の執行等広義における刑事司法の作用」）。

遂も含まれます。㋒無罪（刑事訴訟法336条）・免訴（同法337条）の確定判決、親告罪の告訴権の消滅（同法235〜237条）、公訴時効（同法250条以下・337条4号）の完成、刑の廃止（同法337条2号）、恩赦（同法337条3号）などにより訴追・処罰の可能性が無くなった罪の対象者は、本罪の客体に当たりません。しかし、㋓捜査の開始前・捜査中、逮捕・勾留中、公判における審理中、確定判決の前・後であるかどうかを問いません。そして、㋔不起訴処分を受けた者、親告罪について未だ告訴がなされていない者も、訴追・処罰の可能性が消滅していない以上、本罪の客体となります。**罪を犯した者**の意義については、議論があります。

> **最判昭和 24・08・09**（刑集 3・9・1440〔百選Ⅱ・120〕）は、真犯人説を排斥し、「刑法第 103 条は司法に関する国権の作用を妨害する者を処罰しようとするのであるから、『罪ヲ犯シタル者』は犯罪の嫌疑によつて捜査中の者をも含むと解釈しなくては、立法の目的を達し得ない」とし、**嫌疑者説**を採っています[2]。

 ⓐ **真犯人説**[3]——実際に罰金以上の刑に当たる罪を犯した者（真犯人）に限る
  ＜根拠＞・本条は「罪を犯した者」としており、文理解釈からすれば当然の解釈
    ・本罪では、捜査機関の捜査を妨害する面よりも、裁判所の科刑を妨害する面が中心であり、真犯人に限るべき
    ・真犯人でない無実の者を蔵匿・隠避する行為は、刑事司法作用を害する危険性はきわめて低く、可罰的違法性にまで達していないし、期待可能性も低い
 ⓑ **嫌疑者説**[4]——真犯人に限らず、犯罪の嫌疑を受けて捜査の対象となっている者、訴追中の者も含む
  ＜根拠＞・本罪は科刑作用妨害の面だけでなく、捜査妨害の面もあることも考慮すべきで、真犯人に限定するのは妥当でない
    ・刑訴法 212 条にいう現行犯人や、同法 89 条にいう「罪を犯したもの」も、その嫌疑のある者も含むと解されている
 ⓒ **客観的嫌疑説**[5]——蔵匿・隠避の行為がなされた時点で、客観的かつ合理

---

2) 大判大正 4・12・16 刑録 21・2103、大判大正 12・05・09 刑集 2・401、最判昭和 28・10・02 刑集 7・10・1879、判タ 35・45。
3) 通説です。
4) 西原・437 頁、岡野・342 頁、中森・290 頁、西田・458 頁、高橋・639 頁、伊東・390 頁、萩原・231 頁など、反対有力説です。
5) 大塚仁・593 頁、前田・460 頁、山中・796 頁、佐久間・426 頁。

的な判断において真犯人と強く疑われる者

<根拠>・行為当時、客観的にみて嫌疑が濃厚で捜査の対象とすべき者と解するのが合理的である場合には、蔵匿・隠避によりその者の捜査の機会を奪うことは処罰に値するだけの刑事司法作用の侵害がある

・公務執行妨害罪における職務執行の適法性の判断基準について客観説の行為時標準説と同じく、国家の刑事司法作用と人権保障との調和点を見出すための合理的な判断

ここでは、国家の刑事司法作用のうち捜査機関の捜査作用と裁判所の科刑作用のいずれを重視するかが問われますが、その前提として、国家の刑事司法作用（捜査・科刑作用）の適正・円滑な実現という国家法益と、国民の人権保障という個人法益との調整が求められているのです。ですから、公務執行妨害罪における職務行為の適法性の問題とパラレルです。

捜査機関の捜査作用と裁判所の科刑作用のいずれを重視するかと問われれば、本書は、後者を基本すべきであり、前者はそれに奉仕するものと答えます。犯罪の嫌疑を受けている者に対する捜査活動がたとえ蔵匿・隠避行為の時点における合理的な判断により適法であるとしても、その後、被蔵匿者・被隠避者が無実であることが判明したとき、そうした刑事司法作用は本罪の根拠となる実体を有していなかったことが明らかになったのです。文理解釈からしても、事後に罪を犯していないと明らかになった者を「罪を犯した者」に包含する解釈は罪刑法定原則に抵触します。ⓐ**真犯人説**が妥当です。したがって、本罪が成立するためには、被蔵匿者・被隠避者の真犯人性が認定されなければなりませんが、それは、本犯につき犯罪法律要件が充足されていることを認定すべき意味であって、現実に、本犯者が本犯事件につき起訴されて有罪判決を受けるという裁判結果に左右されません[6]。

真犯人説に対しては、軽率に真犯人でないと誤信した場合には、常に故意が阻却されてしまい処罰できなくなるという批判が加えられます。しかし、この場合の誤信の内容・程度は慎重に精査する必要があり、その上で、なお

---

[6] したがって、真犯人性の認定と本犯者の裁判の結論が矛盾することもありえます。久禮田益喜「犯人蔵匿罪、証憑湮滅罪及び偽証罪」『刑事法講座第7巻』（1952年）746～747頁、杉本一敏「司法作用に対する罪」『重点課題刑法各論』（2008年）241～242頁。

行為者が被蔵匿者・被隠避者は真犯人ではないと誤信したのであれば、故意が阻却されるのは当然です。また、被疑者・被告人の蔵匿・隠避に成功した場合、その真犯人性を立証することが困難になるし、認定の正確性に限界が生じてしまうという批判も加えられます。しかし、そうした抽象的危険を根拠にし、また、その点の検察官・裁判所の負担を軽減するため、本罪の客体を嫌疑者にまで拡張するのが妥当であるか疑問があります。（合理的）嫌疑者説によると、逮捕された被疑者のアリバイ情報を持ち、同人が真犯人でないことを知る者が、それを捜査機関に陳述する行為や、真犯人が、無関係の第三者が誤認逮捕されたのを気に病んで、「自分がやりました」と出頭して陳述する行為にさえ本罪が成立してしまい、本罪を捜査妨害罪へと変質させてしまいます。

　拘禁中に逃走した者とは、既決・未決を問わず、法令に基づいて国家権力により拘禁を受けたにもかかわらず逃走した者をいいますが、その逃走が具体的に犯罪法律要件に該当して犯罪を構成しているかどうかを問いませんし、自ら逃走した者だけでなく、奪取された者も含みます[7]。

　② **行　為**　所定の客体を蔵匿し、又は隠避させることです。**蔵匿**とは官憲（捜査機関）による発見・逮捕を免れるさせるべき隠匿場所を提供して匿うことをいいます。**隠避**とは、蔵匿以外の方法により、官憲（捜査機関）による発見・逮捕を免れさせる一切の行為をいい、例えば、変装のための道具を与える、逃走資金を調達してあげる、身代わり犯人を立てるなど有形的方法もあれば、逃走・逃避を勧める、逃亡の方法を教示する、捜査状況を知らせて逃避の便宜を供与するなどの無形的方法もありえます。

◇**蔵　匿**　犯人に発見・逮捕を免れるための場所を提供する行為[8]／逃走のための資金を提供する行為[9]
◇**隠　避**　常習賭博の犯人に特定の国への逃亡を勧告する行為[10]／他人を犯人の身代りとして警察署に出頭させ虚偽の陳述をさせる行為[11]／犯罪行為

---

7) 広島高判昭和 28・09・08 高刑集 6・10・1347。

8) 大判大正 4・12・16 刑録 21・2103。

9) 大判大正 12・02・15 刑集 2・65。

10) 大判明治 44・04・25 刑録 17・659。

11) 大判大正 4・08・24 刑録 21・1244、大判大正 8・04・17 刑録 25・568、高松高判昭和 27・09・

を現認した警察官があえて逮捕行為を行わない不作為の行為 [12] ／警察官に対して虚偽の陳述をする行為 [13] ／身代わり犯人の弁護を担当した弁護人が、他に真犯人がいることを知りながら、身代わり犯人が自己の犯罪であるかのように供述するのを黙認して審理を終結させる行為 [14] ／逃走者に対して留守宅の状況、家族の安否、官憲捜査の形勢等を通報するような行為 [15] ／犯人をハイヤーに乗せて潜伏する旅館まで送る行為 [16] ／真犯人の身代わりとして自首する行為 [17] ／他人を真犯人の身代わりとして届け出て、その他人を警察署に出頭させる行為 [18] ／警察官が、同僚警察官が覚醒剤使用を認める供述を隠し続け、検挙を見合わせる行為 [19]。

③　**故　意**　被蔵匿者・被隠避者が罰金以上の刑に当たる罪を犯した者、又は拘禁中逃走した者であること、及び、これを蔵匿・隠避することについて、故意が必要です。但し、例えば、窃盗犯人であるとの認識、殺人罪に当たる行為をした者などの認識があれば、その犯罪の法定刑を正確に認識している必要はありません [20]。逆に、故意がないとされるのは、単に拘留・科料に当たる罪を犯したにすぎない者と誤信している場合、拘禁中の逃走者ではないと誤信している場合、あるいは、真犯人説からは、捜査対象になっている嫌疑者であることは認識していたが、無実の者と信じていた場合です。

(2)　罪　数

同一人を蔵匿しかつ隠避した場合は、本罪の包括一罪です。同一刑事事件について共同正犯者・共犯者数名を1個の行為で蔵匿・隠避した場合は、本罪の観念的競合となります。

(3)　問題類型

①　身代わり犯人と隠避

---

30 高刑集5・12・2094。

12)　大判大正6・09・27刑録23・1027。

13)　大判大正8・04・22刑録25・589、和歌山地判昭和36・08・21下刑集3・7=8・783。

14)　大判昭和5・02・07刑集9・51。

15)　大判昭和5・09・18刑集9・668。

16)　最判昭和35・03・17刑集14・3・351。

17)　最決昭和35・07・18刑集14・9・1189、判タ108・45。

18)　最決昭和36・03・28裁判集刑137・493、最決平成元・05・01刑集43・5・405、判時1313・164、判タ699・185〔百選Ⅱ・125〕。

19)　横浜地判平成12・05・29判時1724・171。

20)　判例（大判大正4・03・04刑録21・231、最決昭和29・09・30刑集8・9・1575）・通説です。

602　第40講　犯人蔵匿及び証拠隠滅の罪

> ⓐ　**非限定説**[21]　隠避＝犯人の特定・発見・逮捕を困難にし、捜査活動を妨害するおそれのある一切の行為〔抽象的危険犯〕
> 　⇒犯人の身柄確保を妨げる場合に限らず、捜査権の妨害に当たる一切の行為を含むので、犯人の特定作用を誤らせる行為も隠避に当たる
> 　⇒逮捕・勾留されている者の場合でも、少なくとも捜査に影響を与えれば隠避に当たり、官憲が誤って逮捕・勾留を解くに至った場合やその蓋然性が高い場合に限定する必要はない
> 　⇒身代わり犯人としての出頭も捜査権の妨害に当たり、隠避に当たる
> ⓑ　**限定説**[22]　隠避＝被疑者・被告人の身柄確保に向けられた刑事司法作用を妨害する行為に限定〔具体的危険犯〕
> 　⇒犯人の身柄確保を妨げる場合に限って犯人隠避罪が成立し、犯人の特定作用を誤らせる行為は隠避に当たらない
> 　⇒逮捕・勾留されている者の場合に隠避といえるのは、少なくとも、官憲が誤って逮捕・勾留を解くに至った場合、あるいはその蓋然性が高い場合に限られる
> 　⇒身代わり犯人としての出頭により逮捕・勾留が解かれるなどしない限り、本罪は不成立

　ⓐ説は、本罪の保護法益を過度に拡張するもので、本罪の射程範囲が不当に拡大されていますし、本罪を捜査妨害罪に変質させてしまいます。他方、国家の刑事司法作用を妨害する行為を処罰する趣旨・目的からすると、ⓑ説のように、身柄確保に限定された刑事司法作用の保護にだけ限定すべき合理的な根拠は見出せません。

　本書によれば、本条は裁判所の適正・円滑な審判による科刑作用を保護するものであり、本罪は裁判所が審判により科刑判断の対象者の真犯人性の有無を確定すべき職務の適正・円滑な執行を妨げる犯罪なのです。

　②　**共同正犯・共犯の処理**　犯人・逃走者は期待可能性が欠如・減弱しているため本罪の主体から除外されています。

> **教唆犯肯定説**[23]は、犯人自身の行為が不可罰なのは一般的・類型的に期待可

---

21)　判例（最決平成元・05・01刑集43・5・405、判時1313・164、判タ699・185〔百選Ⅱ・125〕）・通説です。

22)　大阪高判昭和59・07・27高刑集37・2・377、判時1125・174、判タ541・174、福岡地裁小倉支部判昭和61・08・05判時1253・143。

23)　判例（大判昭和8・10・18刑集12・1820、最決昭和35・07・18刑集14・9・1189、判タ108・45、最決昭和40・02・26刑集19・1・59、判時404・56、判タ174・135、最決昭和60・07・03

能性がないからであるが、他人に犯罪を犯させてまで目的を達成しようとするのは、もはや期待可能性がないとはいえないこと、また、犯人自身が行うのは自らの防御権の行使といえるが、他人を教唆してまでその目的を遂げようとするのは、法の放任する防御権の範囲を逸脱すること、さらに、犯人が自ら隠避する行為と他人を教唆して自己を隠避させる行為との間には、法的評価において異なるものがあることを根拠とします。

　本罪に直接に関与して自ら実行する場合に期待可能性がないのですから、この一身専属的効果は、間接的関与である教唆には一層妥当するはずです。この点、教唆犯肯定説は論理に飛躍があります。また、本罪を自ら実行するのは犯人の防御の自由に属する放任行為として法の干渉しない行為とされるのであれば、それよりも違法性の程度が軽い教唆行為について防御権の逸脱とするのは適切でなく、肯定説はその点を説得的に説明できていません。肯定説は、結局、不法共犯論・責任共犯論に立つもので、妥当ではありません。**教唆犯否定説**[24] が妥当です。

03　証拠隠滅等罪 (104条)

　他人の刑事事件に関する証拠を隠滅し、偽造し、若しくは変造し、又は偽造若しくは変造の証拠を使用した者は、3年以下の懲役又は30万円以下の罰金に処する。

(1)　要　件

① 　他人の刑事事件に関する証拠であること〔客体〕
② 　所定の客体を隠滅し、偽造し、変造し、又は偽造・変造の証拠を使用すること〔行為〕
③ 　故意があること〔故意〕

　① **客体**　客体は、他人の刑事事件に関する証拠です。**他人の**とは、行為者以外の者という意味で、自己の刑事事件に関する証拠を隠滅する行為は人間の自然の心情に基づくもので、自己蔵匿・自己隠避と同じく、期待可能性が乏しいので可罰的責任が欠如することを考慮したのです〔**期待可能性欠**

判時 1173・151、判タ 579・56）、団藤・90 頁、福田・34 頁、大塚仁・601 頁、藤木・43 頁、中森・293 頁、前田・462 頁、伊東・394 頁、佐久間・429 頁。
24) 平野・286 頁、中山・532 頁、内田・652 頁、大谷・603 頁、曽根・302 頁、西田・460 頁、林・462 頁、高橋・644 頁、萩原・232 頁、山口・582 頁、松原・570 頁。

604　第40講　犯人蔵匿及び証拠隠滅の罪

如説〕[25]。**刑事事件に関する**証拠とあり、民事事件・懲戒事件などに関する証拠は含まれません。刑事事件であれば、捜査開始前のもの、捜査中のもの、捜査終了後で公訴提起前のもの[26]、現に裁判所に係属しているものも含まれますし、刑事事件が結局起訴されずに終わる場合であると、無罪に終わる場合であるとを問いません。**証拠**は、犯罪の成否、態様、刑の軽重に関する一切の証拠資料をいい、物的証拠としての証拠物・証拠書類だけでなく、人的証拠としての証人・参考人等も含みます。

　② **行　為**　**隠滅**とは証拠の顕出を妨げ又はその証拠としての価値を減失・減少させる一切の行為をいい[27]、例えば、証拠たる物件を壊す、燃やすなどの物理的減失だけでなく、証拠たる物件を隠匿する、証人・参考人となるべき者・共犯者を逃避させ、隠匿するなどの機能的減失も含みます。証人に偽証させる行為も証拠隠滅行為の一種ですが、別に偽証罪（169条）があるので偽証罪のみが成立します。**偽造**とは、存在しない証拠を新たに作成することをいい、例えば、無実の者の所持品を、あたかも犯人の遺留品のように見せかけるために犯行現場に置く行為のように、犯罪事実に関係のない既存の物件に加工して、犯罪事実に関係する物件のようにすることも偽造に当たります。**変造**とは、既存の真実の証拠に加工してその証拠としての効果に変更を加えることをいい、文書偽造のように、作成権限の有無、内容の真否も問いません。偽造・変造証拠の**使用**とは、偽造・変造の証拠をそれと知りながら、真正の証拠として捜査機関・裁判所に提出することをいいます。

　③ **故　意**　他人の刑事事件に関する証拠を隠滅し、偽造し、変造し、又は偽造・変造の証拠を使用することについて、故意が必要です。

(2)　問題類型

　① **「他人」の刑事事件**　自己の刑事事件に関する証拠が同時に他人の刑事事件に関する証拠でもある場合、本罪の客体となるのでしょうか。

> ⓐ　**肯定説**[28]　共同正犯者・共犯者の刑事事件も「他人」の刑事事件として本

25）通説です。以前は、行為者は当該刑事事件の当事者であるから処罰の対象から除外しているにすぎないとする**事件当事者説**も主張されていました。

26）被害者等の告訴のない段階での親告罪の証拠も含むとするのが、通説です。

27）大判明治43・03・25刑録16・470。

罪を構成する

<根拠>・自己の刑事事件に関する証拠を隠滅する行為が不可罰されているのは、類型的に期待可能性が欠如するからであって、共同正犯者・共犯者の罪を免れさせるために証拠を隠滅する行為に期待可能性がないとはいえない

ⓑ **否定説**[29]　共同正犯者・共犯者の刑事事件は「自己」の刑事事件として本罪を構成しない

<根拠>・共同正犯者・共犯者の証拠は犯人自身の刑事事件にとっても重要な証拠である

　　　・共同正犯者・共犯者の証拠を隠滅する行為は犯人自身と共同正犯者・共犯者の双方のために行われるのが一般である

ⓒ **意思二分説**[30]　専ら共同正犯者・共犯者のためにする意思で行為した場合は、「他人」の刑事事件として本罪を構成するが、専ら自己のためにする意思で行為した場合や、共同正犯者・共犯者のためにする意思と自己のためにする意思とが併存した場合は、自己の刑事事件として本罪を構成しない

<根拠>・自己の刑事事件に関する証拠を隠滅しても不処罰とされるのは期待可能性の欠如によるのであるから、誰のために行為したかという主観的目的によって区別すべきである

　　　・自己の刑事事件に関しては自己負罪拒否特権・黙秘権などの権利が被疑者・被告人には認められており、これらの権利の行使と解しうるときには本罪の成立を否定すべきである

　共同正犯・共犯事件では証拠が共通することも多く、共同正犯・共犯関係にあることで常に「他人の」刑事事件とするのは被告人にとって酷です。また、単独犯として期待可能性が無く不処罰とされる行為が、共同正犯・共犯関係にあると処罰されるのは不合理ですから、ⓐ説は妥当ではありません。逆に、共同正犯者・共犯者の刑事事件に関する証拠が常に共同正犯者・共犯者間に共通する証拠であるとは限らず、一律に処理するのは妥当ではないので、ⓑ説も妥当ではありません。さらに、共同正犯者・共犯者の証拠を隠滅する

---

28) 判例の主流（大判大正7・05・07刑録24・555、大判昭和7・12・10刑集11・1817、大判昭和12・11・09刑集16・1545）です。

29) 中山・528頁、内田・657頁、藤木・42頁、中森・291頁、西田・461頁、山中・802頁、高橋・645頁、松原・562頁。

30) 判例の一部（大判大正8・03・31刑録25・403、広島高判昭和30・06・04高刑集8・4・585、東京地判昭和36・04・04判時274・34）・多数説です。

行為を、行為者の主観的な目的によって区別するのは、客観的な行為の質を主観によって決めるもので適当でありませんし、規準として不明確であり、ⓒ説も充分ではありません。

　共同正犯・共犯事件の場合、一律の処理は妥当でないこと、自己の刑責と関係がない証拠や、自己の利益と相反する証拠を隠滅した場合にのみ処罰すれば足りることから、証拠の客観的性質を規準に区別すべきです。すなわち、㋐専ら共同正犯者・共犯者のみに関係し、自己の刑事事件と関連性がない証拠や、利害相反する証拠を隠滅した場合は、「他人」の刑事事件として本罪を構成するが、㋑専ら自己のみに関する証拠や、共同正犯者・共犯者と利害が共通する証拠を隠滅した場合は、自己の刑事事件として本罪の成立を否定するⓓ**証拠二分説** [31] が妥当です。

　② **共同正犯者・共犯者を蔵匿する行為**　「証拠」（104条）には人的証拠も含まれ [32]、共同正犯者・共犯者は自己の刑事事件に関する人的証拠です。共同正犯者・共犯者を蔵匿し又は隠避させた場合、証拠隠滅等罪を構成しないとしても、犯人蔵匿等罪の成立はあるのでしょうか。

> 　蔵匿・隠避の行為の方が刑事司法作用の侵害の程度は強いので、証拠隠滅等罪としては期待可能性が欠如していても、犯人蔵匿等罪としては期待可能性を認めることができるとする**肯定説** [33] があります。

　犯人蔵匿等罪と証拠隠滅等罪は保護法益・法定刑が同一で、期待可能性の点も同一ですから、共同正犯者・共犯者を蔵匿し又は隠避させる行為は自己の刑事事件の証拠隠滅行為として不可罰とする**否定説** [34] が妥当です。

　③ **証人・参考人の虚偽供述**　本罪における証拠には証人・参考人などの人証（人的証拠）も含まれるので、これを隠匿したときは証拠隠滅罪が成立することに争いはありません。問題は、証人・参考人が他人の刑事事件に関して虚偽供述をした場合や、捜査官に対して虚偽供述を行い、供述録取書を作

31）平野・286頁、曽根・291頁、佐久間・431頁。なお、前田・464頁。これを国籍にたとえると、日本国籍を有する者は、たとえ二重国籍であっても、日本国民とするのと同じです。

32）最決昭和36・08・17刑集15・7・1293〔百選Ⅱ・121〕。

33）旭川地判昭和57・09・29刑裁月報14・9・713、判時1070・157、判タ496・184〔百選Ⅱ・124〕。

34）通説です。

03　証拠隠滅等罪（104条）　607

成させた場合に、**証拠偽造罪**は成立するかです。

　判例には、刑法104条の証拠偽造は証拠（物証・人証）自体の偽造を指称し、証人の偽証を包含せず、虚偽証言全般は証拠隠滅罪の対象に含まれないこと[35]、また、参考人も刑法104条の証拠に当たり、事実上その利用を不可能ならしめれば証拠隠滅罪が成立するが、参考人に対して虚偽供述を求める行為は証拠隠滅罪やその教唆犯に当たらず、虚偽供述は偽証罪に限って処罰するのが刑法の趣旨であること[36]を前提に、参考人の虚偽供述が録取されて供述調書が作成された場合でも、供述調書は参考人の捜査官に対する供述を録取したにすぎないので、参考人が捜査官に対して虚偽供述をすることそれ自体は証拠偽造罪に当たらないと同様、証拠偽造罪を構成しない[37]し、虚偽供述について証拠隠滅罪が成立することもない[38]とするものがあります。

　他方、現に捜査中の他人の刑事事件について参考人として検察官から上申書の作成・提出を求められた者が、虚偽内容を記載した上申書を作成して検察官に提出した事案につき、たとえその文書の作成名義に偽りがなく、その文書の作成が口頭による陳述に代えてなされた場合であっても、刑法104条にいう証拠を偽造し、使用したことになるとするもの[39]があり、矛盾が見られます。

ⓐ　**否定説**[40]──証拠偽造罪は不成立

　　　＜根拠＞・104条にいう証拠には人証も含まれるが、それは物理的な証拠方法としての人証に限られ、その供述などの証拠資料までも包含されるものではない

　　　　　　・参考人に虚偽供述をするように依頼する行為も、それが強制的になされる場合に限って証人威迫罪（105条の2）で処罰され、また、法律により宣誓した証人の虚偽供述だけが偽証罪（169条）で処罰されることからすると、宣誓をしない証人や捜査機関への出頭を拒否する自由を有する参考人の虚偽供述は処罰しない趣旨と解される

ⓑ　**肯定説**[41]──証拠偽造罪が成立

　　　＜根拠＞・証拠偽造罪（104条）と偽証罪（169条）とは一般・特別の関係

35）最決昭和28・10・19刑集7・10・1945。

36）大阪地判昭和43・03・18判タ223・244、宮崎地裁日南支部判昭和44・05・22刑裁月報1・5・535、判時574・93。

37）千葉地判平成7・06・02判時1535・144、判タ949・244〔百選Ⅱ・122〕。

38）千葉地判平成8・01・29判時1583・156、判タ919・256。

39）東京高判昭40・03・29高刑集18・2・126、判タ176・163。

40）従来の通説です。団藤・87頁、平野・287頁、福田・31頁、川端・699頁、林・465頁。

41）大塚仁・598頁、堀内・321頁、中森・293頁。

608　第40講　犯人蔵匿及び証拠隠滅の罪

> にあるので偽証罪のみが成立するが、その他の虚偽供述の処
> 罰を排除する趣旨ではなく、宣誓をしない証人の偽証や参考
> 人の虚偽供述は一般法である証拠偽造罪により処罰される
> ・証拠資料もその隠滅・偽造により刑事司法作用が害される危
> 険が生ずる点で異なるところはなく、証拠を証拠方法に限定
> する合理的理由はない
>
> ⓒ　限定肯定説[42]——虚偽供述が文書化される限りで、あるいは自ら内容虚偽
> 　　　　　　　　　　の上申書・供述書を作成するなどして提出する限りで、
> 　　　　　　　　　　証拠偽造罪が成立
> ＜根拠＞・虚偽供述にとどまっている限りでは、証拠としての価値も低
> 　　　　　いので処罰に値しないし、虚偽供述自体を証拠と解するのは
> 　　　　　証拠の概念を広げすぎる
> 　　　　・内容虚偽の供述書や上申書の作成のように文書化する場合は、
> 　　　　　まさに物理的存在となったものであり、証拠価値も認められ
> 　　　　　るから、その作成を証拠偽造として捕捉するのは可能

　本条は専ら証拠物件を対象としており、供述行為それ自体を証拠とするような解釈は証拠や偽造の概念を無限定にしてしまいます。ⓐ説は妥当ではありません。近時、一定の範囲で証拠偽造罪の成立を認めるⓒ説が有力となりつつありますが、しかし、供述が記録され、文書化されることが多いことを考慮すると、供述が何らかの証拠方法に転化したことを理由に本罪の成立を認めるのは、肯定説を採るのと変わらないといわざるをえませんし、刑法が虚偽供述の処罰を限定した趣旨にも反します。また、署名・押印は録取の正確性を承認するにとどまり、供述内容自体に真実性を付与するものではありません[43]。一般に、供述には虚偽内容が紛れ込むものであり、その虚偽性によって捜査が撹乱される可能性は低いと考えられますし、それを処罰していたら捜査への協力が得られなくなる弊害が生じてしまいます。

　結局、刑法上、虚偽供述が明示的に処罰されるのは偽証罪等に限られていること、虚偽供述には捜査・審判以外でなされるものや情状に関するものも

---

42)　この説のうち、**供述書限定説**を採るのは、大谷・606頁、曽根・303頁、西田・464頁、高橋・649頁、山口・588頁、**書面限定説**を採るのは、山中・806頁、前田・465頁、井田・562頁。さらに、証拠価値の高い証拠方法の作出に限定するのは、安田拓人「司法に対する罪」法教305号（2006年）76頁、松原・569頁。

43)　刑事訴訟法321条、322条においては、署名・押印のある供述調書が供述書と同様に扱われているのですから、本罪においても両者を区別すべきではないでしょう。

あり、処罰を肯定すると、処罰対象が広範で不明確になること、宣誓のない証言や当事者尋問での虚偽供述を処罰するのは関係法規の趣旨にも反することを考慮すると、ⓐ否定説が妥当です。

(3) 他罪との関係

偽証罪との関係ですが、証人が何ら体験していない事実を体験したかのように証言する積極的な偽証の場合は証拠の偽造に当たり、証人が体験した事実を証言しないで、体験しなかったかのように思わせる消極的な偽証の場合は証拠の隠滅に当たるように思えます。しかし、別に偽証罪の規定（169条）が存在するのですから、偽証罪の問題として処理すれば足ります。

他人の刑事被告事件についての証拠を隠滅する目的で盗品を隠匿するのは証拠隠滅罪と盗品等保管罪の観念的競合、他人の刑事被告事件についての証拠を隠滅する目的で証拠物を窃取するのは証拠隠滅罪と窃盗罪の観念的競合、他人の刑事被告事件についての証人等を隠滅目的で殺害するのは証拠隠滅罪と殺人罪の観念的競合、また、他人の刑事被告事件についての証人等を隠滅目的で逮捕監禁するのは証拠隠滅罪と逮捕監禁罪の観念的競合です。

(4) 共同正犯・共犯関係

① **犯人自身が自己の刑事事件に関する証拠を隠滅等する場合**　この場合、犯人は期待可能性の欠如により本罪の主体から除外されていることは、頭に入っていますよね。

② **犯人が他人を教唆して自己の刑事事件に関する証拠を隠滅等させた場合**

> **教唆犯肯定説**[44] は、犯人自身の行為が不可罰なのは一般的・類型的に期待可能性がないからであるが、他人に犯罪を犯させてまで目的を達しようとするのは、もはや期待可能性がないとはいえないこと、また、犯人自身が行うのは自らの防御権の行使といえるが、他人を教唆してまでその目的を遂げようとするのは、防御権の範囲を逸脱するものであること、さらに、犯人が自ら証拠隠滅等する行為と他人を教唆して隠滅等させる行為との間には、法的評価において異なるものがあることを根拠とします。

本書によれば、**教唆犯否定説**[45] が妥当です。

---

44) 判例（大判明治45・01・15刑録18・1、大判昭和10・09・28刑集14・997、最決昭和40・09・16刑集19・6・679、判時425・46、判タ183・139）、団藤・90頁、福田・34頁、大塚仁・601頁、藤木・43頁、中森・293頁、前田・462頁、伊東・394頁、佐久間・429頁。

610　第40講　犯人蔵匿及び証拠隠滅の罪

③　他人が犯人を教唆して犯人の刑事事件に関する証拠の隠滅等させた場合

この場合、犯人は本罪の主体とはなりえませんので、証拠隠滅等罪を構成することはありません。ですから、他人の共犯行為（本罪の教唆行為）は実行従属性の要件を欠いており、共犯（教唆犯）は成立しません。

04　親族間の犯罪に関する特例 (105条)

> 前2条〔103条・104条〕の罪〔犯人蔵匿等罪・証拠隠滅等罪〕については、犯人又は逃走した者の親族がこれらの者の利益のために犯したときは、その刑を免除することができる。

(1)　趣旨・適用要件

本条が、親族間における犯人蔵匿、証拠隠滅等に関して刑の任意的な免除を認めたのは、期待可能性の減少による有責性の減弱にあります。

> ①　犯人・逃走者の親族であること〔親族関係〕
> ②　犯人・逃走者の利益のために犯したこと〔目的〕
> ③　犯人蔵匿・隠避、証拠隠滅・偽造・変造、偽造・変造証拠の使用をすること〔行為〕

①　**親族関係**　犯人又は逃走した者の親族であることが必要です。**犯人**とは、罰金以上の刑に当たる罪を犯した者（法定刑が罰金以上の刑を含む罪を犯した者）です。**逃走した者**とは、拘禁中逃走した者（法令に基づき、国家権力により拘禁を受けながら逃走した者）です。**親族**とは6親等内の血族、配偶者、3親等内の姻族をいいます（民法725条）。

②　**目　的**　犯人・逃走者の利益のためであることが必要であり、例えば、刑事訴追、有罪判決、刑の執行又は拘禁を免れさせる目的がこれに当たります。犯人等の不利益のために行った場合、共同正犯者・共犯者の利益のためだけで行った場合は含まれません。なお、犯人の利益のためではあるが、同時にそれが第三者の刑事被告事件にも関係し、第三者の利益のためでもあり、行為者がそのことを認識していた場合は、本条の適用はないとする見解[46]があります。しかし、第三者の利益のためでもあるという目的が、犯人の利

---

45)　詳細は、本書・603頁以下を参照。
46)　判例（大判昭和7・12・10刑集11・1817）、大塚仁・600頁、香川・89頁、大谷・608頁。

益のためであるという目的を消し去ってしまうことはないわけで、この場合
も適用を認めるべきです[47]。

(2) 共同正犯・共犯関係

① 親族が第三者を教唆した場合

【事例01】 犯人・逃走者Xの親族Yが、第三者Zを教唆してXの蔵匿等させ
たり、Xの証拠の隠滅等させた。

　適用否定説[48]によると、第三者Zには犯人蔵匿等・証拠隠滅等の罪が成立し
ます。そして、犯人・逃走者の親族が蔵匿・証拠隠滅等をするときには期待可
能性が欠如するが、第三者を教唆して蔵匿・証拠隠滅等させるときはもはや期
待可能性がないとはいえないこと、本条は親族自身の行為にのみ適用されるも
ので、第三者を犯罪に誘い込む場合をも同様に扱うことはできないことを根拠
に、親族Yには犯人蔵匿等・証拠隠滅等の罪の教唆犯が成立し、105条の適用
はないとします。

　親族自身が犯人蔵匿行為・証拠隠滅行為を遂行しようと、第三者を介して
実現しようと、犯人・逃走者の利益のために行うものである以上、期待可能
性が乏しい点は異ならないこと、親族自身が犯人蔵匿・証拠隠滅等の行為を
行うのは期待可能性が乏しいのですから、間接的な法益侵害であり間接的な
関与形態である、親族による第三者への教唆に刑の免除の余地がないのは不
均衡であることを考慮すると、**適用肯定説**[49]が妥当です。**事例01**では、第
三者Zには犯人蔵匿等・証拠隠滅等の罪が成立し、親族Yには犯人蔵匿等・
証拠隠滅等の罪の教唆犯が成立しますが、Yに本条の適用があります。

② 第三者が犯人・逃走者の親族を教唆した場合

【事例02】 第三者Zが、犯人・逃走者Xの親族Yを教唆してXの蔵匿等させ
たり、Xの証拠の隠滅等させた。

　本条の法効果は一身的なものですから、第三者Zにこの効果は及びませ
ん[50]。**事例02**では、親族Yは、犯人蔵匿等・証拠隠滅等の罪に該当します
が、本条の適用があり、第三者Zには、犯人蔵匿等・証拠隠滅等の罪の教

---

47) 通説です。
48) 判例（大判昭和8・10・18刑集12・1820）、団藤・89頁、内田・652頁、大塚仁・601頁、中森・
　293頁、佐久間・434頁。
49) 通説です。
50) 通説です。

612　第40講　犯人蔵匿及び証拠隠滅の罪

唆犯が成立し、本条の適用はありません。

③　犯人・逃走者が親族を教唆した場合

【事例03】　犯人・逃走者Xが親族Yを教唆してXの蔵匿等させたり、Xの証拠の隠滅等させた。

> **教唆犯成立・105条準用説**[51] は、被教唆者（正犯者）は親族であるとはいえ、犯人・逃走者が他人に犯罪を犯させてまで目的を達しようとするのは、もはや期待可能性がないとはいえないが、教唆の相手は親族なので、全くの第三者を教唆する場合に比べて期待可能性が低減していると考えられること、また、他人（親族を含む）を教唆してまでその目的を遂げようとするのは、防御権の範囲を逸脱するものであり、教唆犯が成立するが、ただ、親族が刑を免除されるのに準じて、犯人・逃走者にも刑の免除をなしうると解すべきであるとします。そして、**事例03**について、親族Yは、犯人蔵匿等・証拠隠滅等の罪が成立するが、105条が適用され、犯人・逃走者Xには、犯人蔵匿等・証拠隠滅等の罪の教唆犯が成立するが、親族Yに準じて刑が免除されるとします。

犯人・逃走者が自ら本罪を実行する場合は期待可能性が欠如するのですから、他人を介在させて本罪を実現する間接的法益侵害は間接的関与形態として一層期待可能性がないといえます。まして親族を介在させて実行させる犯罪形態の場合には、さらに期待可能性がないといえますし、犯人・逃走者が親族を教唆して自己を蔵匿等させ、自己の刑事事件に関する証拠を隠滅等させる行為は、犯人・逃走者自身による証拠隠滅等の行為の一類型と考えることができます。**教唆犯不成立説**[52] が妥当です。**事例03**では、親族Yには犯人蔵匿等・証拠隠滅等の罪が成立しますが、105条が適用され、犯人・逃走者Xには、そもそも犯人蔵匿等・証拠隠滅等の罪の教唆犯が成立しません。

(3)　親族関係の錯誤

犯人蔵匿、証拠隠滅等の行為をする者が、犯人・逃走者は自己の親族ではないのに親族であると誤信して行為した場合は、期待可能性の錯誤として、有責性阻却事由の錯誤の一類型に当たります。行為者の主観面では、錯誤があったとはいえ、現に親族関係が存在するのと同様の心理状態にあるのですから、38条2項の趣旨を生かして本条の適用（準用）を認めるべきです。

---

51)　従来の通説です。団藤・89頁、福田・34頁、大塚仁・602頁、香川・90頁、内田・653頁。
52)　通説です。

05　証人等威迫罪（105条の2）　613

05　証人等威迫罪（105条の2）

> 　自己若しくは他人の刑事事件の捜査若しくは審判に必要な知識を有すると認められる者又はその親族に対し、当該事件に関して、正当な理由がないのに面会を強請し、又は強談威迫の行為をした者は、2年以下の懲役又は30万円以下の罰金に処する。

(1) 沿　革

　刑事事件の被疑者・被告人やその関係者が、自らに不利益な供述や証言をする被害者・目撃者等に対し、脅迫・威圧的な言動・いやがらせの行為をする**お礼参り**を防止するために、1958年（昭和33年）に新設されたものです。

　保護法益は、国家の刑事司法作用の適正・円滑な運用、及び、刑事事件の証人・参考人等の個人法益（意思決定の自由・私生活の平穏）です[53]。

(2) 要　件

> ①　自己若しくは他人の刑事事件の捜査若しくは審判に必要な知識を有すると認められる者又はその親族に対するものであること〔客体〕
> ②　所定の客体に対し、当該事件に関して、正当な理由がないのに面会を強請し、又は強談威迫の行為をすること〔行為〕
> ③　故意があること〔故意〕

　①　**客　体**　客体は、自己・他人の刑事事件の捜査・審判に必要な知識を有すると認められる者又はその親族です。**自己・他人の刑事事件**とは、自己及び他人の刑事事件であり、公訴提起後の被告事件、捜査段階の被疑事件だけでなく、捜査開始前の事件も含みます[54]。**刑事事件**については、証拠隠滅等罪（104条）の説明を参照してください。刑事被告事件につき一旦証人として証言を終えた者も、再度喚問の可能性がある限り、本罪の客体となります[55]。**捜査・審判に必要な知識**とは、犯人又は証拠の発見に役立つ知識の一切をいい、例えば、犯罪の成否、量刑の資料となるべき情状、鑑定に必要な法則・原則に関する知識などです。必要な知識を有すると**認められる者**とは、現にその知識を有する者だけでなく、諸般の事情から客観的にその知識

---

53) 福岡高判昭和38・07・15下刑集5・7=8・653。
54) 東京高判昭和35・11・29高刑集13・9・639、判時251・31、福岡高判昭和51・09・22判時837・108。
55) 大阪高判昭和35・02・18下刑集2・2・141。

614　第40講　犯人蔵匿及び証拠隠滅の罪

を有すると認められる者も含みます。捜査官である警察官も犯行を現認し審
判に必要なる知識を有すると認められるときは、本罪の客体となります[56]。

　②　行　為　当該事件に関して、正当な理由がないのに面会を強請し、又
は強談威迫の行為をすることです。**当該事件に関して**とは自己・他人の刑事
事件に関してという意味で、当該事件と無関係な行為を除外する消極的な意
味を有するにすぎません。**正当な理由がない**とは、例えば、弁護人の正当な
調査活動などのように、面会を強請するのに正当事由がある場合を除外する
趣旨であり、慎重に認定すべきことを要請する文言です。

　面会を強請しとは、直接その相手方に対し、言語・挙動などを示して強い
て面会を求めることをいい、**強談**とは言語をもって自己の要求に応ずるよう
に迫ること、**威迫**とは言語・動作をもって気勢を示し、相手方に不安・困惑
の念を生じさせることをいいます。

> 　判例には、被告人に不利な証言をした後の休憩中の証人Aに対し、「今日の
> 裁判では随分ひどいことを言ったねえ、私達のことがどうなるかあんた分かっ
> ているのかい」などと申し向けて、この後の証人尋問において虚偽の証言をし
> てもらいたい旨を示唆するとともに、証人Aの証言内容が不当である旨を難詰
> して畏怖させ、不安・困惑の念を抱かせた事案[57]や、捜査・審判に必要な知識
> を有するBに対し、電話で、「あんたが警察に知らせたんでしょう、誰が警察に
> 知らせたかを調べてお礼をする、警察が頼みになるのであればこの電話のこと
> も知らせてはどうか」などと申し向け、同人を畏怖させた事案[58]につき、いず
> れも強談威迫の行為を肯定しています。

　本罪の行為について、直接、相手方の住居・職場・事務所等に赴いて行い、
相手方に対し直接に言語・動作などを用いて行う直接的態様に限定する〔直
接限定説〕のか、それとも、間接的に、文書・電話・メール・使者等による
間接的な態様をも包含する〔非限定説〕のかについて議論があります。

> ⓐ　**直接態様説**[59]　——直接相手と相対する直接的な態様に限定される
> 　　**＜根拠＞**・本罪の保護法益に含まれている意思決定の自由・私生活の平穏は、
> 　　　　　客観的・外形的な危殆化によって侵害されるので、直接的な態

---

56)　東京高判昭和39・07・06高刑集17・4・422、判タ166・144。
57)　前橋地判昭和37・10・31判タ140・112。
58)　鹿児島地判昭和38・07・18下刑集5・7=8・748。
59)　大塚仁・604頁、大谷・610頁。

　　　　　様で行う必要がある
　　　　・間接的態様による場合、相手方の被る不安・困惑等の程度は一
　　　　　般に軽微であり、可罰性が低い
　　　　・集団的・常習的面会強請・強談威迫を処罰する「暴力行為等処
　　　　　罰ニ関スル法律」2条の解釈とも調和する
　ⓑ　**間接態様説**[60]——間接的な態様も含み、直接的な態様に限定されない
　　　＜根拠＞・電話・文書等の間接的態様でも、相手方が不安・困惑の念を抱
　　　　　　くことはあり、意思決定の自由・私生活の平穏が侵害される
　　　　・意思決定の自由・私生活の平穏は、間接的態様によっても侵害
　　　　　されるので、それを除外する理由はない
　　　　・「暴力行為等処罰ニ関スル法律」2条の趣旨は、集団的暴力行為
　　　　　から個人法益を保護することにあり、証人威迫罪の保護法益・
　　　　　行為態様とは異なるので、同一に解釈する必然性はない

　本書によれば、面会の強請と強談・威迫とを区別するⓒ**区別説**が妥当です。
というのは、面会の強請は、その危険の程度からも、その語義からも、直接
的態様に限定され、電話・文書・使者等により間接的に面会を求める場合は
含まれない[61] のに対し、強談・威迫は、その危険の程度からも、その語義
からも、直接的態様に限定される必然性はなく、電話・文書・使者等による
間接的態様も含むと解するのが合理的だからです[62]。

> 　威迫について、**最決平成 19・11・13**（刑集 61・8・743、判時 1993・160、判タ
> 1259・204）は、不安・困惑の念を生じさせる文言を記載した文書を送付して相
> 手にその内容を了知させる方法による場合が含まれ、直接相手と相対する場合
> に限られるものではないとし、間接態様説を採っています。

　③　**故　意**　自己・他人の刑事事件の捜査・審判に必要な知識を有すると
認められる者又はその親族であること、かつ、これに対し、当該事件に関し
て面会を強請し又は強談威迫の行為をすることについて、故意が必要です。

---

60) 西田・467 頁、高橋・653 頁、伊東・395 頁、山口・593 頁、井田・566 頁、松原・572 頁。
61) 長崎地判昭和 37・12・06 下刑集 4・11=12・107、福岡高判昭和 38・07・15 下刑集 5・7=8・
　　653。
62) 本罪の面会の強請、強談・威迫の行為は、旧警察犯処罰令 1 条 4 号（強談威迫罪）を継承した
　　「暴力行為等処罰ニ関スル法律」2 条（集団的・常習的面会強請・強談威迫罪）を参考にしたも
　　のです。同法 2 条については、いずれも直接相手に対して行われる必要があると解されていま
　　す（内田文昭「暴力行為等処罰ニ関スル法律」伊藤榮樹ほか編『注釈特別刑法第 2 巻』（1982 年）
　　248 頁）。

但し、必ずしも公判の結果に何らかの影響を及ぼそうとの積極的な目的を要しません[63]。

(3) 着手・既遂

本罪の**着手**は、当該事件に関して、正当な理由がないのに面会を強請し、強談・威迫の行為を開始し又は開始しようとしたときです。**既遂時期**については、面会を強請し又は強談・威迫の行為がなされれば成立する抽象的危険犯とするのが支配的見解[64]です。しかし、本罪の保護法益は、国家の刑事司法作用の適正・円滑な運用とともに、刑事事件の証人・参考人等の個人法益（意思決定の自由・私生活の平穏）ですから、それらの法益を侵害する現実的危険（既遂の危険結果）の発生をもって既遂とすべきです。

(4) 他罪との関係

面会の強請が相手方を畏怖させる性質・程度である場合は、本罪と脅迫罪（222条）・強要未遂罪（223条3項）の観念的競合です。証人として虚偽の証言をするよう、あるいは証人として出頭・供述するのを拒否するよう要求して強談・威迫の行為をした場合は、本罪と偽証罪（169条）・証人不出頭罪（刑訴151条）・証言拒絶罪（刑訴161条）の教唆犯との観念的競合です。面会を強請しかつ強談・威迫の行為をした場合は、本条の罪の包括一罪となります。

今日の一言

習いつつ
見てこそ習へ
習はずに　善し悪し云ふは
愚かなりけり

――利休百首より

---

63) 判例（東京高判昭和35・11・29高刑集13・9・639、判時251・31）・通説です。
64) 判例（福岡高判昭和51・09・22判時837・108）・通説です。

第41講　偽証、虚偽告訴の罪

01　総　説

(1)　偽証の罪の保護法益

偽証の罪は、宣誓違反の結果として、国家の適正・円滑な審判作用の運用を侵害する犯罪です。社会法益に対する罪と誤解しないように（>o<）。

○偽証罪（169 条）	○虚偽鑑定等罪（171 条）

自白による刑の任意的減免の規定（170 条、171 条）の適用があります。

(2)　虚偽告訴の罪の保護法益

ⓐ	国家法益説 [1]	捜査権・調査権の適正な運用を前提とした国家の適正・円滑な刑事司法作用・懲戒作用の運用という国家法益
ⓑ	個人法益説 [2]	被申告者となる人が不当に国家の刑事処分・懲戒処分の対象とされない個人の自由・私生活の平穏という個人法益
ⓒ	併存説（複合説） [3]	
	一次的）	捜査権・調査権の適正な運用を前提とした国家の適正・円滑な刑事司法作用・懲戒作用の運用という国家法益
	二次的）	被申告者となる個人が不当に国家の刑事処分・懲戒処分の対象とされないという個人法益

本書によれば、本罪の保護法益は、一次的には、被申告者となる個人が不当に国家の刑事処分・懲戒処分の対象とされないという個人法益であり、二次的には、捜査権・調査権の適正な運用を前提とした国家の適正・円滑な刑事司法作用・懲戒作用の運用という国家法益です。

本罪の保護法益に関する理解の相違は、具体的に、同意申告、自己申告、及び虚無人申告の場合に本罪が成立するかについての帰結及びその理由づけの違いに表れます。

①	自己申告——犯人の身代わりに処分を受ける目的で自己に対する虚偽の申

---

1) 団藤・109 頁、香川・106 頁、西原・434 頁、藤木・48 頁。

2) 平野・290 頁、平川・189 頁、曽根・311 頁、林・457 頁、山口・600 頁。

3) 判例（大判大正元・12・20 刑録 18・1566）・通説です。

618　第41講　偽証、虚偽告訴の罪

　　　　　　　　　告をする場合
　　　□肯定説　ⓐ国家法益説——捜査権・調査権の適正な運用を前提とした国
　　　　　　　　　　　　　　　の適正・円滑な審判作用の運用を侵害
　　　　　　　　ⓒ併存説————次的な保護法益である国家法益を侵害
　　　◎否定説　ⓐ国家法益説——本条にいう「人」は他人を意味するので、行
　　　　　　　　　　　　　　　為者自身が被申告者である場合は不可罰
　　　　　　　　ⓑ個人法益説——個人法益の侵害が存在しない
　　　　　　　　ⓒ併存説——本条にいう「人」は他人を意味するので、行為者
　　　　　　　　　自身が被申告者である場合は不可罰
　　　⇒但し、犯人隠避罪（103条）、軽犯罪法1条16号（虚構の犯罪を申告
　　　する罪）の成立がありうる
②　**同意申告**——被申告者の同意を得て虚偽の申告をする場合
　　　□**肯定説**　ⓐ国家法益説——捜査権・調査権の適正な運用を前提とした国
　　　　　　　　　　　　　　　の適正・円滑な審判作用の運用を侵害
　　　　　　　　ⓒ併存説————次的な保護法益である国家法益を侵害
　　　　　　　○実質的にみても、被申告者が実在する者であるので、その者
　　　　　　　の同意があっても、捜査・調査の端緒となる可能性がある
　　　◎**否定説**　ⓑ個人法益説——個人法益の法益主体が同意している以上、保
　　　　　　　　　　　　　　　護すべき法益が欠如する
　　　⇒但し、軽犯罪法1条16号（虚構の犯罪を申告する罪）の成立があり
　　　うる
③　**虚無人申告**——虚無人を被申告者として虚偽の申告する場合
　　　□肯定説　ⓐ国家法益説——国家法益を侵害
　　　　　　　　ⓒ併存説————次的な保護法益である国家を侵害
　　　◎否定説　ⓐ国家法益説——虚偽申告の対象となる人が実在しないので、
　　　　　　　　　　　　　　　国家法益を侵害する可能性がないし、実在し
　　　　　　　　　　　　　　　ない人物を被申告者としても、172条にいう「人
　　　　　　　　　　　　　　　に刑罰等を受けさせる目的」が欠如する
　　　　　　　　ⓑ個人法益説——虚偽申告の対象となる人が実在しないので、
　　　　　　　　　　　　　　　個人法益を侵害する危険がない
　　　　　　　　ⓒ併存説——虚偽申告の対象となる人が実在しないので、一次
　　　　　　　　　　　　　　的な保護法益である国家法益を侵害する可能性が
　　　　　　　　　　　　　　ないし、実在しない人物を被申告者としても、172
　　　　　　　　　　　　　　条にいう「人に刑罰等を受けさせる目的」が欠如
　　　　　　　　　　　　　　する
　　　　　　　　○実質的にみても、捜査機関・調査機関が無用な捜査・調査を
　　　　　　　　　強いられる危険は相対的に低いし、その点で誤った刑事処分・

02 偽証罪（169条） 619

懲戒処分がなされることはありえない
⇒但し、軽犯罪法1条16号（虚構の犯罪を申告する罪）の成立があ
りうる。また、その虚無人が実在する者と混同される可能性が
高い場合は、本罪の成立を肯定できる

02 偽証罪（169条）

法律により宣誓した証人が虚偽の陳述をしたときは、3月以上10年以下の懲
役に処する。

(1) 要 件

① 法律により宣誓した証人であること〔主体〕
② 虚偽の陳述をすること〔行為〕
③ 故意があること〔故意〕

① **主 体 法律により宣誓**とは、宣誓行為が法律又はその委任により根
拠づけられていることを意味します。当該刑事事件の被告人及び民事事件の
当事者（原告・被告）は、証人とはなりえませんので、本罪の主体から除外さ
れます。しかし、証言拒絶権を有する者[4]がこれを行使しないで宣誓のう
え証言に臨んだ場合や、共同正犯者・共犯者、共同被告人が証人として証言
に臨んだ場合も、本罪の主体となります。証言拒絶権を有していても、証言
拒絶権を行使しないで虚偽の陳述をした場合は、偽証罪を構成するのです[5]。

宣誓が有効であるためには、3つの要件が必要です。㋐宣誓能力を有する
者の宣誓であることが必要で[6]、宣誓能力を有しない者の宣誓は無効であり、
その者が虚偽の陳述をしても偽証罪にはなりません。㋑法律の根拠に基づい
てなされることが必要で、法律による宣誓は、刑事事件、民事事件、非訟事
件、懲戒事件、行政事件においてもなされます[7]。そして、㋒法律の定める
重要な手続に従って有効になされることを要します。軽微な手続上の瑕疵は

---

4) 刑事訴訟法146～149条、民事訴訟法196～198条、201条4項・5項など。
5) 最決昭和28・10・19刑集7・10・1945。
6) 刑事訴訟法155条、民事訴訟法201条2項。
7) 刑事訴訟法154条、刑事訴訟規則116条以下、「裁判員の参加する刑事裁判に関する法律」39条、
民事訴訟法201条、非訟事件手続法10条、「議院における証人の宣誓及び証言等に関する法律」
3条など。

620 第41講 偽証、虚偽告訴の罪

直ちに宣誓を無効とはしないというのが支配的見解[8]です。ショクンの中で、公務執行妨害罪における職務行為の適法性の第3要件（重要な条件・方式の履践）を思い出した人は、すばらしい（^o^）。例えば、刑事訴訟手続において宣誓書によらないで宣誓を行わせるのは、刑事訴訟規則（118条1項）に違反する無効な宣誓です。また、「偽証の罰」の告知を怠って尋問を開始した場合、宣誓それ自体は有効ですが、尋問手続に関する刑事訴訟規則（120条）に違反する重大な瑕疵があるので、偽証罪の法効果を生じないと解すべきです。

　本条は明文により**法律により宣誓した証人**と規定しており、宣誓した証人であることを要するとする**宣誓証人説**を前提とすべきです。しかも、宣誓は法律要件該当行為を行う主体を限定する要件であり、また、宣誓により真実を陳述すべき状況において、あえて虚偽陳述をして陳述の信用性を破壊し、その非難可能性を高めたことで可罰的な違法性・有責性を根拠づけることができるのですから、宣誓は虚偽陳述の前になされるべきで、**事前宣誓限定説**[9]が妥当です。

> これに対して、宣誓は虚偽の陳述後でも足りるとする事前事後宣誓説[10]が支配的です。この見解にも、**宣誓証人説**に立ちながら、事後宣誓の場合でも審判作用の運用に対する危険は事前宣誓の場合と異ならないとする見解[11]と、**証人説**に立って、証人は宣誓行為と偽証行為をして初めて本罪の法律要件を充足するのであり、宣誓は、虚偽陳述とともに、証人（主体）とは別の法律要件であり、したがって、事後宣誓の場合にも本罪の成立を認めるべきであるとする見解[12]があります。しかし、いずれの見解も文理に反し、妥当ではありません。

　②　**行　為**　**虚偽の陳述**をすることです。全部又は一部の事項を黙秘する行為が偽証の行為となるか問題となりますが、宣誓した証人が陳述中に自己の記憶する事項の全部又は一部について完全に黙秘したり、「その点については答えられない」と陳述する場合は、偽証罪を構成せず、証言拒否罪[13]

---

8) 判例（広島高判昭和41・09・30高刑集19・5・620、判時465・89）・通説です。

9) 大塚仁・608頁、内田・662頁、曽根・306頁、前田・470頁、佐久間・438頁。なお、事後宣誓の手続を規定した条文（民事訴訟規則112条1項但し書）もありますが、これは「特別の事由があるとき」に認められる例外的な手続です。

10) 判例（大判明治45・07・23刑録18・1100）・通説です。

11) 西田・470頁、山口・595頁、高橋・655頁、松原・574頁。

12) 団藤・98頁、大谷・612頁、中森・296頁、山中・812頁。

13) 刑事訴訟法161条、民事訴訟法200条など。

の問題になるにすぎません。これに対し、宣誓した証人が陳述中に自己の記憶する事項の全部又一部について尋問されたときに、「記憶にない」と陳述する場合は、偽証の積極的行為が認められるので、偽証罪を構成します。

　陳述の虚偽の意義に関しては、激しくかつ複雑な議論状況にあります。

ⓐ　**主観説** [14]　虚偽——証人の陳述する事実がその主観的な記憶に反すること
　　　　　　　　　　　⇒証人の記憶と陳述内容との食い違いを虚偽とする
　　＜根拠＞・証人は自ら体験した事実を記憶のままに正確に再現すること
　　　　　　　が求められているが、それが客観的真実であるか否かの判断
　　　　　　　は求められておらず、証言の証拠価値を評価し、証言内容の
　　　　　　　信憑性を判断するのは裁判所・裁判官の役割である
　　　　　　・証人が自己の記憶に反する事実を陳述すること自体が、本罪
　　　　　　　の保護法益である国家の適正・円滑な審判作用を害する抽象
　　　　　　　的危険が認められる
　　○抽象的危険犯　自己の記憶に反する虚偽の陳述は、それ自体、裁判の適
　　　　　　　　　　正を誤らせる抽象的危険がある
　　　　　　　　　　⇒司法作用・懲戒作用を害する抽象的危険さえもない場合
　　　　　　　　　　は本罪を構成しない
　　○故意　陳述内容をなす事実が自己の体験した事実に反することを認識し
　　　　　　ていること
ⓑ　**客観説** [15]　虚偽——証人の陳述する事実が、客観的な真実に反すること
　　　　　　　　　　　⇒客観的真実と陳述内容との食い違いを虚偽とする
　　＜根拠＞・客観的真実に反する陳述がなされるからこそ、本罪の保護法
　　　　　　　益である適正・円滑な審判作用を害する危険が生じる
　　　　　　・証人の記憶に反する陳述であっても、客観的真実に合致して
　　　　　　　いる限り、本罪は成立しない
　　○具体的危険犯　本罪における危険は、陳述が重要事項に関わり、争点に
　　　　　　　　　　密接な関連性をもち、裁判に具体的な影響を及ぼしうる
　　　　　　　　　　危険性を要する [16]
　　　　　　　　　　⇒国家の審判作用に影響を及ぼす可能性のない事項に関す
　　　　　　　　　　る陳述は、客観的真実に反するものであっても、虚偽の

---

14) 判例（大判大正 3・04・29 刑録 20・654〔百選Ⅱ・123〕、大判昭和 7・03・10 刑集 11・286、最決昭和 28・10・19 刑集 7・10・1945）・通説です。
15) 平野・289 頁、中山・537 頁、内田・663 頁、中森・296 頁、西田・472 頁、山中・816 頁、林・468 頁、山口・596 頁、松原・576 頁。
16) 客観説に立ちながらも、本罪を抽象的危険犯とするのは、西田・472 頁、山中・816 頁、山口・596 頁。

　　　　　　　　　　陳述とはいえず、本罪の法律要件該当性がない
　　　○故意　陳述内容をなす事実が客観的真実に反することを認識しているこ
　　　　　　　と
ⓒ　**折衷説**[17]　虚偽──裁判の争点との関連性・重要性を有する証人の陳述する
　　　　　　　　　　事実が、その主観的な記憶に反し、かつ、客観的に真実
　　　　　　　　　　に反する陳述であること
　　　　　　　　　⇒主観的記憶と陳述内容及び客観的真実との食い違いを虚
　　　　　　　　　　偽とする
　　　＜根拠＞・証人尋問は、証人が経験した事実を記憶に従って陳述するこ
　　　　　　　　とによって真実発見をする手続である以上、基本的には、証
　　　　　　　　人が自己の記憶に忠実に証言した場合は、国家の審判作用へ
　　　　　　　　の侵害の危険の程度は低いので、処罰に値する虚偽性に欠け
　　　　　　　　る
　　　　　　　・他方、証人が、客観的に真実の事実を陳述したのに、自己の
　　　　　　　　記憶に反して証言したことを捉えて本罪の成立を肯定するの
　　　　　　　　は、宣誓違反の行為を処罰することになり、妥当でない
　　　○抽象的危険犯　自己の記憶に反する行為無価値と、客観的に真実でない
　　　　　　　　　　　結果無価値の両者が存在することによって、国家の適正・
　　　　　　　　　　　円滑な審判作用への抽象的危険が認められる
　　　○故意　陳述内容をなす事実が自己の記憶に反しかつ行為時の客観的真実
　　　　　　　に反することを認識していること

　ⓐ説に対しては、客観的な真実が陳述されているのに、自己の記憶が間違っ
ており、その間違った記憶に従い虚偽だと思う事実を陳述しなければ偽証罪
で処罰するというのはいかにも不合理で、妥当でないという批判が加えられ
ます。証人の主観的記憶のみを規準とし、それが客観的な真実を正しく反映
しているかを考慮しないのは、国家の適正・円滑な審判作用へのきわめて薄
い抽象的危険を処罰根拠にするものです。しかも、証人の主観において、「記
憶に反する」という認識と「真実を述べる」という認識とが併存する場合に
は、故意があるといえないのではないかという疑問もあります。他方、ⓒ説
によると、虚偽性には、陳述内容が主観的記憶と客観的真実の両方に背反す
ることが必要となりますが、これでは、虚偽性判断の時点・規準の流動化が
生じ、故意の認定と虚偽性の判断との混淆が生じてしまいます。

17）曽根・308頁、高橋・657頁。

本書によれば、ⓑ**客観説**が妥当です。この説によると、自己の記憶に反する供述がたまたま客観的真実に合致していた場合を許容することになり、適正・円滑な審判作用を誤らせる危険が増大してしまうという批判が加えられます。しかし、客観的真実に合致した陳述が審判作用を誤らせ危険があるとは考えられませんし、仮にその危険があったとしても、それが本罪の重い法定刑を根拠づけるほどのものであるかについては疑問があります。また、客観説によると、証人が自己の記憶に反する事実を真実だと信じて陳述した場合、それが真実でなかったときも故意が阻却され、不処罰になってしまい、本罪の立法趣旨を没却させてしまうという批判が加えられます。しかし、逆に、「自分が間違っていると思う記憶のとおりに陳述しないと処罰するぞ」と刑法が要求する方が不合理でしょう。さらに、証人が自己の記憶に従って陳述したが、その陳述内容が客観的に真実でないことを知って証言した場合は、客観説によると、故意が認められて本罪が成立してしまい妥当でないとの批判が加えられます。しかし、この場合、証人は、自分の記憶は間違っていると考えて修正した記憶が同人にとっての真実ですから、それに従って陳述すべきなのは当然です。

③　**故　意**　事前宣誓説、かつ虚偽性について客観説からは、事前に宣誓したこと、自分の陳述内容をなす事実が客観的な真実に反することについて、故意が必要です[18]。

(2)　未遂・既遂

本罪が成立するには、虚偽陳述があっただけでなく、その行為により、国家の適正・円滑な審判作用の運用に対する現実的危険の発生を要します。ですから、陳述が客観的事実に反するだけでなく、虚偽陳述が審判作用に影響を及ぼし得る重要な事項に関連していることが必要です。

尋問手続の途中で虚偽の陳述を訂正すれば、国家の審判作用を害するおそれは消失するので、やはり証人の陳述は全体として考察するのが適当で、1

---

18) **主観説**によれば、陳述内容をなす事実が自己の体験した事実に反することを認識していることが必要ですし、**折衷説**によれば、陳述内容をなす事実が主観的な記憶に反し、かつ客観的な真実に反することを認識していることが必要です。また、**事後宣誓説**によると、事前宣誓の場合は宣誓したことを認識して虚偽の陳述をすることの認識が、事後宣誓の場合は虚偽の陳述をしたことを認識して宣誓することの認識が必要ということになります。

回の尋問手続における陳述全体が終了したときに既遂となると考えるべきです[19]。一旦尋問手続が終了した以上、その後に虚偽の陳述を訂正しても本罪の成立に影響しませんが、自白による刑の任意的減免規定（170条）の適用余地はあります。

(3) 間接正犯、共同正犯・共犯関係

① 間接正犯の成否　間接正犯形態での本罪の実現は可能でしょうか。

> 虚偽の陳述とは自己の記憶に反する陳述〔主観説〕であり、本罪は法律により宣誓した証人が内心の状態を表現する行為を自ら実行することでしか遂行しえないとか、本罪は自手犯であり〔自手犯説〕、法律により宣誓した証人が自ら虚偽の陳述をすることでしか犯しえないので、間接正犯はありえないとするのが支配的見解[20]です。

例えば、催眠術を用いる、虚偽の事実を真実であるかのように刷り込むなどの方法により、法律により宣誓した証人を自分の手足の延長のように一方的に利用して虚偽の陳述をさせることは事実上可能です。但し、刑事被告人が本罪の主体から除外されていることとの関連で、刑事被告人は間接正犯形態においても本罪の主体から除外されていると解することは可能です。

② 共同正犯の成否　法律により宣誓していない者が、宣誓した者と偽証を共謀し、これを遂行させた場合、本罪の共謀共同正犯が成立します[21]。しかし、刑事被告人が宣誓した者と共謀して偽証させた場合にも本罪の共謀共同正犯が成立するかについては、難しい判断が求められます。

本書によれば、刑事被告人が本罪の主体から除外されているのは、被告人には自己負罪拒否特権・黙秘権が保障されていると同時に、期待可能性が欠如していることを考慮したものです。他方、（共謀）共同正犯は正犯性・共犯性を兼備した犯行形態ですが、その正犯性に着目すべきで、刑事被告人は本罪の（共謀）共同正犯の主体から除外されていると解されます。

③ 共犯の処理　刑事被告人は本罪の主体とはなりえませんが、問題は、自己の刑事事件について他人を教唆して虚偽の陳述をさせた場合です。

---

19) 通説です。

20) 通説です。

21) 大判昭和9・11・20刑集13・1514、大判昭和11・02・25刑集15・167、オウム真理教国土利用計画法違反偽証事件・東京地判平成9・03・24判時1604・157。

> 判例は、一貫して、**肯定説**を支持しています[22]。その際、「被告人自身に黙秘権があるからといつて、他人に虚偽の陳述をするよう教唆したときは偽証教唆の責を免れないこというまでもない」と判示されるのが常套句となっています。

> 学説でも**肯定説**[23]が優勢で、刑事被告人が本罪の主体から除外されているのは期待可能性の欠如にあるが、他人に偽証させることは、他人を犯罪と罪責に陥れるものであり、期待可能性が欠如するとはいえないこと、憲法38条1項の趣旨は、被告人に自己に不利益な供述を拒否する権利を与えたにとどまり、積極的に虚偽陳述をし又は他人の虚偽陳述に加功することまで許容したわけではないこと、被告人が本罪の主体から除外されているのは、訴訟法上の制度的な制約にすぎず、制度上証人適格を認めれば当然にその主体となりうること、被告人が証人を教唆・幇助して本罪を遂行させる場合には、適正・円滑な審判作用の運用への危険性が証拠隠滅等罪よりも大きいことを根拠とします。

本書は、**否定説**[24]を妥当と考えます。刑事被告人が本罪の主体から除外されているのは、被告人には自己負罪拒否特権・黙秘権が保障されていると同時に、被告人に「虚偽の陳述をするな」と期待できない期待可能性の欠如を考慮したものです。そうした根拠が、本罪への加功形態によって消失してしまうとするのは不合理です。ですから、被告人が証人を教唆・幇助して本罪を遂行させる行為は、適正・円滑な審判作用の運用への危険性が証拠隠滅等罪よりも大きいことは肯定説の根拠とならないでしょう。また、共犯として他人に偽証させることは間接的法益侵害としての間接的関与であり、被告人自らが実行する場合に期待可能性がないのですから、他人に実行させる犯罪形態の場合にはより一層期待可能性がないといえます。さらに、実質的にみて、本罪は虚偽の陳述を作出する証拠偽造と考えることができますが、刑事被告人の本罪の教唆・幇助は自己の刑事被告事件に関する証拠隠滅等の行為の一形態と解することができますから、不可罰とすべきは当然です。

---

22) 大判明治42・08・10刑録15・1083、最判昭和27・02・14裁判集刑60・851、最決昭和28・10・19刑集7・10・1945、最判昭和32・04・30刑集11・4・1502、最判昭和33・10・24刑集12・14・3407。

23) 通説です。

24) 植松・55頁、岡野・354頁、西田・473頁、大谷・618頁、山中・818頁、川端・712頁。

626 第41講 偽証、虚偽告訴の罪

(4) 虚偽性の判断

```
＜要素＞
○自己の記憶に反するか　①　証人が自己の記憶に反する事実を陳述
　　　　　　　　　　　　②　証人が自己の記憶に合する事実を陳述
○証人は真実であると信じて陳述したか　Ⓐ　証人が真実であると信じて陳述
　　　　　　　　　　　　　　　　　　Ⓑ　証人が真実でないと信じて陳述
○客観的に真実であったか　㋐　陳述内容が客観的には真実
　　　　　　　　　　　　　㋑　陳述内容が客観的には真実でない
```

以上の3要素を組み合わせた事例で、各説の結論を確認します。

```
＜各説の結論＞　○：偽証罪成立 / ×：偽証罪不成立
◇01　①＋Ⓐ＋㋐〔自己の記憶に反するが、真実であると信じて陳述したとこ
　　　　　　　　ろ、客観的には真実であった〕
　　○主観説：○　客観的には真実であっても虚偽であり、故意もある
　　○客観説：×　客観的法律要件に該当しない
　　○折衷説：×　記憶に反するが真実と信じていたので故意が欠ける
◇02　①＋Ⓐ＋㋑〔自己の記憶に反するが、真実であると信じて陳述したとこ
　　　　　　　　ろ、客観的には真実でなかった〕
　　○主観説：○　自己の記憶に反するので虚偽であり、故意もある
　　○客観説：×　客観的法律要件に該当するが、故意がない
　　○折衷説：×　記憶に反するが真実と信じていたので故意が欠ける
◇03　①＋Ⓑ＋㋐〔自己の記憶に反するし、真実でないと信じて陳述したとこ
　　　　　　　　ろ、客観的には真実であった〕
　　○主観説：○　客観的には真実であっても虚偽であり、故意もある
　　○客観説：×　客観的法律要件に該当しない
　　○折衷説：○　客観的法律要件に該当し、記憶に反しかつ真実でないと認
　　　　　　　　識しているので故意がある
◇04　①＋Ⓑ＋㋑〔自己の記憶に反するし、真実でないと信じて陳述したとこ
　　　　　　　　ろ、客観的には真実でなかった〕
　　○主観説：○　記憶に反するので虚偽であり、故意もある
　　○客観説：○　客観的法律要件に該当し、故意も存在する
　　○折衷説：○　客観的法律要件に該当し、記憶に反しかつ真実でないと認
　　　　　　　　識しているので故意がある
◇05　②＋Ⓐ＋㋐〔自己の記憶に合するし、真実であると信じて陳述したとこ
　　　　　　　　ろ、客観的には真実であった〕
　　○主観説：×　記憶に合致するので虚偽ではなく、故意もない
　　○客観説：×　客観的法律要件に該当しないし、故意も存在しない
```

| | | ○折衷説：× | 客観的法律要件に該当せず、記憶に合致しかつ真実だと認識しているので故意も欠ける |
| ◇ 06 | ②＋Ⓐ＋イ | 〔自己の記憶に合するし、真実であると信じて陳述したところ、客観的には真実でなかった〕 |

◇ 06　②＋Ⓐ＋イ〔自己の記憶に合するし、真実であると信じて陳述したところ、客観的には真実でなかった〕
　　　　○主観説：×　客観的に真実でなくとも、記憶に合致するので虚偽でない
　　　　○客観説：×　客観的法律要件に該当するが、故意がない
　　　　○折衷説：×　客観的法律要件に該当せず、記憶に合致しかつ真実だと認識しているので故意も欠ける

◇ 07　②＋Ⓑ＋ア〔自己の記憶に合するが、真実でないと信じて陳述したところ、客観的には真実であった〕
　　　　○主観説：×　記憶に合致するので虚偽ではなく、故意もない
　　　　○客観説：×　故意はあるが、客観的法律要件に該当しない
　　　　○折衷説：×　記憶に合致するので虚偽性に欠け、故意も欠ける

◇ 08　②＋Ⓑ＋イ〔自己の記憶に合するが、真実でないと信じて陳述したところ、客観的には真実でなかった〕
　　　　○主観説：×　記憶に合致するので虚偽ではなく、故意もない
　　　　○客観説：○　客観的法律要件に該当し、故意も存在する
　　　　○折衷説：×　記憶に合致するので虚偽性に欠け、故意も欠ける

03　虚偽鑑定等罪（171条）

　法律により宣誓した鑑定人、通訳人又は翻訳人が虚偽の鑑定、通訳又は翻訳をしたときは、前2条〔169条・170条〕の例による。

① 　法律により宣誓した鑑定人・通訳人・翻訳人であること〔主体〕
② 　虚偽の鑑定、通訳又は翻訳をすること〔行為〕
③ 　故意があること〔故意〕

　① **主　体**　主体は、**法律により宣誓した鑑定人・通訳人・翻訳人**です。偽証罪におけると同じく、本罪でも、宣誓鑑定人等説と鑑定人等説との対立がありますが、宣誓は虚偽の鑑定・通訳・翻訳の前に行われることを要します〔**事前宣誓限定説**〕。この**宣誓**が有効であるためには、㋐宣誓能力を有する者の宣誓であること[25]、㋑法律の根拠に基づいてなされること、及び、㋒法律の定める重要な手続に従って宣誓が有効になされることが必要です。

---

25)　鑑定人については刑事訴訟法166条、民事訴訟法216条、通訳人・翻訳人については刑事訴訟法178条、民事訴訟法154条。

628　第41講　偽証、虚偽告訴の罪

　鑑定人とは、裁判所が、裁判上必要な知識経験の不足を補充するために、「学識経験のある者」に命じて資料を調査・分析させ、これに基づいて提供させる鑑定を命じられた者をいい、**通訳人**とは、裁判所が、日本語に通じない者、耳の聞こえない者及び口のきけない者に陳述させる場合に通訳を命じられた者をいい、**翻訳人**とは、日本語でない文字・符合について翻訳を命じられた者をいいます[26]。鑑定人は、捜査機関の簡易鑑定の鑑定人は含まれません。

　② **行　為**　虚偽の鑑定・通訳・翻訳をすることです。

> 　**大判明治42・12・16**（刑録15・1795）は、本罪は「法律に依り宣誓したる鑑定人が鑑定事項に関し、自己の所信に反して虚偽の意見判断を陳述することに因って成立」し、その意見判断が「客観的真実と符合することあるも、之が為め同罪の成立に影響を及ぼすべき者にあらず」とし、偽証罪におけると同様、**主観説**を採用しています。

　本書によれば、**虚偽**とは、偽証罪におけるそれと同じく、鑑定人等の鑑定・通訳・翻訳した事実が客観的な真実に反することをいいます〔**客観説**〕。

　③ **故　意**　事前宣誓説、かつ虚偽性についての客観説からは、事前に宣誓したこと、自分の鑑定・通訳・翻訳の内容をなす事実が客観的真実に反することについて、故意が必要です。

04　自白による刑の任意的減免（170条）

> 　前条〔169条〕又は171条の罪〔偽証罪・虚偽鑑定等罪〕を犯した者が、その証言をした事件について、その裁判が確定する前又は懲戒処分が行われる前に自白したときは、その刑を減軽し、又は免除することができる。

(1)　意　義

　本条は、偽証罪・虚偽鑑定等罪による審判作用の誤りを未然に防止することを目的とした政策的な規定です。

(2)　適用要件

> ①　169条の罪（偽証罪）又は171条の罪（虚偽鑑定等罪）を犯した者であること〔対象〕
> ②　その裁判が確定する前又は懲戒処分が行われる前であること〔期限〕

26）刑事訴訟法165条以下・175条以下、民事訴訟法154条・212条以下。

③　虚偽の陳述、鑑定、通訳、翻訳を自白すること〔行為〕

①　**対　象**　本条の適用対象は、偽証罪・虚偽鑑定等罪の**正犯者・共同正犯者・共犯者**です。したがって、偽証を教唆した者が、被教唆者の証言した事件の裁判が確定する前に、その罪を自白した場合は、その教唆者に本条が適用されます[27]。しかし、偽証の正犯者が自分の証言した事件の裁判確定前・懲戒処分前に自白しても、本条の効果は一身的ですから、偽証の教唆犯に本条の適用はありません[28]。

②　**期　限**　本条の適用は、**事件の裁判確定前又は懲戒処分前**に限られます。適正・円滑な審判作用の誤りを未然に防止するという本条の趣旨からすれば、裁判確定後や懲戒処分後では意味がないからです。

③　**行　為**　自己が虚偽の陳述・鑑定・通訳・翻訳をしたことについて**自白する**ことが必要です。自白の内容は、自己が虚偽の陳述・鑑定・通訳・翻訳をしたことについて具体的に告白することを要しますが、さらに進んで真実を述べることまでは要求されていません。自白の態様は、犯人が自己の犯罪事実を自首する場合だけでなく、当該捜査官の問いに対して自認した場合も、これに該当します[29]。自白の相手方は、本条の趣旨から、裁判所、懲戒権者、捜査機関に限られます。

05　**虚偽告訴等罪**（172条）

　人に刑事又は懲戒の処分を受けさせる目的で、虚偽の告訴、告発その他の申告をした者は、3月以上10年以下の懲役に処する。

(1)　**要　件**

①　虚偽の告訴、告発その他の申告をすること〔行為〕
②　人に刑事又は懲戒の処分を受けさせる目的であること〔目的〕
③　故意があること〔故意〕

①　**行　為**　虚偽の告訴、告発その他の申告をすることで、**虚偽**とは、偽証罪・虚偽鑑定等罪と異なり、客観的真実に反することとする点で一致して

---

27)　大判昭和5・02・04刑集9・32。
28)　大判昭和4・08・26刑集8・416。
29)　大判明治42・12・16刑録15・1795。

630　第41講　偽証、虚偽告訴の罪

います[30]。**告訴**とは、犯罪の被害者、その他の告訴権者が、捜査機関に対して犯罪事実を申告し、犯人の訴追を求める意思表示をいい[31]、**告発**とは、告訴権者・犯人以外の者が、捜査機関に対して犯罪事実を申告し、その訴追を求める意思表示[32]をいい、いずれも、犯罪事実の報告（申告）と訴追を求める請求という2つの要素が含まれています。**その他の申告**とは、狭義の刑事処分（刑罰）を求める請求[33]、懲戒処分を求める申立だけでなく、例えば、少年への保護処分[34]、売春婦への補導処分[35]など、刑事処分・懲戒処分に結びつきうる事実の申告をいいます。

　申告の内容をなす**虚偽の事実**は、刑事処分・懲戒処分の肯否に影響を及ぼすものであることを要します[36]し、捜査機関・懲戒権者等の職権発動を促すに足りる程度の具体的内容のものであることが必要です[37]。虚偽の事実を申告しても、その事実が法令の規定により懲戒・懲罰を免除されることが明らかな場合には、本罪は成立しません[38]。申告は自発的でなければなりませんので、捜査機関・懲戒権者などの捜査・調査を受けて虚偽の回答をするのは、申告には当たりません。申告の方法は口頭によると文書によるとを問いません。また、告訴・告発・申告という法的な形式・方式を履践している必要はありませんし、実名・匿名・他人名義でも構いません。申告の相手方は、本条の趣旨から、刑事処分の場合は捜査権のある捜査機関（検察官・検察事務官・司法警察職員）、懲戒処分の場合は国等の公的機関などの懲戒権者、懲戒権の発動を促しうる機関です。

　②　**目　的**　故意のほかに、人に刑事処分・懲戒処分を受けさせる目的が必要です（目的犯）。例えば、他人から預かった物を無くしてしまったため、責任追及されるのを懸念して、「盗まれた」と虚偽の事実を告げた場合、こ

30）判例（最決昭和33・07・31刑集12・12・2805）・通説です。
31）刑事訴訟法230条以下。
32）刑事訴訟法239条以下。
33）92条2項。
34）少年法24条。
35）売春防止法17条以下。
36）大判大正13・07・29刑集3・721。
37）大判大正4・03・09刑録21・273。
38）大判昭和11・12・26大審院裁判例10・刑99。

の目的を欠きますので、本罪を構成しません。

人は他人を意味し、自然人・法人を問いません。本書によれば、犯人の身代わりに処分を受ける目的で自己に対する虚偽の申告をした場合（自己申告）、及び、被申告者の同意を得て虚偽の申告をした場合（同意申告）、本罪は不成立ですが、前者について犯人隠避罪（103条）の成立が、両場合について軽犯罪法1条16号（虚構の犯罪を申告する罪）の成立がありえます。また、虚無人を被申告者として虚偽の申告をした場合（虚無人申告）、本罪は不成立ですが、軽犯罪法1条16号の成立がありえますし、その虚無人が実在する者と混同される可能性が高い場合は、虚偽告訴等罪の成立がありえます。

刑事処分とは刑事上の処分をいい、刑罰、保安処分、起訴猶予処分などを含みます。**懲戒処分**とは公法上の監督関係に基づいて職務規律維持のために課される制裁をいい、公務員への懲戒、弁護士・公証人・医師・公認会計士・刑事施設収容者などへの懲戒を含みます。過料も、その根拠が公法上の監督関係に基づくものである以上、懲戒に当たると解すべきです[39]。

目的の内容について、刑事処分・懲戒処分を受けさせる結果発生の意欲を必要とする意欲説[40]もありますが、本罪の（一次的）法益は個人法益ですから、有罪判決が出されることまで意欲する必要はなく、捜査の開始のみを意図した場合も含みますし、未必的な目的で足りるので**未必説**[41]が妥当です。

③ **故　意**　自分が申告する事実が虚偽であること、及び、虚偽の告訴、告発その他の申告をすることについて、故意が必要です。

> **確定的認識説**[42]は、告訴人・告発人としては、犯罪の嫌疑に基づいて、ひょっとして間違っているかもしれないと未必的な認識を有しているのが通常なので、未必的な認識で足りると、大部分の告訴・告発が本罪を構成することなり、告訴権・告発権の行使を不当に制限することになること、名誉毀損罪における真

---

39) 通説です。反対なのは、植松・61頁、大塚仁・617頁。

40) 植松・61頁、団藤・111頁、福田・40頁、曽根・312頁。

41) 判例（大判大正6・02・08刑録23・41、大判昭和8・02・14刑集12・114、大判昭和12・04・14刑集16・525）・通説です。なお、国家法益説は、虚偽告訴等罪は、捜査権・調査権の適正な運用を前提とした国の適正・円滑な審判作用の運用を害するものであり、不当な捜査権・調査権の発動を促す可能性を認識しつつ虚偽の申告を行う以上、本罪の故意としては充分であり、本罪の成立を認めることができると説明することになります。

42) 通説といえるでしょう。

632　第41講　偽証、虚偽告訴の罪

> 実性の錯誤の場合と同じように、犯罪の嫌疑も相当な根拠に基づくことを要すると解すべきで、故意の面で可罰的範囲を限定する必要があること、正当な告訴・告発との限界を明確にするために、虚偽性について確定的な認識を要すると解すべきであることを根拠とします。

　本罪が成立するには、故意のほかに他の要件も必要ですし、正当な告訴・告発は刑法35条によって正当化されるのですから、確定的認識に限定しなくとも告訴権・告発権の行使を不当に制限することにはならないこと、特定の人に刑事処分・懲戒処分を受けさせようとする行為であり、確信もなくその人を犯人扱いする行為の中には可罰性の高いものも含まれているので、本罪の故意を確定的なものに限定するのは適当でないこと、さらに、故意一般で未必の故意も故意としている以上、本罪において、その原則を変更する理由も、その必要もないので、**未必的認識説** [43]が妥当でしょう。

(2)　着手・既遂

　本罪の**着手**は虚偽の告訴・告発その他の申告の行為を開始したとき、**既遂**は、虚偽の申告が相当官署（機関）に到達したとき〔到達主義〕です。郵送等の場合、発送されただけでは足りず、到着して、現実に閲覧・講読しうる状態におく必要があります（現実的な危険結果）が、現に閲覧・講読することまでは必要ありません [44]。

(3)　罪　数

　1通の告訴状をもって同一人につき、数個の犯罪を犯したとして虚偽の申告をした場合は、1個の虚偽告訴等罪が成立するにとどまります [45]。一個の行為をもって同時に数名を虚偽申告した場合は、本罪が複数成立して観念的競合となります [46]。また、同一人に対し、刑事処分を受けしめる目的をもっ

---

43)　判例（最判昭和28・01・23刑集7・1・46）、植松・61頁、平野・291頁、内田・699頁、藤木・49頁、平川・191頁、前田・477頁。

44)　**大判大正3・11・03**刑録20・2001（告訴状が当該捜査官署に到達して捜査官吏の閲覧しうべき状態に置かれれば足り、これを受理し捜査に着手することを要しない）、**大判大正5・11・30**刑録22・1837（告訴状の差出をもって足り、これを受付けた検事局において捜査手続を進行し、又は起訴したかを問わない）**大判大正15・11・09**法律新聞2635・12（虚偽の事実を記載した書面を郵便に付すだけでは足りず、さらに当該官庁に到達したことを要する）。

45)　大判明治44・02・28刑録17・220、大判大正2・03・06刑録19・300。

46)　大判大正2・05・02刑録19・541。

て同一の虚偽の申告事実を記載した書面を、時期及び作成名義を変えて2通作成し、各別の犯罪捜査機関に提出して虚偽の申告をした場合は、本罪が2個成立し、併合罪となります[47]。

06　自白による刑の任意的減免 （173条）

> 前条〔172条〕の罪〔虚偽告訴等罪〕を犯した者が、その申告をした事件について、その裁判が確定する前又は懲戒処分が行われる前に自白したときは、その刑を減軽し、又は免除することができる。

(1)　意　義

本条[48]は、偽証罪・虚偽鑑定等罪に関する170条と同じく、虚偽告訴等による国家の誤った刑事処分・懲戒処分を未然に防止し、もって被申告者となる個人が不当に国家の刑事処分・懲戒処分の対象とされることがないようすることを目的とした政策的な規定であり、刑の任意的減軽・免除が定められています。

(2)　適用要件

> ①　172条の罪（虚偽告訴等罪）を犯した者であること〔対象〕
> ②　その裁判が確定する前又は懲戒処分が行われる前であること〔期限〕
> ③　虚偽の申告を自白すること〔行為〕

①　**対　象**　本条の適用対象は、虚偽告訴等罪の**正犯者・共同正犯者・共犯者**です。本条の効果は自白者にのみ生じる一身的なものです。

②　**期　限**　本条の適用は、**事件の裁判確定前又は懲戒処分前**です。

③　**行　為**　自己が虚偽の申告をしたことについて**自白**することが必要です。自白の内容は、自己が虚偽の告訴・告発・申告をしたことについて具体的に告白することを要しますが、さらに進んで真実を述べることまでは要求されていません。自白の態様は自首だけでなく、当該捜査官の問いに対する自認や、尋問に対して告白するという態様も、本条の自白に該当します。自白の相手方は、本条の趣旨から、裁判所、捜査権のある捜査機関（検察官・検察事務官・司法警察職員）、懲戒権者、懲戒権の発動を促しうる機関です。

---

47)　最決昭和36・03・02刑集15・3・451。
48)　170条に関する本書・628頁以下参照。

第42講 職権濫用の罪

01 総 説

(1) 保護法益

　汚職の罪は公務員の職務犯罪であり、職権濫用の罪と賄賂の罪とが規定されています。両罪は、国又は地方公共団体を構成する公務員が、その機関の内部から、公正・適正な職務執行を侵害する職務犯罪です。

　職権濫用の罪は、公務員がその職権を濫用し、又はその権限を行使するに際して違法な行為を行う犯罪で、保護法益は、一次的には、職権濫用の被害者となる個人の生命・身体・自由・財産などの個人法益であり、二次的に、公正・適正な職務執行という国家法益です。

(2) 類 型

○公務員職権濫用罪（193条）	○特別公務員職権濫用罪（194条）
○特別公務員暴行陵虐罪（195条）	○特別公務員職権濫用等致死傷罪（196条）

02 公務員職権濫用罪 (193条)

　公務員がその職権を濫用して、人に義務のないことを行わせ、又は権利の行使を妨害したときは、2年以下の懲役又は禁錮に処する。

(1) 要 件

① 公務員であること〔主体〕
② その職権を濫用して、人に義務のないことを行わせ、又は権利の行使を妨害すること〔行為・結果〕
③ 故意があること〔故意〕

　① **主 体**　主体は、公務員です（構成身分犯）。公務員の意義・範囲については、公務執行妨害罪（95条1項）の説明を参照してください[1]。

　② **行為・結果**　本罪の**行為**は、公務員がその職権を濫用することです。およそその一般的職務権限に属さない行為は、それが公務員によって行われ

---

1) 本書・560頁以下参照。

た場合でも、職権の濫用には当たりません[2]。ですから、本条にいう**職権**が公務員の一般的職務権限[3]を意味することについては異論を見ません。職権は**強制力の要素**を要するかについては、それが濫用された場合に、相手方に法律上・事実上義務なきことを行わせ、又は行うべき権利を妨害するに足りる権限であれば足り、必ずしも法律上の強制力を伴うものである必要はないと解されています[4]。

職権に**特別権限の要素**を要するかについて、議論があります。

> **党幹部宅電話盗聴事件・最決平成元・03・14**（刑集 43・3・283、判時 1308・108、判タ 696・83〔百選Ⅱ・111〕）は、本罪における職権とは「公務員の一般的職務権限のすべてをいうのではなく、そのうち、職権行使の相手方に対し法律上、事実上の負担ないし不利益を生ぜしめるに足りる特別の職務権限をい」うとし、一般的職務権限をその内容によって限定します。

> **通説**も、公務員にはその職務を執行するために、相手方に法律上・事実上の負担・不利益を強いる特別の権限が付与されており、本罪はその特別の権限を濫用して相手方に不当に負担・不利益を強いる犯罪であること、それが濫用された場合に、相手方に法律上・事実上義務なきことを行わせ又は行うべき権利を妨害するに足りる特別の権限である必要があること、本罪の法律要件の明確化に資することを根拠に、**限定説**を支持します。

本条は、結果に関する文言が強要罪（223 条）のそれと同一ですが、本罪の法定刑は強要罪のそれより低いことを考慮すると、本罪を強要罪の特別類型と考えるのは適当ではありませんし、本条にいう職権を強要罪のそれに引きつけて解釈する必要はないでしょう。限定説のように、職権の範囲を本罪の結果（相手方に法律上・事実上義務なきことを行わせ又は行うべき権利を妨害する）によって限定するのは、結果概念から要件を解釈するもので、法解釈の方法が逆転しており、結論先行型の判断を招来しかねません。しかも、限定説は、相手方の権利を侵害・妨害せざるをえない権利侵害・妨害型の職権行為のみ

---

2) 東京高判昭和 35・10・06 東高時報 11・10・265。
3) 公務執行妨害罪における職務行為の適法性に関する 3 要件を思い出した人は、エライ！！。
4) 判例・通説です。**身分帳事件・最決昭和 57・01・28** 刑集 36・1・1、判時 1029・60、判タ460·63（公務員の「一般的職務権限は、必ずしも法律上の強制力を伴うものであることを要せず、それが濫用された場合、職権行使の相手方をして事実上義務なきことを行わせ又は行うべき権利を妨害するに足りる権限であれば、これに含まれる」）。反対なのは、内田・675 頁、大塚仁・620頁。

636 第42講 職権濫用の罪

を射程範囲とし、例えば、許可申請・認可申請に係る許認可型の職権行為を本罪の射程範囲から除外するような見解を採っており、妥当でありません[5]。公務員がその一般的職務権限を濫用し、職権行為の相手方に法律上・事実上の負担・不利益を強いることによって、その権利・自由を侵害するものであれば足りるとする**非限定説**[6]が妥当です。

　職権の**濫用**には、2つの形態があります[7]。1つは**職権仮託型**で、公務員がその一般的職務権限に属する事項につき、職権行使に仮託して実質的・具体的に違法・不当な行為をする形態です。この形態は、公務員がその職権を行使するものであるかのように仮装しているため、一般的職務権限に属する事項に係ることが比較的明瞭であるため、相手方が公務員の行為を認識することが容易であることに特徴があります。

　東京高判昭和43・03・15（高刑集21・2・158、判時521・87、判タ224・191）は、保護観察官が、既に保護観察期間の終了した女性を呼び出して面接したうえに、猥褻行為に及んだという事案につき、「保護観察官には法令上保護観察期間経過後の者を呼び出し、これと面接する権限がなく」、本件被告人の行為は、「法令に基く職務行為とはいい難い」から、公務員職権濫用罪が成立する余地はないとしました。

　身分帳事件・最決昭和57・01・28（刑集36・1・1、判時1029・60、判タ460・63）は、裁判官が網走刑務所を訪れ、司法研究その他職務上参考にするための調査・研究であるかのように装って、ある党の委員長の身分帳簿の閲覧・撮影を行った事案につき、「裁判官が刑務所長らに対し資料の閲覧、提供等を求めること」は、「裁判官に特有の職責に由来し監獄法上の巡視権に連なる正当な理由に基づく要求というべきであつて、法律上の強制力を伴つてはいないにしても、刑務所長らに対し行刑上特段の支障がない限りこれに応ずべき事実上の負担を生ぜしめる効果を有する」から、「裁判官の一般的職務権限に属する」として本罪の成立を認めました。**小倉簡易裁判所事件・最決昭和60・07・16**（刑集39・5・245、判時1167・157、判タ570・47）は、簡易裁判所裁判官が、担当する窃盗被告事件の女性被告人に私的交際を求める意図で、夜間、被害弁償のことで話したいなどと言って喫茶店に呼び出すなどした事案につき、「被告人に出頭を求めることは裁判官の一般的職務権限に属するところ、裁判官がその担当する刑事事件の被告人を右時刻に電話で喫茶店に呼び出す行為は、その職権行使の方法と

---

5) 西田・482頁参照。
6) 曽根・314頁、西田・482頁、松原・588頁。
7) 中森・303頁、曽根・314頁、西田・483頁。

しては異常なことである」が、「職権行使としての外形を備えていないものとはいえず、右呼出しを受けた刑事事件の被告人をして、裁判官がその権限を行使して自己に出頭を求めてきたと信じさせるに足りる行為である」から、「職権を濫用し同女をして義務なきことを行わせたもの」であり、本罪が成立するとしました。

　いま１つは**職務遂行型**で、公務員が不法な行為を職務として行い、その過程において相手方の権利・自由を侵害する形態です。この形態は、当該機関の組織を背景にして任務遂行としてなされるのですが、必ずしも公務員の一般的職務権限に属する行為には見えないため、公務員が個人として勝手に違法・不当な行為を行ったような外観を呈することが多く、密行的になされるため、相手方が公務員の行為を認識することが難しいことに特徴があります。

　党幹部宅電話盗聴事件・最決平成元・03・14（刑集43・3・283、判時1308・108、判タ696・83〔百選Ⅱ・111〕）は、警察官が、職務として、ある政党に関する警備情報を得るために、他の警察官とともに、同党幹部宅を盗聴したという事案につき、本罪が成立するには、「職権行使の相手方に対し法律上、事実上の負担ないし不利益を生ぜしめるに足りる特別の職務権限」を「濫用して行われたことを要する」ところ、本件「被疑者らは盗聴行為の全般を通じて終始何人に対しても警察官による行為でないことを装う行動をとつていたというのであるから、そこに、警察官に認められている職権の濫用があつたとみることはできない」とし、本罪に当たらないとしました。

　その正当性と範囲について慎重な検討を要しますが、通信傍受ないし電話盗聴も、一定の場合に、一定の範囲について、検証許可状に基づく強制処分として許容されています[8]。警察官には捜査・警備情報を収集する一般的権限があるので、本件電話盗聴行為もその一般的職務権限に属する行為と解されます。本決定は、本件被疑者らは盗聴行為の全般を通じて終始何人に対しても警察官による行為でないことを装う行動をとっていたので、警察官に認められている職権の濫用があったとみることはできないとします。しかし、本罪は、違法・不当な職権行使によって相手方に法律上・事実上の負担・不利益を強いることで足りますし、相手方の意思の抑圧を必要とするものでは

8）刑事訴訟法222条の2、「犯罪捜査のための通信傍受に関する法律」、さらに、甲府地判平成3・09・03判時1401・127、最決平成11・12・16刑集53・9・1327、判時1701・163、判タ1023・138。

638 第42講 職権濫用の罪

ありませんので、職権をもって相手方の意思に働きかけたこと、及び、相手方がその公務員の職権行為を認識していることは、本罪の処罰根拠を考慮するならば、不要と解するのが相当です[9]。

公務員の職権濫用の**結果**として、相手方に義務のないことを行わせること、又は、相手方の権利の行使を妨害するという結果、及び、職権の濫用とこれらの結果との間に因果関係が必要です。**義務のないことを行わせる**とは、何ら権利・権限がなく、したがって、相手方に法律上その義務がないにもかかわらず、同人に作為・不作為を行わせ又は受忍を強いることをいいます。また、相手方の**権利の行使を妨害する**とは、公法上・私法上認められている権利・権限の行使を妨害することをいい、現に相手方の権利行使を妨害するのはもちろん、相手方が権利行使できないような状況を作り出す場合も含みます。権利は、憲法上・法律上の権利である必要はなく、プライヴァシーなどの利益も含む広い意味です。

③ **故 意** 公務員が、その職権を濫用すること、及び、その結果として、相手方に義務のないことを行わせ又は権利の行使を妨害することについて、故意が必要です。

(2) 罪 数

公務員の職権濫用行為が1個であっても、複数の相手方に対し義務なき行為を行わせ又は権利行使を妨害した場合、個人法益が一次的法益ですから、相手方の数に応じて本罪が成立し、観念的競合となります。公務員が暴行・脅迫を加えて職権濫用の行為をした場合、本罪と強要罪との観念的競合とするのが支配的見解ですが、両罪ともに個人法益に対する犯罪であり、強要罪の行為は相手方に畏怖心をもたらし自由意思を抑圧する強度を要求されていますので、強要罪のみが成立すると解すべきです[10]。

---

9) まさか、「誰にもばれないように秘密裏にやれば、職権濫用罪は成立しない」という原則を許容するわけではないでしょう。
10) 江家・64頁、高橋・671頁。

03　特別公務員職権濫用罪（194条）

　　裁判、検察若しくは警察の職務を行う者又はこれらの職務を補助する者がその職権を濫用して、人を逮捕し、又は監禁したときは、6月以上10年以下の懲役又は禁錮に処する。

① 裁判、検察若しくは警察の職務を行う者、又は、これらの職務を補助する者であること〔主体〕
② その職権を濫用して、人を逮捕し、又は監禁すること〔行為〕
③ 故意があること〔故意〕

　　①　**主　体**　主体は、裁判・検察・警察の職務を行う者、又は、これらの職務を補助する者です。本罪は、**特別公務員**であることを根拠に、逮捕・監禁罪（220条）の刑を加重した特別類型です（加減身分犯）。本罪が成立する限り、逮捕・監禁罪は本罪に吸収されます。

　　裁判・検察・警察の職務を行う者には裁判官・検察官・司法警察員が、**これらの職務を補助する者**には裁判所書記官・裁判所事務官・検察事務官・廷吏・司法巡査などが含まれます。しかし、例えば、警察署長から、私人としての協力を依頼された少年補導員は、警察の職務を補助する職務権限を何ら有するものではないので、これには当たりません[11]。

　　②　**行　為**　所定の主体がその職権を濫用し、人を逮捕・監禁することです[12]。

　　③　**故　意**　所定の行為者が、その職権を濫用して、人を逮捕・監禁することについて、故意が必要です。

04　特別公務員暴行陵虐罪（195条）

　　裁判、検察若しくは警察の職務を行う者又はこれらの職務を補助する者が、その職務を行うに当たり、被告人、被疑者その他の者に対して暴行又は陵辱若しくは加虐の行為をしたときは、7年以下の懲役又は禁錮に処する。
　　2　法令により拘禁された者を看守し又は護送する者がその拘禁された者に対して暴行又は陵辱若しくは加虐の行為をしたときも、前項と同様とする。

11）最決平成6・03・29刑集48・3・1、判時1512・181、判タ864・207。
12）職権濫用の意義については本書・636頁以下、逮捕・監禁の意義については本書・80頁以下を参照。

(1) 要 件

> ① 裁判、検察、警察の職務を行う者、これらの職務を補助する者（1項）、又は法令により拘禁された者を看守、護送する者（2項）であること〔主体〕
> ② 被告人、被疑者その他の者（1項）、又は被拘禁者（2項）に対するものであること〔客体〕
> ③ 所定の客体に対して、その職務を行うに当たり、暴行、陵辱・加虐の行為をすること〔行為〕
> ④ 故意があること〔故意〕

① **主 体**　本罪の主体は、㋐裁判、検察、警察の職務を行う者、これらの職務を補助する者（1項）、㋑法令により拘禁された者を看守、護送する者（2項）です。

② **客 体**　本罪の客体は、被告人・被疑者その他の者（1項）、又は法令により拘禁された者（2項）です。**被告人・被疑者その他の者**には、刑事司法上の被告人・被疑者本人だけでなく、証人、参考人など捜査・裁判上取調べの対象になる者や、行政警察上の監督保護を受くべき事件の本人・関係人も含みます [13]。**法令により拘禁された者**の意義については、被拘禁者奪取罪（99条）を参照してください [14]。

③ **行 為**　本罪の行為は、所定の客体に対して、その職務を行うに当たり、暴行、陵辱・加虐の行為をすることです。**職務を行うに当たり**は、広く職務を行う機会であれば足り [15]、行為状況の要件です。**暴行**は、所定の客体に対する有形力の行使をいい、必ずしも人の身体に直接向けられる必要はなく、物などに対する有形力の行使であっても、それが人の身体に物理的に影響を与えるものであれば、本罪の暴行に当たるとされます（間接暴行）。しかし、有形力の行使として積極性がなければなりません。**陵辱・加虐の行為**とは、例えば、食事をさせない、トイレに行かせない、侮辱的な言動を仕掛ける、猥褻な言動を加えるなど、暴行以外の方法により精神的・肉体的な苦痛を与える一切の虐待行為をいいます。

④ **故 意**　被告人、被疑者その他の者、又は被拘禁者に対し、暴行、陵辱・

---

13) 福岡高判昭和 27・10・28 高刑集 5・12・2175。
14) 本書・586 頁以下を参照。
15) 長崎地判昭和 56・04・09 判タ 462・186。

加虐の行為をすることについて、故意が必要です。

(2)　承諾と本罪の成否

> 【事例】　留置施設の看守Ｘは、留置されているＡ女（36歳）を、留置施設内の
> 同女の居室内や、同居室外に連れ出したうえで同施設内おいて性交をし
> たが、いずれも同女の同意が存在していた。

> 類似の事案につき、**大判大正 15・02・25**（法律新聞 2545・11）は、「本条の罪
> は所謂瀆職罪の一種として公務員の職務違反の行為を處罰するの趣旨なると解
> すべく、其の行爲が職務違反となるや否やは毫も被害者の意思如何に関せざれ
> ばなり」とし、**東京高判平成 15・01・29**（高等裁判所刑事裁判速報集平成 15・44、
> 判時 1835・157）は、本罪の「保護法益は、第一次的には、公務執行の適正とこ
> れに対する国民の信頼である」ところ、「現実にその相手方が承諾したか否か、
> 精神的又は肉体的苦痛を被ったか否かを問わない」とし、相手方の承諾は本罪
> の成否に影響しないとしています。

> **通説**は、判例を支持し、本罪は主に職務の適正を保護法益とするものである
> から、被害者の同意があっても本罪の成否に影響しないとします。

　本書によれば、本罪の保護法益は、一次的には、職権濫用の被害者となる
個人の生命・身体・自由・財産などの個人法益であり、二次的には、公正・
適正な職務執行という国家法益です。事例の場合、行為者が留置施設の看守
者、被害者が被留置者という立場・関係を踏まえて承諾の有効性を慎重に認
定する必要がありますが、被害者に自由な意思に基づく承諾がある場合には、
精神的・肉体的な苦痛を与える虐待行為は存在せず、個人法益の侵害は認め
られないのですから、本罪の成立は否定されます[16]。

(3)　罪　数

　暴行罪・脅迫罪は、本罪に吸収されます。陵辱行為として猥褻・性交等の
行為がなされた場合、判例は、本罪のみの成立を認めるのです[17]が、致死
傷の結果を生じた場合の刑の不均衡（181条・196条）を避けるため、また、
本罪は個人法益に対する罪であっても強制猥褻罪・強制性交等罪とは具体的
法益・行為・状況を異にしますから、観念的競合を認めるのが適当でしょう。

---

16)　西田・486 頁、中森・305 頁、山口・609 頁、松原・594 頁。「看守Ｘは、職務中に何てことを
　しているんだ」という非難はあってしかるべきですが、それは本罪の成否とはまた別の問題です。

17)　大判大正 4・06・01 刑録 21・717。

642 第42講 職権濫用の罪

05 特別公務員職権濫用等致死傷罪 (196条)

(1) 結果的加重犯

> 前2条〔194条・195条〕の罪〔特別公務員職権濫用罪・特別公務員暴行陵虐罪〕を犯し、よって人を死傷させた者は、傷害の罪と比較して、重い刑により処断する。

本条は、特別公務員職権濫用罪（194条）・特別公務員暴行陵虐罪（195条）を基本犯とする**結果的加重犯**を規定したものです。

(2) 判例の状況

判例では、警察官の拳銃発砲行為により被害者が死傷した場合に、警察官職務執行法7条の武器使用の要件との関連で、本罪の成否が問われます。

> ◇**肯定判例**　警察官が、被疑者の陳述を聴取するに際して、その罪状を陳述させようとして、同人を殴打し負傷させた行為[18] ／囚人の背後から突然その衣服を掴み、強引に引き倒して負傷させ、死亡させた行為[19] ／拘置所の看守が、拘禁中の刑事被告人から暴行を受けたため興奮し、私憤のあまり、同人の頭部を靴で数回蹴り、同人が既に手錠、足錠、防声具等を施されて抵抗力が著しく弱まっているのに、更に捕縄をもって通称「逆えび」と称する緊縛方法をもって緊縛し、失神に近い状態にあることを知りつつ房内に運び入れ、うつ伏せにして放置して窒息死させた行為[20] ／果物ナイフを振り回して抵抗するAを銃刀法違反・公務執行妨害の現行犯人として逮捕しようとした警察官が、ナイフを振り下ろしたが、木の棒を振り回すAに追い詰められたため、Aの大腿部を狙って拳銃を発射したところ、同人の左胸部に命中し、失血死させた行為[21] ／交通指導取締り等の職務に従事していた警察官Xが、Aの道路交通法違反被疑事件の捜査及び事故現場の交通整理等を行っていた際に、酒に酔ったAが警察官らに難癖をつけ、身体を押し付けるなどして詰め寄ってきたことから、これを制止・制圧するため、Aの身体を押さえつけるようにしながらその腹部を数回膝蹴りする暴行を加えて死亡させた行為[22]
>
> ◆**否定判例**　警察官が公務執行妨害等の現行犯人Aを逮捕するに際し、Aが、タクシー車庫で他の警察官から3発の射撃を受けながら、何ら怯む

---

18) 大判明治37・02・29刑録10・376。
19) 大判明治40・09・10刑録13・928。
20) 札幌高判昭和32・11・07高裁刑事裁判特報4・22・592。
21) 最決平成11・02・17刑集53・2・64、判時1668・151、判タ997・169。
22) 金沢地判平成11・03・24判時1677・154、判タ1037・294。

05　特別公務員職権濫用等致死傷罪（196条）　　643

ことなくタクシーを強奪して逃走し、本件現場で、警察官Ｘが拳銃を示して数回警告を発したが、Ａは抵抗をやめず、むしろ逆上したように激しくナイフを突き出してきた状況において、ＸがＡのナイフを取り上げて逮捕するため、Ａの右腕を狙撃するしかないと判断して拳銃を発射し、Ａを死亡させた行為 [23]／警察官Ｘが公務執行妨害の現行犯人Ａを逮捕する職務を行うに際し、Ａが一気に間合いを詰めて、石燈籠の宝珠を警察官Ｘの頭部目がけて振り下ろそうとしたので、Ａの左太ももに向けて拳銃を発射したところ、同人の左腹部に当たり、出血死させた行為 [24]

(3)　処　断

　傷害の罪と比較して、重い刑により処断するの意義については、遺棄致死傷罪（219条）の説明を参照してください [25]。

今日の一言

誠実の人と　連帯しよう
勇気の人と　連携しよう
それが大きなうねりとなっていくと信じて

---

23)　福岡高判平成 7・03・23 高等裁判所刑事裁判速報集平成 7・151。
24)　東京高判平成 23・12・27 東高時報 62・161。
25)　本書・39 頁以下を参照。なお、大判明治 42・12・03 刑録 15・1722。

644

第43講 賄賂の罪

01 総　説

(1) 意義・類型

　汚職の罪は公務員の職務犯罪であり、職権濫用の罪と賄賂の罪とが規定されています。両罪は、国又は地方公共団体を構成する公務員が、その機関の内部から、職務執行の公正・適正を侵害する職務犯罪です。

　賄賂の罪は、公務員がその職務に関して賄賂をやり取りすることによって公務を汚し、国・公共団体の行政作用の公正・適正な運用を内部から侵害・危殆化する犯罪です。

□収賄の罪	○単純収賄罪（197条1項1文）[1]　○受託収賄罪（197条1項2文） ○事前収賄罪（197条2項）　○第三者供賄罪（197条の2） ○加重収賄罪（197条の3第1項・2項） ○事後収賄罪（197条の3第3項）　○斡旋収賄罪（197条の4）
□贈賄の罪	○贈賄罪（198条）

　刑法は、職務行為の正・不正を問わず、職務行為に対する賄賂の授受を罰する単純収賄罪・受託収賄罪・事前収賄罪・第三者供賄罪を規定し、補充的に、加重収賄罪・事後収賄罪・斡旋収賄罪を規定しています。そして、贈賄側を罰する贈賄罪を規定しています。

(2) 保護法益

　本罪の保護法益については議論があり、分かりづらいと思います（>_<）。

> **ⓐ　信頼保護説**[2] ――職務の**公正**及びそれに対する**社会の信頼**
> 　　基本）職務に関する不正な報酬（賄賂）の授受を処罰（現に不正な職務
> 　　がなされたか否かを問わない）

---

1) 通常は、「197条1項前段」と記します。しかし、それでは、本条項の「公務員が、その職務に関し、賄賂を収受し」部分を指したいとき、「197条1項前段・前段」と記さざるを得ず、混乱が生じます。そこで、「1文・2文」の語を用いました。

2) 判例（大判昭和6・08・06刑集10・412、最大判昭和34・12・09刑集13・12・3186、ロッキード事件丸紅ルート・最大判平成7・02・22刑集49・2・1、判時1527・3、判タ877・129〔百選Ⅱ・107〕）・通説です。

　　　　補充）現に職務の公正が害されたことを処罰
　　　　＜帰結＞単純収賄罪・受託収賄罪・事前収賄罪・第三者供賄罪が基本型、
　　　　　　　加重収賄罪・事後収賄罪・斡旋収賄罪が加重の補充型
　ⓑ　**不可買収性説** [3] ──職務の**不可買収性**
　　　　基本）職務に関する不正な報酬（賄賂）の授受を処罰（現に不正な職務
　　　　　がなされたか否かを問わない）
　　　　　⇒職務の公正が害されたか否かを成立要件とせず、不正な報酬（賄賂）
　　　　　の授受を成立要件とする
　　　　＜帰結＞単純収賄罪・受託収賄罪・事前収賄罪・第三者供賄罪が基本型、
　　　　　　　加重収賄罪・事後収賄罪・斡旋収賄罪が加重の補充型
　ⓒ　**公正性説** [4] ──職務の**公正**（不可侵性）
　　　　基本）職務に関する不正な報酬の授受そのものよりも、職務が不正に
　　　　　行われることを処罰
　　　　　⇒職務に関する賄賂の授受だけでは十分でなく、職務の公正が害さ
　　　　　れたことを成立要件とする
　　　　＜帰結＞加重収賄罪・事後収賄罪・斡旋収賄罪が基本型、単純収賄罪・
　　　　　　　受託収賄罪・事前収賄罪・第三者供賄罪が拡張型
　ⓓ　**統合説** [5] ──職務の**不可買収性**を基本とし、**公正**を付加
　　　　基本）職務に関する不正な報酬（賄賂）を処罰（現に不正な職務がなされ
　　　　　たか否かを問わない）
　　　　補充）現に職務の公正が害されたときは加重処罰
　　　　＜帰結＞単純収賄罪・受託収賄罪・事前収賄罪・第三者供賄罪が基本型、
　　　　　　　加重収賄罪・事後収賄罪・斡旋収賄罪が加重の補充型

　本罪の保護法益について学説が対立しているのは、㋐ 197 条から 197 条の
3 第 1 項までの罪におけるように、賄賂の授受のみが要件とされ、不正な職
務行為の遂行が要件とされておらず、適法・適正な職務行為の遂行について
も成立が認められている点と、㋑賄賂の授受が先行し、その後に職務行為が
なされる賄賂先行型だけでなく、197 条の 3 第 2 項・3 項の罪のように、職
務行為が先行し、その後に賄賂の授受がなされる賄賂後行型も処罰されてい
る点とを矛盾なく説明したいからです。
　職務の不可買収性の実体は職務の公正に対する社会の信頼にあり、そこか

3）ローマ法主義といわれます。平野・294 頁、香川・132 頁。
4）ゲルマン法主義といわれます。曽根・317 頁、林・441 頁、山口・612 頁、松原・601 頁。
5）団藤・129 頁、福田・46 頁、大塚仁・627 頁、山中・835 頁、川端・733 頁。

ら派生する反射効にすぎないので、前者は後者に収斂されます。他方、社会の信頼は、内容が漠然とし、犯罪認定のための根拠づけとして濫用される危険がありますし、贈収賄行為の視覚可能性に左右されるとすると、拙劣で発覚しやすい贈収賄行為の方が危険が大きいとされ、「誰にもばれないように秘密裏にやれば、賄賂罪は成立しない」という原則を許容しかねません。職務の公正を保護法益とする©公正性説が残ることになります。

公正性説の立場から、先の⑦の点は、賄賂の授受によって、公正・中立に遂行・行使されるべき職務及びその裁量権が歪められ、公正・適正な職務行為・裁量行為が特定の方向に引き込まれる危険が生じるからです。また、④の点は、賄賂への事前の期待によって、公正・中立に遂行・行使されるべき職務・裁量権が歪められ、公正・適正な職務行為・裁量行為が特定の方向に引き込まれる危険 6) があるとともに、今後も反復・継続して遂行・行使する職務行為・裁量行為が歪められ、特定の方向に引き込まれる危険があるからです。その限りで、収賄罪は職務の公正に対する危険犯と解されることになりますが、公務員はそれほどに厳しい職責にあるということです。

02 基本概念

(1) 賄賂の意義

賄賂とは、公務員の職務に関する不正の報酬としての利益、すなわち、公務員の職務行為の対価として授受等される不正の利益をいいます 7)。

賄賂性の要件	要件の内容	検討すべき点
① 職務関連性	公務員の職務に関するものであること	職務の意義
② 対価関係性	公務員の職務行為の対価としての不正の報酬であること	対価関係の意義
③ 不正の利益性	不正の報酬としての利益であること	賄賂の目的物

① **職務関連性** 賄賂は、公務員の職務に関するものであることが必要です。**職務**とは、公務員がその地位に伴い、その本来の公務として取り扱うべ

---

6) 事後の賄賂の授受は、この可能性を事後的に確認するための要件ということになります。

7) 但し、斡旋収賄罪の場合は、斡旋の対価として授受等される不正の利益です。

き一切の執務をいいます[8]。

② **対価関係性** 賄賂は、公務員の職務行為の対価としての不正の報酬であることを要し、職務行為との間に**対価関係**が必要です。対価関係性については、まず、⑦一定の職務に対する抽象的・包括的な反対給付としての関連性が認められれば足り、個々の具体的な職務行為との対価関係は必要ではないと解されています[9]。また、④職務行為が具体的に特定されていなくとも、職務行為と何らかの対価関係があれば足ります[10]が、職務行為が利益と対価関係に立つと認められないほどに不特定であるときは、その利益は賄賂といえなくなります。

> **防衛医大汚職事件・さいたま地判平成 14・06・27**（判タ 1144・287）は、防衛医科大学校の助教授が、製薬会社からの受託した臨床試験の研究において、臨床例を確保して試験結果をまとめ、製薬会社にとって有益な論文を作成するなどし、（旧）厚生省に対する医薬品の適応拡大の承認申請のために便宜な取り計らいを受けたこと及び今後も同様の取り計らいを受けたい趣旨で供与されるものであることを知りながら、研究室の秘書と共謀し、製薬会社から、計 5200 万円余の金員を収受した事案につき、供与された金員は賄賂ではなく、同人が同社から委託を受けて実施したインターフェロンα－2b を用いた臨床試験に伴う各種検査の測定費用として受け取ったものであるという主張が排斥され、同人の職務の対価として授受されたものと認定しました。

③ **不正の利益性** 賄賂であるためには、それが**不正の報酬**としての利益であることが必要です。ここで不正は、職務行為の対価として授受される報酬であるという意味で不正であるということです。賄賂の目的物は、金品などの有形のものであると、財産的利益のような無形のものであるとを問わず、およそ人の需要・欲望を満たすに足りる一切の利益を包含します。賄賂となる利益は、例えば、賄賂約束罪において、約束の時点で必ずしも現存している必要はなく、後日供与せられることが予期できることをもって足りますし、

---

8) 最判昭和 28・10・27 刑集 7・10・1971。

9) **大判昭和 4・12・04** 刑集 8・609（「収賄罪の成立には、一定の職務に関して不法利益の収受要求約束あることを要するに過ぎずして、其の職務中個々の職務行為に対する対価的利益たることを要せざる」）、**最判昭和 33・09・30** 刑集 12・13・3180（「賄賂は職務行為に対するものであれば足り、個々の職務行為と賄賂との間に対価的関係のあることを必要とするものではない」）。

10) 大判大正 5・12・04 刑録 22・1848。

648　第43講　賄賂の罪

金額や履行期が確定していなくても構いません[11]。

> □**賄賂**とされたもの　飲食物の費用、芸妓の揚代・演芸代[12]／金銭の消費貸
> 借契約による金融の利益[13]／債務の肩代わり弁済[14]／選挙投票してくれ
> れば、その息子が失職したときに投票者を助役に就かせるため尽力する旨
> の申入れ[15]／後日設立されるべき会社の株式[16]／異性間の情交[17]／ゴル
> フクラブ会員証[18]／（旧）自治省に届出がなされた政治献金[19]／公開予定
> の未公開株式[20]

　職務行為に対する謝礼と職務外の行為に対する謝礼とが不可分的に包括さ
れて金員が提供された場合は、その金員全部が賄賂となります[21]。

(2)　職務関連性の範囲

　①　**一般的職務権限に属する行為**　ある利益が賄賂であるためには、公務員
の職務に関するという職務関連性が必要です。本罪の保護法益、特に社会の
信頼を取り込むと、職務関連性の範囲が処罰感情に影響されて拡張していく
ことになるので、注意を要します。

　まず、その職務が公務員の**一般的職務権限**に属するものであれば、具体的
な職務権限が無くともよいし、また、現に具体的に担当している事務である
必要はないとされます。

> **最判昭和 27・04・17**（刑集 6・4・665）は、税務署直税課第一係所属の税務署
> 職員は「結局その第一係の分掌事務全般にわたつてこれに従事する職務権限を
> 有する」から、「いやしくも第一係の所属職員である被告人はたとえ当該年度の
> 担任ではなかつたとしても納税義務者 A の所得税の調査に関し法令上その職務

11）最判昭和 7・07・01 刑集 11・999。
12）大判明治 43・12・19 刑録 16・2239。
13）大判大正 14・04・09 刑集 4・219。
14）大判大正 14・05・07 刑集 4・266。
15）大判大正 14・06・05 刑集 4・372。
16）最判昭和 7・07・01 刑集 11・999。
17）最判昭和 36・01・13 刑集 15・1・113。
18）最決昭和 55・12・22 刑集 34・7・747、判時 993・130、判タ 435・93。
19）大阪タクシー事件・最決昭和 63・04・11 刑集 42・4・419、判時 1282・3、判タ 671・95。
20）殖産興業事件・最決昭和 63・07・18 刑集 42・6・861、判時 1284・47、判タ 675・102〔百選Ⅱ・
　　103〕、東京地判平成 4・03・24 判タ 798・79、リクルート事件政界ルート藤波元内閣官房長官関係・
　　東京高判平成 9・03・24 高刑集 50・1・09、判時 1606・3、判タ 941・93。
21）最判昭和 23・10・23 刑集 2・11・1386。

権限を有する」としました。**最判昭和 37・05・29**（刑集 16・5・528）は、県地方事務所農地課勤務の事務吏員は、日常担当しない事務であっても、同課に属する農地及び農業用施設等災害復旧工事につき、事業主体のなす工事請負契約締結の方法、競争入札の実施、その際の予定価格の決定などを指導監督する職務権限を有するとしました。また、**大阪タクシー事件・最決昭和 63・04・11**（刑集 42・4・419、判時 1282・3、判タ 671・95）は、衆議院議員は、同院大蔵委員会委員でなかったとしても、審査中の法律案につき、関係業者の利益のため廃案、修正になるよう、自らその旨の意思を表明するとともに、同委員会委員を含む他の議員に対してその旨を説得・勧誘することは、その職務に当たるとしました。さらに、**最決平成 17・03・11**（刑集 59・2・1、判時 1892・148、判タ 1177・154〔百選Ⅱ・105〕）は、警察法 64 条等の関係法令によれば、警視庁の「警察官の犯罪捜査に関する職務権限は、同庁の管轄区域である東京都の全域に及ぶ」のであり、被告人が、同庁調布警察署管内の交番に勤務しており、多摩中央警察署刑事課で捜査中の事件の捜査に関与していなかったとしても、同事件の告発状を提出していた者から、有利かつ便宜な取り計らいを受けたいとの趣旨の下に供与されるものであることを知りながら現金の供与を受けたときは、その職務に関し賄賂を収受したものとしました。

　次に、法令、訓令・通牒・内規など直接の規定による場合はもちろん、直接の規定が無くとも、合理的解釈によりその範囲を確定できる場合でよいとされます。

　最判昭和 31・07・17（刑集 10・7・1075、判タ 62・62）は、当時、通商産業政務次官の職にあった者が競輪場の設置申請に関し政務として決裁に関与することは刑法 197 条にいう公務員の職務に当たるとしました。また、**ロッキード事件丸紅ルート田中角栄関係・最大判平成 7・02・22**（刑集 49・2・1、判時 1527・3、判タ 877・129〔百選Ⅱ・107〕）は、民間航空会社の特定機種の選定購入の勧奨は、一般的には、運輸大臣の航空運輸行政に関する行政指導として、その職務権限に属するものというべきであるが、内閣総理大臣は、憲法 66 条・68 条・72 条及び内閣法 4 条・6 条・8 条に定める地位・権限に照らすと、閣議にかけて決定した方針が存在しない場合においても、流動的で多様な行政需要に遅滞なく対応するため、少なくとも内閣の明示の意思に反しない限り、行政各部に対し、随時、その所掌事務について一定の方針で処理するよう指導・助言等の指示を与える職務権限を有するとしました。さらに、**リクルート事件政界ルート・最決平成 11・10・20**（刑集 53・7・641、判時 1696・158、判タ 1018・164）は、国の行政機関が国家公務員の採用に関し民間企業における就職協定の趣旨に沿って適切な対応をするように尽力することは、内閣法 12 条 2 項に規定されている内閣官房の所掌事務に当たり、内閣官房長官の職務権限に属するとしました。

650 第43講 賄賂の罪

職務はその正・不正を問いませんので、請託も不正な職務行為の依頼、正当な職務行為の依頼かを問いません[22]。

　最決昭和 32・11・21（刑集 11・12・3101）は、大蔵事務官として南九州財務局局長官房総務課文書係である者が、（旧）同財務局の行う金融機関の業務・財務の検査について、その日時の事前内報をしてはならない職務を有するにもかかわらず、その情報を漏示する不正な行為も職務に当たるとしました。

　職務には、不作為形態のものも含まれます。

　最決昭和 29・09・24（刑集 8・9・1519）は、犯罪捜査の衝に当たる巡査が、特に被疑者の要望を容れて証拠品の押収を取りやめた場合は、刑法 197 条の 3 にいう「相当の行為をしなかったとき」に当たるとしました。また、**リクルート事件文部省ルート・最決平成 14・10・22**（刑集 56・8・690、判時 1805・153、判タ 1108・160）は、中央官庁の幹部職員が、積極的な便宜供与行為をしていなかったとしても、同省庁が私人の事業の遂行に不利益となるような行政指導を採らずにいたことに対する謝礼等の趣旨で利益を収受したときは、収賄罪における職務関連性が認められるとしました。

　具体的職務権限の行使が将来の一定条件に依存しているものでもよいし、将来行うことがあるかもしれない職務行為でもよいとされます。

　大判大正 5・12・04（刑録 22・1848）は、古着商が、その営業に関して取締りを担当している警察官に対し、将来寛大な取締を期待して菓子箱 1 箱を提供するのは賄賂に当たるとしました。また、**最決昭和 61・06・27**（刑集 40・4・369、判時 1199・157、判タ 607・54〔百選Ⅱ・108〕）は、現職の市長が、再選後に予定されていた市庁舎建設工事について、業者から入札に有利な取り扱いを受けたい旨の請託を受け現金を収受した事案につき、受託収賄罪の成立を認めました。

　さらに、独立して決裁する権限を有する場合はもちろん、上司の指揮監督の下でその命令・指示を受けて従属的・補助的な職務として行う場合でもよいとされます。

　最判昭和 28・10・27（刑集 7・10・1971）は、「当時富山県道路課長であつた被告人は大日橋改良事務所の業務全般及び北日本木材株式会社の作業につきいずれも指導監督をなしていたことが肯認できるのであるが、右は所論のごとく道路課長が独立した指導監督の権限を有するのではなく、上司たる富山県知事乃至県土木部長の指揮のもとにその命をうけてその事務を取り扱うものであつたとしても、また刑法 197 条にいう『職務』たるを失わないのである。蓋し、

22）最判昭和 27・07・22 刑集 6・7・927、判タ 23・43。

この『職務』とは公務員がその地位に伴い公務として取り扱うべき一切の執務を指称するものであるから」としました。

② **職務密接関連行為**　当該公務員が事実上所管し執務すべき、職務と密接な関係にある行為について、判例は、**職務密接関連行為**として職務の範囲に包摂してきました。これには、2つの類型があり、1つは、⑦公務員の本来の職務行為・裁量行為ではありませんが、その職務行為・裁量行為に随伴して常態的・継続的に行われる行為です。

　大館市議会事件・最決昭和 60・06・11（刑集 39・5・219、判時 1166・170、判タ 568・60）は、市議会議員が、現職議員によって構成される会派内において、市議会議長選挙に関して所属議員の投票を拘束する趣旨で、投票すべき候補者を選出する行為は、市議会議員の職務に密接な関係のある行為として収賄罪にいわゆる職務行為に当たるとしました。

　もう1つは、①自己の一般的職務権限に基づく職務行為・裁量行為の遂行・行使により、その事実上の影響力を利用して一時的・臨時的に行われる行為です。

　芸大バイオリン事件・東京地判昭和 60・04・08（判時 1171・16、判例タ 589・46）は、芸大音楽学部教授が、指導中の学生に対して特定の楽器を特定の楽器商から購入するように勧告し、斡旋する行為は教育公務員としての職務に密接な関係を有する行為であるとしました。**ロッキード事件丸紅ルート田中角栄関係・東京高判昭和 62・07・29**（高刑集 40・2・77、判時 1257・3）は、閣議で決定された基本方針に基づき、民間航空機の機種選定購入について行政指導するように運輸大臣を指揮する行為は、内閣総理大臣の職務権限に属する行為であり、内閣総理大臣自らが航空会社に対し右行政指導と同じ内容の働きかけをするような行為は、右の職務と密接な関係を有する準職務行為としました。また、**奈良県立医科大学事件・最決平成 18・01・23**（刑集 60・1・67、判時 1922・168、判タ 1202・269）は、県立医科大学教授兼同大学附属病院診療科部長が、自己が長を務める医局に属する医師を医局と一定の関係を有する外部の病院へ派遣する行為は、これらの医師を教育指導するというその職務に密接な関係があり、賄賂罪における職務関連性が認められるとしました。さらに、**最決平成 22・09・07**（刑集 64・6・865、判時 2095・155、判タ 1335・78）は、北海道開発庁長官が，下部組織である北海道開発局の港湾部長に対し，競争入札が予定される港湾工事の受注に関し、特定業者の便宜を図るように働きかける行為は、同長官に港湾工事の実施に関する指揮監督権限がなく、また、その行為が談合に関わる違法なものであっても、港湾工事予算の実施計画作成事務を統括する同長官の職

務に密接な関係のある行為であり、職務関連性が認められるとしました。

　他方、**最判昭和 51・02・19**（刑集 30・1・47、判時 809・31、判タ 335・320）は、N 県及び Y 市の工場誘致に関する事務を担当していた職員 X が、Y 市内に工場用地を買いたい旨を希望して庁舎窓口を訪れた者を工場団地に案内したが、希望に沿う土地がなかったことから、かねてから売却処分方を依頼されていた土地に案内したところ、これを買い入れることを希望したため、これを斡旋した行為は、準職務行為又は事実上所管する職務行為ということはできないとしました。

　ショクンは、判例において、職務密接関連行為によって職務の範囲が非常に広がっているという印象を受けたと思います。それは、「公務員が法令上管掌するその職務のみならず、その職務に密接な関係を有するいわば準職務行為又は事実上所管する職務行為に関して賄賂を収受すれば本罪は成立する」[23] という判決文でも知ることができます。これによって、国会議員はじめ公務員の汚職を抑止する効果は期待できるかもしれませんが、「職務執行の公正を疑われるかどうかが、職務に関しといえるかどうかの標準となる」[24] とするのは、「事実上の影響力があるから職務に包摂する」という解釈を採るもので、解釈手法として疑問があります。

　職務に関しとは、職務との対価関係を要求する要件ですから、職務でないものについて、その影響力を考慮して賄賂罪の成立を認めるのは適当ではありません。しかも、一般的職務権限も無限定なものではないはずで、当該公務員が一般的職務権限を背景に、実際に当該職務を左右しうる現実的可能性を有していることが必要です。本罪は職務の公正に対する現実的危険の発生を要する犯罪だからです。結局、㋐の類型を職務に包摂するに当たっては、公務員の地位、所掌事務の性質、担当変更の可能性[25]、事務処理の具体的状況[26]、相互に影響を及ぼす程度などを考慮した慎重な認定が求められます。また、㋑の類型を職務に包摂するのは大いに疑問があります[27]。

23）最決昭和 31・07・12 刑集 10・7・1058。

24）団藤・132 頁。

25）事務の分担は、管理者によって容易に変更できるものであり、将来も常に相互に所掌事務を担当する潜在的可能性が認められるという事情が存在します。

26）具体的に担当していなくとも、相互に応援・協力・補助などによって、事実上融通性をもって分担されていることが多いでしょう。

【収賄罪】

犯 罪	主 体	職務に関し	請 託	不正行為など	行 為	法定刑
単純収賄	公務員	○	——	—	賄賂を要求・約束・収受	5 年以下の懲役
受託収賄	公務員	○	要	—	請託を受けて＋賄賂を要求・約束・収受	7 年以下の懲役
事前収賄	公務員になろうとする者	○〔将来の職務〕	要	—	賄賂を要求・約束・収受 ＊公務員になったこと	5 年以下の懲役
第三者供賄	公務員	○	要	—	○第三者に賄賂を供与させる ○第三者への賄賂の供与を要求・約束	5 年以下の懲役
加重収賄	公務員	○	○1 項：単純収賄⇒×／受託収賄・事前収賄・第三者供賄⇒要 ○2 項：×	要（実行）	①単純・受託・事前・第三者⇒不正行為した、相当行為しなかった ②不正行為した、相当行為しなかったことに関し ⇒賄賂を要求・約束・収受／第三者供賄（供与させ、供与の要求・約束）	1 年以上の有期懲役
事後収賄	公務員であった者	○	要	要（実行）	不正行為した、相当行為しなかったことに関し、賄賂を要求・約束・収受	5 年以下の懲役
斡旋収賄	公務員	○〔他の公務員の職務〕	要	要（斡旋）	○職務違背行為の斡旋＋○斡旋の報酬として賄賂の要求・約束・収受	5 年以下の懲役

03　単純収賄罪 (197 条 1 項 1 文)

> 　公務員が、その職務に関し、賄賂を収受し、又はその要求若しくは約束をしたときは、5 年以下の懲役に処する。

(1)　要　件

① 　公務員であること〔主体〕
② 　職務に関し、賄賂を収受し、又はその要求若しくは約束をすること〔行為〕
③ 　故意があること〔故意〕

---

27) 平野・298 頁、中森・309 頁、平川・503 頁、西田・492 頁、高橋・684 頁、山口・617 頁、松原・608 頁。

654 第43講 賄賂の罪

① **主 体** 公務員とは、「国又は地方公共団体の職員その他法令により公務に従事する議員、委員その他の職員」(7条1項)、及び「みなし公務員」をいいます。

② **行 為** 職務に関し、賄賂を収受し、又はその要求若しくは約束をすることです。

収受とは、賄賂の目的物を現実に受け取ることをいい〔賄賂収受罪〕、贈賄側の供与に相対する行為です(必要的共犯)。収受の時期は職務行為の前・後を問いません。賄賂を取得し、利益を受領した時点で既遂です。但し、後日返還する意思で受け取ったにすぎない場合[28]は、収受に当たりません。

> **最判昭和26・06・29**(裁判集刑48・537)は、賄賂と知って現金を受け取りながら、検挙直前の約3か月間にわたってこれを所持し、放置していた場合には、領得意思を認めることができ、賄賂収受の行為があったとしました。
> 他方、**大阪高判昭和32・11・09**(高裁刑事裁判特報4・22・594)は、収受したといえるためには、「目的物に対する現実の支配の移転がなければならない」のであり、贈賄のため3社から一定割合の拠出金を集め、これを贈賄者の1人が積み立てて保管し、その時期が来たら収賄者に交付するという場合、随時収賄者に積立現在高を報告してその了解を求めていた事実があっても、積立保管しているだけでは収受があったとはいえないとしました。

要求とは、賄賂の供与を求める意思表示をすることをいいます〔賄賂要求罪〕。一方的な要求行為があれば成立し、相手方がその賄賂要求の意思表示を誤解し、贈賄の意思なく要求の金品を供与した場合[29]や、相手方がこれに応じない場合[30]でも、本罪が成立します。**約束**とは賄賂の授受について収賄側と贈賄側の間で合意が成立することをいい〔賄賂約束罪〕、贈賄側の約束に相対する行為です(必要的共犯)から、当事者間で意思の合致があることが必要です。一旦賄賂約束罪が成立した以上、その後に約束解除の意思表示をしても、本罪の成否に影響しません[31]。

③ **故 意** 職務に関し、賄賂を収受し、又はその要求若しくは約束をす

---

28) 大阪高判昭和29・05・29高裁刑事判決特報28・133、東京高判昭和33・06・21東高時報9・7・176、判タ82・41。
29) 大判昭和11・10・09刑集15・1281。
30) 大判昭和9・11・26刑集13・1608。
31) 大判昭和15・05・27刑集19・318。

04 受託収賄罪（197条1項2文）　655

ることについて、故意が必要です。その場合、**賄賂性の認識**が必要ですが、刑法上の賄賂の認識まで要するものではなく、社会的な意味の認識で足ります[32]。この点、本罪に関する客観要件を充足するときは、「賄賂性の認識を否定する特段の事情がない限り、公務員には賄賂性の認識があったものと推定する」という解釈[33]は、検察官の立証の困難さを軽減し、汚職を防遏したい趣旨としては理解できますし、立法論としては傾聴に値しますが、被告人の無罪推定の原則に抵触し、憲法違反の批判を受けかねません。なお、本罪の成立には職務の公正を害する現実的危険を要する以上、職務行為が今後行われる予定の場合、行為者にそれを行う意思があることが必要でしょう[34]。

(2)　罪　数

　賄賂の要求、約束、収受の行為が日時・場所を異にして行われ、かつ賄賂の種類を異にしていても、包括的に1個の賄賂罪となります[35]。収賄側の賄賂収受罪と贈賄側の賄賂供与罪、収賄側の賄賂約束罪と贈賄側の賄賂約束罪とは、それぞれ必要的共犯の関係にありますので、一方の犯罪が成立しないときは、他方も成立しません。しかし、収賄側の賄賂要求罪、贈賄側の賄賂申込罪は必要的共犯の関係にはなく、一方的行為によって成立します。

04　受託収賄罪（197条1項2文）

> 　公務員が、その職務に関し、請託を受けて、賄賂を収受し、又はその要求若しくは約束をしたときは、7年以下の懲役に処する。

①	公務員であること〔主体〕
②	職務に関し、請託を受けて、賄賂を収受し、又はその要求若しくは約束をすること〔行為〕
③	故意があること〔故意〕

---

32) 関・総論・313頁参照。
33) 受託収賄罪の事案ですが、この解釈を採ることを明らかにした**リクルート事件政界ルート藤波元内閣官房長官関係・東京高判平成9・03・24**高刑集50・1・9、判時1606・3、判タ941・93参照。
34) 中森・311頁、西田・499頁、高橋・688頁、山口・622頁。
35) 大判昭和10・10・23刑集14・1052。

656　第43講　賄賂の罪

　①　**主　体**　**公務員**とは、「国又は地方公共団体の職員その他法令により
公務に従事する議員、委員その他の職員」（7条1項）、及び「みなし公務員」
をいいます。

　②　**行　為**　**請託**とは、公務員に対しその職務に関して一定の行為を行う
ことを依頼することをいい、それが不正な職務行為に関するか、正当な職務行
為に関するかを問いません[36]。請託を**受ける**とは、その職務に関する事項
につき依頼を受け、これを承諾することをいいます[37]。請託は、必ずしも
賄賂供与前に明示的・具体的になされることを要せず、賄賂を供与する行為
に黙示的に依頼の趣旨が包含されている場合でも構いません[38]。依頼の対
象である職務行為は具体的に特定されていることが必要であり、「何かと世
話になった謝礼と併せて将来も行為ある取扱を受けたい趣旨」で賄賂を供与
しても、請託があったとはいえない[39]のが一般的でしょうが、当事者間で「あ
うんの呼吸」により、具体的な趣旨を了解し合っている場合が多いと考えら
れます。

　職務に関し、賄賂を収受し、又はその要求若しくは約束をすることが必要
です。**職務に関し**及び**賄賂**の意義については、先の「基本概念」を参照して
ください。本罪は、請託を受けた後、職務行為の前に賄賂を要求、約束、収
受した時点で成立しますし、また、請託を受けての職務行為の後、賄賂を要
求、約束、収受した時点で成立します。

　③　**故　意**　職務に関し、請託を受けたこと、賄賂を収受し、又はその要
求若しくは約束をすることについて、故意が必要です。

05　**事前収賄罪**（197条2項）

> 　公務員になろうとする者が、その担当すべき職務に関し、請託を受けて、賄
> 賂を収受し、又はその要求若しくは約束をしたときは、公務員となった場合に
> おいて、5年以下の懲役に処する。

36）最判昭和27・07・22刑集6・7・927。
37）最判昭和29・08・20刑集8・8・1256。
38）東京高判昭和28・07・20高刑集6・9・1210、東京高判昭和37・01・23高刑集15・12・100、
　判タ128・64。
39）最判昭和30・03・17刑集9・3・477。

05　事前収賄罪（197条2項）　657

(1)　要　件

①　公務員になろうとする者であること〔主体〕
②　その担当すべき職務に関し、請託を受けて、賄賂を収受し、又はその要求若しくは約束をすること〔行為〕
③　故意があること〔故意〕
④　公務員となったこと〔結果条件〕

①　**主　体**　本罪の主体は**公務員になろうとする者**であり、例えば、公選による議員に立候補している者などをいい、現に公務員である者は除外されます。国家・地方公務員の採用試験を受験している受験生は、まだ本罪の主体には入らないでしょうね（T.T）。

②　**行　為**　**請託**を受け、その担当すべき職務に関し、賄賂を収受し、又はその要求若しくは約束をすることが必要です。**その担当すべき職務に関し**とは、将来、公務員となって担当する蓋然性のある本来の職務行為・裁量行為、及び、その職務行為・裁量行為に随伴して常態的・継続的に行われる行為に関連することをいいます。**賄賂**の意義については、先の「基本概念」を参照してください。

③　**故　意**　将来、公務員となって担当する職務に関し、請託を受けたこと、賄賂を収受し、又はその要求若しくは約束をすることについて、故意が必要です。

④　**結果条件**　公務員となったことが必要です。従来の支配的見解は、これを客観的処罰条件と解していましたが、今日では、犯罪法律要件、特に行為の条件とする見解が支配的 [40] です。従来のように、収受等の時点で、未だ公務員でもない者に、行為の違法性や犯罪者の有責性が完全に充足されていると考えるのは無理があります。この要件は、実行行為と因果関係を要しませんし、犯罪行為の外部事情に関わり、法益の侵害・危殆化の結果が確定的に顕在化したことを確認する**結果条件**です [41]。

(2)　罪　数

公務員になる前に請託を受けて賄賂の要求、約束をしたにとどまり、公務

---

40)　通説です。
41)　関・総論・278頁参照。**行為の条件**とするのは、大谷・643頁、中森・314頁、西田・301頁、曽根・324頁。

658　第43講　賄賂の罪

員になった後に賄賂を収受した場合には、事前収賄罪と受託収賄罪が成立し、前者は後者に吸収されます。

06　第三者供賄罪 (197条の2)

　公務員が、その職務に関し、請託を受けて、第三者に賄賂を供与させ、又はその供与の要求若しくは約束をしたときは、5年以下の懲役に処する。

① 　公務員であること〔主体〕
② 　職務に関し、請託を受けて、第三者に賄賂を供与させ、又はその供与の要求若しくは約束をすること〔行為〕
③ 　故意があること〔故意〕

　① **主体**　公務員とは、「国又は地方公共団体の職員その他法令により公務に従事する議員、委員その他の職員」(7条1項)、及び「みなし公務員」をいいます。

　② **行為**　請託を受けて、第三者に賄賂を供与させること、その供与の要求・約束をすることが必要です。**職務に関し**及び**賄賂**の意義については、先の「基本概念」を参照してください。**第三者**とは当該公務員以外の者をいい、自然人、法人[42]、法人格のない団体であるとを問いませんし、法人は、民間、国・地方公共団体を問いません[43]。第三者は、供与される金品等が賄賂であることを認識していることを要しません。無関係の第三者に寄付させることも本罪に当たるとする見解[44]が有力ですが、全く関係のない第三者をも包含するとするのは、職務関連性を要する本罪の趣旨から疑問があります[45]。公務員と第三者とが共同して賄賂を収受等した場合は、公務員には受託収賄罪が、第三者には、65条1項により、単純収賄罪の共同正犯が成立します。これに対し、教唆者・幇助者は本条にいう第三者に当たります。

　供与させるとは第三者に賄賂を受け取らせることをいい、第三者がこれを

---

42)　最判昭和29・08・20刑集8・8・1256。
43)　**最判昭和31・07・03**刑集10・7・965、判タ62・60 (警察署長に対するその警察署)、**福岡高判昭和36・06・29**高刑集14・5・273 (県陸運事務所長に対するその県陸運事務所)、**最大判昭和40・04・28**刑集19・3・300、判時409・45、判タ176・155 (農業協同組合支部の代表者に対するその農業協同組合支部) が、本条にいう第三者に当たることを肯定しています。
44)　判例 (最判昭和29・08・20刑集8・8・1256)、西田・502頁、大谷・643頁、高橋・691頁。
45)　中森・312頁、曽根・324頁、松原・615頁。

07 加重収賄罪（197条の3第1項・2項）　659

受け取らない場合は、約束罪・要求罪にとどまります。但し、例えば、形式的には公務員の家族が供与を受けているけれども、実質的には、当該公務員自身が収受したといえる場合は、本罪ではなく受託収賄罪が成立します。**供与の要求をする**とは、第三者に賄賂を供与するよう相手方に求めることをいい、**供与の約束をする**とは、第三者への賄賂の供与について相手方と合意することです。

③　**故　意**　職務に関し、請託を受けたこと、職務に関し、第三者に賄賂を供与させ、又はその供与の要求若しくは約束をすることについて、故意が必要です。

07　加重収賄罪（197条の3第1項・2項）

　公務員が前2条〔197条・197条の2〕の罪〔単純収賄罪・受託収賄罪・事前収賄罪、第三者供賄罪〕を犯し、よって不正な行為をし、又は相当の行為をしなかったときは、1年以上の有期懲役に処する。
　2　公務員が、その職務上不正な行為をしたこと又は相当の行為をしなかったことに関し、賄賂を収受し、若しくはその要求若しくは約束をし、又は第三者にこれを供与させ、若しくはその供与の要求若しくは約束をしたときも、前項と同様〔1年以上の有期懲役〕とする。

(1)　要　件

①　公務員であること〔主体〕
②　㋐197条・197条の2の罪（単純収賄罪・受託収賄罪・事前収賄罪、第三者供賄罪）を犯し、よって不正な行為をし、若しくは相当の行為をしなかったこと（1項）、又は、
　　㋑その職務上不正な行為をし、若しくは相当の行為をしなかったことに関し、賄賂を収受し、その要求若しくは約束をし、又は第三者にこれを供与させ、若しくはその供与の要求、若しくは約束をすること（2項）〔行為〕
③　故意があること〔故意〕

①　**主　体**　主体は、公務員又は公務員となろうとする者です。**公務員**とは、「国又は地方公共団体の職員その他法令により公務に従事する議員、委員その他の職員」（7条1項）、及び「みなし公務員」をいいます。

②　**行　為**　1項は、㋐単純収賄罪・受託収賄罪・事前収賄罪、第三者供賄罪を犯し、よって不正な行為をし又は相当の行為をしなかったことで、「収

賄行為⇒不正な職務行為」の形態を処罰しています。**よって不正の行為をし、又は相当の行為をしなかった**とは、単純・受託・事前収賄罪、第三者供賄罪の行為の結果として、その職務に反する行為をしたという意味で、積極的な作為や消極的な不作為による職務に反する一切の行為を含みます[46]。

2項は、④その職務上不正の行為をし、又は相当の行為をしなかったことに関し、賄賂を収受・要求・約束し又は第三者にこれを供与させ、その供与を要求・約束することで、1項とは逆に、「不正な職務行為⇒収賄行為」の形態を処罰しています。請託の有無は問いません。

◇**不正の行為をする**　入札担当の公務員が賄賂を収受して入札に際し入札最低価格等を通報する行為[47]／作成権限を有する公務員が公文書の偽造あるいは虚偽公文書の作成に関し賄賂を収受する行為[48]
◇**相当の行為をしない**　県会議員が請託を受けて議場を欠席する行為[49]／警察署長が捜査・検挙した被疑事件につき、金員の供与を受けて検察庁に送致しない行為[50]

④　**故　意**　1項・2項所定の行為について故意が必要です。

(2)　罪　数

本罪における不正の行為が公文書偽造や虚偽公文書作成である場合は、行為形態によっては、本罪と公文書偽造罪・虚偽公文書作成罪の観念的競合ないし併合罪となります。

08　事後収賄罪（197条の3第3項）

公務員であった者が、その在職中に請託を受けて職務上不正な行為をしたこと又は相当の行為をしなかったことに関し、賄賂を収受し、又はその要求若しくは約束をしたときは、5年以下の懲役に処する。

①　公務員であった者であること〔主体〕

---

46) 大判明治44・03・16刑録17・384、大判大正6・10・23刑録23・1120。
47) 大判大正3・12・14刑録20・2424、高松高判昭和33・05・31高裁刑事裁判特報5・6・257。
48) 東京高判昭和28・11・28高裁刑事判決特報39・205、大阪地判昭和40・12・13下刑集7・12・2206、判タ187・208、東京高判昭和41・03・10高刑集19・3・253、判時455・66、判タ193・133。
49) 大判明治44・06・20刑録17・1227。
50) 最判昭和29・08・20刑集8・8・1256。

② その在職中に請託を受けて職務上不正な行為をしたこと又は相当の行為を
しなかったことに関し、賄賂を収受し、又はその要求若しくは約束をする
こと〔行為〕
③ 故意があること〔故意〕

① **主 体** 本罪の主体は、公務員であった者です。本書によれば、一般
的職務権限に異動があった場合は、現在も公務員であっても、本罪の主体と
なります[51]。

② **行 為** 請託の意義については受託収賄罪の説明を、**不正な行為をし
たこと・相当の行為をしなかったこと**の意義については加重収賄罪の説明を、
それぞれ参照してください。

賄賂を収受すること、又はその要求・約束をすることです。**賄賂**の意義に
ついては先の「基本概念」を参照してください。**収受・要求・約束**の意義に
ついては単純収賄の説明を参照してください。

③ **故 意** その在職中に請託を受けて職務上不正な行為をしたこと又は
相当の行為をしなかったこと、及び、賄賂を収受し、又はその要求若しくは
約束をすることについて、故意が必要です。

09 斡旋収賄罪 (197条の4)

公務員が請託を受け、他の公務員に職務上不正な行為をさせるように、又は
相当の行為をさせないようにあっせんをすること又はしたことの報酬として、
賄賂を収受し、又はその要求若しくは約束をしたときは、5年以下の懲役に処す
る。

(1) 要 件

① 公務員であること〔主体〕
② 請託を受け、他の公務員に職務上不正な行為をさせるように、又は相当の
行為をさせないように斡旋をすること又はしたことの報酬として、賄賂を
収受すること、又はその要求若しくは約束をすること〔行為〕
③ 故意があること〔故意〕

① **主 体** 公務員又は公務員となろうとする者です。**公務員**とは、「国
又は地方公共団体の職員その他法令により公務に従事する議員、委員その他

---

51) 後の「問題類型」を参照してください。

662 第43講 賄賂の罪

の職員」(7条1項)、及び「みなし公務員」をいいます。

② **行 為** **請託を受け**とは、公務員が、他の公務員に、その職務上不正な行為をさせ又は相当な職務行為をさせないように幹旋することについて依頼を受け、これを承諾することをいいます。依頼の内容は必ずしも明示的・具体的になされることを要せず、依頼する者とされる者との間で、特定の事項の依頼であることの趣旨が了解されるような状況が存在すれば足りるでしょう[52]。**不正な行為をしたこと・相当の行為をしなかったこと**の意義については、加重収賄罪の説明を参照してください。他の公務員への**幹旋**とは、他の公務員に、職務に違反する一定の事項につき、請託者・贈賄者と他の公務員との間に立って仲立ちし、便宜を図ることをいいます。**幹旋をすること又はしたこと**は、これからなす幹旋行為と、既になした幹旋行為との双方を含む趣旨です。

> **ゼネコン汚職政界ルート・最決平成15・01・14**(刑集57・1・1、判時1810・165、判タ1113・132〔百選Ⅱ・110〕)は、衆議院議員が、請託を受けて、公正取引委員会が独占禁止法違反の疑いで調査中の大手ゼネコンの入札談合に係る審査事件について、同委員会委員長に対しこれを刑事告発しないように働きかける行為は、本罪にいう「職務上相当な行為をさせないようにあっせんをすること」に当たるとしました。

幹旋の報酬として、賄賂を収受すること、又はその要求若しくは約束をすることが必要です。賄賂は、職務の対価ではなく幹旋の対価である点が本罪の特徴であり、この点が**報酬としての**文言に表れています。謝礼・薄謝、お車代など、その名義は問いません。

> **最決昭和43・10・15**(刑集22・10・901、判時537・26、判タ228・260)は、「幹旋収賄罪が成立するためには、その要件として、公務員が積極的にその地位を利用して幹旋することは必要でないが、少なくとも公務員としての立場で幹旋することを必要とし、単なる私人としての行為は右の罪を構成しない」とし、学説もこれを支持します[53]。

③ **故 意** 請託を受けたこと、他の公務員に職務上不正な行為をさせもしくは相当の行為をさせないように幹旋すること又はしたこと、及び、その

---

52) 東京地判昭和38・07・16判時368・13。

53) 通説です。

対価として、賄賂を収受し、又はその要求もしくは約束をすることについて、故意が必要です。

(2) 他罪との関係

公務員が、他の公務員に斡旋する意思もないのに、「有力な公務員を知っているから口をきいてやる」と申し欺いて財物・利益を騙取した場合は、本罪ではなく、詐欺罪だけが成立します。

10 贈賄罪 (198条)

> 第197条から第197条の4〔単純収賄罪・受託収賄罪・事前収賄罪・第三者供賄罪・加重収賄罪・事後収賄罪・斡旋収賄罪〕までに規定する賄賂を供与し、又はその申込み若しくは約束をした者は、3年以下の懲役又は250万円以下の罰金に処する。

(1) 要 件

> ① 単純収賄罪・受託収賄罪・事前収賄罪・第三者供賄罪・加重収賄罪・事後収賄罪・斡旋収賄罪に規定する賄賂を供与し、またはその申込みもしくは約束をすること〔行為〕
> ② 故意があること〔故意〕

① **行 為** 賄賂の**供与**とは、相手方（公務員・第三者）に賄賂を収受させることをいい〔賄賂供与罪〕、収賄側の収受罪に相対する必要的共犯ですから、相手方が収受しないとき、あるいは、相手方が受領したが賄賂性の認識を欠如するときは、賄賂申込罪にとどまります[54]。**申込み**とは、賄賂を供与する意思を表示し、収受を促すことをいいます〔賄賂供与申込罪〕。判例は、本罪の成立には、相手方が賄賂たることを認識できる事情のもとに目的物たる利益の収受を促す意思表示をすれば足り、相手方が実際上その意思表示や賄賂性を認識すると否とは本罪の成否に影響しない[55]としますが、少なくとも、公務員がその申込みを受ける現実的危険性は必要でしょう。**約束**とは、将来において賄賂を供与することについて公務員と合意が成立することをいい〔賄賂供与約束罪〕、収賄側の約束に相対する必要的共犯です。

---

54) 大判昭和3・10・29刑集7・709。
55) 最判昭和37・04・13裁判集刑141・789、判時315・4、判タ138・94。

664 第43講 賄賂の罪

贈賄罪の行為は、対応する収賄側の法律要件によって異なります。請託が要件となっている収賄罪においては、贈賄側が請託をし、公務員が受託（承諾）しないと、贈賄側に本罪は成立しません。事前収賄罪においては、相手方が公務員になったことが贈賄罪成立の要件（結果要件）となります。

② 故 意 本罪は故意が必要ですが、これも、収賄側の法律要件に規定されます。例えば、事後収賄罪・斡旋収賄罪においては、贈賄者も、不正な職務行為であることの認識が必要となります。

(2) 罪 数

同一公務員に対し、賄賂を申込み、約束し、そして実際に供与した場合は、包括して1個の贈賄罪が成立します[56]。また、1個の行為で複数の公務員に贈賄した場合は、公務員の数に応じた贈賄罪の観念的競合となります[57]。さらに、国会議員の事務所賃料を負担する賄賂につき、賃料等相当額を約2年間にわたり毎月一定金額を26回振込送金等する方法で負担した行為は、包括一罪とされます[58]。

11 問題類型

(1) 恐喝罪との関係

㋐公務員が自己の職務と全く無関係な事項について相手方を恐喝して財物・利益を交付させた場合は、公務員の一般的職務権限による職務との関連性がありませんので、恐喝罪のみが成立し、収賄罪は成立しません。

㋑公務員が、職務に関し、恐喝的方法によって相手方から財物・利益を交付させた場合、恐喝罪のほかに収賄罪は成立するのでしょうか。

> 【事例】 警察官Xは、あるきっかけでAが複数の老人から多額の現金を騙取したことを知り、客観的証拠も十分にあり、検挙も可能なことが分かった。そこで、Xは、これをネタにAから現金を喝取しようと考え、Aに対し、「お前が老人たちを騙して大金を手に入れたことは分かっている。今なら、俺が何とかできる。刑務所に行きたくなかったら、手に入れた現金をこ

---

56) 大判昭和10・04・25刑集14・434、仙台高裁秋田支部判決昭和29・07・06高裁刑事裁判特報1・1・7。

57) 大判大正5・06・21刑録22・1146。

58) 東京地判平成14・03・01判タ1120・296。

ちらにも融通しろ。」と申し向け、Aを畏怖させて、現金1千万円を交付
させた。

> **収賄罪否定説**[59]は、恐喝された瑕疵ある意思の贈賄者は、贈賄の行為を押さ
> えることは困難であるから贈賄罪の成立は否定されるべきであり、これとの対
> 応上、収賄罪の成立も否定されるべきであるとします。

　収賄者に、賄賂と対価関係にある職務行為を行う意思があるときは、恐喝
を手段とする場合であっても、それにより職務の公正は害される危険が生じ
るのですから、公務員Xに収賄罪の成立を肯定し、恐喝罪との観念的競合
とすべきですし、贈賄した相手方Aにも贈賄罪の成立を肯定すべきでしょ
う[60]。収賄罪否定説によると、公務員Xが現に不正な職務行為をしても、
加重収賄の成立が否定されて、刑の不均衡を生じてしまいます。

　以上のことは、収賄罪・贈賄罪と詐欺罪の関係にも当てはまります。

(2)　社交儀礼と賄賂

　① **判例の状況**　日本は、「贈答の国」と呼ぶことができるほどに、何かと
贈り物をすることの多い国といわれます。判例では、ⓐ公務員の職務行為と
対価関係が認められる限り賄賂性を肯定するもの、ⓑ公務員の職務行為と対
価関係が認められる場合でも、社交儀礼の範囲内であれば賄賂性を否定する
もの、そして、ⓒ社交儀礼上の贈答であるとき、その範囲を逸脱し、社交儀
礼の限度を超えていると認められる特段の事情ない限り賄賂性を否定するも
の、という3つの傾向があります。判例は、個別に見れば揺れ動いています
が、大きな流れでいえば、大審院時代はⓐ、戦後は次第にⓑに移行し、現在
の判例はⓒの傾向にあると考えられます。

> **ⓐの傾向**　大判昭和4・12・04（刑集8・609）は、「中元歳暮に於ける社交上
> の慣習儀礼と認めらるべき程度の贈物と雖、苟も公務員の職務に関し授受せら
> るる以上は、賄賂罪の成立すること勿論にして、其の額の多少、公務員の社交
> 上の地位若は時期の如何を理由として、公務員の私的生活に関する社交上の儀
> 礼に依る贈答たるに止まるものと認めざるべからざる理由あることなし」とし
> ています[61]。

59）　西田・499頁。

60）　判例（最決昭和39・12・08刑集18・10・952、判時399・53、判タ172・164、福岡高判昭和
　　44・12・18刑裁月報1・12・1110、判時584・110、判タ246・285）・通説です。

666　第43講　賄賂の罪

　　ⓑの傾向　**最判昭和 26・09・06**（裁判集刑 52・113）は、1946 年〔昭和 21 年〕当時、中元・歳暮で現金 500 円を授受するのは賄賂に当たるとしましたし、**最決昭和 30・06・22**（刑集 9・7・1179）は、小学校建設促進に尽力した謝礼として贈与された記念品料名目の 5 千円は、その「実質はあくまで公務員として収受すべきものでない賄賂たる性質」を失うものではなく、「一般社会的儀礼的贈与として許さるべき限りでない」としました。また、**福岡高判昭和 41・06・07**（下刑集 8・6・825、判タ 193・190）は、「要はその授受が公務員の職務に関するか否かに存するのであるが、公務員に対する贈物であつても、職務には関係のない真実の社交上の慣習、儀礼によるものもあり得ることは否み得ないので、それが賄賂に該当するか否かを決するに当り、贈与の場所、態様、種類、程度、時期、人的社会生活関係、慣習、前例その他諸般の事情を参酌して健全な社会通念に照らし、その職務行為に対する対価性の有無を判定することは至当である」としました。

　　ⓒの傾向　**最判昭和 50・04・24**（判時 774・119、判タ 321・66〔百選Ⅱ・104〕）は、国立大学付属中学校の教諭が、学級担任となった生徒の母から額面 5 千円の贈答用小切手 1 の供与を、それまで 2 年間学級担任として教育指導を担当してきた 2 名の生徒の父母からそれぞれ額面 1 万円の贈答用小切手の供与を受けた事案につき、「前記 2 件の供与をもって、被告人の教諭としての公的職務に関し、これに対してなされたものであると断定するには、なお合理的な疑いの存することを払拭することができず、右 2 件の供与は、被告人の職務行為を離れた、むしろ私的な学習上生活上の指導に対する感謝の趣旨と、被告人に対する敬慕の念に発する儀礼の趣旨に出たものではないかと思われる余地がある」とし、賄賂性を否定しました。

②　学説の状況

　　学説では、次のような順序で認定する見解が支配的です[62]。まず、㋐**職務行為との対価関係**を判断します。そもそも対価関係がなければ、本罪の成否を検討する必要はなくなります。抽象的にでも、職務行為と対価的意義を有する贈答品であることを確認したときは、例えば、昇進・栄転祝いの上司・友人からの餞別、慶弔時の祝儀・不祝儀の現金のように、**公務員の職務上の生活関係に随伴する贈答**である場合や、中元・歳暮、バレンタインのチョコレート（^_^）のように、今日の**社会意識において慣行的・慣例的に定着している範囲内の贈答**である場合には、職務行為との対価関係がきわめて薄いか、認められないため、

61）大判昭和 8・10・19 法律新聞 3650・8、大判昭和 10・06・18 刑集 14・699、大判昭和 10・08・17 刑集 14・885、大判昭和 13・02・25 刑集 17・110 なども同旨で、大審院は、公務員に対して職務の廉潔性を求める厳しい姿勢で臨んでいたことが分かります（*^o^*）。

62）通説であり、先に説明した判例傾向のⓑに近い見解を採っていると考えられます。

職務の公正を害することはないので賄賂性を否定します。ここで、賄賂性が否定できないときは、次に、④**社交儀礼の範囲**内にあるかを、公務員の職務内容、その職務と利益供与者との人的関係、当事者の社会的地位、当事者間の親疎、贈与の金額・価額などの利益の種類・多寡、利益授受の時期・態様・経過などの諸事情を考慮して判断します[63]。そして、社交儀礼の範囲を超えていると思われる贈答については、さらに、⑦例えば、結婚祝、金婚・ダイヤモンド婚等の記念品、還暦・古稀等の祝品、師弟間の贈り物、旅行の土産などのように、相手方への贈答者の敬愛・敬慕・愛情・友情・交情など**特別な人格的敬慕の感情**に基づく贈答品であるため、職務行為に対する反対給付であることの意識が欠如している場合は、賄賂性を否定することになります。

③　**本書の立場**　本書によれば、公務員の職務行為と対価関係が認められる限り、かりに社交儀礼的な贈答の範囲内にあっても賄賂性を肯定すべきで、大審院の③の見解を妥当と考えます。確かに、今日の社会意識において慣行的・慣例的に定着している範囲内の贈答については賄賂性は否定されるべきかもしれません。しかし、それは、社交儀礼的な慣行として定着しているからではなく[64]、職務行為との対価関係がきわめて稀薄か、認められないことが理由です。一方で、公務員は、憲法の趣旨（15条2項）から、職務の公正を維持すべき厳しい職責を有していますし、他方で、社会儀礼であることを根拠に贈答を許容すると、一般の人達を贈答競争の圧力の下に置くことになりかねません。本書の見解に対しては、「公務員だって人間なんだから、人的交流をするなと言うのはおかしい」とか、「贈答を禁じるのは、日本の文化的伝統を否定するものだ」とか、「景気浮揚に水を指すつもりか」という異論が聞こえてきそうです(-.-#)が、その異論は公務員の厳しい職責に対する視線を欠いています。

(3)　公務員の異動と収賄

①　**判例の状況**

□**戦　前**　大判大正4・07・10（刑録21・1011）は、公務員がその職務に関し賄賂を約束し、後に転職して他の職務を執るようになった場合、先の約束に基

---

63) なお、**大阪高判昭和26・03・12**高裁刑事判決特報23・48（「公務員の職務内容、その職務と利益供与者との結びつき、双方の特殊な関係の存否、利益の多寡、授受の経過等諸般の客観的事情に照し合理的に判断すべき」）参照。

64) まさか、「みんなやっているから犯罪ではない」という原理を認めるわけにはいかないでしょう。

668　第43講　賄賂の罪

づいて金品を収受した、「収受当時における於ける職務は約束当時の職務と異なるが故に、公務員の職務に関し賄賂を収受したるものと謂ふを得ず」、賄賂約束罪は成立するが、賄賂収受罪は成立しないとする**消極説**を採っていました[65]。

□**戦　後**　**最決昭和28・04・25**（刑集7・4・881）は、「収賄罪は公務員が職務に関し賄賂を収受するによつて成立する犯罪であつて、公務員が他の職務に転じた後、前の職務に関して賄賂を収受する場合であつても、いやしくも収受の当時において公務員である以上は収賄罪はそこに成立し、賄賂に関する職務を現に担任することは収賄罪の要件でない」とし、**積極説**に転じました[66]。

② 学説の状況

ⓐ **積極説**[67]　一般的職務権限を異にする場合であっても、賄賂収受の時点で
　　　　　　公務員である以上、一般の賄賂収受罪（197条など）が成立

　　＜根拠＞・「その職務に関し」は、必ずしも現在担当している職務に関するものに限定される必然性はない

　　　　　　・197条の3第3項の「公務員であった者」とは、現在は公務員でなくなった者を意味するのでり、現に公務員である者に適用するのは文理に反する

　　　　　　・現に公務員である者は、公務員でない者（197条2項）・公務員でなくなった者（197条の3第3項）よりも、職務の公正と国民の信頼の程度は高いと考えられるし、転職前の職務の公正に対する社会の信頼とともに、転職後の現在の職務の公正に対する社会の信頼も害する

ⓑ **消極説**[68]　一般的職務権限に同一性が認められるときは、一般の賄賂収受
　　　　　　罪が成立するが、一般的職務権限に同一性が認められないときは、事後収賄罪（197条の3第3項）が成立

　　＜根拠＞・収賄罪は、公務員の現在の職務行為の公正とそれに対する社会の信頼を保護するもの

　　　　　　・「その職務に関し」・「職務上」というのは、現在担当する職務のことを意味し、少なくとも一般的職務権限との関連性を有

65）一般的職務権限を同じくする別の職務への異動の場合は、当然に収賄罪が成立することになります。大判昭和11・03・16刑集15・282、最決昭和36・02・09刑集15・2・308、**最決昭和61・06・27**刑集40・4・369、判時1199・157、判タ607・54〔百選Ⅱ・108〕（任期満了前、再選後の職務に関する収賄）。

66）引用の判文は、判例の常套句としてしばしば用いられます。最判昭和28・05・01刑集7・5・917、最決昭和58・03・25刑集37・2・170、判時1073・149、判タ494・83〔百選Ⅱ・109〕。

67）通説です。

68）団藤・135頁、福田・49頁、大塚仁・631頁、大谷・638頁、香川・138頁、藤木・60頁、曽根・320頁、伊東・410頁、松原・624頁。

> し、対価関係がなければならない
> ・転職の場合も退職の場合も、過去の職務の公正に対する社会
> の信頼を害する点で同じであり、一般的職務権限に同一性が
> ない場合には、事後収賄罪の成立を考えればよい

③ **本書の立場** 刑法は、「その職務に関し」・「職務上」と規定して、賄賂に職務との対価関係性を要求しており、ⓐ説は刑法のこの趣旨を逸脱し、収賄罪の成立範囲を不当に拡大するものであること、ⓐ説は、賄賂罪は過去の職務の公正を害する犯罪であると解して初めて成り立ちうる見解であり、妥当でないこと、公務員が退職後に退職前の職務に関して不正な利益を収受しても直ちに収受罪が成立するわけではないのに、一旦退職し、数年経ってから、退職前と全く異なる公務員に就いた後、前職の公務員当時の職務に関して賄賂を収受すると収賄罪が成立するというのは不均衡であるなど、疑問があります。ⓑ**消極説が妥当です。**

消極説に対しては、現在も公務員である者を事後収賄罪で処罰するのは、「公務員であった者」(197条の3第3項)の文理に反するとの批判が加えられます。しかし、本罪の保護法益である職務の公正を考えるとき、公務員という地位は、ただ単に「公務員という一般的地位」を意味するのではなく、「現にその職務に関し、一般的職務権限を有する公務員」と解すべきです。この点は、事前収賄罪(197条3項)にも、事後収賄罪(197条の3第3項)にも妥当します。

また、消極説に対しては、公務員を退職して現に公務員でない者に事後収賄罪が成立することと不均衡が生じるとの批判が加えられます。しかし、事後収賄罪は、在職中に請託を受け、その職務上不正の行為をし又は相当の行為をしなかったという要件を充足することが必要です。それらの要件を充足する限り、事後収賄罪の成立が認められるのですから、不均衡を来しているとは思われません。

670　第43講　賄賂の罪

12　没収・追徴 (197条の5)

　犯人又は情を知った第三者が収受した賄賂は、没収する。その全部又は一部
を没収することができないときは、その価額を追徴する。

(1)　意　義

　判例は、本条は収賄者・贈賄者に賄賂罪による不正の利益を保持させない趣
旨の規定であり、賄賂の目的物が収賄者のもとにあるときは収賄者から没収し、
賄賂が贈賄者に返還されたときは、贈賄者から没収するとします[69]。

　本条は、任意的没収・追徴を規定した総則規定（19条・19条の2）の特別規
定であり、「犯人又は情を知った第三者が収受した賄賂」と規定しています
ので、収賄者に不正の利益を保持させない趣旨の規定です。したがって、賄
賂が贈賄者に返還されたときは、原則に従い、総則規定が適用されます[70]。

(2)　適用要件

①　犯人又は情を知った第三者であること〔対象者〕
②　所定の対象者が収受した賄賂であること〔客体〕
③　全部又は一部を没収することが可能であること〔可能性〕

　①　**対象者**　本条による没収の対象者は、犯人又は情を知った第三者です。
犯人には、正犯者だけでなく、共同正犯者・共犯者も含みます。**情を知った
第三者**とは賄賂であることを知っている者で犯人以外の者をいい、地方公共
団体その他の法人もその代表者が情を知っている場合は含まれます[71]。

　②　**客　体**　本条による没収の対象なる客体は、犯人・情を知った第三者
が**収受した賄賂**で、犯人・情を知った第三者が現に収受したものであること
を要し、収受しなかった賄賂については、通常の総則規定における「犯罪組
成物件」（19条）として任意的没収の対象となります。賄賂要求罪・賄賂約
束罪が成立するにすぎない場合に、例えば、公務員がその職務に関し賄賂の

---

69)　**大連判大正11・04・22**刑集1・296（「法の精神は一旦授受せられたる賄賂の目的物又は其の
　　価額は常に之を国庫に帰属せしめ、収賄者又は贈賄者をして犯罪に関する利益を保持し又は回復
　　せしめざるを目的とする」）、**最決昭和29・07・05**刑集8・7・1035（「刑法197条の4の規定は
　　没収又は追徴の対象範囲を定めた規定であつて、何人について之を言渡すかの点についてまで規
　　定したものではないと解するを相当とし、本件のように、収受された賄賂が贈賄者に返還せられ
　　贈賄者においてこれを費消した場合に、右の規定によつて贈賄者よりその額を追徴する」）。

70)　通説です。

71)　最判昭和29・08・20刑集8・8・1256。

要求・約束をなし、退職又は転職後にその要求・約束に基づいて収受した賄賂は、本条による没収・追徴の対象とはなりません[72]。

　没収の対象となる具体的な物としては、土地・建物等の不動産、金銭、物品等の動産、株券・小切手等の有価証券などです。金銭等の代替物が賄賂であるときは、それを没収するには、特定されて他と区別しうることが必要で、そうでない場合はその価額を追徴することになります[73]。

　③　**可能性**　本条による没収がなされるには、それが可能でなければなりません。その全部又は一部を没収することができないときは、その価額を追徴することになります。例えば、収賄者が賄賂を費消した後に同一金額を贈賄者に返還した場合は、その返還は賄賂そのものの返還ではありませんので、収賄者から追徴することになります。

(3)　追　徴

　①　**換刑処分**　追徴は、没収することができないときになされる換刑処分です。**没収することができないとき**とは、㋐賄賂がその性質上、本来的に没収できない場合で、例えば、酒食、芸妓の接待、ゴルフ会員権などが、これに当たります。また、㋑事後に没収が不能になった場合で、例えば、賄賂が費消され、滅失し、混同され、情を知らない第三者の所有に帰属した場合が、これに当たります。

　②　**価額算定時期**　追徴価額の算定時期については、賄賂が収受された当時の価額を規準とすべきとする収受時説[74]、賄賂の没収が不能になった事実が発生したときの市場価額を基準とすべきとする没収不能時説[75]、追徴の裁判のときを基準とすべきとする裁判時説[76]が対立しています。追徴は没収に代えてなされる換刑処分ですから、賄賂収受の時点を基点とする**収受時説**を妥当とすべきです。

---

72)　大判大正4・07・10刑録21・1011。本条の没収・追徴の対象となりうるとするのは、江家・75頁、大塚仁・644頁。

73)　最大判昭和23・06・23刑集2・7・777。

74)　判例（最大判昭和43・09・25刑集22・9・871、判時529・18、判タ227・179、最決昭和55・12・22刑集34・7・747、判時993・130、判タ435・93）・通説です。

75)　佐伯千仭・48頁、植松・73頁、福田・57頁、先の最大判昭和43・09・25刑集22・9・871における田中二郎・大隅健一郎裁判官の反対意見。

76)　大塚仁・645頁、最決昭和55・12・22刑集34・7・747における谷口正孝裁判官の少数意見。

672　第43講　賄賂の罪

③　**共同正犯・共犯者間の追徴割合**　例えば、収賄の共同正犯者2名が共同して収受した賄賂について、両名が共同被告人となり、両名の間におけるその分配、保有及び費消の状況が不明の場合、収受した賄賂の総額を2等分した金額を各被告人から追徴すべきとされます[77]。

(4)　**問題類型**

①　**収賄者が一旦収受した賄賂を贈賄者に返還した場合**

> 判例は、従来、収賄者から追徴すべきとする見解[78]に立っており、追徴が収賄罪に対する附加刑である以上、返還したからといって追徴を免れることはできないこと[79]、返還は単純な費消行為と同じであり、費消であればそれは「没収することができない」事情に当たるのであるから、そうした事情を作出した者である収賄者から追徴するのが筋であることを根拠としました。
>
> その後、判例は、贈賄者から没収・追徴すべきとする見解[80]に転換し、追徴の目的が不法な利益を犯人に帰属せしめないことにあるから、不法の利益を得た者から追徴するのが筋であることを根拠とします。

本条が「収受した賄賂」と規定し、専ら現に収受された賄賂だけを対象としているのは、特に収賄者に不正の利益を保持させない趣旨です。この場合は、収賄者には不正の利益は存在しないのですから、原則に従い、総則規定が適用されるべきです[81]。

②　**収賄者が収受した賄賂を費消した後に、同額の金員を贈賄者に返還した場合**　この場合は、賄賂そのものの返還とはいえないので、収賄者に対して、既に享受してしまった利益を追徴することになるでしょう[82]。

今日の一言

健康
これが　人生にとって一番大切なものとは思わないけれど
これを失ったら
人生にとって大事なことを成し遂げることができない
人生にとって大切なものを得ることができない

---

77)　最決平成16・11・08刑集58・8・905、判時1881・47、判タ1170・129。

78)　大判大正3・10・15刑録20・1861。

79)　大判明治45・05・06刑録18・570。

80)　大連判大正11・04・22刑集1・296、最決昭和29・07・05刑集8・7・1035。

81)　通説です。

82)　判例（最判昭和24・12・15刑集3・12・2023）・通説です。

事項索引

あ

悪徳の栄え事件 ············ 513
欺く ················ 259, 262
安達洋裁学院放火事件 ··· 138
斡旋 ·························· 662
斡旋収賄罪 ··············· 661
阿片煙 ······················ 413
　　――吸食器具輸入等罪
　　 ································ 415
　　――吸食罪・阿片煙吸食
　　場所提供罪 ·············· 416
　　――等所持罪 ············ 416
　　――輸入等罪 ············ 415
安否憂慮者 ················· 95
安否を憂慮する者 ·········· 95

い

遺棄 ············· 31, 34, 36, 542
　　――致死傷罪 ············ 37
石川銀行事件 ··············· 328
意思侵害説 ··················· 141
意思内容決定説 ············· 316
委託 ·························· 294
委託関係 ····················· 294
移置 ··························· 32
一時使用 ····················· 211
一時の娯楽に供する物 ··· 528
一部損壊説 ··················· 373
一部露出説 ····················· 4
1項恐喝罪 ··················· 286
1項詐欺罪 ··················· 258
イトマン絵画取引事件 ··· 328
居直り強盗 ··················· 240
囲繞地 ······················· 139
威迫 ·························· 614
違法状態維持説 ············· 334
威力 ··· 178, 187, 577, 579, 583
因果関係の推定規定 ········ 47

印鑑

印鑑 ·························· 498
淫行勧誘罪 ··················· 131
印章 ·············· 497, 502, 504
　　――偽造 ················· 497
隠匿 ·············· 355, 384, 575
　　――罪 ··················· 192
隠避 ·························· 600
陰謀 ·············· 550, 557
隠滅 ·························· 604

え

営利目的等略取・誘拐罪 ·· 91
駅構内ビラ配布事件
　　 ················· 138, 139
越権行為説 ··················· 296
越権的領得行為説 ·········· 297
延焼 ················· 370, 383
　　――危険説 ··············· 370
　　――罪 ··················· 382

お

王子米陸軍病院事件 ······· 135
往来危険汽車転覆等罪 ··· 409
往来危険罪 ··················· 404
往来妨害罪 ··················· 402
往来妨害致死傷罪 ·········· 403
横領 ························· 296
横領行為後の横領 ·········· 301
横領罪 ······················· 293
大阪タクシー事件 ·········· 649
大須事件 ····················· 361
大館市議会事件 ············· 651
大槌郵便局事件 ············· 136
置き去り ····················· 32
汚染 ·························· 418
お礼参り ····················· 597
恩給年金証書回復事件 ··· 202

か

外患援助罪 ··················· 553
外患誘致罪 ··················· 552
外患予備・陰謀罪 ·········· 554
外国 ················ 552, 555
　　――国章損壊罪 ········· 555
　　――通貨偽造罪 ········· 429
街頭募金詐欺 ··············· 279
解放減軽 ····················· 108
買戻約款付自動車引揚事件
　　 ································ 203
加虐 ·························· 640
過失運転致死傷アルコール
　　等影響発覚免脱罪 ········ 65
過失運転致死傷罪 ··········· 64
過失往来危険罪 ············· 411
過失建造物等浸害罪 ······· 399
過失傷害罪 ···················· 58
過失致死罪 ···················· 58
加重収賄罪 ··················· 659
加重逃走罪 ··················· 589
加重封印等破棄等罪 ······· 580
ガス漏出等罪 ··············· 388
ガス漏出等致死傷罪 ······· 388
片面的対向犯 ··············· 521
可能的自由説 ················· 78
貨幣 ·························· 424
監禁 ··························· 81
　　――罪 ··················· 80
監護者 ······················· 124
　　――猥褻・監護者性交等
　　罪 ························· 123
鑑札 ·························· 456
看守者 ······················· 595
　　――等による逃走援助罪
　　 ································ 595
間接暴行 ····················· 566
艦船 ·············· 139, 351, 377

674 事項索引

鑑定人 ………………………… 628
棺内収納物 …………………… 544
管理可能性説 ………………… 193

き

毀棄 …………………………… 345
　　──罪 ……………………… 192
偽計
　… 175, 178, 187, 577, 579, 583
既決の者 ………………… 586, 588
危険運転致死傷罪 ……………… 63
記号 …………………… 500, 503
汽車 …………………………… 377
　　──転覆等罪 ……………… 406
　　──転覆等致死罪 ………… 408
偽証 …………………………… 620
　　──罪 ……………………… 619
キセル乗車 …………………… 271
偽造 … 425, 442, 446, 448,
　　　462, 481, 604
　　──・虚偽記入有価証券
　　行使等罪 ………………… 485
　　──外国通貨行使罪 ……… 430
　　──公文書行使等罪 ……… 458
　　──私文書等行使罪 ……… 464
偽装心中 ……………………… 16
偽造通貨行使罪 ……………… 426
偽造通貨等取得罪 …………… 430
規範的意思説 ………………… 441
器物損壊罪 …………………… 352
機密資料の持出し …………… 211
偽名履歴書の作成 …………… 471
欺罔 …………………… 259, 262
　　──による監禁 …………… 83
客観的平穏侵害説 …… 140, 141
教育勅語隠匿事件 …………… 213
境界損壊罪 …………………… 354
境界標 ………………………… 354
恐喝 …………………… 286, 289
　　──利得罪 ………………… 288
凶器 …………………………… 53
　　──準備結集罪 ……… 52, 55
　　──準備集合罪 ……… 52, 54

強制執行 ……………………… 575
　　──関係売却妨害罪 …… 579
　　──行為妨害等罪 ……… 577
　　──妨害目的財産損壊等
　　罪 ………………………… 573
強制性交等罪 ………………… 117
強制猥褻罪 …………………… 114
強制猥褻等致死傷罪 ………… 126
共同加害目的 ………………… 54
脅迫 …………………… 15, 68,
　　74, 114, 118, 236, 238,
　　245, 287, 567, 578, 590
　　──罪 ………………… 67, 68
　　──による自殺 …………… 15
業務 ……… 59, 177, 182, 185,
　　306, 386
　　──上横領罪 …………… 306
　　──上過失 ………… 59, 412
　　──上過失致死傷罪 …… 59
　　──上失火罪 …………… 386
　　──上堕胎罪 …………… 23
　　──上堕胎致死傷罪 …… 23
業務妨害罪 …………………… 176
強要罪 …………………… 68, 73
虚偽 ……… 621, 626, 628, 629
　　──鑑定等罪 …………… 627
　　──記入 ………………… 484
　　──公文書作成等罪 …… 451
　　──公文書作成等罪の間
　　接正犯 …………………… 452
　　──告訴等罪 …………… 629
　　──診断書等作成罪 …… 462
　　──の事実 ……………… 166
　　──の情報 ………… 183, 280
　　──の陳述 ……………… 626
　　──の風説 ………… 175, 178
　　──文書の作成 ………… 444
御璽 …………………………… 501
　　──偽造・不正使用等罪
　　……………………………… 501
虚無人申告 …………………… 618
御名 …………………………… 501
銀行券 ………………………… 425

禁制品 ………………………… 197

く

偶然承諾 ……………………… 17
国貞事件 ……………………… 512
熊本チッソ水俣病事件 …… 27
クレジットカードの不正使
　　用 ………………………… 268

け

経済的損害概念説 ………… 324
形式主義 ……………………… 436
形式的個別財産説 ………… 263
刑事処分 ……………………… 631
芸大バイオリン事件 ……… 651
競売 …………………………… 582
刑法解釈学 …………………… 1
刑法各論 ……………………… 1
刑法総論 ……………………… 1
激発物破裂罪 ………………… 387
権限濫用説 …………… 316, 319
現在性 ………………………… 376
検視 …………………………… 545
現実的自由説 ………………… 78
現住建造物等以外浸害罪
　　……………………………… 397
現住建造物等浸害罪 ……… 396
現住建造物等放火罪 ……… 375
現住性 ………………………… 376
建設調査会事件 …………… 212
建造物 ……… 138, 351, 376, 397
　　──等以外放火罪 ……… 381
　　──等損壊罪 …………… 350
　　──等損壊致死傷罪 …… 352
　　──の一体性 …………… 389
限定背信説 …………… 316, 319
現場助勢罪 …………………… 45
県民サロン事件 …………… 567
権利・義務に関する電磁的
　　記録 ……………………… 466
権利・義務に関する文書
　　……………………………… 460
権利行使と恐喝 …………… 290

事項索引　675

権力的公務 ………… 186, 188

こ

行為説 ……………… 440, 441
公印偽造・不正使用等罪
……………………… 502
勾引状 ………………… 587
公営ギャンブル ……… 525
公記号偽造・不正使用等罪
……………………… 503
公共危険 ……………… 369
――の認識 …………… 392
公共危険犯 ……… 366, 396
拘禁場 ………………… 590
公契約関係競売等妨害罪
……………………… 582
行使 … 426, 459, 464, 477, 486
行使目的 …………… 426,
　　431, 446, 449, 452,
　　462, 482, 485, 501, 503
強取 ………………… 238
公正証書原本 ………… 454
公正証書原本不実記載等罪
……………………… 454
公然性
…… 155, 168, 515, 519, 537
公然猥褻罪 …………… 514
強談 ………………… 614
強盗 ………………… 251
――・強制性交等罪 … 254
――・強制性交等致死罪
……………………… 255
――罪 ……………… 236
――致死傷罪 ………… 250
――予備罪 …………… 242
――予備の中止 ……… 244
――利得罪 …………… 238
交付行為 ……………… 260
公文書 ……………… 447
公文書偽造等罪 ……… 447
公務 ………………… 185
公務員 ‥ 560, 634, 654, 656,
　　　　　　657, 658, 659

――職権濫用罪 ……… 634
公務執行妨害罪 ……… 559
公務と業務の関係 …… 185
効用侵害説 …… 345, 348, 351
効用喪失説 …………… 372
公用電磁的記録 ……… 348
公用文書 ……………… 348
公用文書等毀棄罪 …… 347
衡量的猥褻概念 ……… 513
国際強調主義 ………… 554
国璽 ………………… 501
国章 ………………… 555
告訴 ………………… 110, 630
国鉄公傷年金証書騙取事件
……………………… 202
告発 ………………… 630
小倉簡易裁判所事件 … 636
個体死 ………………… 6
国家法益についての詐欺
……………………… 257
国旗 ………………… 555
誤振込み …………… 273, 313
個別的猥褻概念 …… 513, 514
小松製作所事件 ……… 178
昏酔強盗罪 …………… 249

さ

財産罪 ………………… 191
財産上の利益 ………… 238
財産的損害 ………… 263, 266
財物 ……………… 192, 238
――恐喝罪 …………… 286
――強盗罪 …………… 238
詐欺賭博 ……………… 278
――利得罪 …………… 262
作成者 ……………… 440
作成名義冒用説 ……… 443
殺人 …………………… 8
――罪 ………………… 8
――予備罪 …………… 9
――予備の中止 ……… 10
三角恐喝 ……………… 288
三角詐欺 …………… 267, 332

産業スパイ事件 ……… 198
三徴候説 ……………… 6

し

私印偽造・不正使用等罪
……………………… 504
JHL 不正融資事件 …… 327
自衛隊立川宿舎事件 … 136
事後結合犯 …………… 249
自己決定権 …………… 414
事後強盗罪 …………… 244
事後従犯説 …………… 335
事後収賄罪 …………… 660
自己申告 ……………… 617
自己堕胎罪 …………… 20
自殺 ………………… 10
――関与罪 …… 10, 12, 13
――教唆罪 …………… 12
――幇助罪 …………… 12
事実証明に関する電磁的記
　録 ………………… 466
事実証明に関する文書 … 461
事実的意思説 …… 146, 441
事実的対向犯説 ……… 330
事実の公共性 ………… 159
事実の摘示 …………… 157
死者の占有 …………… 217
死者の名誉 …………… 165
死者の名誉毀損罪 …… 165
自首 ……………… 108, 551
事前収賄罪 …………… 656
事前の包括的承諾 …… 143
私戦予備・陰謀罪 …… 557
死体遺棄 ……………… 542
死体損壊 ……………… 542
死体損壊等罪 ………… 541
失火 ………………… 386
――罪 ……………… 385
実質主義 ………… 436, 444
実質的個別財産説 …… 264
自動車の運転により人を死
　傷させる行為等の処罰に
　関する法律 ………… 63

支配意思 ……………………… 215
支配事実 ……………………… 215
自白 ………………………… 629, 633
支払用カード ………………… 489
支払用カード電磁的記録
　………………………………… 488
支払用カード電磁的記録不
　正作出準備罪 ……………… 494
支払用カード電磁的記録不
　正作出等罪 ………………… 489
支払用カードを構成する電
　磁的記録 …………………… 490
私文書偽造等罪 ……………… 460
紙幣 …………………………… 424
社会信用説 …………………… 423
社会的名誉 …………………… 153
社交儀礼 ……………………… 665
車上荒らし …………………… 227
写真コピー …………………… 468
重過失 ………………………… 62
重過失致死傷罪 ……………… 62
住居 …………………………… 137
　―――侵入罪 ……………… 133
　―――侵入窃盗 …………… 227
集合 …………………………… 55
重婚罪 ………………………… 522
重失火罪 ……………………… 387
収受 …………………………… 654
収受者身の代金要求罪 …… 100
修正行為説 …………………… 440
修正本権説 …………………… 204
重大な過失 ……………… 62, 387
集団強姦罪等 ………………… 120
収得後知情行使等罪 ……… 432
周辺危険説 …………………… 370
住民基本台帳閲覧用マイク
　ロフィルム窃盗事件 …… 198
主観的価値 …………………… 194
主観的真意説 ………………… 146
主観的平穏侵害説 …… 140, 141
受託収賄罪 …………………… 655
出水危険罪 …………………… 400
準危険運転致死傷罪 ……… 64

準強制性交等罪 ……………… 121
準強制猥褻罪 ………………… 121
準詐欺罪 ……………………… 284
使用 …………………………… 604
　―――横領 ………………… 298
傷害 ……………………… 42, 353
　―――罪 …………………… 41
　―――致死罪 ……………… 44
消火妨害罪 …………………… 384
消極的価値 …………………… 194
承継的共同正犯 ……………… 49
証拠 …………………………… 604
　―――隠滅等罪 …………… 603
常習性 ………………………… 530
常習賭博罪 …………………… 529
詔書偽造等罪 ………………… 445
使用侵奪 ……………………… 230
浄水 …………………………… 417
　―――汚染罪 ……………… 417
　―――汚染等致死傷罪 … 420
　―――毒物等混入罪 …… 420
焼損 …………………………… 372
承諾殺人罪 …………………… 12
私用電磁的記録 ……………… 349
譲渡担保 ……………………… 302
城南信用金庫不正告発事件
　………………………………… 199
証人等威迫罪 ………………… 613
私用文書 ……………………… 349
　―――等毀棄罪 …………… 349
情報 …………………………… 198
嘱託殺人罪 …………………… 12
職務 ……………………… 560, 646
　―――関連性 ……………… 648
　―――強要罪 ……………… 568
　―――権限 ………………… 648
　―――行為の適法性 …… 561
所在国 ………………………… 101
　―――外移送目的略取・誘
　拐罪 ………………………… 101
職権濫用 ……………………… 634
所持 …………………………… 439
処罰阻却事由説 ……………… 161

処分行為 …………………… 238, 262
署名 ………………………… 499, 502
白地刑罰法規 ………………… 557
新違法状態維持説 ………… 334
浸害 …………………………… 397
人格同一性説 ………………… 443
新権限濫用説 …………… 316, 319
新効用喪失説 ………………… 375
申告 …………………………… 630
親告罪 ‥ 109, 152, 169, 350,
　　　　　　　　　　353, 356
真実性の錯誤 ………………… 161
真実性の証明 …………… 158, 160
心中 …………………………… 16
新住居権説 ……………… 133, 140
新宿騒乱事件 …………… 358, 360
新宿ホームレス退去妨害事
　件 …………………………… 188
信書 ……………………… 148, 355
　―――隠匿罪 ……………… 355
　―――開封罪 ……………… 147
人身売買 ……………………… 102
　―――罪 …………………… 101
心臓死 ………………………… 6
親族 ……………………… 233, 610
　―――関係の錯誤 …… 235, 612
　―――間の特例 …………… 311
　―――間の犯罪 …… 343, 610
　―――間の犯罪に関する特
　例 …………………………… 610
親族相盗 ……………………… 231
　―――の特例 ……………… 231
身体完全性侵害説 …………… 42
身体接触 ……………………… 51
侵奪 …………………………… 229
陣痛開始説 …………………… 4
人的相対化説 ………………… 218
侵入 …………………………… 140
人民電車事件 ………………… 405
新薬産業スパイ事件
　………………………… 198, 211, 212
信用毀損罪 …………………… 173
信用保証協会事件 ………… 324

事項索引　677

す

水道汚染罪 ……………… 419
水道損壊等罪 …………… 421
水道毒物等混入罪 ……… 421
水道毒物等混入致死罪 … 421
水防妨害罪 ……………… 399
水利妨害罪 ……………… 400
スリ ……………………… 227

せ

税関職員阿片煙等輸入罪・
　輸入許可罪 …………… 415
請託 ………… 656, 57, 58, 62
性的意図 ………………… 116
性的自己決定 …… 112, 509
性的自由 ………… 112, 509
性的自由に対する犯罪 … 112
正当化事由説 …………… 164
制約説 …………… 134, 141
生理的機能障害説 ……… 42
説教 ……………………… 538
　──等妨害罪 ………… 538
窃取 ……………………… 225
絶対的猥褻概念 … 512, 514
窃盗罪 …………………… 222
窃盗の機会継続性 ……… 245
ゼネコン汚職政界ルート
　…………………………… 662
宣誓 ……………… 619, 627
全体的考察方法 ………… 513
全脳死説 ………………… 6
全部露出説 ……………… 5
占有 ………… 215, 222, 312
　──説 …………… 202, 203
　──離脱物 …………… 310
　──離脱物横領罪 …… 309

そ

臓器 ……………………… 195
　──移植法 …………… 7
綜合コンピュータ事件 … 198
総合判定説 ……………… 6

葬祭対象物 ……………… 196
相対化説 ………… 134, 141
相対的猥褻概念 ………… 512
相当価格での販売 ……… 265
相当対価の支払 ………… 288
蔵匿 ……………………… 600
騒乱罪 …………………… 357
贈賄罪 …………………… 663
訴訟詐欺 ………………… 267
損壊 ‥ 345, 351, 353, 354, 384,
　405, 422, 542, 555, 572, 576,
　　　　　　　　　　　590

た

対価関係 ………… 647, 652
対抗言論の法理 ………… 171
対向犯 …………………… 521
第三者供賄罪 …………… 658
胎児 ………………… 5, 25
　──性傷害・致死 …… 26
　──放置死事件 ……… 26
逮捕 ……………………… 80
　──・監禁罪 ………… 79
　──・監禁致死傷罪 … 85
　──罪 ………………… 80
平事件 …………… 358, 361
代理権の濫用・逸脱 …… 474
代理名義の冒用 ………… 473
多元説 …………………… 134
多元的保護法益論 … 135, 141
多衆不解散罪 …………… 363
堕胎 …………… 19, 23, 24,
　──罪 ………………… 18
奪取 ……………………… 592
　──罪の保護法益 …… 202
多奈川事件 ……………… 563
他人の事務 ……………… 322
Ｗ大学商学部入試問題漏
　洩事件 ………………… 198
談合 ……………………… 583
　──罪 ………………… 583
単純遺棄罪 ……………… 33
単純横領罪 ……………… 294

単純収賄罪 ……………… 653
単純逃走罪 ……………… 588
単純賭博罪 ……………… 527

ち

千葉銀行特別背任事件 … 329
チャタレイ事件 …… 512, 513
懲戒処分 ………………… 631
陳述の虚偽 ……………… 621

つ

追求権説 ………………… 334
追徴 ……………… 670, 671
通貨 ……………………… 425
　──偽造 ……………… 423
　──偽造罪 …………… 424
　──偽造等準備罪 …… 433
　──発行権説 ………… 423
通称名の使用 …………… 470
通謀 ……………………… 552
通訳人 …………………… 628
釣銭詐欺 ………………… 260

て

提出目的 ………………… 463
邸宅 ……………………… 138
適法性の錯誤 …… 567, 572
電子計算機
　………… 182, 280, 506, 507
　──使用詐欺罪 … 272, 280
　──損壊等業務妨害罪
　…………………………… 181
電磁的記録 …………… 281,
　348, 455, 466, 506, 507, 517
　──不正作出罪 ……… 466
電磁的公正証書原本不実記
　録罪 …………………… 454
電車 ……………………… 377
伝播性の理論 …………… 156
転覆 ……………………… 407

と

同意殺人罪 ………… 10, 12, 15

678 事項索引

同意傷害 ……………………… 43
同意申告 ……………………… 618
同意堕胎罪 …………………… 21
同意堕胎致死傷罪 …………… 22
東海電通局事件 ……………… 352
党幹部宅電話盗聴事件
　　　　　　　……… 635, 637
同時傷害の特例 ……………… 47
同時犯 ………………………… 47
同姓同名の使用 ……………… 472
逃走 …………………… 588, 594
　　──援助罪 ………………… 593
　　──罪 …………………… 586
東大地震研究所事件
　　　　　　　……… 135, 139
盗品等関与罪 ………………… 335
特別公務員 …………………… 639
　　──職権濫用罪 …………… 639
　　──職権濫用等致死傷罪
　　　　　　　……………… 642
　　──暴行陵虐罪 …………… 639
独立呼吸説 …………………… 5
独立燃焼説 …………………… 372
賭博 …………………… 525, 527
賭博場開張図利罪 …………… 533
富籤 …………………… 525, 535
　　──罪 …………………… 534
図利加害目的 ………………… 325
図利目的 ……………………… 533

な

内部的信任関係説 …………… 317
内乱罪 ………………………… 547
内乱等幇助罪 ………………… 550
内乱予備・陰謀罪 …………… 550
奈良県立医科大学事件 ……… 651
難燃性建造物 ………………… 374

に

新潟県議会委員会室乱入事
　　件 …………………………… 188
新潟鉄工事件 ………………… 198
2項恐喝罪 …………………… 288

2項強盗罪 …………………… 238
2項詐欺罪 …………………… 262
二重抵当 ……………………… 322

の

脳死 …………………………… 6
　　──説 ……………………… 6

は

売淫料 ………………………… 277
排除・利用意思説 …………… 207
排除意思 ……………………… 206
排除意思説 …………………… 207
背信説 ………………… 316, 319
肺臓死 ………………………… 6
背任罪 ………………………… 321
破壊 …………………………… 407
博徒結合図利罪 ……………… 534
パスポート …………………… 456
パターナリズム ……… 12, 414
犯人蔵匿等罪 ………………… 597
頒布 …………………………… 518

ひ

引出用カード ………………… 489
轢き逃げ ……………………… 39
非現住建造物等放火罪 …… 378
被拘禁者 ……………………… 586
被拘禁者奪取罪 ……………… 592
棺内収納物 …………………… 542
人の看守 ……………………… 138
人の始期 ……………………… 4
人の終期 ……………………… 5
秘密漏示罪 …………………… 149
被略取者等所在国外移送罪
　　　　　　　………………… 104
被略取者引渡し等罪 ……… 105
広島原爆ドーム事件 ……… 138

ふ

ファックス書面 ……………… 469
封印 …………………………… 571
　　──等破棄罪 ……………… 570

封緘委託物 …………… 220, 223
夫婦間の強制性交等 ……… 119
複数占有者 …………………… 223
侮辱 …………………………… 168
　　──罪 …………………… 168
付随危険説 …………………… 370
不正作出電磁的記録供用罪
　　　　　　　……… 467, 491
不正指令電磁的記録 ……… 507
不正指令電磁的記録供用罪
　　　　　　　………………… 507
不正指令電磁的記録作成等
　　罪 …………………………… 505
不正指令電磁的記録取得等
　　罪 …………………………… 507
不正電磁的記録カード譲渡
　　等罪 ………………………… 491
不正電磁的記録カード所持
　　罪 …………………………… 493
不正の指令 …………………… 183
不退去 ………………………… 141
物的庇護説 …………………… 335
物理的損壊説 …… 346, 352, 353
不同意堕胎罪 ………………… 24
不同意堕胎致死傷罪 ……… 24
不動産 ……………… 195, 229, 313
　　──侵奪罪 ………………… 228
　　──の占有 ………………… 313
　　──の二重抵当 …………… 331
　　──の二重売買 …………… 301
不当取引制限罪 ……………… 585
部分死 ………………………… 6
部分的考察方法 ……………… 513
不法原因 ……………………… 304
　　──委託 …………………… 303
　　──給付 …………… 275, 302
不法領得の意思 ……………… 206
不保護 ………………… 31, 32, 37
古河雨竜事件 ………………… 178
プロバイダーの責任 ……… 172
墳墓発掘死体損壊等罪 …… 544
文書 …………………………… 437
　　──偽造 …………………… 436

事項索引　679

分娩開始説 ……………………… 4
墳墓 ……………………………… 540
　　──発掘罪 ………………… 540

へ

平安神宮事件 ………………… 390
平穏説 ………………… 133, 140
平穏占有説 …………………… 204
平和相互銀行事件 …………… 326
変死者 …………………………… 545
変死者密葬罪 ………………… 545
変造 …… 425, 443, 446, 448,
　462, 482, 604

ほ

防衛医大汚職事件 …………… 647
法益関係的錯誤説 …… 17, 264
法益三分類説 …………………… 2
放火罪 …………………………… 367
冒険的取引 …………………… 323
暴行 ………………… 49, 50,
　　74, 114, 118, 236, 238,
　　245, 566, 578, 590, 640
　　──・脅迫後の財物奪取
　　…………………………… 241
　　──・脅迫後の奪取意思
　　…………………………… 241
　　──罪 …………………… 49
幇助 …………………………… 551
法人に対する脅迫 …………… 72
暴動 …………………………… 548
法律的・経済的損害概念説
　…………………………… 324
法律的損害概念説 ………… 324
保護責任 ……………………… 36
　　──者 ………………… 35
　　──者遺棄罪 ………… 35
補助公務員 …………………… 453
　　──の作成権限 ……… 449
母体保護法 …………………… 18
没収 …………………………… 670
本権説 ………… 202, 203, 206
翻訳人 ………………………… 628

ま

マジックホン事件 ………… 188
摩周丸事件 ………………… 187
万引き ……………………… 142

み

身代わり犯人 ……………… 601
未決の者 …………………… 587
未成年者略取・誘拐罪 …… 89
三鷹事件 …………… 408, 410
みなし公務員 ……………… 560
身の代金目的拐取等予備罪
　…………………………… 107
身の代金目的略取・誘拐罪
　…………………………… 95
身分帳事件 ………………… 636

む

無形偽造 …………… 444, 462
無銭飲食 …………………… 270
無銭宿泊 …………………… 270
無免許運転による加重 …… 66
村八分 ……………………… 71

め

名義人 ……………… 438, 440
　　──の承諾 …………… 475
名誉 ………… 153, 155, 168
　　──感情 ……………… 153
　　──毀損罪 …………… 155
面会の強請 ………………… 614
免状 ………………………… 455

も

燃え上がり説 ……………… 372
目的の公益性 ……………… 159
目的犯 …… 9, 54, 91, 101, 106,
　107, 242, 426, 431, 449, 452,
　462, 467, 482, 490, 506, 533,
　548, 557, 576, 581, 610, 630
模造 ………………………… 425
元軍用アルコール騙取事件

…………………… 197, 202

や

約束 ………………………… 654

ゆ

誘拐 …………………… 90, 92
有価証券 …………… 480, 484
　　──偽造・変造罪 …… 480
　　──虚偽記入罪 ……… 484
有形偽造 …………………… 442
有体物説 …………………… 193

よ

要求 ………………………… 654
預金の占有 …… 275, 295, 312
四畳半襖の下張事件 ……… 513
預貯金引出用カードを構成
　する電磁的記録 ………… 490
予備 ………………… 550, 557
利益 ………………………… 199
　　──恐喝罪 …………… 288

り

リクルート事件政界ルート
　…………………………… 649
　　──藤波元内閣官房長官
　　関係 …………………… 655
リクルート事件文部省ルー
　ト ………………………… 650
略取 …………………… 90, 92
　　──・誘拐者身の代金要
　　求罪 …………………… 98
利用意思 …………………… 207
利用意思説 ………………… 207
陵辱 ………………………… 640
領得 ………………………… 543
　　──意思 ……………… 206
　　──意思不要説 ……… 208
　　──行為説 …………… 296
　　──罪 ………………… 192
旅券 ………………………… 456

る

流布 ……………………… 175, 178

れ

礼拝所 ……………………… 537
　——不敬罪 ……………… 536

ろ

ロストボール事件 ………… 197
ロッキード事件丸紅ルート
　田中角栄関係 ……… 649, 651

わ

猥褻 ……… 113, 511, 515, 517

　——な行為 ……………… 115
　——物頒布等罪 ………… 517
賄賂 ……………………… 646
　——性の認識 …………… 655
　——の没収 ……………… 670

判例索引

大判明治 35・04・07 刑録 8・4・48 ……………… 427
大判明治 35・06・05 刑録 8・6・42 ……………… 482
大判明治 36・05・21 刑録 9・874 ……………… 193
大判明治 37・02・29 刑録 10・376 ……………… 642
大判明治 40・09・10 刑録 13・928 ……………… 642
大判明治 40・09・27 刑録 13・1007 ……… 415, 428
大判明治 41・09・04 刑録 14・755 ……………… 427
大判明治 41・09・24 刑録 14・797 ……………… 455
大判明治 41・11・19 刑録 14・1023 ……………… 220
大判明治 41・12・15 刑録 14・1102 ……… 351, 379
大判明治 41・12・21 刑録 14・1136 ……………… 455
大判明治 42・02・05 刑録 15・61 ……………… 482
大判明治 42・03・12 刑録 15・452 ……………… 346
大判明治 42・04・15 刑録 15・435 ……………… 337
大判明治 42・04・16 刑集 15・452 ……………… 353
大判明治 42・05・27 刑録 15・665 ……………… 533
大判明治 42・06・01 刑録 15・769 ……………… 9
大判明治 42・06・21 刑録 15・812 ……………… 276
大判明治 42・06・24 刑録 15・848 ……………… 500
大判明治 42・08・10 刑録 15・1083 ……………… 625
大判明治 42・10・19 刑録 15・1420 ……………… 19
大判明治 42・11・09 刑録 15・1536 ……………… 197
大判明治 42・11・15 刑録 15・1622 ……………… 199
大判明治 42・11・25 刑録 15・1672 ……………… 294
大判明治 42・12・03 刑録 15・1722 ……………… 643
大判明治 42・12・16 刑録 15・1795 ……………… 629
大判明治 43・01・28 刑録 16・46 ……………… 278
大判明治 43・02・03 刑録 16・136 ……………… 455
大判明治 43・02・10 刑録 16・189 ……………… 461
大判明治 43・02・18 刑録 16・276 ……………… 292
大判明治 43・02・25 刑録 16・256 ……………… 194
大判明治 43・03・10 刑録 16・402 ……………… 427
大判明治 43・03・25 刑録 16・470 ……………… 604
大判明治 43・04・10 刑録 16・189 ……………… 437
大判明治 43・04・19 刑録 16・633 ……………… 482
大判明治 43・05・13 刑録 16・860 ……… 437, 501
大判明治 43・05・23 刑録 16・906 ……………… 276
大判明治 43・06・07 刑録 16・1064 ……………… 199

大判明治 43・06・30 刑録 16・1314 ……… 280, 429
大判明治 43・07・26 刑録 16・1431 ……………… 299
大判明治 43・08・16 刑録 16・1457 ……………… 456
大判明治 43・09・30 刑録 16・1569 ……………… 87
大判明治 43・09・30 刑録 16・1572 ……………… 437
大判明治 43・10・04 刑録 16・1608 ……………… 542
大判明治 43・10・11 刑録 16・1689 ……………… 534
大判明治 43・11・08 刑録 16・1875 ……………… 533
大判明治 43・11・08 刑録 16・1895 ……………… 455
大判明治 43・11・17 刑録 16・2010 ……… 116, 516
大判明治 43・11・21 刑録 16・2093 ……………… 497
大判明治 43・12・02 刑録 16・2129 ……………… 310
大判明治 43・12・13 刑録 16・2181 ……………… 436
大判明治 43・12・16 刑録 16・2188 ……………… 351
大判明治 43・12・16 刑録 16・2214 ……………… 320
大判明治 43・12・19 刑録 16・2239 ……………… 648
大判明治 43・12・20 刑録 16・2265 ……………… 438
大判明治 44・02・27 刑録 17・197 ……… 346, 353
大判明治 44・02・28 刑録 17・220 ……… 632, 287
大判明治 44・03・16 刑録 17・384 ……………… 660
大判明治 44・03・31 刑録 17・482 ……………… 486
大判明治 44・04・24 刑録 17・655 …… 368, 370, 371
大判明治 44・04・25 刑録 17・659 ……………… 600
大判明治 44・04・27 刑録 17・687 ……………… 457
大判明治 44・05・04 刑録 17・753 ……………… 456
大判明治 44・05・23 刑録 17・948 ……………… 342
大判明治 44・05・25 刑録 17・959 ……………… 258
大判明治 44・05・29 刑録 17・987 ……………… 486
大判明治 44・06・20 刑録 17・1227 ……………… 660
大判明治 44・06・26 刑録 17・1242 ……………… 398
大判明治 44・06・29 刑録 17・1330 ……………… 128
大判明治 44・07・06 刑録 17・1347 ……………… 451
大判明治 44・08・15 刑録 17・1488 ……………… 349
大判明治 44・09・05 刑録 17・1520 ……………… 72
大判明治 44・09・25 刑録 17・1550 ……………… 362
大判明治 44・10・13 刑録 17・1698 ……………… 315
大判明治 44・10・26 刑録 17・1795 ……………… 307
大判明治 44・11・09 刑録 17・1843 ……………… 444

682　判例索引

大判明治 44・11・10 刑録 17・1871 ················· 465
大判明治 44・12・04 刑録 17・2095 ····· 199, 288, 289
大判明治 44・12・08 刑録 17・2182 ················· 19
大判明治 44・12・19 刑録 17・2223 ················· 573
大判明治 45・01・15 刑録 18・1 ··················· 609
大判明治 45・02・01 刑録 18・75 ·················· 455
大判明治 45・02・29 刑録 18・231 ················· 444
大判明治 45・04・15 刑録 18・464 ················· 447
大判明治 45・04・15 刑録 18・469 ················· 292
大判明治 45・04・22 刑録 18・496 ················· 199
大判明治 45・04・26 刑録 18・536 ················· 220
大判明治 45・05・06 刑録 18・570 ················· 672
大判明治 45・05・30 刑録 18・790 ················· 499
大判明治 45・06・20 刑録 18・896 ··············· 42, 51
大判明治 45・06・27 刑録 18・927 ················· 169
大判明治 45・07・16 刑録 18・1083 ················· 34
大判明治 45・07・23 刑録 18・1100 ················ 620
大判大正元・08・06 刑録 18・1138 ················ 379
大判大正元・09・06 刑録 18・1211 ················ 237
大判大正元・10・08 刑録 18・1231 ············ 295, 313
大判大正元・11・25 刑録 18・1421 ················ 195
大判大正元・11・28 刑録 18・1431 ················ 333
大判大正元・12・20 刑録 18・1563 ················ 194
大判大正元・12・20 刑録 18・1566 ················ 617
大判大正 2・01・21 刑録 19・20 ·················· 437
大判大正 2・01・23 刑録 19・28 ·················· 435
大判大正 2・01・27 刑録 19・85 ·············· 175, 178
大判大正 2・03・06 刑録 19・300 ················· 632
大判大正 2・03・25 刑録 19・374 ················· 338
大判大正 2・05・02 刑録 19・541 ················· 632
大判大正 2・06・12 刑録 19・714 ················· 299
大判大正 2・08・19 刑録 19・817 ················· 217
大判大正 2・10・03 刑録 19・910 ················· 358
大判大正 2・10・21 刑録 19・982 ················· 217
大判大正 2・11・29 刑録 19・1349 ················· 72
大判大正 2・12・16 刑録 19・1440 ················ 298
大連判大正 2・12・23 刑録 19・1502 ·············· 290
大判大正 2・12・24 刑録 19・1517 ············ 389, 397
大判大正 3・03・06 法律新聞 929・28 ············· 223
大判大正 3・04・06 刑録 20・465 ················· 529
大判大正 3・04・10 刑録 20・498 ················· 322

大判大正 3・04・29 刑録 20・654 ················· 621
大判大正 3・05・07 刑録 20・782 ················· 482
大連判大正 3・05・18 刑録 20・932 ··············· 532
大判大正 3・06・02 刑録 20・1101 ················· 71
大判大正 3・06・09 刑録 20・1147 ················ 390
大判大正 3・06・11 刑録 20・1171 ················ 258
大判大正 3・06・20 刑録 20・1300 ············ 351, 397
大判大正 3・06・20 刑録 20・1313 ················ 315
大判大正 3・07・28 刑録 20・1548 ················ 535
大判大正 3・09・22 刑録 20・1620 ················ 322
大判大正 3・10・02 刑録 20・1789 ················ 378
大判大正 3・10・07 刑録 20・1816 ················ 527
大判大正 3・10・15 刑録 20・1861 ················ 672
大判大正 3・10・16 刑録 20・1867 ················ 325
大判大正 3・10・21 刑録 20・1898 ················ 216
大判大正 3・10・30 刑録 20・1980 ················ 497
大判大正 3・11・03 刑録 20・2001 ················ 632
大判大正 3・11・04 刑録 20・2008 ············ 500, 504
大判大正 3・11・07 刑録 20・2054 ················ 448
大判大正 3・11・13 刑録 20・2095 ················ 545
大判大正 3・11・17 刑録 20・2139 ················ 535
大判大正 3・11・17 刑録 20・2142 ················ 572
大判大正 3・11・28 刑録 20・2277 ················ 486
大判大正 3・12・01 刑録 20・2303 ················· 70
大判大正 3・12・03 刑録 20・2322 ············ 178, 179
大判大正 3・12・14 刑録 20・2424 ················ 660
大判大正 4・02・09 刑録 21・81 ·················· 179
大判大正 4・02・10 刑録 21・90 ·············· 8, 38, 39
大判大正 4・02・20 刑録 21・130 ················· 322
大判大正 4・03・04 刑録 21・231 ················· 601
大判大正 4・03・09 刑録 21・273 ················· 630
大判大正 4・04・09 刑録 21・457 ············ 295, 312
大判大正 4・04・26 刑輯 21・422 ················· 278
大判大正 4・05・21 刑録 21・663 ········ 187, 206, 213
大判大正 4・05・21 刑録 21・670 ··········· 30, 31, 34
大判大正 4・06・01 刑録 21・717 ················· 641
大判大正 4・06・22 刑録 21・879 ················· 195
大判大正 4・06・24 刑録 21・886 ········ 196, 544, 545
大判大正 4・07・10 刑録 21・1011 ············ 667, 671
大判大正 4・08・24 刑録 21・1244 ················ 600
大判大正 4・09・02 法律新聞 1043・31 ············ 461

判例索引 683

大判大正 4・10・20 法律新聞 1052・27 ………… 449
大判大正 4・10・30 刑録 21・1763 ……………… 359
大判大正 4・11・02 刑録 21・1831 ……………… 363
大判大正 4・12・16 刑録 21・2103 ………… 598, 600
大判大正 5・01・17 刑録 22・3 …………………… 213
大判大正 5・01・19 刑録 22・8 …………………… 465
大判大正 5・02・12 刑録 22・134 ………………… 35
大判大正 5・05・01 刑録 22・672 ……………… 216
大判大正 5・05・04 刑録 22・685 ……………… 10
大判大正 5・05・25 刑録 22・816 ……………… 156
大判大正 5・06・01 刑録 22・854 ……………… 175
大判大正 5・06・03 刑録 22・873 ………… 315, 322
大判大正 5・06・21 刑録 22・1146 ……………… 664
大判大正 5・06・26 刑録 22・1179 ……………… 463
大判大正 5・06・26 刑録 22・1153 ……………… 174
大判大正 5・09・18 刑録 22・1359 ……………… 371
大判大正 5・09・28 刑録 22・1467 ……………… 260
大判大正 5・11・30 刑録 22・1837 ……………… 632
大判大正 5・12・04 刑録 22・1848 ………… 647, 650
大判大正 5・12・11 刑録 22・1856 ……………… 499
大判大正 5・12・16 刑録 22・1905 ……………… 451
大判大正 5・12・18 刑録 22・1909 ……………… 174
大判大正 5・12・21 刑録 22・1925 ……………… 434
大判大正 6・02・06 刑録 23・35 ………………… 571
大判大正 6・02・08 刑録 23・41 ………………… 631
大判大正 6・03・03 法律新聞 1240・31 ……… 351, 377
大判大正 6・03・14 刑録 23・179 ……………… 463
大判大正 6・04・12 刑録 23・339 ……………… 73
大判大正 6・04・13 刑録 23・312 ………… 376, 379
大判大正 6・05・19 刑録 23・487 ……………… 519
大判大正 6・06・25 刑録 23・699 ……………… 313
大判大正 6・07・03 刑録 23・782 ………… 155, 158
大判大正 6・07・14 刑録 23・886 ……………… 296
大判大正 6・09・17 刑録 23・1016 ……………… 310
大判大正 6・09・27 刑録 23・1027 ……………… 601
大判大正 6・10・15 刑録 23・1113 ………… 295, 310
大判大正 6・10・23 刑録 23・1120 ……………… 660
大判大正 6・10・23 刑録 23・1165 ……………… 461
大判大正 6・11・05 刑録 23・1136 ……………… 474
大判大正 6・11・12 刑録 23・1195 ……………… 71
大判大正 7・02・06 刑録 24・32 ………………… 223

大判大正 7・03・15 刑録 24・219 ……………… 372
大判大正 7・03・23 刑録 24・235 ……………… 35
大判大正 7・05・07 刑録 24・555 ……………… 605
大判大正 7・05・14 刑録 24・605 ……………… 562
大判大正 7・06・17 刑録 24・844 ……………… 532
大判大正 7・09・25 刑録 24・1219 ……………… 202
大判大正 7・11・19 刑録 24・1365 ………… 220, 224
大判大正 7・11・25 刑録 24・1425 ……………… 409
大判大正 7・12・06 刑録 24・1506 ……………… 135
大判大正 8・02・27 刑録 25・261 ……………… 21
大判大正 8・03・31 刑録 25・403 ……………… 605
大判大正 8・04・04 刑録 25・382 ……………… 217
大判大正 8・04・05 刑録 25・489 ……………… 224
大判大正 8・04・17 刑録 25・568 ……………… 600
大判大正 8・04・22 刑録 25・589 ……………… 601
大判大正 8・05・13 刑録 25・632 ………… 351, 377
大判大正 8・06・23 刑録 25・800 ……………… 359
大判大正 8・06・30 刑録 25・820 ……………… 76
大判大正 8・08・30 刑録 25・963 ……………… 36
大判大正 8・11・19 刑録 25・1133 ………… 305, 343
大判大正 8・12・13 刑録 25・1367 ……………… 4
大判大正 9・02・04 刑録 26・27 ………………… 211
大判大正 9・02・26 刑録 26・82 ………………… 179
大判大正 9・06・03 刑録 26・382 ……………… 23
大判大正 9・11・04 刑録 26・793 ……………… 534
大判大正 9・12・10 刑録 26・912 ……………… 72
大判大正 9・12・17 刑録 26・921 ……………… 348
大判大正 9・12・24 刑録 26・1437 ……………… 545
大判大正 9・12・24 刑録 26・938 ……………… 461
大判大正 10・03・07 刑録 27・158 ……………… 346
大判大正 10・10・24 刑録 27・643 ……………… 177
大判大正 11・01・27 刑集 1・16 ………………… 349
大判大正 11・02・23 刑集 1・69 ………………… 299
大判大正 11・02・28 刑集 1・82 ………………… 338
大判大正 11・03・15 刑集 1・147 ……………… 500
大判大正 11・03・31 刑集 1・186 ……………… 388
大連判大正 11・04・22 刑集 1・296 ………… 670, 672
大判大正 11・05・17 刑集 1・282 ……………… 307
大判大正 11・07・12 刑集 1・393 ……………… 343
朝鮮高等法院大正 11・09・21 法律評論 11 刑法
　300 …………………………………………… 199

大判大正 11・09・29 刑集 1・505 ……………… 461
大連判大正 11・10・20 刑集 1・558 ……… 474, 484
大判大正 11・11・28 刑集 1・705 ……………… 25
大判大正 11・12・13 刑集 1・754 ……………… 367
大判大正 11・12・15 刑集 1・763 ……………… 201
大判大正 12・01・25 刑集 2・19 ……………… 339
大判大正 12・02・13 刑集 2・52 ……………… 201
大判大正 12・02・15 刑集 2・65 ……………… 600
大判大正 12・02・15 刑集 2・78 ……………… 482
大判大正 12・02・24 刑集 2・123 ……………… 463
大判大正 12・03・01 刑集 2・162 ……………… 309
大判大正 12・03・13 刑集 2・181 ……………… 475
大判大正 12・03・15 刑集 2・210 ……………… 407
大判大正 12・03・21 刑集 2・242 ……………… 315
大判大正 12・04・06 刑集 2・309 ……………… 529
大判大正 12・04・09 刑集 2・330 ……………… 227
大判大正 12・05・09 刑集 2・401 ……………… 598
大判大正 12・06・04 刑集 2・486 ……………… 155
大判大正 12・07・03 刑集 2・624 ……………… 227
大判大正 12・07・14 刑集 2・650 ……………… 258
大判大正 12・11・09 刑集 2・778 ……………… 223
大判大正 12・11・15 刑集 2・794 ……………… 367
大判大正 12・12・01 刑録 2・895 ……………… 299
大判大正 12・12・15 刑集 2・988 ……………… 155
大判大正 13・02・09 刑集 3・95 ……………… 528
大判大正 13・03・28 法律新聞 2247・22 ……… 220
大判大正 13・04・28 法律新聞 2263・17 ……… 22
大判大正 13・04・29 刑集 3・383 ……………… 455
大判大正 13・06・10 刑集 3・473 ……………… 216
大判大正 13・06・20 刑集 3・506 ……………… 72
大判大正 13・07・10 刑集 3・564 ……………… 361
大判大正 13・07・29 刑集 3・721 ……………… 630
大判大正 13・10・07 法律新聞 2331・6 ……… 543
大判大正 13・10・22 刑集 3・749 ……………… 114
大判大正 13・10・23 刑集 3・711 ……………… 406
大判大正 13・11・29 法律新聞 2337・22 ……… 290
大判大正 13・12・12 刑集 3・871 ……………… 88
大判大正 14・01・28 刑集 4・14 ……………… 93
大判大正 14・02・18 刑集 4・54 ……………… 179
大判大正 14・04・09 刑集 4・219 ……………… 648
大判大正 14・05・07 刑集 4・266 ……………… 648

大判大正 14・06・05 刑集 4・372 ……………… 648
大判大正 14・10・10 刑集 4・599 ……………… 461
大判大正 14・10・16 刑集 4・613 ……………… 542
大判大正 14・12・01 刑集 4・743 ……………… 114
大判大正 14・12・25 刑集 4・792 ……………… 482
大判大正 15・02・15 刑集 5・30 ……………… 177
大決大正 15・02・22 刑集 5・97 ……………… 572
大判大正 15・02・23 刑集 5・46 ……………… 245
大判大正 15・03・24 刑集 5・117 ……………… 76
大判大正 15・04・20 刑集 5・136 …………… 299, 326
大判大正 15・05・14 刑集 5・175 ……………… 128
大判大正 15・06・19 刑集 5・267 ……………… 519
大判大正 15・06・25 刑集 5・285 ……………… 122
大判大正 15・07・05 刑集 5・303 …………… 153, 168
大判大正 15・07・16 刑集 5・316 ……………… 226
大判大正 15・09・28 刑集 5・387 ……………… 36
大判大正 15・11・02 刑集 5・491 ……………… 217
大判大正 15・11・09 法律新聞 2635・12 ……… 632
大判大正 15・3・24 刑集 5・117 ……………… 155
大判昭和 2・02・16 刑集 6・43 ……………… 224
大判昭和 2・03・28 刑集 6・118 ……………… 45
大判昭和 2・06・20 刑集 6・216 ……………… 461
大判昭和 2・06・28 刑集 6・235 ……………… 486
大判昭和 2・11・28 刑集 6・472 ……………… 412
大判昭和 2・12・08 刑集 6・476 ……………… 359
大判昭和 3・02・14 法律新聞 2866・11 ……… 135
大判昭和 3・02・17 法律新聞 2833・10 ……… 378
大判昭和 3・05・24 法律新聞 2873・16 ……… 389
大判昭和 3・07・14 刑集 7・490 ……………… 179
大判昭和 3・10・09 刑集 7・683 …………… 437, 501
大判昭和 3・10・29 刑集 7・709 ……………… 663
大判昭和 3・12・13 刑集 7・766 …………… 155, 156
大判昭和 3・12・21 刑集 7・772 ……………… 265
大判昭和 3・07・14 刑集 7・490 ……………… 438
大判昭和 4・01・31 刑集 8・36 ……………… 392
大判昭和 4・02・19 刑集 8・84 ……………… 435
大判昭和 4・04・30 刑集 8・207 ……………… 328
大判昭和 4・05・21 刑集 8・288 ……………… 139
大判昭和 4・08・06 法律新聞 197・16 ……… 70
大判昭和 4・08・26 刑集 8・416 ……………… 629
大判昭和 4・10・14 刑集 8・477 ……………… 353

大判昭和 4・12・04 刑集 8・609 ············· 647, 665	大判昭和 8・07・08 刑集 12・1195 ············· 542
大判昭和 5・02・04 刑集 9・32 ················· 629	大判昭和 8・08・23 刑集 12・1434 ············· 497
大判昭和 5・02・07 刑集 9・51 ············· 149, 601	大判昭和 8・09・29 刑集 12・1683 ········· 327, 328
大判昭和 5・04・24 刑集 9・265 ················ 359	大判昭和 8・10・02 刑集 12・1721 ············· 280
大判昭和 5・05・17 刑集 9・303 ················ 292	大判昭和 8・10・18 刑集 12・1820 ········· 602, 611
大判昭和 5・05・26 刑集 9・342 ················ 202	大判昭和 8・10・19 刑集 12・1828 ············· 299
大判昭和 5・09・18 刑集 9・668 ················ 601	大判昭和 8・10・19 法律新聞 3650・8 ············· 666
大判昭和 6・06・19 刑集 10・287 ··············· 156	大判昭和 8・11・08 刑集 12・1931 ········· 347, 351
大判昭和 6・07・02 刑集 10・303 ··············· 392	大判昭和 9・03・05 刑集 13・213 ················ 72
大判昭和 6・08・06 刑集 10・412 ··············· 644	大判昭和 9・03・29 刑集 13・335 ··············· 262
大判昭和 6・10・19 刑集 10・462 ··············· 156	大判昭和 9・06・13 刑集 13・747 ··············· 541
大判昭和 6・11・13 刑集 10・597 ··············· 542	大判昭和 9・07・04 刑集 13・941 ··············· 531
大判昭和 7・02・12 刑集 11・75 ················ 81	大判昭和 9・07・19 刑集 13・983 ··············· 320
大判昭和 7・02・29 刑集 11・141 ················ 81	大判昭和 9・10・19 刑集 13・1473 ········· 226, 227
大判昭和 7・03・10 刑集 11・286 ··············· 621	大判昭和 9・11・20 刑集 13・1514 ············· 624
大判昭和 7・03・17 刑集 11・437 ················ 76	大判昭和 9・11・26 刑集 13・1608 ············· 654
大判昭和 7・03・24 刑集 11・296 ··············· 567	大判昭和 9・12・10 刑集 13・1699 ············· 258
大判昭和 7・04・21 刑集 11・407 ··············· 139	大判昭和 9・12・20 刑集 13・1767 ············· 135
大判昭和 7・05・23 刑集 11・665 ··············· 440	大判昭和 9・12・22 刑集 13・1789 ······ 213, 346, 349
大判昭和 7・06・08 刑集 11・773 ··············· 477	大判昭和 9・12・24 刑集 13・1817 ············· 502
最判昭和 7・07・01 刑集 11・999 ··········· 648, 648	大判昭和 10・02・02 刑集 14・57 ··············· 405
大判昭和 7・07・20 刑集 11・1104 ··············· 77	大判昭和 10・02・07 刑集 14・76 ················ 22
大判昭和 7・07・20 刑集 11・1113 ············· 465	大判昭和 10・03・25 刑集 14・325 ············· 297
大判昭和 7・09・12 刑集 11・1317 ············· 326	大判昭和 10・04・25 刑集 14・434 ············· 664
大判昭和 7・10・10 刑集 11・1519 ············· 179	大判昭和 10・05・13 刑集 14・514 ············· 256
大判昭和 7・10・27 刑集 11・1506 ············· 475	大判昭和 10・06・18 刑集 14・699 ············· 666
大判昭和 7・10・31 刑集 11・1541 ············· 331	大判昭和 10・07・10 刑集 14・799 ············· 306
大判昭和 7・11・11 刑集 11・1572 ··············· 70	大判昭和 10・08・17 刑集 14・885 ············· 666
大判昭和 7・11・24 刑集 11・1720 ············· 434	大判昭和 10・09・28 刑集 14・997 ············· 609
大判昭和 7・12・10 刑集 11・1817 ········· 605, 610	大判昭和 10・10・24 刑集 14・1267 ············· 548
大判昭和 7・12・12 刑集 11・1839 ············· 245	大判昭和 10・12・26 刑集 14・1446 ············· 448
大判昭和 8・02・14 刑集 12・114 ··············· 631	大判昭和 11・02・14 刑集 15・113 ············· 453
大判昭和 8・03・09 刑集 12・232 ··············· 310	大判昭和 11・02・25 刑集 15・167 ············· 624
大判昭和 8・03・16 刑集 12・275 ··············· 320	大判昭和 11・03・16 刑集 15・282 ············· 668
大判昭和 8・04・12 刑集 12・413 ········· 174, 180	大判昭和 11・03・24 刑集 15・307 ············· 152
大判昭和 8・04・15 刑集 12・427 ················ 51	大判昭和 11・05・07 刑集 15・573 ············· 181
大判昭和 8・05・23 刑集 12・608 ··············· 461	大判昭和 11・06・25 刑集 15・823 ·············· 48
大判昭和 8・06・05 刑集 12・648 ··············· 246	大判昭和 11・10・09 刑集 15・1281 ············· 654
大判昭和 8・06・05 刑集 12・736 ··············· 418	大判昭和 11・11・12 刑集 15・1431 ············· 303
大判昭和 8・06・29 刑集 12・1269 ············· 256	大判昭和 11・12・26 大審院裁判例 10・刑 99 ····· 630
大判昭和 8・07・06 刑集 12・1125 ········· 415, 428	大判昭和 12・02・27 法律新聞 4100・4 ············· 179

大判昭和 12・03・05 刑集 16・254 ……………… 105
大判昭和 12・03・17 刑集 16・365 ……… 175, 178
大判昭和 12・04・14 刑集 16・525 ……………… 631
大判昭和 12・05・11 刑集 16・725 ……………… 560
大判昭和 12・05・27 刑集 16・794 ……………… 349
大判昭和 12・05・28 刑集 16・811 ……………… 572
大判昭和 12・09・10 刑集 16・1251 ……………… 48
大判昭和 12・11・09 刑集 16・1545 …………… 605
大判昭和 12・11・19 刑集 16・1513 …………… 156
大判昭和 13・02・25 刑集 17・110 ……………… 666
大判昭和 13・02・28 刑集 17・141 ……………… 158
大判昭和 13・04・08 法律新聞 4282・16 ……… 327
大判昭和 13・05・17 法律新聞 4033・5 ……… 135
大判昭和 13・06・18 刑集 17・484 ……………… 463
大判昭和 13・08・22 法律新聞 4317・15 …… 379
大判昭和 13・11・10 刑集 17・799 ……………… 91
大判昭和 13・12・06 刑集 17・907 ……………… 486
大判昭和 14・06・06 刑集 18・337 ……………… 390
大判昭和 14・08・21 刑集 18・457 ……………… 461
大判昭和 14・09・05 刑集 18・473 ……………… 139
大判昭和 14・11・11 法律新聞 4493・5 ……… 539
大判昭和 14・12・22 法律学説判例評論全集 29・

　刑法 30 ……………………………………… 327
最判昭和 15・03・01 刑集 19・63 ……………… 308
大判昭和 15・04・02 刑集 19・181 ……………… 453
大判昭和 15・05・27 刑集 19・318 …………… 654
大判昭和 15・08・08 刑集 19・529 ……………… 179
大判昭和 15・08・22 刑集 19・540 ………… 377, 405
大判昭和 15・10・14 刑集 19・685 ……………… 22
大判昭和 15・11・27 刑集 19・820 …………… 223
大判昭和 16・03・13 法律評論 30 刑法 140 …… 135
大判昭和 16・03・15 刑集 20・263 …………… 549
大判昭和 16・11・11 刑集 20・598 …………… 218
東京控判昭和 17・12・24 刑集 21・附録 104 …… 135
大判昭和 19・04・28 刑集 23・97 ……………… 584
大判昭和 21・11・26 刑集 25・50 ……………… 223
最判昭和 22・11・26 刑集 1・28 ……………… 237
最判昭和 22・11・29 刑集 1・40 ……………… 245
最判昭和 22・12・17 刑集 1・94 ……………… 423
最判昭和 23・03・09 刑集 2・3・140 …………… 251
最判昭和 23・04・17 刑集 2・4・399 …………… 227

最判昭和 23・05・20 刑集 2・5・489 …………… 145
最判昭和 23・06・05 刑集 2・7・641 …………… 303
最判昭和 23・06・08 裁判集刑 2・329 ………… 387
最大判昭和 23・06・23 刑集 2・7・777 ………… 671
最判昭和 23・07・08 刑集 2・8・822 …………… 528
最判昭和 23・07・27 刑集 2・9・1004 ………… 223
最判昭和 23・07・29 刑集 2・9・1062 ………… 292
最判昭和 23・10・23 刑集 2・11・1386

　……………………………… 448, 462, 479, 648
最判昭和 23・11・02 刑集 2・12・1443 ……… 372
最判昭和 23・11・04 刑集 2・12・1446 ……… 257
最判昭和 23・11・09 刑集 2・12・1504 …… 335, 339
最判昭和 23・11・16 刑集 2・12・1535 … 129, 131, 542
最判昭和 23・11・25 刑集 2・12・1649 ……… 137
最判昭和 23・12・24 刑集 2・14・1877 ……… 343
最判昭和 23・12・24 刑集 2・14・1883 ……… 238
最判昭和 24・02・08 刑集 3・2・75 …… 237, 238, 287
最判昭和 24・02・08 刑集 3・2・83 …… 202, 292
最判昭和 24・02・15 刑集 3・2・175 …… 197, 202
最判昭和 24・02・15 刑集 3・2・164 ………… 240
最判昭和 24・02・22 刑集 3・2・198 ………… 390
最判昭和 24・03・08 刑集 3・3・276 …… 296, 298
最判昭和 24・04・09 刑集 3・4・511 ………… 444
最判昭和 24・04・14 刑集 3・4・541 …… 439, 460
最判昭和 24・05・10 刑集 3・6・711 …… 114, 118
最判昭和 24・05・17 裁判集刑 10・177 ……… 244
最判昭和 24・05・21 刑集 3・6・858 ………… 234
最判昭和 24・06・18 刑集 3・7・1094 ……… 533
最判昭和 24・07・09 刑集 3・8・1188 ……… 247
最大判昭和 24・07・22 刑集 3・8・1363 …… 145
最判昭和 24・07・26 裁判集刑 12・831 …… 129
最判昭和 24・07・30 刑集 3・8・1418 …… 336, 341
最判昭和 24・08・09 刑集 3・9・1440 …… 597, 598
仙台高判昭和 24・09・24 高裁刑事判決特報 5・31

　………………………………………………… 589
最判昭和 24・10・01 刑集 3・10・1629 ……… 342
名古屋高判昭和 24・10・06 高裁刑事判決特報 1・

　172 ……………………………………………… 144
東京高判昭和 24・10・15 高刑集 2・2・171 …… 177
最判昭和 24・10・20 刑集 3・10・1660 ……… 338
最判昭和 24・12・15 刑集 3・12・2023 ……… 672

判例索引　687

最判昭和 24・12・20 刑集 3・12・2036 ……………… 81
最判昭和 24・12・22 刑集 3・12・2070 …………… 227
最判昭和 24・12・24 刑集 3・12・2088 …………… 243
最判昭和 24・12・24 刑集 3・12・2114 …………… 254
最判昭和 25・02・24 刑集 4・2・255 ……………… 279
最判昭和 25・02・28 刑集 4・2・268 ………… 449, 451
最判昭和 25・03・23 刑集 4・3・382 ……………… 257
最判昭和 25・03・24 刑集 4・3・407 ……………… 342
最判昭和 25・03・28 刑集 4・3・425 ……………… 569
最判昭和 25・04・11 刑集 4・4・528 ……………… 202
東京高判昭和 25・04・17 高裁刑事判決特報 12・14
　………………………………………………… 243
最判昭和 25・04・21 刑集 4・4・655 ……………… 347
最判昭和 25・05・25 刑集 4・5・854 ……………… 372
最判昭和 25・06・06 刑集 4・6・928 ……………… 224
東京高判昭和 25・06・10 高刑集 3・2・222 ………… 51
最判昭和 25・06・27 刑集 4・6・1090 …………… 310
広島高裁松江支部判昭和 25・07・03 高刑集 3・2・
　247 …………………………………………… 70
最判昭和 25・07・04 刑集 4・7・1168 …………… 276
広島高判昭和 25・07・24 高裁刑事判決特報 12・
　97 ……………………………………………… 519
最判昭和 25・08・29 刑集 4・9・1585 …………… 194
最判昭和 25・09・14 刑集 4・9・1652 ……… 533, 534
最判昭和 25・09・19 刑集 4・9・1664 …………… 308
最判昭和 25・09・22 刑集 4・9・1757 …………… 299
最大判昭和 25・09・27 刑集 4・9・1783 ………… 139
最判昭和 25・10・06 刑集 4・10・1951 ………… 529
最大判昭和 25・10・11 刑集 4・10・2012 ……… 146
広島高判昭和 25・10・27 高裁刑事判決特報 14・
　133 …………………………………………… 591
最判昭和 25・11・10 裁判集刑 35・461 ……… 336, 341
名古屋高判昭和 25・11・14 高刑集 3・4・748 …… 227
最大判昭和 25・11・22 刑集 4・11・2380 …… 525, 526
最判昭和 25・12・05 刑集 4・12・2475 ………… 276
最判昭和 25・12・12 刑集 4・12・2543 …… 232, 337
最判昭和 25・12・14 刑集 4・12・2548 …… 251, 377
最判昭和 25・12・19 刑集 4・12・2577 ………… 516
最判昭和 26・01・30 刑集 5・1・117 ……… 335, 339
大阪高判昭和 26・03・12 高裁刑事判決特報 23・48
　………………………………………………… 667

最判昭和 26・03・20 刑集 5・05・794 …………… 566
大阪高判昭和 26・03・23 高裁刑事判決特報 23・56
　………………………………………………… 561
名古屋高判昭和 26・04・27 高裁刑事判決特報 27・
　84 ……………………………………………… 246
最判昭和 26・05・08 刑集 5・6・1004 …………… 528
最判昭和 26・05・10 刑集 5・6・1026 ……… 112, 511
最判昭和 26・05・11 刑集 5・6・1102 …………… 439
最判昭和 26・05・25 刑集 5・6・1186 …………… 300
最判昭和 26・06・07 刑集 5・7・1236 …………… 61
最判昭和 26・06・29 裁判集刑 48・537 ………… 654
最判昭和 26・07・13 刑集 5・8・26 ……………… 213
最大判昭和 26・07・18 刑集 5・8・1491 …… 187, 566
最大判昭和 26・08・01 刑集 5・9・1709
　…………………………………………… 529, 530, 531
福岡高判昭和 26・08・09 高刑集 4・8・975 ……… 482
最判昭和 26・09・06 裁判集刑 52・113 ………… 666
最判昭和 26・09・20 刑集 5・10・1937 ……… 45, 48
最判昭和 26・09・28 刑集 5・10・2127 ………… 289
東京高判昭和 26・10・03 高刑集 4・12・1590 …… 234
名古屋高裁金沢支部判昭和 26・10・24 高刑集 4
　追録 1 ……………………………………… 540, 541
最判昭和 26・12・14 刑集 5・13・2518 ………… 261
東京地判昭和 27・01・18 高刑集 5・13・2524 …… 512
最判昭和 27・02・14 裁判集刑 60・851 ………… 625
最決昭和 27・02・21 刑集 6・2・275 ………… 8, 13
最判昭和 27・03・28 刑集 6・3・546 …………… 562
最判昭和 27・04・17 刑集 6・4・665 …………… 648
東京高判昭和 27・06・03 高刑集 5・6・938 ……… 196
最決昭和 27・06・06 刑集 6・6・795 ………… 41, 42
東京高判昭和 27・06・26 高裁刑事判決特報 34・86
　………………………………………………… 246
東京高判昭和 27・07・03 高刑集 5・7・1134 …… 177
最決昭和 27・07・10 刑集 6・7・876 ……… 335, 340
最判昭和 27・07・22 刑集 6・7・927 ……… 650, 656
最判昭和 27・07・25 刑集 6・7・941 …………… 70
東京高判昭和 27・08・05 高刑集 5・8・1364
　…………………………………………… 537, 538
東京高判昭和 27・09・03 高裁刑事判決特報 34・
　162 …………………………………………… 386
仙台高判昭和 27・09・15 高刑集 5・11・1820 …… 16

688 判例索引

最判昭和 27・09・19 刑集 6・8・1083 ………… 294, 306

高松高判昭和 27・09・30 高刑集 5・12・2094 ……… 600

福岡高判昭和 27・10・28 高刑集 5・12・2175 ……… 640

仙台高判昭和 27・10・29 高裁刑事判決特報 22・
192 …………………………………………… 461

札幌高判昭和 27・11・20 高刑集 5・11・2018 ……… 277

最判昭和 27・12・25 刑集 6・12・1387 … 258, 452, 457

東京高判昭和 27・12・26 高刑集 5・13・2645 ……… 82

最判昭和 28・01・22 刑集 7・1・8 …………………… 569

最判昭和 28・01・23 刑集 7・1・46 ………………… 632

最判昭和 28・01・30 刑集 7・1・128 …………… 178, 181

最決昭和 28・02・19 刑集 7・2・280 ………………… 71

最判昭和 28・02・20 刑集 7・2・426 ………………… 447

名古屋高判昭和 28・02・26 高裁刑事判決特報 33・
11 ……………………………………………… 307

最判昭和 28・03・06 裁判集刑 75・435 ……… 336, 341

最決昭和 28・04・25 刑集 7・4・881 ………………… 668

最判昭和 28・05・01 刑集 7・5・917 ………………… 668

最判昭和 28・05・08 刑集 7・5・965 ………………… 333

最判昭和 28・05・21 刑集 7・5・1053 …… 358, 359, 362

最決昭和 28・05・25 刑集 7・5・1128 ……………… 430

広島高判昭和 28・05・27 高裁刑事判決特報 31・15
………………………………………………… 246

札幌高判昭和 28・06・09 高裁刑事判決特報 32・29
………………………………………………… 307

最大判昭和 28・06・17 刑集 7・6・1289 …………… 85

東京高判昭和 28・07・20 高刑集 6・9・1210 ……… 656

東京高判昭和 28・07・20 高裁刑事判決特報 39・37
………………………………………………… 584

最判昭和 28・07・24 刑集 7・7・1638 ……………… 348

札幌高判昭和 28・08・24 高刑集 6・7・947 ……… 234

広島高判昭和 28・09・08 高刑集 6・10・1347 …… 600

広島高判昭和 28・09・09 高刑集 6・12・1642 …… 351

最判昭和 28・10・02 刑集 7・10・1879 ……………… 598

最判昭和 28・10・02 刑集 7・10・1883 ……………… 559

最決昭和 28・10・19 刑集 7・10・1945
………………………………… 607, 619, 621, 625

最判昭和 28・10・27 刑集 7・10・1971 ……… 647, 650

大阪高判昭和 28・11・18 高刑集 6・11・1603 …… 235

東京高判昭和 28・11・28 高裁刑事判決特報 39・
205 ………………………………………… 660

最決昭和 28・12・10 刑集 7・12・2418 … 583, 584, 584

最判昭和 28・12・15 刑集 7・12・436 ……………… 161

最判昭和 28・12・25 刑集 7・13・2721 ……… 298, 299

福岡高判昭和 29・01・12 高刑集 7・1・1 …………… 589

東京高判昭和 29・01・18 東高時報 5・1・3 ……… 539

最大判昭和 29・01・20 刑集 8・1・41 ……………… 244

最判昭和 29・03・02 裁判集刑 93・59 ……………… 516

福岡高判昭和 29・03・09 高裁刑事判決特報 26・70
………………………………………………… 277

最判昭和 29・03・25 刑集 9・3・323 ………………… 430

東京高判昭和 29・03・25 高刑集 7・3・323 ……… 430

最判昭和 29・04・06 刑集 8・4・407 ………………… 287

最決昭和 29・04・15 刑集 8・4・508 ………………… 448

大阪高判昭和 29・05・04 高刑集 7・4・591 ……… 228

最判昭和 29・05・06 刑集 8・5・634 ………………… 227

福岡高判昭和 29・05・29 高刑集 7・6・866 ……… 246

大阪高判昭和 29・05・29 高裁刑事判決特報 28・
133 ………………………………………… 654

最決昭和 29・06・01 刑集 8・6・787 ………………… 194

大阪高判昭和 29・06・24 高裁刑事判決特報 28・
148 ………………………………………… 194

広島高判昭和 29・06・30 高刑集 7・6・944 ……… 15

最決昭和 29・07・05 刑集 8・7・1035 ……… 670, 672

仙台高判秋田支部判決昭和 29・07・06 高裁刑事裁
判特報 1・1・7 ……………………………… 664

東京高判昭和 29・07・26 東高時報 5・7・295 …… 591

広島高判昭和 29・08・09 高刑集 7・7・1149 ……… 287

最判昭和 29・08・20 刑集 8・8・1256
………………………………… 656, 658, 660, 670

最決昭和 29・08・20 刑集 8・8・1363 ……………… 448

最決昭和 29・09・24 刑集 8・9・1519 ……………… 650

最決昭和 29・09・30 刑集 8・9・1575 ……………… 601

東京高判昭和 29・10・19 判タ 44・24 ……………… 381

仙台高判昭和 29・11・02 高裁刑事裁判特報 1・9・
415 ………………………………………… 228

最判昭和 29・11・09 刑集 8・11・1742 ……………… 572

大阪高判昭和 29・11・30 高裁刑事裁判特報 1・
12・584 ………………………………… 112, 511

最判昭和 30・01・11 刑集 9・1・25 ………………… 500

東京地判昭和 30・01・31 判時 69・27 ……………… 519

広島高判昭和 30・02・05 高裁刑事裁判特報 2・4・

60 ……………………………………… 159

福岡高判昭和 30・03・09 高裁刑事裁判特報 2・6・
148 ……………………………………… 561

最判昭和 30・03・17 刑集 9・3・477 ………… 656

名古屋高裁金沢支部昭和 30・03・17 高裁刑事
裁判特報 2・6・156 …………………… 243

東京高判昭和 30・04・02 高裁刑事裁判特報 2・7・
247 ……………………………………… 224

最判昭和 30・04・08 刑集 9・4・827 ……… 200, 263

名古屋高判昭和 30・05・04 高裁刑事裁判特報 2・
11・501 …………………………………… 238

福岡高判昭和 30・05・19 高刑集 8・4・568 ……… 455

最大判昭和 30・05・25 刑集 9・6・1080 ……… 481

広島高判昭和 30・06・04 高刑集 8・4・585 ……… 605

最決昭和 30・06・22 刑集 9・7・1179 ……… 666

最大判昭和 30・06・22 刑集 9・8・1189
…………………………… 408, 410, 411

東京高判昭和 30・06・27 東高時報 6・7・211 … 159

最決昭和 30・07・07 刑集 9・9・1856 … 200, 263, 271

最判昭和 30・08・09 刑集 9・9・2008 ……… 194

東京高判昭和 30・08・18 高刑集 8・8・979 ……… 561

東京高判昭和 30・08・30 高刑集 8・6・860 ……… 177

広島高判昭和 30・09・06 高刑集 8・8・1021 ……… 224

札幌高判昭和 30・09・15 高刑集 8・6・901 ……… 119

広島高判昭和 30・09・28 高刑集 8・8・1056 ……… 425

福岡高判昭和 30・09・28 高裁刑事裁判特報 2・22・
1149 ……………………………………… 146

最決昭和 30・09・29 刑集 9・10・2098 …………… 81

最判昭和 30・10・14 刑集 9・11・2173 …………… 290

広島高裁岡山支部判昭和 30・11・15 高裁刑事裁
判特報 2・22・1173 …………………… 379, 380

東京高判昭和 30・12・06 東高時報 6・12・44 …… 426

仙台高判昭和 30・12・08 高裁刑事裁判特報 2・24・
1267 ……………………………………… 51

名古屋高判昭和 30・12・13 高裁刑事裁判特報 2・
24・1276 ……………………………… 277

最判昭和 30・12・23 刑集 9・14・2957 ………… 246

最判昭和 30・12・26 刑集 9・14・3053 ……… 295, 301

最決昭和 31・01・19 刑集 10・1・67 ………… 224

高松高判昭和 31・01・19 高裁刑事裁判特報 3・3・
51 ……………………………………… 575

最決昭和 31・03・06 刑集 10・3・282 ……… 444, 448

最決昭和 31・03・06 裁判集刑 112・601 …… 515, 519

福岡高判昭和 31・04・14 高裁刑事裁判特報 3・8・
409 ……………………………………… 87, 111

最判昭和 31・04・24 刑集 10・4・617 ………… 584

名古屋高判昭和 31・05・30 高裁刑事裁判特報 3・
14・681 ………………………………… 386

名古屋高判昭和 31・05・31 高裁刑事裁判特報 3・
14・685 ………………………………… 86

最判昭和 31・06・13 刑集 10・6・830 ………… 414

最判昭和 31・06・26 刑集 10・6・874 ……… 301, 309

東京高判昭和 31・06・26 高刑集 9・7・659 … 427, 431

最決昭和 31・07・03 刑集 10・7・955 ………… 226

最判昭和 31・07・03 刑集 10・7・965 ………… 658

最判昭和 31・07・12 刑集 10・7・1058 ………… 652

最判昭和 31・07・17 刑集 10・7・1075 ………… 649

札幌高裁函館支部判昭和 31・08・21 刑集 11・10・
2431 …………………………………… 572

最判昭和 31・08・22 刑集 10・8・1260 ……… 212, 259

最判昭和 31・10・25 刑集 10・10・1455 ………… 130

最判昭和 31・12・07 刑集 10・12・1592 ……… 323, 331

広島高判昭和 31・12・25 高刑集 9・12・1336 …… 590

最決昭和 31・12・27 刑集 10・12・1798 ………… 461

最決昭和 32・01・17 刑集 11・1・23 ………… 484

最決昭和 32・01・22 刑集 11・1・50 ………… 584

最判昭和 32・01・24 刑集 11・1・270 ………… 216

最判昭和 32・01・29 刑集 11・1・325 ………… 348

最決昭和 32・02・07 刑集 11・2・530 ………… 497

最判昭和 32・02・21 刑集 11・2・877 ………… 178

最判昭和 32・02・26 刑集 11・2・906 ………… 45

最決昭和 32・02・28 裁判集刑 117・1357 ………… 138

名古屋高判昭和 32・03・04 高裁刑事裁判特報 4・
6・116 ………………………………… 238

最大判昭和 32・03・13 刑集 11・3・997
…………………………… 112, 509, 511, 513

最判昭和 32・04・04 刑集 11・4・1327 … 139, 346, 353

最決昭和 32・04・11 刑集 11・4・1360 ………… 59

東京高判昭和 32・04・12 東高時報 8・4・87 ……… 516

最決昭和 32・04・16 刑集 11・4・1366 ………… 342

仙台高判昭和 32・04・18 高刑集 10・6・491 ……… 122

最決昭和 32・04・23 刑集 11・4・1393 …………… 42

最決昭和 32・04・25 刑集 11・4・1480 ………… 427

最決昭和 32・04・25 刑集 11・4・1427 ………… 220

最判昭和 32・04・30 刑集 11・4・1502 ………… 625

最決昭和 32・05・22 刑集 11・5・1526 ………… 515

東京高判昭和 32・05・24 高刑集 10・4・361 …… 584

東京高判昭和 32・05・31 高裁刑事裁判特報 4・11=
12・289 ……………………………………… 244

最判昭和 32・07・16 刑集 11・7・1829 ………… 216

最判昭和 32・07・19 刑集 11・7・1966 ………… 584

大阪高判昭和 32・07・22 高刑集 10・6・521 …… 563

最判昭和 32・07・25 刑集 11・7・2037 ………… 480

最判昭和 32・08・01 刑集 11・8・2065 ………… 250

最決昭和 32・09・05 刑集 10・7・955 ………… 226

最判昭和 32・09・13 刑集 11・9・2263 ………… 239

大阪高判昭和 32・09・13 高刑集 10・7・602 …… 72

最決昭和 32・09・18 裁判集刑 120・457 ……… 403

広島高判昭和 32・09・25 高刑集 10・9・701 …… 241

東京高判昭和 32・10・01 東高時報 88・10・352 … 516

最判昭和 32・10・03 刑集 11・10・2413 ……… 572

最判昭和 32・10・04 刑集 11・10・2464 ……… 453

最判昭和 32・10・15 刑集 11・10・2597 …… 197, 216

札幌高判昭和 32・11・07 高裁刑事裁判特報 4・22・
592 ……………………………………… 642

最判昭和 32・11・08 刑集 11・12・3061 ……… 216

大阪高判昭和 32・11・09 高裁刑事裁判特報 4・22・
594 ……………………………………… 654

最決昭和 32・11・21 刑集 11・12・3101 ……… 650

最決昭和 32・12・19 刑集 11・13・3316 ……… 295

最判昭和 32・12・19 刑集 11・13・3316 ……… 313

東京高判昭和 33・03・04 高刑集 11・2・67 …… 211

最決昭和 33・03・06 刑集 12・3・452 ………… 288

東京高判昭和 33・03・10 高裁刑事裁判特報 5・3・
89 ……………………………………… 217

最決昭和 33・03・19 刑集 12・4・636 ……… 78, 79, 83

最判昭和 33・03・28 刑集 12・4・708 ………… 572

水戸地判昭和 33・03・29 第一審刑事裁判例集 1・
3・461 ……………………………………… 524

最判昭和 33・04・10 刑集 12・5・743 ……… 437, 448

最判昭和 33・04・17 刑集 12・6・1079 ……… 214

最判昭和 33・04・18 刑集 12・6・1090 ……… 59, 60

高松高判昭和 33・05・31 高裁刑事裁判特報 5・6・

257 ……………………………………… 660

東京高判昭和 33・06・21 東高時報 9・7・176 … 654

最判昭和 33・06・24 刑集 12・10・2301 ……… 256

東京高判昭和 33・07・15 高刑集 11・7・394 … 157

最判昭和 33・07・25 刑集 12・12・2746 ……… 386

最判昭和 33・07・31 刑集 12・12・2805 ……… 630

最判昭和 33・09・01 刑集 12・13・2833 ……… 276

最決昭和 33・09・05 刑集 12・13・2844 …… 515, 519

最決昭和 33・09・05 刑集 12・13・2858 …… 348, 444

最決昭和 33・09・16 刑集 12・13・3031 ……… 461

最判昭和 33・09・30 刑集 12・13・3151 …… 566, 567

最判昭和 33・09・30 刑集 12・13・3180 ……… 647

最判昭和 33・10・10 刑集 12・14・3246 ……… 320

最判昭和 33・10・14 刑集 12・14・3264 ……… 566

最判昭和 33・10・24 刑集 12・14・3368 ……… 339

最判昭和 33・10・24 刑集 12・14・3407 ……… 625

最判昭和 33・10・31 刑集 12・14・3421 ……… 246

大阪高判昭和 33・11・18 高刑集 11・9・573 …… 241

最判昭和 33・11・21 刑集 12・15・3519 ……… 16

福岡高判昭和 33・12・15 高裁刑事裁判特報 5・12・
506 ……………………………………… 181

広島高判昭和 33・12・24 高刑集 11・10・701 … 122

東京高判昭和 33・12・25 東高時報 9・12・312 … 278

東京高判昭和 34・01・31 東高時報 10・1・84 … 227

最判昭和 34・02・09 刑集 13・1・76 ………… 335

高松高判昭和 34・02・11 高刑集 12・1・18 …… 242

最判昭和 34・02・13 刑集 13・2・101 ………… 321

最判昭和 34・02・19 刑集 13・2・161 ………… 544

最決昭和 34・02・19 刑集 13・2・186 ………… 156

仙台高判昭和 34・02・26 高刑集 12・2・77 …… 251

最判昭和 34・03・05 刑集 13・3・275 ………… 518

最判昭和 34・03・12 刑集 13・3・298 ………… 201

最判昭和 34・03・23 刑集 13・3・391 ………… 246

最判昭和 34・04・28 刑集 13・4・466 ………… 76

東京高判昭和 34・04・30 高刑集 12・5・486 …… 563

最判昭和 34・05・07 刑集 13・5・641 ……… 156, 161

最決昭和 34・06・12 刑集 13・6・960 ………… 246

最判昭和 34・06・30 刑集 13・6・985 ………… 426

最決昭和 34・07・03 刑集 13・7・1088 ……… 81

最判昭和 34・07・24 刑集 13・8・1163 ……… 32, 39, 40

最決昭和 34・08・27 刑集 13・10・2769 ……… 566

最判昭和 34・08・28 刑集 13・10・2906 ………… 202
最決昭和 34・09・28 刑集 13・11・2993 ………… 265
東京高判昭和 34・12・08 高刑集 12・10・1017 … 76
最大判昭和 34・12・09 刑集 13・12・3186 ………… 644
静岡地判昭和 34・12・24 下刑集 1・12・2682 … 371
最決昭和 34・12・25 刑集 13・13・3333 ………… 386
最決昭和 34・12・25 刑集 13・13・3360 ………… 156
最決昭和 35・01・12 刑集 14・1・9 ……………… 444
東京高判昭和 35・01・27 東高時報 11・1・3 …… 279
最決昭和 35・02・11 裁判集刑 132・201 ……… 129
大阪高判昭和 35・02・18 下刑集 2・2・141 …… 612
東京高判昭和 35・02・22 判タ 102・38 ………… 272
最判昭和 35・03・01 刑集 14・3・209 ………… 561
最決昭和 35・03・10 刑集 14・3・333 ………… 448
最判昭和 35・03・17 刑集 14・3・351 ………… 601
最判昭和 35・03・18 刑集 14・4・416 ………… 69
東京高判昭和 35・03・22 判タ 103・38 ………… 60
名古屋高判昭和 35・04・11 下刑集 2・3=4・357 ‥ 244
名古屋高判昭和 35・04・25 高刑集 13・4・279 … 403
最決昭和 35・04・28 刑集 14・6・836 ………… 576
最決昭和 35・06・24 刑集 14・8・1103 …… 574,575
佐賀地判昭和 35・06・27 下刑集 2・5=6・938 …… 590
東京高判昭和 35・07・15 下刑集 2・7=8・989 …… 311
最決昭和 35・07・18 刑集 14・9・1189 …… 601,602
名古屋地判昭和 35・07・19 下刑集 2・7=8・1072
　　　　………………………………………… 370,381
東京高判昭和 35・07・26 東高時報 11・7・202 … 217
東京高判昭和 35・08・25 下刑集 2・7=8・1023 … 169
最決昭和 35・09・09 刑集 14・11・1457 ………… 214
東京高判昭和 35・10・06 東高時報 11・10・265 … 635
名古屋高判昭和 35・11・21 下刑集 2・11=12・1338
　　　　……………………………………………… 81
東京高判昭和 35・11・29 高刑集 13・9・639 612,616
最判昭和 35・12・08 刑集 14・13・1818
　　　　……………………… 357,358,361,363
最決昭和 35・12・22 刑集 14・14・2198 ………… 341
最判昭和 36・01・10 刑集 15・1・1 ……… 45,403,404
最判昭和 36・01・13 刑集 15・1・113 ………… 648
最決昭和 36・02・09 刑集 15・2・308 ………… 668
最決昭和 36・03・02 刑集 15・3・451 ………… 633
最決昭和 36・03・28 裁判集刑 137・493 ………… 601

最判昭和 36・03・30 刑集 15・3・605 ………… 455
最判昭和 36・03・30 刑集 15・3・667 ………… 448
東京高判昭和 36・03・31 高刑集 14・2・77 ……… 582
東京地判昭和 36・04・04 判時 274・34 ………… 605
東京地判昭和 36・05・04 東高時報 12・5・4 …… 582
最決昭和 36・05・23 刑集 15・5・812 ………… 478
名古屋地判昭和 36・05・29 裁判所時法 332・5 … 34
東京地判昭和 36・06・14 判時 268・32 ………… 311
最判昭和 36・06・20 刑集 15・6・984 ………… 455
福岡高判昭和 36・06・29 高刑集 14・5・273 …… 658
最決昭和 36・08・17 刑集 15・7・1293 ………… 606
最判昭和 36・08・17 刑集 15・7・1244 ………… 131
和歌山地判昭和 36・08・21 下刑集 3・7=8・783 … 601
最判昭和 36・09・08 刑集 15・8・1309 ………… 419
最判昭和 36・09・26 刑集 15・8・1525 ………… 482
最判昭和 36・10・10 刑集 15・9・1580 …… 305,343
最判昭和 36・10・13 刑集 15・9・1586 …… 155,156
名古屋高判昭和 36・11・08 高刑集 14・8・563 … 524
最判昭和 36・12・01 刑集 15・11・1807 ………… 405
東京高判昭和 36・12・20 東高時報 12・12・263 … 381
最決昭和 36・12・26 刑集 15・12・2046 ………… 573
最判昭和 37・01・23 刑集 16・1・11 ………… 566
東京高判昭和 37・01・23 高刑集 15・12・100 …… 656
最決昭和 37・02・09 刑集 16・2・54 ………… 579
福岡高判昭和 37・02・26 教職員人事関係裁判例
　　集 2・423 ………………………………… 386
最決昭和 37・03・01 刑集 16・3・247 ………… 455
最判昭和 37・04・13 裁判集刑 141・789 ………… 663
最判昭和 37・05・29 刑集 16・5・528 ………… 649
最判昭和 37・06・26 裁判集刑 143・201 ………… 214
福岡高判昭和 37・07・23 高刑集 15・5・387 …… 231
福岡高判昭和 37・08・22 高刑集 15・5・405 …… 231
東京高判昭和 37・08・23 東高時報 13・8・212
　　　　……………………………………… 278,279
浦和地判昭和 37・09・24 下刑集 4・9=10・879 … 311
東京高判昭和 37・10・23 高刑集 15・8・621 …… 177
前橋地判昭和 37・10・31 判タ 140・112 ………… 614
最決昭和 37・11・21 刑集 16・11・1570 ……… 91,94
東京地判昭和 37・11・29 判タ 140・117 ………… 265
東京地判昭和 37・12・03 判時 323・33 ………… 219
長崎地判昭和 37・12・06 下刑集 4・11=12・107 … 615

最決昭和 38・03・28 刑集 17・2・166 ……………… 323

最決昭和 38・04・18 刑集 17・3・248 ………… 81, 83

東京高判昭和 38・05・08 高刑集 16・3・254 …… 478

東京高判昭和 38・06・28 高刑集 16・4・377 …… 237

最判昭和 38・07・09 刑集 17・6・608 …………… 331

福岡高判昭和 38・07・15 下刑集 5・7=8・653

……………………………………………… 612, 615

東京地判昭和 38・07・16 判時 368・13 ………… 662

鹿児島地判昭和 38・07・18 下刑集 5・7=8・748 … 614

東京高判昭和 38・09・05 東高時報 14・9・157 … 533

高松地裁丸亀支部判昭和 38・09・16 下刑集 5・9=

10・867 …………………………………………… 258

最決昭和 38・11・08 刑集 17・11・2357 ………… 344

大阪高判昭和 38・11・27 高刑集 16・8・708 …… 556

最判昭和 38・12・24 刑集 17・12・2485 …… 348, 438

最決昭和 38・12・27 刑集 17・12・2595 ………… 447

新潟地裁相川支部判昭和 39・01・10 下刑集 6・1=

2・25 …………………………………………… 230

最決昭和 39・01・28 刑集 18・1・31 ……………… 51

最決昭和 39・03・11 刑集 18・3・99 …………… 541

最決昭和 39・03・31 刑集 18・3・115 …………… 575

名古屋高判昭和 39・04・27 高刑集 17・3・262 … 394

東京高判昭和 39・06・08 高刑集 17・5・446 …… 218

東京高判昭和 39・07・06 高刑集 17・4・422 …… 614

大阪高判昭和 39・10・05 下刑集 6・9=10・988 … 179

最決昭和 39・10・13 刑集 18・8・507 …………… 584

最判昭和 39・11・24 刑集 18・9・610 …………… 345

東京高判昭和 39・11・25 高刑集 17・8・729 …… 386

最決昭和 39・12・08 刑集 18・10・952 ………… 665

最判昭和 40・01・22 判時 399・20 ……………… 138

最決昭和 40・02・26 刑集 19・1・59 …………… 602

最判昭和 40・03・09 刑集 19・2・69 …………… 227

最判昭和 40・03・16 裁判集刑 155・67 ………… 329

東京高判昭和 40・03・29 高刑集 18・2・126 …… 607

最決昭和 40・03・30 刑集 19・2・125 …………… 117

最決昭和 40・04・16 刑集 19・3・143 …………… 556

最大判昭和 40・04・28 刑集 19・3・300 ………… 658

東京高判昭和 40・05・28 高刑集 18・4・273 …… 582

東京高判昭和 40・06・18 高刑集 18・4・377 …… 278

福岡高判昭和 40・06・24 下刑集 7・6・1202 …… 455

東京高判昭和 40・06・25 高刑集 18・3・238 …… 81

東京地判昭和 40・06・26 下刑集 7・6・1319 …… 198

最決昭和 40・09・16 刑集 19・6・679 …………… 609

東京地判昭和 40・09・30 下刑集 7・9・1828 …… 38

名古屋高裁金沢支判昭和 40・10・14 高刑集 18・6・

691 ……………………………………………… 42

名古屋高裁金沢支部判昭和 40・10・14 高刑集 18・

6・691 …………………………………………… 251

大阪地判昭和 40・12・13 下刑集 7・12・2206 …… 660

大阪高判昭和 40・12・17 高刑集 18・7・877 …… 230

東京高判昭和 41・03・10 高刑集 19・3・253 …… 660

福岡高裁宮崎支部判昭和 41・03・15 下刑集 8・3・

372 ……………………………………………… 386

最判昭和 41・03・24 刑集 20・3・129 …………… 567

最判昭和 41・04・08 刑集 20・4・207 … 218, 223, 242

最判昭和 41・04・14 判時 449・64 ……………… 564

福岡高判昭和 41・06・07 下刑集 8・6・825 …… 666

最決昭和 41・06・10 刑集 20・5・374 ……… 345, 352

大阪高判昭和 41・06・18 下刑集 8・6・836 …… 422

東京高判昭和 41・07・19 高刑集 19・4・463

……………………………………………… 354, 355

大阪高判昭和 41・09・07 判タ 199・187 …… 113, 511

福岡高判昭和 41・09・14 判タ 196・190 ………… 381

最判昭和 41・09・16 刑集 20・7・790 ……… 579, 582

大阪地判昭和 41・09・19 判タ 200・180 ………… 381

広島高判昭和 41・09・30 高刑集 19・5・620 …… 620

釧路地裁網走支部判昭和 41・10・28 判時 468・73

……………………………………………………… 461

東京地判昭和 41・11・25 判タ 200・177 ………… 220

最大判昭和 41・11・30 刑集 20・9・1076 …… 188, 560

最判昭和 42・03・07 刑集 21・2・417 …………… 93

東京高判昭和 42・03・28 下刑集 9・3・215 …… 156

最決昭和 42・03・30 刑集 21・2・447 ……… 448, 477

東京高判昭和 42・04・28 東高時報 18・4・144 … 309

最大判昭和 42・05・24 刑集 21・4・505 ………… 562

東京高判昭和 42・06・20 判タ 214・249 ………… 238

福岡高判昭和 42・06・22 下刑集 9・6・784 …… 247

静岡地裁沼津支部判昭和 42・06・24 下刑集 9・6・

851 ……………………………………………… 515

最決昭和 42・08・28 刑集 21・7・863 ……… 457, 460

最決昭和 42・10・12 刑集 21・8・1083 ………… 386

最決昭和 42・11・02 刑集 21・9・1179 ……… 230, 231

最決昭和 42・11・28 刑集 21・9・1277 ………… 475
新潟地判昭和 42・12・05 判時 509・77 ………… 248
最決昭和 42・12・19 刑集 21・10・1407 ………… 571
最決昭和 42・12・21 裁判集刑 165・551 ………… 86
最決昭和 43・01・18 刑集 22・1・7 ……………… 160
尼崎簡判昭和 43・02・02 下刑集 10・2・211 …… 144
大阪高判昭和 43・03・04 下刑集 10・3・225 …… 195
東京高判昭和 43・03・15 高刑集 21・2・158 …… 636
大阪地判昭和 43・03・18 判タ 223・244 ………… 607
岡山地判昭和 43・04・30 下刑集 10・4・416 …… 77
岡山地判昭和 43・05・06 下刑集 10・5・561 …… 92
仙台高判昭和 43・05・23 下刑集 10・5・542 …… 379
最決昭和 43・06・05 刑集 22・6・427 …………… 537
福岡高判昭和 43・06・14 下刑集 10・6・592 …… 218
最決昭和 43・06・25 刑集 22・6・490 …… 475, 482, 484
最判昭和 43・06・28 刑集 22・6・569 …………… 354
最決昭和 43・09・17 刑集 22・9・862 ……… 127, 128
最決昭和 43・09・17 裁判集刑 168・691 ……… 211
最大判昭和 43・09・25 刑集 22・9・871 ……… 671
岡山地判昭和 43・10・08 判時 546・98 ………… 36
最決昭和 43・10・15 刑集 22・10・901 ………… 662
最決昭和 43・10・24 刑集 22・10・946 …… 201, 278
最決昭和 43・11・07 裁判集刑 169・355 ……… 34
大阪地判昭和 43・11・15 判タ 235・280 ……… 230
最決昭和 43・12・11 刑集 22・13・1469 ……… 289
最判昭和 43・12・24 刑集 22・13・1625 ……… 522
最大判昭和 44・04・02 刑集 23・5・685 ……… 139
盛岡地判昭和 44・04・16 刑裁月報 1・4・434 … 219
宮崎地裁日南支部判昭和 44・05・22 刑裁月報 1・
5・535 …………………………………………… 607
最大判昭和 44・06・18 刑集 23・7・950 ……… 478
最大判昭和 44・06・25 刑集 23・7・975 …… 160, 162
最決昭和 44・07・25 刑集 23・8・1068 ………… 116
大阪高判昭和 44・08・07 刑裁月報 1・8・795
……………………………………………… 201, 271
最大判昭和 44・10・15 刑集 23・10・1239 …… 513
福岡高判昭和 44・12・18 刑裁月報 1・12・1110 … 665
最判昭和 45・01・29 刑集 24・1・1 ……… 113, 116
大阪地判昭和 45・01・29 刑裁月報 2・1・70 …… 76
京都地判昭和 45・03・12 刑裁月報 2・3・258 …… 339

最判昭和 45・03・26 刑集 24・3・55 …………… 267
東京高判昭和 45・04・06 東高時報 21・4・152 …… 195
東京高判昭和 45・05・11 高刑集 23・2・386 …… 40
広島高判昭和 45・05・28 判タ 255・275 ……… 228
大阪高判昭和 45・06・12 刑裁月報 2・6・626 …… 323
最決昭和 45・06・30 判時 596・96 ………… 437, 448
札幌高判昭和 45・07・14 高刑集 23・3・479 …… 48
最決昭和 45・07・28 刑集 24・7・585 ………… 118
東京高判昭和 45・08・11 高刑集 23・3・524 …… 408
最決昭和 45・09・04 刑集 24・10・1319 ……… 473
京都地判昭和 45・10・12 刑裁月報 2・10・1104 …… 80
最大判昭和 45・10・21 民集 24・11・1560 …… 303
最決昭和 45・12・03 刑集 24・13・1707 …… 52, 54, 55
最決昭和 45・12・22 刑集 24・13・1812 ……… 561
最決昭和 45・12・22 刑集 24・13・1862 ……… 354
最決昭和 45・12・22 刑集 24・13・1882 ……… 237
東京高判昭和 46・02・02 高刑集 24・1・75 …… 129
東京高判昭和 46・03・04 高刑集 24・1・168 …… 38
最判昭和 46・04・22 刑集 25・3・530 ………… 407
大阪高判昭和 46・04・26 高刑集 24・2・320 …… 55
仙台高判昭和 46・06・21 高刑集 24・2・418 …… 213
最判昭和 46・06・24 民集 25・4・574 ………… 565
東京高判昭和 46・09・09 高刑集 24・3・537 …… 229
最決昭和 46・09・22 刑集 25・6・769 …… 128, 129
東京高判昭和 46・11・15 高刑集 24・4・685 …… 582
大阪高判昭和 46・11・26 高刑集 24・4・741 …… 298
最決昭和 46・12・20 刑集 25・9・1086 ……… 386
大阪高判昭和 47・01・24 高刑集 25・1・11 …… 55
最決昭和 47・03・02 刑集 26・2・67 …………… 323
最判昭和 47・03・14 刑集 26・2・187 ………… 54
東京高判昭和 47・07・21 高刑集 25・3・316 …… 386
大阪高判昭和 47・08・04 高刑集 25・3・368 … 238, 241
大阪地判昭和 47・09・06 判タ 306・298 ……… 567
福岡高判昭和 47・11・22 刑裁月報 4・11・1803 … 301
最決昭和 48・02・08 裁判集刑 186・33 ……… 55
最決昭和 48・02・28 刑集 27・1・68 …………… 533
東京地判昭和 48・03・09 判タ 298・349 ……… 36
最決昭和 48・03・15 刑集 27・2・115 ………… 455
東京高判昭和 48・03・26 高刑集 26・1・85 …… 241
最判昭和 48・04・12 刑集 27・3・351 ………… 512
東京高判昭和 48・08・07 高刑集 26・3・322

694 判例索引

―――――――――――――――― 175, 178, 179
大阪高判昭和49・02・14 刑裁月報6・2・118 ――― 179
最判昭和49・05・31 裁判集刑192・571 ―――――― 135
東京高判昭和49・06・27 高刑集37・3・291 ――― 234
名古屋高裁金沢支部判昭和49・07・30 高刑集27・
4・324 ―――――――――――――――――― 455
神戸地判昭和49・10・11 刑裁月報6・10・1031 ― 177
東高高判昭和49・10・22 東高時報25・10・90 ―― 374
最判昭和49・12・12 民集28・10・2028 ――――― 565
東京高判昭和50・01・29 刑裁月報7・1・32 ――― 219
福岡高判昭和50・02・26 刑裁月報7・2・84 ――― 219
東京高判昭和50・03・11 高刑集28・2・121 ――― 461
東京地判昭和50・03・26 刑裁月報7・3・406 ――― 56
東京高判昭和50・04・15 刑裁月報7・4・480 ―― 51
最判昭和50・04・24 判時774・119 ―――――― 666
大阪高判昭和50・06・04 高刑集28・3・257 ――― 561
最決昭和50・06・12 刑集29・6・365 ――――― 339
最判昭和50・06・13 刑集29・6・375 ――――― 426
広島地昭和50・06・24 刑裁月報7・6・692 ――― 214
大阪高判昭和50・11・19 判時813・102 ――― 387
東京高判昭和51・01・23 判時818・107 ――― 389
最判昭和51・02・19 刑集30・1・47 ――――― 652
最判昭和51・03・04 刑集30・2・79 ――――― 135, 139
大阪高判昭和51・03・12 判時831・123 ――― 228
最判昭和51・03・18 刑集30・2・212 ―――― 522
最判昭和51・04・01 刑集30・3・425 ―――― 258
東京地判昭和51・04・27 刑裁月報8・4=5・289 ― 513
最判昭和51・04・30 刑集30・3・453 ――――― 439, 468
最判昭和51・05・06 刑集30・4・591
――――――――――― 443, 448, 449, 451
大阪高判昭和51・07・14 刑裁月報8・6=8・332
―――――――――――――――――――― 561
広島高判昭和51・09・21 刑裁月報8・9=10・380
―――――――――――――――――― 78, 79, 83
福岡高判昭和51・09・22 判時837・108 ―― 612, 616
札幌高判昭和51・10・12 判時861・129 ――― 211
京都地判昭和51・10・15 刑裁月報8・9=10・431
―――――――――――――――――――― 247
大阪地判昭和51・10・25 判時857・124 ――― 96
広島地判昭和51・12・01 刑裁月報8・11=12・517
―――――――――――――――――――― 138

札幌簡判昭和51・12・06 刑裁月報8・11=12・525
―――――――――――――――――――― 195
広島高裁松江支部判昭和51・12・06 高刑集29・4・
651 ―――――――――――――――――― 272
東京高判昭和51・12・06 東高時報27・12・160 ―― 51
東京地判八王子支部昭和51・12・17 刑裁月報
8・11=12・527 ―――――――――――― 343
京都地判昭和51・12・17 判時847・112 ――― 211
最決昭和52・04・25 刑集31・3・169 ―――― 448
東京高判昭和52・05・04 判時861・122 ――― 374
大阪地判昭和52・06・13 刑裁月報9・5=6・369
―――――――――――――――――――― 561
大阪高判昭和52・06・28 刑裁月報9・5=6・334
―――――――――――――――――――― 388
最判昭和52・07・14 刑集31・4・713 ―――― 348
宮崎地判昭和52・10・18 刑裁月報9・9=10・746
―――――――――――――――――――― 592
最判昭和52・12・22 刑集31・7・1176 ―――― 520
東京高判昭和53・02・08 高刑集31・1・1 ―― 445, 487
東京高判昭和53・03・22 刑裁月報10・3・217 ―― 427
福岡高判昭和53・04・24 判時905・123 ――― 313
最判昭和53・06・29 刑集32・4・816 ――― 560, 561
大阪高判昭和53・07・28 高刑集31・2・118 ―― 88
最決昭和53・09・04 刑集32・6・1077 ―――― 361
最決昭和53・09・04 刑集32・6・1652 ―――― 359
最決昭和53・09・22 刑集32・6・1774 ―――― 562
大阪高判昭和53・12・15 高刑集31・3・333 ―― 561
横浜地判昭和54・01・16 判時925・134 ――― 387
熊本地判昭和54・03・22 刑裁月報11・3・168 ―― 27
東京高判昭和54・03・29 東高時報30・3・55 ― 195
横浜地判昭和54・03・29 判時940・126 ――― 387
最決昭和54・04・13 刑集33・3・179 ―――― 531
最決昭和54・05・30 刑集33・4・324 ―――― 469
大阪地裁堺支部判昭和54・06・22 刑裁月報11・6・
584 ―――――――――――――――――― 520
最判昭和54・06・26 刑集33・4・364 ―――― 109
東京地判昭和54・08・10 判時943・122 ――― 41
最判昭和54・11・19 刑集33・7・710 ―――― 243
最決昭和54・11・19 刑集33・7・728 ―――― 386
最判昭和54・12・25 刑集33・7・1105 ―――― 590
東京地判昭和55・02・14 刑裁月報12・1=2・47

………………………………… 198, 212
最決昭和 55・02・29 刑集 34・2・56 ……………… 353
名古屋地判昭和 55・07・28 刑裁月報 12・7・709
　　　…………………………………………… 122
東京高判昭和 55・10・07 刑裁月報 12・10・1101 … 86
最決昭和 55・10・30 刑集 34・5・357 ……………… 211
最決昭和 55・11・13 刑集 34・6・396 ………………… 44
最判昭和 55・11・28 刑集 34・6・433 ……………… 513
最決昭和 55・12・22 刑集 34・7・747 ………… 648, 671
東京高判昭和 56・02・18 刑裁月報 13・1=2・81 …… 51
最決昭和 56・02・20 刑集 35・1・15 ……………… 310
静岡地裁沼津支部判昭和 56・03・12 判時 999・135
　　　…………………………………………… 346
神戸地判昭和 56・03・27 判時 1012・35 ………… 322
最決昭和 56・04・08 刑集 35・3・57 ……………… 475
最決昭和 56・04・08 刑集 35・3・63 ………… 102, 104
長崎地判昭和 56・04・09 判タ 462・186 ………… 640
最判昭和 56・04・16 刑集 35・3・107 …………… 475
最判昭和 56・04・16 刑集 35・3・84 …………… 159
東京高判昭和 56・08・25 判時 1032・139 ………… 198
福井地判昭和 56・08・31 刑裁月報 13・8=9・547
　　　…………………………………………… 272
福岡高判昭和 56・09・21 刑裁月報 13・8=9・527
　　　…………………………………………… 269
東京地判昭和 56・12・10 判時 1028・67 ………… 304
金沢地判昭和 57・01・13 刑裁月報 14・1=2・185
　　　…………………………………………… 592
東京高判昭和 57・01・21 刑裁月報 14・1=2・1 … 137
最決昭和 57・01・28 刑集 36・1・1 ………… 635, 636
最判昭和 57・04・22 判時 1042・147 …………… 328
最判昭和 57・06・24 刑集 36・5・646 …………… 348
東京高判昭和 57・06・28 刑裁月報 14・5=6・324
　　　…………………………………………… 290
東京高判昭和 57・06・30 判時 1076・153 ………… 533
東京高判昭和 57・08・06 判時 1083・150 ………… 241
福岡高判昭和 57・09・06 高刑集 35・2・85 …… 27, 28
旭川地判昭和 57・09・29 刑裁月報 14・9・713 …… 606
最決昭和 57・11・08 刑集 36・11・879 …………… 386
最決昭和 57・11・29 刑集 36・11・988 ………… 89, 93
東京高判昭和 58・01・20 判時 1088・147 ………… 137
最決昭和 58・02・25 刑集 37・1・1 ………… 439, 469

東京地判昭和 58・03・01 刑裁月報 15・3・255 …… 122
最判昭和 58・03・08 刑集 37・2・15 ……………… 513
最決昭和 58・03・25 刑集 37・2・170 …………… 668
仙台地判昭和 58・03・28 刑裁月報 15・3・279 …… 391
最判昭和 58・04・08 刑集 37・3・215 …………… 136
東京高判昭和 58・04・27 高刑集 36・1・27 ……… 156
最決昭和 58・05・24 刑集 37・4・437 …………… 324
東京高判昭和 58・06・20 刑裁月報 15・4=6・299
　　　…………………………………………… 391
最判昭和 58・06・23 刑集 37・5・555 ………… 52, 53
横浜地判昭和 58・07・20 判時 1108・138 ………… 376
大阪地判昭和 58・08・22 判タ 512・191 …… 370, 371
大阪高判昭和 58・08・26 刑裁月報 15・7=8・376
　　　…………………………………………… 230
最決昭和 58・09・27 刑集 37・7・1078 …… 89, 91, 99
最決昭和 58・11・01 刑集 37・9・1341 …… 73, 154, 168
最決昭和 58・11・24 刑集 37・9・1538 …………… 455
東京高判昭和 59・02・14 高等裁判所刑事裁判速
　　報集昭和 59・1482 …………………………… 51
最決昭和 59・02・17 刑集 38・3・336 ………… 443, 470
最決昭和 59・03・23 刑集 38・5・2030 …………… 180
最決昭和 59・04・12 刑集 38・6・2107 …………… 403
最決昭和 59・04・27 刑集 38・6・2584 …… 179, 188
最決昭和 59・05・08 刑集 38・7・2621 ……… 560, 561
新潟地判昭和 59・05・17 判時 1123・3 ………… 325
東京地判昭和 59・06・15 判時 1126・3 ………… 212
福岡高判昭和 59・06・19 判時 1127・57 ………… 541
東京地判昭和 59・06・22 刑裁月報 16・5=6・467
　　　…………………………………………… 374
東京地判昭和 59・06・28 刑裁月報 16・5=6・476
　　　………………………………………… 198, 211
名古屋高判昭和 59・07・03 判時 1129・155 ……… 269
大阪高判昭和 59・07・27 高刑集 37・2・377 ……… 602
東京高判昭和 59・10・30 刑裁月報 16・9=10・679
　　　…………………………………………… 220
東京高判昭和 59・11・19 判タ 544・251 ………… 269
大阪高判昭和 59・11・28 高刑集 37・3・438 ……… 239
最判昭和 59・12・18 刑集 38・12・3026 …… 138, 139
最決昭和 59・12・21 刑集 38・12・3071 …… 358, 360
大阪高判昭和 60・02・06 高刑集 38・1・50 ……… 251
東京地判昭和 60・02・13 刑裁月報 17・1=2・22

東京地判昭和60・03・06 判時 1147・162

·· 198, 315, 324

東京地判昭和60・03・19 判時 1172・155 ··········· 248

最判昭和60・03・28 刑集 39・2・75 ···················· 392

最決昭和60・04・03 刑集 39・3・131 ·········· 322, 324

東京地判昭和60・04・08 判時 1171・16 ············· 651

最決昭和60・06・11 刑集 39・5・219 ··················· 651

新潟地判昭和60・07・02 刑裁月報 17・7=8・663

·· 219

最決昭和60・07・03 判時 1173・151 ··················· 602

最決昭和60・07・16 刑集 39・5・245 ··················· 636

最決昭和60・10・21 刑集 39・6・362 ··········· 59, 386

東京高判昭和60・12・04 刑裁月報 17・12・1171

·· 298

東京高判昭和60・12・10 判時 1201・148 ······· 35, 37

横浜地判昭和61・02・18 判時 1200・161 ··········· 177

福岡高裁那覇支部昭和61・02・27 高等裁判所

刑事裁判速報集昭和61・253 ························ 269

福岡地判昭和61・03・03 判タ 595・95 ··············· 179

福岡高判昭和61・03・13 判タ 601・76 ··············· 537

最決昭和61・06・24 刑集 40・4・292 ··················· 179

最決昭和61・06・27 刑集 40・4・340 ···· 439, 448, 469

最決昭和61・06・27 刑集 40・4・369 ·········· 650, 668

高松高判昭和61・07・09 判時 1209・143 ··········· 211

最決昭和61・07・18 刑集 40・5・438 ··················· 350

福岡地裁小倉支部判昭和61・08・05 判時 1253・

143 ·· 602

名古屋高判昭和61・09・30 高刑集 39・4・371 ···· 386

東京高判昭和61・11・06 東高時報 37・11=12・76

·· 381

最決昭和61・11・18 刑集 40・7・523 ··················· 201

大阪高判昭和61・12・16 高刑集 39・4・592 ········· 72

最決昭和62・03・12 刑集 41・2・140 ··················· 188

大阪高判昭和62・03・19 判時 1236・156 ··········· 128

最決昭和62・03・24 刑集 41・2・173 ····················· 96

最決昭和62・04・10 刑集 41・3・221 ···· 197, 217, 310

広島高裁松江支部昭和62・06・18 高刑集 40・1・

71 ·· 119

大阪高判昭和62・07・10 高刑集 40・3・720 ········· 49

大阪高判昭和62・07・17 判時 1253・141 ··········· 248

東京高判昭和62・07・29 高刑集 40・2・77 ········· 651

福岡地裁小倉支部判昭和62・08・26 判時 1251・

143 ·· 213

東京地判昭和62・09・16 判時 1294・143 ··········· 116

最決昭和62・09・30 刑集 41・6・297 ·········· 571, 572

東京地判昭和62・09・30 判時 1250・144 ··········· 199

東京地判昭和62・10・06 判時 1259・137 ··········· 213

最決昭和63・01・19 刑集 42・1・1 ················· 26, 36

最決昭和63・02・29 刑集 42・2・314 ··············· 27, 28

最決昭和63・04・11 刑集 42・4・419 ·········· 648, 649

東京高判昭和63・04・21 判時 1280・161 ··········· 228

最決昭和63・07・18 刑集 42・6・861 ··················· 648

大阪地判昭和63・07・21 判時 1286・153 ··········· 179

最決昭和63・10・28 刑集 42・8・1239 ················· 565

最決昭和63・11・21 刑集 42・9・1251 ················· 326

大阪地判昭和63・12・22 判タ 707・267 ··········· 212

福岡高裁宮崎支部昭和64・03・24 高刑集 42・2・

103 ·· 15

最決平成元・02・17 刑集 43・2・81 ··················· 456

東京地判平成元・02・17 判タ 700・279 ············· 468

東京高判平成元・02・20 判タ 697・269 ············· 387

東京高判平成元・02・22 判時 1308・161 ··········· 468

大阪高判平成元・03・03 判タ 712・248 ············· 241

最判平成元・03・09 刑集 43・3・95 ··················· 567

最決平成元・03・10 刑集 43・3・188 ··················· 561

最決平成元・03・14 刑集 43・3・283 ·········· 635, 637

最決平成元・05・01 刑集 3・5・404 ··················· 597

最決平成元・05・01 刑集 43・5・405 ·········· 601, 602

最決平成元・07・07 刑集 43・7・607 ··················· 203

最決平成元・07・07 判時 1326・157 ·········· 374, 391

最決平成元・07・14 刑集 43・7・641 ··················· 390

東京地判平成元・10・31 判時 1363・158 ··········· 256

大阪高判平成元・11・15 高等裁判所刑事裁判速

報集平成元・175 ··························· 269

最決平成元・12・15 刑集 43・13・879 ················· 36

東京地裁八王子支部判平成2・04・23 判時 1351・

158 ·· 284

岡山地判平成2・04・25 判時 1399・146 ··········· 580

東京高判平成2・06・18 高等裁判所刑事裁判速報

集平成2・100 ································ 211

山口簡判平成2・10・01 判時 1373・144 ··········· 227

判例索引　697

東京地判平成2・11・15判時1373・145 ………… 227
浦和地判平成2・11・22判時1374・141 …… 370, 371
大阪地判平成3・03・07判タ771・278 ………… 563
東京高判平成3・04・01高等裁判所刑事裁判速報
　集平成3・27 ……………………………………… 216
最決平成3・04・05刑集45・4・171 …………… 483
東京地裁八王子支部判平成3・08・28判タ768・
　249 …………………………………… 225, 261
甲府地判平成3・09・03判時1401・127 ………… 637
大阪地判平成3・12・05判時1411・128 ………… 519
東京高判平成3・12・26判タ787・272 ………… 269
東京地判平成4・03・24判タ798・79 …………… 648
東京地判平成4・04・21判時1424・141 ………… 465
東京地判平成4・06・19判タ806・227 …………… 96
鳥取地裁米子支部判平成4・07・03判タ792・232
　…………………………………………………… 580
東京地判平成4・07・07判時1435・142 ………… 465
大阪地判平成4・09・22判タ828・281 ………… 238
東京高判平成4・10・28判タ823・252 ………… 228
札幌高判平成4・10・30判タ817・215 ………… 237
最決平成4・11・27刑集46・8・623 …………… 180
東京高判平成5・02・25判タ823・254 ………… 228
札幌地判平成5・06・28判タ838・268 ………… 198
東京高判平成5・06・29高刑集46・2・189 ……… 281
大阪地判平成5・07・09判時1473・156 …………… 6
最決平成5・10・05刑集47・8・7 ………… 443, 472
最決平成5・10・12刑集47・8・48 …………… 65
浦和地判平成5・11・16判タ835・243 …………… 96
最決平成6・03・29刑集48・3・1 ……………… 639
最決平成6・07・19刑集48・5・190 …………… 234
東京高判平成6・08・05判時1519・149 ………… 180
最決平成6・11・29刑集48・7・453 ………… 461, 475
東京地判平成7・02・13判時1529・158 ………… 281
最大判平成7・02・22刑集49・2・1 ……… 644, 649
甲府地判平成7・03・09判時1538・207 …………… 96
東京高判平成7・03・14高刑集48・1・15 ……… 465
福岡高判平成7・03・23高等裁判所刑事裁判速報
　集平成7・151 …………………………………… 643
千葉地判平成7・06・02判時1535・144 ………… 607
札幌高判平成7・06・29判時1551・142 ………… 242
福岡高裁那覇支部判平成7・10・26判時1555・

140 ……………………………………………… 180
岡山地判平成7・11・20判時1552・156 ………… 469
高松高判平成8・01・25判時1571・148 …………… 73
千葉地判平成8・01・29判時1583・156 ………… 607
最決平成08・02・06刑集50・2・129 …………… 325
東京地判平成8・02・07判タ1600・160 ………… 245
東京地判平成8・03・28判時1598・158 ………… 516
最判平成8・04・26民集50・5・1267 ……… 273, 274
広島高裁岡山支部判平成8・05・22高刑集49・2・
　246 …………………………………… 439, 469
大阪地判平成8・07・08判タ960・293 ………… 469
名古屋高判平成9・01・10判時1491・141 ……… 281
大阪地判平成9・02・13判時1704・171 ………… 180
東京高判平成9・03・24高刑集50・1・09 ……… 648
東京地判平成9・03・24判時1604・157 ………… 624
京都地判平成9・05・09判時1613・157 ………… 467
大阪地判平成9・08・20判タ995・286 …………… 49
秋田地判平成9・09・02判時1635・158 ………… 566
大阪地判平成9・10・03判タ980・285 ………… 185
名古屋地判平成9・10・16判タ974・260 ……… 425
東京高判平成9・10・20高刑集50・3・149 …… 461
最決平成9・10・21刑集51・9・755 …………… 376
最決平成9・10・28判時1617・145 …………… 328
東京地判平成9・12・05判時1634・155 …… 199, 224
東京地判平成10・03・05判タ988・291 ………… 575
東京地判平成10・06・05判タ1008・277 ……… 219
最決平成10・07・14刑集52・5・343 ………… 580
東京地判平成10・08・19判時1653・154 ……… 476
最決平成10・11・25刑集52・8・570 ………… 326
名古屋高判平成10・12・14高刑集51・3・510 … 455
最決平成11・02・17刑集53・2・64 …………… 642
大阪地判平成11・03・19判タ1034・283 ……… 521
金沢地判平成11・03・24判時1677・154 ……… 642
大阪地判平成11・07・16判タ1064・243 ……… 241
福岡高裁那覇支部判平成11・07・29高等裁判所
　刑事裁判速報集平成11・168 ………… 575
最決平成11・10・20刑集53・7・641 ………… 649
最決平成11・12・09刑集53・9・1117 ………… 230
最決平成11・12・16刑集53・9・1327 ………… 637
最決平成11・12・20刑集53・9・1495 ………… 471
最決平成12・02・17刑集54・2・38 …………… 188

最判平成 12・03・27 刑集 54・3・402 ……………… 258
福岡高判平成 12・05・09 判時 1728・159 ………… 42
東京高判平成 12・05・15 判時 1741・157 ………… 214
横浜地判平成 12・05・29 判時 1724・171 ………… 601
東京高判平成 12・06・13 東高時報 51・76 ……… 62
東京高判平成 12・08・29 判時 1741・160 ………… 225
東京高判平成 12・08・30 東高時報 51・1=12・96
　……………………………………………………… 346
福岡高判平成 12・09・21 判時 1731・131 ………… 183
東京高判平成 12・10・27 高等裁判所刑事裁判速
　報集平成 12・121 ……………………………… 51
最決平成 12・12・15 刑集 54・9・1049 …………… 230
最判平成 12・12・15 刑集 54・9・923 ……………… 230
東京高判平成 13・05・16 東高時報 52・1=12・32
　……………………………………………………… 292
東京地判平成 13・05・29 判時 1796・108 ………… 185
最決平成 13・07・16 刑集 55・5・317 ……… 519, 520
最判平成 13・07・19 刑集 55・5・371 ……………… 264
東京高判平成 13・09・11 東高時報 52・1=12・45
　……………………………………………………… 219
大阪高判平成 13・09・13D1-Law.com 判例体系・
　判例 ID:28075276 …………………………… 455
東京高判平成 13・09・18 東高時報 52・1=12・54
　………………………………………………… 113, 511
最決平成 13・11・05 刑集 55・6・546 ……………… 320
神戸地判平成 14・01・08D1-Law.com 判例体系・
　判例 ID:28075171 …………………………… 276
福岡地判平成 14・01・17 判タ 1097・305 ………… 390
最判平成 14・01・29 裁判集民 205・289 …… 158, 176
最決平成 14・02・08 刑集 56・2・71 ………… 225, 279
最決平成 14・02・14 刑集 56・2・86 ……………… 246
東京地判平成 14・03・01 判タ 1120・296 ………… 664
サイタマ地判平成 14・06・27 判タ 1144・287 …… 647
最判平成 14・07・01 刑集 56・6・265 ……………… 340
横浜地判平成 14・09・05 判タ 1140・280 …… 179, 188
最判平成 14・09・30 刑集 56・7・395 ……… 177, 188
最決平成 14・10・21 刑集 56・8・670 ……………… 266
最決平成 14・10・22 刑集 56・8・690 ……………… 650
大阪高判平成 14・11・26 判時 1807・155 ………… 86
最決平成 15・01・14 刑集 57・1・1 ………………… 662
大津地判平成 15・01・31 判タ 1134・311 ………… 239

最決平成 15・02・18 刑集 57・2・161 …………… 327
最判平成 15・03・11 刑集 57・3・293 …………… 174
最決平成 15・03・12 刑集 57・3・322 ……… 274, 313
最決平成 15・03・18 刑集 57・3・356 …………… 331
最決平成 15・04・14 刑集 57・4・445 ……… 370, 371
最大判平成 15・04・23 刑集 57・4・467 ………… 301
最決平成 15・10・06 刑集 57・9・987 …………… 472
最決平成 15・12・18 刑集 57・11・1167 ………… 477
最決平成 16・02・09 刑集 58・2・89 …………… 269
大阪高判平成 16・04・22 高刑集 57・2・1 ……… 171
最決平成 16・07・07 刑集 58・5・309 …………… 265
最決平成 16・07・13 刑集 58・5・476 …………… 455
最決平成 16・08・25 刑集 58・6・515 …………… 216
最判平成 16・09・10 刑集 58・6・524 …………… 328
最決平成 16・11・08 刑集 58・8・905 …………… 672
最決平成 16・11・30 刑集 58・8・1005 …… 213, 461
東京高判平成 16・12・01 判時 1920・154 ……… 51
最判平成 16・12・10 刑集 58・9・1047 …… 246, 247
最判平成 17・03・11 刑集 59・2・1 ……………… 649
神戸地判平成 17・04・26 判時 1904・152 ……… 200
東京高判平成 17・08・16 高刑集 58・3・38 …… 247
最決平成 17・10・07 刑集 59・8・1108 ………… 328
最決平成 17・12・13 刑集 59・10・1938 ……… 455
東京高判平成 17・12・15 東高時報 56・1=12・107
　………………………………………………… 225
東京高判平成 17・12・28 東高時報 56・1=12・110
　………………………………………………… 575
最決平成 18・01・17 刑集 60・1・29 …………… 352
最決平成 18・01・23 刑集 60・1・67 …………… 651
最決平成 18・02・14 刑集 60・2・165 …………… 281
京都地判平成 18・02・21 判タ 1229・344 ……… 122
東京高判平成 18・04・03 高等裁判所刑事裁判速
　報集平成 18・84 ……………………………… 214
最決平成 18・05・16 刑集 60・5・413 …………… 521
最判平成 18・06・27 裁判集刑 289・481 ……… 251
最決平成 18・08・30 刑集 60・6・479 …………… 234
秋田地判平成 18・10・25 家裁月報 59・5・89 … 312
広島高判平成 18・10・31 高等裁判所刑事裁判速
　報集平成 18・279 …………………………… 494
最決平成 18・12・13 刑集 60・10・857 ………… 580
東京高判平成 19・03・16 高等裁判所刑事裁判速

判例索引　699

報集平成 19・147 …………………………… 212
最決平成 19・03・20 刑集 61・2・66 ………… 351, 377
最判平成 19・04・13 刑集 61・3・340 …………… 225
最決平成 19・07・02 刑集 61・5・379 ……… 142, 179
最判平成 19・07・10 刑集 61・5・405 …………… 258
最決平成 19・07・17 刑集 61・5・521 …………… 266
最決平成 19・08・08 刑集 61・5・576 …………… 468
名古屋高判平成 19・08・09 判タ 1261・346 ……… 214
最決平成 19・11・13 刑集 61・8・743 …………… 615
最決平成 20・01・22 刑集 62・1・1 …………… 128
東京高判平成 20・02・04 東高時報 59・1=12・9
　　………………………………………………… 92
最決平成 20・02・18 刑集 62・2・37 ………… 232, 311
大阪地判平成 20・03・14 刑集 63・3・305 ………… 302
東京高判平成 20・03・19 高刑集 61・1・1 ………… 242
最決平成 20・04・11 刑集 62・5・1217 ……… 136, 139
最決平成 20・05・19 刑集 62・6・1623 …………… 328
東京高判平成 20・05・19 東高時報 59・1=12・40
　　……………………………………………… 180
東京高判平成 20・07・09 高等裁判所刑事裁判速
　　報集平成 20・121 …………………………… 92
東京高判平成 20・07・18 高等裁判所刑事裁判速
　　報集平成 20・138 ………………………… 469
東京高判平成 21・01・30 刑集 64・2・93 ………… 171
東京高判平成 21・03・12 高刑集 62・1・21 … 179, 188
最決平成 21・03・26 刑集 63・3・291 ……… 455, 457
広島高裁松江支部判平成 21・04・17 高等裁判所
　　刑事裁判速報集平成 21・205 …………… 214, 215
東京高判平成 21・05・11 東高時報 60・50 ……… 180
最決平成 21・06・29 刑集 63・5・461 …………… 143
最判平成 21・06・29 刑集 63・5・461 …………… 225
最決平成 21・11・09 刑集 63・9・1117 ……… 324, 329
東京高判平成 21・11・16 判時 2013・158 ……… 239
最決平成 21・11・30 刑集 63・9・1765 ……… 136, 139
東京高判平成 21・12・22 判タ 1333・282 ………… 228
福岡高判平成 22・03・10 高等裁判所刑事裁判速
　　報集平成 22・197 …………………………… 62
最決平成 22・03・15 刑集 64・2・1 …………… 171
最決平成 22・03・17 刑集 64・2・111 …………… 279
東京高判平成 22・04・20 判タ 1371・251 ………… 227
東京高判平成 22・06・09 判タ 1353・252 ………… 42

東京高判平成 22・07・13 東高時報 61・167
　　……………………………………………… 102, 104
最決平成 22・07・29 刑集 64・5・829 ……… 259, 266
最決平成 22・09・07 刑集 64・6・865 …………… 651
東京高判平成 22・10・19 東高時報 61・247 ……… 65
広島高裁岡山支部判平成 22・12・15 高等裁判所
　　刑事裁判速報集平成 22・182 ………………… 76
名古屋地判平成 23・06・28 D1-Law.com・判例
　　ID281850469 ……………………………… 245
最判平成 23・07・07 刑集 65・5・619 …………… 180
東京高判平成 23・11・30 東高時報 62・122 ……… 62
東京高判平成 23・12・27 東高時報 62・161 ……… 643
最決平成 24・02・13 刑集 66・4・405 …………… 150
東京高判平成 24・02・16 東高時報 63・31 ………… 228
大阪高判平成 24・03・13 判タ 13787・376 ………… 51
最判平成 24・03・23 裁判集民 240・149 …… 158, 176
東京地判平成 24・06・25 判タ 1384・363 ………… 283
最決平成 24・07・09 裁判集刑 308・53 ………… 519
最決平成 24・07・24 刑集 66・8・709 ………… 42, 86
最決平成 24・10・09 刑集 66・10・981 …………… 311
東京高判平成 24・10・30 高等裁判所刑事裁判速
　　報集平成 24・146 ………………………… 282
東京高判平成 24・11・22 東高時報 63・251 ……… 62
最決平成 25・02・22 刑集 68・9・1062 ………… 518
広島高判平成 25・02・27 高等裁判所刑事裁判速
　　報集平成 25・195 …………………………… 42
東京高判平成 25・03・15 東高時報 64・75 ……… 521
東京高判平成 25・04・12 東高時報 64・103 ……… 179
東京高判平成 25・06・06 高等裁判所刑事裁判速
　　報集平成 25・69 …………………………… 219
東京高判平成 25・06・11 判時 2214・127 ………… 65
高松高判平成 25・09・03 高等裁判所刑事裁判速
　　報集平成 25・267 ………………………… 461
東京高判平成 26・02・13 高等裁判所刑事裁判速
　　報集平成 26・45 …………………………… 116
最決平成 26・03・28 刑集 68・3・582 …………… 259
最判平成 26・03・28 刑集 68・3・582 …………… 267
最決平成 26・03・28 刑集 68・3・646 …………… 259
最判平成 26・03・28 刑集 68・3・646 …………… 266
最決平成 26・04・07 刑集 68・4・715 ……… 260, 266
名古屋高判平成 26・08・21 高等裁判所刑事裁判

700   判例索引

速報集平成 26・146 ································· 565 | 最決平成 26・11・25 刑集 68・9・1053 ········ 518, 521

著者略歴

関　哲夫（せき　てつお）

新潟県に生まれる

早稲田大学法学部卒業

その後，同大学大学院法学研究科

博士前期課程・後期課程修了

現　在　國學院大學法学部教授

法学博士（早稲田大学），弁護士

主要著書

住居侵入罪の研究（1995 年・成文堂）

続・住居侵入罪の研究（2001 年・成文堂）

続々・住居侵入罪の研究（2012 年・成文堂）

刑法解釈の研究（2006 年・成文堂）

入門少年法（2013 年・学事出版）

講義　刑法総論（2015 年・成文堂）

講義　刑法各論

2017 年 10 月 20 日　初版第 1 刷発行

著　者　関　　哲　夫

発行者　阿　部　成　一

〒162-0041　東京都新宿区早稲田鶴巻町 514 番地

発行所　株式会社　成　文　堂

電話 03（3203）9201（代）　Fax（3203）9206

http://www.seibundoh.co.jp

製版・印刷・製本　藤原印刷

☆落丁・乱丁本はおとりかえいたします☆　検印省略

© 2017 T. Seki　　　　Printed in Japan

ISBN 978-4-7923-5227-1　C3032

定価（本体 4,900 円 + 税）